생산운영
정보시스템

OPERATIONS MANAGEMENT INFORMATION SYSTEMS

생산운영 정보시스템

OPERATIONS MANAGEMENT INFORMATION SYSTEMS

김태성 | 이현수 지음

카오스북
CHAOS BOOK

생산운영 정보시스템

OPERATIONS MANAGEMENT INFORMATION SYSTEMS

펴낸날	2014년 3월 15일 초판 1쇄
지은이	김태성 · 이현수
펴낸이	오성준
펴낸곳	카오스북
출판등록	제 406-2012-000111호
전화	031-949-2765
팩스	031-949-2766
홈페이지	www.chaosbook.co.kr
편집	디자인 콤마
정가	32,000원
ISBN	978-89-98338-51-0 93320

서문

2014년 갑오년 새해는 춥지 않은 겨울을 보내고 있다. 그러나 세계 경제는 날씨와는 다르게 여러가지 어려운 환경을 접하면서 좀처럼 기지개를 펴지 못하고 있다. 그럼에도 불구하고 이런 시점에는 더욱 더 심기일전하여 기업의 경쟁력을 갖추어야 한다. 글로벌 경쟁 시대에서 주변환경 때문에 기업이 추진해야 할 신제품 개발부터 설비투자에 이르기까지 과감한 혁신이 없다면 그 기업은 어떠한 환경이 오더라도 생존하기 힘들 것이다.

저자가 기업이나 학교에서 가르치면서 느낀 것은 현업들이 직접적으로 필요한 부분이 무엇이고, 앞으로 기업에 들어가 필요한 인력으로 기여하기 위해서 어떤 것들이 중요한지를 파악하게 되었다. 그러나 현실에서는 기업과 학교간의 gap으로 인하여 이론과 실무를 완벽하게 접목하기란 어려운 것 같다. 이에 저자는 수년에 걸쳐 기획하고 자료를 수집하여 분석함으로써 기업의 핵심역량이 되는 책을 만들게 되었다.

본 서는 크게 2부로 구성되어 있으며 첫번째 부분은 제품 개발 프로세스를 위한 정보시스템 영역이고 두번째 부분은 생산 운영 및 실행을 위한 정보 시스템 영역으로 나누었다. 1부에서 중요하게 다룬 부분은 제품개발 프로세스와 모델링 그리고 정보시스템의 기능과 구축에 대한 내용으로 구성하였고, 2부에서는 생산 운영 및 실행을 위한 기능과 관리 영역을 다루고 마지막으로 구축 사례를 소개하였다.

끝으로 이 책이 나올 수 있도록 같이 고민하고 많은 시간을 투자한 이현수 교수와 항상 곁에서 묵묵히 보살펴준 사랑하는 아내 이지연, 아빠를 자랑스러워하는 두 딸 사라와 한나, 그리고 이 모든 환경을 허락하신 하나님께 감사를 드리며 본 서를 접하는 기업이나 개인들에게 제조 경쟁력을 향상시키는데 조금이나마 보탬이 되기를 바란다.

2014년 3월

김태성

저자소개

- **김태성 교수**

  New Jersey Institute of Technology에서 산업공학으로 석사학위를Louisiana State University에서 산업공학으로 박사학위를 취득하였다. 삼성SDS 전자제조 컨설팅부서에서 Master Consultant로 근무하였고, 현재는 국립 금오공과대학교 산업공학부 교수로 근무하고 있다. 삼성전자 및 삼성전기, 삼성SDS 주요 프로젝트를 수행하였으며, 다수의 국가 프로젝트를 수행하고 있다. 주요 연구분야로는 MES, SCM/APS, OR/DEA 및 조직 효율성 진단 및 평가가 있다.

- **이현수 교수**

  POSTECH에서 생산공학으로 석사학위를, Texas A&M University에서 시스템공학으로 박사학위를 취득하였다. 삼성SDS CAD/PLM팀의 Assistant Consultant를 역임하였으며, LG전자의 SCM부문에서 Senior Manager로 근무하였다. 현재는 국립 금오공과대학교의 산업공학부 교수로 근무하고 있으며, 삼성전자 및 다수의 국가 프로젝트를 수행하고 있으며, 주로 지능형 생산시스템 설계, SCM, 비선형 최적화 및 제어를 연구하고 있다.

목차

Chapter. 1

서론

2014년 현재 한국 경제의 화두는 창조경제(Creative Economy) 및 그의 실현으로 요약될 수 있다. 많은 학자 및 정부, 기업에서 창조경제를 정의하고, 자신만의 해법을 가지고 이를 해석하고 실현하기 위해 노력하고 있다. 전체 프레임웍(Framework) 및 세부 모듈에 다양한 정의가 존재함에도 불구하고, 본 서에서는 그 자체를 정의하려 하지 않는다. 그 이유는 크게 두 가지로 요약될 수 있는데, 첫 번째는 창조경제란 하나의 고정된 의미가 아니라, 살아 움직이는 동태학적(Dynamic) 경제로서 이를 바라보아야만 된다는 시스템적 사고(Systematic Thinking Structure)이고, 두 번째는 이의 실천주체에서의 실천방법이 그 생존 전략 및 미래 추진 전략과 맞물리면서 다양한 형태로 구현될 수 있기 때문이다.

이는 단순히 그림 하나로 전체 프레임웍을 제시하고, 그 세부사항을 전개하는 전통적인 경제/경영적 사고와는 사뭇 대비되는 개념이다. 현재, 한국사회를 비롯한 세계 경제는 미래를 향해 요동치고 있다. 어떤 경제학자는 2014년 현재의 한국을 디플레이션의 시기로 규정하고, 꾸준한 성장 및 고용창출로 전환해야 하는 것을 창조경제의 단기적 모토(Motto)로 정의할 수도 있다.

기업의 관점에서는 많은 기업들이 현재의 이익을 희생하면서 미래를 준비하고, 성장전략을 찾고자 노력하고 있다. 이제 더 이상, 현재의 이익을 극대화하는 관점에서의 경영 최적화는 기업의 생존전략이 아님을 우리는 너무도 많은 사례에서 확인해 왔다. 삼성이 반도체 산업의 투자를 통해서 90년대와 2000년대 초를 견인했고, 스마트폰으로의 빠른 전환을 통하여 2010년대를 견인해온 데 반해 LG가 스마트폰의 투자실패로 인하여 성장 모멘텀(Momentum)을 잃어버리고, 이를 만회하고자 전력투구하는 모습은 현재의 경영 최적화가 더 이상, 기업의 미래 성장(Sustainable Management)을 위한 필요조건 중의 하나가 아님을 보여주고 있다.

이러한 관점에서, 본서는 기업이 미래성장을 위하여 추구하여야 할 필요조건의 하나를 세부적으로 분석하고 보여주려 한다. 그 필요조건의 하나가 바로 "시스템의 구축 및 운영"이다. 이는 현재의 가치와 미래의 가치, 과거의 데이터 등을 통합적 관점에서 바라볼 수 있게 하는 것이다. 이러한 시스템의 구축 및 운영은 통합적 관점을 통하여, 기업의 미래성장을 수시로 진단하고, 사전에 체크할 수 있게 만드는 가장 핵심적인 수단이자 요체가 될 수 있기 때문이다. 일반적으로 "시스템"이란 단어 자체는 많은 의미와 분야에서 재정의 될 수 있는데, 본 서에서는 [정의 1-1]과 같이 정의한다.

[정의 1-1] 시스템의 정의

: 단위 구성요소(Entity)들이 모여 서로의 상호작용(Interaction)을 통하여 통합된 목표(Goal)를 지향하는 구성요소 및 행위의 총합체

이러한 시스템에는 많은 서브 시스템들이 포함될 수 있는데, 조직시스템, 정보시스템, 의사결정 알고리즘 등이 그 서브 시스템의 예로서 대표될 수 있다. 이 중에 이 책에서는 정보시스템을 다룬다. 이는 정보시스템이 가장 객관화된 의사결정 데이터와 알고리즘을 구체화한 시스템으로 여겨지며, 정보시스템의 성공적인 구축 및 그 활용은 미래성장의 의사결정을 좌우하는 가장 핵심적인 가치 중 하나로 대두되어 왔기 때문이다. 특히, 2013년 말 대두되었던 한 선물투자회사의 정보시스템적 오류가 그 회사를 파산의 위기로 내몰았던 한국의 사례와, 다수의 글로벌 컨설팅 회사들의 진단 및 해법에서 정보시스템이 주요한 내용을 차지하는 것은 이를 강하게 뒷받침하는 예일 것이다. [정의 1-2]는 정보시스템의 정의를 보여주고 있다.

[정의 1-2] 정보시스템의 정의

: 기업이 가지고 있는 시스템의 단위 시스템 중 하나로서, 기업 구성요소들 간의 활동에 대한 데이터를 구성(Input)하여 의사결정 알고리즘을 통하여 해당 목적에 맞는 의사결정을 하거나, 이를 돕는 데이터를 산출하는 시스템

[정의 1-2]에서 보는 정의는 IDEF-0(Integrated Definition Language 0 Model)의 ICOM(Input-Control-Output-Mechanism)에 기반한 정의이며, 이러한 정보시스템은 그 물리적 구성으로서 데이터 서버(Data Server), 메인 서버(Main Server), 네트워크(Network), 클라이언트(Client Terminal) 등으로 구성될 수 있고, 네트워크의 계층(Layer) 및 범위에 따라서 단독형(Stand-alone type), 2 계층형(2-tier type), 3 계층형(3-tier type)으로 구성될 수 있다.

일반적인 기업이 가지고 있는 정보시스템에는 수많은 종류가 존재한다. 다음의 리스트는 중소기업 / 중견기업 / 대기업들이 가지고 있는 현존하는 정보시스템의 일반적인 종류를 보여준다.

- Enterprise Portal
- CAD(Computer Aided Design) System
- CAE(Computer Aided Engineering) System
- CAPP(Computer Aided Process Planning) System
- PLM(Production Lifecycle Management) System
- PDM(Production Data Management) System
- CPC(Collaborative Product Commerce) System
- QM(Quality Management) System
- MES(Manufacturing Execution System)
- SCM(Supply Chain Management) System
- ERP(Enterprise Resource Planning) System
- Accounting System
- CRM(Customer Relation Management) System

이외에도 많은 정보시스템이 존재할 수 있다. 각 정보시스템에는 이를 구현하기 위한 상용 시스템들 및 관련 정보들이 구성되어 있고, 그 내용 또한 방대한 실정이다. 그럼에도 불구하고, 기업의 핵심 가치 중 하나인 생산(Production)이라는 관점에서 이를 조망하고 통합한 서적이나 정보가 없음은 매우 아쉬운 일이라 할 수 있다. 몇 가지 사유가 있는데, 첫 번째는 각 정보시스템들이 실제 기업에서는 유기적으로 통합되어 사용됨에도 불구하고, 자체의 프로세스가 방대하여 이를 통합적 관점에서 분석하기에는 힘들었다는 사실과, 두 번째로는 각 해당 영역의 담당자가 달라 전체적으로 관리하는 시스템 및 전문가의 부족으로 이어졌다는 데에 있다. 따라서, 이 책에서는 이를 하나의 통합적 관점인 "생산운영(Production Management)"의 관점에서 정보시스템들을 통합하여 살펴보고자 한다. [정의 1-3]은 이 책에서 정의하는 생산운영 정보시스템의 개념이다.

[정의 1-3] 생산운영 정보시스템의 정의

: 기업이 추구하는 여러 가치 중 "생산운영"에 초점을 두어 다양한 목적을 실현하기 위한 정보시스템들의 유기적 구성 및 관련 모듈의 총합체

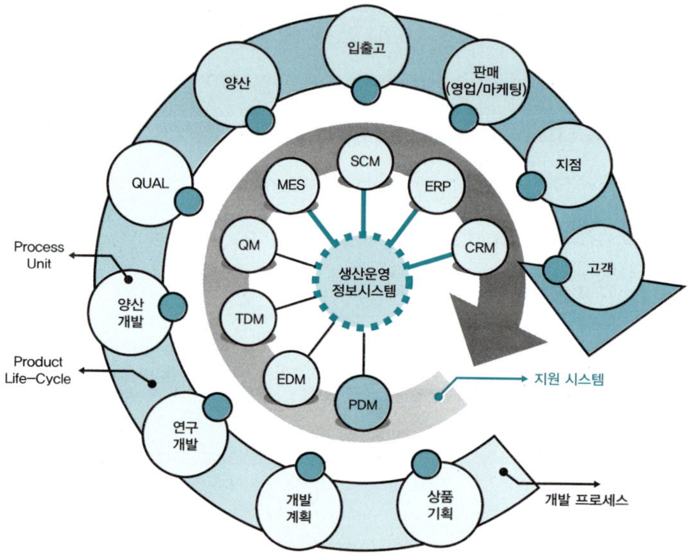

그림 1-1 생산운영 정보시스템의 개요 및 각 구성시스템 간의 연결관계

[그림 1-1]은 이 책에서 정의하는 생산운영 정보시스템을 이루는 몇 개의 서브 정보시스템과 기업의 생산운영 활동과의 연결관계를 보여준다. 즉, [그림 1-1]에서 보는 바와 같이 생산운영 정보시스템은 다른 개별의 서브 정보시스템과 달리 개발 프로세스와 생산 프로세스를 통합적으로 관리하는 시스템이라는 점이다.

즉, 개발 프로세스와 생산 프로세스에서 필요한 요소 시스템들이 아니라, 개발과 생산을 하나의 기업가치 측면에서 조명하고, 이를 통합하기 위한 시스템으로서 생산운영 정보시스템은 대두된다.

이를 위하여 이 책은 크게 1부와 2부로 나뉘어져 있다. 1부에서는 개발 프로세스를 위한 시스템 및 생산운영 활동을 보여주고, 2부에서는 생산프로세스를 위한 정보시스템을 세부적으로 설명하며, 이것이 어떻게 생산운영 정보시스템으로 통합될 수 있는지를 설명한다.

연습문제

1. 기업의 혁신활동의 예를 문헌 및 인터넷 등을 통하여 살펴보고, 이를 뒷받침하기 위한 정보시스템들의 유/무 및 특징의 예를 기술하시오.

2. 다양한 창조경제의 정의 사례를 살펴보고, 각 정의에서 정보시스템이 어떻게 창조경제의 실현에 뒷받침될 수 있는지를 기술하여보시오.

3. 개발프로세스와 생산프로세스에 어떠한 요소들이 존재하는지를 열거하고, 이들이 어떻게 연결되어 있는지를 설명하시오.

4. 위에서 열거한 개발 프로세스와 생산프로세스를 하나의 관점에서 통합하여 도해해보고 설명하시오.

5. 시스템을 정의하고, 자신이 속해있는 그룹을 시스템으로 정의하여 보시오.

6. 대기업 및 중소기업, 중견기업의 정의를 문헌를 통하여 정의하고, 특정기업이 어떠한 기업에 속하는지를 살펴보시오.

7. Google사의 혁신활동 및 Apple사의 혁신활동의 예를 문헌 및 인터넷을 통하여 열거하고, 이를 분석하여, 공통점과 차이점을 기술하시오.

8. 슘페터가 정의하는 혁신의 정의를 살펴보고, 이에 대한 보완점을 기술하시오.

9. 시스템모델링 도구인 IDEF-0의 구성요소를 정의하시오.

10. 네트워크의 레이어에 따른 정보시스템의 종류를 열거하시오.

Part. 1

제품 개발 프로세스를 위한 정보시스템

Chapter. 2

제품 개발 프로세스

2.1 | 제품 개발 프로세스의 정의

신제품 개발 프로세스는 그 영문자를 차용하여 NPDP 또는, NPD 프로세스라고 불린다. 많은 학자들이 신제품 개발 프로세스에 대하여 연구하고 관련된 NPDP를 제시하였으나, NPDP의 객체가 되는 제품의 특징 및 개발 항목이 매우 상이함에 따라서 매우 함축된 수준에서 제시되어 왔다.

주로, NPDP를 다루는 학문 분야로는 일반 경영학 분야, 기술경영 분야, 산업공학 분야, 인간공학 분야는 물론 개발 객체인 세부 분야에 소속되어 있는 특정 이/공학 분야 그리고, 요즈음은 인지공학, 심리공학 및 디자인 등으로 확산되고 있다. 이러한 추세는 NPDP가 기업의 핵심 경쟁력임은 물론, 빠른 개발 납기와 정확한 설계 항목을 만족시키는 메타 프로세스로서의 역할을 수행하는 프로세스임을 보여주고 있다.

기존의 NPDP 연구의 추세 및 사례를 보여주는 많은 연구가 있지만, 비교적 최신 연구로는 Lee, et al.(2013, New Product Development and Evaluation Using Design Compatibility Framework and Time Series Analysis)의 연구가 있다. Lee, et al.의 연구는 기존 제품개발 프로세스를 개괄적으로 조망함과 동시에 지능형 기기에서 중점을 두어야 할 지능형 인터페이스에 대한 고찰을 집중적으로 수행하였다.

NPDP이론은 비교적 2000년대 초반에 이르러 성숙단계로 접어들었는데, 이들의 연구는 주로 메타 프로세스를 여러 단계로 나누어 각 단계에서 수행하여야 할 항목들을 설명하고, 관리하는 것에 초점을 두었다.

본격적으로 제품 개발 프로세스를 알아보기에 앞서, 여기서는 먼저 제품 개발 프로세스의 정의가 무엇인지를 살펴보자. 먼저, Lee, et al. 및 Krishnan and Ulrich의 정의에 따르면, 제품 개발 프로세스는 연구 개발(R&D; Research and Development) 기능을 가지고 있는 회사 및 조직 내에서 고유한 특징을 가지고 정의되는 기능이다. 먼저 Krishnan and Ulrich의 NPDP 정의를 살펴보면 [정의 2-1]과 같다.

[정의 2-1] Krishnan and Ulrich의 NPDP 정의

: R&D를 담당하는 여러 조직인 엔지니어링 설계 조직, 마케팅 조직, 연구운영 조직, 생산운영 조직 등의 여러 조직에서 성공적인 제품 개발을 위해 거치는 일련의 프로세스와 그 의사결정 행위의 종합체

그러나, [정의 2-1]은 다음과 같은 측면에서 협의의 정의로 평가될 수 있다.

1. 특정 제품 개발에 초점을 맞춘 정의로서, 여러 제품 개발을 동시에 지원할 수 있는 제품개발 프로세스의 정의를 내포하지 않음.
2. 조직의 측면에서 개발 프로세스 고찰을 한 반면, 제품이 가지는 기능적 측면을 간과함.
3. NPDP를 프로세스와 의사결정 행위의 결합체로 정의함으로써, 지원 시스템 및 관련 인프라의 존재를 명확하게 정의하지 못함.

우선, 첫 번째 문제점은 NPDP가 가지는 메타 프로세스의 의미를 간과한 협의의 의미라는 점에서 그 한계를 가진다. 메타 프로세스란 Meta와 Process의 합성어로서, 여기서 Meta란 그리스어로 "Beyond"란 뜻으로 "~을 넘어서"라는 뜻을 가진다. 즉, 메타 프로세스는 프로세스를 넘어선 프로세스라는 의미로 해석될 수 있으며, 이는 다시 여러 프로세스를 설명할 수 있는 하나의 프로세스 혹은 프로세스 템플릿으로 정의될 수 있다. 메타 프로세스의 정의는 [정의 2-2]에서 기술한다.

[정의 2-2] 메타 프로세스

: 여러 관련된 기능이나 목표를 수행하는 프로세스들의 표준 프로세스로서 구조, 기능, 조직 및 관련 시스템을 기술하고 있는 프로세스 혹은 프로세스의 템플릿 프로세스(Template Process)

따라서, 효율적인 NPDP는 메타 프로세스이어야 하며, 메타 프로세스가 적용될 때, 정립된 NPDP를 가지고 유사한 개발 프로젝트나, 융합 개발 프로젝트의 수행 시에 효과를

볼 수 있다. 이렇게 정의된 NPDP를 광의의 정의로 사용하며, 본 연구에서는 이러한 메타 프로세스를 NPDP의 정의로 사용한다. 프로세스와 메타 프로세스의 정의는 집합이론을 이용하여 정의할 수 있다.

$$P^i = \{S^i_j \mid i \in I^+, j \in I^+\} \quad \text{(식 2-1)}$$

식 2-1에서 S^i_j는 i 프로세스의 j번째 단위 행위(Behavior, Step)이며, 단위 행위의 집합이 프로세스로 정의된다. 이때, 프로세스는 특정 정해진 목표를 성취할 수도 있는데 이때 정의된 목표는 O^i으로 기호화된다. 이때, 메타 프로세스 P는 O^i와 유사하다고 판단되는 목적을 기술하는 프로세스들의 표준 프로세스로서 정의되는데(정의 2-2), 이는 식 2-2와 같이 표현될 수 있다.

$$P \leftarrow \{P^i \mid i \in I^+\} \quad \text{(식 2-2)}$$

식 2-2에 따르면, 메타 프로세스 P는 여러 특정 개발 프로세스들의 필요조건(Necessary Condition)으로 귀결됨을 확인할 수 있다. 이는 상징하는 바가 매우 큰데, 메타 프로세스란 개발 프로세스의 세부 단위 행위들이 모두 기술될 수 있거나, 이러한 구조를 담고 있어야 한다는 것이다. 이는 메타 프로세스의 도출이 세부 특정 개발 프로세스를 종합적으로 고찰한 후에 도입되어야 한다는 것을 가리킨다. 만약, 메타프로세스의 정의가 필요조건이 아니라 충분조건(Sufficient Condition)으로 정의될 경우, 이는 특정 프로세스 중 단적으로 볼 때 특정 프로세스 하나만을 기술하는 효과를 가져오므로, 효과적인 프로세스라고 정의하기 어렵다. 따라서, 본 연구에서 지향하는 개발프로세스는 필요조건의 의미를 지닌 개발 프로세스의 메타 프로세스를 정립하는 데 그 역점을 둔다. 본 연구에서 정의하는 개발 프로세스인 NPDP는 정의 2-3에서 기술한다.

[정의 2-3] 광의의 NPDP

: 유사한 제품 및 서비스의 Lifecycle의 개발과정에서 필요한 세부 프로세스, 지식, 조직, 기능 및 지원을 포함하는 여러 프로세스들을 아우르는 표준 프로세스 혹은 템플릿 프로세스

2.2 제품 개발 프로세스의 유형

일반적인 제품 개발 프로세스는 앞 장에서 살펴본 바와 같이 협의의 개발 프로세스를 지칭한다. 협의의 개발 프로세스를 정형화하는 방법은 여러 단계의 세부 프로세스로 구분하여 이를 통합하는 방식이다. 기존 연구논문들을 살펴보면 주로 5단계나 그 이상으로 세부 프로세스들을 나누어 이를 통합하여 전체 제품 개발 프로세스를 구성하는 방법을 제시하고 있다. [표 2-1]은 신제품 개발 프로세스를 분석하고 유형화한 연구들을 보여주고 있다.

표 2-1 협의의 NPDP의 몇 가지 분류 예제

분류	항목 수	주요 세부 프로세스
Aleixo and Tenera	5	1) Product concept 2) Feasibility 3) Development 4) Validation 5) Commercialization
Ulrich and Epinger	5	1) Concept development 2) System level design 3) Detail design 4) Testing and refinement 5) Production ramp-up
Schroeder	3	1) Concept development 2) Product design 3) Pilot production and testing
Cooper	6	1) Discovery 2) Scoping 3) Development 4) Testing 5) Validation 6) Launch

이 중, 2003년에 주창된 Schroeder의 연구는 NPDP의 최종 목적을 제품을 위한 시제품을 제작하고 검증하는 단계까지를 목표로 두고 있으며, Aleixo and Tenera 및 Cooper의 연구는 제품의 개발을 완료하고, 생산으로 이관되는 데까지를 범위에 두어 세부 과정

을 분류하고 있음을 알 수 있다. 앞 절에서도 기술하였듯이, 이러한 분류는 협의의 분류 및 NPDP의 충분조건을 염두에 둔 프로세스라고 할 수 있다.

이 밖에도 많은 정의를 따르고 있지만, 신제품 개발 프로세스를 광의의 정의를 바탕으로 메타 프로세스로서 정의한 연구 및 사례는 아직 성숙기에 접어들고 있지 않다.

2.3 기업에서의 신제품 개발 프로세스의 정의 및 분류

실제 기업에서는 앞 절에서 기술한 이론적 분류보다는 실제 생산 및 양산을 고려한 제품 개발 프로세스를 운영하고 있다. 예를 들면, 삼성전자의 제품 개발 프로세스는 크게 4단계로 나누어, 제품을 양산하는 단계까지를 세부적으로 기술하고 있다.

즉, 상품화 기획 단계(Concept), 개발 계획 단계(Plan), 개발 구현 단계(Development), 그리고, 양산(Production)으로 분류하여 개발프로세스를 정의하고 있다. [그림 2-1]은 삼성전자의 제품 개발 프로세스를 개괄적으로 보여주고 있다.

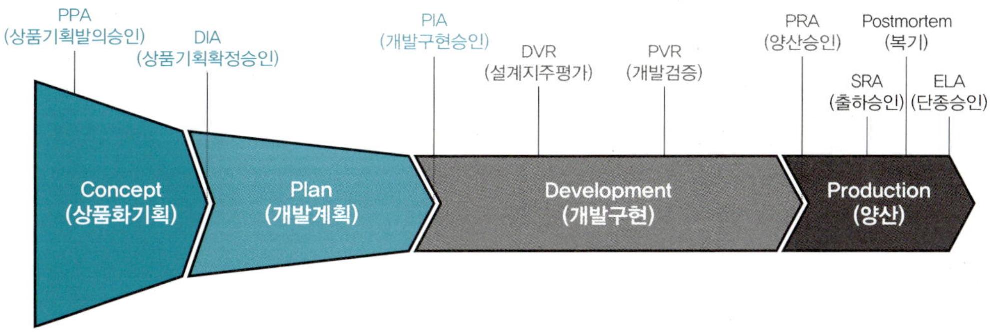

그림 2-1 삼성전자의 제품 개발 프로세스

출처 : Electronics, S. *Value innovation in Samsung Electronics as a global company.* [cited 2013 04/06]; Available from: http:// value.hankyung.com/pdsdata/pdf1/6.pdf

특히, 삼성전자는 2014년 현재, 전통 제조산업으로 분류되는 반도체 이외에도 융합형 스마트 기기인 스마트폰과 스마트 TV에서도 세계 유수의 제조기업으로 손꼽히고 있기 때문에 벤치마킹을 위한 주요 사례로 평가될 수 있다.

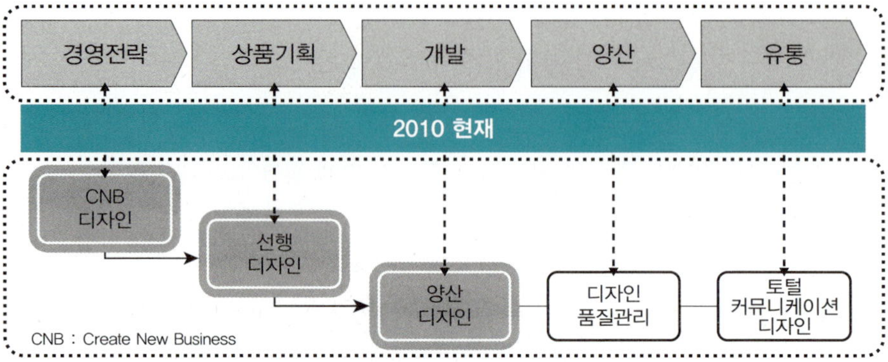

그림 2-2 디자인 및 유통과 기존의 제품 개발 프로세스와의 통합

출처 : Economy, M.o.K. *Design does design the future of robot.*, Available from: http://www.kiria.org

특히 주목할 점은 삼성전자의 개발 프로세스와 기존의 디자인 프로세스와의 결합부분이다. 기존의 전통산업에서는 개발 프로세스를 기능 중심의 개발프로세스로서 구분하는 사례가 많았다. 디자인은 제품의 Concept 단계나 혹은 초기 설계 시에만 중시되고, 파일럿 이후에는 기능 및 생산을 위한 개발 프로세스로서 받아들여져 왔다. 그러나, 디자인이 중시되는 현대의 기기들에서는 제품 개발 프로세스와 디자인 프로세스를 양립하거나, 한쪽에 치우쳐 관리할 수 없는 불가분의 관계로 보기 시작하였다. 삼성전자 역시 CNB(Create New Business) 개념을 주창하며, 기존의 개발과 디자인과의 협업 및 나아가서는 유통까지의 단계를 그 범위에 넣어 관리하고 있다. [그림 2-2]는 2010년 이래로 주창되고 있는 삼성전자의 CNB 개념도를 보여주고 있다. [그림 2-2]를 보면 기존의 4단계 개발 프로세스를 총 5단계 개발 프로세스로 정립한 것을 볼 수 있다.

- 경영전략 (신설)
- 상품기획 (기존)
- 개발 (개발 및 구현 단계 통합)
- 양산 (기존)
- 유통 (신설)

여기에 각 단계의 디자인 개념을 투입하고 관리하는 요점을 통하여, 외형 및 기능의 디자인뿐 아니라, "Total Communication"의 요소를 투입한다는 체계는 주목할 만하다. 이는 차후 스마트 기기와 같은 지능형 기기의 개발과정에 필요한 생태계(Ecology) 관리와 그 맥을 같이한다고 볼 수 있다. 생태계 관리에 대한 사항은 다음 절에서 세부적으로 설명한다.

이 절에서 주목할 만한 사항은 실제 제품을 개발하고 생산하고 있는 기업에서는 다음과 같은 점에 초점을 두어 개발 프로세스를 관리한다는 점이다.

- 경영전략의 비중 증가
- SCM을 아우르는 유통의 중요성 포함
- 기능 및 관리 프로세스 중심의 개발 프로세스에 디자인의 관점 융합
- 제품 개발의 범위를 양산을 포함한 제품의 전 생애주기(Lifecycle)로 확대

먼저, 경영전략의 비중은 Top-down 의사결정이 기업의 경쟁력 유지에서 보다 중요하다는 것을 의미한다. 기존의 수평적 의사결정에서 나올 수 있는 관대함의 오류나 느린 의사결정을 배제하고, 기업의 핵심 역량을 조기에 집중할 수 있는 어젠다(Agenda)의 수립 및 결정이 제품 개발 프로세스에 매우 중시됨을 시사하고 있다.

이는 제품 개발 프로세스와 더불어 또 하나의 핵심 기업 경쟁력의 축이라 할 수 있는 SCM(Supply Chain Management)분야에서도 적용되고 있다. 즉, 기존의 공급중심의 SCM에서 수요중심의 관리로 재편됐던 SCM이(2000년대), 다시 의사결정 및 수요예측의 중심을 Top-down 의사결정 및 예측이 가미된 합의 예측(Consensus Based Forecasting)으로 변모하는 SCM으로 전이됨을 볼 때, 경영전략의 포함은 그 시사하는 바가 크다. 이러한 관점은 현 정부가 추구하는 창조경제와도 그 맥을 같이 한다고 볼 수 있다. 그리고 벤처기업의 경우, 기존 기업들과 다른 프로세스가 적용되어야 한다.

즉, 벤처기업에서 가장 중요한 것은 초기 아이디어의 구현단계에서 비교적 순조롭게 중소기업으로 발전하는 것이다. 이는 일명, Death Valley를 얼마나 순조롭게 넘느냐로 설명된다. [그림 2-3]은 벤처기업의 생애주기와 Death Valley 영역을 보여주고 있다.

이때, 벤처기업은 자체의 힘이나 엔젤(Angel)이 가지는 모험자본의 힘에 의거하여 이득이 나지 않는 방향이라도, 보다 장기적이고 전략적인 관점에서 연구개발 행위를 지속하게 되는데, 이는 다분히 경영전략을 고려한 관점이라 할 수 있다. 기존의 제품 생산개발과정에서 추구되었던 이윤 및 경제성의 정의는 다분히 식 2-3이나 식 2-4에 의거한 경제성 평가식에 근거하고 있었다.

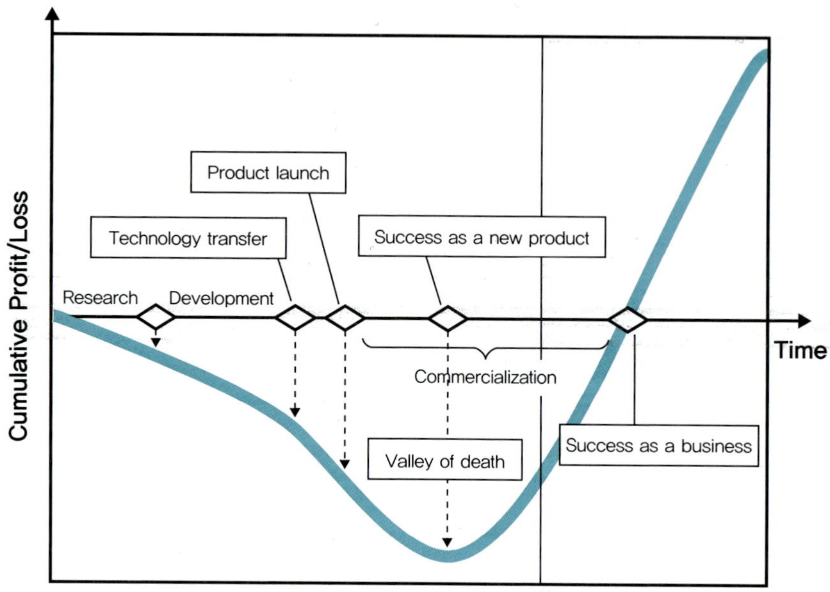

그림 2-3 벤처기업의 생애주기와 Death Valley

출처 : Osawa, Y. and K. Miyazaki, *An empirical analysis of the valley of death : large-scale R&D project performance in a Japanese diversified company.* Asian Journal of Technology Innovation, 2006. 14(2): p. 93–116.

$$V_T = V_O - V_I \qquad (식\ 2\text{-}3)$$

$$V_T = \frac{V_O}{V_I} \qquad (식\ 2\text{-}4)$$

즉, 총체적 경제적 가치인 V_T는 성과로서의 가치인 V_O에서 투입 가치인 V_I를 차감하거나, 이를 나누어 구하게 된다. 물론, 이 과정에서 현재가치(Net Present Value; NPV)로의 환산이나 미래가치(Future Value; FV), 혹은 연간가치(Annual Worth; AW)로 환산이 요구되며, 교호 작용 등이 분석되기도 한다. 물론, 정성적인 평가 및 분류가 이슈로 대두되기는 하지만, 많은 수의 기업에서의 경제성 평가 활동이 식 2-3이나 2-4를 통하여 측정되고 있다. 그럼에도 불구하고, 식 적용 시 가장 큰 문제점은 바로 V_O를 판단하는 시점의 차이이다. 즉, 이 시점을 얼마나 장기적으로 보고, 전략적으로 판단하느냐가 그 중심이 될 수 있다. 이는 융합형기기나 스마트 기기에서도 시사하는 바가 크다. 특히, 자본 및 연구지식이 집약적으로 요구되는 스마트 기기의 개발단계에서는 이러한 전략적 평가가 선행되어야 함은 주지의 사실이다. 이러한 예는, 한국의 사례에서도 많이 찾아볼 수 있는데, 그 중 하나가 LG전자의 사례이다. 즉, 프라다 폰(Prada Phone) 등으로 디자인을 중심으로 한 고급 피처(Feature) 폰을 성공적으로 론칭시켜 세계시장을 주도했음에도 불구하고, 단기적인 경영성과 및 지표관리에 집중하여 스마트폰의 세계 시장 동향파악 및 개발 타이밍을 잃은 사례는 두고두고 많은 경영실패 사례로서 회자되고 있다.

두 번째 시사하는 바는 바로 "SCM을 포함하는 유통"의 프로세스 포함이다. 2.2절에서도 보다시피, 2000년 수립된 제품개발 프로세스의 이론연구들은 유통 전 단계까지를 대략적인 NPDP단계로 인식하고 있다. 삼성전자의 경우에서도 볼 수 있듯이, 유통 단계를 고려한 개발 프로세스는 SCM을 개발프로세스의 한 축으로 통합시켜, 통합적인 관점에서 기업의 경쟁력을 관리하고자 하는 노력으로 해석된다. 특히, 최근 들어 제품의 가격을 결정하는 주요 부서가 연구소 및 마케팅이 아니라 SCM부서임을 볼 때, 제품의 경쟁성 및 비용구조, 그리고 이를 포함한 여러 가지 요소들에서 시사하는 바가 매우 크다. 특히, 유통이 제품개발에 미치는 영향은 보다 면밀하게 분석되어야 하는데, 주요 사항을 살펴보면 다음과 같다.

- SKU(Stock Keeping Unit)로 지칭되는 지역 향에 대한 개발 프로세스 반영
- 유통과정에서 일어나는 비용구조의 경제성 평가 도입 및 개발 프로세스 반영
- 법인의 수요예측의 직접적인 분석을 통한 빠른 시장동향 파악 및 M.I(Market Intelligence) 반영

"SCM" 프로세스의 포함은 경쟁회사(Rival Company)와의 고객 평가 및 관련 유통구조를 또한 빠르게 파악할 수 있다는 장점을 지니게 된다. 과거에는 이러한 과정 및 분석이 마케팅 부서의 도움 및 협업으로 이루어졌으나, 보다 빠른 시장 동향이 중시되는 시점에서 유통과의 통합은 보다 빠르게 변모하는 경쟁력을 제고하게 하는 핵심 수단으로 작용될 수 있다.

세 번째 사항은 제품 및 기능 중심의 개발에서 디자인을 고려한 개발 프로세스의 통합이다. 즉, 개발 프로세스에 디자인을 첨부함으로써, 넓은 범위에서 제품이 아니라 서비스를 지향하는 개발의 폭을 확대하고, 나아가 네 번째로 전 생애주기로 개발 프로세스를 확대하려는 노력이 현재 글로벌 기업의 개발 프로세스에 함유되어 있음을 분석할 수 있다.

2.4 | 서비스 개발 프로세스

현대의 개발 프로세스 구분을 위한 또 다른 중요한 분류로는 제품 개발 프로세스와 서비스 개발 프로세스의 통합에 있다. 즉 기존의 제품 개발 프로세스에서는 제품과 제품을 사용하는 고객에 대한 인터페이스를 주로 그 설계 관점에 포함시켜 진행하였다. 이러한 관점은 각 기능이 통합적으로 고객에게 효과적으로 전달되느냐를 측정하는 인터페이스 설계 및 관련 디자인, 테스트로 이어져 왔다. 그러나, 2000년 후반부터 발달한 스마트폰의 발달은 단순한 제품과 고객의 1:1 관계가 아니라, 제품-기능 설계자-기능 운영자-고객 등으로 이어지는 순환 사이클(Circle)을 창조하였다. 대표적인 형태가 바로 Apple사가 가지고 있는 Iphone이나 안드로이드폰 등의 스마트폰에서 실행되는 앱(App)이다. App은 Application의 약자로서, 스마트폰을 포함한 스마트 기기에 장착되어 실행되는 작은 실행단위이다. 초기에는 위젯(Widget)이라는 용어로 사용되었으나, 현재는 위젯과 앱을 엄격하게 구분하고 다음과 같이 사용하고 있다.

- 앱 : 스마트 기기에 장착되어 사용하는 프로그램의 일종
- 위젯 : 앱 중 실시간 소통 및 데이터 교환(Streaming)기능을 가지는 프로그램

즉, 위젯은 앱의 충분조건이면서 뉴스 및 주식 조회와 같은 실시간 데이터 교환을 그 기능으로 수행하는 프로그램이라고 규정할 수 있다. 이에 대한 자세한 설명은 Lee[출처 : Lee, H., Android programming and mobile UX design. 2013, Seoul, Korea: Bomungak]를 참고하도록 한다.

그런데, 이때 중시되는 사항은 제품과 고객 간의 1:1관계가 아니라, 앱과 같은 기능의 설계 및 구현자와 이를 공급하는 운영자들을 고려한 제품 개발 프로세스가 수립되어야 한다는 점이다. 이를 지능형 기기 제조분야에서는 스마트 생태계(Smart Ecology)라고 정의한다. [그림 2-4]는 기존의 제품개발 단계에서 중시되었던 1:1 맵핑 관계(a)와 스마트 생태계에서 중시되고 있는 다자간 생태모델(b)을 표현하고 있다.

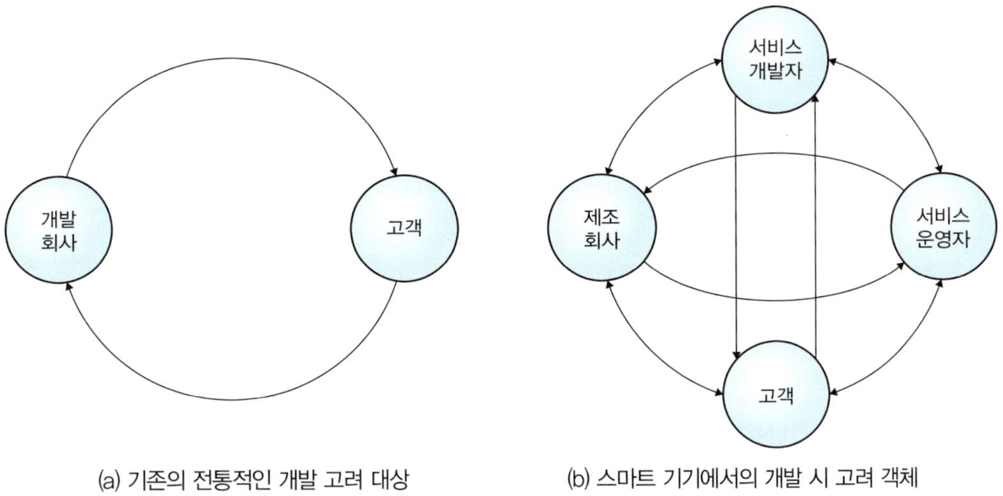

그림 2-4 제품개발단계에서의 객체 및 주체 관계도

이러한 생태모델을 개발에 반영할 때 변화하는 개발요소는 막대하다고 볼 수 있다. [표 2-2]는 스마트 생태계를 구성하는 각 요소의 주요 고려요소를 보여준다.

표 2-2 스마트 생태계의 고려 요소

생태계 구성요소	기존 개발 프로세스의 고려 여부	주요 고려요소
제품	O	1) 기존 고려요소 2) 기능 공급/운영자와의 인터페이스 여부
기능 설계/구현자	X	1) 플랫폼 포함 여부(개방형/폐쇄형 구조) 2) 추가 개발 및 업그레이드의 제공 여부
기능 공급/운영자	X	1) 플랫폼 포함 여부(개방형/폐쇄형 구조) 2) 운영 플랫폼을 고려한 제품 구조
고객	O	1) 기존 고려요소 2) 기능 공급/운영자와의 인터페이스 여부

이때, 제품 및 고객 간의 인터페이스를 고려한 개발 프로세스를 전통적인 개발 프로세스로 정의할 수 있다면, 기능 설계/구현자 및 기능 공급/운영자를 고려한 프로세스를 서비스 프로세스로 새롭게 정의할 수 있다. Apple의 Ipad와 Iphone과 같은 스마트 기기를 예로

들어 보자. 기존의 Feature 폰에서는 모바일 폰과 고객을 고려한 인터페이스 등이 주요 개발 항목 및 개발 품질로서 평가되었지만, 현재 IPhone이 자랑하는 사항 중의 하나는 App의 풍부함에 있다고 할 수 있다. 즉, 앱을 개발하는 수 많은 개발자들이 IOS라는 오픈 플랫폼 상에서 개발하여, 애플 스토어라는 운영자 및 공급자를 통하여 전 세계 고객에게 채택되는 시스템은 개발 단계에서 이를 초기부터 고려해야 할 가장 중요한 요소로 보여주는 단적인 예라고 볼 수 있다.

이는 스마트 TV에서도 동일한 형태를 보여주고 있다. 즉, 기존의 TV와 시청자와의 일대일 관계가 아니라, 스마트 TV의 앱 공급자와 운영자와의 관계, 그리고 이를 지원하기 위한 시스템적 기능이 스마트 TV의 설계 시에 매우 중요한 요소로서 자리잡기 때문이다. 이때 체크되어야 할 사항은 [표 2-2]에서 보는 바와 같이 기존의 관리 플랫폼에 기능 구현자와 공급자를 포함시킬 것인가에 대한 여부 즉, 개방형 생태계로서 구축할 것인지와 폐쇄형 생태계로서 관리할 것인지에 대한 여부 등이다. 그리고, 이러한 접근은 차후 추가 개발 및 업그레이드를 위한 개발 키트 혹은 API(Application Programmable Interface)의 공개 여부와 이어진다. 이는 공개를 어느 정도 할 것인지와 얼마나 세밀하게 관리할 것인지를 말해주고, 이와 관련된 개발 언어 및 플랫폼의 선택에 큰 영향을 미치게 된다. 현대의 신제품 개발 프로세스에서 중요한 것은 단순한 제품 개발 프로세스의 고려뿐 아니라, 이를 둘러싼 전반적인 서비스까지를 고려한 개발 프로세스여야 한다는 점이다. 특히, 스마트 기기가 창출한 새로운 수요와 공급은 이를 토대로 한 서비스의 창출로 이어져 보다 중요하게 신제품 개발 프로세스에 포함되어야 함을 보여준다.

연습문제

1. Krishana과 Ulrich가 정의한 NPDP의 정의를 기술하시오.
2. 메타 프로세스의 정의를 기술하고, NPDP의 관점에서 메타 프로세스를 기술하시오.
3. 제품개발 프로세스가 필요한 이유와 그 유형을 설명하시오.
4. 서비스 개발 프로세스가 필요한 이유와, 그 예를 찾아서 설명하시오.
5. 스마트폰과 같이 디바이스를 대상으로 제품개발 프로세스를 도해하시오.
6. 자신이 사용하고 있는 스마트폰의 ICT 생태계 분석을 통하여 그 서비스 개발 프로세스를 도해하시오.
7. 제품 개발 프로세스와 서비스 개발 프로세스가 어떻게 통합될수 있는지 생각해 보시오.
8. 벤처기업의 생애주기를 참고하여, 벤처기업의 제품 및 서비스 개발프로세스의 방향 및 특징을 기술해 보시오.
9. 제품개발 프로세스에서 필요한 정보시스템의 특징을 생각해보고 기술하여 보시오.
10. 서비스 개발 프로세스에서 왜 정보시스템이 필요한지를 기술하여 보시오.

Chapter. 3

제품 개발 정보시스템

3.1 제품 개발 프로세스를 지원하는 정보시스템

신제품 개발 프로세스의 시스템 구축이 중요한 이유는 개발 경쟁력이 곧 회사의 경쟁력을 좌우한다는 논리 이외에도 경제법칙의 변화, 중심가치의 변화, 비즈니스 관계의 변화 그리고, 비즈니스 요소의 변화 등에서 조명될 수 있다.

먼저, 경제법칙의 변화 측면에서는 생산성 및 공급자를 중시하는 방향에서 경쟁력과 소비자를 중시하는 방향으로 변모하였다. 이러한 것은, SCM(Supply Chain Management) 시스템의 구축 기조에도 반영되는데, 과거의 공급중심의 계획 및 시스템이 수요 중심의 계획 및 시스템으로 바뀌었다는 점이다.

두 번째 변화는 중심가치의 변화이다. 즉, 기존의 자본, 도구, 설비를 중심으로 하던 가치 패러다임이 지식 및 구성원을 원천으로 하는 지식시스템으로 변모되고 있기 때문이다.

비즈니스 관계의 변화에서도 과거의 좁은 의미의 기업에서 확장된 개념의 기업인 사회적 가치의 기업의 탄생으로 이어졌다. 이러한 관점에서, 신제품 개발에 관계된 회사 전체의 모든 부서가 데이터를 공유하고 피드백을 하는 것은 글로벌 회사의 필수 항목으로 여겨졌다. 즉, 과거 신제품 개발 프로세스에서의 데이터를 단순히 마케팅 → R&D → 생산 → 품질관리 부서 등에서 독점했던 사항은 이제, 회사의 모든 내부 네트워크 및 그 구성원 사이의 관련 정보 공유라는 목적에서 관리하는 방향으로 진화되어 왔다. 일반적으로 2010년대의 개발 데이터를 참조하는 주요 부서들은 회사의 조직상에서 아래와 같다(그림 3-1).

- 연구개발/연구소 (연구 행정 부서 포함)
- 생산
- 기획
- 서비스
- 품질관리
- 구매
- 영업
- 자재
- 시험관리

• 물류
• 인사
• 지원
• 총무
• 출하
• 수출입 부서 등.

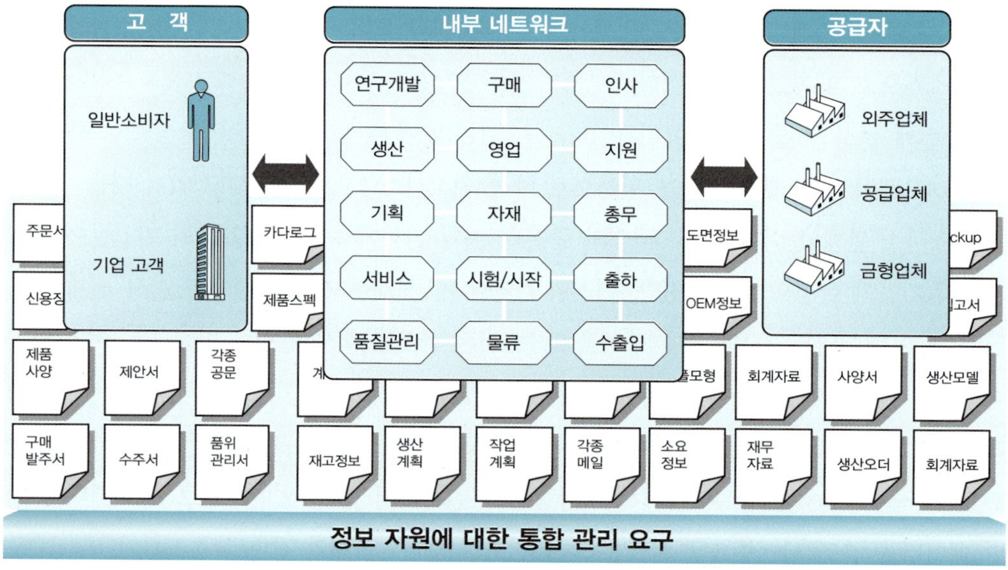

그림 3-1 회사 내 개발 데이터를 참조하는 주요 부서

이러한 조직에서 보다시피 제품 개발 데이터는 더 이상 특정 개발부서의 독점 데이터가 아닌 전사적인 데이터로서 관리되고 있음을 보여준다. 이러한 관점에서 데이터의 관리, 좁은 의미에서는 데이터의 생성, 수정, 보안, 소멸 등의 관리권한 설정 및 흐름 등을 관리할 시스템을 필요로 하게 된다.

PLM은 제조업체에서 제품과 관련되는 제반 정보를 제품기획(Concept) 단계에서 폐기 단계까지 전 라이프사이클에 걸쳐 일원적으로 통합 관리하는 제품정보 통합관리 솔루션 및 서비스를 말한다. PLM시스템은 아래와 같은 이점을 지니며, SCM시스템과 함께 기업의 가치사슬 전 부분에 대한 최적성을 제공하는 솔루션이다.

〈제품 개발을 위한 의사소통 기준 및 표준 제시〉

- 정보자원의 중앙집중 관리
- 원본/최종본/유효본의 항시 제공을 통한 정보 소재 명확성/정확성 제공
- 가치사슬 간 제품 대상의 의사소통 전개 시 기준정보 제공
- 의사소통 시 대상 정보에 대한 신뢰도 보증

〈정보자원 가치의 질적 향상〉

- 가치 창출자의 요구정보에 대한 적시 제공을 통한 생산성 향상
- 지식 기반 확립을 통한 가치 창출자의 역량 극대화
- 가치 창출자에 책임 및 권한 부여

〈정보자원의 지속적 축적 / 공유〉

- 개인 보유 정보자원 공유를 통한 전 구성원의 기술/지식 수준 향상 및 협업 지원
- 지식 기반의 지속적 축적/강화를 통한 기업 경쟁력 향상

〈업무 투명성 및 신뢰도 확보〉

- 프로세스 모니터링, 정보 공유 등을 통한 업무 투명성 확보
- 정보자원의 책임소재, 유효 정보 보증 등을 통한 신뢰도 확보

〈업무 정형화/표준화 및 지속적 혁신지원〉

- 솔루션 도입 시 BRP/PI 작업을 통한 업무 정형화 및 표준화
- 개선과제/문제점 분석을 위한 정보를 지속적으로 제공함으로써 프로세스 혁신 지원

〈전 부문에 대한 정보화〉

- 제품 정보의 초기생성을 담당하는 연구개발 부문의 정보화를 통한 전 부문 정보화 가능
- 타 시스템(ERP, SCM, CRM) 기반 정보의 생성 및 공급

이러한 PLM시스템의 특징은 다음 절에서 서술한다.

3.2 | 신제품 개발 정보 시스템의 특징

PLM시스템은 관리대상 정보의 특징, 사용상의 특징, 적용상의 특징, 그리고, 구현상의 특징으로 나누어 분석할 수 있다.

먼저, 관리대상 정보의 특징으로는,

- 라이프사이클을 가지며 정보로 지속적인 관리를 요구
- 정보 요소 간 논리적/물리적 의존도가 높음
- 동일 정보에 접근하는 사용자가 다양함

과 같은 특징을 가진다. 이 중, 첫 번째 특징은 PLM시스템 개념의 등장을 야기하였으며, 두 번째 특징은 특정 정보를 통해 관련된 다른 정보에 직접 접근이 가능한 Single Point Access개념을 탑재하는 경향을 보여주었다. 세 번째 특징으로 사용자의 보안수준 및 역할, 접근목적 등에 따른 정보의 표현이 다양하게 되고 이를 관리요소로 포함시키는 계기가 되었다.

사용자 특징으로는 크게 두 가지 특징을 지니게 되는데, 일반화/구조화된 정보를 제공하는 것과 비공식 자료에 대한 개인영역 제공을 통해 제품정보 생성/변경 지원 및 공식화를 위해 승인절차를 거쳐야 함을 이야기한다.

첫 번째 세부 특징으로는 정보에 대한 해석과 분석/과정이 필요하며 정보의 수용범위가 높다는 데에 그 특징을 같이 한다. 또한 두 번째 특징으로는

- 개인별 작업 정보에 대한 일괄관리를 통해 개인의 업무 정확도 향상
- 높은 신뢰도의 공유 정보자원 관리기능 지원
- 동일정보에 대한 동시변경 제한 및 변경이력 기능을 통한 정보의 책임소자 강화

와 같은 사항들을 지닌다. 이 중 변경이력이란 PLM시스템의 가장 기본적인 구현기능이라 할 수 있는 “Check-in/Check-out” 기능을 가리킨다.

적용상의 특징은 다음과 같은 특징들을 가진다.

- 업무 프로세스의 개선 및 혁신작업(BPR, PI)이 동반되어야 함

• 시스템의 업무상 적용, 안정화를 위한 별도의 기간이 요구
• 시스템 구축효과가 비교적 느리게 나타남

이 중 세 번째의 적용상 특징은 그 시사하는 바가 크다. 즉, 시스템 구축효과가 비교적 느리게 나타남으로 인하여 초기 투자대비 효율상으로 관리층의 비판이 제기될 수 있다는 점이다. 이로 인하여 중요한 개발경쟁력이 저하될 수 있고, 더 나아가서는 NPDP를 담당하는 구성원들의 사기저하로 이어질 염려가 있다. 따라서, 이러한 특징들을 자세히 숙지하고, 이해하는 것 또한 중요한 사항이다.

마지막으로 구현상의 특징으로는 아래와 같은 특징들을 지닌다.

• 구축 사이트의 기업 특성, 기업문화, 비전, 당면과제, 사용 기술 구조, 중점 구현기능 등에 따른 차이 반영
• 타 시스템 및 그룹웨어와 밀접한 연관성이 높음
• 다양한 전문 IT기술 및 업무 지식이 요구

이 중에서 타 시스템 및 그룹웨어로는 CAD, OA, ERP, MRP와 같은 시스템과 SCM, CRM과 같은 여러 가지 시스템들이 연관요소 및 인터페이스 모듈로서 고려되고 작용된다. 또한, 구현을 위한 다양한 전문 IT기술로는 하드웨어, DBMS, 네트워크, OS, 패키지, 구현언어, 미들웨어와 같은 전문 지식 및 기술이 요구된다.

이러한 PLM 시스템은 마케팅 DB부터 ERP까지 기업 정형화된 시스템들의 기능을 공유하며, 인터페이스 된다. [그림 3-2]는 산업체에서 필수적으로 고려되는 PLM시스템의 인터페이스 모듈을 보여준다.

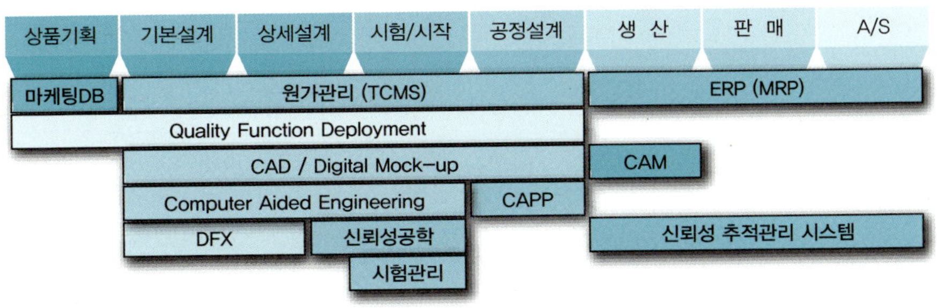

그림 3-2 타 시스템간의 기능 공유 모듈 예

이러한 제품개발 지원 시스템은 제품개발 측면, 생산/판매 측면, 사후서비스 측면에서 다양하게 이용될 수 있다.

먼저 제품 개발 측면에서는

- 의사소통의 도구로 활용
- 설계지식의 축적을 통한 지식기반으로 활용
- 부품 표준화/공용화를 통한 재사용 극대화
- 개발/변경 프로세스의 효과적 통제 수단
- CAD 어플리케이션 활용 가치 증대

로 활용 가능하며, 생산/판매 측면에서는

- 생산계획 및 원가의 조기 수립 및 산정
- 자재/부품 공용화를 통한 관리 용이
- 생산 사양의 효율적 관리 기반
- 제품 중심의 지속적 품질관리
- 양산 사양 및 도면 신뢰도 극대화

로 활용 가능하다. 또한 사후 서비스 측면에서도

- 양산 사양에 대한 추적제공
- 서비스 관련 지식 기반

등으로 활용이 가능하다.

3.3 신제품 개발 프로세스의 동시공학 지원

동시공학 체계의 지원 및 구현은 NPDP에서 매우 중요한 역할을 한다. 먼저, 동시공학은 기존의 순차적 NPDP와는 달리 상품 기획부터 생산/구매까지 공동작업 및 협업 프로세스를 극대화하여 양산/유통까지의 사이클 타임을 단축하고, 이를 통하여 시장 선점 및 이익 극대화를 꾀하는 공학 체계를 지칭한다. 이를 위한 가장 핵심적인 사항은 제품 개발 프로세스를 시스템화하여 이를 통한 협업 프로세스를 계획하는 것이다. [그림 3-3]은 PLM 시스템을 통하여 구현하는 동시공학 체계를 보여주고 있다. 이렇게 구현된 PLM 시스템은 다음과 같은 사항을 가지고 동시공학 체계 구현 및 제품 경쟁력을 확보하게 된다.

- 단위 공정 간 신속하고 정확한 의사소통 지원을 통한 동시공학 체계 실현
- 제품 개발기간 단축 및 조기 생산개시를 통한 시장 선점
- 품질 직결요소에 자원의 집중 투입, 신속한 피드백을 통한 제품경쟁력 확보

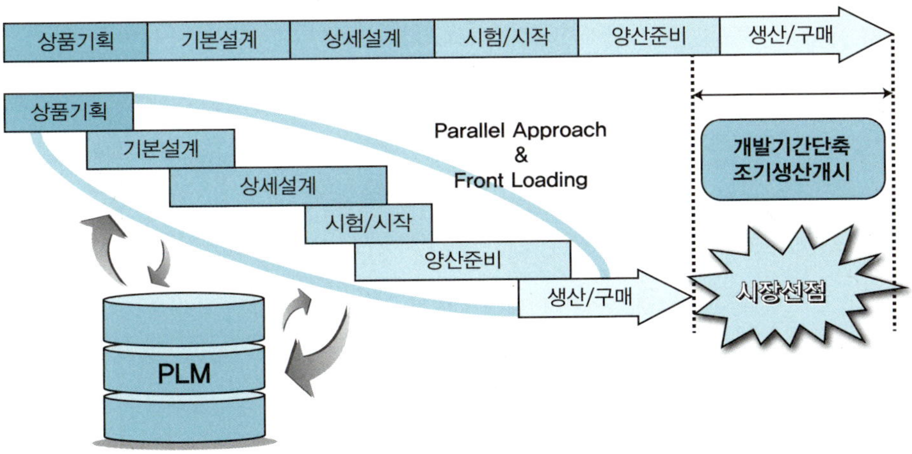

그림 3-3 PLM시스템을 통한 동시공학 체계 구현

3.4 | 신제품 개발 시스템과 타 시스템과의 관계

제품 개발 시스템에 축적되는 제품 정보는 CAD, OA 등의 애플리케이션을 통해 주로 생성되며, 제품 개발 시스템은 이러한 제품과 관련된 정보에 대한 통합적인 관리를 수행하고, 축적된 제품 정보를 중심으로 타 시스템과 통합되어 내/외부 사용자에게 적절한 정보 서비스를 제공한다. [그림 3-4]는 제품개발 시스템과 타 시스템 간의 인터페이스 구조도를 보여준다. 이 구조도에서 보면 PLM시스템은 역시 고객사 및 협력사의 PLM 시스템과 밀접하게 연관되어 있음을 확인할 수 있다.

즉, 단순히 기업 내부만의 CAD, OA, ERP, CRM, SCM 등의 시스템 간 인터페이스가 아니라, B2B관계에 있는 고객사와 1,2,3rd 협력사(Supplier)들 간의 PLM적 협업은 전체 개발 프로세스를 단축하는 데 매우 중요하며, 이러한 시스템을 구축하는 것이 핵심이라는 것을 보여준다. 이러한 시각은 PLM시스템이 CPC(Collaborative Product Commerce)로 발전하는 계기를 마련하였으며, 비슷한 아이디어는 SCM에서도 VMI(Vendor Managed Inventory) 및 CFPR이라는 협업개념으로 맵핑 가능하다. [그림 3-5]는 그중에서도 PLM과 ERP와의 관계를 보여준다.

ERP는 중소기업을 비롯한 여러 기업에서 핵심 시스템으로 자리잡고 있다. 대기업에서는 ERP 이외에도 기업 경영 시스템 및 회계 시스템, SCM시스템이 따로 구축되어 그 역할을 하고 있지만, 아직까지도 많은 중소기업에서는 자체 제작한 ERP 시스템을 축으로 하여 많은 업무를 진행하고 있다. 이러한 주지 하에 PLM 정보시스템 간의 정보 시스템, BOM 정보, 설계 정보, 기술정보 그리고, 여러 실적정보의 상호 공유 및 업데이트는 개발프로세스를 단축시키는 데 큰 역할을 한다고 할 수 있다.

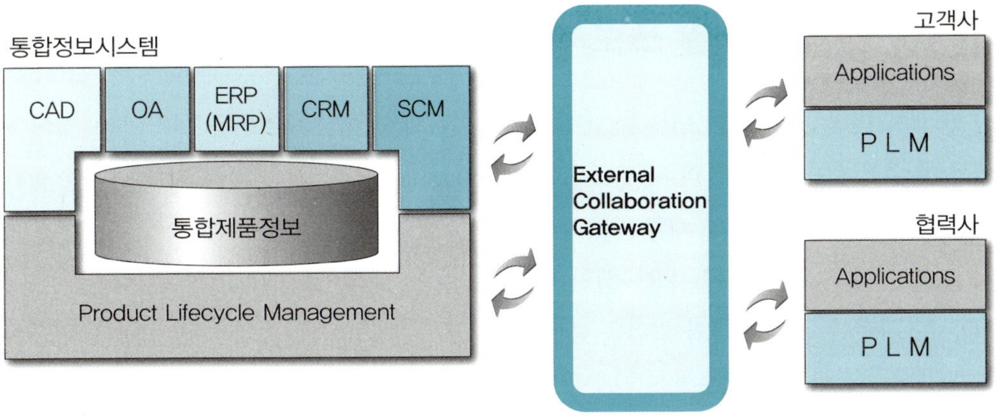

그림 3-4 제품개발시스템과 타 시스템간의 인터페이스 개조도

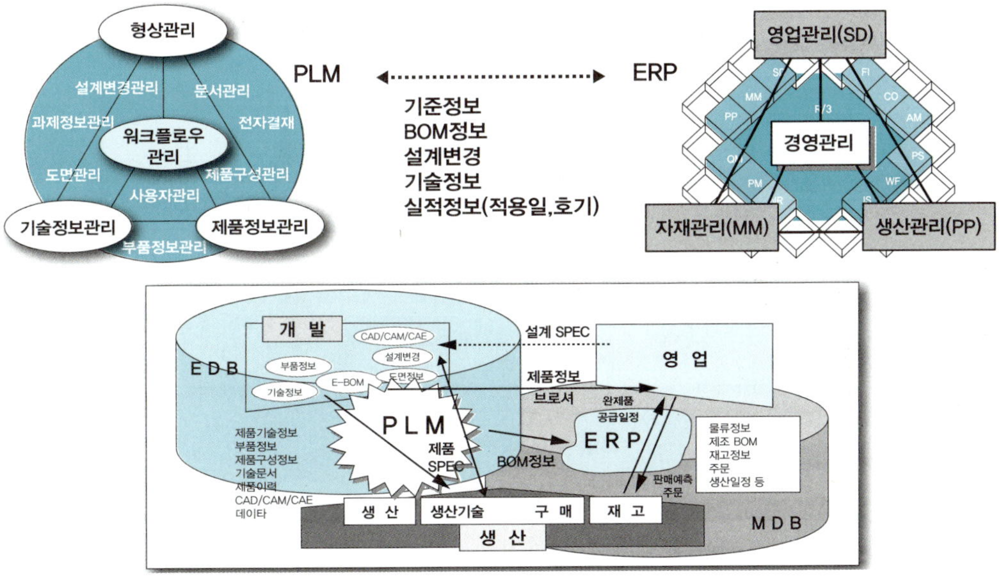

그림 3-5 PLM과 ERP 시스템 간의 관계

3.5 신제품 개발 프로세스에서의 CPC의 역할

앞 절에서 말한 것처럼 PLM은 기업 내부의 제품 개발 프로세스만을 관장하는 것이 아니라, 협력업체 및 고객사 PLM과의 협업이 현대 NPDP의 기본 흐름으로 자리잡고 있다. 2000년대 중반부터 이러한 경향은 CPC의 출현으로 자리잡았다. CPC는 제품의 기획, 설계 단계에서부터 소멸에 이르기까지 전 생애주기 동안 고객, 공급업체, 협력업체 및 서비스 현장 등 관련된 전 부문과의 협업을 통해 제품설계, 생산, 구매, 조달, 영업/판매, 마케팅, 고객 서비스 등의 모든 업무를 인터넷을 매개로 관리하는 시스템 및 서비스를 의미한다. [그림 3-6]은 기간산업, 사업파트너인 협력사, 개발주체로서의 개발 기업 그리고, 최종 고객 간의 협업관계를 도식적으로 보여주고 있다.

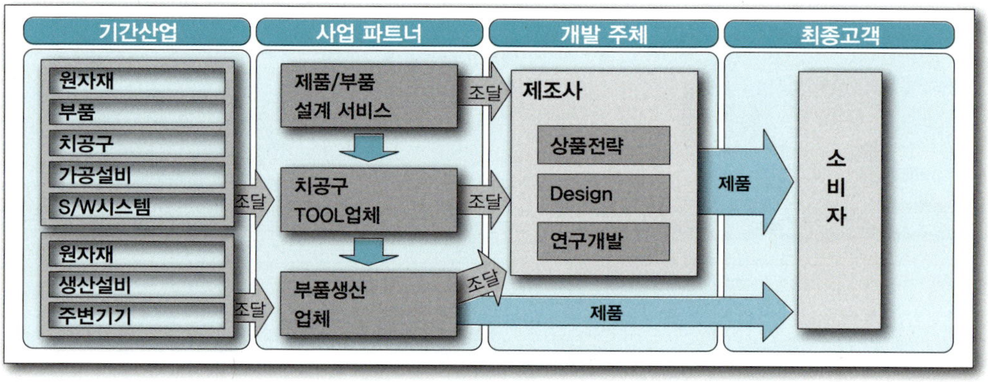

그림 3-6 CPC 출현 배경

이러한 진화과정은 CPC가 현재의 제품개발 프로세스의 모습이라는 것을 의미한다. 그 진화과정 및 기능에서 살펴보면 CPC는 제품 개발 프로세스에서 의미하는 여러 가지 기능들을 전사 및 협력사, 고객사 등과의 협업으로 구축된다는 것을 보여준다.

여기서, 주지해야 할 사항은 CPC와 PLM의 관계이다. [그림 3-7]을 해석할 때, CPC를 PLM의 진화된 상태로 보는 것이 아니라, PLM시스템을 협업 제품 개발 시스템 및 솔루션으로 보는 것이 타당하다. 즉 PLM은 협업 시 의사소통의 대상인 제품 정보를 효과적으로 제시하고, 업무 및 데이터의 표준을 제시함으로써 협업 시 장애요소를 제거한다. 즉, PLM

은 CPC의 기반 시스템으로서 제반 기능을 담당하고 있다.

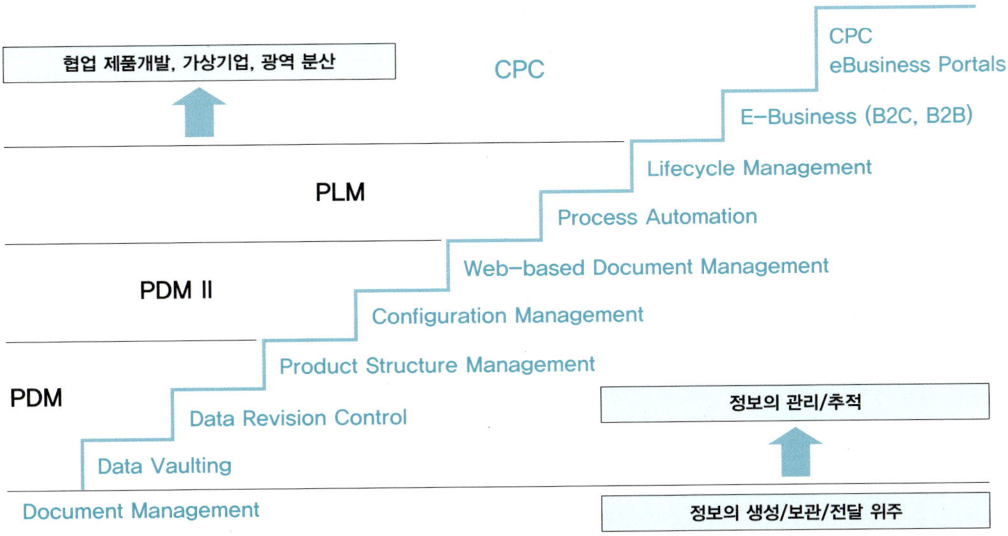

그림 3-7 CPC의 진화과정 및 PLM 기능

다음 절에서는 이러한 PLM 시스템을 어떻게 구축하는지 알아보자.

3.6 신제품 개발 시스템 구축 절차

제품개발 시스템을 구축하기 전에는 먼저 제품 정보관리 체계를 구축하여야 한다. 이러한 제품 정보관리 체계를 구축하는 것은 단순히 정보시스템의 도입만을 의미하는 일이 아니라 관련된 정보관리 체계, 업무 절차에 대한 표준화 및 재정립, 문제요소의 개선, 선진 프로세스의 도입, 조직재정비 등 실제 현업 프로세스를 개선하는 작업을 수행하고, 이 결과를 반영하여 정보시스템을 구축하는 것을 의미한다.

이를 위한 구축 절차는 개발프로세스의 특징 및 개발 제품의 특성에 따라 다르나, 보통 다음의 13가지 세부 프로세스를 바탕으로 검토된다.

1. AS-IS 현황분석

2. 요구사항 정의 및 개선사항 도출
3. 선진 기업 벤치마킹
4. 차이 분석
5. 개선 프로세스 정의
6. 프로세스 개선 계획 수립
7. 구축전략 수립
8. 시스템 구조 정의
9. 시스템 구축 계획 수립
10. 패키지 최종 선택
11. 실행계획 수립
12. 프로세스 개선
13. 시스템 구축 및 적용

[그림 3-8]은 이러한 절차의 전/후 관계를 따진 구축 절차를 보여준다.

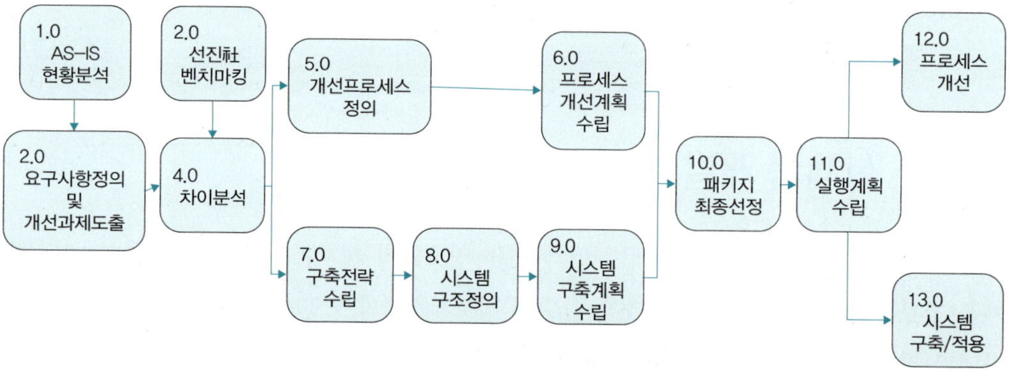

그림 3-8 PLM 시스템 구축 절차

연습문제

1. 신제품 개발 프로세스를 위하여 정보시스템이 필요한 이유를 설명하시오.
2. 서비스 개발 프로세스를 생각해보고, 서비스의 개발을 위하여 정보시스템이 어떻게 구축되어야 하는지 생각해 보시오.
3. PLM 시스템 구축절차를 도해하고, 각 단계를 설명하시오.
4. 기업의 조직 및 각 활동을 기술하고, 제품개발 프로세스에서 각 부서가 하는 역할을 기술하시오.
5. 신제품 개발을 위한 정보시스템의 특징을 기술하시오.
6. 동시공학과 제품개발정보시스템의 관계 및 이를 결합하기 위한 시스템을 기술하시오.
7. 제품 개발 시스템과 타 시스템간의 인터페이스가 어떻게 이루어져야 하는지를 기술하시오.
8. PDM부터 CPC까지의 진화과정 및 각 기능을 기술하시오.
9. PDM과 ERP의 관계를 기술하고, 인터페이스를 위한 정보요소를 정의하시오.
10. 스마트폰을 대상으로 개발과 양산의 각 단계를 문헌 및 인터넷 등을 통하여 살펴보고, 이에 필요한 정보시스템을 기술하시오.

Chapter. 4

제품개발 프로세스 모델링

4.1 | 제품 개발 프로세스 고찰

앞 장에서도 부연하였다시피, 본 연구는 기존의 신제품 개발 프로세스를 조망하고, 스마트 기기의 개발에 요구되는 개발 프로세스와의 비교분석 및 추가 사항들을 도출하는 방향으로 진행된다. 이를 위해, 이번 장에서는 기존의 신제품 개발 프로세스를 집중적으로 조명하고 특히, 이를 지원하기 위한 시스템 분석을 통하여 신제품 개발 프로세스에서도 이를 고려한 시스템이 정비될 수 있도록 한다.

4.2 | 신제품 개발 프로세스 모형

성공적인 신제품 개발을 위하여 몇몇 연구진들 및 실제 기업들의 신제품 개발 프로세스 모델들이 제시되어 표준 프로세스로서 진행되고 있다. 이미 언급하였듯이, 이론적으로 제시된 제품 개발 프로세스가 그 개발의 범위 등에서 여러 양상을 보이고 있고, 실제 기업의 개발 프로세스 또한 특정 제품 개발에 전형화되어 설정되었음을 확인할 수 있다. 이에 이번 절에서는 이들이 공통적으로 주목해야 할 사항과 특별하게 주목해야 할 사항 등을 토대로 하여 일반적인 신제품 개발 프로세스 모형을 기술한다. 특히, 가장 기반이 되는 모델로는 2.3절에서 제시한 삼성전자의 신제품 개발 프로세스 모형으로 이를 토대로 기존에 제시되어 왔던 개발 프로세스의 세부 항목을 기술한다.

이를 위해 먼저 일반적인 제품 개발 프로세스를 도식화하면 [그림 4-1]과 같다.

[그림 4-1]은 최초 개발 컨셉이 탄생하는 상품기획 단계부터 고객까지의 유통까지를 총 10단계에 거쳐서 관리하고 있음을 보여주고 있다. 또한 각 프로세스의 흐름에서 이를 지원하는 시스템과의 맵핑을 통하여 어떠한 지원시스템이 보다 효율적으로 관리항목들을 체크하고, 성공적인 개발에 영향을 주는지를 보여주고 있다. [표 4-1]은 [그림 4-1]에서 표현된 세부 개발 프로세스와 지원 시스템 간의 맵핑을 보다 세부적으로 기술하고 있다.

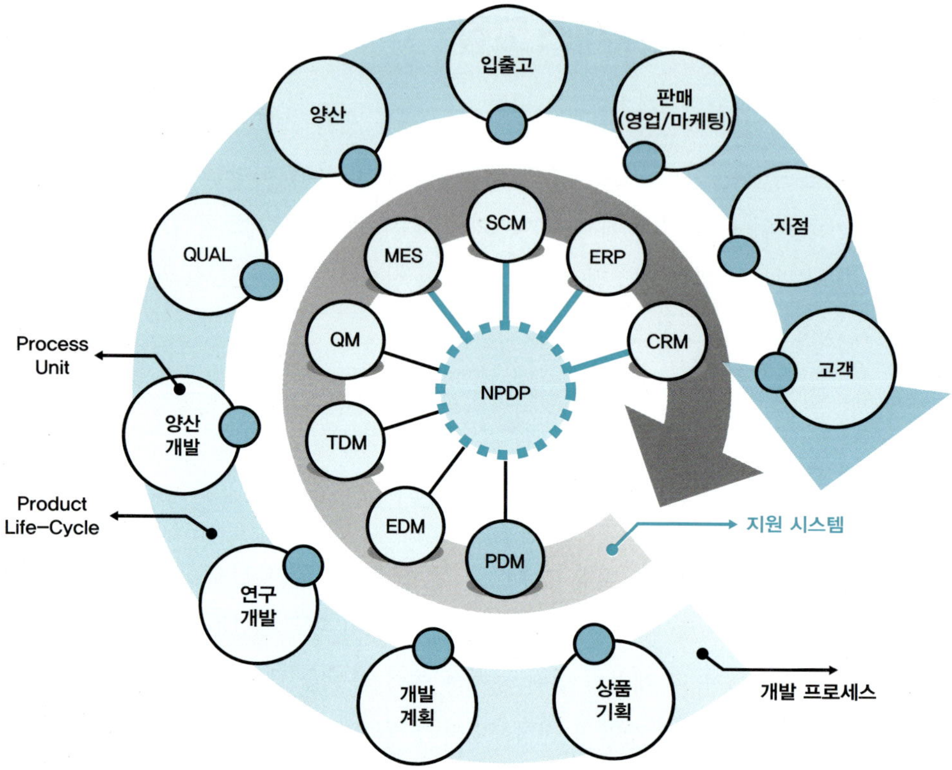

그림 4-1 신제품 개발 프로세스의 프로세스

[표 4-1]에서 기술한 지원 시스템의 약어 풀이는 부록 A를 따른다. [표 4-1]은 [그림 4-1]에서 제시한 표준 프로세스가 Cooper가 분류한 5단계 구분에 비하여 매우 자세하다는 것을 알 수 있다. 특히, 개발 과정을 연구개발과 양산개발로 나누어 파악했다는 점과 양산 단계로 분류했던 Launch 단계를 5단계로 나누어 관리하는 데서 그 세밀함을 보여주고 있다. 다만, 2.3절에서 기술하였듯이 경영전략이 포함되지 않은 것은 기존의 일반적인 세부 개발 프로세스의 표준 모델로 설정되었음을 보여주고 있다.

이를 위한 지원 시스템으로 총 6가지 시스템들이 쓰이고 있는데, 어느 하나에 우선순위를 부여할 수 없듯이 모두가 성공적인 개발을 위한 핵심 시스템이다. 특히, 이 표에서 제시된 지원 시스템 이외에도 ERP(Enterprise Resource Planning), MRP(Material Resource Planning), FP I(Finance Portal), FP II(Factory Planning) 시스템 등이 기반으로 작용되는 시스템들이다.

표 4-1 세부 개발 프로세스와 시스템 간 맵핑

No.	세부 개발 항목	Cooper의 분류와의 맵핑	지원 시스템
1	상품 기획	Discovery	PDM system
2	개발 기획	Scoping	EDM, PDM systems
3	연구 개발	Development	PDM system
4	양산 개발	Development	PDM system
5	테스트	Testing and Validation	TDM, QMS
6	양산	Launch	MES
7	입출고	Launch	SCM system
8	판매	Launch	SCM system
9	법인/지점	Launch	SCM system
10	고객	Launch	SCM system

출처 : Cooper, R.G., *Winning at New Products*. 3 ed. 2001: Perseus publishing.

실제로 제조회사에서는 1) 세부 프로세스에 맞게 지원 시스템이 세부적으로 사용되고 있으며, 글로벌 기업과 같이 지/법인이 갖추어진 회사들에서는 2) 이를 위한 시스템이 추가적으로 구비되고 있다. 실제로 삼성전자에서는 1)의 사례로 반도체의 부산물을 관리하기 위한 System LSI 부산물 관리 시스템 등이 구비되고 있으며, 2)의 사례로 해외 지/법인의 관리 매뉴얼 및 지침을 관리하기 위한 GPPM(Global Policies and Procedures Manual) 시스템 등이 탑재되어 관리되고 있다. 이 중 개발 프로세스에서 전통적인 근간으로 지원된 시스템인 PLM 시스템 등에 대해서는 다음 절에서 세부적으로 살펴보기로 한다.

[그림 4-1]에서 분류된 프로세스는 관점에 따라서 프로세스와 조직 그리고 이를 지원하는 IT 인프라로 구분되기도 한다. [표 4-2]는 이러한 관점에서 각 요소들이 가지고 있는 목표 및 항목들을 기술하고 있다.

표 4-2 프로세스, 조직, IT인프라의 관리 항목

관리항목	주요 목표 및 세부 사항
프로세스	1) 전 개발 체계상의 관련 유관부서 간 협업 프로세스 정립 2) 고객으로의 다양한 납기 약속 및 대응 체제 확립을 위한 프로세스 수립 3) 개발 난점을 해소하기 위한 프로세스 수립
조직	1) 개발 프로세스 관리를 위한 조직 신설 및 업무 정의 2) 개발 프로세스에 맞는 조직별 역할 및 책임 명기 : 개발 R&R(Role & Responsibility) 확립
IT 인프라	1) 개발 프로세스에 대응하는 지원 IT 인프라의 통합 구현 2) 주요 시스템의 데이터 통합을 통한 관리 지원 체계의 효율화 3) 개발 데이터의 사용 및 관리를 위한 다양한 정보 조회 및 활용 제공

다음 절에서는 [그림 4-1]에서 제시한 프로세스를 보다 세부적으로 조명해 보고, 그 기능에 대하여 살펴보기로 한다.

4.3 제품개발 프로세스의 세부 항목 분석

신제품 개발 프로세스 중 세계 수준의 제품을 만들어내는 NPDP프로세스의 실례는 [그림 2-1]에서 제시되었다. 이는 상품화 기획단계부터 양산단계까지의 4단계로, 양산까지를 관장하는 신제품 개발 프로세스를 나타낸다.

2장에서 살펴본 바와 같이 이 NPDP모델은 유통까지를 포함하지 않는다는 단점을 지니고 있지만, 각 단계를 세부적으로 구성하였다는 점과 실제로 세계수준의 제품을 개발하였다는 점에서 높게 평가 받을 수 있다. 본 절에서는 이 프로세스를 기본 모델로 하여 세부적으로 문제점을 살펴보고, 이를 위한 제반 시스템을 고찰하기로 한다.

표 4-3 NPDP 모델의 세부 프로세스 예

단계	세부 단계	의미
Concept (상품화 기획)	PPA	상품기획 발의 승인
	DIA	상품기획 확정 승인

Plan (개발 계획)	PlA /IPA	개발구현 승인
Development (개발 구현)	DRR	설계준비 평가
	DVR	설계자주 평가
	PVR	개발검증
	PRA	양산 승인
Production (양산)	SRA	출하 승인
	Postmortem	복기
	PDA	제품 단종 평가
	ELA	단종 승인

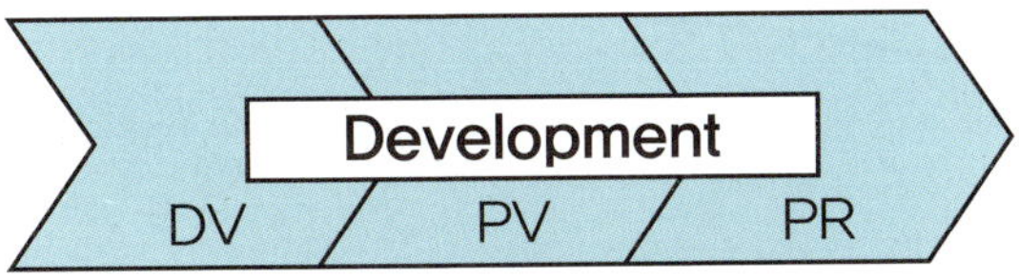

그림 4-2 개발단계의 세분화

이러한 모델은 MIT의 Sloan School에서 연구되었던 Product Development(PD)의 깔때기(Funnel)모델을 벤치마킹하여 변용한 것으로 판단된다. MIT의 PD Funnel 모델은 Hauser[출처 : Weitz, B. and R. Wensley, eds. Handbook of marketting. 2003, Sage Press. / Hauser, J.R., Note on product development. MIT Sloan Courseware, 2004. 1: p. 1-15.]에 의하여 제기된 모델로서 이 모델은 본 연구의 가장 기본적인 NPDP로서 조명될 가치를 지닌다. [그림 4-3]은 Hauser가 제시한 Funnel모델을 보여주고 있다.

Hauser의 Funnel 모델은 크게 4단계로 Concept 단계부터 Design, Testing 그리고 Launch 단계로 나뉘어 볼 수 있음을 알 수 있다. 이 중 Funnel 모델이라 함은 초기 기획 단계에서의 아이디어 및 프로토 타입들이 실제 설계 및 개발, 양산단계를 거쳐서 점차 그 수가 적어지고 정밀화되어 감을 의미란다. 이는 깔때기(Funnel)를 통하여 오염수가 정제되어 가는 것과 같은 원리이다. [그림 4-3]에서 살펴보면 이는 "Opportunity Identification"과 "Idea Generation"이라는 명칭으로 표현되어 있는 것을 알 수 있다. 이때 Launch단계는 유통이 아니라, 양산단계의 좁은 의미의 NPDP로 해석 가능하다. 이 NPDP모델은 Cooper의 Stage-gate모델의 변용모델로서, Cooper의 모델은 기회 분석(Opportunity Identification) 단계부터 Launch 단계까지의 10단계 세부 프로세스에 5개의 평가 및 분석 단계를 결합하여 만든 모델이다(그림 4-4).

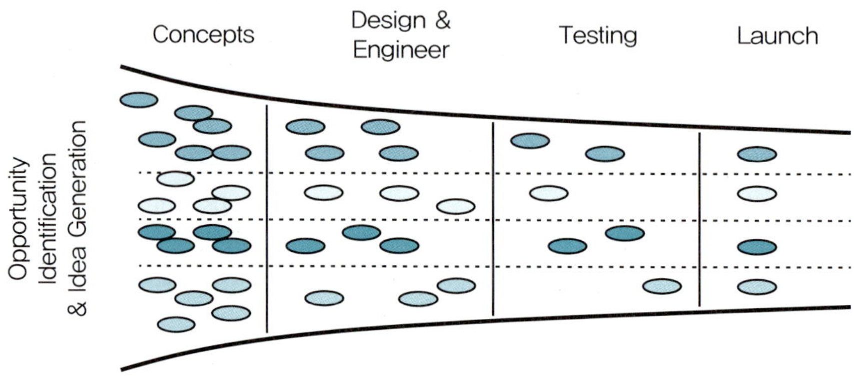

그림 4-3 Hauser의 Funnel 모델

출처 : Hauser, J.R., *Note on product development*. MIT Sloan Courseware, 2004. 1: p. 1–15.

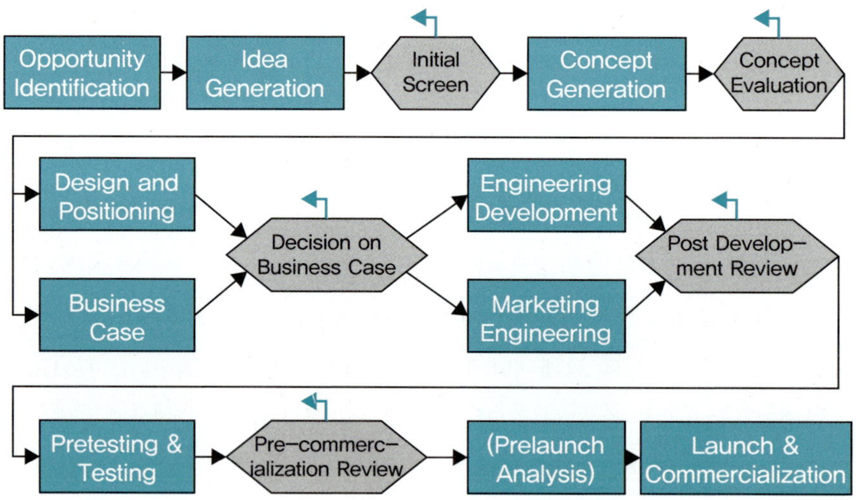

그림 4-4 Cooper의 Stage-gate 모델

출처 : Cooper, R.G., *Stage-game systems: a new tool for managing new products*. Business Horizons, 1990: p. 44–54.]

Cooper의 모델에서 볼 수 있듯이 전 NPDP 단계를 테스트 및 검증 스테이지를 축으로 하여 6개로 구분하였는데, 이는 [표 4-1]에서와 같이 Discovery, Scoping, Development, Testing and Validation, Launch 단계로 구분하여 표현하였음을 보여주고 있다. 이를 [표 4-3]과 같이 세부단계로 나누어 표현하면 [표 4-4]와 같다.

표 4-4 Cooper의 Stage-gate모델의 세부 단계

단계	세부단계
Discovery	Opportunity identification
	Idea generation
Scoping	Concept generation
Development	Design and positioning
	Business cases
Testing	Engineering development
	Marketing engineering
Validation	Pretesting and testing
Launch	Prelaunch analysis
	Launch and commercialization

Cooper의 모델 및 Hasuer의 모델은 상품 또는 제품의 기획단계부터 최종 양산 및 유통 단계까지의 세부 검증이 얼마나 중요한지를 나타내며, 이를 통해 유효성 있는 프로세스의 제시 및 모델을 정립하였다는 데에 큰 의의를 가진다. 특히, Hauser가 제시한, Launch단계의 "Trial Cost"의 감소는 NPDP의 정립이 얼마나 중요한지를 보여준다[그림 4-5].

이들의 NPDP 모델을 벤치마킹하여 제시된 [그림 2-1] 프로세스의 모델은 [그림 4-6]과 같다.

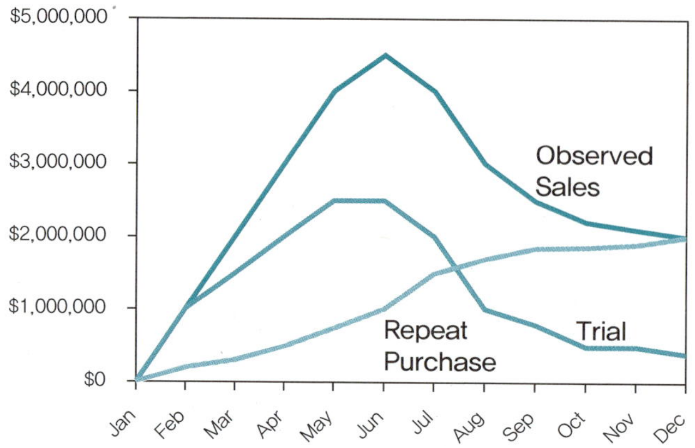

그림 4-5 Hauser의 Product Launch단계의 Trial and Repeat 감소 그래프

출처: Hauser, J.R., *Note on product development*. MIT Sloan Courseware, 2004.1: pp.1–15.

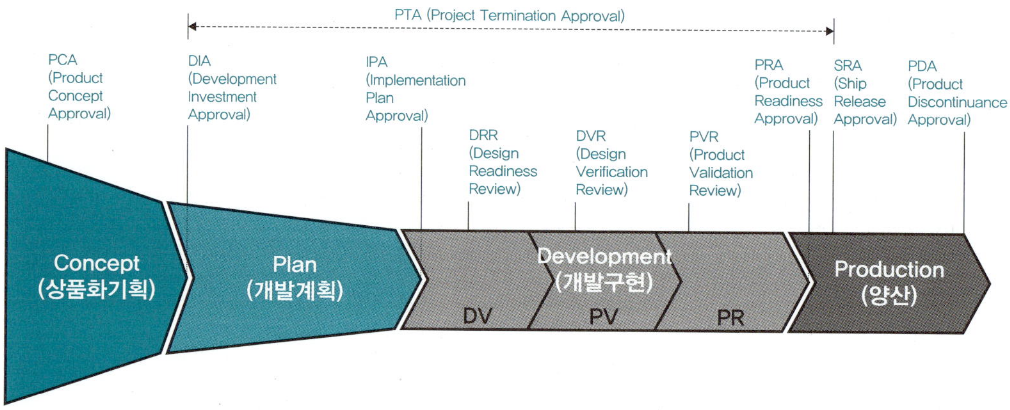

그림 4-6 변형된 Funnel 형 NPDP모델의 예.

이 모형에서 주목할 사항은 PTA라는 구간이다. 즉, Project Termination Approval로서 개발계획단계와 개발구현까지를 통상적인 "Project"라고 명명하여 관리하고 있음을 알 수 있다. 이는 상징하는 바가 큰데, 신제품 개발 단계에서 말하는 프로젝트의 의미는 상품화 기획의 검증 단계를 넘어서 양산 단계에 들어가기까지의 단계를 나타내며, 세부 프로세스 상으로는 DIA와 SRA 전까지를 나타냄을 알 수 있다.

또한, [그림 4-6]에서 제시된 모델은 "양산"이 유통까지를 포함하는 단계로서 NPDP의 관점에서 광의의 프로세스를 담고 있다고 할 수 있다.

이렇게 전 제품 개발 프로세스를 제품의 특징 및 라이프사이클에 맞게 나누어 관리하는 체계를 가지고 있음에도 불구하고 나타나는 몇 가지 오류 및 시행착오가 실제 개발과정에서 나타나는데, 주된 상황 및 원인은 다음과 같다.

〈전체 개발 과정〉

- 기획 단계에서 개발구현 단계까지 품질신뢰성에 대한 관리가 세밀하지 못함
- 시스템적 지원 및 인프라가 전사적인 관점에서 부족하며 체계성이 부족
- 사후 관리에 대한 체계적인 관리역량 필요
- 전체 시스템에 대한 효율성 및 효용성이 오히려 떨어질 위험 소지
- 전체 개발 과정 및 각 세부 개발과정을 평가할 KPI(Key Performance Index)의 설계 및 시스템화 미흡
- 전체 개발 과정에서의 형식화로 인한 의사결정 지원 위험 소유

〈상품화 기획단계〉

- 체계적 제품기획 프로세스의 미비
- 기획자의 특성에 의존도가 높음
- 사후 평가를 통한 개선이 힘듦

〈개발계획 단계〉

- 개발계획 단계에서의 CAE(Computer Aided Engineering)를 통한 사전 기능 검토 미흡

〈개발구현 단계〉

- 3차원 제품 개발 프로세스의 미정립으로 개발 스피드 저하
- 설계 완성도가 낮은 상태로 협력사 및 차후 개발과정, 금형 개발단계 등의 이관
- 설계 변경 과다
- 고급 설계자의 고유 업무가 낮고 협업설계를 위한 인프라 미흡

〈양산 단계〉

- 고객의 피드백 과정에 대한 체계 미흡
- 유통단계와의 밀접한 결합 미흡

이러한 오류 및 위험 등은 실제로 모형이 아닌 제품 개발 과정에서 세부적인 관리지표 및 역량이 얼마나 중요한가를 나타낸다. 또한, 이를 뒷받침하기 위한 시스템과 같은 정보 인프라가 그 성공여부를 좌우한다는 것도 보여주고 있다. 이러한 오류 및 미흡사항을 해소하기 위하여 다양한 지원시스템이 구성되고 개발되어 활용되고 있다. NPDP의 여러 세부 단계에 걸쳐 전 라이프사이클을 관리하는 지원시스템이 바로 PLM(Product Lifecycle Management) 혹은 PDM(Product Data Management) 시스템이다. 다음 장에서는 NPDP를 지원하고 체계화하는 시스템 및 관련 사항 등을 고찰한다.

연습문제

1. 그림 4-1에서 설명하는 개발프로세스의 각 항목들에서 필요한 시스템들을 기술하고, 설명하시오.

2. 다음 용어들을 설명하시오.
   - PDM / EDM / TDM / QM / MES / SCM / ERP / CRM

3. FP I과 FP II를 설명하고, 그 차이점을 설명하시오.

4. 프로세스, 조직, IT 인프라를 대상으로 각 관리항목의 목표 및 세부특징을 설명하시오.

5. 3D TV를 대상으로 세부 신제품 개발 프로세스를 도해하시오.

6. 스마트폰을 대상으로 세부 신제품 개발 프로세스를 도해하시오.

7. Hauser의 Funnel모델의 단점을 분석하고, 이를 동시공학 측면에서 보완하시오.

8. 신제품 개발 프로세스의 상세 항목들을 도해하고, 설명하시오.

9. Cooper가 제시한 stage-gate모델의 세부 단계를 설명하시오.

10. 신제품 개발 프로세스를 토대로 하여 자신만의 서비스 개발 프로세스를 도해하고, 설명하시오.

Chapter. 5

제품 개발 정보 시스템의 기능

5.1 | 제품 개발 정보 시스템의 기능 개요

제품 개발 정보시스템은 다양한 연구 및 실제 시스템 등에서 분석되었다. PLM시스템이 매우 중요한 시스템이고, 기업의 사활을 좌우하는 시스템임에도 불구하고, PLM 표준은 아직 단일화 되지 않고 있는데, 이는 관련 벤더들의 모듈 및 특성 등에 대한 차이 등으로 해석되고 있다. 실무적인 참고서로는 PDM Enabler(www.omg.org)를 추천한다. PLM 기능 중 가장 핵심적인 기능을 설명해 놓은 Object Management Group의 PDM 주요 기능에 PLM기능을 부가하여 보면 다음과 같이 나누어 볼 수 있다.

- 문서관리
- 도면관리
- BOM 관리
- 설계변경관리
- 제품/부품정보 관리
- 프로젝트 관리
- 승인/배포 관리
- 시스템 관리

각 관리기능의 세부적인 사항들을 살펴보면 [그림 5-1]와 같다.

문서 관리	도면 관리	BOM 관리	설계변경 관리
♣ 문서 인덱스정보 ♣ 버전/이력 관리 ♣ 접근권한 관리 ♣ Viewing 기능 ♣ 자료분류체계 ♣ 연관자료 관리 ♣ OA-S/W 연동기능 ♣ 검색/네비게이션	♣ 도면 인덱스 정보 ♣ 버전/이력 관리 ♣ 도면코드 관리 ♣ 접근권한 관리 ♣ Viewing 기능 ♣ 마크업(Mark-Up) 지원 ♣ 도면분류체계 ♣ 연관자료관리 ♣ CAD-S/W 연동기능 ♣ 검색/네비게이션	♣ 목적별 BOM 관리 ♣ 유효성 및 호기관리 ♣ 역방향 조회(역전개) ♣ 베이스라인 관리 ♣ 대체/대안품 관리 ♣ 옵션 관리 ♣ BOM 자동 레포팅 ♣ 자재 소요원수 산출 ♣ 제품사양 비교	♣ 설계변경 이슈 관리 ♣ 설계변경 요청서 관리 ♣ 설계변경 통보서 관리 ♣ 기술검토/회의 지원 ♣ 프로세스 관리 ♣ 유효성 연계 관리 ♣ 설계변경 코드 관리 ♣ 설계변경 이력 관리 ♣ 자동 레포팅 기능 ♣ 검색/네비게이션
제품/부품정보 관리	**프로젝트 관리**	**승인/배포 관리**	**시스템 관리**
♣ 제품/부품 인덱스 정보 ♣ 버전/이력 관리 ♣ 제품/부품 코드 관리 ♣ 제품/부품 분류체계 ♣ 제품/부품 사양관리 ♣ 접근권한 관리 ♣ 기술자료 연계 ♣ 공급업체/수출국/납품처등 ♣ 제품 이미지 관리 ♣ 검색/네비게이션	♣ 프로젝트 기본정보 관리 ♣ 조직/인력 관리 ♣ 일정 관리 ♣ 프로세스 관리(WBS 지원) ♣ 현황 모니터링/분석 ♣ 산출물 관리 ♣ 예산/비용/원가 관리 ♣ 위험 관리 ♣ PM-S/W 연동 기능 ♣ 자동 레포팅 기능	♣ 기술정보 승인 ♣ 기술정보 배포 ♣ 기술정보 게시 ♣ 승인 현황 조회 ♣ 승인 이력 조회 ♣ 정보 자동변경(Triggering) ♣ 시스템 자동 배포/게시 ♣ 배포 이력 관리	♣ 접근 권한 관리 ♣ 작업이력(로그) 관리 ♣ 데이터 저장소 관리 ♣ 프로세스 정의 ♣ 데이터 사전 관리 ♣ 사용자 관리 ♣ 사용자 그룹 관리 ♣ 분류체계 관리 ♣ 디스플레이 텍스트 관리 ♣ 이벤트 관리

그림 5-1 PLM 주요 기능 및 세부 항목

제품 개발 관리시스템의 세부 기능을 살펴보면 다음과 같다.

5.2 | 문서관리 기능

PLM의 문서관리 모듈은 제품과 관련한 문서화 된 지식을 관리하는 기능을 제공한다. 이는 제품의 기획, 사양, 시험/시작 등과 관련된 기술문서를 정의된 분류기준으로 구분하여 보관하고, [그림 5-2]와 같은 기능을 이용해 효과적인 관리 체계를 지원한다.

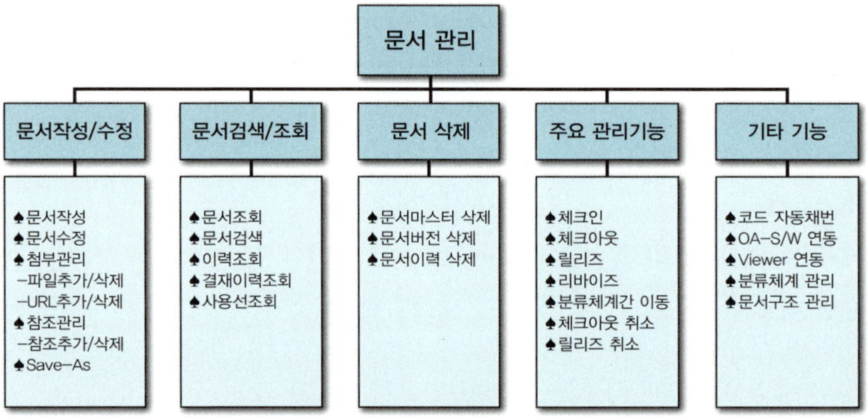

그림 5-2 문서관리 기능

5.3 | 도면 관리 기능

도면관리 모듈은 제품과 관련된 도면 정보를 관리하는 기능을 제공한다. 이는 [그림 5-3]과 같은 기능을 통해 연구개발도, 양산개발도, 양산도 등 부품 도면과 치구도, 공구도, 소재도 등의 비부품도를 포함한 제품 관련 도면에 대한 관리 체계를 지원한다.

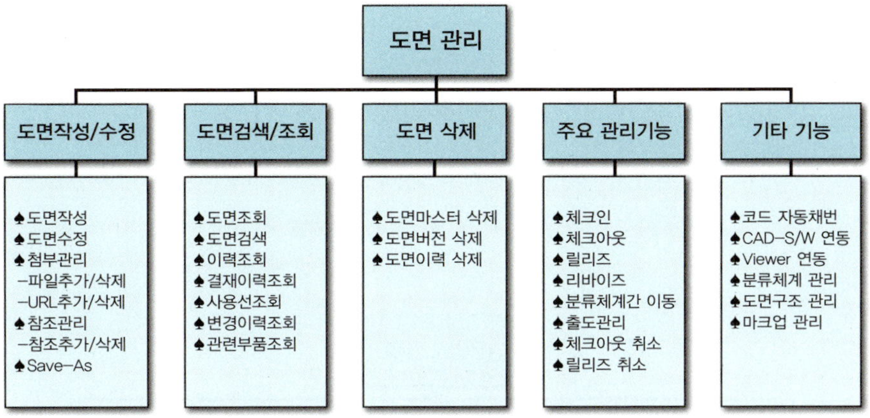

그림 5-3 도면관리 기능

5.4 제품 및 부품 정보관리

제품 및 부품 정보관리 모듈은 제품이나 부품과 관련된 단위 정보를 관리하는 기능을 제공한다. 이는 기업에서 관리되어야 할 제품 및 부품 정보에 대한 관리체계를 지원하고, 형상정보의 토대를 마련하는 것으로 [그림 5-4]와 같은 기능이 제공된다.

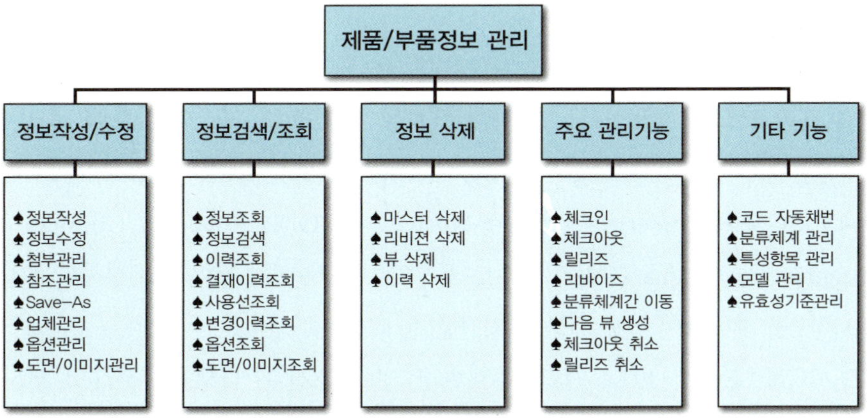

그림 5-4 제품 및 부품 정보관리 기능

5.5 BOM 관리

BOM(Bill of Material) 관리 모듈은 제품 및 부품의 구조정보를 관리하는 기능을 제공한다. 이는 실제적인 제품형상을 관리하기 위한 것으로 [그림 5-5]와 같이 제품 및 부품의 목적별 구조, 변수 및 제어정보 등을 관리하기 위한 기능들을 제공한다.

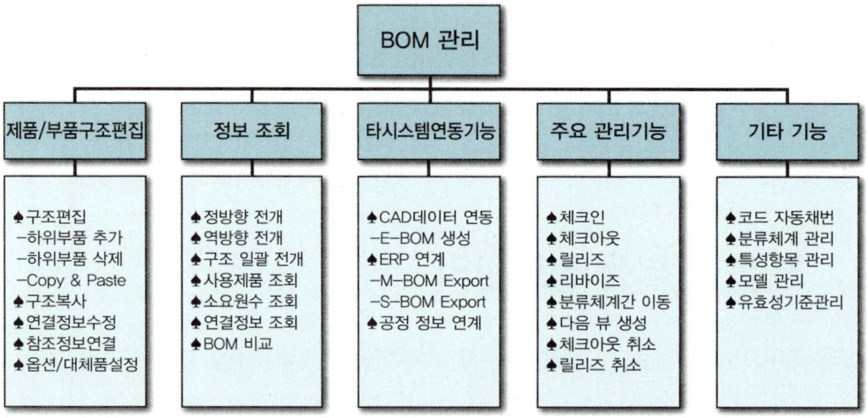

그림 5-5 BOM 관리 기능

5.6 설계변경 관리

설계변경 관리 모듈은 제품 사양 및 설계 정보에 대한 변경내용 및 절차를 관리하는 기능을 제공한다. 이를 ECI(Engineering Change Issue), ECR(Engineering Change Request), ECN(Engineering Change Notice), ECO(Engineering Change Order), ECA(Engineering Change Order) 등으로 구분하여 설계 변경 절차를 구성하고, [그림 5-6]과 같은 기능을 제공하여 실제 업무를 지원한다.

ECI, ECN, ECO, ECA 등의 설계변경 업무 흐름은 UML(Unified Modeling Language) 심볼을 사용하여 [그림 5-7]에서 보여준다.

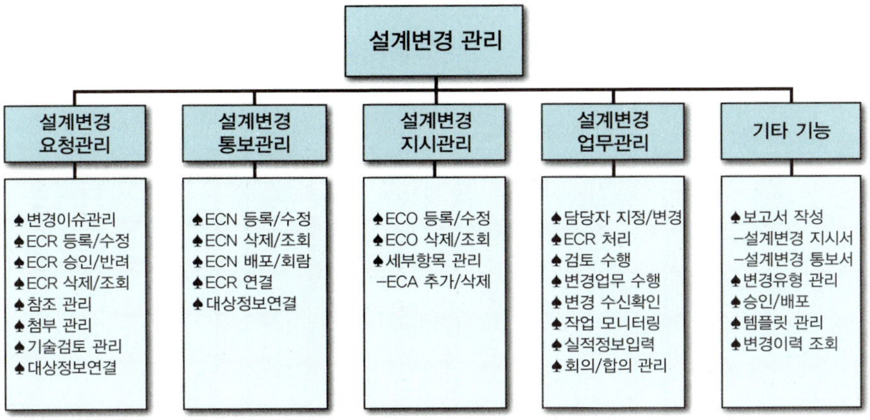

그림 5-6 설계변경 관리

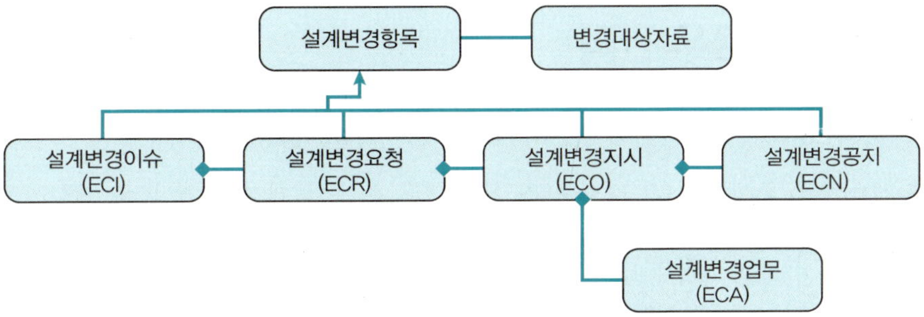

그림 5-7 설계변경 업무 흐름의 UML 표현

5.7 프로그램 관리

제품개발 프로세스를 지원하는 PLM시스템에서 프로그램이란 구체적인 개별 프로세스나 프로젝트보다 추상적인 상위의 요소라고 할 수 있다. 프로그램 관리모듈은 업무 목표, 비전, 전략 등을 체계적으로 관리하여 목표 지향적 업무관리 체계를 구축할 수 있도록 지원한다(그림 5-8).

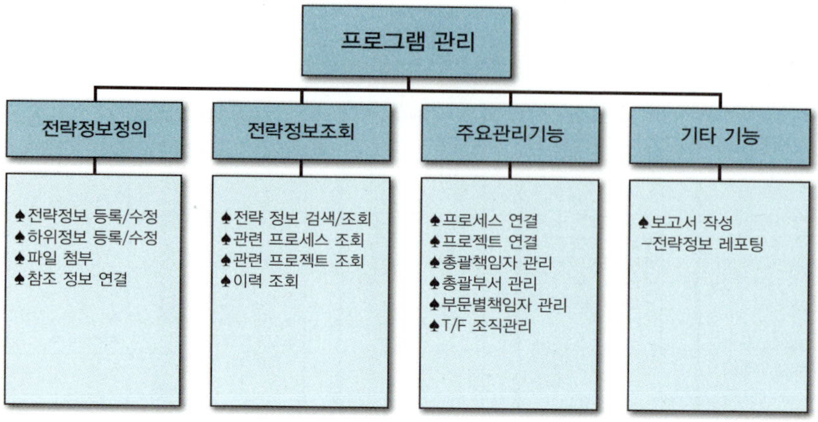

그림 5-8 프로그램 관리 기능

5.8 워크플로우 관리

워크플로우 관리는 시스템에 업무 및 자료의 동적 흐름을 자동화하는 기능을 다양한 기능을 통해 시스템을 구성하는 각 모듈들을 지원한다. 이는 실제 업무 흐름을 정형화하고 이를 가시화하여 의사소통 및 업무 투명성 향상을 지원한다. [그림 5-9]는 워크플로우 관리가 가지는 세부 기능들을 보여준다.

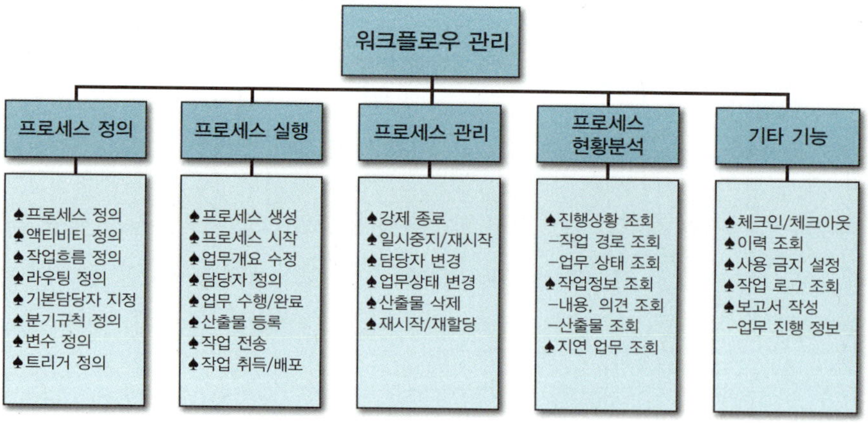

그림 5-9 워크플로우 세부 관리기능

5.9 프로젝트 관리

프로젝트 관리 모듈은 프로젝트의 체계적 관리를 통하여 업무 전체의 가시성을 제공하며, 일정/자원/비용의 실적 관리, 경영층의 적절한 의사결정 지원 정보 제공, 프로젝트 참여자 간의 의사소통 통로를 제공하는 다양한 기능을 제공한다. [그림 5-10]은 프로젝트 관리 기능의 세부기능을 보여준다.

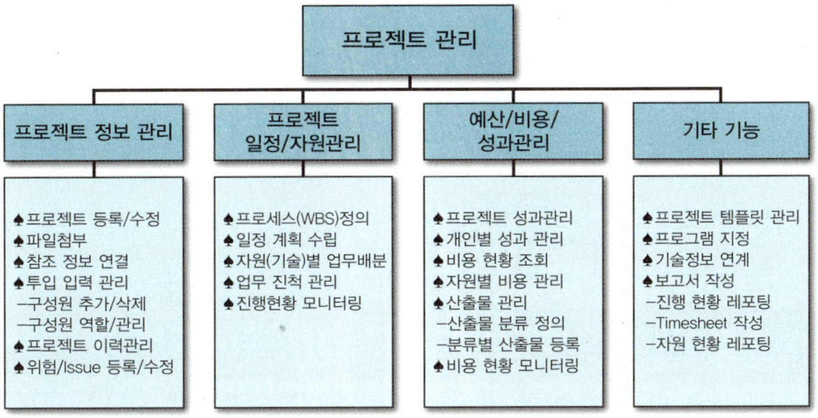

그림 5-10 프로젝트 관리 기능

5.10 데이터 사전 관리 및 시스템 관리

데이터사전 관리는 자료 사전관리, 데이터 감시, 경보 관리, 조기경보(Early warning) 기능을 그 세부 기능으로 가지고 있으며, 시스템 관리모듈은 사용자 관리, 사용권한 관리, CAD 및 OA/ERP 연동, 시스템 보안 관리, 전자메일 및 정보검색 지원 기능을 가지고 있다. [그림 5-11]은 데이터 사전 관리 기능을, [그림 5-12]는 시스템 관리기능의 세부 기능을 가리킨다.

이러한 PLM 시스템의 세부 기능 및 체크리스트는 부록 C에서 제시한다. 이 체크 리스트는 다음 장에서 살펴볼 관련 상용시스템을 비교 분석하는 데 사용될 수 있으며, 현 PLM 시스템을 진단하는 데 사용된다.

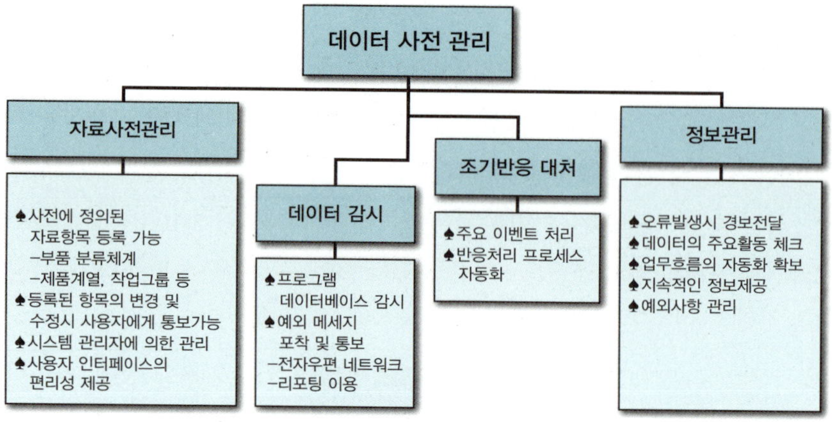

그림 5-11 데이터 사전 관리 기능

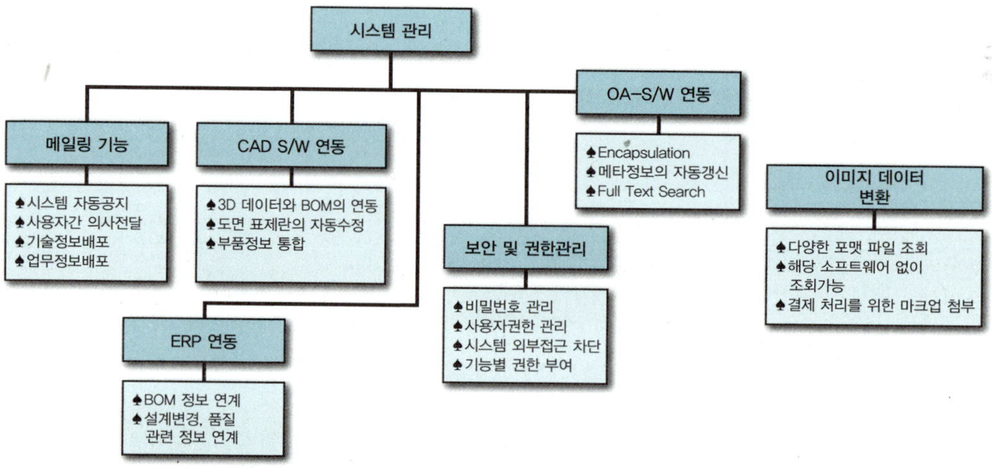

그림 5-12 시스템 관리 기능

연습문제

1. 제품 개발 정보시스템의 각 기능을 설명하시오.

2. 문서관리 기능의 특징 및 주요 관리요소를 설명하시오.

3. 도면관리 기능의 특징 및 주요 관리요소를 설명하시오.

4. 자동차 개발 프로세스에서 BOM을 정의하시오.

5. 설계변경관리의 중요성 및 그 절차를 설명하시오.

6. 프로젝트 관리기능의 특징 및 주요 관리 요소를 설명하시오.

7. 시스템관리 기능의 특징 및 주요 관리 요소를 설명하시오.

8. 다음 용어를 설명하시오.
   - ECI / ECO / ECR / ECN / ECO

9. 체크리스트를 이용하여 스마트폰 개발단계에서 가상의 제품개발 정보시스템을 산정하고, 평가하시오.

10. 설계된 제품개발 정보시스템의 기능을 이용하여 3D TV를 개발하기 위한 정보시스템을 도해하고 설명하시오.

Chapter. 6

제품 개발 정보시스템의 구축

6.1 제품 개발 정보시스템의 종류 및 특징

신제품 개발을 지원하는 지원시스템을 상용 솔루션을 통하여 구축하지 않고, 독자 개발하는 것은 매우 어려운 일이며 막대한 비용이 들어간다. 일반적으로 삼성전자나 현대 자동차의 경우에도 상용 시스템을 커스터마이징(Customizing)하거나, 근간 엔진으로 사용하여 개발, 혹은 모듈의 확장을 하는 것이 일반적이다.

이에 상용 제품 개발 정보시스템 중 어떠한 것을 선택할지는 전체 NPDP 프로세스에서 중요한 성패를 가르게 된다.

상용 엔진은 전 세계적으로 약 50여 종이 존재하는데 이를 모두 고려하는 것은 크게 의미가 없다. 이 중 대표적인 성격을 갖는 몇 가지를 살펴보거나, 비슷한 업종이 사용하는 PLM 엔진을 비교 분석하는 것이 일반적이다.

최근 전 세계적으로 베스트 틀로써 평가 받고 있는 솔루션들로는 PTC의 Windchill 및 Link시리즈, 다쏘의 Smarteam 및 Enovia, EDS의 Teamcenter , SAP의 SAP/PLM, Matrix One의 e-matrix 등이 있다. [그림 6-1]은 상용 시스템 중 대표적인 시스템들을 보여준다.

PTC
Windchill 및 link 시리즈

다쏘
Smarteam 및 Enovia

EDS
Teamcenter, metaphase, IMAN

SAP
SAP/PLM

Matrix-one
e-matrix

그림 6-1 주요 상용 시스템

먼저, PTC사에서 만든 Windchill은 PDM/PLM 솔루션으로 Java 기반의 API를 제공하고 있다. 따라서 커스터마이징이 용이하며, 이를 이용하여 현재는 다양한 링크 시리즈(ProjectLink, PDMLink, PartLink)를 개발하여 사용하고 있다.

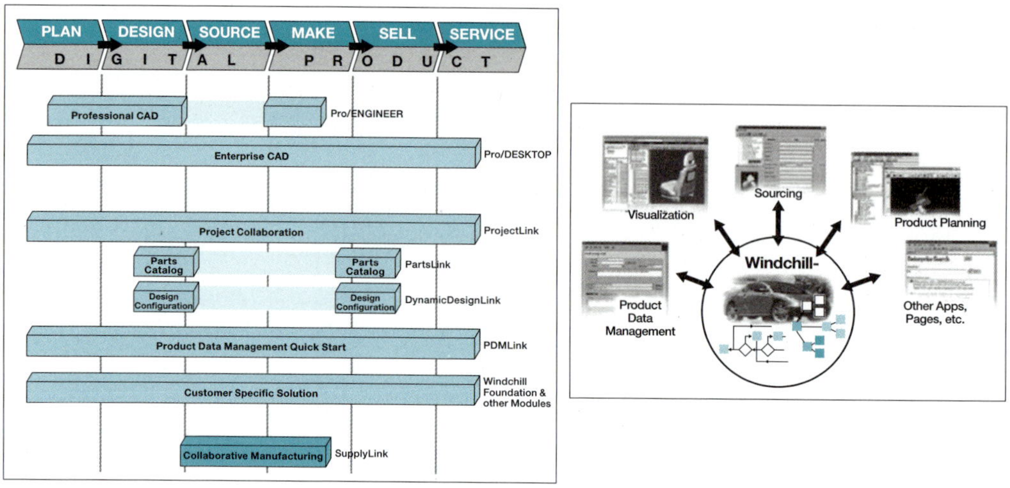

그림 6-2 PTC사의 Windchill

UGS가 SDRC와의 합병으로 만든 제품 개발 프로세스 지원 시스템은 Teamcenter로서 기존의 iMAN과 Metaphase를 합쳐서 출시한 제품이다. Enterprise버전과 Engineering 버전을 가지고 있으며, J2EE와 XML기반의 최신 기술을 적용한 플랫폼을 제공하고 있다. [그림 6-3]은 Teamcenter Enterprise의 스냅샷을 보여준다.

그림 6-3 Tecamcenter Enterprise

SAP의 SAP/PLM은 ERP계의 강자인 SAP의 관리 노하우가 적용된 플랫폼이다. JE22 기반의 플랫폼 제공으로 Wireless 기술이 지원되었다. mySAP으로도 불리며, 제품 및 자산 통합관리에 필요한 기능을 제공한다. 주요 기능은 다음과 같다.

- 수명주기 데이터 관리
- 프로그램 및 프로젝트 관리
- 수명주기 협업관리
- 자산 수명주기 관리
- 환경보건안전 관리

[그림 6-4]는 SAM/PLM의 데이터베이스 구조를 보여준다.

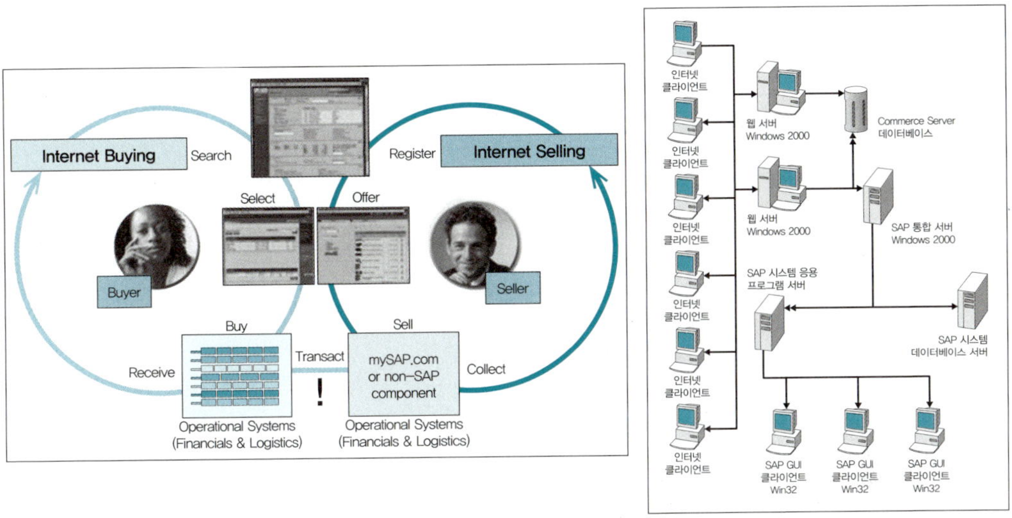

그림 6-4 SAP/PLM

SmartTeam은 다양한 종류의 CAD를 위한 강력한 통합 기능을 제공한다. 설계업무 중심에 초점을 맞추고 있으며, 제품 구성이 단순하고 강력하나 가격이 저렴한 것이 특징이다. 100% Windows 시스템 기반으로 사용이 간편하고, 유지/보수가 용이한 것이 특징이다. Out-of-Box 제품 구성과 Wizard 기능을 제공하여 제품 구축 기간이 단축되고, e-Business로의 확장을 가능하게 하는 다양한 제품군을 제공한다. [그림 6-5]는 SmartTeam의 스냅샷을 보여준다.

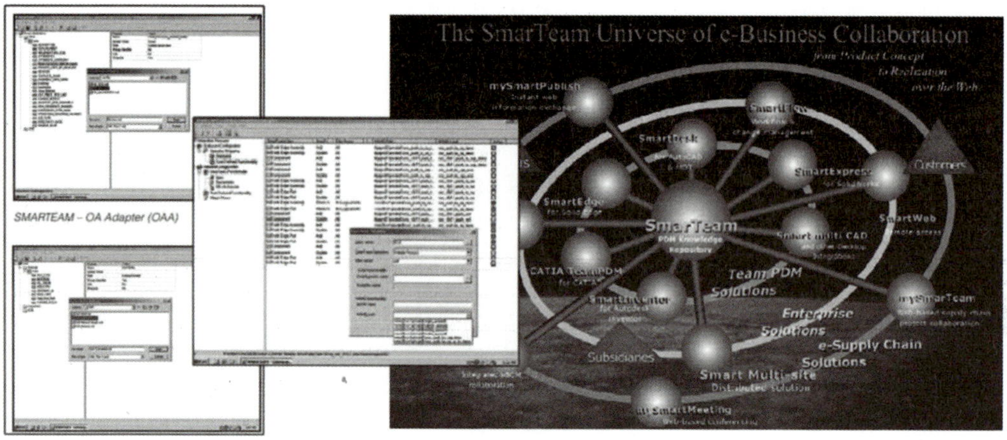

그림 6-5 SmartTeam의 스냅샷

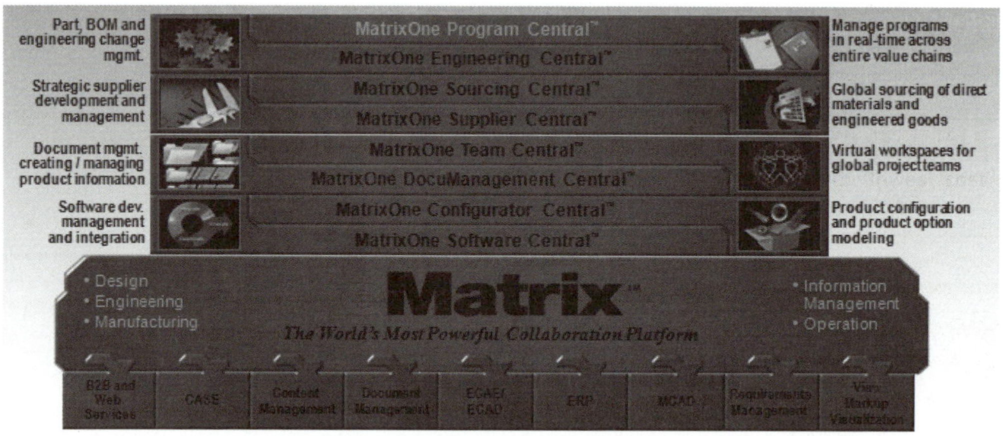

그림 6-6 e-Matrix 주요 구성도

마지막으로 e-Matrix(Matrix One)는 인터넷 기반의 협업 솔루션으로 인터넷 응용 시스템과 서비스를 제공하는 특징을 가지고 있다. 제품의 전 Lifecycle에 Central이라는 모듈을 제공하는 협업 솔루션이다(그림 6-6). 이러한 상용 제품군을 선택하는 것은 앞서 부연하였듯이 제조회사의 특성 및 개발 프로세스가 가지는 특징을 반영하여 고려된다. 각 개발 제품 및 서비스마다 많은 차이가 있음에도 불구하고, 일반적인 제품개발 지원 시스템에 대한 선택 절차는 다음과 같다.

- 비전 및 구축 목표 수립
- 성과/효과 지표 선정
- 상용 툴/패키지의 선정

먼저, 비전 및 구축 목표 수립 시 고려해야 할 사항은 기업의 전략적이고 의도적인 추진 의지이다. 예를 들어 [그림 6-7]과 같이 제품 개발의 Lead time을 50% 이상 절감하겠다는 명확한 의지의 표현 등이 매우 중요한 구축 목표의 고려사항으로 해당된다.

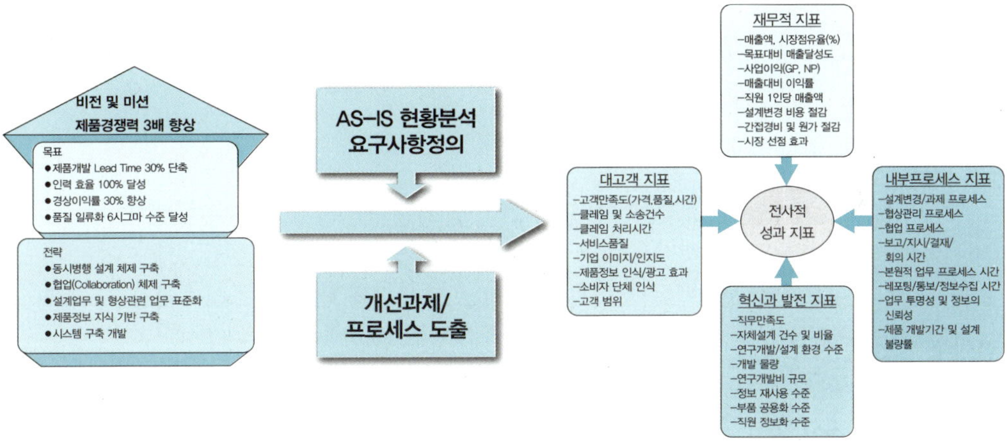

그림 6-7 시스템 도입을 위한 구축 목표 및 성과지표 선정 예

시스템 도입에 대한 성과지표는 기업의 투자에 대한 평가기준을 수립하는 일이라 할 수 있다. 성과지표는 BSC(Balanced Score Card) 방법론에 의거하여 재무, 고객, 내부 프로세스 혁신과 발전지표로 구분하여 세밀하게 도출되어야 한다.

패키지 선정에서는 시스템을 짧은 기간 내에 효과적으로 구축하기 위해서 보다 일반적인 기능을 지원하는 패키지를 도입하고, 이를 커스터마이징하는 방법을 따를 수도 있다. 단, 커스터마이징 시에는 프로세스에 맞추어 현재 일정 및 수준을 고려하여 차근차근 실시하는 것이 좋다. [그림 6-8]은 패키지 선정 절차를 보여준다.

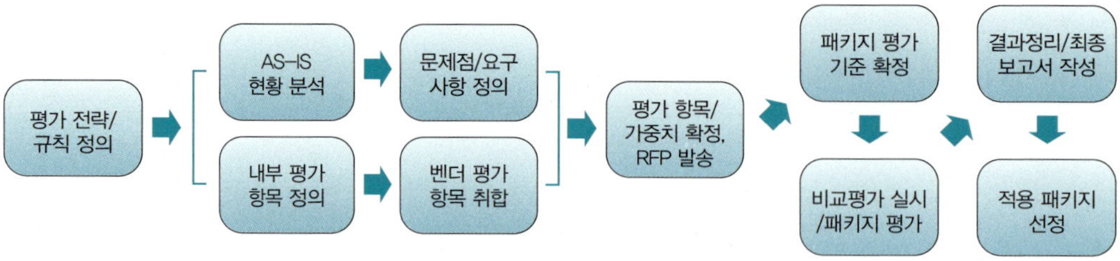

그림 6-8 제품 개발을 위한 패키지 선정 절차

이때 패키지 평가 시 고려사항으로는 다음과 같은 것들이 있다.

- 당면 문제점 및 개선과제에 대한 해법 제시 수준
- 중립적인 입장에서 공정한 평가
- 잠재적 요소에 대한 분석 평가
- 공급업체, 개발업체, 패키지 기능, 확장성 및 기술구조를 고려한 종합평가

다음 절은 제품개발 시스템을 도입하여 자체 프로세스에 맞게 커스터마이징 할 때의 고려사항 등을 알아본다.

6.2 제품 개발 정보시스템의 커스터마이징 및 고려사항

커스터마이징(Customizing)은 비단 상용시스템을 도입하여 자체 프로세스에 맞게 수정하거나 모듈을 개발하는 것을 의미하지 않는다. 넓은 의미의 커스터마이징은 자체 개발한 제품개발 시스템일지라도 유지보수 사유에 따라서 모듈을 개발하거나, 타 제품의 개발 시 참조되었던 개발 시스템을 변형하여 사용하는 것도 포함된다. 이러한 커스터마이징은 시스템 도입 및 사용을 통한 전체 NPDP성공의 가장 중요한 핵심으로 평가된다. 커스터마이징에 대한 고려사항으로는 다음과 같은 것들이 있다.

- 최적화에 대한 전부문의 참여
- 효과적인 Gap 대응

- 개선과 혁신
- 유연성과 확장성
- 시스템 및 자료 전환
- 초기 데이터 입력
- 시스템 안정화/최적화
- 홍보 및 교육
- 성과 지표 및 검증

이 중 최적화에 대한 전 부문의 참여는 이용자의 사용방법, 투자규모, 운영 전략 등 전 부문이 개발에 참여하므로 이에 대한 요구 및 환경이 반영되어야 한다. 효과적인 Gap 대응 방안으로는,

- 요구사항과의 차이에 대응하기 위한 무조건적인 커스터마이징 수행 자제
- 현업 사용자의 적극적이고 지속적인 개발 참여 요구

가 선행된다.

이때 패키지가 제시하는 기준 및 업무 절차 준수에 대한 검토가 필요하다. 또한, 부적절한 사용(Negative Usecase)의 지속적 발견 및 개선이 필요하다.

개선과 혁신 부문에서는 시스템을 통해 해결할 수 있는 문제의 범위에 대한 정확한 판단이 요구된다. 즉, 시스템의 위상, 역할 등에 대한 구체적인 정의가 필요하다. 그리고, 지속적인 업무개선, 혁신 작업을 수행하며 시스템 적용 후 발생될 상황에 대해 미리 예측하고, 준비하는 과정이 필요하다.

유연성과 확장성 측면에서는 가변적 요소의 변화 시에 시스템 변경 규모를 최소화할 수 있는 구조 및 기능 구현이 필요하다.

시스템 및 자료 전환(Conversion)단계에서는 시스템 도입 전 운영되었던 시스템에서 신 시스템으로 전환하기 위한 전략 및 방안 수립이 요구된다. 또한, 시스템 도입 전 축적/관리 되었던 자료 및 정보자원을 신 시스템으로 이관하기 위한 전략 및 방안이 수립되어야 한다.

초기 데이터 입력 이슈에서는 다음과 같은 점들을 고려하여야 한다.

- 데이터 사전 및 시스템 운영에 필요한 정보입력을 위한 방안 수립
- 기준 정보 데이터 정보 및 입력
- 프로세스, 라이프사이클 정의 및 입력
- 시스템에서 관리되어야 할 기준 정보 입력을 위한 방안 수립
- 기존 제품, 부품 마스터, BOM 정보, 문서, 도면 등 제품 관련 정보 정비 및 입력

시스템 안정화 및 최적화 단계에서는 시스템을 실제 운영하기 전에 시범 운영을 실시하면서 운영상 발견될 수 있는 문제점을 미리 점검한다. 또한 지속적인 시스템 모니터링 작업을 통하여 최적의 환경변수를 설정한다.

홍보 및 교육이슈에서는 현업 사용자들의 반응 및 불만요소를 지속적으로 모니터링하고, 시스템을 확신하기 위한 홍보를 실시하며 경영자/운영자/실무자 등 부문별 교육을 실시한다.

마지막으로 성과지표 검증에서는 다음과 같은 사항들을 검증하도록 한다.

- 시스템 개발/ 구축에 대해 초기 수립하였던 성과지표에 달성 수준의 검증 및 예측
- 요구사항 추적을 통한 시스템 반영도 검증 및 인수 조건 검토

이번 장에서 제품개발 프로세스를 지원하는 시스템에 대하여 전반적인 사항과 함께 그 구축 절차 및 관련 상용 툴, 커스터마이징 시의 고려사항 등을 살펴보았다.

연습문제

1. 상용 제품개발 지원 시스템 및 그 특징을 기술하고, 각 장/단점을 분석하시오.

2. 제품 개발 지원 시스템의 커스터마이징을 위한 체크리스트를 작성하시오.

3. 제품 개발을 위한 패키지 선정 절차를 기술하시오.

4. 다음 용어를 설명하시오.
   - RFP / Proposal / Benchmark / Customizing / BSC

5. 시스템 도입에 대한 성과지표로서 BSC 방법론이 무엇인지 기술하고, 그 절차를 기술하시오.

6. 제품개발을 위한 패키지 선정시 고려사항에 대하여 기술하시오.

7. PLM을 지원하는 주요 상용시스템이 CAD 툴과 어떠한 관계가 있는지 기술하고, 그 이유를 분석하시오.

8. 시스템 도입을 위한 구축 목표 및 성과지표 선정 프로세스에 대하여 기술하시오.

9. 시스템 도입 시 초기 데이터 입력이슈에서 고려되어야 할 사항에 대하여 기술하시오.

10. 도입 및 구축된 시스템을 교육할 시, 경영자, 운영자, 실무자 별 교육 방안에 대하여 기술하시오.

Part. 2

생산 운영 및 실행을 위한 정보시스템

Chapter. 7

생산 실행 시스템 개요

7.1 | 생산 실행 시스템 정의

MES(Manufacturing Execution System: 생산 실행 시스템)는 1990년 초 미국의 메사추세츠 주의 보스톤 시에 소재한 컨설팅 회사인 AMR(Advanced Manufacturing Research)사에서 최초로 소개하였고, 제조업에서 시스템 계층 구조의 기능을 경영 중심의 **계획 – 실행 – 제어**와 같이 3계층으로 구분하여 그중 실행의 기능을 MES라 정의하였다.

MES란 무엇인가?

오래 전에 자재의 소요량 예측 및 수급 계획을 위해 제조업체들은 MRP시스템을 도입하였다. 생산에 필요한 자재를 계획과 연계하여 적절한 수급 대책을 수립함으로써, 생산계획에 적절히 대응하고자 함이었다. 기업환경이 변화하면서 MRP시스템은 자재 관점에서 자원 전체의 관점으로 확장되었다.

이에 따라 MRPII시스템이 기존 MRP시스템을 대체하게 되었다. 그러나 기업영역이 국내 환경에서 국외 환경으로 확대되는 글로벌 경영체제가 도래하면서, 본부조직에서 전 국내외 법인(여기에서는 본부조직으로부터 통제를 받으면서 독립적인 기능을 수행하는 조직을 의미함)의 계획을 수립하고 자원을 할당해야 할 필요성이 대두되었다. 따라서 자원 할당 및 분배를 위한 DRP(Distribution Resource Planning) 시스템이 대안이 되었다.

MRP시스템에서 DRP시스템까지는 기업활동을 자재 및 자원이라는 관점에 초점을 맞추고 이를 효율적으로 대응하기 위한 계획 및 수급, 생산지원이 중요시 되었다. 더욱 더 복잡해지는 기업환경에 대응하기 위해 사용자들은 기존의 독립된 영업/수주 관리 시스템, 인사관리 시스템, 판매관리 시스템 등 여타 부문의 시스템과 MRP시스템과의 통합 및 연계의 필요성을 느끼게 되었다.

ERP시스템은 이와 같은 요구에 대응하여 탄생한 시스템으로 총체적 기업 활동에 대한 계획 및 총괄관리를 본부조직에서 수립하고, 지법인 조직에서 이를 실행(자체 세부 실행 계획하에)하는 개념이다.

이와는 별개로 생산 제조 현장의 파악 및 실적 집계를 위한 시스템은 독자적으로 공급되었다. POP(Point of Production)시스템이 그것인데, 이를 바탕으로 스케쥴링 및 실행의 관점에 근거한 것이 MES이다.

ERP시스템이 Middle-Up-Down 방식으로 계획에 의한 생산과 이에 필요한 자재수급으로 기업활동을 파악하는 데 반하여, MES는 Bottom-Up 방식으로 생산에 필요한 스케쥴링과 이를 위한 계획 및 자재수급으로 파악하고자 하는 방식이다.

MES의 기능을 살펴보면 공정 진행 정보 Monitoring 및 Control, 설비제어 및 Monitoring, 품질정보 Tracking 및 Control, 실적정보 집계, 창고운영 관리, 재고품 관리, 자재투입 관리, 인력관리, 공무관리 등 생산 현장에서 발생할 수 있는 모든 정보를 통합 관리한다고 할 수 있다.

7.2 MES의 역사

MES vs. POP

그러면, MES와 Point of Production(POP)와의 차이점에 대해 살펴보자.

MES와 POP는 시스템 개념상으로 국내에서는 혼용되어 사용되고 있으나, 실제로는 제조현장을 통제하는 측면에서 큰 기능상의 차이를 보이고 있다.

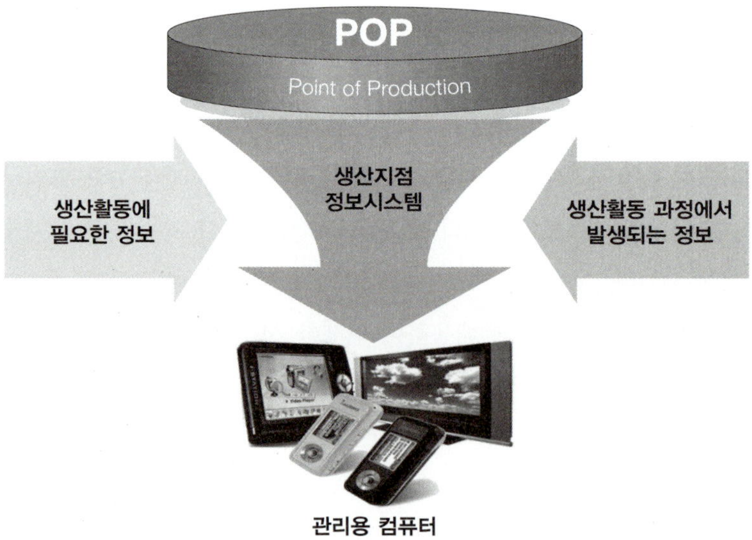

그림 7-1 POP 개요도

POP(Point of Production)는 생산시점 정보시스템이라고 하는데, 구체적으로 설명하면 다음과 같다. 생산활동을 하는 데 필요한 작업지시와 같은 정보와 생산활동 과정에서 발생되는 정보를 중간의 작업지시서와 생산일보 등의 문서 작성 작업을 거치지 않고 정보기술을 이용하여 자동으로 관리용 컴퓨터시스템과 연계시키는 시스템을 말한다. POP 시스템은 관련 정보를 실시간으로 분석하여 생산계획 및 다른 단위시스템에 전달하여 생산관리의 효율화를 이루고, 회사의 기준정보 확립 및 제품의 개별원가 산출을 위한 기초 데이터를 공급하는 역할을 하며, 통계적 품질관리(SQC) 시스템이나 통계적 공정관리(SPC) 및 ERP 시스템 구축을 위한 기본이 되는 시스템이다. 간단히 요약하자면, 생산현장에서 발생하는 생산시점의 정보를 실시간 파악하여 정보처리를 해서 현장 관리자에게 제공하는 시스템이다.

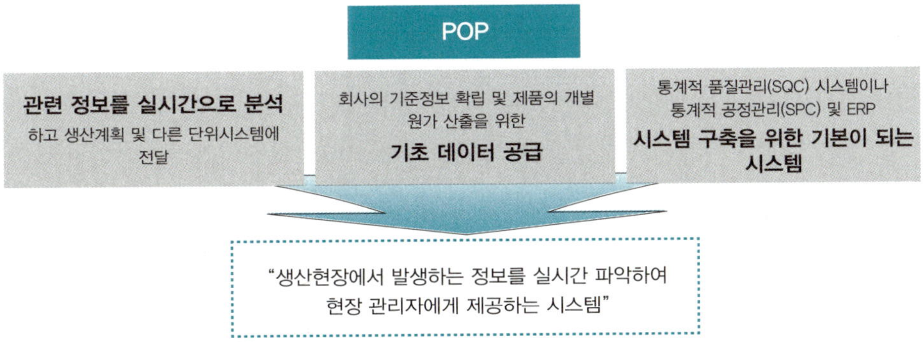

그림 7-2 POP의 정의

이와는 달리 스케줄링 및 실행의 관점에 근거한 것이 MES이다. MES는 생산현장(Shop Floor)의 실시간 모니터링, 제어, 물류 및 작업내역 추적 관리, 상태 파악, 불량 관리 등에 초점을 맞춘 현장 통제시스템이다. MES는 제품의 생산현황, 실적, 진도 등을 관리하고, 생산에 적용되는 장비 등 각종 자원을 효율적으로 활용토록 관리하며, 정보기술 수집 및 분석, 생산계획, 물류반송 제어, 장비 자동 운영 등의 지능화된 자동화 기능을 갖게 된다.

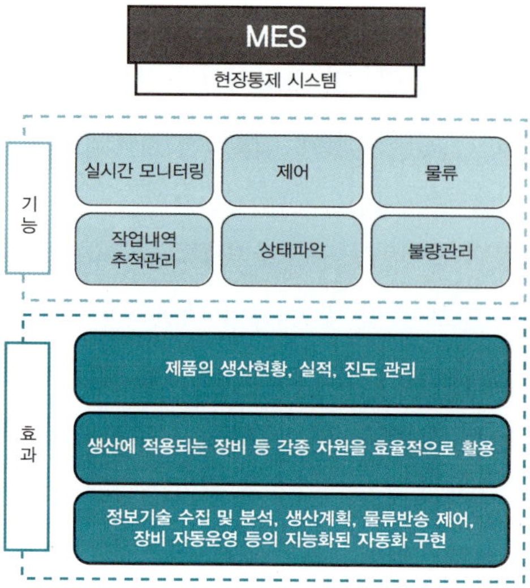

그림 7-3 MES 기능 및 효과

다시 말하면, 조직 내의 목표를 달성할 수 있도록 제품 주문, 생산, 운영 및 실행에 이르기까지 플랜트의 전반적인 정보를 제공하는 시스템을 말한다. MES는 아래로는 설비제어시스템과 위로는 ERP와 같은 시스템을 연결하는 다리 역할을 한다. 즉 MES와 자동화 시스템은 매우 밀접한 관계가 있다.

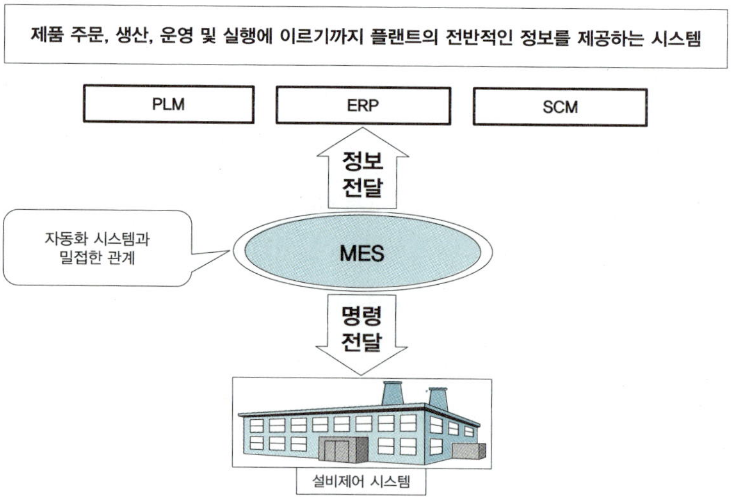

그림 7-4 MES의 위치

표 7-1은 MES와 POP의 큰 차이점을 나타낸 것이다.

표 7-1 MES와 POP의 차이

내용	MES	POP
역사	미국에서 시작	일본에서 시작
시스템 구축 방식	계획/자원 할당위주	실적 관리 위주
제어 능력	높음	보통
주 영역	일괄생산, 장치생산, 장치+조립생산	조립생산
장비/물류 이동 할당수단	스케줄링	작업자

그렇다면, 왜 MES를 하여야 하는가?

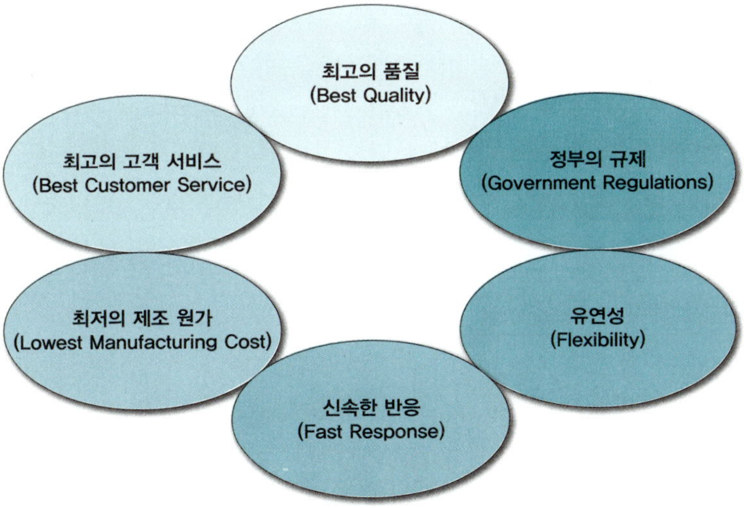

그림 7-5 MES를 구축하는 이유

세계 경제의 요구사항이 "Best Value"의 경쟁으로 되었다.

그러므로 다음 6가지의 요구사항을 만족하기 위해서는 MES가 필요하게 된다.

1. 최고의 품질(Best Quality)
2. 최고의 고객 서비스(Best Customer Service)
3. 최저의 제조 원가(Lowest Manufacturing Cost)
4. 신속한 반응(Fast Response)
5. 유연성(Flexibility)
6. 정부의 규제(Government Regulations)

MES의 구동요인들은 다음과 같다.

1. 높은 재고 수준
2. 공정 재작업에서의 품질 수준이 떨어짐
3. 과도한 스크랩
4. Off-Line으로 집계하는 수율 보고서들
5. Work-In-Process상의 재고 수준
6. 자재 부족현상
7. 고객의 주문과 긴급 생산에 대한 무능력
8. 미약한 정보로 인한 과도한 인건비
9. 설비 정지의 필요성
10. Manual 작업으로 인한 실수
11. On-Line 정보의 부족
12. 분석 Tool에 대한 부족
13. 호환성이 없는 시스템들

위와 같은 요인들로 인해 생산현장에서 MES가 필요하게 되었다.

그럼, MES를 구축하기 위한 접근 방법에 대해 살펴보자. MES 구축을 위한 일반적인 고려사항은 다음과 같다.

첫째, 장기적인 안목에서 정보화 추진 계획을 수립해야 한다. 향후의 경영환경 및 정보기술 발전을 고려할 필요가 있고, 경쟁력 확보차원의 투자를 하고 구축이 완료된 후의 정보시스템 유지보수를 위해 자사 전문인력 육성 등 유지 보수를 위한 계획도 사전에 수립하는 것이 좋다.

둘째, BPR(Business Process Reengineering) 시행을 통한 적절한 업무 모델을 정립해야 한다. 현재 업무 처리 방식의 단순한 전산화는 내포되어 있는 문제점들에 대한 근본적인 해결책이 못 된다. 따라서, BPR기법을 활용하여 현황분석 및 개선 방안을 도출하고, 업종별 선진(Best Practice) 사례와 자사 특성을 분석하여 업무 개선을 위한 Master Plan을 도출해야 한다.

셋째, 생산현장 정보화와 e-비즈니스 통합기능 구축 간의 균형을 유지해야 한다. 관련 시스템 간의 통합성, 확장성, 유지보수의 편의성을 고려해야 한다.

넷째, 적절한 개발 접근방식을 선택해야 한다. 기존에 사용 중인 기간 시스템(Legacy System)을 고려하여 일괄 도입을 해야 할지 아니면 단계적으로 도입을 해야 할지를 결정해야 한다. 그 다음으로는 검증된 도구 및 지원기관을 선택하는데, 신뢰성과 유사 시스템 구축경험이 있는 기관을 선택하는 것이 좋다. 핵심적인 문제 해결 위주의 정보화 영역에 대한 프로세스 분석, 모델링, 개발 작업의 병행을 통해 피드백을 수시로 반영한다. 그러나 만족스러운 MES 구축까지는 많은 수정과 보완이 필요로 하며, MES만이 모든 생산 업무를 만족스럽게 처리할 수도 없다는 것을 명심할 필요도 있다.

다섯째, 필요한 데이터의 확보 및 유효성 검증을 해야 한다. 입력요소의 데이터가 부족하다면 그 결과로 나오는 정보의 가치는 낮을 수 밖에 없다. 따라서, 시스템에 필요한 데이터의 생성, 수집 및 갱신과정과 데이터베이스의 구축, 분석 가공 및 변환 과정의 유의성 검증이 필요하다.

여섯째, MES의 기능성과 안정성 간의 균형을 유지해야 한다. 시스템 개발 초기에는 발생되는 처리 요구사항의 5% 정도에 해당되는 예외사항에 대한 고려가 필요하지만, MES 결과의 활용도에 대한 정의의 품질과 소요시간을 고려한 적절한 수준의 시스템 구축이 필요하다.

이와 같은 전략하에서 비용절감의 목표로 시스템을 구축하고 수요와 공급의 최적화를 통한 이익을 증대하여야 한다. 그리고 협업(Collaboration) 체계를 지원하는 생산 실행 시스템으로 진화시켜 경제적 가치를 극대화하여야 한다.

다음으로, MES를 위한 정보처리 요구사항을 살펴보자. 생산현장관리자에게 필요한 정보가 때 맞추어 제공되기 위해서는 현장의 데이터에 대한 다음과 같은 요구사항이 만족되어야 한다.

첫째, 무 서류화 또는 수동입력의 최소화가 되어야 한다. 현장의 사실 그대로의 데이터를 위해서는 입력의 자동화가 필요하다.

둘째, 데이터는 목적에 따라 분석되고 해석되어 표시되거나 출력되어야 하는데, 이를 위해서는 데이터베이스와 정보처리 엔진이 필요하다. 그리고 정보제공의 실시간성을 위해서는 데이터가 초, 분, 시 단위로 목적에 따라 표시될 수 있어야 한다.

셋째, 공정에 이상이 발생하자마자 현장관리자가 알 수 있어야 한다. 그리고 현재는 이상이 아니지만, 가까운 미래의 이상 발생 가능성이나 안정성을 예측할 수 있어야 한다.

넷째, 안정성 있는 공정계획 수립을 위해 몇 개의 대응 계획에 대해 그 효과나 영향을 모의 실험을 통하여 확인할 수 있어야 한다.

다섯째, 정보에 기초를 둔 현장관리자의 판단이나 결정은 즉시 지시나 명령 형식으로 설비와 작업자에게 전달되어 생산에 반영이 되어야 한다.

이러한 생산 현장 정보처리 시스템은 생산현장에 대한 정확한 파악 및 진단을 가능하게 하여, 낭비의 제거와 생산성 향상에 중요한 역할을 하게 되는 것이다.

일반적으로 전자/제조 기업들은 연구개발부터 경영관리에 이르는 8대 업무 프로세스를

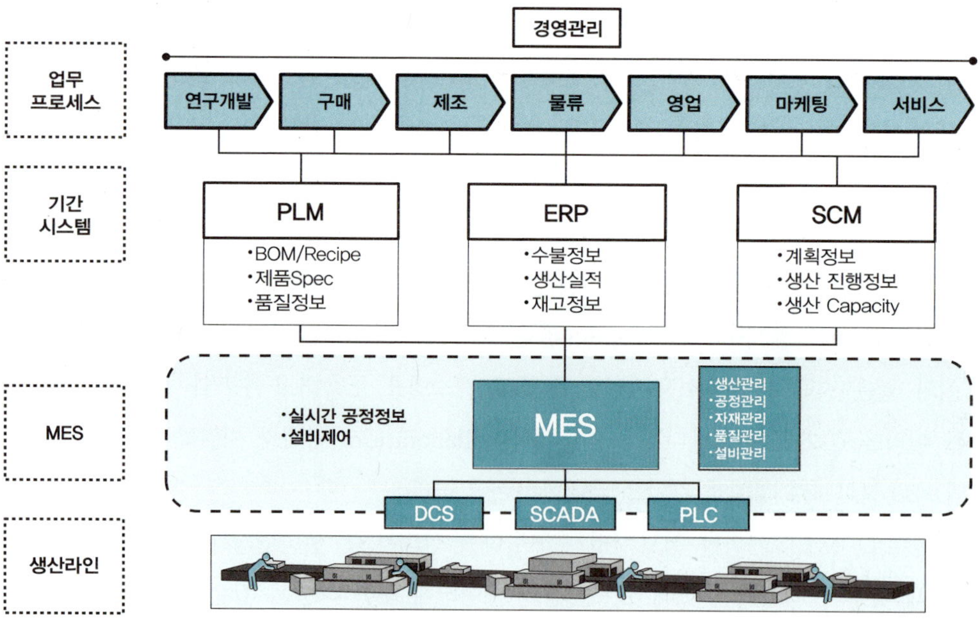

그림7-6 MES 구조도

지원하기 위하여 CRM, PLM, ERP, SCM 등과 같은 정보시스템을 구축하여 활용하고 있다. 이와 같은 업무 프로세스에 의하여 제조 현장에서는 원부자재를 생산라인에 투입하여 다양한 생산공정을 거쳐 제품을 생산하고 출하하게 된다.

MES는 업무 프로세스를 지원하는 정보시스템(기간시스템)들로부터 제품을 생산하기 위한 기준정보, 생산계획 정보 등을 받아들여 직접 생산을 실행하도록 생산라인에 명령을 내리기도 하고, 생산 진행정보를 집계하고 관리하기 위한 정보를 기간시스템에 전달하여 의사결정을 할 수 있도록 하거나 설비를 직접 제어하는 등의 역할을 수행하는 시스템이다.

MES 정의

MES는 기간시스템(PLM/ERP/SCM)과 생산라인의 가교로서 제조 현장의 업무 프로세스(생산/품질/물류/공정)를 계획/실행하는 시스템이다.

MES 목표

제조활동을 하면서 발생하는 각종 Event(Data)들을 실시간 수집 분석을 통해 프로세스의 이상유무를 시스템에 사전 제공하여 최적의 제조환경을 지원하기 위한 시스템 체계 운영을 목표로 한다.

주요 기관별 MES 정의

MES의 정의에 대해서는 여러 국제 기관에서 다양하게 답을 내놓고 있는데, 먼저 AMR은 "MES는 프로세스 그 자체의 직접적인 통제 및 사무실에 있는 기획 시스템들 간의 공장 Floor에 위치한 정보 시스템이다."라고 1990년대 초에 정의를 내렸다. MESA는 "MES는 주문부터 최종 재화에 이르기까지 생산활동을 최적화할 수 있는 정보를 전달하는 시스템이다. 최신의 정확한 데이터를 이용하여 공장활동을 가이드하고, 시작시키고, 실행하고, 보고한다. 비 부가가치 활동을 줄이고, 변화하는 조건에 대해 신속히 반응함으로써 효율적인 공장운영 및 프로세스를 만들어낸다. MES는 정시 납기, 재고회전, 총 마진, 현금 효과뿐 아니라 운영자원에 대한 이익 회수를 개선한다." 라고 정의하였다.

APICS는 "MES는 제조 장비의 직접 및 관리적 통제를 위해 제품 수명주기 및 프로세스 통제 컴퓨터 시스템을 포함하는 Shop Floor 관리에 참여하는 프로그램 및 시스템으로 시간 흐름에 따른 실적 정보를 수집하고, 리포트와 그래픽 UI를 만들어내는 프로세스 정보 시스템이다. 최근 그리고 과거 매우 짧은시간 공장에서 일어나는 것을 운영인력에게 알리는 알람 역할을 한다." 라고 하였다. Gartner에서는 "MES는 업무 지시를 실행하기 위해 온라인 도구를 제공하는 제조 환경에서 생산 방법 및 절차를 갖춘 전산 시스템이다. 여기에는 일반적으로 ERP 혹은 OCS 범위에서 분류되지 않은 어떤 제조 시스템이라도 포함된다. 더욱 넓게 확장된 의미로는 전산화된 유지관리 시스템(CMM), LIMS, SFC, SPC, QC 그리고 배치 리포팅 및 통제와 같은 전문화된 어플리케이션이 모두 MES에 포함된다." 라고 정의하였다. 기타 의견으로 M. McCellan은 "MES는 생산하는 데 사용된 방법들과 도구들을 축적하는 온라인 상의 통합 전산화 시스템이다."라고 정의하였다.

각각의 기관에서 내린 정의는 약간씩의 차이는 있으나 "주문에서 최종 제품에 이르기까지 생산활동에 필요한 최적의 정보를 전달하는 시스템"으로 요약할 수 있다.

각 기관별 MES의 정의는 아래와 같으며, 주문에서 최종 제품에 이르기까지 생산활동에 필요한 최적의 정보를 전달하는 시스템으로 요약할 수 있다.

표 7-2 기관별 MES 정의

기관명	정의
AMR (Advanced Manufacturing Research)	MES는 프로세스 그 자체의 직접적인 통제 및 사무실에 있는 기획 시스템들 간의 공장 Floor에 위치한 정보 시스템이다. (1990년대 초)
MESA (Manufacturing Execution Systems Association)	MES는 주문부터 최종 재화에 이르기까지 생산활동을 최적화할 수 있는 정보를 전달하는 시스템이다. 최신의 정확한 데이터를 이용하여 공장활동을 가이드하고, 시작시키고, 실행하고, 보고한다. 비부가가치 활동을 줄이고, 변화하는 조건에 대해 신속히 반응함으로써 효율적인 공장운영 및 프로세스를 만들어낸다. MES는 정시 납기, 재고회전, 총마진, 현금 효과뿐 아니라 운영자원에 대한 이익 회수를 개선한다.
APICS (The Association of Operations Management)	MES는 제조 장비의 직접 및 관리적 통제를 위해 제품 수명주기 및 프로세스 통제 컴퓨터 시스템을 포함하는 Shop Floor 관리에 참여하는 프로그램 및 시스템으로 시간 흐름에 따른 실적 정보를 수집하고, 리포트와 그래픽 UI를 만들어내는 프로세스 정보 시스템이다. 최근 그리고 과거 매우 짧은시간 공장에서 일어나는 것을 운영인력에게 알리는 알람 역할을 한다.

Gartner's IT Glossary	MES는 업무 지시를 실행하기 위해 온라인 도구를 제공하는 제조 환경에서 생산 방법 및 절차를 갖춘 전산 시스템이다. 여기에는 일반적으로 ERP 혹은 OCS 범위에서 분류되지 않은 어떤 제조 시스템이라도 포함된다. 더욱 광의로는 전산화된 유지관리 시스템(CMM), LIMS, SFC, SPC, QC 그리고 배치 리포팅 및 통제와 같은 전문화된 어플리케이션이 모두 MES에 포함된다.
기타	MES는 생산하는데 사용된 방법들과 도구들을 축적하는 온라인 상의 통합 전산화 시스템이다.(M. McCellan)

지금까지의 MES 개념은 너무나 광범위하거나, 반대로 어느 분야에 국한되어 정의되어 왔기 때문에 공장 Floor에 사용된 수많은 어플리케이션을 쉽게 정의할 수 없는 것이 현실이다. 이에 현재까지의 MES에 대한 학술동향, 변천 이력, 발전 방향 등을 고려하여 다음과 같이 MES를 정의한다.

MES는 계획되거나 주문 받은 제품이 최종 제품이 될 때까지(업무 프로세스 관점: 계획~출고), 생산활동을 최적으로 수행하도록 정보를 제공하며(취급 정보의 관점: 생산현장의 정보), 정확한 실시간 데이터로 공장활동을 지시하고 틀을 제시할 뿐만 아니라(지원활동의 관점: 실시간 데이터에 기반한 생산실행 활동), 실시간으로 활동 결과를 보고하여 의사결정에 도움을 주는 시스템(경영관리의 관점: 실시간 현장보고)을 말한다.

MES의 변천

초기에는 회계 및 재무 지원을 위하여 활용되던 정보시스템이 자원계획의 효율화를 위한 MRP로부터 MRP II, 전사적 자원관리인 ERP로 발전했으며, 또 다른 한 축으로는 수요예측의 효율화를 위한 시스템으로 SCM 및 APS에 이르는 시스템의 축으로 발전하였다.

그리고 제조 현장에서는 생산실적 관리 위주의 SFC(Shop Floor Control), POP(Point of Production) 시스템을 거쳐 MES, Integrated MES 또는 Extended MES라는 시스템으로 발전을 하게 되었다. 또한 최근의 MES는 좁은 의미의 Manufacturing Execution Systems이 아니라 제조를 중심으로 세가지 영역이 유기적으로 통합되어가며 협업을 지향하는 Manufacturing Enterprise Solutions 형태로 발전을 하고 있다.

"Even the Manufacturing Execution Systems Association (MESA), which was initially formed to promote MES, has changed its name to Manufacturing Enterprise Solutions Association."

〈출처: Gartner〉

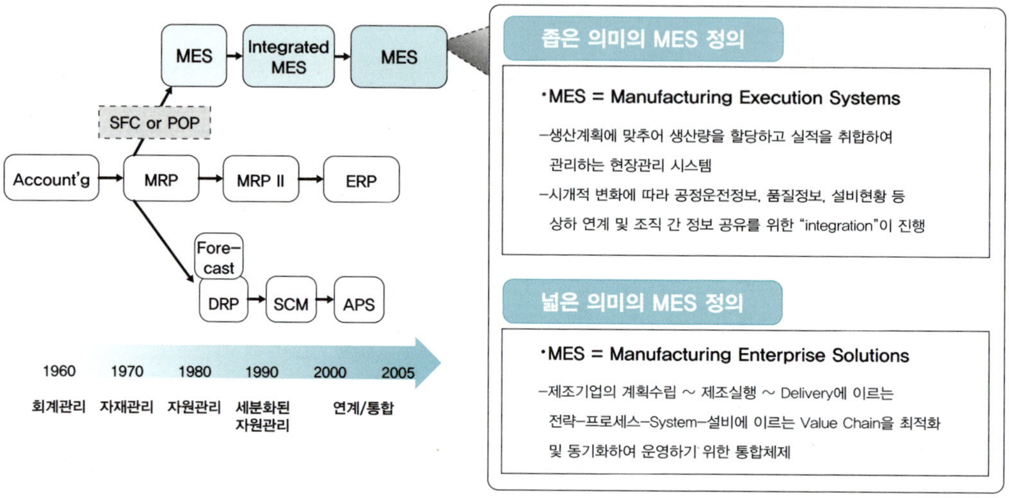

(출처: Gartner, 2004)

MRP : Material Requirement Planning **DRP** : Distribution Resource Planning **SFC** : Shop Floor Control **POP** : Point of Production

그림 7-7 MES의 변천

제조 기업들은 처음에는 공장 내(Plant)의 효율성에 관심을 가지다가 점점 공장 간(Inter Plant)의 효율성, 회사 간(Inter Company)의 효율성, 가치사슬 내(Value Chain)의 효율성에 초점을 맞추었고, 이에 따라 혁신의 수단으로 품질관리(Quality Management), 비즈니스 프로세스 혁신(Business Process Reengineering), ERP의 구축, SCM 도입, e-Biz 도입, 협업적 생산(Collaborative Manufacturing)을 사용하게 되었다.

연대 순으로 보면 1980년대에는 MRP, Production Monitoring & Control, SFC, 1990년대에는 ERP와 연동된 MES, 2000년대에는 BPM기반의 e-Manufacturing, 그리고 현재에는 협업을 중시하는 Collaborative Manufacturing Management로 발전해 왔다.

향후 MES는 자동화(Automation)를 발판으로 하여 전사 협업 생산을 중시하는 CMM (Collaborative Manufacturing Management)으로의 발전이 전망되고 있다.

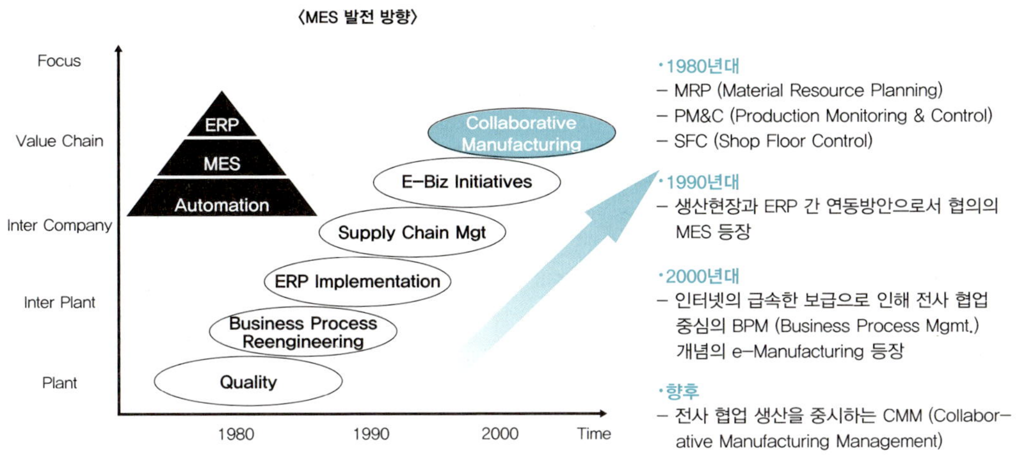

출처: MESA ISA SP88, SP95

그림 7-8 MES 발전 방향

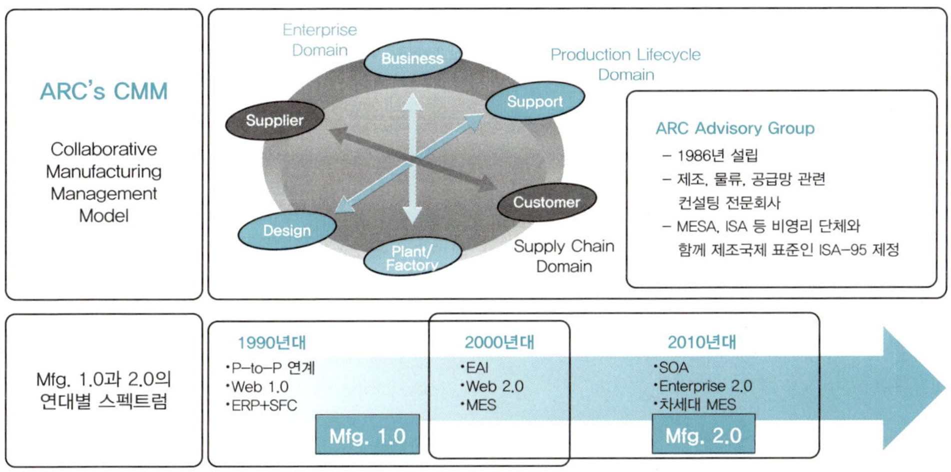

그림 7-9 ARC's CMM

가장 최근에는 SOA(Service Oriented Architecture)를 필두로 한 Manufacturing 2.0의 개념이 새로운 화두로 등장하고 있는데, ARC Advisory Group에 따르면 Collaborative Manufacturing Management Model로 설명하는 데 있어서 Enterprise Model 관점에서 공장과 Business 간의 협업, Production Lifecycle Model 관점에서 Design과 Support의 협업, Supply Chain Model 관점에서 고객과 공급자 간의 협업으로 정의하고 있다.

이를 시대별로 구분해 보면, 1990년대에는 Point to Point 연계, ERP와 SFC를 통한 생산 현장 관리, Web시대의 개막으로 정의할 수 있다. 2000년대에 들어 EAI의 등장으로 MES를 통한 생산현장 관리, Web 2.0으로 발전하였고, 2010년 이후에는 SOA를 기반으로 다른 기종 간의 통합, Enterprise 2.0개념의 대두, 차세대 MES를 통한 Manufacturing 2.0 시대의 도래를 예측하였다.

AMR에서는 MES가 Manufacturing 2.0으로 진화하고 있다고 주장한다. 글로벌 비즈니스 환경이 생산거점 다변화, 협업주체의 다양성이 증가함에 따라 제조 관리의 관점도 변화되고 있다. 이에 대응하기 위해 제품 Value Chain 전체에 대한 통합(Plant-Plant, MES-MIS)이 필요하고 이러한 Business-Oriented 제조실행을 위해 Manufacturing 2.0이 대두되어 수년 내 주류로 자리잡을 것이라고 한다.

Plant 또는 Factory Level의 Business영역과 Manufacturing영역 통합이 Manufacturing 1.0(MES)의 특징이라면 Enterprise Level Factory 간 통합, 다양한 계층 간의 통합을 통한 전체 최적화가 Manufacturing 2.0이다.

Manufacturing 2.0의 주요 특징으로는 SOA지원, 다양한 생산 방식의 지원, 자사와 협력사를 가리지 않는 멀티 사이트 협업 등이다.

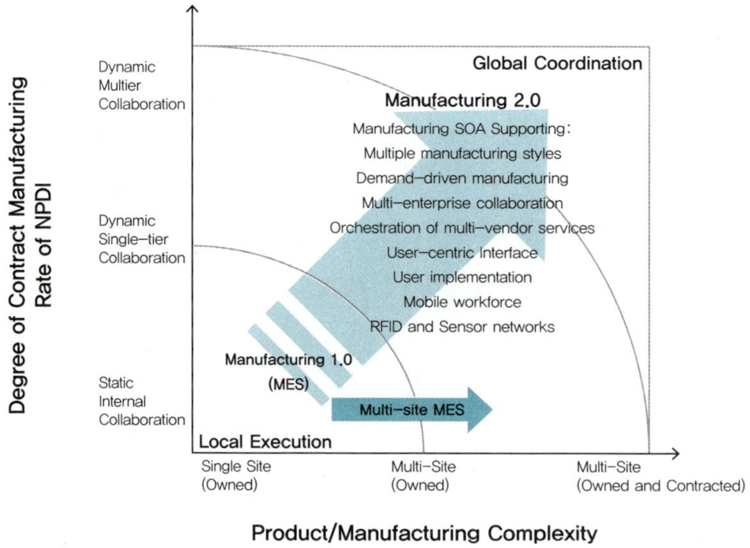

Manufacturing 2.0 [출처 : ARM]

그림 7-10 Manufacturing 2.0

7.3 주요 기관별 MES 모델

7.3.1 NIST

MES를 설명하기 위하여 다양한 기관에서 MES Model을 제시하고 있으나 MESA와 ISA에서 제시하는 모델이 가장 널리 사용되고 있다. 여기서는 MES에 대한 좀더 깊은 이해를 위해 각 기관들이 제시한 MES Model을 살펴보도록 한다.

NIST에서 제시한 MES 모델은 제조 활동을 Logical Instance, Passive Instance, Active Instance Type으로 구분하고 이에 대한 기능을 세분화함으로써 고객의 오더 기능과 이에 따른 자재관리, 생산 계획 기능을 상세히 정의하였고 이 기능들 간의 관계를 비교적 잘 정의하였다.

그러나 이 모델은 각 영역별 단위기능 위주로 정의하여 실제 생산 현장 관리 부분이 자세하지 못하다는 약점을 가지고 있다.

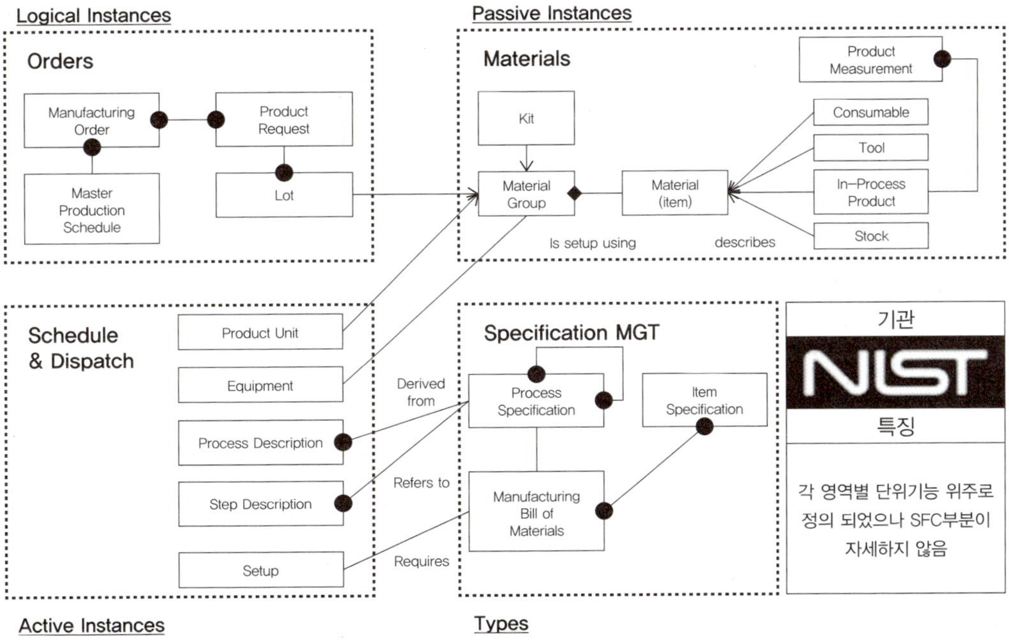

그림 7-11 NIST's Process Architecture

7.3.2 ARC

ARC의 MES모델은 앞서 설명한 대로 Enterprise 관점, Production Lifecycle 관점, Supply Chain 관점에서 협업을 기반으로 MES 모델을 정의하고 있는데, 이는 기업 내부의 협업과 외부의 협업이 MES에 어떤 중요한 영향력을 끼치는지에 대해서는 잘 설명하고 있고, MES와 MIS의 통합을 통한 협업에 의한 제조 관리를 정의한 모델이나, 아직은 개념적인 성격이 강한 모델이다.

기업의 내부협업을 Business와 Production을 축으로 ERP, CPM, Automation으로 설명하였고, Design관련 축을 PLM으로, 기업의 외부협업은 Customer와 Supplier를 축으로 CRM, SRM으로 설명하였다.

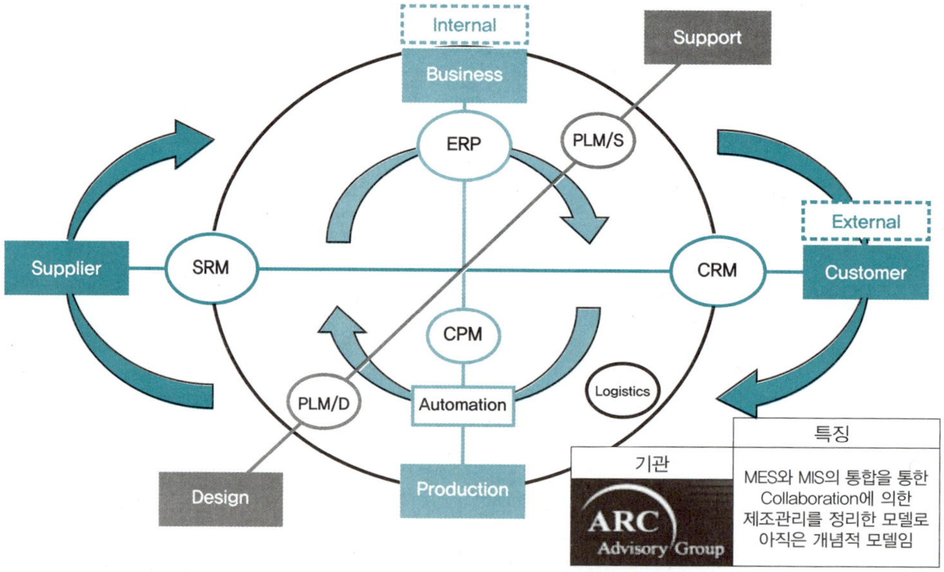

그림 7-12 ARC's Module Architecture

7.3.3 ISA

ISA에서 정의한 MES 모델은 Data 흐름을 위주로한 수평적 구조와 정보의 Level별로 정리한 수직 구조로 정의되는데, 먼저 수평적 구조의 관점에서는 앞서 NIST에서 정의와 비슷하게 제조 관리에서 중요한 기능들을 정의하고 이러한 기능들 간의 Data 연계를 파악함으로써 MES에 대해서 정의한다. 우선 제조 영역의 주요 기능들을 각각 Order Processing,

Production Scheduling, Material and Energy Control, Procurement, Production Control, Quality Assurance, Production Inventory Control, Product Shipping Administration, Product Cost Accounting으로 정의하였고, 이와 관련된 외부 객체 및 서비스들을 정의하여 각각의 기능들이 어떤 데이터들을 주고받는지를 표현하였다.

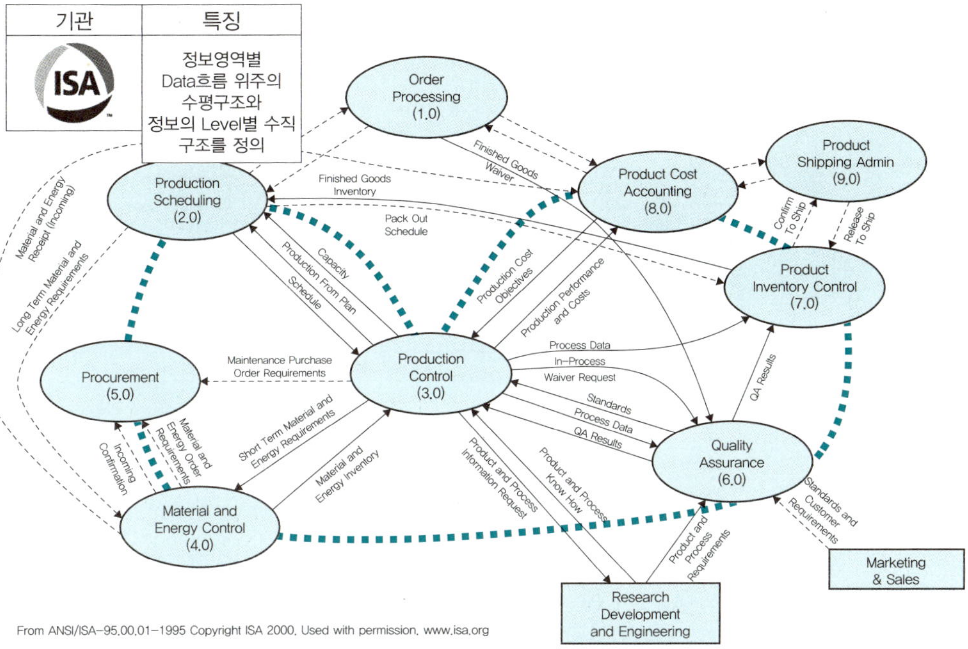

그림 7-13 ISA's Process Architecture

정보의 Level별로 정리한 ISA의 수직 구조는 Level 0의 실제 프로세스 상위 단계에서부터 Level 4의 MIS 하위 단계까지 Level 1 ~ Level 3까지를 광의의 MES 영역으로 설명하고 있다. ISA의 수직구조는 하위단의 Level일수록 생산 현장에 가깝고 관리의 시간단위가 Real Time에 가까우며, 상위단으로 올라갈수록 생산현장에서 멀어지며 관리의 시간단위가 주간, 월간으로 늘어나게 된다.

현장단의 Control Level은 Machine Control 단계(Level 1)에서는 주로 Sensing을 위주로 하고, Process Control 단계(Level2)에서는 모니터링을 위주로 수행하게 된다.

협의의 MES라고도 할 수 있는 MOM(Manufacturing Operation Management) Level은

Operation Management, Dispatching Production and Detailed Scheduling을 수행한다.

이 3개의 Level을 통합하여 ISA에서는 광의의 MES라고 정의하고 있다.

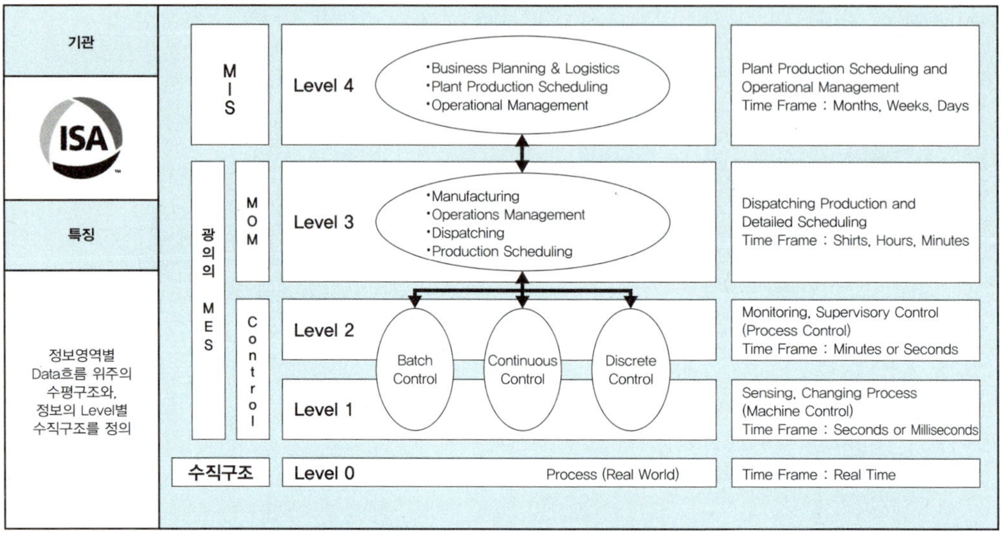

그림 7-14 ISA's Level

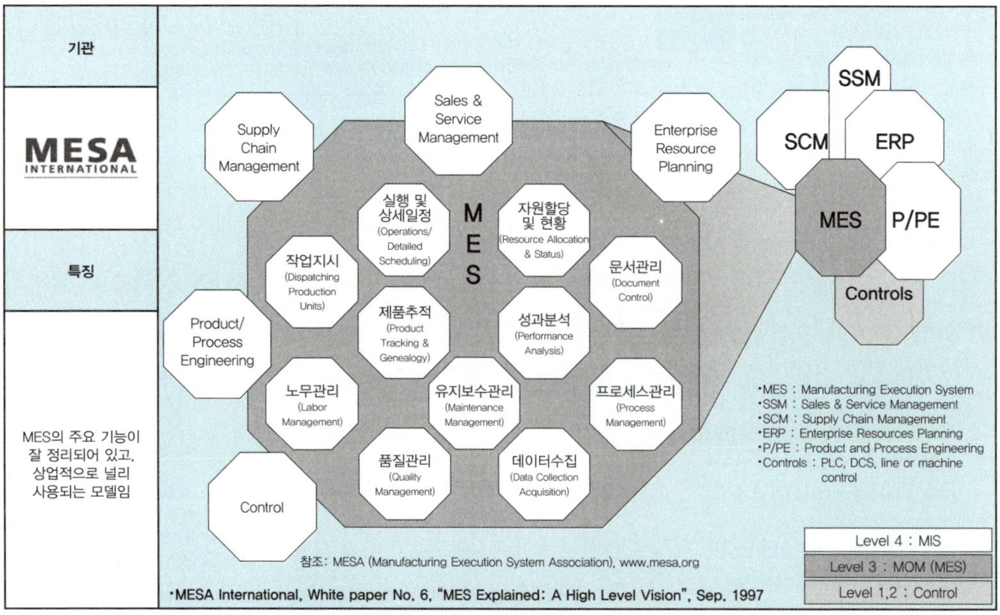

그림 7-15 MESA's Module Architecture

7.3.4 MESA

MESA에서는 MES의 주요 기능을 실행 및 상세 일정, 작업지시, 자원할당 및 현황, 제품추적, 성과분석 문서관리, 프로세스관리, 유지보수관리, 노무관리, 품질관리, 데이터 수집의 11개 기능으로 정의하였는데, 이 모델이 상업적으로 가장 널리 사용되는 모델이다.

ISA의 수직모델과 MESA의 11 기능을 통합하여 이해하기 쉽게 통합적인 그림을 그려보면 [그림 7-16]과 같다.

ERP, SCM, PLM으로 대표되는 MIS 영역, MESA-11 기능으로 정의할 수 있는 MOM 영역, PLC, DCS로 대표되는 Control 영역들이다.

여기서 주목해야 할 부분은 Control Level을 구성하고 있는 설비 제어 시스템들인데 DCS, PLC, SCADA등의 이들 제어 시스템들은 추후 다른 장에서 설명토록 하겠다.

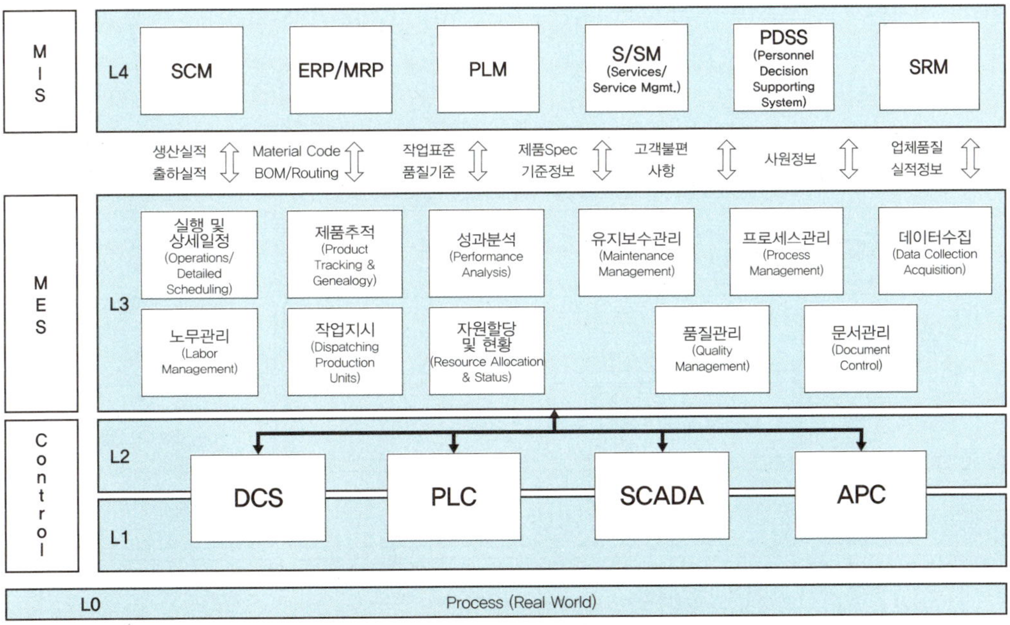

그림 7-16 MES 수직/수평 구조의 통합 도식도

7.4 MES의 특징

이번에는 MES를 ERP와 Control System과의 비교를 통하여 MES의 특징을 살펴보자. 운영적인 특성으로 본다면 MES와 Control System은 실시간 운영인 반면, ERP는 Shift나 Daily로 Batch형 운영의 특성을 가지고 있다. 운영 환경 측면에서 MES는 공정물류 중심인 반면 Control System은 설비와 공정 중심의 운영환경이고 ERP는 기업의 조직과 업무 중심으로 구성되어 있다. 정보 측면에서는 MES는 Event 중심이고, Control System은 연속적이고 시간중심으로 정보가 운영되며, ERP는 업무 프로세스 중심으로 운영된다. 가치창출의 형태 측면에서 MES는 실행 및 통제를 통하여 가치를 창출하고 있으며 Control System은 제어를 통해 가치창출을 이루고 있고, ERP는 계획과 관리를 통하여 가치 창출을 이루고 있다. 마지막으로 시스템의 위치 측면에서 MES는 기간시스템인 ERP와 설비 제어 간 정보의 연계가 되는 Gateway 역할을 수행하며, Control System은 실행 위주의 시스템이고, ERP는 계획 전달의 역할을 담당하는 시스템적 역할을 담당한다.

	ERP	MES	Control System
운영 특성	✓ Batch형 운영 (shift/day)	✓ 실시간 운영 (시/분/초)	✓ 실시간 운영
운영 환경	✓ 조직/업무 중심	✓ 공정물류 중심	✓ 설비와 공정 중심
정보 운영	✓ 업무 프로세스 중심	✓ Event Driven	✓ Continuous & Time-Base운영
가치 창출 형태	✓ 계획 및 관리	✓ 실행 및 통제	✓ 제어
시스템의 위치	✓ 계획 전달 역할	✓ Gateway 역할 (MC) ERP와 Control간 정보의 연계	✓ Action

MC: Machine Control, 하위 설비의 정보를 MES로 연계하는 통로의 역할을 함. Block Control 또는 Equipment Control 등으로도 불림

그림 7-17 MES의 특징 비교

7.4.1 타 시스템과의 연계

MES는 가교역할로서 MIS시스템들과 Control System들과 밀접하게 연계되어 있다. SCM과는 자원계획, 생산계획 등의 정보를 받고, Order Status, 생산 Capacity, 제약사항들을 전달해 준다. ERP시스템과는 생산계획, BOM, Route 등의 정보를 전달받고, 사이클타임, 실행원가, 실행 Data들을 전달해 준다. SSM과는 생산관련 특이 사항을 전달받고, 설비 상태 및 오더 상태를 전달한다. PPS와는 작업지시, Recipe, 파라미터 등을 전달하고, 수율, 품질 정보들을 전달받는다[그림 7-18].

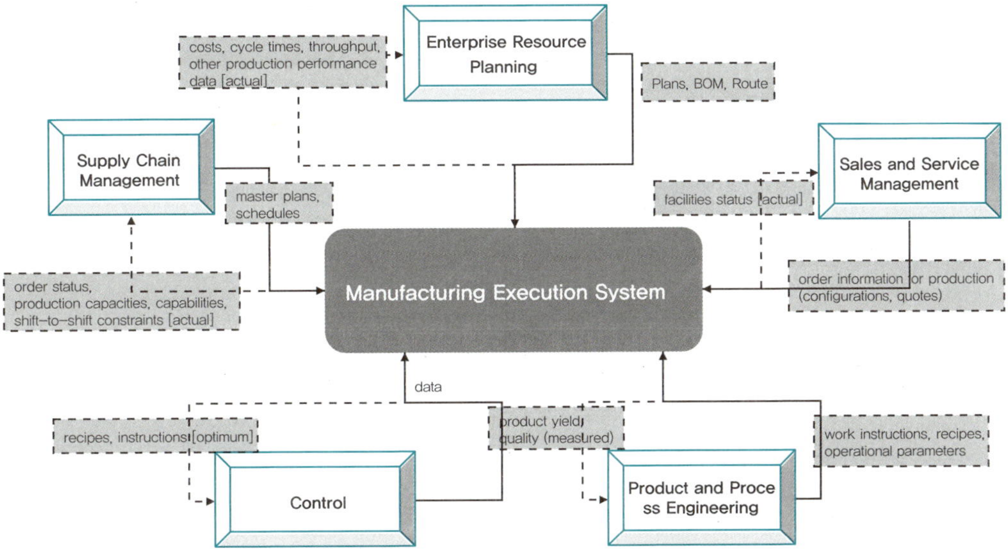

그림 7-18 MES와 타 시스템 간의 연계도

7.4.2 업종 특성에 따른 MES

업종의 특성에 따라서 MES 구축 형태는 매우 달라지게 된다. 연속생산의 경우는 Control 영역을 계측기, 제어기, DCS 등이 주로 담당하게 되고 운영 측면의 MES의 주요 기능도 설비관리 OIS(공정제어 감시)가 주가 된다. 단속생산의 경우는 컨트롤 영역을 PLC, 바코드, RFID 등이 주로 담당하게 되고, 물류관리, Tracking, SPC를 통한 품질 공정관리 기능이 MES의 주가 된다. 두 가지 형태의 생산방식을 동시에 가지고 있는 하이브리드 산업에는 반도체, LCD 등이 있는데, 하이브리드 산업의 경우에는 좀더 복잡한 Architecture와 기능으로 MES가 구성되어 있다[그림 7-19].

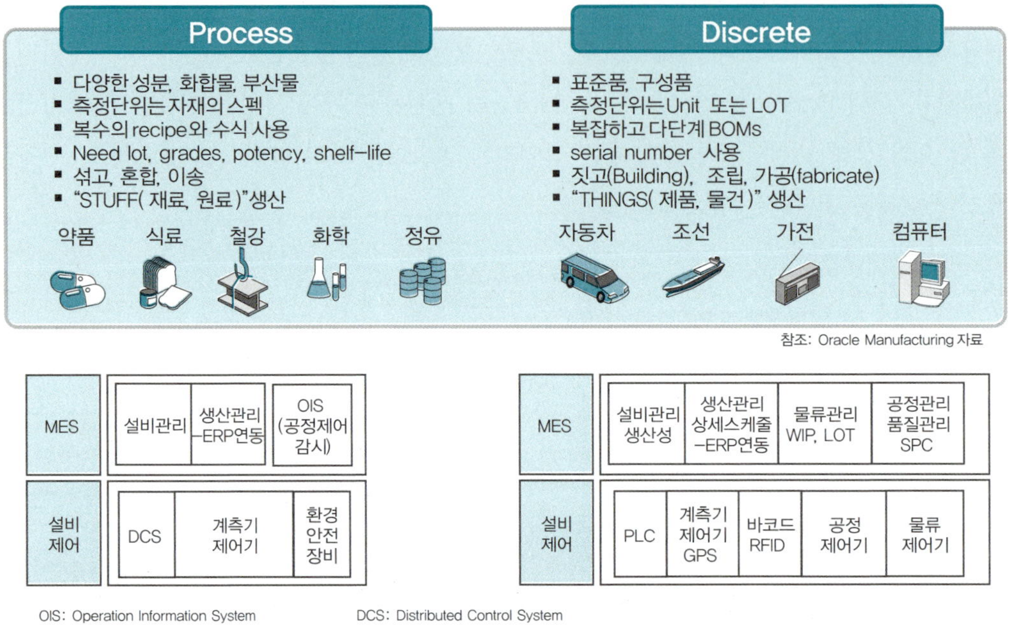

그림 7-19 업종별 MES의 구성

7.5 MES의 필요성

MES의 필요성을 4가지 측면으로 설명해 보면[그림 7-20],

1. 품질관리 측면에서 자재, 설비, 공정작업의 다양한 품질분석을 통한 공정개선 및 수율 향상, SPC를 이용한 공정품질 유지, 전(前)공정의 불량 제거를 통한 후공정의 Loss 감축
2. 고객서비스 측면에서 객관적인 생산, 품질정보 제시를 통한 대 고객 경쟁력 확보, 고객에 대한 공정, 품질 Auditing 대응력 확보
3. 생산관리 측면에서 재공/재고에 기초한 생산계획 수립, 효율적인 생산실적 집계를 통한 영업지원, 자재, 인력, 설비의 효율적 관리 필요

4. 경영관리 측면에서 실질적 제조현장정보 제공으로 신속한 의사 결정 지원, 자재투입에서 출하까지의 공정 진척현황 정보 제공에 있다.

품질관리측면

- 자재, 설비, 공정작업의 다양한 품질분석을 통한 공정개선 및 수율 향상
- SPC를 이용한 공정품질유지
- 前공정의 불량 제거를 통한 후공정의 Loss 감축

고객서비스측면

- 객관적인생산, 품질정보제시를 통한 대고객 경쟁력 확보
- 고객에 대한 공정, 품질 Auditing 대응력확보

생산관리측면

- 재공/재고에 기초한 생산계획수립
- 효율적인 생산실적 집계를 통한 영업지원
- 자재, 인력, 설비의 효율적 관리 필요

경영관리측면

- 실질적 제조현장정보제공으로 신속한 의사 결정 지원
- 자재투입 → 출하까지의 공정 진척현황정보제공

그림 7-20 MES의 필요성

7.6 MES의 기대효과

MES의 정성적 기대효과로는 재공재고(WIP:Work In Process) 감축, 최종품 제조 소요시간(Manufacturing Cycle Time) 단축, 데이터 입력시간 단축/제거, 공정 진척을 위한 종이문서 축소/제거, 리드타임(Lead Time) 단축, 제품 품질 향상(불량 요인 제거), 종이 문서/도면 유실에 따른 손실 방지, 공장 작업자 및 중간 관리자 생산성 향상 등이 있다.

정량적 기대효과는 각 회사마다 다르겠지만 MESA의 자료에 의하면 MES를 도입한 기업들은 생산주기의 단축(평균 45%), 작업입력 시간의 단축(평균 75% 이상), 재공품(WIP)

감소(평균 24%), 작업변경 사이의 서류업무 감소(평균 61%), 리드타임의 감소(평균 27%), 불량품 감소(평균 18%), 현장의 서류 및 도면의 분실 감소(평균 56%) 등의 효과를 얻었다고 한다[그림 7-20].

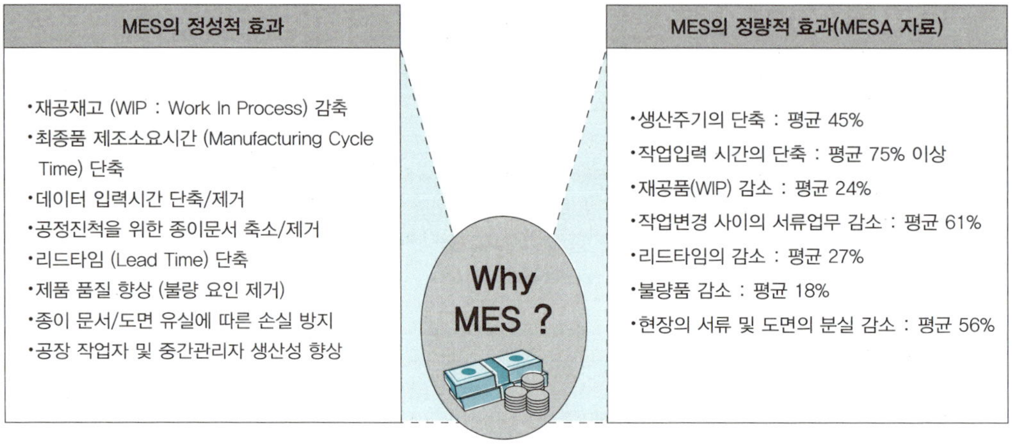

참조: MESA (Manufacturing Execution System Association), www.mesa.org

그림 7-21 MES의 기대효과

연습문제

1. MES 정의는 무엇인가?
2. 4개의 MES 주요 기관(협회)에서 정의하는 MES 모델을 서술하시오.
3. MES의 특징에 대하여 논하시오.
4. ISA와 MESA가 정의하는 MES 모듈에 대한 비교를 하시오.
5. MES 4가지 필요성을 서술하시오.
6. 업종에 따라 MES구축이 달라져야 하는 이유를 논하시오.
7. MES 기대효과는 무엇인가?
8. MES를 구축하는 이유는 무엇인가?
9. POP는 무엇인가?
10. MES의 변천사에 대하여 서술하시오.

Chapter. 8

생산 실행 시스템의 주요 기능 : MESA를 중심으로

8.1 MESA 소개

MESA International은 1992년에 설립된 제조업체, 솔루션 Provider, 업종 전문가 들이 제조혁신, Best Practice 등 제조 중심의 기업 솔루션 관련 지식들을 교류하는 국제적인 협회이다. MESA는 업종 표준 방법론, 제조 솔루션들 Architecture, 기업 레벨의 요구사항과 실행단의 연계 등을 정의한다. 또한 각종 업종별 Event, 심포지움, 출판물을 통해 제조 기업들의 전략 및 혁신, 제조 리더십 향상에 이바지하고 있다. 최근의 MES 개념이 Manufacturing Enterprise Solutions으로 정의됨에 따라 MESA도 이름을 재정의하였으며, 이런 변화들 때문에 최근 MESA는 주요 제조 업체뿐 아니라, 원료 공급자, 제조 공정상의 모든 업체들을 회원사로 영입하고 있다.

MESA는 11개의 주요 기능을 국제 표준으로 정의하였으며, 이런 표준 용어 및 모델들은 솔루션 벤더사와 SI 사업자 그리고 사용자들의 이해를 돕는 데 일조하고 있다. MESA는 매년 북아메리카 및 유럽 등지에서 Conference를 개최하고 있으며, 각 대륙별 MESA Working 그룹을 통해서 각종 활동들을 진행하고 있다.

참조: MESA International, www.mesa.org

그림 8-1 MESA International Website

MESA는 정기적으로 White Paper를 발행하고 있으며, 이는 MES업계의 중요 저작물 중의 하나이다. 이번 장의 주요 내용들도 MESA White Paper 02 - MES Functionalities 와 MESA White Paper 06 - MES Explained 내용을 근간으로 하고 있다. White Paper 는 2011년 1월 〈MESA White Paper 38 - Transforming Manufacturing Maturity with ISA-95 Methods〉까지 간행되었다. MES에 대한 좀더 심도 깊은 이해와 최신 정보 획득을 위해서 White Paper 전체를 학습하기를 권장한다.

MESA의 또 다른 주요 저작물은 유럽의 주요 IT 컨설팅 업체인 Logica를 통해 매년 발간되는 〈MES Product Survey〉이다. 이 리포트를 통해 전세계 주요 벤더들의 MES 제품들이 어떻게 발전되어가고 있고, 어떤 특징들을 가지고 있는지 객관적으로 보고하고 있다. 국내 기업 중에는 Miracom사의 MESplus, AIM사의 nanoTrack이 포함되어 있다.

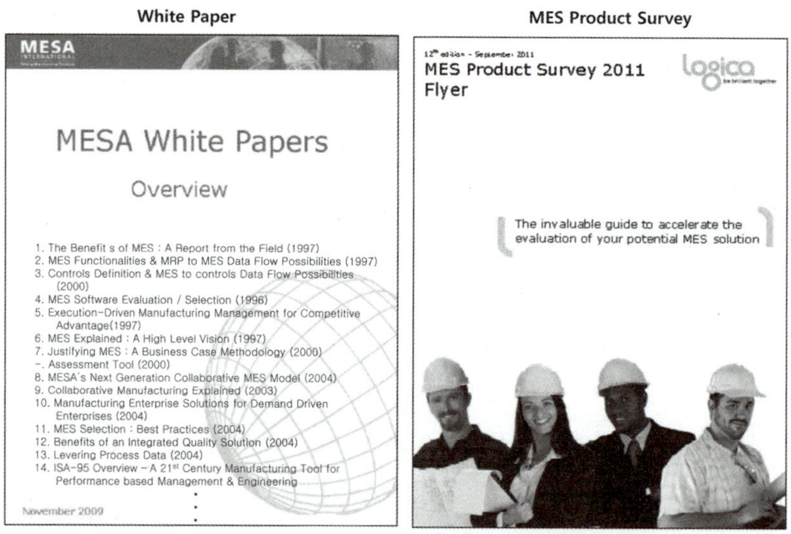

참조: MESA International, www.mesa.org

그림 8-2 MESA White Paper & MES Product Survey

MESA의 〈MES Product Survey〉 내용 중 일부를 소개하면 다음과 같다.

하나의 다이어그램 내의 방사선의 개수는 11개로 이는 MESA의 11대 기능을 의미한다. 제품의 생산 방식별로 다이어그램이 그려져 있는데, 이는 각각의 생산 방식별로 11대 기능이 다르게 구현됨을 간접적으로 보여주기도 한다.

[그림 8-3]에 보이는 다이어그램은 [MES Product Survey 2008]에 실려있는 국내 대표적인 MES솔루션 업체인 Miracom사의 MESplus 제품에 대한 평가표이다. 이를 해석해 보면 Miracom사의 MESplus는 MTS, MTO, ATO 생산방식, 업종별로는 조립업에 해당하는 고객에게 적합한 솔루션이 된다. 반대로 연속생산방식, 화학업종에 해당하는 고객에게는 적합하지 않은 솔루션으로 보여진다.

MESA 11대 기능으로 살펴보면 생산방식, 업종을 불문하고, 다른 기능들에 비해서 Document Control 기능이 취약해 보인다.

〈MES Product Survey〉는 이외에도 다양한 방식으로 각 제품별 특징을 보여주고 있다.

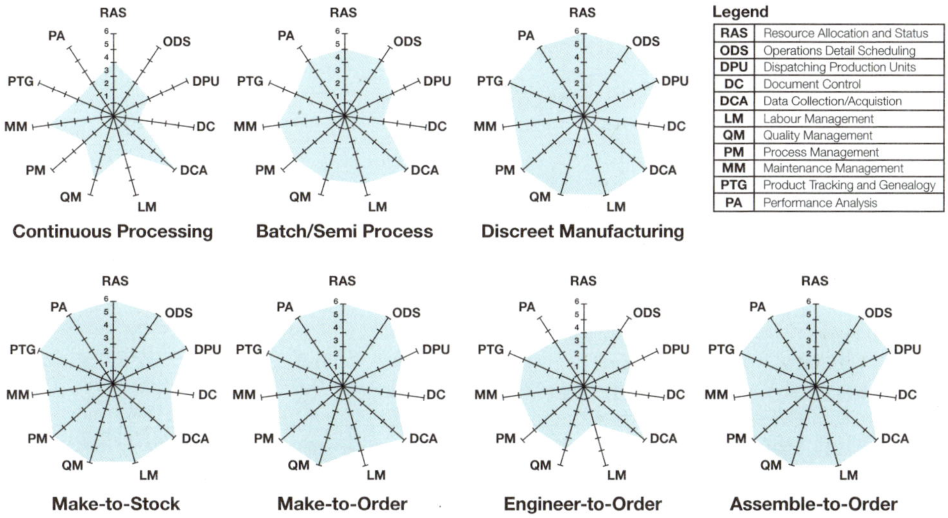

그림 8-3 MESA의 기업 진단 Diagram

참조: MES product Survey 2008

MESA의 정의에 따르면 MES는 다른 시스템들과 정보를 교환하여 운영되며, [그림 8-4]에서 보듯 다른 시스템과 명확한 경계를 정의하기는 어렵다. 시스템 간 중복된 영역 및 기능이 존재한다. 예를 들면 스케줄링은 MES와 SCM에서, 작업자 관리는 MES, SSM, ERP에서, 문서관리는 MES와 P/PE에서 공정관리는 MES와 Control에서 구현 가능하다. 업종 및 고객 요구사항에 따라 시스템들의 경계가 정의되고 어떻게 구축될 것인지 정해지게 된다.

MES와 여타 시스템과의 인터페이스는 여러 가지 형태로 가능하며, 이미 수많은 성공사례들이 있다.

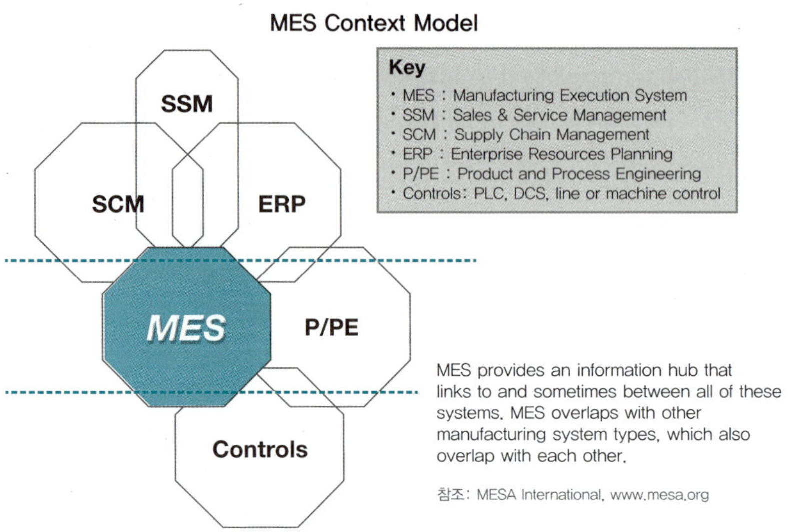

그림 8-4 MES 경계

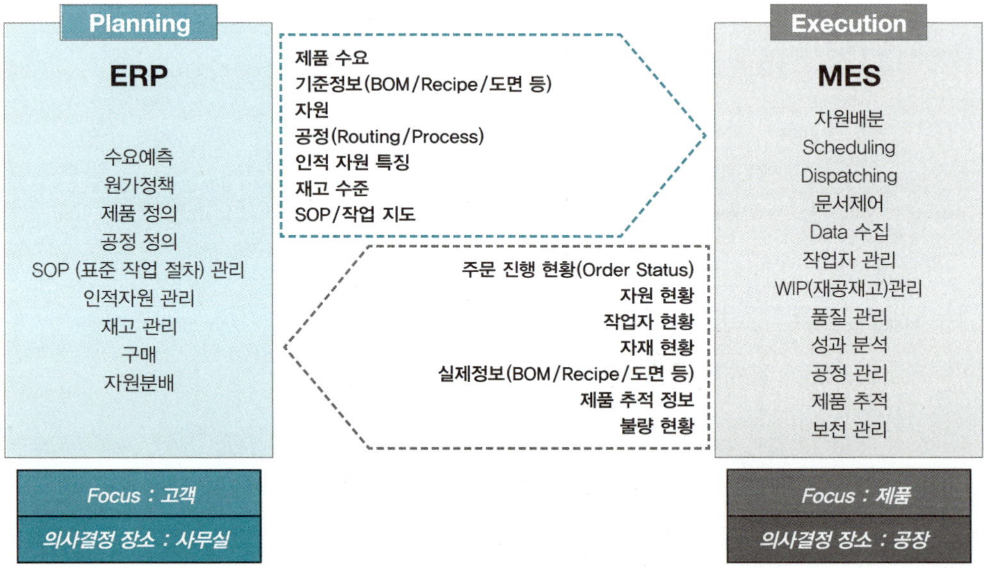

그림 8-5 MES와 ERP의 Data 흐름도

[그림 8-5]를 통해 MES와 타 시스템 간의 연계 중 대표적으로 ERP와의 Data 흐름에 대해서 살펴보자. ERP는 수요예측, 원가정책, 제품 정의, 공정 정의, SOP 관리, 인적자원 관리, 재고 관리, 구매, 자원 분배 등의 기능을 수행한다. MES는 자원배분, 스케줄링, 디스

패칭, 문서제어, Data 수집, 작업자 관리, WIP관리, 품질관리, 성과분석, 공정관리, 제품 추적, 보전관리 등의 기능을 수행한다. 이 두 시스템은 대표적인 계획, 실행 시스템으로 두 시스템이 제대로 작동하기 위해서는 서로 간의 Data 교환이 필수적이다.

ERP는 MES에게 제품수요, 자원, 공정, 인적 자원의 특징, 재고 수준, 작업지도 등 각종 기준 정보성 Data를 전달해서 MES가 제대로 실행될 수 있게 해주며, MES는 ERP에게 주문진행 현황, 자원 현황, 작업자 현황, 자재 현황, 불량 현황 등 작업현장에서 벌어지는 실제 Data를 전달해서 ERP가 제대로 계획할 수 있도록 하는 역할을 한다.

[그림 8-6]은 MES Functional Logic 모델을 표현하고 있다.

MES Functional Logic 모델은 각 벤더별 시스템의 통신 방법과 데이터 모델을 통합시키는 것이다. 이는 하나 혹은 여러 개의 MES 기능 및 API를 통해서 외부 기업과의 인터페이스를 위한 외부 시스템, EDI와 연결됨을 보여준다. MES 아키텍처는 데이터 커뮤니케이션, 데이터 모델, MES 기능 Logic으로 구성된다. 데이터 커뮤니케이션은 외부 시스템과의 EDI, Messaging, ODBC 등을 이용하여 데이터를 교환하는 역할을 하고, 데이터 모델은 관계형 데이터베이스 등을 통해 MES관련 데이터를 관리하는 역할을 한다. MES의 기능들은 MES 기능 Logic에서 구현된다. 타 시스템과는 API들을 구성하여 인터페이스한다.

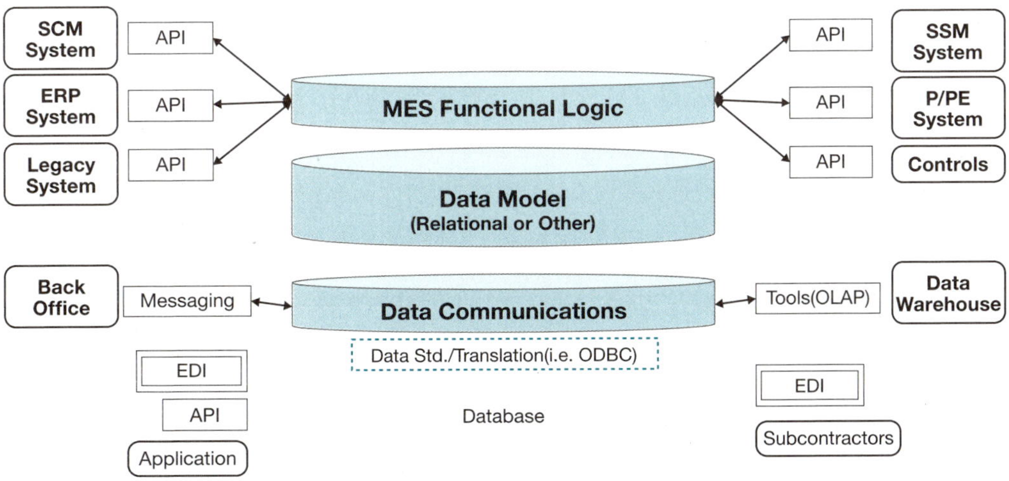

그림 8-6 MES Functional Logic 모델

MES도 다른 소프트웨어 산업들과 비슷하게 점진적으로 Object 모델로 발전되고 있다. [그림 8-7]은 MES의 Object 모델을 나타낸다. 이 모델에서 MES는 제조상황의 각종 이벤트들을 Workflow, Agent, ERP, SCM 같은 외부 시스템에게 전달하기 위해 Data 중개방식을 이용한 Object Request Broker를 사용한다. 제조 관련 각종 이벤트들을 시작하고 관리할 수 있는 룰을 정의하고 이를 기반으로 MES시스템을 구성하는 방식이다.

대표적인 Object Request Broker는 Corba, COM/DCOM이다.

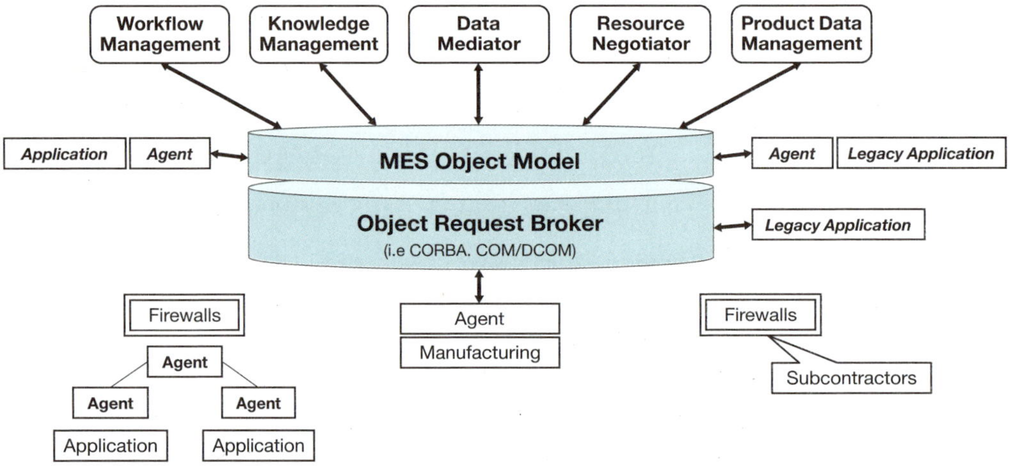

그림 8-7 MES의 Object 모델

최근에는 SOA개념을 도입한 MES 모델이 정의되고 있다. SOA란 Service Oriented Architecture의 약자로, 업무와 관련된 소프트웨어 기능을 서비스로 판단하여 그 서비스를 네트워크 상에 연동하여 시스템 전체를 구축해 나가는 방법론이다. 최신 SOA는 공개, 기민성, 확장, 연합, 자립적 요소 들로 구성된 조합 가능한 아키텍처, 서비스 품질, 다양한 벤더, 상호 운영성, 서비스 발견 그리고 잠재적으로 재사용 가능한 서비스들이 웹 서비스로 구현된다.

SOA는 Business Logic과 Technology를 추상화하여 도메인 간에 느슨한 결합을 유도한다. SOA는 과거 플랫폼의 진화한 것이라고도 할 수 있다. MES에서의 SOA 개념은 Manufacturing Service Bus를 중심으로 제조와 관련된 각종 기능들을 Service로 정의하고 이를 웹 서비스로 구현하는 것을 의미한다.

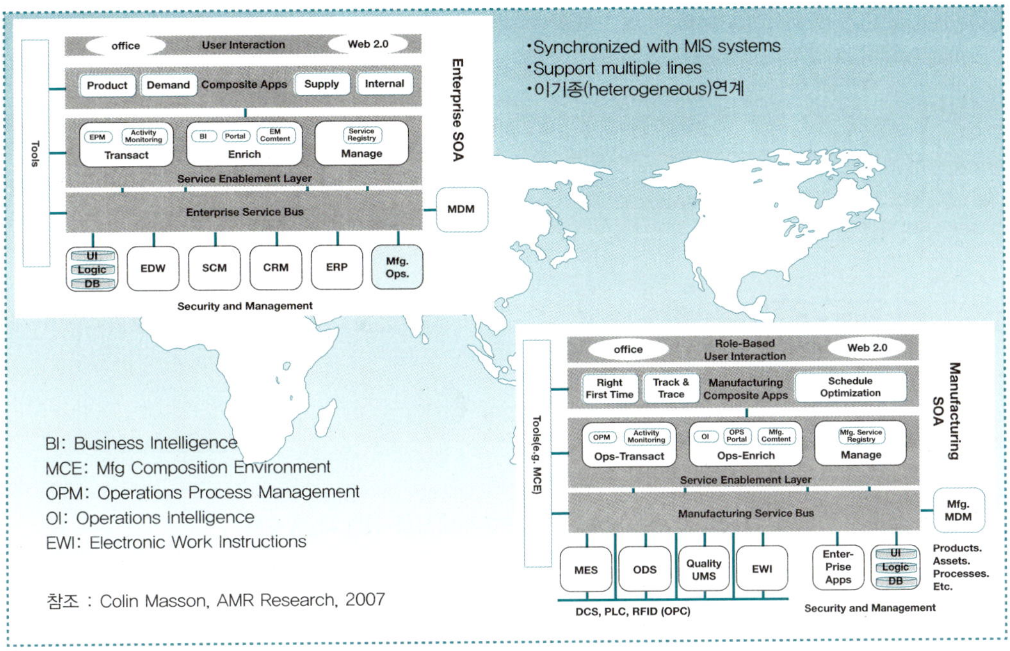

참조 : Colin Masson, AMR Research, 2007

그림 8-8 SOA in MES

MES는 고객의 다양한 요구 사항 및 우선순위에 따라 11개 기본기능을 기본으로 한 여러 벤더의 다양한 기능들의 조합으로 구성될 수 있다. IT 서비스 회사 혹은 컨설턴트들은 고객의 요구사항에 맞게 다양한 제품들을 구성할 수 있도록 도울 수 있다. 예를 들면 아주 간단한 기능을 필요로 하는 공장 X는 벤더(Vendor) A사의 제품을 기본으로 SI형태로 추가 개발하거나, 벤더 B나 벤더 C의 제품 중 필요 없는 기능을 제외하고 사용할 수도 있다. 11가지 기능이 다 필요한 공장 Z는 벤더 C의 제품을 기본으로 2가지 기능을 SI로 추가 개발하면 필요한 요구사항을 모두 충족할 수 있는 것이다. 고객의 필요기능은 업종, 규모, 자동화의 정도에 따라 달라질 수 있다.

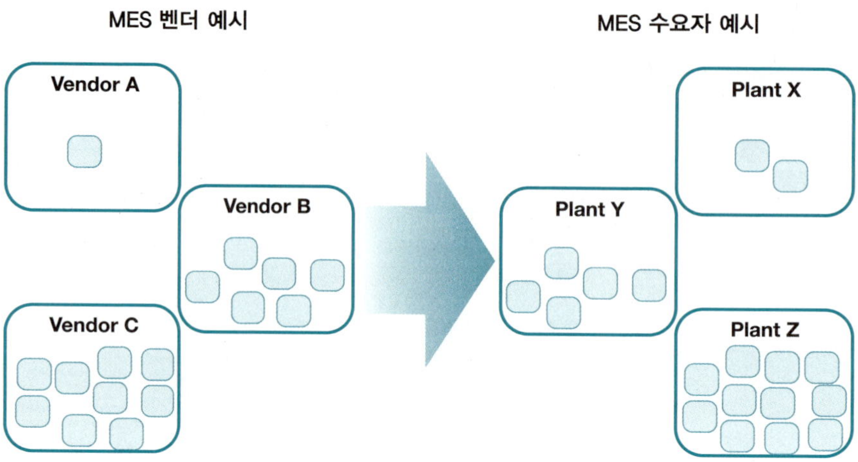

그림 8-9 MES 벤더와 MES 수요자를 위한 MES 모델

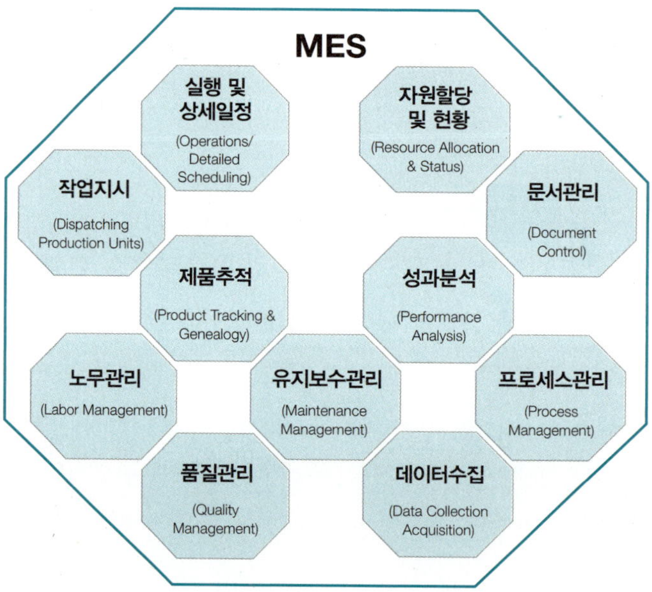

그림 8-10 MESA's 11 Functionality

참조: MESA International, www.mesa.org

MESA에서는 90년대 초반에 [그림 8-10]과 같이 MES의 11대 기능을 정의하였다. 종종 벌집 형태로 그려지는 이 기능들은 MES의 기능 및 컨텐츠들을 명확히 표현하고 있다. 현재

까지도 이 11대 MES기능은 종종 MES에 대한 일반적인 이해를 돕는 데 아주 유효하게 사용되고 있다. 이 11대 기능은 실행 및 상세 일정, 작업지시, 자원할당 및 현황, 제품추적, 성과분석, 문서관리, 프로세스 관리, 유지보수 관리, 노무관리, 품질관리, 데이터 수집이며, 앞으로 각 기능이 어떤 역할을 하는지 자세히 설명하도록 한다.

MESA에서 정의한 MES의 11대 기능을 설명하기 전에 먼저 [그림 8-11]의 Collaborative MES에 대해 알아 보자. MESA는 2004년에 Collaborative MES에 대해서 정의하는 White Pater를 발표하였다.

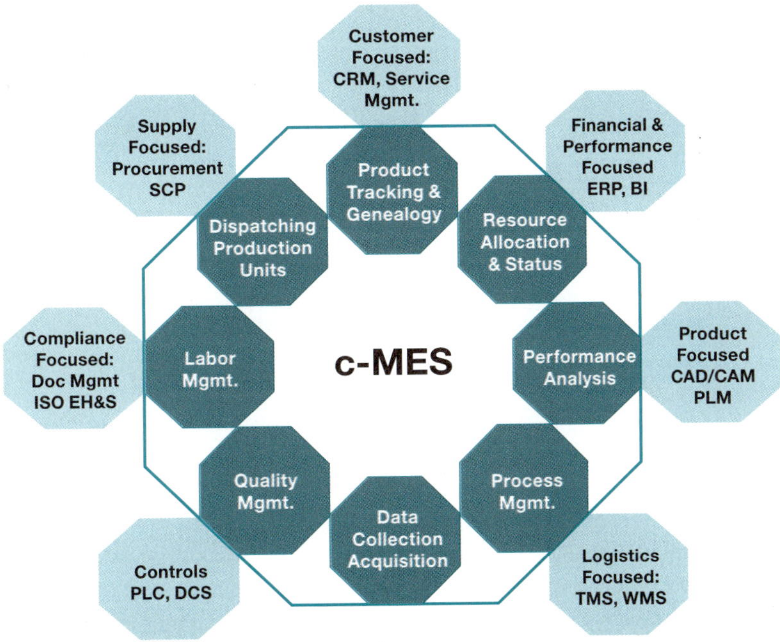

그림 8-11 Collaborative MES 8대 기능과 관련 시스템

참조: MESA International, www.mesa.org

제조기업 환경이 국제화, 제조와 물류 부문의 아웃소싱 확대, 혁신적인 제품의 증가, 제품 품질의 증대, 고객 요구사항의 다변화 방향으로 변화되고 있다. 특히 제조 기업의 아웃소싱과 OEM 방식이 확대됨에 따라 MES가 어떤 방식으로 이러한 변화를 수용할 것인지 정의가 필요하게 되었고, 이에 따라 Collaborative MES(c-MES)가 등장하게 된다. Collaborative MES는 기업 내부뿐만 아니라 Supply Chain 전체와의 연계를 중요시하는

개념이다. MESA는 Collaborative MES를 8대 주요 기능으로 정의하고 이 기능들이 기업 내부뿐 아니라 Supply Chain 상의 시스템과 사람들 간의 연계성을 보여주고 있다.

Collaborative MES 8대 기능은 MESA에서 정의한 MES 11대 기능 중에서 선정된 것으로 이후 11대 기능을 설명하면서 Collaborative MES에 해당되는 기능에 대해서는 추가적으로 설명하도록 한다.

8.2 MESA의 MES 11가지 기능

MESA 11대 기능 중 첫 번째는 실행 및 상세 일정 기능으로 [표 8-1]과 같다. 이 기능은 자원의 제약 상황을 고려하여 생산성을 극대화하기 위한 작업의 순서 및 시점을 결정하여 작업지시를 내리는 기능이 주요 내용이다.

세부 기능을 살펴 보면, 특정 생산 단위에 연관된 우선순위, 속성, 특성, 제조방법 등에 기초하여 작업순서를 제공하는 기능, 상세일정을 수립하고 이에 대한 대체, 중첩, 병행 방안 등을 가지고 운영하는 기능, 상세일정 수립을 위한 시간측정, 설비 로딩 시간, 작업 조 패턴 조정안을 계산하는 기능 들을 포함하고 있다. 이 기능은 Plan에 해당한다.

표 8-1 MES 실행 및 상세일정

실행 및 상세일정(Operations/Detail Scheduling)	
원문	Provides sequencing based on priorities, attributes, characteristics, and/or recipes associated with specific production units at an operation such as shape of color sequencing or other characteristics which, when scheduled in sequence properly, minimize setup. It is finite and it recognizes lternative and overlapping/parallel operations in order to calculate in detail exact time or equipment loading and adjust to shift patterns.
주요 내용	자원의 제약상황에 기초하여 생산의 성과를 최적화하기 위한 작업의 순서와 시점을 결정
세부 기능	• 특정 생산단위에 연관된 우선순위/속성/특성/제조방법 등에 기초하여 작업순서를 제공 • 상세일정의 대체(Alternative)/중첩(Overlapping)/병행(Parallel) 방안 등을 가지고 한시적 운영 • 정확한 시간측정, 설비 로딩, 작업 조 패턴 조정안을 산정함
구분	Plan

MESA 11대 기능 중 두 번째는 자원할당 및 현황으로 [표 8-2]와 같다. 이 기능은 인력, 설비, 도구, 자재가 무엇을 해야 하고, 무엇이 진행 중이며, 무엇을 완료하였는지 가이드하는 기능이다.

표 8-2 MES 자원할당 및 현황

자원할당 및 현황(Resource Allocation and Status)	
원문	Manages resources including machines, tool-labor skills, materials, other equipment, and other entities such as documents that must be available in order for work to start at the operation. It provides detailed history of resources and insures that equipment is properly set up for processing and provides status real time. The management of these resources includes reservation and dispatching to meet operation scheduling objectives.
주요 내용	인력/설비/도구/자재가 무엇을 해야 하고, 무엇이 진행 중이며, 무엇을 완료하였는지 가이드
세부 기능	• 생산에 관련된 자원 관리: 기계, 공구, 작업자 숙련도(기술수준), 자재, 기타 장비, 작업시작 시점에 필요로 하는 문서 등 • 작업일정에 맞추기 위한 자원예약과 할당의 관리 기능 • 자원의 상세 이력 제공 • 장비가 가공을 위해서 적절하게 셋업되었는지 보증 • 자원할당 현황을 실시간으로 제공
구분	Plan, Execution, Monitor
c-MES의 예시	• PLM에 의해 관리되는 자원(BOM, 작업지시, 고객 요청사항, Recipe)들의 정보를 MES와 통합시킨다. - BOM을 기반으로 한 자원의 준비 - 도구와 기구, 용기 들을 필요에 따라 정열, 예약, 생산시킨다. - 설비의 Recipe를 준비시키고 실행시킨다. • MES가 제조 현장에서 수정된 디자인이나 문서 들을 PLM에 피드백시킨다. • 자원의 사용량, 수요 등의 정보를 SCM과 공유함으로써 생산을 촉진시키고 재고를 최소화시킨다. • 자원의 각종 데이터들을 인터넷 혹은 휴대기기를 통하여 전달함으로써 멀리 떨어진 곳에서 공장을 관리하게 해준다. • 보전기술자와 설비 벤더가 설비의 사용량과 상태에 대한 정보에 접근할 수 있도록 해서 적극적인 서비스가 가능토록 한다. • 자재 공급자가 실시간의 재고 상황을 정확하게 파악하여 품질과 공정상에 문제가 발생하지 않도록 적시에 공급하도록 한다. • OEM 주문자와 온라인 기반으로 생산관련 이슈 및 정보를 공유하는 프로세스를 통해 시장 적기 출시 및 일정한 생산성을 유지한다.

세부 기능을 살펴 보면 기계, 공구, 자재, 기타 장비, 문서 등의 생산에 관련된 자원을 관리하는 기능, 작업일정에 맞추어 자원을 예약하거나 할당하는 기능, 자원의 상세 이력 및 현황을 실시간으로 상세히 제공하는 기능들을 포함한다. 이 기능은 Plan, Execution, Monitor에 해당한다.

자원할당 및 현황은 Collaborative MES의 기능 중 하나로 예를 들면, PLM의 기준 정보들을 MES와 통합시키거나, 제조 현장에서 수정된 Data를 PLM에 피드백하거나 SCM과 자원의 사용량, 수요 정보 등을 공유함으로써 재고를 최소화하거나 온라인 및 모바일을 통한 정보 접근을 가능케 해 원격으로 공장을 관리해 주기도 하고 보전 기술자와 설비 벤더에게 설비 정보를 쉽게 접근하도록 하여 적절한 보전관리가 진행될 수 있도록 하며, 자재 공급자에게 자재 창고의 재고 상황을 실시간으로 파악할 수 있도록 하여 자재 공급을 원활하게 하고, 고객과 온라인 기반으로 정보를 공유하여 고객이 원하는 날짜에 생산이 완료될 수 있도록 지원하기도 한다.

MESA 11대 기능 중 세 번째는 작업지시로서 [표 8-3]과 같다. 이 기능은 공정 혹은 스텝을 시작하기 위해 공장의 특정 부문에 자재투입 또는 지시를 하달하는 기능이다

세부 기능을 살펴 보면 일, 순서, 배치, 포트 및 작업지시의 형태로 생산단위로 흐름을 관리하여 작업지시를 순서대로 내린 후, 생산 현장에서 발생하는 상황에 따라 실시간으로 변경하며, 생산 현장의 상세일정을 변경하거나 재작업, 폐기, 버퍼 관리를 통해 특정 시점의 재공재고 수량을 통제하는 기능들을 한다.

이 기능은 Plan, Execution에 해당한다. 작업지시는 Collaborative MES의 기능 중 하나로 예를 들면, 작업지시에 기반한 재공재고 상황을 웹을 통해 공급자와 고객에게 제공하고, SCM과 실시간 통합을 통해 원자재의 소비 정보를 공급자에게 전달하여 자재를 선적할 수 있도록 하며, 작업 현장의 정보를 전달하여 작업 지시의 정확성을 높이거나, 작업현장의 재공재고 정보를 생산 계획, 원가 시스템과 연동시키고, SCM과 MES의 연동을 통해 생산 계획의 정보를 높여 주기도 한다.

표 8-3 MES 작업지시

작업지시(Dispatching Production Units)	
원문	Manages flow of production units in the form of jobs, orders, batches, lots, and work orders. Dispatch information is presented in sequence in which the work needs to be done and changes in real time as events occur on the factory floor. It has the ability to alter prescribed schedule on the factory floor. Rework and salvage processes are available, as well as the ability to control the amount of work in process at any point with buffer management.
주요 내용	공정 혹은 스텝을 시작하기 위해 공장의 특정부문에 자재투입 또는 지시를 하달
세부 기능	• 일, 순서, 배치, 로트, 및 작업지시의 형태로 생산단위의 흐름을 관리 • 작업지시 정보는 특정 작업이 필요한 순서대로 제시되고, 생산현장에서 발생하는 상황에 따라 실시간으로 변경됨 • 생산현장의 미리 예정된 상세일정을 변경하는 기능을 포함 • 재작업(Rework), 폐기(Salvage), 버퍼관리 기능으로 특정 시점의 재공 수량을 통제
구분	Plan, Execution
c-MES의 예시	• 작업지시에 기반한 재공재고의 진행 상황을 웹을 통해 공급자와 고객에게 제공 가능하다. • SCM과의 실시간 통합을 통해서 원자재의 소비되는 정보를 자재 공급자에게 전달하여 자재를 선적 할수 있도록 한다. • 작업 현장의 정보를 전달하여 작업 지시의 정확성을 높인다. • 작업 현장의 재공재고 상황을 생산 계획, 원가 시스템과 연동시킨다. • 특정한 Order의 생산 현황을 웹을 통해 고객에게 전달한다. • SCM과 MES의 연동을 통해 생산 계획 대비 실적을 파악하여 생산 계획의 정확도를 높여준다. • 현장 작업자 혹은 생산 관리자가 작업의 시작시간과 종료시간을 예측할 수 있도록 한다

MESA 11대 기능 중 네 번째는 문서관리 기능으로 [표 8-4]와 같다. 이 기능은 제품, 프로세스, 설계, 오더 등에 대한 정보를 수집, 관리, 배포하는 기능이다

세부 기능을 살펴 보면 생산관련 기록되어야 할 정보들을 유지 관리하는 기능, 정보의 편집 기능, 작업자를 위한 작업 지시서 배포 기능, 규정과 ISO 표준 등의 통제 정보 배포 기능, 이력 데이터의 축적 기능 들을 포함한다. 이 기능은 Execution에 해당된다.

표 8-4 MES 문서관리

문서관리(Document Control)	
원문	Controls records/forms that must be maintained with the production unit, including work instructions, recipes, drawings, standard operation procedures, part programs, batch records, engineering change notices, shift-to-shift communication, as well as the ability to edit "as planned" and "as built" information. It sends instructions down to the operations, including providing data to operators or recipes to device controls. It would also include the control and integrity of environmental, health and safety regulations, and ISO information such as Corrective Action procedures. Storage of historical data.
주요 내용	제품/프로세스/설계/오더 등에 대한 정보를 수집, 관리하고 배포함
세부 기능	• 생산 단위와 함께 유지 관리되어야 할 정보(records/forms)를 통제: 작업지시, 작업방법(Recipe), 설계, 표준작업절차(SOP), 배치(Batch) 기록, 엔지니어링 변경 통지 등 포함 • "예정된; as planned" 그리고, "작성된; as build" 정보 등 편집 기능 • 작업자를 위한 데이터 혹은 설비제어를 위한 방법 등 공정실행 계층의 지시 배포 • 시정조치절차 등과 같은 규정과 ISO 표준 등의 통제정보 배포 • 이력 데이터의 축적
구분	Execution

MESA 11대 기능의 다섯 번째는 제품추적 기능으로 [표 8-5]와 같다. 이 기능은 제품에 대한 전체 이력을 생성하기 위하여 산출물, 배치, 로트의 진척상황을 모니터링하는 기능이다.

세부 기능을 살펴보면 작업이 어느 시점에 어디에서 진행되었는지에 대한 가시성을 제공하는 기능, 작업자, 공급업체, 시리얼 넘버, 작업조건 등의 현황 정보 제공 기능, 과거 이력 및 구성품의 추적과 완성품의 사용처를 추적할 수 있는 기능들을 제공한다. 이 기능은 Monitor에 해당한다.

작업지시는 Collaborative MES의 기능 중 하나로 예를 들면, 시생산 제품에 대한 정보를 설계자에게 전달하여 설계 변경을 용이하게 해주거나, 원자재 품질 문제를 구매부서, 공급자에게 직접 전달하며, 고객에게 전달된 제품과 관련된 모든 자재, 공정, 실행 정보를 제공하며, 모든 생산품들에 대한 히스토리 정보를 추적, 제공함으로써 고객 요구사항에 잘 부합하는지 검증할 수 있도록 하며, 문제 제품에 어떤 원자재, 공정이 사용되었는지 누가 작업했는지 추적 가능하게 함으로서 정확한 분석을 통한 종합 제품 추적을 가능하게 한다.

표 8-5 MES 제품추적

제품추적(Product Tracking and Genealogy)	
원문	Provides the visibility to where work is at all times and its disposition. Status information may include who is working on it; components materials by supplier, lot, serial number, current production conditions, and any alarms, rework, or other exceptions related to the product. The on-line tracking function creates a historical record, as well. This record allows traceability of components and usage of each end product.
주요 내용	제품에 대한 전체 이력을 생성하기 위하여 산출물 배치/로트의 진척상황을 모니터링 함
세부 기능	• 작업이 어느 시점에 어디에서 진행되었는지에 대한 가시성 제공 • 현황 정보: 배정된 작업자, 공급업체/로트/시리얼번호/현 작업조건/경보/재작업/예외상황 등으로 구분되는 구성부품 정보 • 온라인 추적기능은 과거 이력을 생성하고 구성품의 추적과 완성품의 사용처를 확인할 수 있도록 함
구분	Monitor
c-MES의 예시	• 시생산 제품에 대한 정보를 설계자에게 전달하여 설계 변경을 용이하게 해준다. • 원자재 품질 문제를 구매부서뿐 아니라 공급자에게 직접적으로 전달한다. • 고객에게 전달된 제품에 관련된 모든 자재, 공정, 실행 정보를 제공할 수 있다. • 실제의 생산 시간을 계획시스템 및 상세 스케줄링에 제공하여 기준정보를 재정의할 수 있게 해주고, 영업 부서에게 좀더 정확한 원가 정보를 제공한다. • 모든 생산제품들에 대한 히스토리 정보를 추적/제공함으로써 고객 요구사항 및 정부 규제에 잘 부합하는지 확인할 수 있다. • 문제 제품에 어떤 원자재 로트가 사용되었는지, 어떤 공정, 어떤 작업자가 일했는지 추적 가능하게 함으로서 서비스, 리콜, 보증 및 수리에 관한 비용 관점의 정확한 분석이 가능하다. • 보증, 리콜, 신뢰성 관점에서 공급자에 대한 정확한 정보를 제공한다. • 원가, 품질 정보, 공정 개선, 공급자 성과, 고객 서비스 등에 대한 분석을 통해 제품 추적 기능을 제공할 수 있다.

MESA 11대 기능의 여섯 번째는 성과분석 기능으로 [표 8-6]과 같다. 이 기능은 생산 현장의 측정 결과를 회사, 고객, 법령 등에 의해 설정된 목표 및 측정값과 비교하는 기능이다. 세부 기능을 살펴 보면 실제 제조 실행의 결과를 분 단위 리포트 수준으로 제공하는 기능, 자원 활용도, 자원의 가용성, 사이클 타임 등에 대한 성과를 보여 주는 기능, 현시점의 평가 결과를 온 오프라인으로 제공하는 기능들이 있다. 이 기능은 Monitor에 해당한다.

성과분석 Collaborative MES의 기능 중 하나로 예를 들면 다음과 같다.

표 8-6 MES 성과분석

성과분석(Performance Analysis)	
원문	Provides up-to-the minute reporting of actual manufacturing operations results along with the comparison to past history and expected business result. Performance results include such measurements as resource utilization, resource availability, and product unit cycle time, conformance to schedule and performance to standards. May include SPC/SQC. Draws on information gathered from different functions that measure operating parameters. These results may be prepared as a report or presented online as current evaluation of performance.
주요 내용	생산현장의 측정결과를 회사/고객/법령 등에 의해 설정된 목표 및 측정지표와 비교함
세부 기능	• 실제 제조실행의 결과를 분 단위 리포트 수준으로 제공(과거 실적과 예상 결과 등과 비교) • 성과 예시: 자원 활용도/자원 가용성/사이클 타임/일정 준수/표준에 대한 성능 등 • SPC/SQC 포함 가능 • 현 시점의 평가결과를 보고서 또는 온라인으로 제공
구분	Monitor
c-MES의 예시	• 여러 계층의 관리자들이 성과분석 데이터를 통해 문제에 집중하고 근본원인을 파악하는 활동을 함으로서 생산성을 높일 수 있다. • 관리자들이 MES로부터 얻은 데이터를 통해 공장 간, 쉬프트 간, 제품 간, 작업자 간의 성과를 비교할 수 있다. 이를 통해 성과에 대한 보상 , 베스트 프랙티스 도출, 정책과 절차를 재설정할 수 있다. • 작업자와 현장 관리자들이 성과 분석 데이터를 통해 지속적인 개선활동을 수행할 수 있다. • 인사 부서와 감독자들은 높은 성과자들을 파악할 수 있다. • 성과분석 데이터들을 생산계획 부서 사람들에게 제공함으로써 생산계획, 스케줄링, 재고 정책 등을 올바르게 수정할 수 있도록 한다. • 엔지니어들이 원가, 생산시간, 품질 변화에 끼치는 영향도에 대해 분석 할 수 있게 해준다. • 성과 분석 데이터들은 원자재 및 설비 공급자, 고객이 자체적인 판단을 내릴 수 있게 해준다. • COGS, ROA등의 재무 데이터에 대한 정확도 및 적시성을 높여준다.

- 여러 계층의 관리자들이 성과분석 데이터를 통해 문제에 집중하고 근본원인을 파악하는 활동을 함으로서 생산성을 높일 수 있게 하거나,
- 작업자와 현장 관리자들이 성과 분석 데이터를 통해 지속적인 개선활동을 수행할 수 있게 하고,
- 인사 부서와 감독자들은 높은 성과자들을 파악할 수 있도록 하며,
- 성과분석 데이터들을 생산계획 부서 사람들에게 제공함으로써 생산계획, 스케줄링, 재고 정책 등을 올바르게 수정할 수 있도록 하거나,

- 엔지니어들이 원가, 생산시간, 품질 변화에 끼치는 영향도에 대해 분석할 수 있게 해 주고
- COGS, ROA등의 재무 데이터에 대한 정확도 및 적시성을 높여준다.

MESA 11대 기능의 일곱 번째는 노무관리이다. [표 8-7]과 같이 이 기능은 작업 쉬프트 동안의 자격요건/작업패턴/업무요구 등에 기초하여 작업자의 활용에 대한 추적과 지시를 수행하는 기능이다.

세부 기능을 살펴 보면,

- 작업자 현황을 분 단위 수준으로 제공하는 기능
- 활동기준 비용 산정의 기초가 되는 자재 준비나 공구 준비 등 간접 활동에 대한 추적 뿐만 아니라, 특정 시점에서 수행한 업무와 확인기록 등을 제공하는 기능

들이 있다. 이 기능은 Monitor에 해당된다.

노무관리는 Collaborative MES의 기능 중 하나로 예를 들면 다음과 같다.

- 인건비를 특정 제품, 특정 고객과 맵핑시켜 실제 경비를 표준 경비와 비교할 수 있게 하거나,
- 고객, 공급자, 파트너들이 작업자들의 데이터와 보고서에 제한적으로 접근할 권한을 가지게 하여 가시성을 높여주거나,
- 부서, 공장, 파트너들 간의 교차 교육의 효과를 측정할 수 있게 하고,
- 개인별, 쉬프트별, 자격별, 공장별, 파트너별 비용 및 품질 이슈를 확인할 수 있도록 한다.

표 8-7 MES 노무관리

노무관리(Labor Management)	
원문	Provides status of personnel in an up-to the-minute time frame. Includes time and attendance reporting, certification tracking, as well as the ability to track indirect activities such as material preparation or tool room work as a basis for activity based costing. It may interact with resource allocation to determine optimal assignments.
주요 내용	작업 쉬프트 동안의 자격요건/작업패턴/업무요구 등에 기초하여 작업자의 활용에 대한 추적과 지시를 수행
세부 기능	• 작업자 현황을 분 단위 수준으로 제공 • 활동 기준 비용 산정의 기초가 되는 자재 준비나 공구 준비 등 간접 활동에 대한 추적뿐만 아니라, 특정 시점에서 수행한 업무와 확인기록 등 포함
구분	Monitor
c-MES의 예시	• 고객의 요구 사항 및 각종 제약사항들의 준수 여부를 과거의 고객 데이터를 통해 검증한다. • 인건비를 특정 제품, 특정 고객과 맵핑시켜 실제 경비를 표준 경비와 비교할 수 있다. • 고객, 공급자, 파트너들이 작업자들의 데이터와 보고서에 제한적으로 접근할 권한을 가진다. • 부서, 공장, 파트너들 간의 교차 교육의 효과를 볼 수 있다. • 개인별, 쉬프트별, 자격별, 공장별, 파트너별 비용 및 품질 이슈를 볼 수 있다.

MESA 11대 기능 중 여덟 번째는 유지보수관리 기능으로 [표 8-8]과 같다. 이 기능은 생산의 목표달성을 위하여 설비와 기타 자산을 유지하기 위한 적절한 활동을 계획하고 실행하는 기능이다

세부 기능은 문제 발생에 대한 즉각적인 조치뿐만 아니라, 설비와 도구가 생산활동을 위해 가용한 상태에 있도록 관리하고 주기적인 예방보전이 가능하도록 하기 위한 추적과 지시하는 기능이 있다. 이 기능은 Plan, Execution, Monitor 에 해당된다.

표 8-8 MES 유지보수관리

유지보수관리(Maintenance Management)	
원문	Tracks and directs the activities to maintain the equipment and tools to insure their availability for manufacturing and insure scheduling for periodic or preventive maintenance as well as the response (alarms) to immediate problems. It maintains a history of past events or problems to aide in diagnosing problems.
주요 내용	생산의 목표달성을 위하여 설비와 기타 자산을 유지하기 위한 적절한 활동을 계획하고 실행함
세부 기능	• 문제 발생에 대한 즉각적인 조치뿐만 아니라, 설비와 도구가 생산활동을 위해 가용한 상태에 있도록 관리하고 주기적인 예방보전이 가능하도록 하기 위한 추적과 지시활동
구분	Plan, Execution, Monitor

MESA 11대 기능 중 아홉 번째는 프로세스관리 기능으로 [표 8-9]와 같다. 이 기능은 계획과 실행 측면의 생산활동에 기초하여 공장의 업무흐름을 지시 통제하는 기능이다.

세부 기능을 살펴 보면,

- 생산을 모니터하고, 진행 중인 공정활동을 시정하거나 개선하기 위하여 자동화된 조치를 하거나 작업자의 의사결정을 위한 지원을 제공하는 기능
- 작업 간(Inter-Operational)뿐만 아니라 작업 내(Intra-Operational)의 프로세스를 모니터링 및 통제하는 기능
- 공장의 작업자로 하여금 프로세스 변경을 인식할 수 있도록 하는 경보 체계를 구현한 기능

들이 있다. 이 기능은 Monitor 에 해당된다.

프로세스 관리는 Collaborative MES의 기능 중 하나로 예를 들면 다음과 같다.

- ERP에서 정의된 공정 정의 및 라우팅과 생산 현장에서 사용된 실제 상세 라우팅을 비교 하거나,
- 제품 및 공정 설계자에게 공정상의 제약 조건 정보들을 전달하고,
- 공정 조건에 대한 베스트 프랙티스를 제공 함으로서 글로벌 생산 시 제품 및 품질에 대한 통일성을 제공하며,

- 공정관리 정보를 아웃소싱 파트너에게 제공하여 파트너들의 생산성을 높이고,
- 생산자와 공급자에게 공정관리 정보를 제공하여 자재 및 설비에 대한 협업 설계를 가능토록 해준다.

표 8-9 MES 프로세스 관리

프로세스 관리(Process Management)	
원문	Monitors production and either automatically corrects or provides decision support to operators for correcting and improving in-process activities. These activities may be intra-operational and focus specifically on machines or equipment being monitored and controlled as well as inter-operational, which is tracking the process from one operation to the next. It may include alarm management to make sure factory person(s) are aware of process changes, which are outside acceptable tolerances. It provides interfaces between intelligent equipment and MES possible through Data Collection/Acquisition.
주요 내용	계획과 실행 측면의 생산활동에 기초하여 공장의 업무흐름을 지시통제
세부 기능	• 생산을 모니터하고, 진행 중인 공정활동을 시정하거나 개선하기 위하여 자동화된 조치를 하거나 작업자의 의사결정을 위한 지원을 제공 • 관리활동은 작업 간(inter-operational)뿐만 아니라 작업 내(intra-operational)의 활동일 수 있으며, 모니터링 및 통제되는 기계와 설비에 집중될 수 있음 • 공장의 작업자로 하여금 프로세스 변경을 인식할 수 있도록 하는 경보 체계가 포함될 수 있음 • 데이터 수집활동을 통해 지능화된 설비와 MES 사이의 인터페이스 제공
구분	Monitor
c-MES의 예시	• ERP에서 정의된 공정 정의 및 라우팅과 생산 현장에서 사용된 실제 상세 라우팅을 비교할 수 있다. • 제품 및 공정 설계자에게 공정상의 제약 조건 정보들을 전달한다. • 영업에게 증명된 BP를 제공한다. • 효과적인 공정 설계를 통해 기업으로 하여금 법률적인 책임 및 보증 문제에 대한 위험을 절감시킨다. • 공정 조건에 대한 베스트 프랙티스를 제공함으로써 글로벌 생산 시 제품 및 품질에 대한 통일성을 제공한다. • 공정관리 정보를 아웃소싱 파트너에게 제공하여 파트너들의 생산성을 높인다. • 생산자와 공급자에게 공정 관리 정보를 제공하여 자재 및 설비에 대한 협업 설계를 가능토록 해준다. • 공정 설비 벤더들에게 공정 정보를 제공하여 그들의 설비를 업그레이드할 수 있게 해 준다.

MESA 11대 기능 중 열 번째는 품질관리 기능으로 [표 8-10]과 같다. 이 기능은 설계기준에 대비하여 제품 및 공정 특성을 기록/추적/분석하는 기능이다.

세부 기능을 살펴 보면,

- 적절한 제품 품질관리를 보증하고 주의를 요하는 문제를 식별하기 위하여 생산부문에서 수집된 측정지표의 실시간 분석 결과를 제공하는 기능
- 문제해결을 위한 조치 기능
- SPC/SQC 트래킹, LIMS (Laboratory Information Management System)에 속한 오프라인 검사활동의 관리 기능

들이 있다. 이 기능은 Monitor 에 해당된다.

품질관리는 Collaborative MES의 기능 중 하나로 예를 들면 다음과 같다.

- 제품, 공정, 작업자, 원자재 정보와 통합된 불량 데이터들의 수집 및 분석을 수행하거나,
- 구매부서에서 품질 데이터를 이용해 공급자들을 계수적으로 비교할 수 있는 리포트를 제공하고
- 고객과 공급자들을 품질 경고 및 문제 해결과정에 포함 시키거나,
- 설계자는 Data를 즉시 피드백 받아 품질, 생산성, 고객 만족의 증대가 가능토록 하고,
- 품질 및 양품정보를 SCM 및 상세 스케줄링에 전달하여 계획의 정확성을 높이거나,
- 품질 경보를 통해 설비 보전에 대한 정보를 내외부의 설비보전 팀에 전달하고,
- 좋은 품질에 대한 정보를 고객에게 제공함으로서 영업 활동에 도움을 준다.

표 8-10 MES 품질관리

품질관리(Quality Management)	
원문	Provides real time analysis of measurements collected from manufacturing to assure proper product quality control and to identify problems requiring attention. It may recommend action to correct the problem, including correlating the symptom, actions and results to determine the cause. May include SPC/SQC tracking and management of off-line inspection operations and analysis in laboratory information management system (LIMS) could also be included.
주요 내용	설계기준에 대비하여 제품 및 공정 특성을 기록/추적/분석함
세부 기능	• 적절한 제품 품질관리를 보증하고 주의를 요하는 문제를 식별하기 위하여 생산부문에서 수집된 측정지표의 실시간 분석 결과를 제공 • 문제해결을 위한 조치 기능 포함 가능: 원인을 결정하기 위한 증상/조치/결과의 상관관계 파악 • SPC/SQC 트래킹, LIMS (Laboratory Information Management System)에 속한 오프라인 검사활동의 관리 등이 포함될 수도 있음
구분	Monitor
c-MES의 예시	• 연구개발 팀에 의해서 수행된 데이터들에 대한 증명을 할 수 있다. 버전 및 검사 히스토리를 관리하는 시스템에 의해 설계시방서(스펙)가 관리된다. • 제품, 공정, 작업자, 원자재 정보와 통합된 불량 데이터들의 수집 및 분석이 이루어진다. • 구매부서에서 품질 데이터를 이용해 공급자들을 계수적으로 비교할 수 있는 리포트를 제공한다. • 고객과 공급자들을 품질 경고 및 문제 해결과정에 포함시킬 수 있다 • 설계자는 Data를 즉시 피드백 받아 품질, 생산성, 고객 만족의 증대가 가능하다. • 품질 및 양품정보를 SCM 및 상세 스케줄링에 전달하여 계획의 정확성을 높인다. • 품질 경보를 통해 설비 보전에 대한 정보를 내외부의 설비보전 팀에 전달한다. • 영업 및 구매부서에 낮은 양품률과 지속되는 품질 문제들이 어떻게 비용에 추가되는지 보여 준다. • 좋은 품질에 대한 정보를 고객에게 제공함으로서 영업 활동에 도움을 준다.

MESA 11대 기능 중 마지막 열한 번째는 데이터 수집기능으로 [표 8-11]과 같다. 이 기능은 인력/설비/제어 등으로부터 프로세스/자재/공정실행에 대한 데이터를 모니터링하고, 수집하며, 조직화하는 기능이다.

세부 기능을 살펴 보면,

- 단위 제품에 대한 기록 및 파라메터 데이터를 획득하는 인터페이스를 제공하는 기능
- 분 단위 수준으로 설비로부터 수작업 혹은 자동으로 데이터 수집하는 기능

들이 있다. 이 기능은 Execution, Monitor 에 해당된다.

데이터 수집은 Collaborative MES의 기능 중 하나로 예를 들면 다음과 같다.

- 시험생산 데이터를 PLM에 피드백해서 빠른 설계변경을 통해 양산 시점을 단축 시키거나,
- 양품정보를 생산계획 및 상세 스케줄링에 제공하여 더 정확한 계획을 생성할 수 있도록 해주고, 자원의 활용도를 높이며,
- 품질문제에 대한 데이터를 위해 공급자들에게 이메일, 웹을 통해 전달하여 문제를 해결토록 하고,
- SCM 등 전사 시스템과의 통합을 통해 정확한 원가 산정시기, 계획 시기를 제공하며,
- 고객이 자신이 주문한 제품에 대한 데이터를 직접적으로 접근할 수 있도록 하고,
- 실제 데이터를 영업에 제공함으로써 견적과 입찰에서 유리한 위치에 설 수 있게 한다.

표 8-11 MES 데이터 수집

데이터 수집 Data Collection/Acquisition	
원문	This function provides an interface link to obtain the intra-operational production and parametric data, which populate the forms and records, which were attached to the production unit. The data may be collected from the factory floor either manually or automatically from equipment in an up-to-the-minute time frame.
주요 내용	인력/설비/제어 등으로부터 프로세스/자재/공정실행에 대한 데이터를 모니터링하고, 수집하며, 조직화함
세부 기능	• 단위 제품에 고유하게 대응되는 기록을 만드는 작업 내(Intra-Operational) 생산 및 모수(Parametric) 데이터를 획득하는 인터페이스 연결을 제공 • 데이터는 생산현장으로부터 수집: 분 단위 수준으로 설비로부터 수작업 혹은 자동으로 수집
구분	Execution, Monitor
c-MES의 예시	• 시험생산 데이터를 PLM에 피드백해 주어서 빠른 설계변경을 통해 양산 시점을 단축시킨다. • 시험생산 중의 파라미터 데이터를 PLM으로 전달해주어서 내외부 고객들과 협업해서 리뷰할 수 있도록 한다. • MES데이터와 PLM데이터의 통합을 통해 신규 제품 도입에 관련된 비용을 줄인다.

데이터 수집 Data Collection/Acquisition	
c-MES의 예시	• 양품정보를 생산계획 및 상세 스케줄링에 제공하여 더 정확한 계획을 생성할 수 있도록 해주고, 자원의 활용도를 높인다. • 품질문제에 대한 데이터를 위해 공급자들에게 이메일, 웹을 통해 전달하여 문제를 해결토록 한다. • SCM 등 전사 시스템과의 통합을 통해 정확한 원가 산정시기, 계획 시기를 제공한다. • 고객이 자신이 주문한 제품에 대한 데이터에 직접적으로 접근할 수 있다. • 실제 데이터를 영업에 제공함으로써 견적과 입찰에서 유리한 위치에 설 수 있게 한다.

8.3 | Ideal MES

MESA에서 제시하는 이상적인(Ideal) MES 기능과 MES의 기술적인 요구사항들, 제조 형태에 따른 MES범위, 그리고 MES 성숙도 평가에 대하여 설명한다. 우선 이상적인 MES에는 다음에 제시된 3개의 기능그룹(MES Function Groups)을 포함해야 한다.

첫째는 **제품(Production)**에 관한 기능이다. MES의 기능그룹 중 "제품기능"은 다음과 같은 5개의 모듈을 포함하고 있다.

- PDA(제품 데이터 취득, Production Data Acquisition) 기능: 여기에서는 주문과 개별 연계 시간과 양이 기록된다. 또한 자재소모 정도와 작업 중 자원의 마모 정도가 직접 기록이 된다.
- MDC(설비 데이터 획득, Machine Data Collection) 기능: 설비와 기타 작업상의 자원들이 이곳에서 관리된다. 상태정보는 수동적, 또는 자동적으로 획득된다. 이러한 정보는 기업 관리 차원인 기본적인 형태 양식으로 획득하거나 제품의 불량분석형태인 세부양식으로 관리되기도 한다.
- Control Station, Planning Table(통제와 계획) 기능: 설비에 얼마만큼의 자재를 투입할 것인지에 대한 계획과 설비에 대한 통제나 제어가 있는 기능이다.
- TRM, DNC(툴과 자원관리, 설비 세팅 변환, Tool and Resource Management and Transmission of Machine Settings) 기능: 설비에 맞물려 사용되는 툴과 부품들에 대한 관리기능과 설비 세팅에 대한 관리를 하는 기능이다.

- MPL(원자재와 제품의 경로, Material and Production Logistics) 관리 기능: 원자재가 설비에 투입되는 경로관리와 생산되는 제품의 이동 경로에 대하여 관리하는 기능이다.

둘째는 **품질(Quality)** 기능이다. 운영상의 품질보증 능력 안에서의 품질 기능그룹은 전통적인 품질관리기능과 혼동되어서는 안된다. 이상적 MES의 품질기능에 포함되는 것은 다음과 같다.

- SPC(통계적 공정관리, Statistical Process Control) 기능
- NCM(불일치 관리, Non-Conformance Management)기능
- Incoming Goods(수급 상품) 기능
- Inspection Equipment Management(검사장치관리) 기능
- PDP(공정 데이터 처리, Process Data Processing) 기능이 있다.

셋째는 **인적자원(Human Resources)** 기능이다. 인적자원 기능그룹은 기업관리에 가장 근본이 되는 내용이기도 하다.

- Staff Work Time Logging(직원근로시간관리) 기능
- Incentive Wages(격려임금) 기능
- Short-Term Manpower Planning(단기 노동력 계획) 기능
- Access Planning(평가 계획) 기능
- Escalation Management(단계적 확대관리) 기능이 있다.

MES의 기술적 요구사항들

또한 MES에는 다음에 제시하는 3가지 기술적 요구사항이 있다.

1. Data Storage: 데이터 저장에는 MES의 적응성이 가장 중요하다. 그렇기 때문에 표준화된 데이터베이스의 사용이 필수적이다.
2. Communication with Corporate Management: MES는 기업의 전사적 자원관리 시스템인 ERP와 연동이 잘 되어야 한다.
3. Communication with Production Management: MES에서 중요한 것은 무엇보다도 제품관리인데, 이는 제조환경과 관련되어 있어 설비와 설비 간의 소통이 잘 되어야 한다.

다음은 제조형태에 따른 MES 범위에 대한 설명이다. 제조형태에 따라 MES의 기능들과 역량의 수준들이 다르게 적용되어야 한다. [그림 8-12]에서 보이듯이 MES 기능들은 ERP 또는 자동화의 일부를 포함하기도 한다. 성숙도 측면에서는 ERP가 가장 높으며 MES는 ERP보다는 낮지만 자동화보다는 높은 수준을 보이고 있다.

MES의 APS 기능은 조립, 장치 및 일괄생산 영역까지 포함하며, 플랜트 제어 기능은 조립생산 전체와 장치생산 일부를 포함하고 있다.

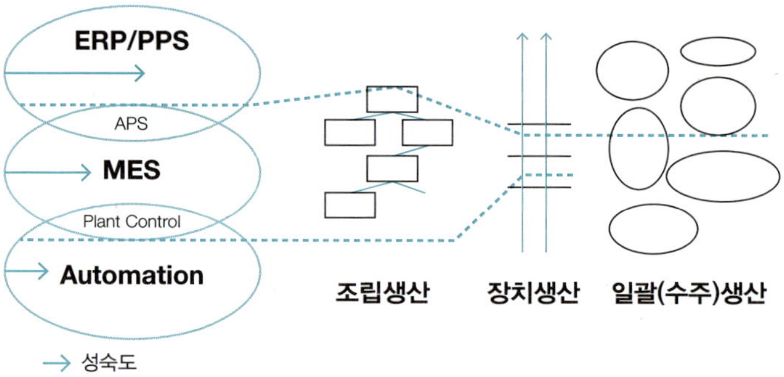

그림 8-12 제조 형태에 따른 MES

기업 비즈니스 환경의 진화

- 기술 변화 가속, 내/외부 협업 증가
- 빠르게 변화할 수 있는 유연성 확보를 위한 협업 전략

[Enterprise 1.0과 Enterprise 2.0의 비교]

Enterprise 1.0			Enterprise 2.0		
위계질서	마찰, 갈등	관료	수평조직	안정된 조직 흐름	민첩성
경직	시스템 주도의 기술	Top-dowm	유연	사용자 주도의 기술	Bottom-up
계획생산	지역적	Sllo/ 경계	수요생산	세계적	불명확한 경계
불투명	구조화된 IT	Taxonomy	투명	창발(創發)적 IT	Folksonomy
복잡성	폐쇄/개인적 기준	긴 시장 주기	단순성	개방된 기준	짧은 시장 주기

그림 8-13 기업 비즈니스 환경의 진화

참조: MESA(2008), www.enterprise2cong.com

변화하는 비즈니스 환경에 민첩하게 대응하기 위해 유연한 비즈니스 프로세스와 상호 연동 운영이 가능한 IT 시스템이 필수적

- 제조 기업에서의 IT 유지 보수를 위한 비용이 증가
- 기존의 제조 기업에서는 변경이 어렵고 통합이 어려움
- 전사적으로 데이터를 통합하여 관리하고 실시간 정보를 제공하는 것이 필요

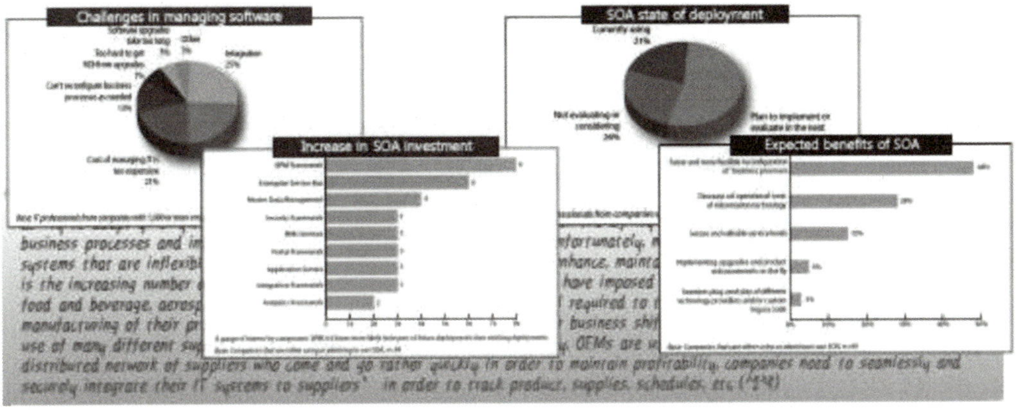

그림 8-14 변화하는 제조 비즈니스 환경에 대한 고려

참조: MESA(SOA in Manufacturing), 2008

그럼 왜 MES를 도입하여야 할까? 그 이유는 기업 비즈니스 환경이 변하기 때문이다. 기술 변화가 가속화되고, 내/외부 협업의 증가와 빠르게 변화할 수 있는 우연성 확보를 위한 협업 전략이 필요하게 된 것이다. 비즈니스 환경은 Enterprise 1.0에서 2.0으로 변화되고 있는데, 주요한 변화의 요인은 Enterprise 1.0에서는 위계질서, 계획생산, 구조화된 IT, 그리고 긴 시장주기를 특징으로 하였던 반면에, 2.0으로 들어서면서 수평조직, 생산의 유연성이 확대되고 글로벌화되면서 조직 간의 경계가 불명확해지고 시장 주기가 짧아졌다는 특징이 있다.

변화하는 비즈니스 환경에 민첩하게 대응하기 위해서는 유연한 비즈니스 프로세스와 상호 연동 운영이 가능한 IT 시스템이 필수가 되었다.

주요 요인을 살펴보면,

- 제조 기업에서의 IT 유지 보수를 위한 비용이 증가하고
- 기존의 제조 기업에서는 변경이 어렵고 통합이 어려우며,
- 전사적으로 데이터를 통합하여 관리하고 실시간 정보를 제공하는 것이 필요하게 되었고,

- 제품에 따른 서로 다른 리드 타임 관리,
- 설비에 따라 생산에 어려운 부품을 손쉽게 생산 가능 여부 확인,
- 공구가 가공이 어려운 부품에 대해 적합 여부 인식,
- 생산 현장에 실질적으로 보유하고 있는 문제점 파악 등으로 인하여 주문 입력에서부터 생산/출하를 포함한 모든 프로세스 관리가 필요하게 되었다.

Six Sigma	Lean Manufacturing
기업의 품질경영을 위한 전사적 혁신	낭비를 근본적으로 제거하는 방법론

그림 8-15 Six Sigma vs. Lean Manufacturing

더불어,

- 많은 분야에서 변화가 연속적으로 증가하고,
- 시장과 경쟁환경이 급변하며 이에 민첩하게 대응하기 위한 MOS의 필요성과,
- 독립적 비즈니스 영역을 교차하는 업무를 처리하기 위한 전체 운영에 대한 정보의 필요성으로

제조업에서 실시간으로 성과를 수집하고 관리하는 것이 요구되었다.

실시간 생산 실행 시스템은 종합적 정보를 통하여 연속개선이 촉진되게 된다. 실시간 생산 운영시스템으로 말미암아 주로 문제의 원인 탐색에 대한 이해와 정시에 정확한 상세 정보에의 접근, 실시간 생산흐름과 기계의 작동 상태에 대한 수집과 분석이 가능하게 된다.

시스템을 통해 Real-Time Enterprise는 시장과 경쟁환경의 급변에 민첩하게 대응하기 위하여 비즈니스 프로세스와 정보시스템을 활용한 신속한 처리속도와 유연성을 보유하게 되는 것이다.

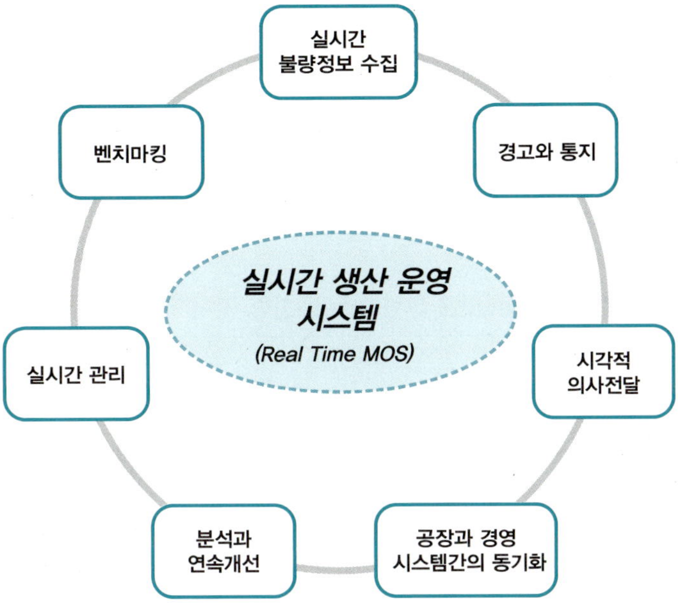

그림 8-16 실시간 생산 운영 시스템

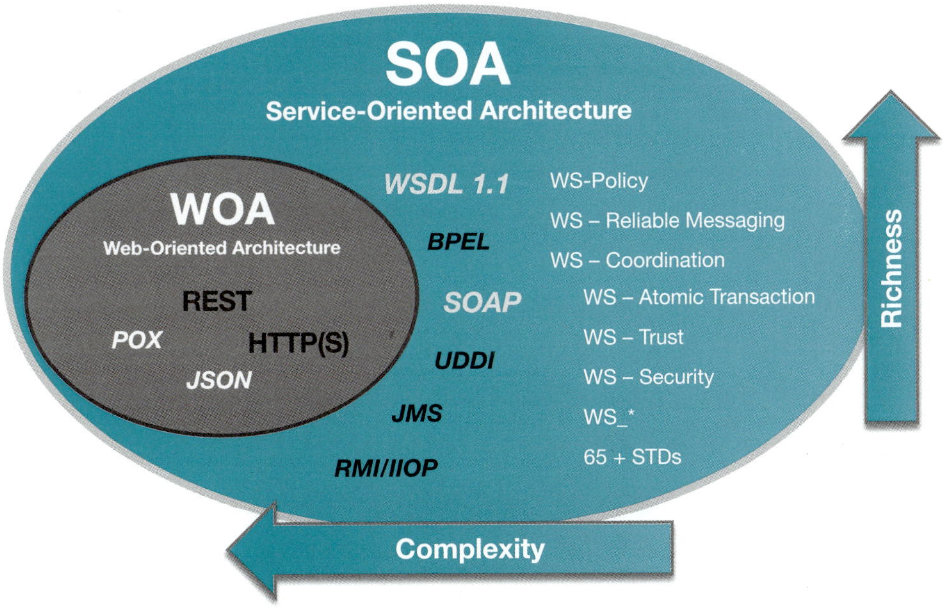

그림 8-17 Web 2.0과 SOA의 융합 가속화

출처: serviceorientation.org

가트너의 2009년 자료에 따르면 2012년까지는 새로 만들어지는 SOA 서비스의 절반이 WOA를 채택할 것으로 예측하였다.

REST 아키텍처, HTTP 프로토콜을 이용한 쉬운 웹 서비스 구현으로, WOA는 웹의 REST 원리와 아키텍처를 기본적인 SOA 원리에 추가해 SOA에 웹의 확장 가능성(Scalability)과 민첩성(Agility)을 부여하게 될 것이라 예측하고 있다.

[그림 8-18]은 생산실행시스템을 큰 그림으로 표현한 것이다.

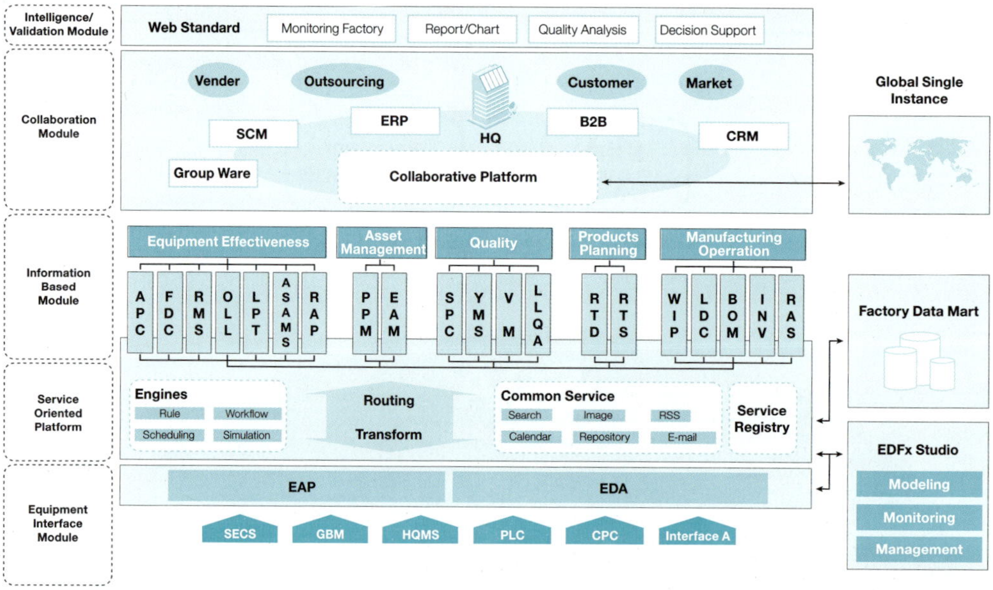

그림 8-18 MOS의 Big Picture

협업모듈에서는 기업의 IT 솔루션과의 연계를 고려하며, 정보기반의 모듈에서는 설비효율성, 자산관리, 품질, 제품계획, 제조운영 측면에서 각 기능 솔루션들을 두고 운영하게 된다. 미래의 플랫폼들은 SOA기반이어야 하는데, 여기에는 엔진, Rule, Workflow, Routing, 서비스 등이 포함된다.

마지막으로 설비 인터페이스 모듈에서는 설비 온라인 및 자동화 그리고 제어측면에서 다루어 진다. 이처럼 기업의 내/외부 환경의 변화와 IT의 발전으로 제조 현장에서는 MES 또는 MOS의 도입이 필수 불가결한 요소로 자리잡게 된다.

연습문제

1. MESA에 대하여 소개하시오.
2. MESA에서는 MES를 어떻게 정의하고 있는가?
3. MESA에서는 MES기능을 11가지로 정의하는데 11 Functionality를 나열하시오.
4. MES와 ERP의 Data 흐름도에 대하여 그림을 그리고 설명하시오.
5. MES의 Object 모델이란?
6. SOA는 무엇인가?
7. MES 제품추적이 무엇이며 어떤 기능이 있는지 설명하시오.
8. MES에서 프로세스관리란 무엇인가?
9. 이상적인 MES에는 3개의 기능그룹(MES Function Groups)이란?
10. MES의 3가지 기술적 요구사항이란?

Chapter. 9

생산 실행 시스템의 주요 기능: ANSI/ISA-95를 중심으로

9.1 ANSI/ISA-95 개요

[그림 9-1]과 같이 Planning 레벨의 ERP와 Execution 레벨의 MES는 생산계획과 실행, 실적 등에 대한 정보교환 및 통합을 위한 인터페이스 표준화가 필요하다. MES는 반도체, LCD, 자동차, 중공업 등의 업종부터 점차 제약, 식품, 인쇄 등 다양한 분야로 확대되고 있다. MES를 통해 제조 현장의 실시간 정보를 파악하고 관리를 할 수 있지만, 기업의 관점에서 타 시스템과의 인터페이스를 통해 ERP와 MES 정보는 통합되어져야 한다. 하지만 상용 MES/ERP 패키지들은 각자의 데이터 정의를 사용하며 서로 다른 인터페이스로 인하여 시스템 통합이 용이하지 않다. 이에 ISA와 ANSI(American National Standards Institute)가 위와 같은 문제를 인지하고 SAP, ABB 등과 같은 주요 시스템 업체들을 참여시켜 1995년부터 개발한 표준이 ISA-95이다.

이 표준은 ERP와 MES 등의 시스템을 통합 운영할 수 있도록 인터페이스와 객체 모델을 제시하고 있다.

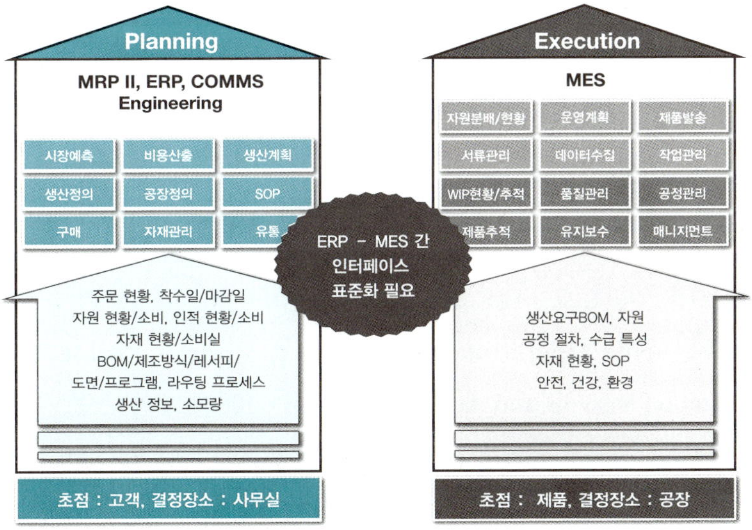

그림 9-1 ERP–MES 간 정보교류

MESA Model과 PRM 수직구조를 이용하여 4가지 Information Category와 Function Model을 도출하였으며, 여기에 Generic 활동 모형을 조합하여 ANSI/ISA-95

표준이 완성되었다. ANSI/ISA-95 Model은 여러가지 MES 모델(MESA, PRM 등)을 통합하여 ANSI 표준으로 등재된 모델로서 ISO에 의해 국제표준으로 활용되고 있다. 본 표준화는 Purdue Reference Model for CIM 및 MESA International Functional Model을 기반으로 작성되었다.

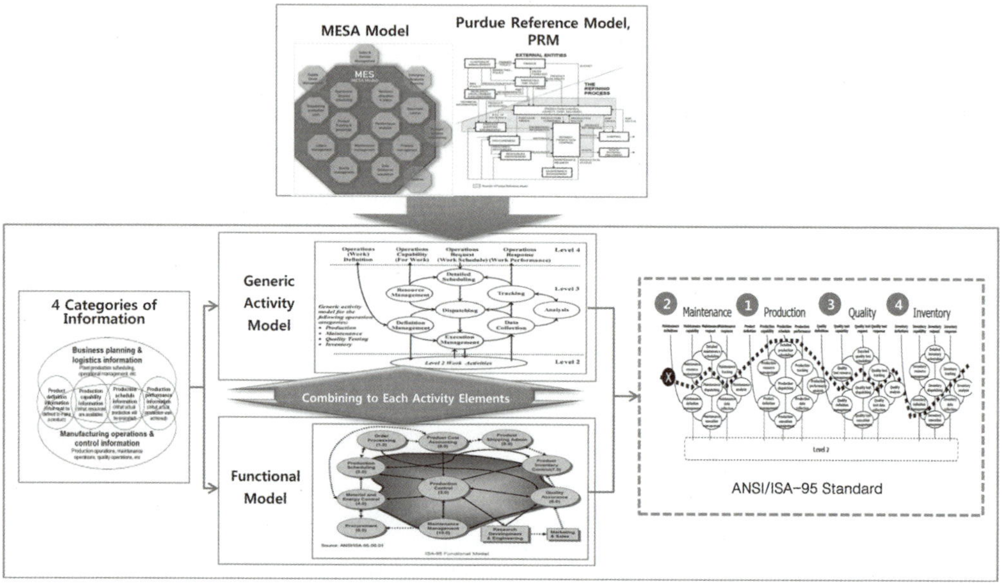

그림 9-2 ANSI/ISA-95 표준절차

Purdue Reference Model은 기업 운영을 12개의 주요 기능으로 구분하고 있으며, ISA-95는 이를 기반으로 MES 영역을 4가지 범주(생산, 유지보수, 품질, 재고)로 구분하여 Manufacturing Operations Management Model로 정의하고 있다. 미국의 ISA(Instrumentation Systems and Automation)에서는 100여 개의 관련 기업과 공동으로 2000년 7월 최근 공장운영에 필요한 소프트웨어 기능의 표준화(ANSI/ISA-95)를 승인하였다. 이 표준은 ERP와 MES 등의 시스템을 통합 운영할 수 있도록 인터페이스와 객체모델을 제시하고 관련 용어를 정의하고 있다. ISA-95는 프로세스 산업을 중심으로 MES의 표준과 ERP와의 인터페이스와 관련된 기업모델을 제시하고 있으며, MESA의 MES 모델보다 포괄적으로 제시하고 있다.

제조업 Hierarchical Model의 원형이 되며, ANSI/ISA-95, ANSI/ISA-88 등 다양한

표준으로 활용되고 있다. MESA를 포함한 비영리 단체와 다국적 컨설팅 회사, 솔루션 벤더(SAP, Oracle, etc.), 국제적 제조업체(Dupon, etc.) 등에서 응용하고 있다.

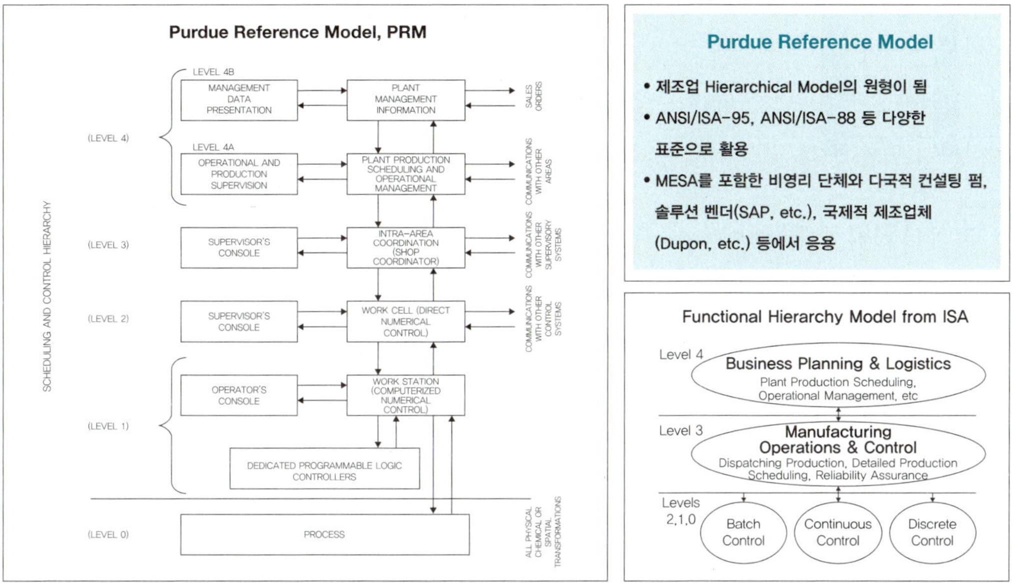

그림 9-3 Purdue Reference Model

MESA 모델은 가장 널리 인용되는 MES Model의 하나이다. MESA는 비영리 단체로서 MES 학술활동/정보공유의 주도적 역할을 수행하고 있다. PRM은 ISA-95 표준의 수직구조를, MESA Model은 기능구조를 제공한다. ANSI/ISA-95의 기반 모델 중 또 다른 하나인 MESA(Manufacturing Enterprise Solutions Association)는 MES 표준기능으로 다음과 같은 11가지를 제시하고 있다. MESA에서 정의하는 MES는 주요 생산활동을 지원하고, 가이드하며 추적하는 11개의 기본 기능을 포함하고 있는 제조실행시스템을 의미한다.

MESA에서 정의한 MES의 기본 기능은 다음과 같다.

① 자원할당 및 상태관리(Resource Allocation and Status)

기기, 도구, 작업자 숙련도, 자재 및 문서와 같은 다른 작업자에 가용한 사항들을 포함한 자원을 관리한다. 자원할당 및 상태관리 기능은 자원의 상세한 이력을 제공하고 장비의 상태를 실시간으로 제공하여, 장비가 작업에 적절히 설치(Setup)되었는지를 확인한다. 이 같은 자원관리는 작업 일정 목표에 부합하기 위한 예약 및 분배를 포함한다.

② 작업 및 상세일정 관리(Operation/Detail Scheduling)

작업 및 상세일정 관리 기능은 적절히 순서가 정해졌을 때 Setup을 최소화하는 작업에 있어서, 특별한 생산 단위와 연관된 처방, 우선순위, 속성 및 특성에 기초한 순서를 제공한다. 일정관리란 유한성을 띄며, 정확한 시간, 장비적재 및 시프트(Shift) 유형 등을 상세히 계산하기 위한 중복/병렬 작업과 대안을 파악한다.

③ 생산 단위 분배(Dispatching Production Units)

배치(Batch), 로트(Lot) 및 작업 지시서(Work Order) 등과 같은 작업 형태에 있어서 생산 단위의 흐름을 관리한다. 분배 정보는 공장 현장에서 사건이 발생함으로써 수행되어야 할 작업과 실시간적 변화의 순서에 의해 제공된다. 재작업과 재처리(Salvage) 공정은 버퍼(Buffer) 관리와 함께 모든 시점의 제공 제어 능력에 따라 가능하다.

④ 문서제어(Document Control)

문서제어 기능은 작업지시, 처방, 도면, 표준 작업절차, 부분 프로그램, 배치 기록, 기술적 변경 요구사항, 조(Shift)와 조 간 의사소통 및 "계획된 것(As Planned)"과 "이루어진 것(As Built)" 정보에 대한 편집 능력을 포함하여, 생산 단위화 함께 관리되어야 할 기록형태를 제어한다. 문서제어 기능은 작업자에게 데이터를 제공하거나 장치제어에 대한 처방을 제공함으로써 작업지시를 현장으로 하달하고, 또한 환경의 제어 및 통합과 건전하고 안전한 규정 및 올바른 행동절차와 같은 ISO 정보를 포함한다.

⑤ 데이터 집계 및 취득(Data Collection/Acquisition)

데이터 집계 및 취득 기능은 생산단위에 연계된 기록과 형태를 대중화하는 데이터와 내부 작업 생산을 얻기 위한 I/F 연결을 제공한다. 위 데이터는 공장 현장에서 수동적이거나 장비로부터 분 단위 구조까지 자동적으로 수집될 수 있다.

⑥ 근로관리(Labor Management)

근로관리 기능은 분 단위 시간구조의 개개인의 상태를 제공한다. 시간대비 출석보고, 검증 추적 및 행위에 기초한(Activity-Based) 비용 기준으로서 자재 및 공구 준비작업과 같은 간접적인 행위의 추적능력을 포함한다. 위 기능은 최적의 할당을 결정하기 위한 자원할당과 상호 작용할 수 있다.

⑦ 품질관리(Quality Management)

품질관리 기능은 지표상의 품질제어를 확인하거나 문제를 구분하기 위해서, 제조현장으로부터 수집된 측정치들의 실시간 분석을 제공한다. 그것은 원인을 결정하기 위한 징후, 행동 및 결과에 대한 상호작용을 포함하여 문제를 수정하기 위한 행동양식을 제공한다. 또한 LIMS(Laboratory Information Management System)에 있어서 Off-Line 검사 및 분석관리와 SPC/SQC 추적을 포함한다.

⑧ 공정관리(Process Control)

공정관리 기능은 생산을 감시하고 진행중인 작업향상을 위해 작업자들에게 의사결정 지원을 제공하거나 자동적으로 수정한다. 이 같은 행위들은 내부적으로 작용하거나 하나의 작업에서 다음작업으로 공정을 추적하며, 감시되거나 제어되는 또한 내부 작용하는 기기 및 장비에 특별히 초점을 맞추고 있다. 이것은 외부적으로 수용 가능한 오차범위의 공정변경을 작업자 개개인에게 인식시켜주기 위한 정보관리를 포함할 수 있다. 또한 이것은 지능적인 장비와 MES 간 Interface를 제공하고, 데이터 집계/취득 기능을 가능하게 한다.

⑨ 유지보수 관리(Maintenance Management)

생산과 일정관리의 능력을 확인하기 위해 장비와 도구들을 유지보수하기 위한 행위를 지시 및 추적한다. 이것은 새로운 문제를 진단하는 데 도움을 주기 위해 과거 사건 및 문제에 대한 이력을 유지한다.

⑩ 생산추적 및 이력(Product Tracking and Genealogy)

작업의 위치와 더불어 어느 곳에서 상시 작업이 이루어지는지를 보여준다. 상태정보는 누가 작업을 하고 있는지, 공급자의 요소자재, 로트나 일련번호, 현재의 생산조건, 경보상태, 재 작업 또는 생산과 연계된 다른 예외사항들을 포함한다. On-Line 추적기능은 최종 생산품 각각의 사용법과 요소들의 추적능력을 부여하는 이력 기록을 생성한다.

⑪ 실행분석(Performance Analysis)

실행분석 기능은 과거기록과 예상된 결과의 비교를 통하여 실제적 작업 운영 결과들에 대한 분 단위 보고를 제공한다. 실행결과는 자원활용, 자원 가용성, 생산단위 Cycle-Time, 일정준수 및 표준준수로서 측정치들을 포함한다. 또한 SPC/SQC를 포함할 수 있다. 작업인자들을 측정하는 여러 다른 기능으로부터 수집된 정보를 구체화한다. 이 같은 결과들은 보고서 형태로 준비되거나, 실행에 대한 현재의 평가로서 On-Line으로 제공될 수 있다.

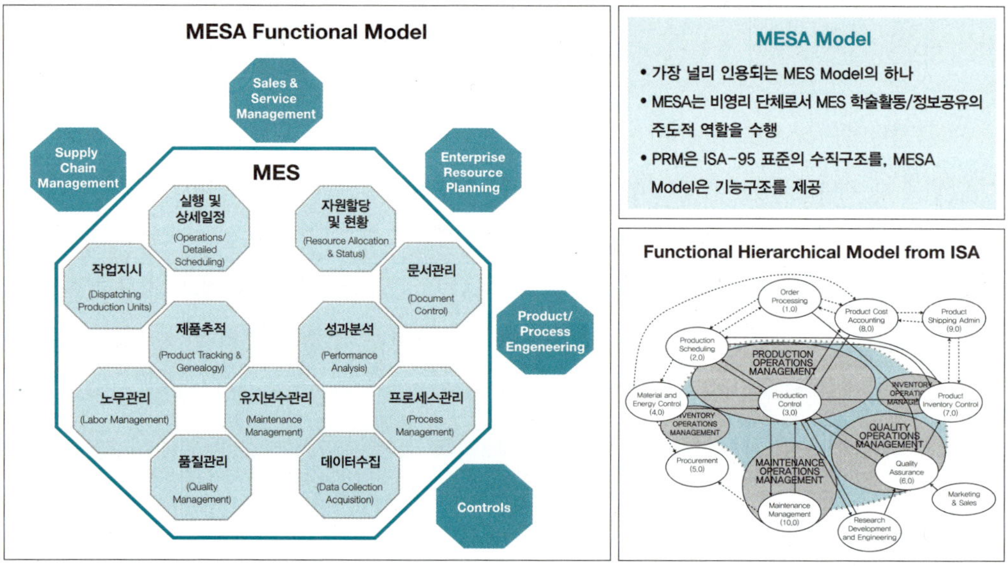

그림 9-4 MESA Model

ISA-95는 기업 활동을 [그림 9-5]와 같이 4개 계층으로 분류한다.

최상위 계층인 Level 4는 기업 전체 수준의 사업 계획 및 물류를 포함한다. 또한 공장단위의 생산계획 및 운영관리 등을 담당하며 ERP의 주 대상 영역이다.

Level 3은 제조운영 관리영역으로서 제품을 생산하기 위한 활동을 포함하며 MES의 대상 영역이다.

Level 2와 1은 제조현장 및 실제 제조공정을 관리하는 영역으로 공정의 형태에 따라 그림과 같이 3가지 형태로 구분한다.

Level 0은 생산을 수행하는 물리적 활동을 포함한다.

ISA-95는 비즈니스 시스템과 제조 시스템 간의 국제 통합 표준으로 아래 Functional Hierarchy에서 Level 3 및 Level 3와 Level 4 간의 Interface에 관한 표준을 정의하고, Data 교환을 위해서 B2MML을 채택하고 있다.

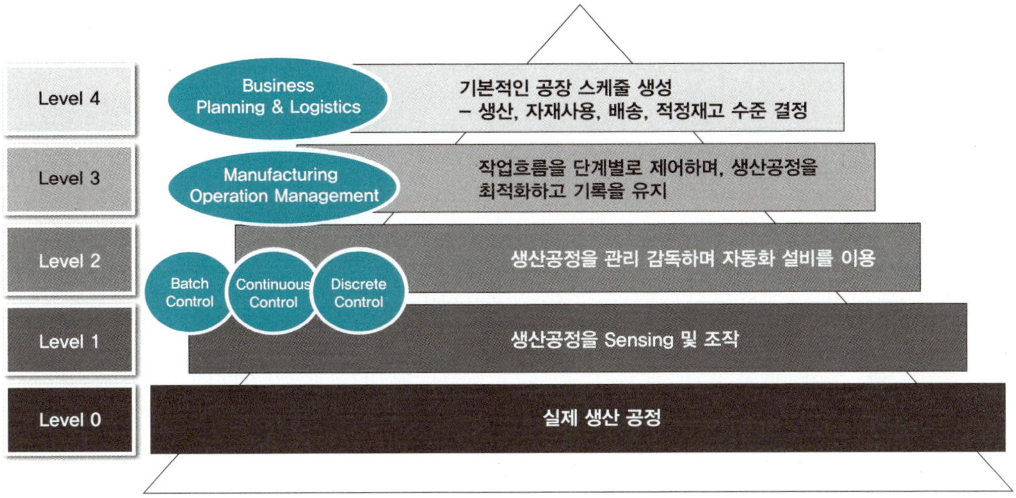

그림 9-5 ISA-95의 4계층도

[그림 9-6]은 Functional Hierarchy에서 Level 3 및 Level 3와 Level 4 간의 Interface에 관한 표준을 정의하고, 각 Level의 제조운영 활동 모형 및 속성을 제시하고 있다.

ISA-95는 비즈니스 시스템과 제조 시스템 간의 국제 통합 표준으로 ISA-95는 총 6개의 Part로 구성된다. 2000년에 발표된 Part 1은 ERP와 MES의 통합운영을 위한 모델과 용어를 정의하며, 2001년에 발표된 Part 2는 객체모형을 이용하여 Part 1의 정의된 모델들을 표현한다.

데이터 통합 표준으로는 XML(eXtensible Markup Language)을 기반으로 한 B2MML (Business to Manufacturing Markup Language)을 채택하였으며, 2005년에 발표된 Part 3은 제조운영(Manufacturing Operations) 관리모형과 기본활동모형(Generic Activity Model)을 기술한다. Part 4와 5는 진행 중이며 Part 6은 제조공정 간 운영이라는 주제만 발표되었다.

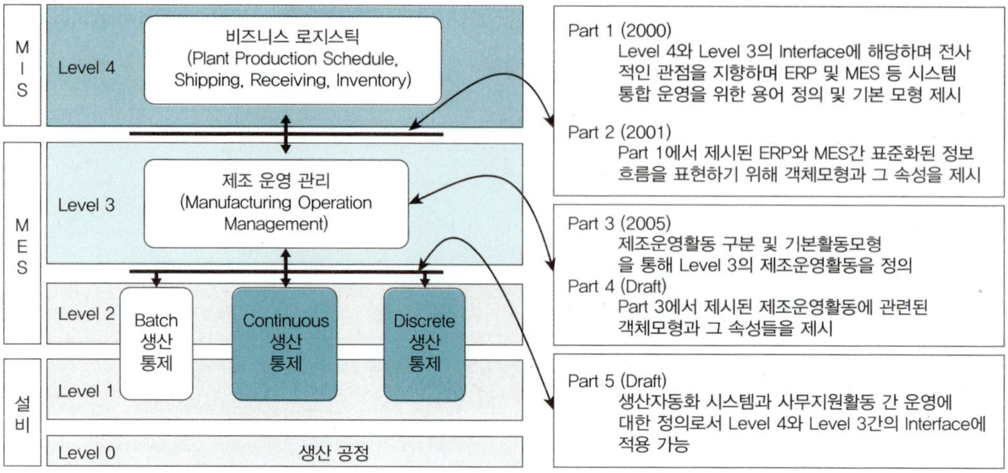

그림 9-6 Level별 제조운영활동 모형 및 속성

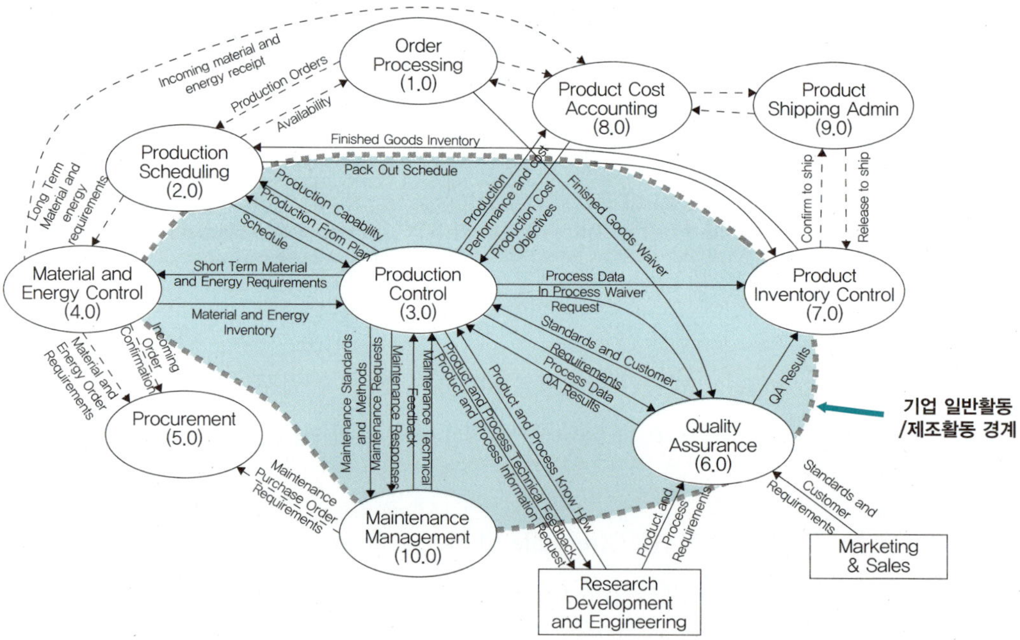

그림 9-7 Purdue Reference Model의 제조운영 관리모형

제조운영은 인력, 장비, 자재, 에너지 등을 이용하여 원자재 및 반제품을 최종 제품으로 변환시키는 일련의 활동을 의미한다. ISA-95의 제조운영 관리모형은 업무 프로세스를 중심

으로 기업활동을 정의하는 것으로서 1992년 발표된 Purdue Reference Model에 기초하고 있다. [그림 9-7]은 Purdue Reference Model의 제조운영 관리모형을 도식화한 것이다.

[그림 9-7]에서 타원은 프로세스를, 화살표는 정보의 흐름을, 점선은 기능계층모형의 Level 3과 Level 4의 경계를 의미하며, 제조운영 관리는 점선 안쪽에 해당한다. Purdue Reference Model은 기업 운영을 12개의 주요 기능으로 구분하고 있으며, ISA-95는 이를 기반으로 MES 영역을 4가지 범주로 구분하여 Manufacturing Operations Management Model로 정의하고 있다.

ISA-95는 생산관리, 설비관리, 품질관리, 재고관리 등 4가지 범주의 관리영역에 대해 동일한 활동 모형을 적용하고, 8개의 주요 활동을 정의하고 있다. 다음은 ISA-95의 4가지 범주의 관리영역에 대한 간략한 정의를 설명한다.

생산운영관리(Production Operations): 원자재, 에너지, 장비, 인력, 장비를 이용하여 비용, 품질, 수량 등 요구되는 수준을 갖춘 제품을 생산하기 위한 일련의 활동

설비관리(Maintenance Operations): 정기적인 점검계획을 수행하며 장비가 항상 사용 가능한 상태를 유지할 수 있도록 하는 일련의 활동

품질관리(Quality Operations): 품질을 측정하고 보고하는 일련의 활동

재고관리(Inventory Operations): 작업장에서 장비 및 자재의 이동에 관련된 활동

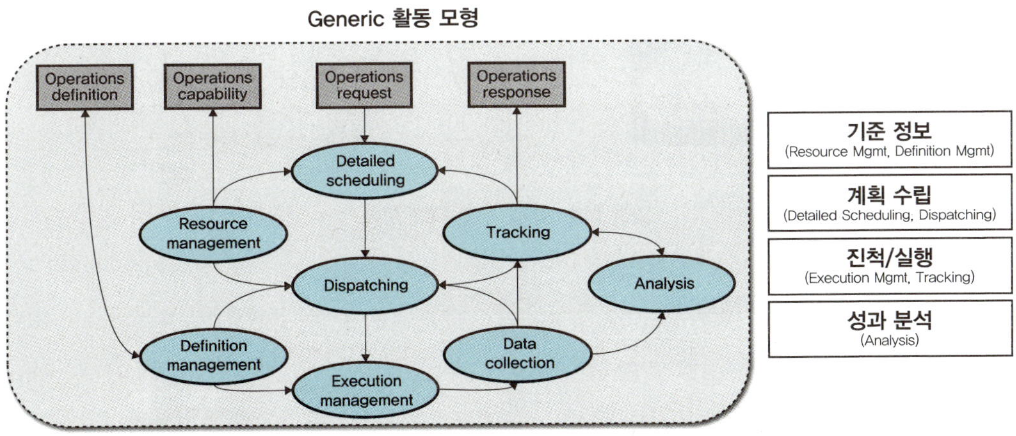

그림 9-8 ISA-95의 4가지 관리 영역

9.2 객체 모형

ISA-95는 MES 데이터의 속성 및 관계에 대한 표준을 제시한다. ISA-95는 생산능력모형 및 Part 2에서 정의된 객체의 모형을 UML(Unified Modeling Language)을 이용하여 제시한다. 간단하고 표준화된 표기법을 사용하고 있기 때문에 관계 및 의미 파악이 용이하며, 또한 데이터의 속성 명칭, 설명 및 예제를 제시함으로써 설계 및 구현 시 올바른 형태의 정보를 사용할 수 있게 한다.

ISA-95 Part 1과 2는 객체 모델과 레벨 3과 4에서 공유되는 정보의 객체 속성을 기술한다. 그 표준은 오직 이러한 활동 영역에서 중첩되는 정보들에만 관여한다. Part1은 이러한 정보를 세 개의 그룹(생산 능력 정보, 생산 정의 정보 및 생산 정보)으로 나누어 정의한다.

그림 9-9 4x4 주요 객체 모형

다음은 9개의 객체 모델이다.

4 리소스 카테고리

- 리소스

  인력 모형(Personnel Model - 6객체)

  설비 모형 (Equipment Model - 9객체)

자재 모형 (Material Model - 9객체)

- 구조/뷰

  공정 세그먼트(프로세스 단위) 모형(Process Segment Model - 7객체)

4 정보 카테고리

- 제품

  제품 정의 정보 객체 모형(Product Definition Information Model - 10객체)

- 생산

  생산 계획 모형(Production Schedule Model - 14객체)

  생산 실적 모형(Production Performance Model - 14객체)

- 능력

  생산 능력 모형(Production Capability Model - 7객체)

  프로세스 단위 능력 모형(Process Segment Capability Model - 7객체)

4가지의 리소스 객체 모형은 1)생산을 위해 관리되는 인력 자원에 대한 객체 및 해당 속성, 객체 간 관계에 대해 정의하는 모형, 2)생산을 위해 관리되는 설비 자원에 대한 객체 및

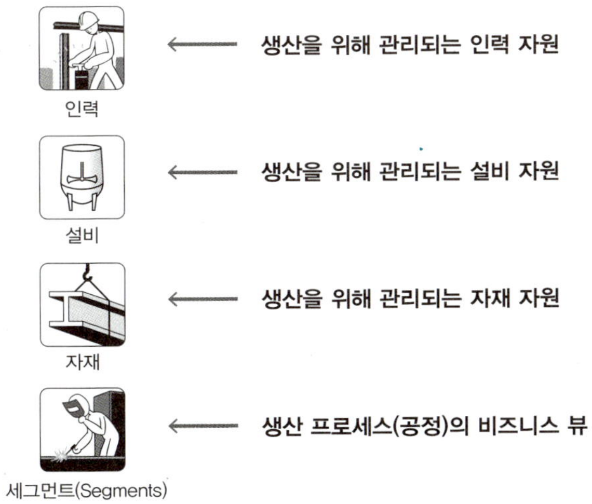

그림 9-10 4 리소스 객체 모형

해당 속성, 객체 간 관계에 대해 정의하는 모형, 3)생산을 위해 관리되는 자재 자원에 대한 객체 및 해당 속성, 객체 간 관계에 대해 정의하는 모형, 4)생산 프로세스, 즉 공정의 비즈니스 뷰에 대한 객체 및 해당 속성, 객체 간 관계에 대해 정의하는 모형으로 구성된다.

인력 모형의 인력군(群)은 제조현장의 여러 인력군, 즉 역할에 대해 정의하는 모형을 가진다. 본 모형은 관리자, 기술자, 작업자, 오퍼레이터, 정비공, 제도사 등과 같은 인력자원의 여러 역할(Role)에 대해 정의하는 객체 모형과 본 객체 모형의 자격등급, 급여, 자격증, 자격증 번호 등과 같은 객체 속성에 대해 정의할 수 있다.

인력 객체는 각각의 인력자원에 대한 속성 및 해당되는 인력군 객체를 맵핑한다.

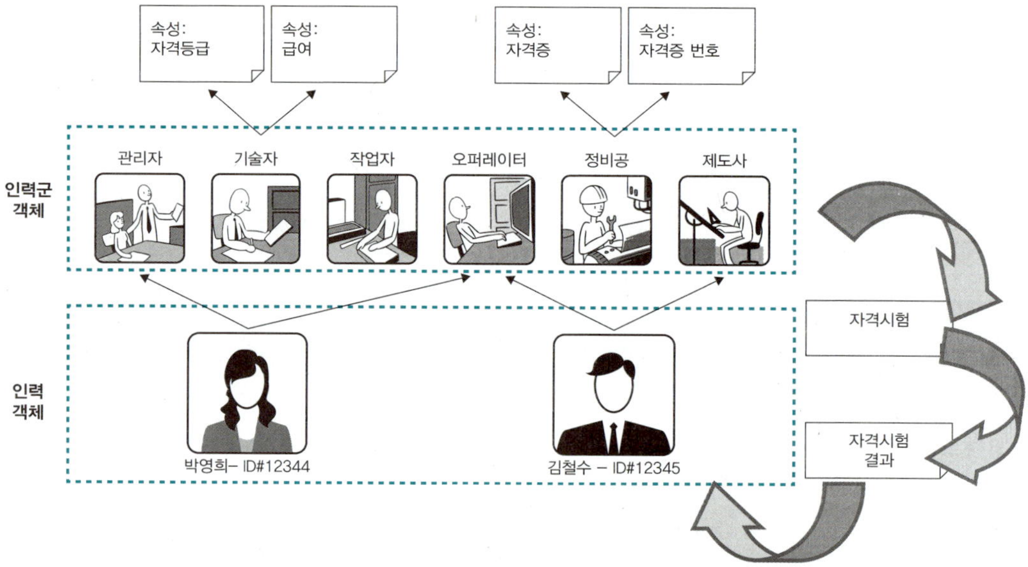

그림 9-11 인력군(群)(역할) 및 인력 객체

설비모형은 설비객체와 설비군(群) 객체 등으로 구성된다. 설비 모형은 특정 설비, 설비의 클래스(설비군(群)), 설비 기능 검사, 및 유지보수 정보 등을 나타낸다. 설비군 객체는 예약 및 계획을 위한 유사한 특성을 가진 장비의 그룹화를 설명하는 수단이다. 설비 객체는 0개 이상의 설비군 객체의 구성원이 될 수 있다. 장비군(群)의 예로는 "열 반응기", "혼합 반응기" 등이 있다. 설비 객체는 장비 계층 모형의 요소를 나타낸다. 설비 객체는 사이트, 지역, 생산 유니트, 생산 라인, Work 셀, 공정 셀 등으로 정의될 수 있다. 설비는 계층 모형에 정의된 다른 설비들로 이루어 질 수 있다. 예를 들어, 생산 라인은 Work 셀로 구성되어 있을 수 있다. 설비의 예로는 "HR101", "HR102", "HMR101" 등이 있다.

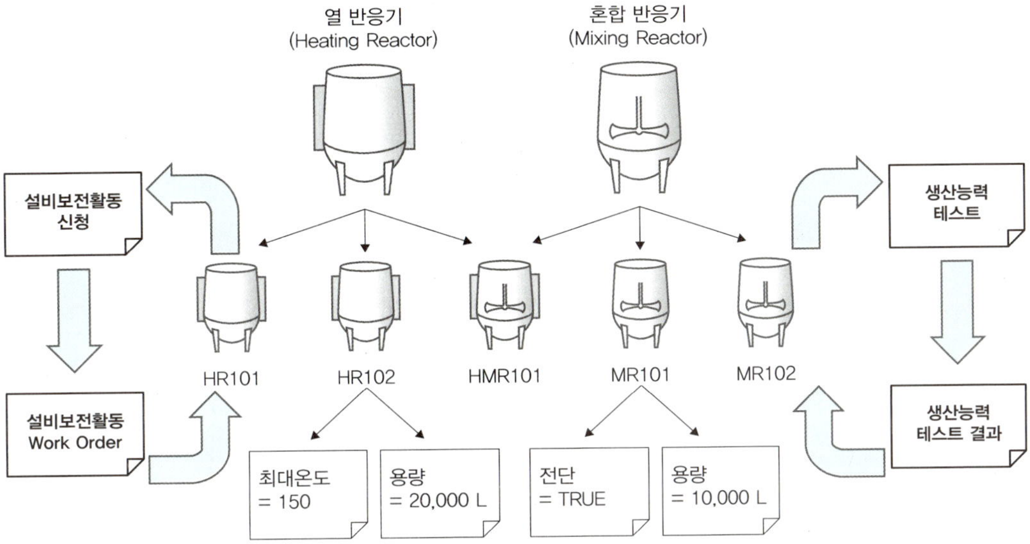

그림 9-12 설비 및 설비군(群) 객체

자재 모형은 실제 재료, 자재 정의 및 자료군(群)에 대한 정보를 정의한다. 자재정보는 원부재료의 목록을 포함하며, 재공(WIP)정보는 자재 Lot와 자재 Sublot 정보에 포함되어 있다. 자재군 객체는 생산 스케줄링이나 생산 진행에 사용하기 위해 자재 정의를 그룹핑하는 수단이며, 자재군 객체의 예제는 "HCI Acid", "LCD 50인치" 등이 있다. 자재 정의 객체는 일정 및 계획 수립을 위해 유사한 특성을 가진 자재를 설명하는 수단이며, 자재 정의 객체의 예로는 "HCI 50%", "LCD 50인치 모델 LCD50TFT30666" 등이 있을 수 있다. 그리고 자재 정의 객체는 원자재, 중간자재, 완제품 등으로 식별될 수 있다.

자재 Lot 객체는 특정수량, 중량 등으로 식별하며, 이것은 실제 총 수량 또는 가용한 수량, 현재 상태, 그리고 특정 속성 값을 설명한다. 또한 자재 Lot는 분리되어 식별되는 수량으로 관리할 수 있다. 분리된 각 자재는 자재 Sublot 객체로 관리된다. 모든 자재 Sublot는 동일한 자재 Lot에 포함된다. 따라서 이것들은 자재 Lot의 속성 값을 사용하며, 각 자재 Sublot은 또 다른 Sublot을 포함할 수 있다.

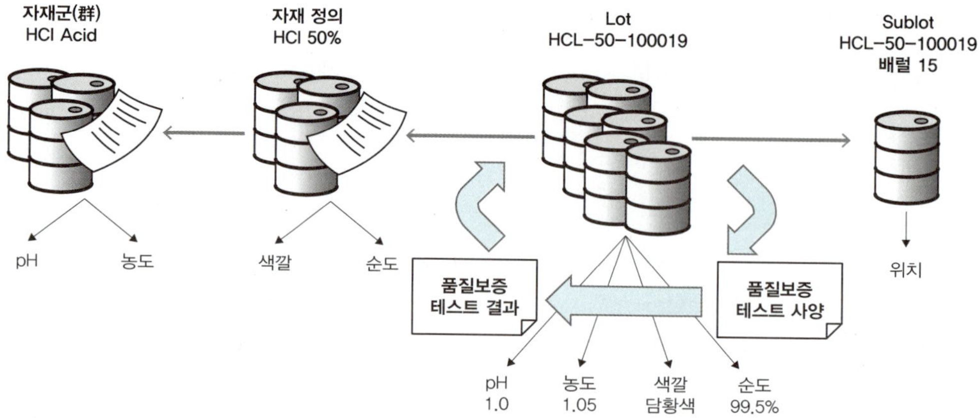

그림 9-13 자재 모형 (Material Model)

공정 세그먼트 모형은 생산 단계를 수행하기 위해 요구되는 인력 자원, 설비 자원, 자재 자원에 대한 논리적인 그룹핑이다. 공정 세그먼트는 보통 요구되는 인력, 설비 및 자재 자원군(群)을 정의하지만, 필요한 특정 설비와 같은 특정 리소스를 정의할 수도 있다. 공정 세그먼트는 일반적으로 필요한 자원의 수량을 정의한다.

[그림 9-14]는 공정 세그먼트의 그래픽 이미지이다. 생산과정은 계획 및 Cost 계산을 위해 자원 및 시간 등의 단위로 분리되어 관리될 필요가 있음을 나타낸다.

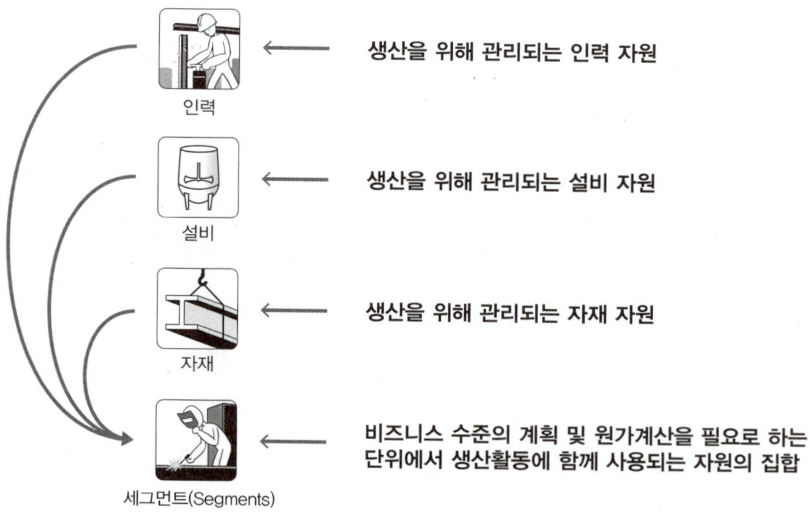

그림 9-14 공정 세그먼트 모형 (Process Segment Model)

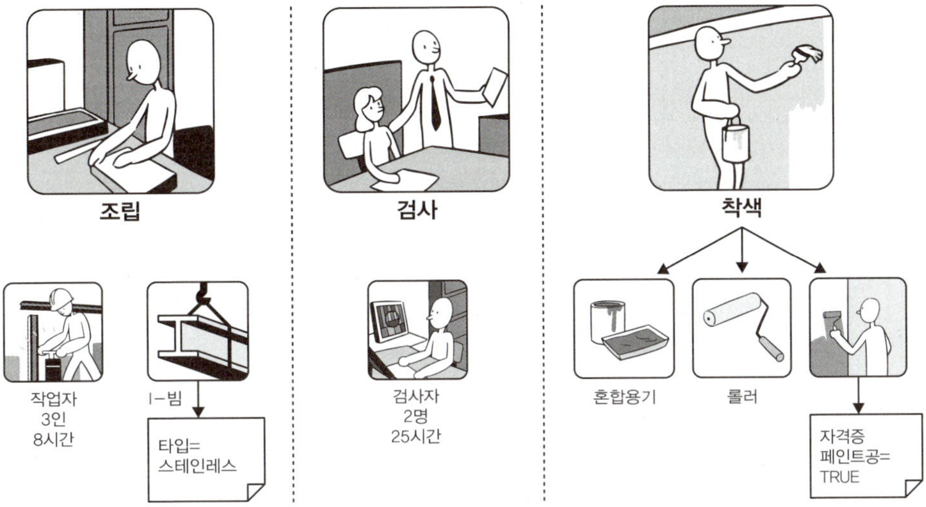

그림 9-15 생산의 비즈니스적인 관점

[그림 9-16]은 4가지 정보 객체 모형을 표현한 것이다. ISA-95에서 정의하는 4개의 정보 객체 모형은 제품 생산을 위한 필요사항을 정의하는 "제품 정의 모형", 생산계획 및 사용 리소스를 정의하는 "생산 계획 모형", 생산실적 및 실사용 리소스를 반영하는 "생산 실적 모형", 생산을 위해 사용 가능한 리소스에 대해 정의하는 "생산능력 및 Capacity 모형"이다.

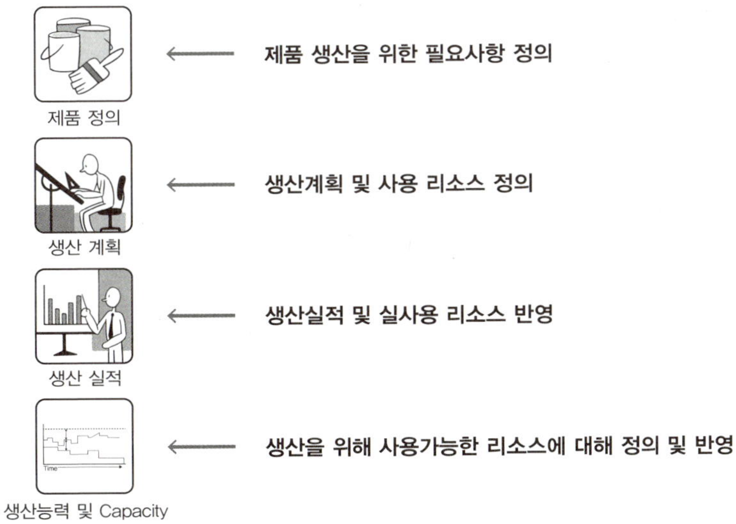

그림 9-16 4가지 정보 객체 모형

제품 정의 모형은 두가지 요소를 포함하고 있다. 첫 번째는 계획 시스템이 생산 스케줄을 위해 인지할 필요가 있는 제품 세그먼트와 필요한 자원에 대한 정의이며, 두 번째는 제조를 위해 사용되는 모든 자재에 대한 정보가 포함된 BOM 정보이다. 제품 정의 모형은 언급한 두가지 요소의 합으로 이루어져 있다.

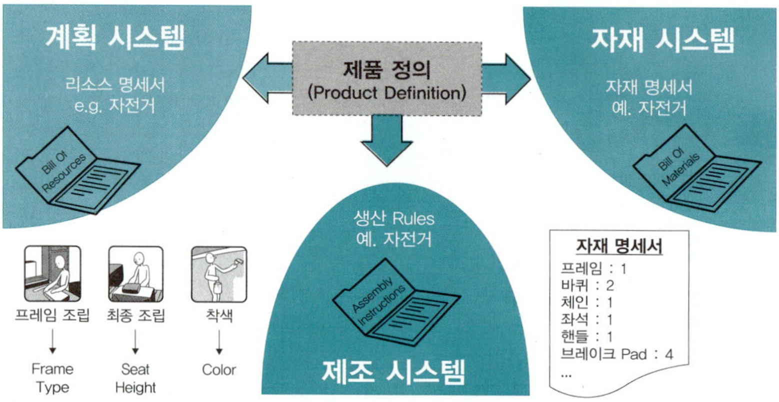

그림 9-17 제품 정의 모형 (Product Definition Information Model)

생산 계획 모형은 인력, 설비, 자재, 공정 세그먼트 및 제품 정의 측면에서 생산 일정을 정의하는 ISA-95 모형이며, 생산 계획의 우선순위, 마감일, 최신의 시작 날짜 등을 정의할 수 있으며, 또한 어떤 자재와 어떤 장비를 사용하며, 어떤 인력이 투입되는지를 정의할 수 있다.

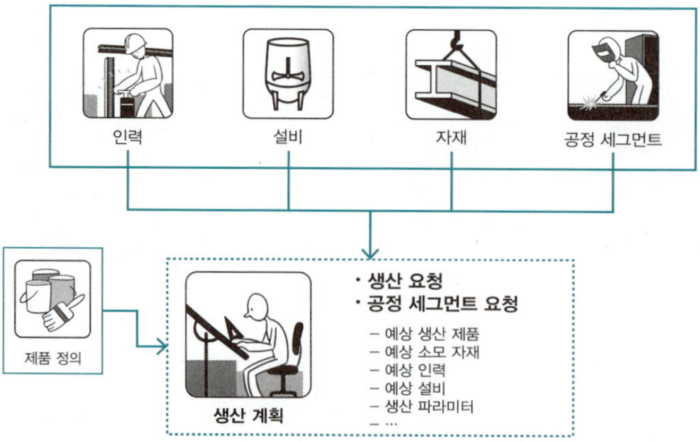

그림 9-18 생산 계획 모형 (Production Schedule Model)

[그림 9-19]의 생산 실적 모형은 인력, 설비, 자재, 공정 세그먼트 및 제품 정의 측면에서 생산 실적을 상위 시스템에 보고하기 위해 정의하는 ISA-95 모형이며, 어떤 자재와 어떤 장비를 사용하였는지, 어떤 인력이 투입되었는지, 그리고 어떤 제품이 생산되었는지를 반영할 수 있다.

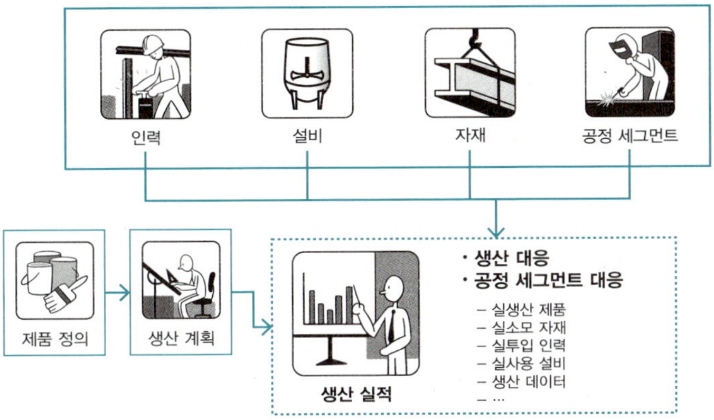

그림 9-19 생산 실적 모형 (Production Performance Model)

[그림 9-20]은 생산능력 모형을 나타낸다. 생산능력은 생산을 수행할 수 있는 능력이며, 또한 생산 능력을 측정하는 Capacity에 대한 모형이다. 능력은 보통 가부(可否)로 표현되며, Capacity는 주로 숫자로 표현된다.

(예-생산능력 : 자전거 바퀴 또는 약물 재료를 만들 수 있다. 전 시간당 25 자전거 바퀴, 또는 Shift 당 활성 성분의 2,500리터를 만들 수 있다.)

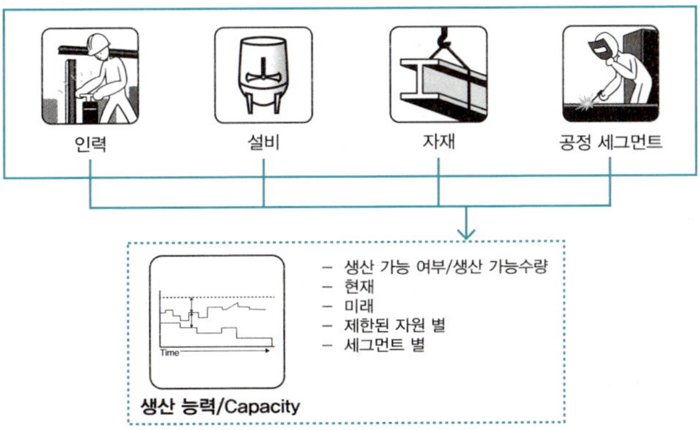

그림 9-20 생산 능력 모형 (Production Capability Models)

9.3 기본활동 모형

제조운영관리 활동모형(Activity Model)은 대상 영역에 관련된 정보흐름 및 활동 간 관계를 명시화하기 때문에 시스템 설계에서 중요하게 활용된다. 이미 제시된 ISA-95의 기본 활동모형(Generic Activity Model)은 앞서 기술한 4개 범주(생산, 유지보수, 품질, 재고)들의 상세 활동을 설명하기 위한 템플릿이다.

[그림 9-21]에서 타원은 상세 활동을 의미하고 화살표는 정보의 흐름을 표현한다. 점선 사이 영역이 MES의 대상 영역에 해당된다. 모든 범주의 활동은 8가지의 기본 요소로 구성할 수 있다. ISA-95는 Request-Response Cycle 개념을 바탕으로 활동의 흐름을 이해한다. 예를 들면, ERP, 설비제어 시스템 등과의 인터페이스도 Request-Response 관계이다.

기본활동모형은 각 활동과 주요 정보의 관계도 보여준다. 이들 관계는 각 범주의 내용에 맞게 변형할 수 있다. Data Collection의 경우 공통 활동이기 때문에 별도로 구분되지 않는다.

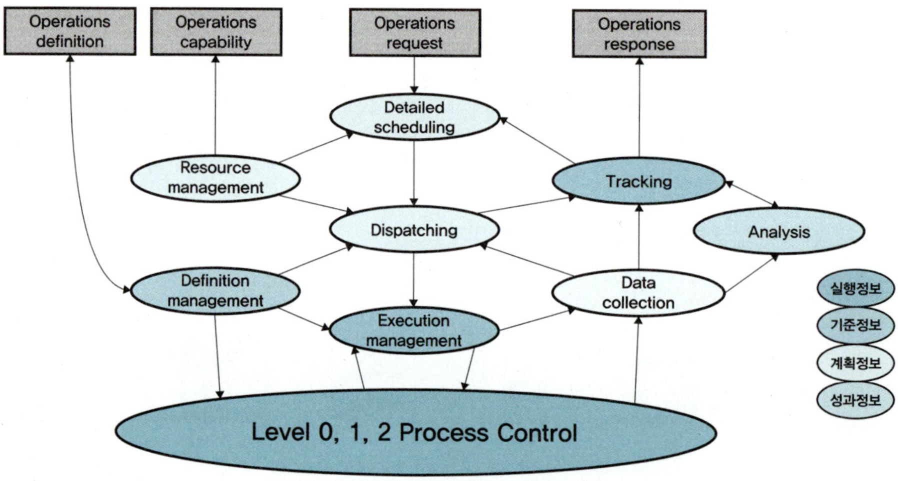

그림 9-21 제조운영관리 활동 모형

[그림 9-22]는 제조운영관리의 4가지 Functional Elements(생산, 유지보수, 품질, 재고)를 Generic 액티비티 모형의 8가지 Category로 구분하여 각각의 액티비티를 맵핑하여 정의한다. 8가지 Category는 다음과 같다.

- Definition Management(기준정보 관리)
- Resource Management(자원 관리)
- Detailed Scheduling(상세 일정 계획)
- Dispatching(업무 지시)
- Execution Management(업무실행 관리)
- Data Collection(데이터 수집)
- Tracking(추적)
- Analysis(분석)

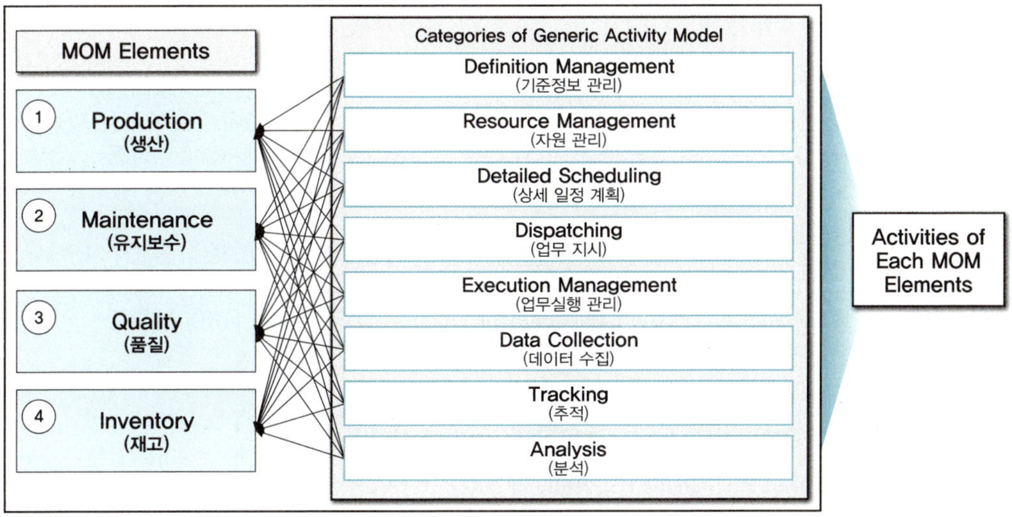

MOM : Manufacturing Operations Management

그림 9-22 4가지 Functional Elements

각 Elements의 Activity 별로 세부 Task를 도출하여 진단 모델을 구성할 수 있도록 하는데, 생산과 유지보수, 품질과 재고와 관련된 ISA-95의 제조업의 업무분류 8가지 Activity들이 [표 9-1]에 소개되어 있다. 각 Activity에는 [표 9-1]에서 보이듯 ISA-95의 제조업의 업무분류 8가지 Activity들은 다수의 Task들로 이루어져 있다.

표 9-1 4가지 활동 모형 태스크

MOM Elements	Activities	Tasks
Production (생산)	Product Definition Management (제품 기준정보 관리)	Recipe, BOM 변경관리 등 10가지 Task
	Production Resource Management (생산 자원 관리)	인력, 자재, 설비의 기준정보 제공 등 11가지 Task
	Detailed Production Scheduling (상세 생산 계획)	상세 생산일정 수립 및 관리 등 5가지 Task
	Production Dispatching (생산 지시)	Work Order 발행 등 10가지 Task
	Production Execution Management (생산 실행 관리)	작업실행 지시, 작업종료 지시 등 8가지 Task
	Production Data Collection (생산 데이터 수집)	생산현황정보 수집 등 7가지 Task
	Production Tracking (생산 추적)	시간별, 공정별 자재경로 추적 등 7가지 Task
	Production Performance Analysis (생산 성과 분석)	생산실적 보고, 비교분석 등 11가지 Task
Mainte-nance (유지보수)	Maintenance Definition Management (유지보수 기준정보 관리)	문서관리, 유지보수 KPI 정의 등 9가지 Task
	Maintenance Resource Management (유지보수 자원 관리)	보전인력 정보관리 등 6가지 Task
	Detailed Maintenance Scheduling (상세 유지보수 일정)	보전요청에 대한 검토/확정 등 5가지 Task
	Maintenance Dispatching (유지보수 지시)	유지보수 Work Order 발행 등 2가지 Task
	Maintenance Execution Management (유지보수 실행 관리)	유지보수 상황/결과에 대한 문서화 등 7가지 Task
	Maintenance Data Collection (유지보수 데이터 수집)	유지보수 상태/자원/작업시간 등의 정보 수집
	Maintenance Tracking (유지보수 추적)	유지보수 시 사용자원정보 추적 등 2가지 Task
	Maintenance Analysis (유지보수 분석)	유지보수 대상선정을 위한 분석 등 12가지 Task

Quality (품질)	Quality Test Definition Management (품질검사 기준정보 관리)	검사 기준정보 변경 관리 등 7가지 Task
	Quality Test Resource Management (품질검사 자원 관리)	검사장비 보전정보 제공 등 10가지 Task
	Detailed Quality Test Scheduling (상세 품질검사 계획)	상세 검사일정 생성/관리 등 3가지 Task
	Quality Test Dispatching (품질검사 지시)	품질검사 Work Order 발행
	Quality Test Execution Management (품질검사 실행 관리)	검사 수행, 절차 및 표준준수 확인 등 3가지 Task
	Quality Test Data Collection (품질검사 데이터 수집)	품질검사 결과의 수집 및 가공 등 2가지 Task
	Quality Test Tracking (품질검사 추적)	품질추적정보 제공/경영자 정보 제공 등 3가지 Task
	Quality Performance Analysis (품질 성과 분석)	중요품질지표에 대한 생산정보 분석 등 5가지 Task
Inventory (재고)	Inventory Definition Management (재고 기준정보 관리)	재고이송에 대한 기준정보 관리 등 7가지 Task
	Inventory Resource Management (재고 자원 관리)	재고관리 인력/설비/자재 정보수집 등 11가지 Task
	Detailed Inventory Scheduling (상세 재고 계획)	세부 재고운영 일정 수립 등 7가지 Task
	Inventory Dispatching (재고 지시)	재고 Work Order 발행
	Inventory Execution Management (재고 실행 관리)	입출고 작업절차 및 기준준수 확인 등 8가지 Task
	Inventory Data Collection (재고 데이터 수집)	제품 추적 정보의 유지관리 등 3가지 Task
	Inventory Tracking (재고 추적)	재고이송추적정보 관리 등 2가지 Task
	Inventory Analysis (재고 분석)	재고효율 및 자원사용 분석 등 3가지 Task

ANSI/ISA-95에서 제시하는 각각의 Activity에 해당하는 상세 태스크에 대해서는 [표 9-2]에 상세히 나타나 있다.

표 9-2 ANSI/ISA-95의 제품 기준정보 관리 상세 태스크

Activities	Tasks
Product Definition Management (제품 기준정보 관리)	제조방법 및 설명, 제품구조도, BOM, 제품변종(Product Variant) 정의 등에 대한 문서 관리
	설계 경로에 대한 자격(Ability to route designs), 제조 명세서의 변경(Manufacturing Bill Changes) 등 제품 기준정보 변경의 승인절차를 통한 변경관리, 버전관리, 변경추적 및 정보보안 조정
	제품생산 룰, 생산스텝, 마스터 Recipe, 설비 Set-up 룰, 프로세스 Flowsheet 등을 사용자나 다른 활동을 위해 제공
	비즈니스 실행단에서 필요로 하는 수준의 제품 기준정보의 교환을 관리
	신제품 기준정보 관리
	실행 가능한 상세 라우팅의 운영
	제품분할라우트(Product segment route)를 충분히 상세한 수준으로 제조운영에 제공하는 기능
	프로세스 분석과 생산성과 분석에 기반한 제품생산기준 (Product production rule)의 최적화
	생산과 간접적인 관계에 있는 세정, 기동, 정지와 같은 지엽적인 생산기준 (Local production rule sets)을 생성하고 운영
	제품 및 생산과 관련된 KPI 정의
Production Resource Management (생산 자원 관리)	인력, 자재 설비 자원 기준 정보의 제공
	현재 상태, 예약 상황, 미래 수요 등 자재, 설비, 인력의 가용능력 (Committed, Available, Unattainable) 정보 제공
	미래의 운영 상 가용능력을 만족시키기 위한 자원확보 요청을 보증 (Ensuring that requests for ~ are initiated)
	설비나 작업자에게 배당된 작업의 일치성, 가용능력을 보장
	자원의 위치, 지역 할당 정보를 제공 예) 여러 위치에서 사용 가능한 모바일 검사장비에 위치를 제공
	보전 자원관리 및 품질검사 자원관리를 조정하여 자원을 관리
	인력, 설비, 자재의 현 상황, 용량, Capa.에 대한 정보를 수집
	생산계획, 현 생산실적, 보전 스케줄, 휴무 스케줄로부터 미래의 수요를 수집
	인력 자격시험 결과 정보의 관리
	설비 성능 시험 결과 정보의 관리
	자원의 향후 활용을 위한 예약 관리

Detailed Production Scheduling (상세 생산 계획)	상위 레벨의 생산계획(MP,FP)과 연계한 상세 생산계획의 수립 및 유지관리
	생산계획과 실제 생산실적의 비교
	생산자원관리 function을 통해 각 자원의 배당확정 Capa.를 결정
	보전 관리, 품질 관리, 재고 관리로부터 정보 수집
	생산 리드타임 및 최종 종료시간 계산, Bottleneck 리소스 결정 등 What-if 시뮬레이션을 실행
Production Dispatching (생산 지시)	생산스케쥴에 의해 정의된 생산 work order 발행
	상세 생산계획의 일부로 정의되지 않은 현장 자원을 생산활동에 배당 (Assigning local resources to production, where these are not identified as part of the detailed production schedule)
	Work Order를 시행하기 위해 현장 자원(자재,설비,인력)의 투입 승인
	상세생산계획에서 예상하지 못한 조건을 처리. Workflow와 버퍼 관리 상의 결정을 포함.
	Work Order의 진행상태에 대한 유지 관리 예) 승인, 확정, 진행 중, 또는 취소
	프로세스 규정과 순서가 상세 계획 상의 (혹은 더 자세한) 생산조건을 만족함을 확인
	예측하지 못한 이벤트 발생으로 인해 생산스케쥴 요구를 충족하지 못할 때 상세 생산계획으로의 통지
	일정 상의 이벤트와 연관된, 예상하지 못한 조건 정보를 품질관리로부터 입수
	일정 상의 이벤트와 연관된, 예상하지 못한 미래자원의 가용능력 정보를 생산관리로부터 입수
	수행예정인 생산활동이 정의된 생산지시목록을 보내거나 사용 가능하게 함
Production Execution Management (생산 실행 관리)	작업 실행을 지시하고 생산 라인별 활동을 시작
	올바른 자원(설비, 자재, 인력)이 생산에 사용되도록 보장
	품질관리로부터 정보를 입수받아 작업이 품질표준을 따라 수행되는 것을 확인
	자원이 할당된 태스크에 가용함을 보장 예) 반응용기가 가동 전에 "청결양호"임을 확인
	현장 가동시간 조절에 자원을 할당 예) 설비 호기별로 작업을 할당
	예측치 못한 이벤트로 작업요구를 충족치 못할 때 타 영역활동에 이를 통지
	생산자원관리로부터 예측치 못한 미래자원의 가용능력에 대한 정보 입수
	타이밍, 수율, 사용인력 및 자재, 가동시작시간, 가동종료시간 등 생산정보와 생산실행관리 상의 이벤트를 제공

Activities	Tasks
Production Tracking (생산 추적)	특정시간 각 공정에 무엇이 있었나의 정보와 생산영역 내 모든 자재의 경로를 추적하여 공장 안의 자재 흐름을 추적
	생산 흐름의 시작과 끝을 기록하고, lot과 sublot의 수량, 위치 등의 변경사항을 수집
	생산데이터수집 및 생산분석으로부터 정보 입수 예) Lot 생산에 사용된 재료 소비량, 공장환경정보 등
	생산 및 이송 이벤트를 포하하는 프로세스 이벤트를 생산 정보로 변환
	Tracking(기록), Tracing(분석)을 위한 정보 제공
	생산대응 및 생산실적 정보를 생성하여 요청에 의해 혹은 정해진 일정에 따라 제공
	생산프로세스에 관계된 기록을 생성 (규제나 품질관리에 필요한 기록을 포함)
Production Performance Analysis (생산 성과 분석)	생산실적 및 비용에 대한 리포트 작성
	생산능력과 품질에 대한 제약조건에 대한 평가
	생산능력을 결정짓는 요소에 대한 성능 테스트를 수행
	다른 생산라인과 비교하고, 평균 및 타겟 작업량을 생성
	각 개별작업 간 쌍방 비교 및 대조
	골든런을 정의하기 위한 각 개별작업(run) 간의 비교 실시 ("Golden" run : the best run ever produced; highest quality or lowest cost or others)
	Golden Run이 왜 예외적인지 결정
	각 개별 작업과 "Golden Run" 간의 비교
	지속적인 프로세스 개선을 위한 분석 결과를 기초로 하여 프로세스와 절차의 변화를 제공
	과거 데이터와 현재 데이터를 활용하여 현재 생산의 결과와 시간을 예측
	제품군과 생산 시 프로세스 조건 간의 상관성을 부여

9.4 POP(Point of Production) 상세내용

POP 상세내용

POP는 공장의 생산과정에서 기계, 설비, 작업자, 작업 등으로부터 시시각각 발생하는 생산정보를 실시간으로 직접 수집, 처리하여 관리자 혹은 상위 시스템에 제공하는 역할을 하는 시스템이다. 전사적인 입장에서 보면 POP 시스템은 생산과정에서 발생하는 각종 데이터를 수집하는 DAS(Data Acquisition System)의 역할을 수행한다고 볼 수 있다.

변화하는 환경에 신속하게 대응하여 생산부문의 경쟁력을 확보하기 위해 제조기업들은 CIM(Computer Integrated Manufacturing) 시스템을 도입하였다. 그러나, 이러한 목적으로 도입된 CIM 시스템은 생산계획수립의 목적으로 주로 활용되었고, 생산현장의 결과를 수집하여 계획과 비교하는 현장관리 측면이 만족스럽지 못했다. 현장인력의 수작업이나 전표 등을 통하여 생산관리가 이루어지므로 생산현장의 정보를 실시간으로 수집하고 처리할 수 있는 능력이 부족하였기 때문이다. POP는 현장관리의 최단 접점인 설비 및 생산자와의 의사소통을 자동화하는 측면에서 접근한 것이다. 생산에서 발생하는 각종 정보들을 시점별로 습득을 하고 정보를 공유하여 즉각적으로 분석하고 변화된 상황에 적절하게 대응할 수 있게 해주는 시스템이 POP이다.

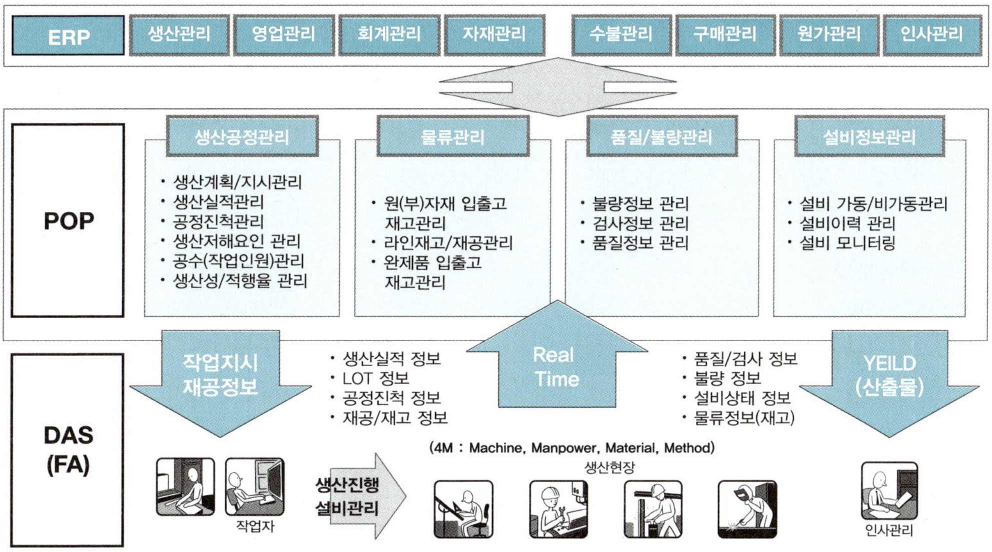

그림 9-23 POP 업무 구성도

[그림 9-23]은 전형적인 POP 업무의 구조를 보여준다. 실제의 POP 시스템은 업체의 규모나 산업군, 관리대상 및 생산제품에 따라 구현하는 기법과 시스템의 규모가 상이하게 된다. 현장 정보는 생산설비와 직접 연결된 DAS를 통해 자동적으로 수집하거나 현장 작업자의 입력에 의존한다. 또한, 원래의 생산실적 수집의 기능뿐만 아니라 설비의 상태나 각종 공정변수 값도 수집하여 품질관리 및 설비관리의 기능도 수행하고 있다.

POP 관리분야

현장관리에서 POP는 크게 네가지 분야의 관리에 활용될 수 있다.

- **생산관리:** 현장의 정확한 공수 정보와 생산능력 정보를 바탕으로 공정계획을 작성하고 작업지시를 내리며 생산능력에 부합되는 조정 작업을 수행
- **물류관리:** 원부자재 입출고, 라인 및 제공 재고 관리, 완제품 입출고 관리를 수행
- **품질관리:** 생산 도중의 중간제품에 대한 불량분석을 통하여 실시간으로 생산라인에 통보하고, 가공이력 정보에서 불량의 원인이 되는 요인을 발견할 수 있게 하며, 각종 제어조건에서 생산성을 향상시킬 수 있는 대책을 수립하는 데 일조하는 등의 방식으로 활용
- **설비관리:** 현장의 실시간 정보를 바탕으로 효율적인 설비관리와 보전을 가능하게 함

POP 시스템 구축

POP 시스템을 구축하기 위한 시스템 구성은 서버 및 클라이언트를 연결하는 일반 네트워크 설비와 데이터베이스 및 어플리케이션 서버, 현장의 정보수집 기기와의 직렬통신을 위한 설비, 바코드 리더기, 현장 Kiosk 등으로 구성된다. [그림 9-24]는 POP시스템 구성을 그림으로 나타내었다.

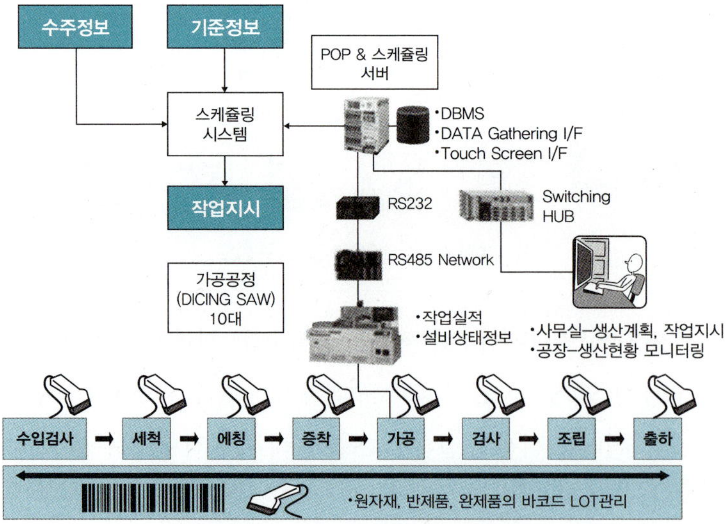

그림 9-24 POP 시스템 구성도

POP 소프트웨어 구성 및 프로세스

POP 시스템의 기능별 구성은 다음과 같다. 전체 시스템은 총 여섯 개의 모듈로 구성되어 있고, **생산계획 관리 모듈**에선 기준 생산계획, Item별 생산계획, M/C별 생산계획, 생산계획 변경 등을 조정할 수 있으며 **생산진행 관리 모듈**에선 계획대비 실적, 일별 생산진도, 생산계획 변경을 알 수 있다. 또한 **비가동 관리 모듈**에선 설비가동률 관리 및 설비 비 가동 이력관리, 설비 모니터링 및 작업자 정보 등을 알 수 있다. **불량 관리 모듈**에선 Item별 불량률 관리, M/C별 불량률 관리, 제품 불량 이유 및 작업자 정보 등을 알 수 있으며, **작업시간 관리 모듈**에선 설비별 작업시간 관리 및 Log 관리, 작업자별 작업시간 관리 등을 알 수 있다. 또한 **운영 관리 모듈**에선 Master/운영코드, ERP Interface, 생산 Line Monitoring, System Backup 등을 진행할 수 있으며 ERP와 POP를 연동함에 있어 꼭 필요한 모듈이기도 하다.

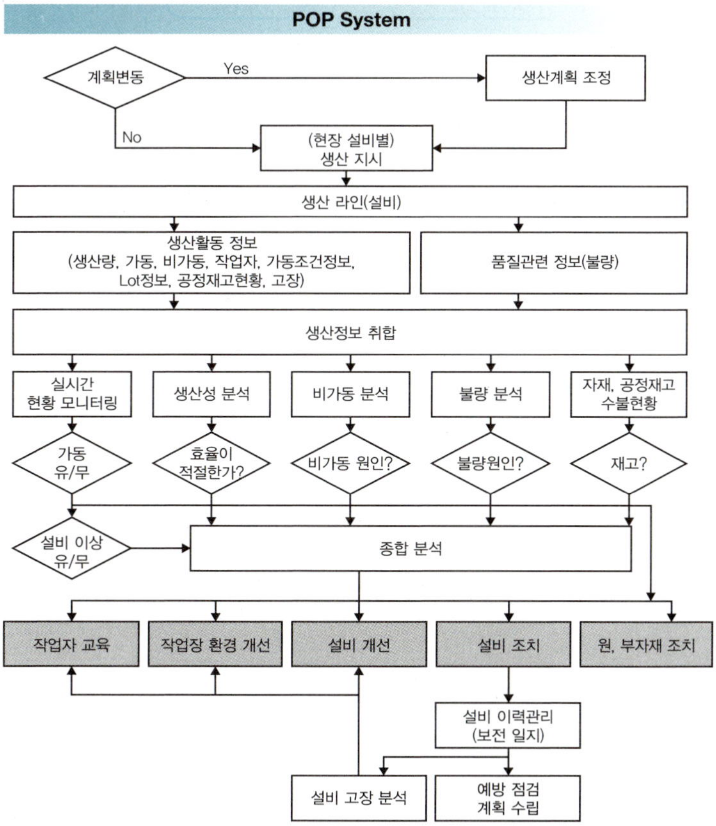

그림 9-25 POP 프로세스 개략도

[그림 9-25]는 POP의 프로세스를 개략적으로 도식화하여 보여준다. 먼저 생산지시가 입력되면 생산라인 별 작업자에게 지시가 하달되며 작업을 위한 설비 가동을 시작하는 순간부터 설비 이력, 작업자 정보 등이 POP Application Server를 통한 POP Database 서버로 전송이 시작된다. 또한 생산활동 정보 및 원자재 불량률을 포함한 생산과 관계된 정보를 취합하여 생산성 분석, 비 가동 분석, 불량 분석, 자재 재고, 공정재고, 수불현황 등을 파악할 수 있다. 이러한 정보들을 취합 후 종합 분석하여 작업자 교육 및 작업장 환경개선, 설비개선, 설비 이력관리를 통한 생산성 향상에 기여할 수 있다.

POP 시스템의 기능별 구성

- 기준정보관리

  POP 시스템의 기준 정보관리는 시스템 관리, 공통 기준정보 관리, 설비 이력관리 등을 모니터링 및 입력할 수 있는 부분이며 POP 시스템의 전체적인 기준이 되는 정보들의 집합체이다.

- 현장 관리

  현장 관리는 설비의 가동률, 설비의 비 가동률, 설비의 상태 및 작업자의 정보, 작업자의 이력, 설비 대당 생산량 및 작업 라인별 생산량, 전체적인 설비 생산량 등을 알 수 있으며, Log 관리를 통하여 설비의 상태 및 작업자별 이력 또한 추적 및 산출이 가능하다. 그리고 각 작업의 실적 등록을 할 수 있다. 현장설비 Signal을 통한 실적 및 작업정보를 실시간 수집하여 종합분석을 토대로 생산성 향상에 기여할 수 있게 된다.

- 모니터링

  모니터링 기능은 전체 공정라인의 현재 설비가동률 및 설비상태, 당일 목표생산량의 달성률 및 작업 진행률 등을 모니터링할 수 있으며, 문제 발생시 즉각 대응을 목적으로 한다. 또한, 영업업무에 있어 생산량을 실시간으로 모니터링할 수 있으므로 유기적인 업무의 진행을 가능하게 하며, 생산라인 작업자의 휴식시간 및 작업환경에 대하여 고려할 수 있다.

- 불량 분석

  불량 분석에서는 설비의 Log 분석 및 작업자의 이력에 따른 분석이 가능하며, 반복되는 설비불량 및 작업자의 실수를 줄임으로써 불량률을 낮출 수 있는 발판을 마련할 수 있다. 또한, 각 공정별 불량률 발생에 따른 원인 및 Log 분석을 통하여 불량원인을 제거할 수 있다.

- 물류관리

  물류관리는 원자재 입고 관리, 외주 입출고 관리, 수주 출고 관리 등의 자재에 대한 흐름을 파악하여 원부자재 재고 및 수불현황을 기반으로 공정실적을 통한 재공품, 제품에 대한 재고 및 수불현황을 파악하는 데 목적이 있다. 아울러 정확한 물류관리를 통하여 원활한 생산에 기여할 수 있다.

- Web Service

  Web Service는 3 Tier 기법의 서버 구성을 기반으로 하여 Web Browser 상에서 설비 가동현황 조회, 생산 계획현황, 계획대비 실적조회, 제품실적 현황, 제품 불량 현황, 작업자 정보 조회 등을 하는 것에 목적이 있다. 또한, 전반적인 POP 시스템의 주요 기능에 대한 상세내용을 파악할 수 있으며 업무의 효율성 증대 및 원활한 업무를 진행할 수 있게 한다.

생산시점정보관리(POP) 시스템은 공장의 생산과정에서 발생하는 생산정보를 실시간으로 수집, 처리하여 관리자 혹은 상위 시스템에 제공하는 역할을 하는 시스템으로, 전체적인 생산정보화의 관점에서 보자면 생산에서 발생하는 각종 정보들을 시점별로 수집하고 분석하여 변화된 상황에 적절하게 대응할 수 있게 해준다. 그런데 POP시스템은 그에 포함되는 하드웨어적 요소 및 소프트웨어 모듈의 구성을 고려하면 신규 제품군의 도입 등 생산환경의 변화에 큰 영향을 받는다. 따라서 POP시스템은 이러한 변화에 대응하여 지속적으로 갱신되고 유지보수될 필요가 있다. 이에는 보통 많은 시간과 비용이 요구되므로 시스템 구축 및 유지보수 비용의 절감을 위한 효율적인 시스템 구축방법론을 정립하는 혁신이 요구된다.

연습문제

1. ANSI/ISA-95의 개요는 무엇인가?

2. 객체 모형이란?

3. 기본 활동 모형에 대하여 설명하시오.

4. ERP-MES간 정보교류에 대한 그림을 그리고 설명하시오.

5. ISA-95의 4가지 관리 영역은 무엇인가?

6. 생산 계획 모형(Production Schedule Model)이란?

7. 생산 실적 모형(Production Performance Model)이란?

8. 제품 정의 모형(Product Definition Information Model)이란?

9. 생산 능력 모형(Production Capability Models)이란?

10. 제조운영관리의 4가지 Functional Elements(생산, 유지보수, 품질, 재고)를 Generic 액티비티 모형의 8가지 Category로 구분하는데 무엇인가?

Chapter. 10

생산실행시스템의 수준 진단

10.1 생산실행시스템 수준 진단 방법론

MES를 구축하고자 할 때 가장 먼저 파악하고 싶은 부분이 프로세스 및 현재 시스템의 수준일 것이다. 이번 장에서는 MES의 수준 진단 방법론 및 진단 사례에 대하여 살펴 보도록 한다.

MES 수준 진단을 위해서는 프로세스 맵, 제조 시스템 현황 분석서 등의 입력이 필요하고 프로세스 및 시스템 운영 수준 진단, 이슈 도출의 두 단계로 진행된다. 그에 대한 결과물로 진단 계획서, 수준 진단 보고서, 이슈 목록 등이 도출된다.

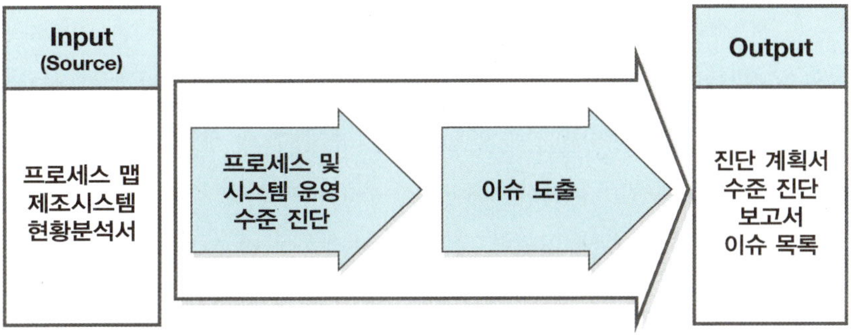

그림 10-1 MES 진단 과정

표 10-1 수준진단 목적 및 이슈도출

구분 \ Task	프로세스 및 시스템 운영 수준 진단	이슈 도출
목적	• MES와 관련된 제조 프로세스 및 기 구축된 제조 시스템에 대한 정확한 진단을 통해 이슈를 도출	• 진단을 통해 도출된 문제점들을 정리하여 이슈 List를 도출하고자 함.
절차	1. 프로세스 및 시스템 운영의 수준을 진단하기 위한 대상 및 평가항목을 선정함 2. 선정된 진단대상 프로세스 및 시스템과 관련한 대상자에게 진단을 위한 교육을 실시함 3. 현행 운영 수준을 진단하기 위한 실제 진단 업무를 실시함 • (진단에 필요한 다양한 모델들을 활용)	1. 진단 Tool을 이용한 영역별 수준 진단 결과에 따른 이슈를 도출한다. 2. 인터뷰 결과를 통해 도출된 이슈들을 프로세스별, 진단 영역별로 정리한다. 3. 도출된 이슈들을 각종 분석 기법 등을 통해 정리 요약한다. (MECE, Root Cause Analysis 등).

Task 구분	프로세스 및 시스템 운영 수준 진단	이슈 도출
Input	• 프로세스 맵 • 제조시스템 현황 분석서	• 수준진단 보고서
Output	• 진단 계획서 • 수준진단 보고서	• 이슈 List

수준 진단 단계별 상세 절차를 살펴 보면, 프로세스 및 시스템 운영 수준 진단의 목적은 MES와 관련된 제조 프로세스 및 기 구축된 제조시스템에 대한 정확한 진단을 통해 이슈를 도출하기 위함이다. 이를 위해 프로세스 및 시스템 운영의 수준을 진단하기 위한 대상 및 평가항목을 선정한다. 선정된 진단 대상 프로세스 및 시스템과 관련한 대상자에게 진단을 위한 교육을 실시하고, 현행 운영 수준을 진단하기 위한 실제 진단업무를 실시한다.

진단 툴(Tool)을 이용한 영역별 수준 진단 인터뷰를 통한 문제점을 도출한다. 이슈 도출의 목적은 진단을 통해 도출된 문제점들을 정리, 분석하여 이슈 리스트를 도출하기 위함이다. 이를 위해 진단 툴을 이용한 영역별 수준 진단 결과에 따른 이슈를 도출한다. 인터뷰 결과를 통해 도출된 이슈들을 프로세스별, 진단 영역별로 정리한다. 도출된 이슈들을 각종 분석 기법 등을 통해 정리 요약한다(MECE, Root Cause Analysis 등).

표 10-2 수준진단 Model

구 분		이슈 도출 방안	비고
참조 모델 활용	ANSI/ISA-95 Model	ANSI/ISA-95 Enterprise Control System Integration에 기반한 진단 모델을 활용하여 MES의 운영 수준을 진단하여 개선점을 도출함	
	PCF Model	APQC Webpage에서 PCF/OSBC APQC Online Benchmarking Tool을 이용하여 현행 프로세스 기능여부 및 진단 리포트를 통한 현행 프로세스수준을 파악하여 혁신과제 선정을 위한 이슈를 도출함	유료
	PwC GBP	PwC Advisory Services에서 제공하는 GBP (Global Best Practices)를 이용하여 현행 프로세스 수준을 파악하고 혁신과제 선정을 위한 이슈를 도출함	

프로세스 성숙도 모델 활용	프로세스 수준 평가 (PMM)	조직, KPI, 비전 등 평가 항목 별로 수준 평가를 통하여 관련 이슈들을 정의 및 도출함	
	MMP	Process Maturity Model을 응용한 MESA의 MES Maturity Profile (MMP)을 현 프로세스에 적용하여 현행 수준을 파악하고 관련 이슈를 도출함	
VSM 활용		린 측정지표 및 VSM을 활용하여 프로세스의 관련 이슈를 도출함	

ISA : The Instrumentation, Systems, and Automation Society
MESA: Manufacturing Enterprise Solutions Association
PCF : Process Classification Framework
GBP : Global Best Practices
PMM : Process Maturity Model
MMP : MES Maturity Profile
VSM : Value Stream Map

MES 진단을 위해 활용할 수 있는 진단 Tool에 대해 알아보자. 진단 참조 모델은 ANSI/ISA-95 모델, PCF모델, PwC GBP가 있다. ANSI/ISA-95 모델은 ANSI/ISA-95 Enterprise Control System Integration에 기반한 진단 모델을 활용하여 MES의 운영 수준을 진단하여 개선점을 도출한다.

PCF모델은 APQC 웹페이지에서 PCF/OSBC APQC 온라인 벤치마킹 툴을 이용하여 현행 프로세스 기능 여부 및 진단 리포트를 통한 현행 프로세스 수준을 파악하여 혁신과제 선정을 위한 이슈를 도출한다. PwC GBP는 PwC Advisory Services에서 제공하는 GBP(Global Best Practices)를 이용하여 현행 프로세스 수준을 파악하고 혁신과제 선정을 위한 이슈를 도출한다.

프로세스 성숙도 모델은 프로세스 수준 평가(Process Maturity Model)와 MMP가 있다. 프로세스 수준 평가는 조직, KPI, 비전 등 평가 항목 별로 수준 평가를 통하여 관련 이슈들을 정의 및 도출하는 것이고, MMP는 Process Maturity Model을 응용한 MESA의 MES Maturity Profile(MMP)을 현 프로세스에 적용하여 현행 수준을 파악하고 관련 이슈를 도출한다. 마지막으로 VSM은 린 측정 지표 및 Value Stream Map을 활용하여 프로세스의 관련 이슈를 도출하는 것이다. 여기서는 일반적으로 가장 많이 활용되는 프로세스 수준 평가(PMM)와 MMP에 대해서 설명하도록 하겠다.

10.2 | 프로세스 성숙도 모델

프로세스 성숙도 모델(Process Maturity Model)의 정의는 업종별, Value Chain별 프로세스 성숙도의 단계를 분류한 모델이다. 프로세스의 성숙도 단계를 분류한다는 것은 다음과 같은 항목들을 전제로 해야 한다.

1. 기업은 하루 아침에 높은 수준의 프로세스를 구축할 수 없으며, 최고로 성숙된 프로세스를 갖추기 위해서 일정한 단계를 거쳐야 함
2. 높은 수준의 단계로 올라갈수록 프로세스가 운영되는 방식이 더 발전되는 것임
3. 모든 프로세스가 100% 완벽한 수준으로 될 필요는 없으며, 이것이 항상 바람직한 것도 아님
4. 기업별로 특정 프로세스의 목표 수준이 다를 수 있음
5. 각 기업의 프로세스별 목표 수준 구성은 기업의 목표와 사업 방식 등에 따라 다르게 나타남

PMM은 다음과 같은 용도로 사용된다.

1. 기업이 프로세스 성숙 측면에서 오늘날 어디에 위치하고 있는지 파악할 수 있음
2. 미래에 어느 수준에 도달하고자 하는지 결정할 수 있음
3. 선진 기업의 수준과 현재 수준을 비교하거나 기업 내부에서 정한 미래 수준과 현재 수준을 비교함으로써 수준 차이가 심한 프로세스 영역을 발견할 수 있음
4. 혁신의 기간 동안 각 기업이 현재 수준에서 미래 수준으로 이동할 수 있는 Migration Strategy를 구축할 수 있음

프로세스 성숙도 모델을 구체화한 다음과 같은 다양한 모델들이 존재한다.

1. Carnegie Mellon Univ.의 SEI(Software Engineering Institution) 창립자인 Dr. Charles V. Webber가 창시한 Capability Maturity Model(CMM) 및 Capability Maturity Model Integration(CMMI)은 국제인증제도로 활용되고 있다.
2. Comtech Services, Inc.의 IPMM(Information Process Maturity Model) 등 다양

한 형태의 Business Process Maturity Model이 활용되고 있다.

3. MESA에서는 2000년 5월 MESA White Paper 7 "Justifying MES: A Business Case Methodology"에서 MES Maturity Profile(MMP)을 제시하였다.

프로세스 성숙도 모델은 일반적으로 5단계로 분류한다. 단계별 성숙도의 의미를 살펴 보자. Maturity Level 1(ML1)은 Poor로 정의된다. 이 단계에서 나타나는 현상은, 첫 번째 일반적으로 프로세스가 즉흥적이거나 혼란인 상태이다. 조직 내에 안정적인 프로세스 환경이 제공되지 않는다. 업무의 완수는 특수한 인력과 그 인력이 보유한 역량에 좌우된다. 두 번째 일반적으로 시간에 쫓겨 프로세스를 포기한다. 이로 인해 업무수행 성공결과를 반복할 수 없고, 실제 성과는 목표에 미치지 못한다. 프로세스 없이 업무가 수행되는 단계이다.

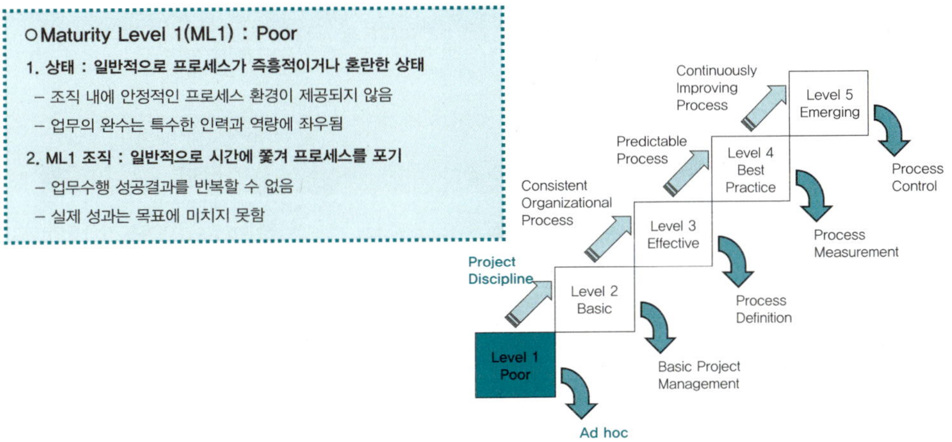

그림 10-2 Maturity Level 1

Maturity Level 2(ML2)는 Basic으로 정의된다. 이 단계에서 나타나는 현상은, 첫 번째 프로세스 관리를 계획, 수행, 측정, 통제하는 상태이다. 문서화된 계획에 따라 프로세스 관리를 수행한다. 그리고 요구사항, 프로세스, 산출물, 서비스를 관리한다. 두 번째 프로세스 관리에 대한 기본정책을 확립하고 있다. 정책, 계획, 측정, 통제, 검토 등 기본적 관리사이클이 정착되고, 프로세스 흐름도 작성을 위하여 Tool이 사용되기 시작한다. 프로세스가 정의되어 있고, 이 프로세스들에 대한 기본적인 관리가 이루어져서 프로세스대로 일을 하려고 노력하는 단계이다.

○Maturity Level 2 (ML 2): Basic

1. 상태 : 프로세스 관리를 계획, 수행, 측정, 통제하는 상태
- 문서화된 계획에 따라 프로세스 관리를 수행함
- 요구사항, 프로세스, 산출물, 서비스를 관리함

2. ML2 조직 : 프로세스 관리에 대한 기본정책을 확립
- 정책, 계획, 측정, 통제, 검토 등 기본적 관리사이클이 정착됨
- 프로세스 흐름도 작성을 위하여 tool이 사용되기 시작함

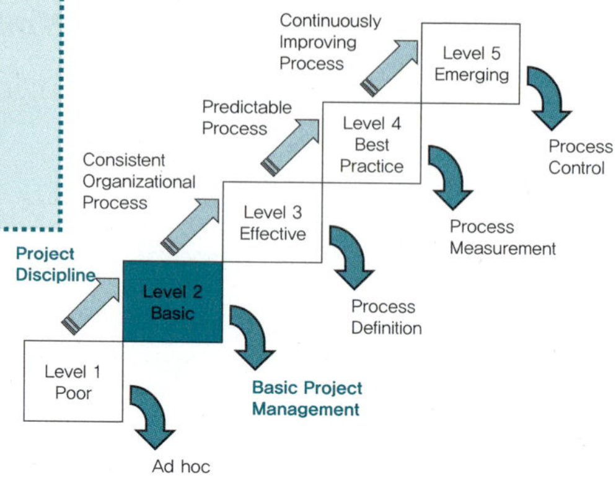

그림 10-3 Maturity Level 2

○Maturity Level 3 (ML3) : Effective

1. 상태 : 프로세스를 충분히 이해하고 특성을 표준, 절차, 도구 등으로 표현
- 프로세스를 정의, 문서화하고 조직원들이 책임과 역할을 인지함
- 요구사항, 프로세스, 산출물, 서비스를 관리함
- 프로세스 자산과 개선정보를 관리함

2. ML3 조직 : 조직의 표준 프로세스를 기초로 업무를 관리
- 표준 프로세스에 입각해 수행할 프로세스의 적정한 목표수립
- 표준화된 운영프로세스가 확실하게 전개됨

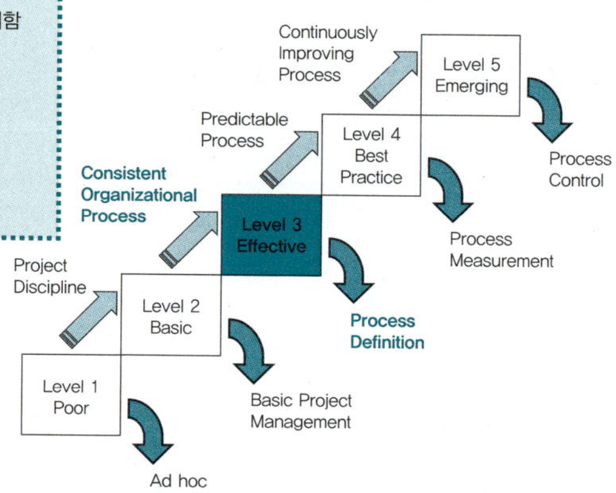

그림 10-4 Maturity Level 3

Maturity Level 3(ML3)은 Effective로 정의된다. 이 단계에서 나타나는 현상은, 첫 번째 프로세스를 충분히 이해하고 특성을 표준, 절차, 도구 등으로 표현하는 상태이다. 프로세스를 정의, 문서화하고 조직원들이 책임과 역할을 인지하며, 요구사항, 프로세스, 산출물, 서비스를 관리하고, 프로세스 자산과 개선정보를 관리한다. 두 번째 조직의 표준 프로세스를 기초로 업무를 관리한다. 표준 프로세스에 입각해 수행할 프로세스의 적정한 목표를 수립하고, 표준화된 운영 프로세스가 확실하게 수행된다. 정의된 프로세스들이 명확히

관리되고 조직원들이 이를 완벽히 이해하여 프로세스대로 명확하게 업무 목표가 설정되고 프로세스대로 일을 수행하는 단계이다.

Maturity Level 4(ML4)는 Best Practice로 정의된다. 이 단계에서 나타나는 현상은, 첫 번째 프로세스의 품질 및 프로세스 성과를 목표를 수립하고 통제하는 상태이다. 서브 프로세스를 선정하여 프로세스 성과를 통제하고, 정량적 목표를 수립하고 통계적 방법을 활용하여 관리하며, 프로세스 변동의 이상요인(Special Cause)을 추적하여 시정한다. 두 번째 통계적 방법을 활용하여 프로세스를 관리한다. 품질 및 프로세스 성과의 측정치는 측정 리파지토리에 등록되고, 통계적 방법을 활용하여 성과를 예측하고 프로세스를 통제한다. 서브 프로세스별로 통계적으로 확인이 가능한 목표를 설정하고 이에 대한 성과를 확인할 수 있는 단계이다.

○Maturity Level 4 (ML 4) : Best Practice

1. 상태 : 프로세스의 품질 및 프로세스 성과를 목표를 수립하고 통제
- 서브 프로세스를 선정하여 프로세스 성과를 통제함
- 정량적 목표를 수립하고 통계적 방법을 활용하여 관리함
- 프로세스 변동의 이상요인(Special cause)을 추적하여 시정함

2. ML4 조직 : 통계적 방법을 활용하여 프로세스를 관리
- 품질 및 프로세스 성과의 측정치를 측정 리파지토리에 등록됨
- 통계적 방법을 활용하여 성과를 예측하고 프로세스를 통제함

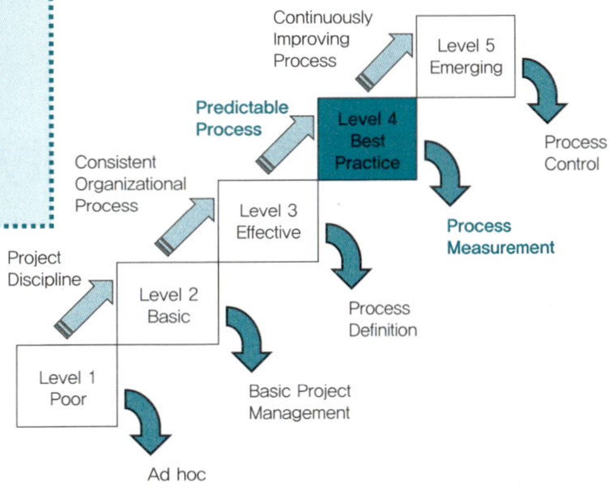

그림 10-5 Maturity Level 4

Maturity Level 5(ML5)는 Emerging으로 정의된다. 이 단계에서 나타나는 현상은, 첫 번째 정량적 해석을 통해 프로세스를 지속적으로 개선하는 상태이다. 점진적, 혁신적 기술개선을 통해 프로세스 성과를 개선하고, 안정화된 프로세스 변동의 우연요인(Common Cause)을 발굴하여 개선하며, 개선에 대한 조직원의 역할인식과 참여가 활성화된 상태이다. 두 번째 정량적 근거에 기초해 개선목표를 수립하고 개선을 수행한다. 이 단계는 정량적, 통계적으로 프로세스에 대한 성과 측정이 이루어져 지속적으로 프로세스가 개선되고,

개선된 프로세스에 의해서 업무가 이루어지고, 이를 측정하여 프로세스 개선이 진행되는 최고 수준의 단계이다.

○Maturity Level 5 (ML 5) : Emerging

1. 상태 : 정량적 해석을 통해 프로세스를 지속적으로 개선
- 점진적, 혁신적 기술개선을 통해 프로세스 성과를 개선함
- 안정화된 프로세스 변동의 우연요인(Common cause)를 발굴하여 개선함
- 개선에 대한 조직원의 역할인식과 참여가 활성화된 상태임

2. ML5 조직은 정량적 근거에 기초해 개선목표를 수립하고 개선을 수행

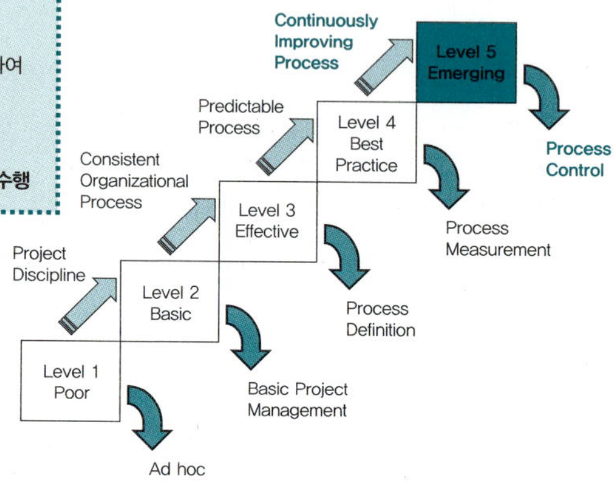

그림 10-6 Maturity Level 5

10.3 | MMP(MES Maturity Profile) 진단 Tool

MMP는 앞서 정의한 대로 Process Maturity Model을 응용한 MESA의 MES Maturity Profile(MMP)을 현 프로세스에 적용하여 현행 수준을 파악하고 관련 이슈를 도출하는 데 사용하는 프로세스 진단 툴이다. 이는 MESA에서 정의한 Business Case Methodology 10단계 중 1,2단계에서 사용하는 툴로 핵심 비즈니스 이슈를 시급히 도출하고 세부 진단을 준비하기 위한 목적으로 개발되었다.

Business Case Methodology 10단계를 살펴보면 다음과 같다.

1. 주요 공장 혹은 공정에 대해 진단을 실시한다.
2. 진단 시 진단 툴을 적용한다.
3. 제조 부문의 약점과 잠재적인 개선 영역을 파악한다.
4. 기업의 이익에 기여할 기회와 연계시킨다.
5. 운영상의 이익에 기여할 기회와 연계시킨다.

6. 관리자 레벨에게 기업 및 전략적 이익과 연관시켜 MES의 장점을 부각시킬 "Sell Package"를 준비한다.
7. 현장 작업자 레벨에게 운영상의 이익과 연관시켜 MES의 장점을 부각시킬 "Sell Package"를 준비한다.
8. MES 파일럿 프로젝트를 시작하고 결과에 대한 측정을 한다.
9. 파일럿의 결과 리포트를 준비하고, 운영 개선과 기업 이익을 구체화시킨다.
10. 잔여 라인과 공장에 신속히 확장할 수 있도록 준비한다.

Business Case Methodology에 대한 상세한 내용을 알기 위해서는 〈MESA_WHITE PAPER # 7_Justifying MES: A Business Case Methodology〉를 참조하면 된다.

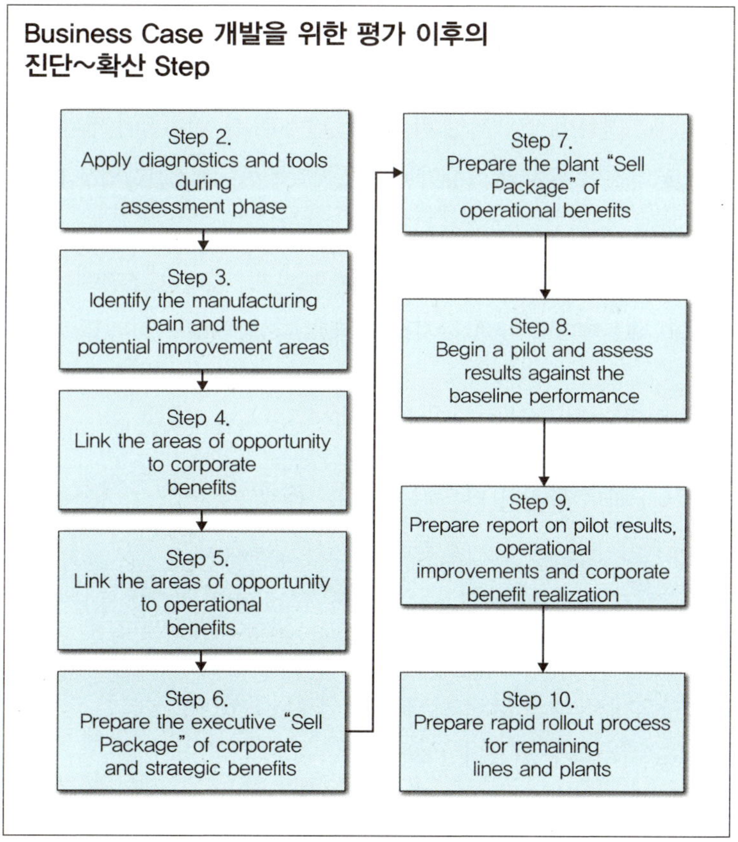

그림 10-7 Business Case 개발 방법론을 위한 10가지 Step

MESA의 MMP는 제조 운영에 대해 6가지 부문에 대한 평가 요소를 제시하였다. 6개 부문은 제조전략(Manufacturing Strategy), 제조 품질(Manufacturing Quality), 공급망 정렬(Supply Chain Alignment), 데이터 수집(Data Collection), 성과 관리 및 향상(Performance Management and Improvement), 제조 인프라(Manufacturing Infrastructure)이다.

각 부문별로 Poor에서 Emerging 단계까지 단계별로 현상을 설명함으로써 개별 기업이 각 부문별로 어떤 수준에 속해 있는지 판단할 수 있다.

제조 전략 부문의 각 단계별 현상을 살펴 보면 다음과 같다.

1. Poor 단계는 제조(MES) 전략이 없다.
2. Basic 단계는 제조 전략이 문서화되어 있고 전략과 실행이 불일치 하며(일관성이 없다), 전략이 기능 중심이다.
3. Effective 단계는 적절하고 확고한 제조 전략이 존재하고, 전략과 실행이 일치하며(일관성 있다), 제조전략이 전사적인 비즈니스 전략과 잘 연계되어 있다.
4. BP 단계는 서비스와 통합된 이상적인 제조전략이며, 제조전략이 e-Biz 방향성을 지원한다.
5. Emerging 단계는 제조전략이 경쟁력 있는 무기가 되고, 제조전략이 포괄적 사업기획을 지원하며, 제조전략이 성과 향상에 큰 돌파구가 된다.

제조 품질 부문의 단계별 현상은 다음과 같다.

1. 품질 변동이 심하며 품질이 낮은 수준이고, 품질 프로세스가 문서화되어 있지 않다. 교육이 체계적이지 못하다. 품질 관련 Error와 Rework이 많다
2. 품질 프로세스가 문서화되어 있다. 간단한 Tool(SPC, LIMS 등)들이 효율적으로 사용된다.
3. 품질 프로세스가 다른 운영 프로세스와 연계되어 있다. 정교한 품질 관련 Tool들이 사용된다. 품질 수준이 향상되고 있다.
4. 산업을 주도하는 품질 프로세스 및 수준을 가지고 있다, 제품과 프로세스 품질이 시스템에 의해 측정되고 개선된다.

5. 식스 시그마가 잘 진행된다. 신제품의 품질 수준이 빨리 확보되어 사업성장에 기여한다.

공급망 정렬 부문의 단계별 현상은 다음과 같다.

1. 성과지표가 보상과 무관하다. 독립된 기능만 존재한다. 많은 재고에 의해 공급망에 대한 신뢰도가 저하되어 있다.
2. 재고와 서비스 추적이 가능하다. 기본적인 공급망 프로세스가 있으며 지켜진다. 변경에 대한 추적이 가능하다.
3. 강력한 판매운영계획(S&OP) 프로세스가 있다. 공급망상의 여러 이해 관계자들에게 트레이닝이 지속적으로 수행된다. 적절한 제조 유연성을 가지고 있다.
4. 제조는 공급망의 변화에 유연하게 대응할 수 있다. 제조 부문은 공급망에 연계된 KPI를 가지고 있다. 원자재, WIP 등의 자재 회전률이 높다.
5. 실시간으로 제조 정보가 공급망에 제공된다. 시간과 일 단위로 공급망의 성과가 측정된다.

데이터 수집 부문의 단계별 현상은 다음과 같다.

1. 단독으로 운영되는 시스템과 수작업 프로세스 형태다. Data 수집에 많은 컨택 포인트 필요하다. 수작업으로 최소의 정보만 얻는다.
2. 시스템 통합은 되어 있지 않았으나 정확한 정보를 제공한다.
3. 주요 제조 데이터를 획득할 수 있는 매우 유능한 시스템을 가지고 있다. 모든 제조 인력이 프로세스의 역량과 성능을 통계적으로 추적한다.
4. 글로벌 기업형태로 시스템 간 정보가 통합되어 있다. 데이터에 대한 네이밍 규칙이 일관적이다.
5. 공급업체, 고객, 협력업체와 관계된 정보가 정보 인프라로 연결되어 있다.

성과 관리 및 향상 부문의 단계별 현상은 다음과 같다.

1. 성과측정이 되지 않거나 회사목표에 부합되지 않는다. 관련 없는 일련의 작업을 완성하는 데 초점이 맞춰지기도 한다. 성과목표와 성과관리 프로세스가 없다.

2. 주요 지표가 부서 단위로 사용된다. 예산과 성과관리 프로세가 연계되어 있지 않다.
3. 시스템으로 실시간 측정결과가 제공된다. 타 부서와 통합된 측정 지표를 가지고 있다. 성과측정이 가시화되어 있다.
4. 글로벌 기업 간 실시간으로 통합된 정보를 얻는다. 높은 실행팀이 존재한다. 계속적인 프로세스 개선이 된다.
5. 통합된 성과관리시스템이 사업목표와 회사의 주요 연간 개선목표와 연결해 준다.

제조 인프라 부문의 단계별 현상은 다음과 같다.

1. 설비 인프라가 미약하다. 충분한 유지보수가 실행되지 않는다. IT 환경이 오래되고 부족하다.
2. 설비의 유지보수가 잘된다, 적절한 공정능력지수(CpK)를 가진다. 견고한 기술환경을 가지고 있다.
3. 뛰어난 유지보수와 자금 투자능력이 있다. 심화된 IT 능력과 경험이 충분하다, 주요 제품에서 뛰어난 공정능력지수를 나타낸다.
4. 신뢰도와 가용성으로 산업을 주도한다. IT 계획이 비즈니스, 제조계획과 연계되어 있다.
5. 확장된 공급망을 위한 인프라가 형성되어 있다. 가격과 성능을 고려한 아웃소싱이 이루어진다.

표 10-3 MESA MMP(MES Maturity Profile) 진단표

Stage	Poor	Basic	Effective	Best Practice	Emerging
Manufacturing Strategy	• No manufacturing strategy	• Documented Mfg Strategy in place • Implementation toward strategy is not consistent • Functionally oriented	• Solid strategy in place Consistent implementation • Strategy linked to overall business strategy	• Visionary mfg strategy is fully integrated with service delivery • Mfg strategy supports e-Business direction	• Manufacturing is a competitive weapon • Mfg strategy supports extended enterprise • Breakthrough level of performance

Manufacturing Quality	• Variability is the rule • Industry laggard • No process documentation • Training is haphazard • Errors and rework	• Quality processes are documented • Simple tools are used effectively (SPC, LIMS)	• Quality process integrated with other operations • Sophisticated tools • Quality levels improving	• Regarded as industry Quality leader • Product and process quality measured and improved via broad programs	• Six Sigma process well underway • Quality levels enable new product applications and business growth
Supply Chain Alignment	• Incentives and KPI's not aligned • Functional silos • Poor mfg reliability buffered by lots of inventory	• Inventory and service levels tracked • Basic procedures understood/followed • Change-over times tracked	• Strong S&OP process in place • Business and supply chain training is continuous • Adequate mfg flexibility	• Mfg is responsive and flexible • Mfg has supply chain focused KPI's • High level of inventory turns for raws, WIP, FG	• Visionary leaders create new capabilities • Real time mfg info drives the supply chain • Responsiveness measured in hrs vs. days
Data Collection	• Disconnected systems and manual process • Many contact points • Minimum information at fingertips	• Systems are not integrated, but generally provide accurate information	• Highly capable systems are capturing key manufacturing • Process capability and performance statistics tracked by all mfg personnel	• Systems integrate information across the global company • Naming conventions are consistent	• Internet/intranet/extranet link mfg, inventory, logistics, and customer information with suppliers, customers and partners
Performance Management & Improvement	• Measurements lacking or not aligned with company objectives • Focus on completing unrelated series of tasks • No goals; no progress	• Key measures are used departmentally (On-stream time and rate, scrap, etc.) • Budget, not process driven	• Systems provide real time measurements • Measures at all levels integrated with other departments • Performance is visible	• Systems integrate information across the global company • High performance teams • Continuous improvement process in place	• Fully integrated performance management system links business objectives to key company annual and improvement goals

Manu-facturing Infra-structure	• Facilities are poor • Lack of adequate maintenance • Antiquated and brittle IT environment	• Well main-tained facili-ties • Adequate Pro-cess Capability (CpK) • Sound technology environment	• Strong mainte-nance and capital invest-ment • Deep IT ca-pabilities and experience • Strong Pro-cess Capability (CpK) in key products	• Industry lead-ing reliability and capability • IT plans fully integrated with business and manufacturing plans	• Infrastructure leveraged across ex-tended supply chain • Outsourced where appro-priate for cost and perfor-mance

10.4 | MES 수준 진단 예시

MES 진단 사례를 통해 MMP를 활용해 기업의 제조 수준 진단하는 방법을 이해해 보자.

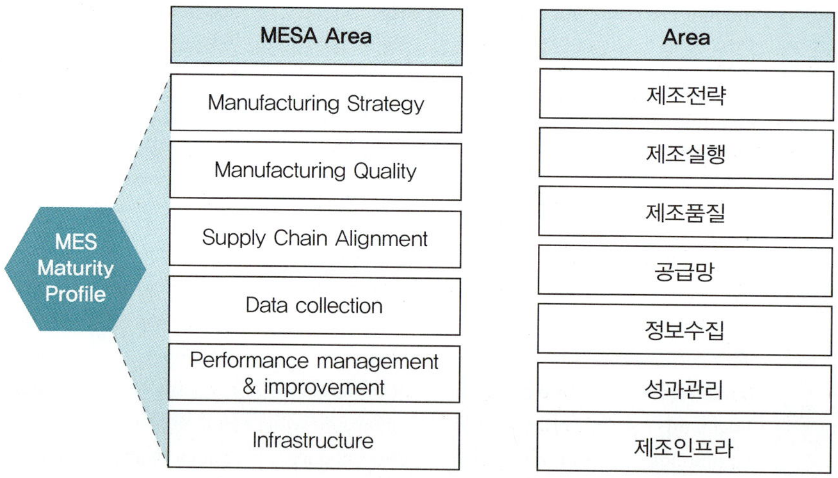

그림 10-8 MMP를 활용한 제조부문의 7개 진단 영역

A사는 기존에 SI형태로 구축되어 있던 MES시스템을 전면적으로 재구축하려고 한다. 시스템 구축에 앞서 부족한 부분을 파악하고, 새로 구축하려는 MES시스템에 반영하려고 MES의 수준 진단을 실시하기로 하였다. A사의 MES 수준 진단을 하기 위해서 먼저 진단

영역을 정의하였다. A사는 제조 전략, 제조 실행, 제조 품질, 공급망, 정보수집, 성과 관리, 제조 인프라 영역으로 수준 진단을 실시하기로 하였다. MMP에서 정의한 6개 영역에 제조 실행 영역을 추가한 것이다.

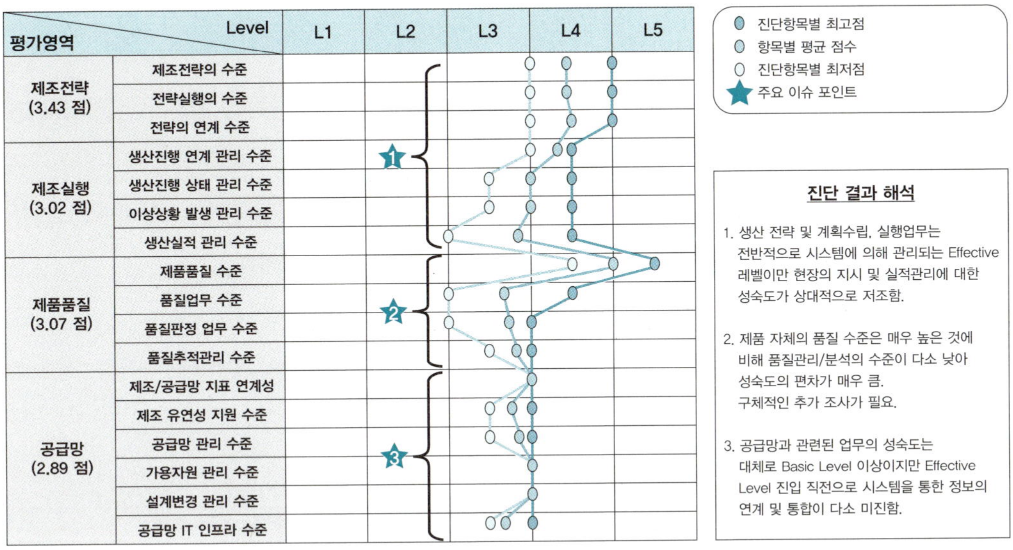

그림 10-9 7대 전략요소의 진단 영역별 평균 진단점수 사례 1

A사에 맞게 MMP를 수정하고 이를 영역별로 다시 세분화하여, A사를 위한 진단 Tool을 완성하였다. 수준 진단은 경영자 레벨, 관리자 레벨, 운영자 레벨 등 제조 관련된 전 부문의 인력 30명을 선정하여, 컨설턴트와의 인터뷰를 통해 개인별 진단을 실시하고, 최종적으로 컨설턴트들의 의견을 더하여 결과를 도출하였다.

수준 진단을 실시할 때 컨설턴트가 설명해 주면서 진단자가 진단을 실시하기를 권장한다. 그 이유는 다음과 같다.

1. 진단 툴이 기본적으로 MESA의 MMP를 기반으로 하기에 단순히 진단 툴을 보고 평가하기 어렵다.
2. 컨설턴트가 진단 툴을 진단자에게 설명하면서 인터뷰를 동시에 실시하여, 이슈 분석에 도움이 되기 때문이다.

A사의 영역별 진단 점수는 다음과 같다.

1. 생산 전략 및 계획수립, 실행 업무는 전반적으로 시스템에 의해 관리되는 Effective 레벨이지만 현장의 지시 및 실적관리에 대한 성숙도가 상대적으로 저조하다.
2. 제품 자체의 품질 수준이 매우 높은 것에 비해 품질관리/분석의 수준이 다소 낮아 성숙도의 편차가 매우 크다. 구체적인 추가 조사가 필요하다.
3. 공급망과 관련된 업무의 성숙도는 대체로 Basic Level 이상이지만 Effective Level 진입 직전으로 시스템을 통한 정보의 연계 및 통합이 다소 미진하다.
4. 데이터의 집계 및 처리가 수작업에 의존하고 있는 업무와 자동집계가 이뤄지는 업무가 있어 성숙도 편차가 매우 크다. 추가적인 상세조사가 필요하다.
5. 성과의 관리는 Effective Level 이상으로 나타난다.
6. 전반적으로 성숙도의 편차가 매우 크며 이는 공정 간 인프라의 차이에 기인한 것으로 보인다. 특히 설비의 자동화 및 IT 융합화 수준이 부족한 것으로 나타난다.

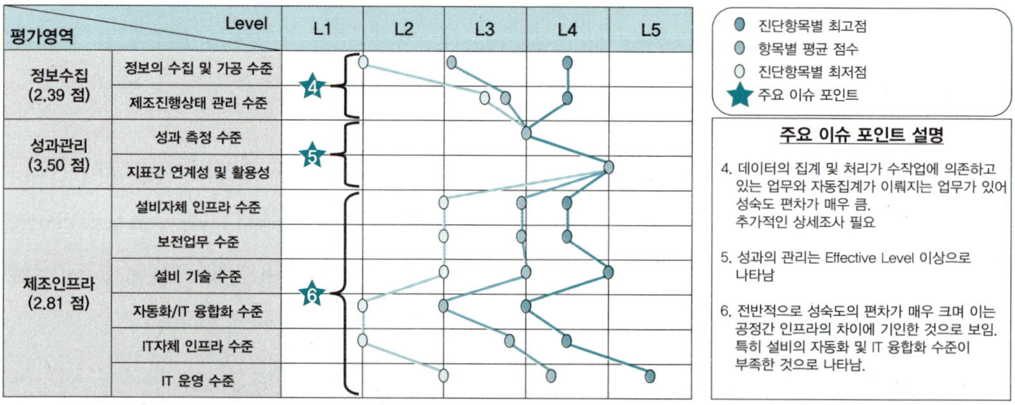

그림 10-10 7대 전략요소의 진단 영역별 평균 진단점수 사례 2

이를 종합적으로 판단하면 A사 MES의 현 수준은 정보수집 부문의 수준이 다소 낮은 것 이외에 전 부문이 평균적으로 Level 3(전체평균 3.02점) 수준을 나타난다. 부문별로 최대/최소값을 비교하면 제조 인프라, 정보수집, 제조품질에서 산포가 크다는 것을 알 수 있다.

진단 결과 및 인터뷰를 통해 다음과 같은 이슈를 도출하였다.

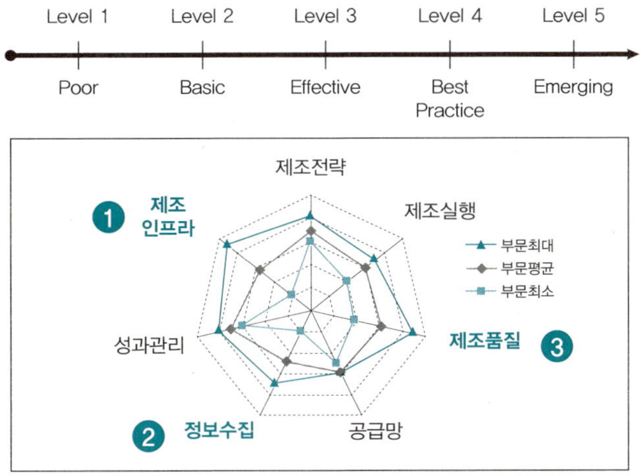

그림 10-11 진단 분석 그래프

1. 생산정보 실시간 수집을 위한 통신 인프라가 부족하다. 통신 인프라가 상대적으로 열악하며, 공정의 실시간 모니터링 및 분석이 불가하여 이상상황 발생 시 설비에 의한 실시간 대응이 불가하다.
2. 정보의 가공 및 수집이 수작업에 의존한다. 설비나 센서의 설정값/측정값을 비롯, 업무상 필요한 데이터를 작업자 수기로 수집 또는 처리하고, 수기로 취합된 데이터를 표준화된 툴 없이 개별경험에 의해 처리하여 시스템을 통한 결과의 공유 및 대응의 적시성이 떨어진다.
3. 실시간 공정관리가 부족하다. 제품 자체의 높은 품질에 비해 실시간 공정관리 등 고기능의 품질 시스템 기반이 상대적으로 미흡하다.

분석업무에 필요한 정보의 연계 및 이를 활용한 품질사고 사전예방 체제가 부재하며, 물량 증가에 대비한 사전품질 예방 체제의 구축이 필요하다.

10.5 MES 운영조직 평가

이번 절에서는 MES 운영 및 조직을 평가하는 것에 대하여 살펴보면서, 우선 MES 운영체제에 대해 설명한다.

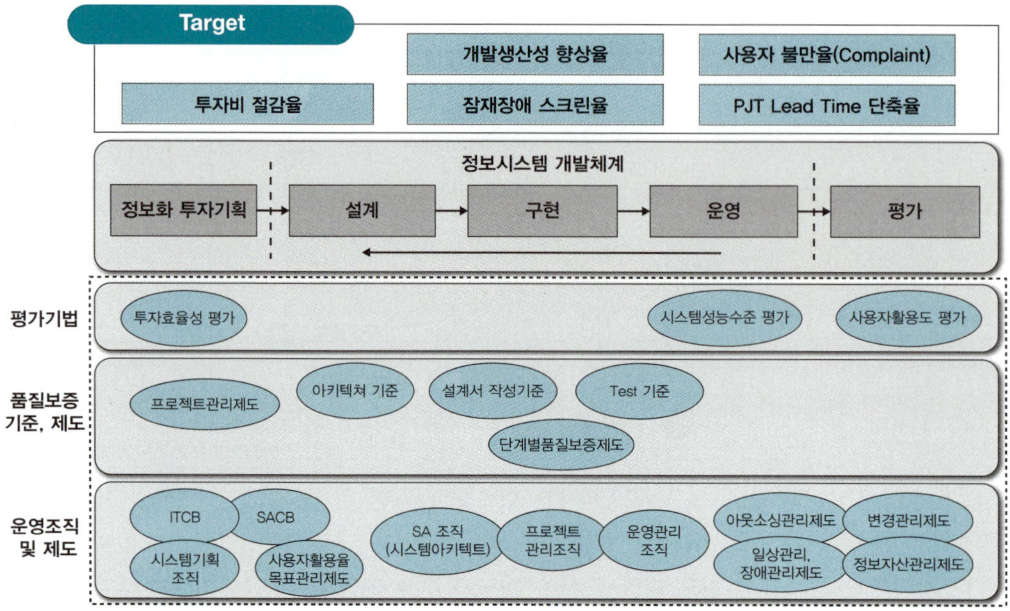

그림 10-12 MES 운영체제 프레임워크

우선 MES에서의 운영상의 주요 목표는 MES 투자비의 절감, 개발 생산성 향상, 잠재장애 스크린율 및 사용자 불만율 감소, Project Lead Time 단축에 목표를 두고 있다. 이를 위해 정보시스템 개발 체계는 설계에서부터 구현 그리고 운영에까지 관련되어 있다고 볼 수 있다. MES를 운영하기 위해서는 평가기법, 품질보증기준 및 제도, 그리고 운영조직 및 제도가 필수적으로 있어야 한다.

평가기법으로는 투자 효율성 평가, 시스템 성능 수준 평가와 사용자 활용도 평가가 있어야 하며, 품질보증 기준 및 제도 측면에서는 프로젝트 관리 제도, 아키텍쳐 기준, 설계서 작성 기준, Test 기준, 그리고 단계별 품질보증 제도가 마련되어 있어야 한다. 또한 운영조직 및 제도 측면에서는 ITCB, SACB, 시스템 기획 조직, 사용자 활용률 목표 관리 제도, SA 조직, 프로젝트 관리 조직, 운영 관리 조직, 아웃소싱 관리 제도, 일상 관리 및 장애 관리 제도, 변경 관리 제도, 정보자산 관리 제도가 마련되어 있어야 한다.

MES의 사용자 참여 프로세스의 개선을 위해서는 MES시스템 구축 단계에서부터 사용자의 참여가 필요하게 된다. 현재는 프로세스 개선을 위해 사용자들은 요구분석 → 심의 → 설계 → 개발/테스트 → 적용에 이르는 프로세스에 참여하게 되나, 앞으로의 프로세스

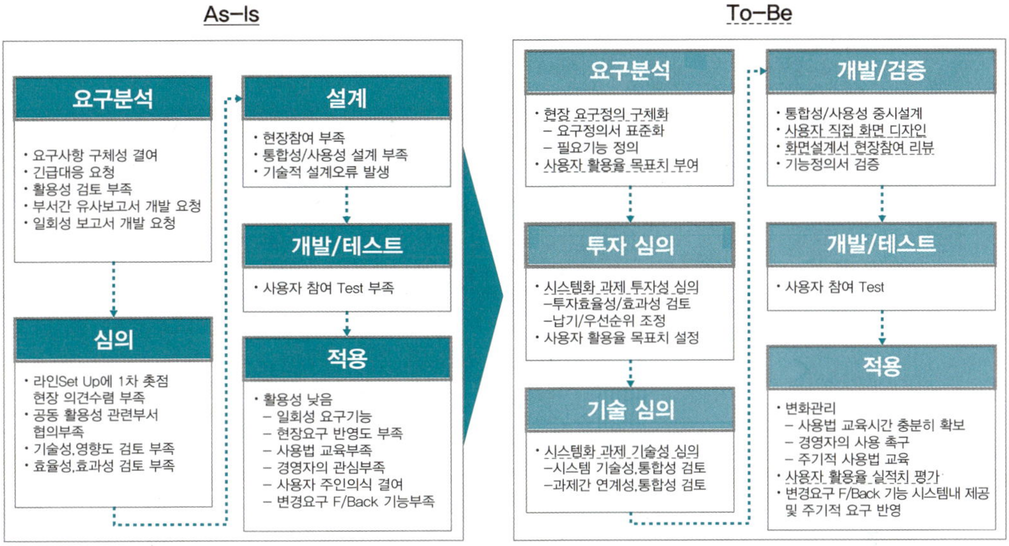

그림 10-13 MES 사용자 참여 프로세스 개선

개선을 위한 사용자의 참여 프로세스는 요구분석 → 투자심의(여기에서는 시스템화 과제의 투자성 심의)에 참여하게 되고, 기술심의에서는 시스템화 과제에 대한 기술성 심의에도 참여를 해야 한다. 다음으로 개발 및 검증 프로세스에서는 사용자가 직접 화면 디자인과 화면 설계서에 대한 현장 참여와 리뷰가 있어야 한다. 그리고 개발 및 테스트 프로세스를 거쳐 적용 단계로 넘어가는데, 여기서는 또한 사용자 활용률, 실적치 평가부분에도 참여를 하여야 한다.

MES 개발의 전 과정에 사용자가 적극적으로 참여하는 것만이 시스템의 활용성을 높일 수 있는 최선의 길이 된다. 또한 변화관리를 통한 접근으로 MES 사용자 활용성을 향상시킬 수 있다.

첫째, 사용자가 시스템의 주인이라는 의식전환 활동을 경영자 주관 하에 실시하고, 사용 활용도에 대한 목표치를 부여하는 것이다. 둘째, 목표치 달성여부를 평가하는 목표치 관리 제도를 도입하는 것이다. 셋째, 자동화 담당자는 시스템 개발보다 현장업무의 프로세스 정립 및 시스템화에 집중하도록 개발 아웃소싱을 강화하는 것이다. 넷째, 현재 개발된 자동화 시스템에 대해 이벤트나 업무 현안 처리 프로세스를 발굴하여 보강함으로써 사용률을 향상시키는 것이다.

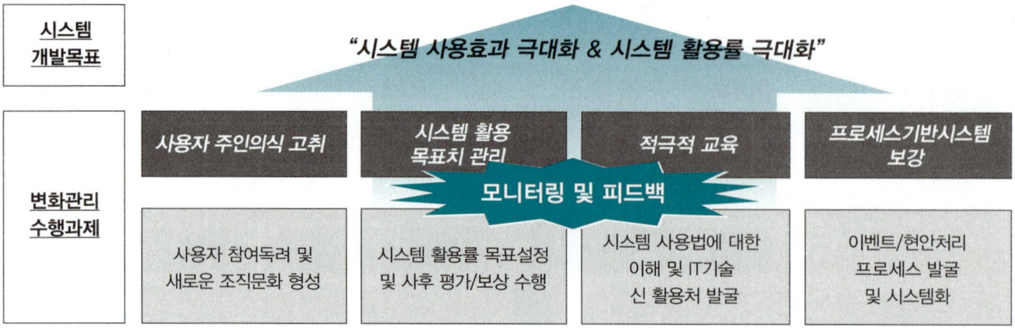

그림 10-14 MES 사용자 활용성 향상 방안

다음으로 효율적인 MES 관리체제 수립을 위해서 선진 IT운영관리 모델의 분석이 필요하다. 대부분 제조회사의 자동화 팀들은 서비스를 제공하는 SI기업 또는 소프트웨어 개발을 직접 수행하는 조직이 아닌, 시스템 도입, 관리가 핵심업무인 조직이므로 관리 효율화를 위한 ITIL 모델과 COBIT 모델을 활용해야 한다.

시스템의 활용주체와 이론 모델과의 관계에 대해서는 [그림 10-15]에 잘 나타내고 있다. 일반적으로 서비스 측면에서는 ITIL모델을 적용하고 있으며, 관리의 효율화를 강조한다면 조직운영 모델로 COBIT를 적용하게 된다. 또한 협력업체의 평가 측면으로는 CMM이나 SPICE운영 모델을 적용하게 된다. ITIL모델은 서비스 관리를 위한 서비스 제공 및 지원 활동에 중점을 둔 Best Practice 중심의 모델이다. COBIT모델은 통제 목적(Control Objective)이라는 기준을 기반으로 기술적, 전문적, 법규적 기준과 특정 산업의 기준들을 수용하여 향상시킨 IT관리 도구 모델이다. CMM모델은 소프트웨어 프로세스 성숙도 골격과 소프트웨어 프로세스 능력 성숙도 평가를 제공하는 이론 모델이다. SPICE모델은 소프트웨어 개발 프로세스에 대한 평가를 통해 프로세스 개선 활동을 중시하는 이론 모델 체계이다.

선진 IT운영관리 모델 중 첫 번째로 ITIL에 대하여 살펴보면, ITIL 운영체계는 서비스 관리의 포괄적 개념으로 구성되어 있으며, 조직의 비즈니스 업무 관점을 고려하여 구성된다.

ITIL의 주요요소로는 첫 번째, ITIL은 서비스 제공, 서비스 지원, ICT 인프라 관리, 어플리케이션 관리, 비즈니스 요구 관리, 보안 관리 도메인으로 구성된다. 여기에서는 고품질의 IT 서비스 제공에 초점을 맞추고 있으며 특히, IT 조직, 고객 및 파트너와의 포괄적 관계

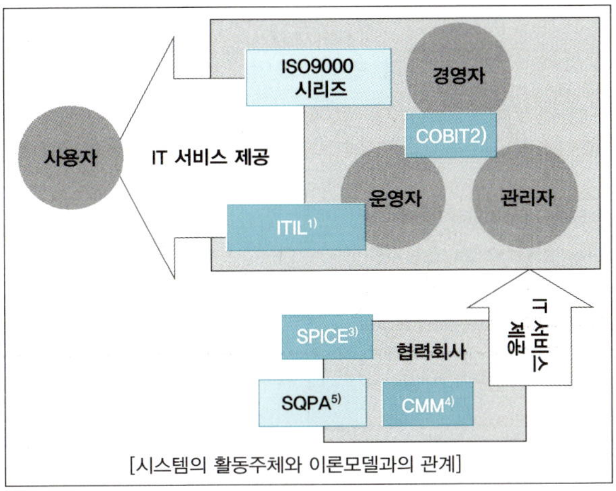

구분	대상 이론 모델	개요
서비스	ITIL[1]	서비스 관리를 위한 서비스 제공 및 지원 활동에 중점을 둔 Best Practice 중심의 모델
관리 효율화	COBIT[2]	통제 목적(Control Objective)이라는 기준을 기반으로 기술적, 전문적, 법규적 기준과 특정 산업의 기준들을 수용하여 향상시킨 IT관리 도구
협력 업체 평가	CMM[3]	소프트웨어 프로세스 성숙도 골격과 소프트웨어 프로세스 능력 성숙도 평가를 제공하는 이론 모델
	SPICE[4]	소프트웨어 개발 프로세스에 대한 평가를 통해 프로세스 개선활동을 중시하는 이론 모델 체계

1) ITIL : Information Technology Infrastructure Library
2) COBIT : Control OBjectives for Information and related Technology
3) CMM : Capability Maturity Model
4) SPICE : Software Process Improvement & Capability dEtermination
5) SQPA : HP사에서 적용하고 있는 내부 평가 모델

그림 10-15 선진 IT 운영관리 모델 분석

를 중점적으로 다루게 된다. 두 번째는 프로세스의 대부분이 서비스 제공과 서비스 지원에 집중되어 있다. 비즈니스 조직의 요구사항에 따른 IT 서비스 품질 향상에 역량을 집중하고, 고객 지향적인 접근 방식을 채택한다. 그리고 서비스 제공을 주축으로 서비스 관리의 라이프사이클 관점에서의 이해가 필요하다.

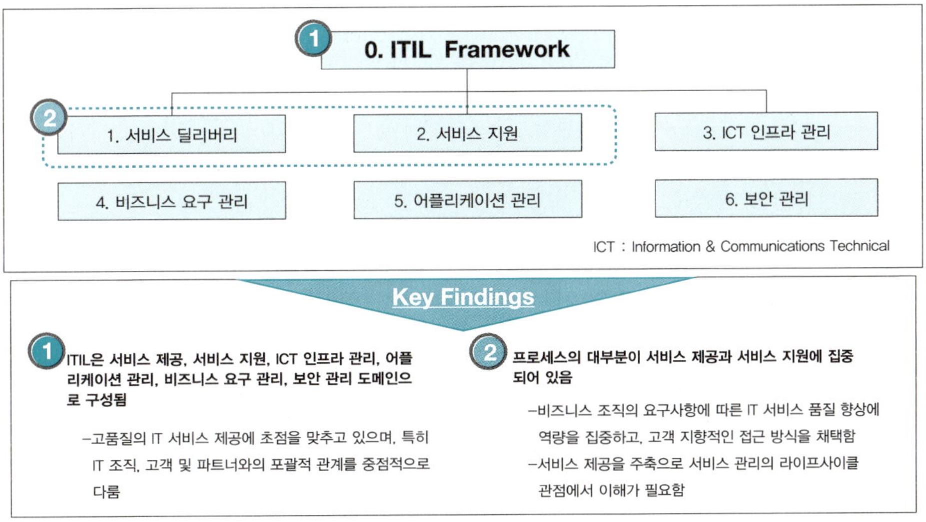

그림 10-16 ITIL (Information Technology Infrastructure Library)

COBIT은 4가지 업무영역(Domain)과 34가지 프로세스를 기반으로 IT운영관리 업무에 대한 프레임웍을 제시하고 있다. 4가지 업무영역은 계획 및 조직, 도입 및 구축, 운영 및 지원 그리고 모니터링 영역이다. 여기에 각 영역별로 34가지의 관리업무가 있게 된다.

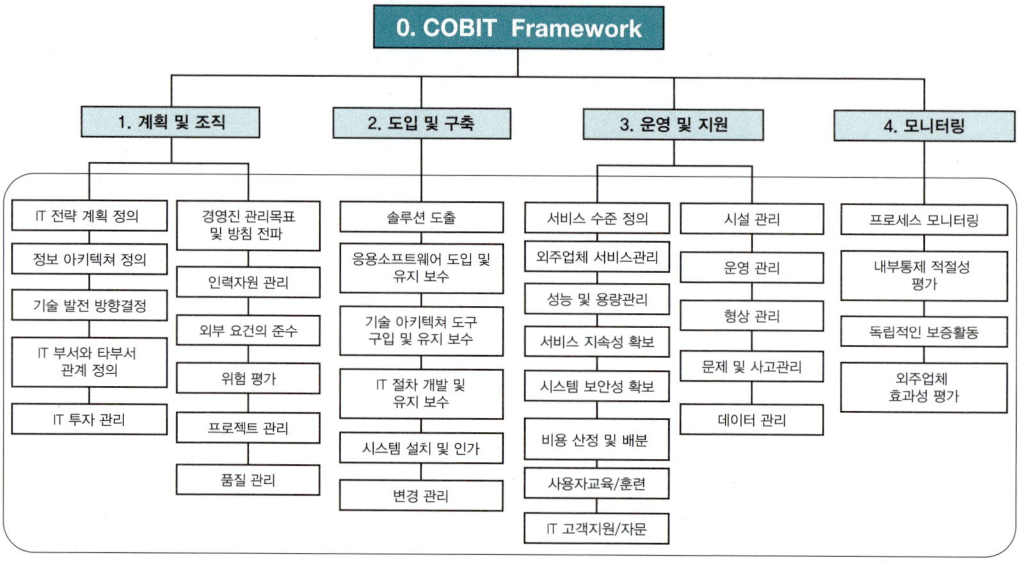

그림 10-17 COBIT (Control OBjectives for Information and related Technology)

CMM은 소프트웨어 프로세스와 기술을 사용하여 생산성과 품질을 확보하기 위한 평가 모델을 목적으로 구성되어 있으며, 4개 영역이 각 성숙도 단계로 구분되는 평가 모델이다.

주요 요소들은 첫째, 프로젝트 관리에서 기본 공정이 사용자 요구사항과 비용 및 일정을 추적/관리 가능한 수준이며, 성공한 프로젝트의 기본 원칙들이 반복적으로 적용되는 프로세스가 있다.

둘째, 개발 프로세스에서는 소프트웨어 개발 및 유지를 위한 모든 활동이 조직에 의해 승인되고, 표준에 의해 통제 가능한 프로세스이다.

셋째, 제품 및 프로세스 품질에서는 소프트웨어 공정과 제품이 정량적으로 통제되는 프로세스이다.

넷째, 지속적 프로세스 개선에서는 지속적 공정 개선이 가능하며, 조직 전체가 공정개선에 참여하는 프로세스이다.

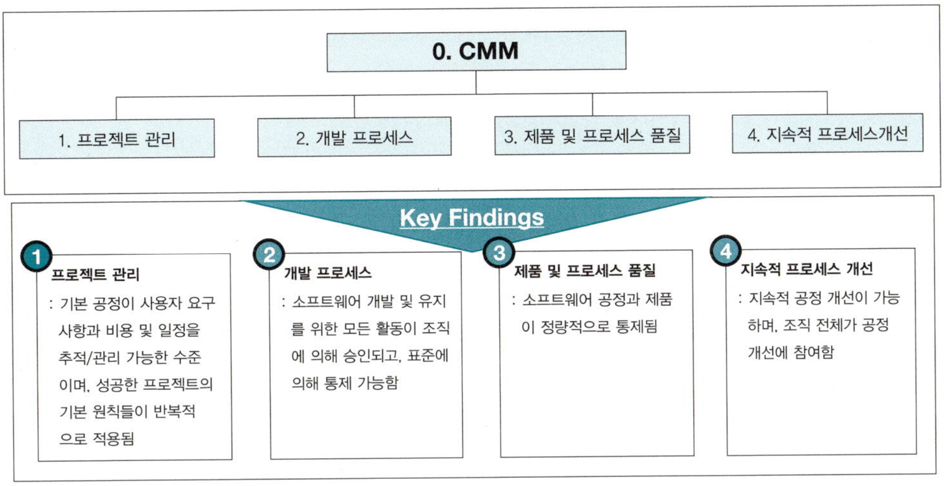

그림 10-18 CMM (Capability Maturity Model)

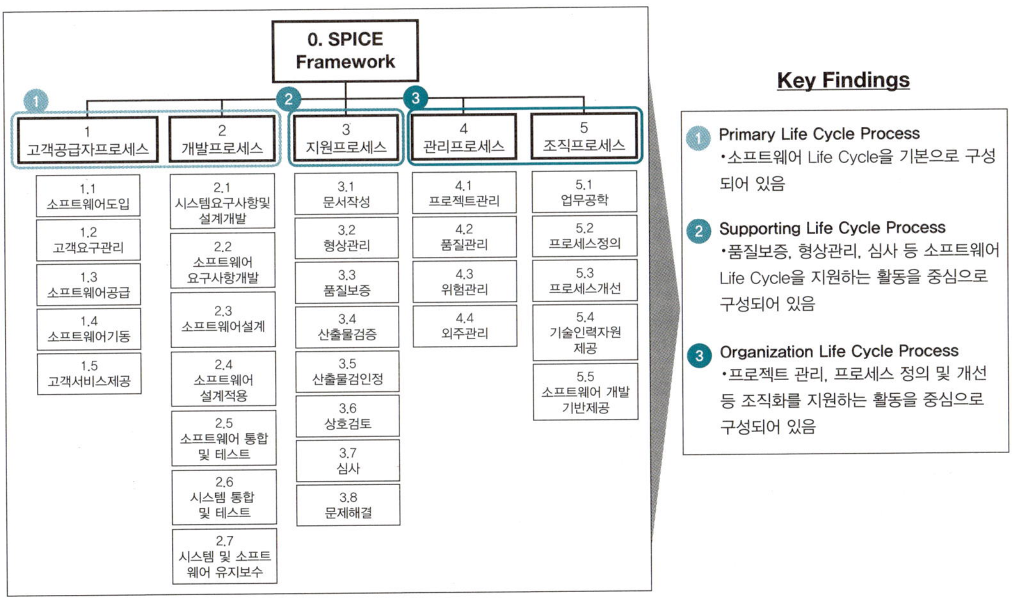

그림 10-19 SPICE (Software Process Improvement & Capability dEtermination)

[그림 10-19]의 SPICE 모델은 소프트웨어 공급자의 활동을 기능 단위로 구분하였으며, 특히 계약에서 입찰자 프로세스의 적절성 판단에 유용한 모델이다. 주요 요소로는 다음과 같다.

첫째, Primary Life Cycle Process에서는 소프트웨어 Life Cycle이 기본으로 구성되어 있다.

둘째, Supporting Life Cycle Process에서는 품질보증, 형상관리, 심사 등 소프트웨어 Life Cycle을 지원하는 활동을 중심으로 구성되어 있다.

셋째, Organization Life Cycle Process에서는 프로젝트 관리, 프로세스 정의 및 개선 등 조직화를 지원하는 활동을 중심으로 구성되어 있다.

[그림 10-20]의 IT자원을 중심으로 한 IT운영 모델에 관하여 살펴보자. 모형에는 IT기획, 채널, IT관리, IT자원, Application, 개발환경, Database, Network, Platform으로 구성되어 있다.

우선 IT기획에서는 중장기 IT전략과 아키텍처 수립, IT업무 및 프로젝트 추진, 자원 투입 전략 방향성 설정, 새로운 비즈니스 기획, 업무 효율화 개선 기회 포착, 타당성 검토, 신규 IT프로젝트 가치 평가, 소요자원 측정, 프로젝트 계획 입안 등의 업무를 수행하게 된다. 채널에서는 인터페이스 관리, 채널서버 및 프로그램 유지보수가 수행된다. IT Management에서는 시스템 통합성 검토, 보안 계획, 보안 시스템 관리, 재해복구, 그룹웨어 관리, Performance 관리 및 IT감사의 역할을 수행한다. IT자원에서는 예산 관리, 인력 관리, 교육/훈련 관리, 재무분석/Valuation, 자산 관리, 구매 관리가 수행된다. Application에서는 Application Architect 관리, 업무 분석, Application 설계(Design), Application 개발, Application 운영 그리고 개발 테스트가 수행된다. Application 개발환경에서는 개발언어 및 Tool 관리, Architecture, 개발 방법론 관리 그리고 품질 관리가 수행된다.

Database에서는 정보/데이터 Architect 관리, Data Warehouse 관리, Data 분석 및 검증, DB 관리, 그리고 Performance 관리가 수행된다. Network에서는 N/W Architect 관리, 분석, 설계, 관리, 운영, Performance 관리, 그리고 Capacity Plan이 수행된다. 마지막으로 Platform에서는 Technology Architect 관리, Web Server 운영, Configuration 관리, Capacity Plan, Performance 관리, 그리고 시설 운영에 대한 관리가 수행된다.

[그림 10-21]은 IT 직무 체계도를 나타내었다.

여기에는 직무군별 비즈니스 업무와 이를 수행하기 위해 요구되는 핵심지식 및 기술들이 있는데, 이에 대한 사항들은 [표 10-4]에 자세히 표현되어 있다.

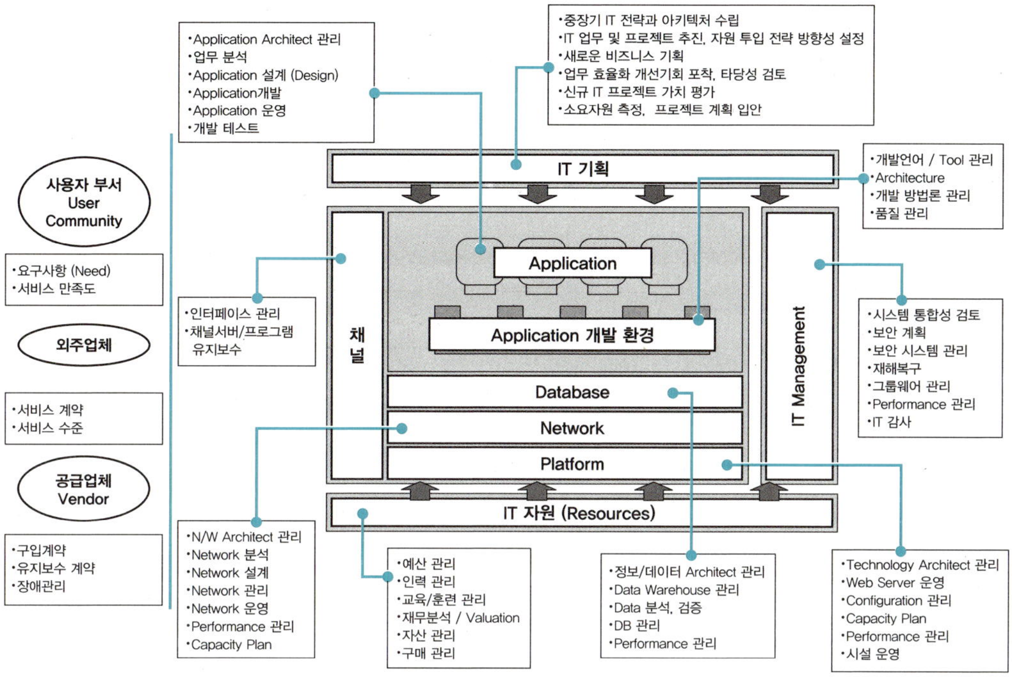

그림 10-20 IT 자원을 중심으로 한 IT 운영 모델

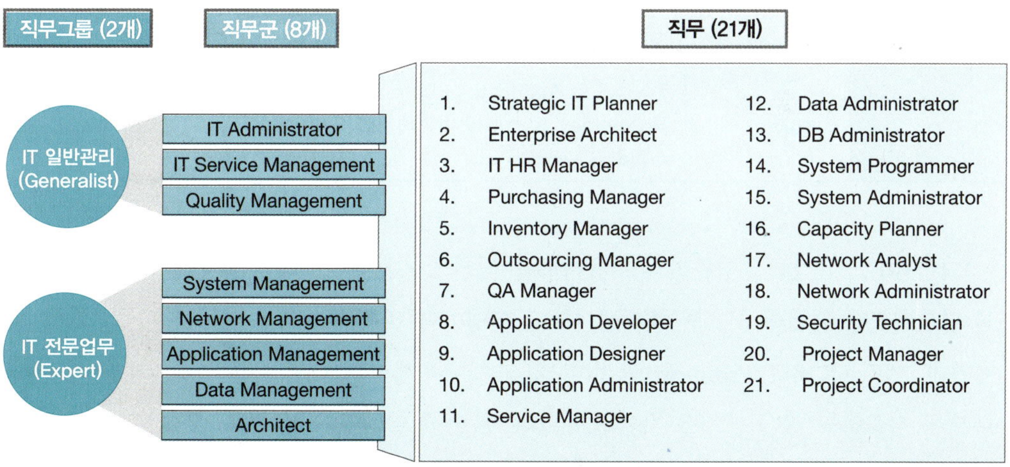

그림 10-21 IT 직무 체계도

표 10-4 IT 직무표

직무군		수행업무	핵심 지식 / 기술
IT 일반관리 (Generalist)	IT Administrator	사업계획 수립, 인력확보/육성, 자산구입 및 관리, 아웃소싱 관리, 예산관리, 투자분석 등 업무 담당	• 경영관리 지식 (재무,예산,인사 등) • 관계 관리 기술 (외주업체, 내부인력)
	IT Service Management	업무요구사항 정의, 사용자와 개발자의 의견조정, 개발시스템 테스트 등 업무 담당	• 업무 프로세스 지식 • Application 개발, 운영 관련 지식
	Quality Management	품질관리 계획 수립, 품질검사, 프로젝트 산출물 품질검토, 프로젝트 Coordinator 등 업무담당	• 개발방법론, 소프트웨어 관련지식 • 품질평가/관리 방법론, 기준 (ISO 등)
IT 전문업무 (Expert)	System Management	시스템 설치, 변경, 성능관리, 튜닝, 장애처리 등 H/W, S/W 관리 업무 담당	• 시스템(IBM, Unix, Tandem) 운영 기술 • Configuration 관리 기술
	Network Management	N/W 구성, 설계, 구축 및 성능평가, 운영 등 업무 담당	• Network 분석, 설계 지식 • Network 설치, 장비 관련 기술
	Application Management	개발언어와 도구를 활용한 프로그램 개발 및 유지, 보수, 변경 업무 담당	• 프로그래밍 언어 • 데이터 모델링(SQL Query Tool)
IT 전문업무 (Expert)	Data Management	데이터 분석, 설계, 구축, 운영과 성능평가, 튜닝 등 업무 담당	• DB 설계 기법 • DBA 실무(Oracle 등)
	Architect	전사적으로 Application, Data, Technology, Security 아키텍처를 수립하고 관리함	• 아키텍처 수립 방법론 • Technology, Application, DB 관련 지식

[그림 10-22]는 IT 운영관리의 적용사례를 나타내고 있다. 사례의 A사는 담당자가 자신의 담당시스템에 대해 시스템 계획에서부터 운영까지 전 업무영역을 커버하는 1인 다역 체제인데, 선진 COBIT Framework 대비 횡적 업무수행 체제로써 특히, 역량 개발 및 운영 부분에 집중하고 있다는 것을 보여주고 있다. 붉은색 언더라인 부분이 업무집중 현상이 발생되는 곳이고, 파란색 언더라인은 관여업무 부분을 나타내고 있다.

이 조직에서는 향후 전문성 향상과 효율성 향상을 위해서는 업무 Domain 중심형 업무수행 형태로의 개선이 필요하다.

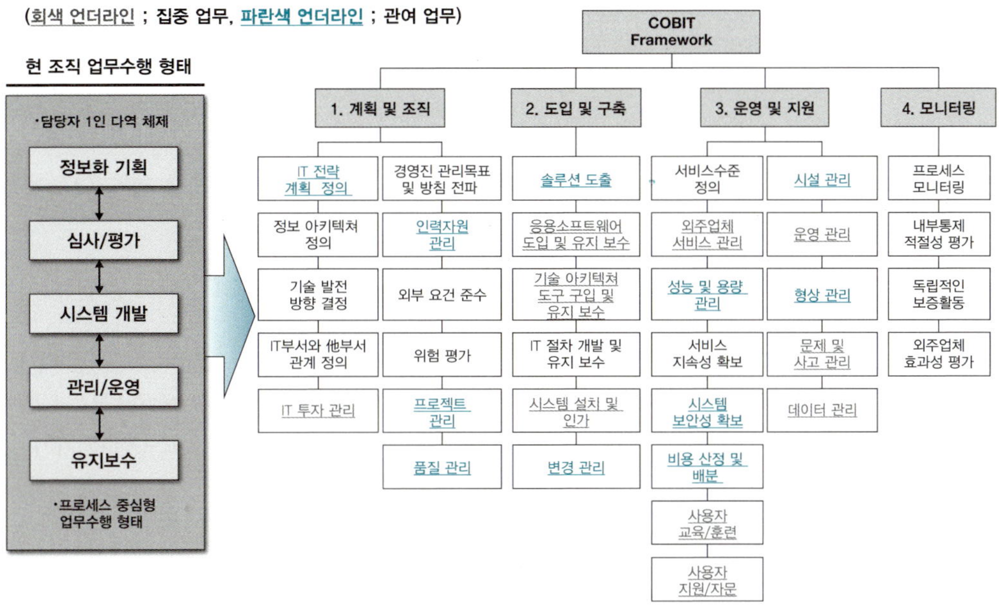

그림 10-22 IT 운영관리 특성 사례

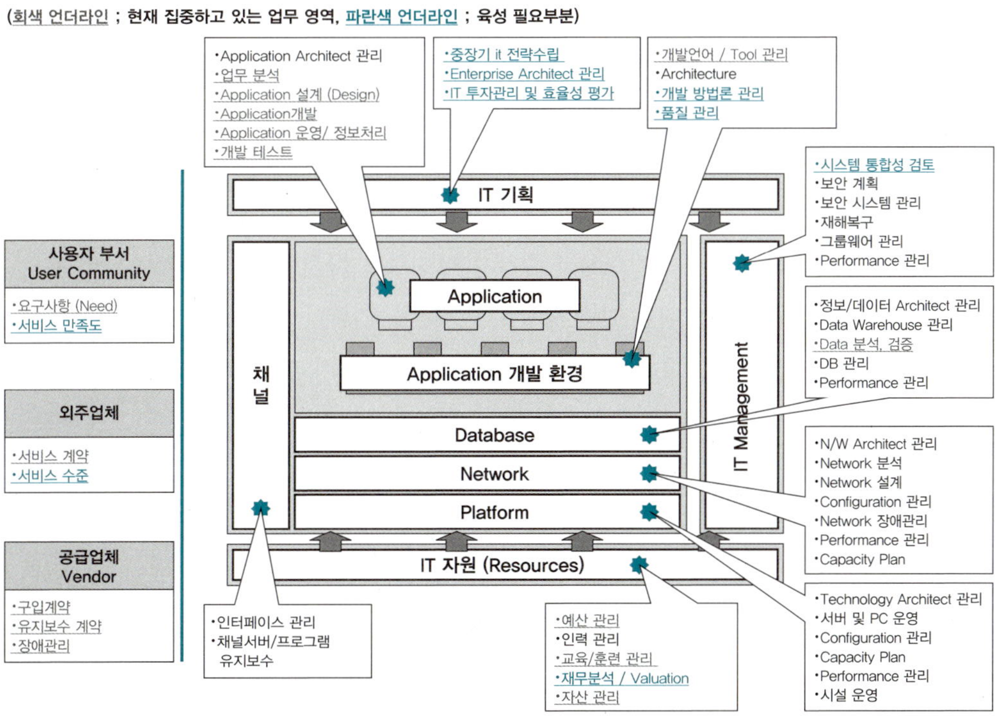

그림 10-23 IT운영관리 기술성 사례

[그림 10-23]은 IT 운영 인력의 기술성을 측정하기 위해서 IT 자원을 중심으로 한 IT운영 모델을 적용한 결과, 개발, 운영 부분 기술 중 특히 개발 기술에 집중하고 있으며, 기획관리 부분의 전문성 보강이 필요한 것을 나타내고 있다. 붉은색 언더라인이 이 조직에서 현재 집중하고 있는 업무 영역이며, 파란색 언더라인은 앞으로 육성이 필요한 영역으로 분석된다.

그러므로, [그림 10-24]에서 보이듯이 IT 운영조직 효율화 방안으로 IT 관리체계 선진 이론 모델(COBIT, ITIL)을 근간으로 A사의 자동화 팀은 IT 관리체계 Framework을 정의하여 적용해야 한다.

A사의 To-Be IT 관리체계 Framework은 시스템 개발과 시스템 운영으로 구분되어 있는 As-Is IT Framework과는 달리 기획, 개발, 운영, 일반관리 기능을 분리하여 전문성을 강화해야 하는 것으로 분석된다. 기획, 개발, 운영, 일반관리 기능 간의 연계는 정보기획 업무에서 주도권과 조정 기능을 가짐으로써 IT 전략이 IT 업무 전반에 영향을 미치고 Alignment(일관성)를 가지게 되는 것이다. 따라서, 그만큼 기획기능이 중요하여 핵심 역량으로서 키워가야 한다.

이제 각 조직별 선진 운영 효율화 방안에 대하여 살펴보자.

첫째, [그림 10-25]에 보인 정보기획 조직의 영역은 제조부문의 업무전략을 효과적으로 지원할 수 있는 IT전략을 정의하고, 이러한 전략에 따라 새로운 비즈니스 기획 또는 IT업무 기회를 파악, 평가하여 이를 개발하기 위한 활동들을 조정/지휘하는 일련의 과정과 관련된 업무영역이다. IT전략기획 프로세스에서 중장기 IT전략과 아키텍처를 수립하여 IT업무 및 프로젝트 추진, 자원 투입을 위한 전략 방향성을 제시해야 한다.

프로젝트 기획에서는 새로운 비즈니스 기획 및 업무 효율성 개선기회를 포착, 타당성 검토를 통하여 신규 IT프로젝트로서의 가치를 평가하고, 소요자원을 측정하여 프로젝트 계획을 입안해야 한다.

업무계획에서는 IT가 지원할 수 있는 업무 및 운영개선사항을 파악, 자동화 팀 전체 및 각 세부 파트별 업무 계획을 수립하고 정기적인 실적관리를 수행한다. 엔터프라이즈 아키텍쳐 관리에서는 자동화 팀의 Business 아키텍쳐를 기본으로 MES의 Application, Data, Technical 아키텍쳐를 정의하고, 지속적인 변화관리를 수행해야 한다.

둘째, [그림 10-26]에 보인 개발조직은 사용자의 Needs를 충족시킬 수 있는 최적의

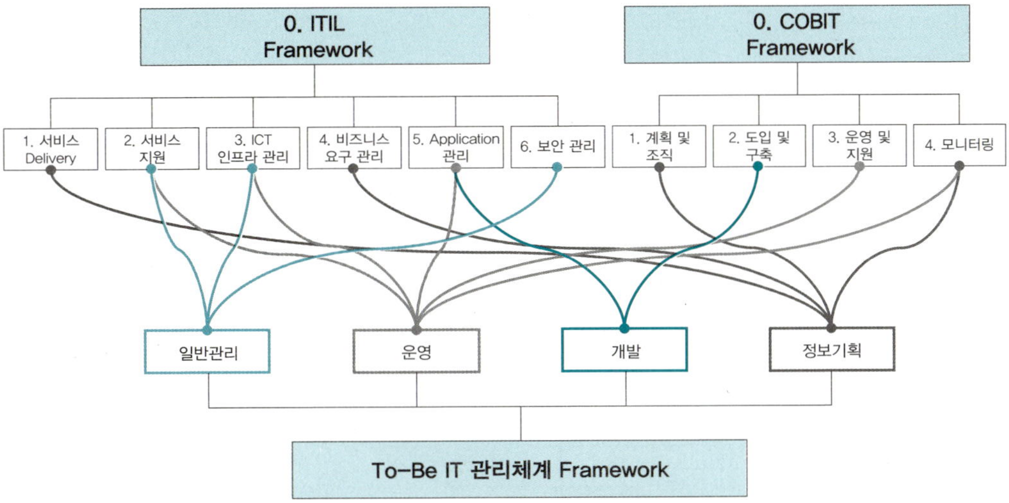

그림 10-24 IT운영조직 효율화 방안 사례

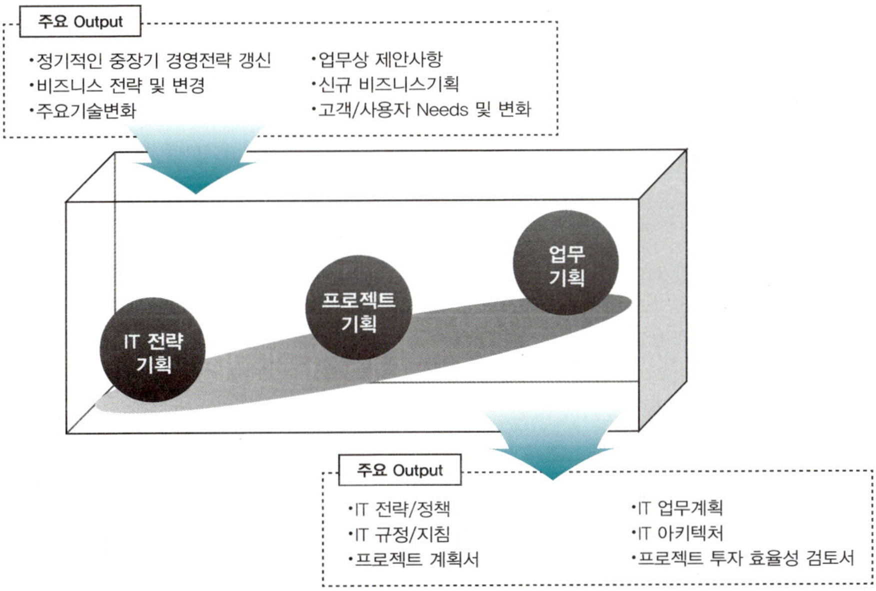

그림 10-25 정보기획조직의 Input & Output

Application을 효율적인 방법으로 적시에 개발하는 일련의 과정과 관련된 업무영역이다. 프로그램 및 아키텍처 변경요구를 분석하고 기술적 타당성 및 기존 IT 투자에 대한 영향을 평가, 적절한 변경을 수행하는 과정을 의미한다. 프로젝트관리에서는 프로젝트 자원계획

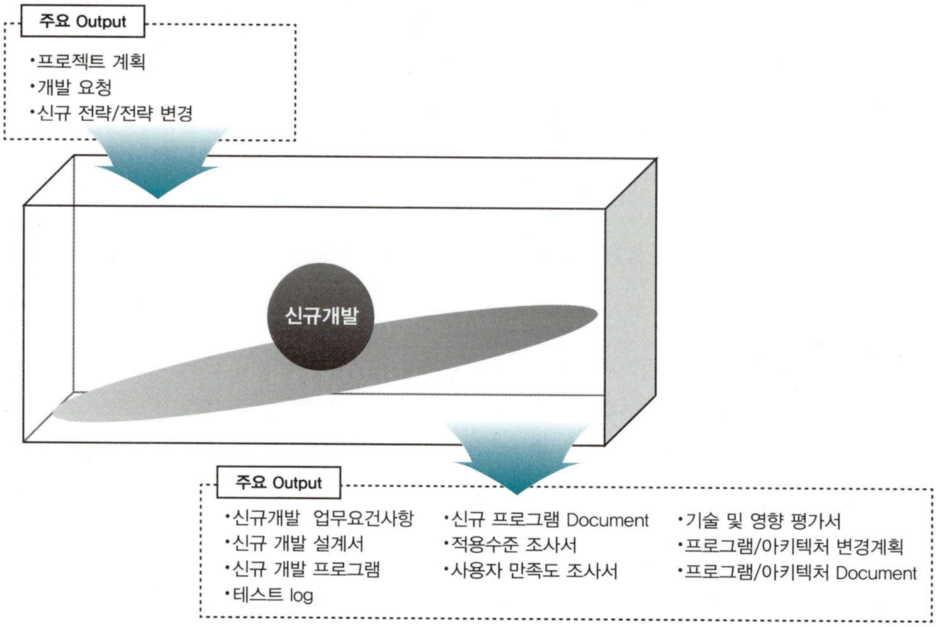

그림 10-26 개발조직의 Input & Output

및 효과적인 통제과정을 정형화하여 프로젝트 수행의 일관성과 효율성 확보에 노력해야 한다. 신규개발에서는 사용자의 Needs를 충족시킬 수 있는 최적의 Application을 효율적인 방법으로 적시에 개발해야 한다. 유지보수에서는 프로그램 및 아키텍처 변경요구를 분석하고 기술적 타당성 및 기존 IT의 영향을 평가, 적절한 변경을 수행해야 한다.

세 번째로 [그림 10-27]의 IT운영조직은 IT 자원의 신뢰성, 무결성, 안정성을 확보하여 주요 IT기능이 정상적으로 작동하도록 하는 일련의 과정과 관련된 업무 영역이다. Application 운영관리에서는 Application이 적절하게 운영되도록 지원하고, 백업과 복구 업무를 수행한다. DB 운영관리에서는 사용자와 시스템의 정보 및 데이터 요구사항을 효과적으로 지원할 수 있는 데이터 구조 설계 및 운영업무를 수행한다. 시스템 운영관리에서는 사용자와 기존 IT인프라 시스템의 설계, 설치 및 운영/사후 관리를 수행한다. NW(Nerwork) 운영관리에서는 초기 설치 및 시스템 수요를 충족할 수 있는 NW 확장에 대한 설계, 설치 및 운영/사후 관리를 수행한다. 데이터 관리에서는 데이터의 수집, 검증, 분석, 배포가 수행된다. 피해복구에서는 IT 재해 발생 시의 대응계획 및 백업체제 구성과 재해복구 시스템의 실제 가동절차를 정의하게 된다.

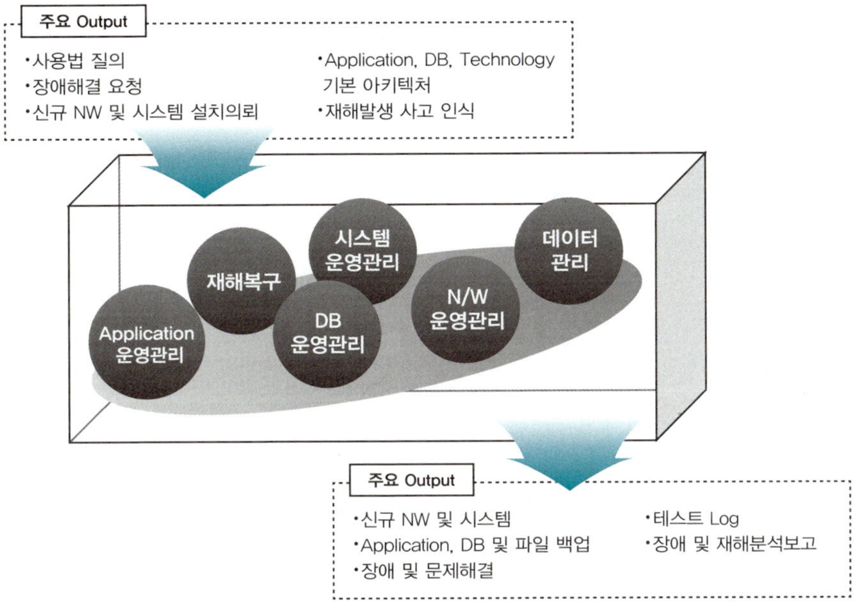

그림 10-27 IT운영조직의 Input & Output

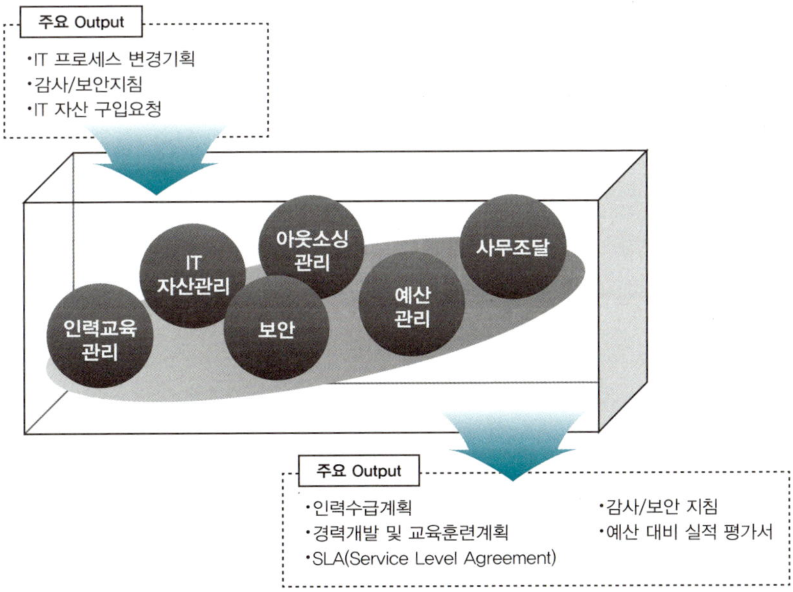

그림 10-28 일반관리조직의 Input & Output

마지막으로 [그림 10-28]에 보인 일반관리조직 영역은 IT자원을 적절한 통제 원칙 하에서 계획, 투입, 관리하여 IT 운영관리의 효과성과 효율성을 극대화하는 일련의 과정과 관련된 업무 영역이다. IT자산 관리에서는 IT 자산 투입의 사전 통제와 관리의 정형화를 통하여 IT자산 관리의 타당성과 효율성을 확보한다. 예산관리에서는 IT자원 소요 현안에 대한 적절한 평가와 예산계획 수립 및 관리를 통하여 IT 투자 및 운영의 효율성 제고를 수행한다. 인력/교육관리에서는 IT인력의 효과적인 운영을 위한 경력개발 및 인력수급, 교육훈련 계획의 수립 및 수행이 진행된다. 서무/조달에서는 자동화 팀 내부의 서무/조달 역할을 수행한다. 아웃소싱 관리에서는 IT자원, 인력 활용의 효율성을 제고하기 위한 아웃소싱 전략/계획의 수립 및 서비스 수준관리가 수행된다. 보안에서는 IT자산 및 정보자산에의 접근과 사용을 통제하여 IT운영의 안정성과 신뢰성을 확보하고 가용성을 보장하게 된다.

결론적으로 MES 운영조직의 효율화 방안은 자동화 설비 의존성 증가로 리스크 증대 대비 인력확충에 한계가 존재하게 되므로, 현재의 프로세스 중심의 개인별 역할 할당 업무형태에서는 전문성 약화 및 효율성이 현저히 하락하게 되고, 현 인력규모 수준 전제하에서 핵심업무에 대한 역량집중 및 강화에 대한 대안 마련이 필요하게 된다. 개선책으로 자동화 고유의 업무수행을 위해 공정기술, 공정분석기술, 설비기술 확보에 핵심 역량을 집중하고, IT 부분에 대해서는 업무를 도메인 중심형 업무할당 형태로 개편하여 기획기능에 충실할 것을 추천한다.

연습문제

1. MES 수준진단 시 프로세스와 시스템운영의 관점으로 어떻게 진단하는가?

2. 프로세스 성숙도 모델 (Process Maturity Model)의 전제사항이 아닌 것은?

1) 기업은 하루 아침에 높은 수준의 프로세스를 구축할 수 없으며, 최고로 성숙된 프로세스를 갖추기 위해서 일정한 단계를 거쳐야 함
2) 높은 수준의 단계로 올라갈 수록 프로세스가 운영되는 방식이 더 발전되는 것임
3) 모든 프로세스가 100% 완벽한 수준을 지향해야 함
4) 기업별로 특정 프로세스의 목표 수준이 다를 수 있음, 각 기업의 프로세스 별 목표 수준 구성은 기업의 목표와 사업 방식 등에 따라 다르게 나타남

3. 한 기업의 품질 부문에 대한 현상이 다음과 같을 때, 해당 기업의 품질 부문의 성숙도는 몇 레벨 인가?

[품질 프로세스가 공정관리 프로세스와 연계되어 품질 이상 발생시 생산이 중단된다.]
[Real Time SPC가 적용되어 사용되고 있다. SAS의 분석 Tool을 통해 정형, 비정형 분석을 수행할 수 있다.]

1) Poor
2) Basic
3) Effective
4) Best Practice
5) Emerging

4. MESA의 MMP(MES Maturity Profile)는 유일한 진단 Tool로 제조 운영에 대한 6가지 평가 요소는 무엇인가?

5. MES 진단 과정을 서술하시오.

6. Process Maturity Model는 어떠한 용도로 사용되는가?

7. Maturity Level 3(ML3)의 Effective에 대하여 설명하시오.

8. MES 운영체제 프레임워크를 그리고 설명하시오.

9. 선진 IT 운영관리 모델 중 COBIT에 대하여 설명하시오.

10. CMM(Capability Maturity Model)에 대하여 설명하시오.

Chapter. 11

설비 온라인

11.1 | 설비 온라인화

MES의 설비 온라인화의 필요성에 대해서 살펴보기로 하자.

공장의 생산 장비, 물류장비 등이 대형화, 자동화될수록 MES에 있어서 설비 온라인화의 중요성이 높아지고 있다. 설비 온라인이 가장 필요한 이유는 우선 공정제어를 위해서이다. 첫째로 제품 품질 사고를 예방하고 공정 물류의 오류를 예방할 목적으로 설비 가동을 중지시키거나 재개시키는 공정물류 제어가 필요하다. 둘째, 설비 제어 값을 정확하게 설비에 입력하는 설비 파라미터 제어가 필요하다. 더불어, 다음과 같이 정보수집 자동화를 위해서 설비 온라인화가 필요하다.

- 실시간 데이터 처리(현장에서 발생하는 데이터를 실시간으로 처리)
- 데이터의 정합성 확보(사람에 의한 데이터 입력의 부정확, 오류, 입력 누락 방지)
- 데이터 입력 공수 절감(현장 작업자의 데이터 입력 부담에 따른 생산성 감소를 줄이기 위함)을 통한 생산성 향상
- 제조현장을 투명하게 관리하기 위하여 상세하고 정확한 집계 및 분석의 요구 증가(자재/반제품/제품의 이동 정보, 재공 정보, 품질 정보, 공정상태 정보, 설비상태 정보 등)

설비 온라인화를 위해서는 시스템과 설비의 인터페이스 방안이 필요하다. 설비 인터페이스를 위해서는 컨트롤러, PLC, PC 등을 이용한다. 이를 위해서 OPC통신, SECS통신 등 표준화된 전용 통신 방식이 제정되기도 한다. 설비 온라인화와 관련하여 1)PLC와 DCS위주로 살펴보고, 2)주요 통신 프로토콜 및 HMI 등에 대해서 살펴본다. 한편 설비 온라인화 대상으로는 PLC, DCS등의 범용 설비 제어기기, PC기반 전용 제어기, 그리고 기타 장비 등이 있다.

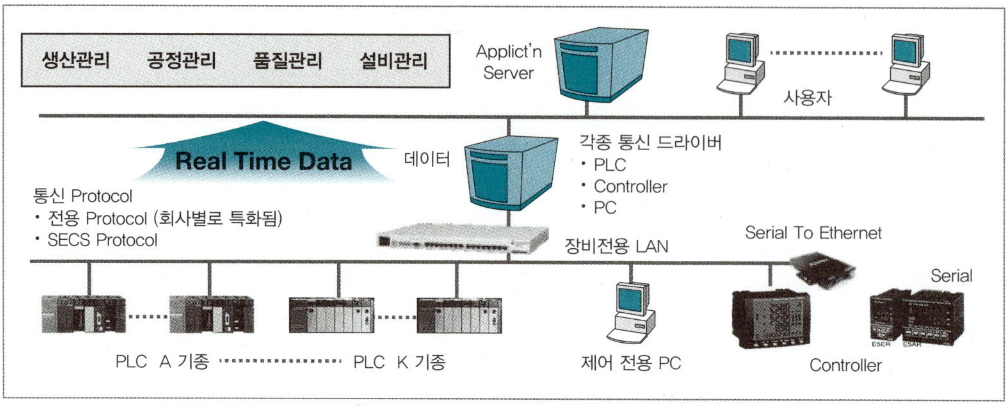

그림 11-1 인터페이스 사례

11.2 PLC(Programmable Logic Controller)

PLC는 1968년에 하드와이어드 릴레이 패널(Hardwired Relay Panel)을 대체하기 위해 처음 만들어졌다. 이후 PLC 기능은 많은 발전을 이루어 오늘날에는 단순한 프로세스 컨트롤부터 Manufacturing System Control & Monitoring, High-Speed Digital Processing, High-Speed Digital Communication, High-Level Computer Support 등에 광범위하게 사용되고 있다.

PLC(Programmable Logic Controller)란 종래에 사용하던 제어반 내의 릴레이 타이머, 카운터 등의 기능을 LSI, 트랜지스터 등의 반도체 소자로 대체시켜, 기본적인 시퀀스제어 기능에 수치 연산 기능을 추가하여 프로그램 제어가 가능하도록 한 자율성이 높은 제어 장치이다. 미국 전기공업회 규격(NEMA: National Electrical Manufacturers Association)에서는 "디지털 또는 아날로그 입출력 모듈을 통한 로직, 시퀀싱, 타이밍, 카운팅, 연산과 같은 특수한 기능을 수행하기 위해 프로그램 가능한 메모리를 사용하고, 여러 종류의 기계나 프로세서를 제어하는 디지털 동작의 전자 장치"로 정의하고 있다.

그림 11-2 PLC 사례

컨트롤러(Controller)의 종류

Manufacturing System에서 사용되는 컨트롤러의 기능은 다음과 같이 구분할 수 있다.

- **온-오프 컨트롤 :** 가장 단순한 형태의 제어. 센서의 상태(State)에 따라 기기를 온/오프 시킨다.
- **시퀀셜 컨트롤(Sequential Control) :** 정해진 순서의 이벤트들을 제어하는 것을 말한다. 많은 Manufacturing Operation들은 정해진 순서의 이벤트들이 수행되며, 각 이벤트는 작업을 끝내기 위한 정해진 타임 피리어드(Time Period)가 세팅되거나 또는 센서 트리거(Sensor Trigger)에 의해 종료되기도 한다. 드럼 시퀀서(Drum Sequencer)나 캠 시퀀서(Cam Sequencer)가 많이 사용되며, 이들은 기본적으로 스위치들을 일정 패턴에 따라 온/오프하는 기능을 수행한다.
- **피드백 컨트롤(Feedback Control) :** 좀더 정확한 제어가 필요한 경우에는 피드백 디바이스가 요구된다. 예컨대 용광로의 온도를 매우 안정된 온도로 유지하기 위해서는 온도 센서(Temperature Transducer)의 피드백을 기반으로 버너에 투입되는 연료의 양을 결정해야 한다. 이러한 컨트롤은 지속적으로 이루어져야 하며, 그렇지 않으면 용광로의 온도는 시간에 따라 변화할 수 밖에 없을 것이다. 버너(Burner)의 특성 또한 컨트롤러에 의해 고려되어야 한다. 특별히 설계된 아날로그 디바이스나 컴퓨터 기반 컨트롤러(Computer-Based Controller)가 필요하다.

- **모션 컨트롤(Motion Control)** : 팩토리 프로세스(Factory Process)에서 종종 머신의 스피드를 정확한 rpm으로 유지해야 한다. 로봇 컨트롤이나 NC 머신의 피드 및 스피드 조절 등이 해당된다. 이런 경우 모션 컨트롤러가 머신을 원하는 포지션으로 빠르게 움직이게 하거나 스피드를 유지하기 위해 사용된다.

릴레이 디바이스 구성요소

PLC는 릴레이 디바이스를 대체하기 위해 만들어진 것이므로 릴레이 디바이스에 사용되는 컴포넌트들을 살펴보는 것이 PLC 이해에 도움이 될 것이다. 릴레이 디바이스는 프런트 디스플레이 패널(Front Display Panel), 스위치, 릴레이, 타이머와 카운터 들로 구성되어 있다.

스위치

스위치는 기본적으로 회로를 여닫는 동작을 하는 릴레이 디바이스이다.

스위치의 종류는 다음과 같이 동작별로 구분할 수 있다.

- Locking and Non-Locking
- Normally Open and Normally Closed
- Single Throw and Multiple Throw
- Single Pole and Multiple Pole
- Break-Before-Make(Interrupt Transfer) and Make-Before-Break(Continuity Transfer)

[그림 11-3]은 스위치의 구동을 이해하기 쉽게 나타내었다.

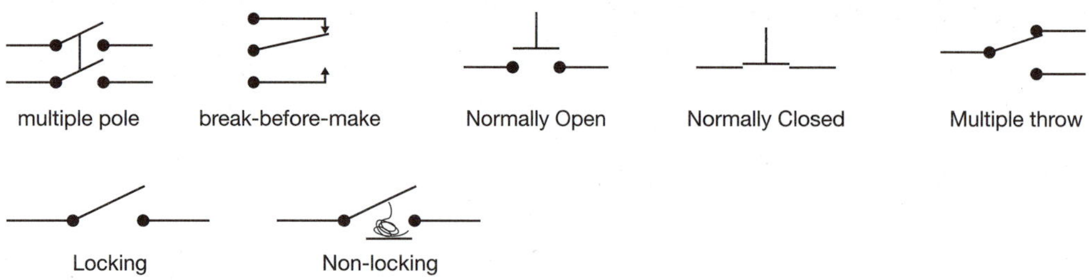

그림 11-3 스위치 구동 종류

구동 방법에 따른 스위치의 구분은 다음과 같다.

- Basic Switch, Operated by a Mechanical Lever
- Push-Button Switch
- Slide Switch
- Thumb Wheel Switch
- Limit Switch
- Proximity Switch
- Photoelectric Switch

릴레이: 전자석에 의해 작동하는 스위치

[그림 11-4]에 보인 릴레이에 대해서 살펴보자. 전자석에 의해 작동하는 스위치를 릴레이라고 한다. 전자석에 전류가 흐르면 Throw가 닫히면서 스위치가 켜지게 된다. [그림 11-4]를 보면 코일이 감겨있는 전자석이 스위치에 인접해 있는데, 여기에 전기를 흐르게 하면 전자석이 스위치를 잡아당겨 회로를 연결시키게 된다.

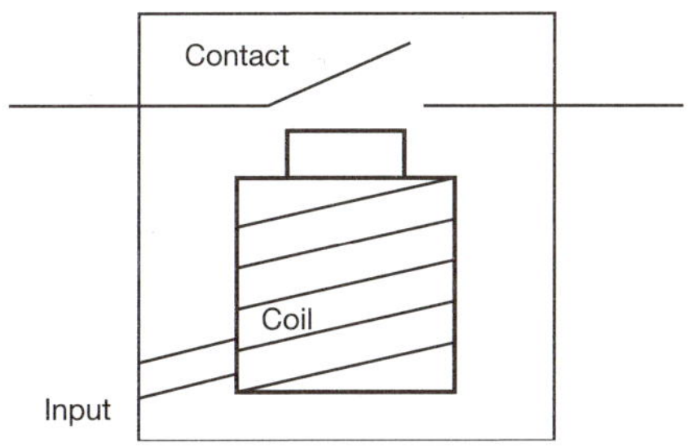

그림 11-4 릴레이 개념도

카운터와 타이머

[그림 11-5]와 [그림 11-6]을 통해 카운터와 타이머에 대해서 살펴보자. 카운터는 어떤 행위나 동작의 수행 횟수를 세는 역할을 한다. 입력되는 정보를 등록하고, 이를 누적한 뒤 출력하는 기능을 수행한다.

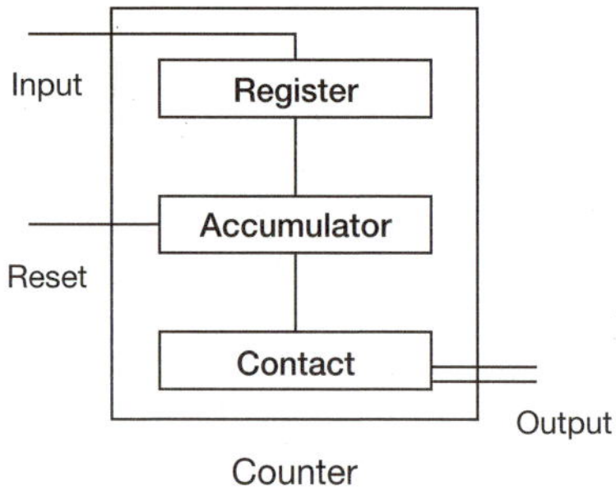

그림 11-5 Counter 개념도

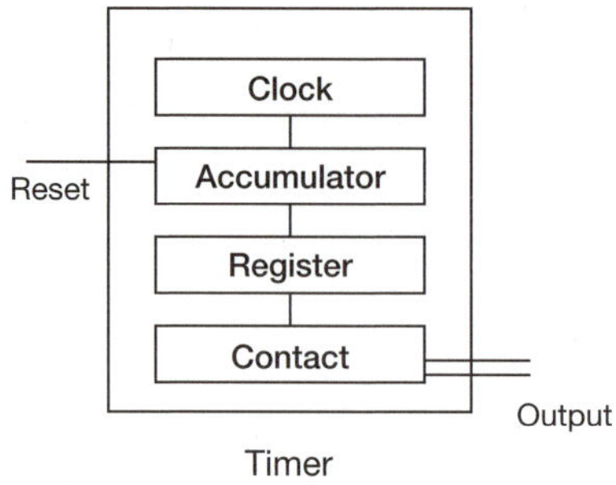

그림 11-6 Timer 개념도

타이머는 시간을 설정하여 동작을 수행하거나 제한하는 역할을 한다. 타이머에서 입력 정보는 시간이며 설정된 시간에 특정한 작업을 수행하도록 결과물을 출력한다.

예제 1

제조공정에서 가공품(Part)이 리밋 스위치(Limit Switch)를 터치하면 5초 후 가공을 시작하고, 가공품은 두 번째 리밋 스위치를 터치하면 공정이 끝나는 프로세스를 생각해보자. 또한 비상 스위치(Emergency Switch)가 있어 언제든지 누르면 공정이 멈추게 해야 한다. 앞에서 설명한 릴레이 스위치들로 간단하게 회로를 설계해보자.

회로도는 [그림 11-7]과 같이 래더 다이어그램으로 표현할 수 있다. [그림 11-7]에서 LS 1은 첫 번째 리밋 스위치를 나타내며, Normally Open Type의 스위치이다. PB1은 푸쉬 버튼 스위치(Normally Closed), LS2는 두 번째 리밋 스위치, R1은 릴레이(Double Pole Contact), R2는 모터에 연결되어 있는 릴레이를 나타낸다.

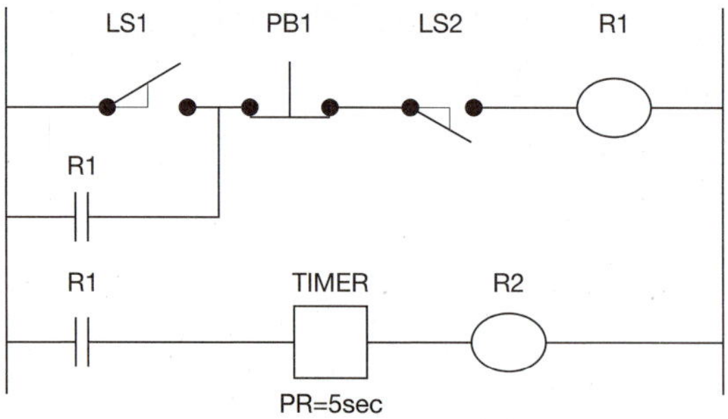

그림 11-7 예제 회로도

회로를 위한 배선도(Wiring Diagram for the Circuit)

[그림 11-8]은 앞서 설계된 회로의 배선도(Wiring Diagram)를 보여주고 있다.

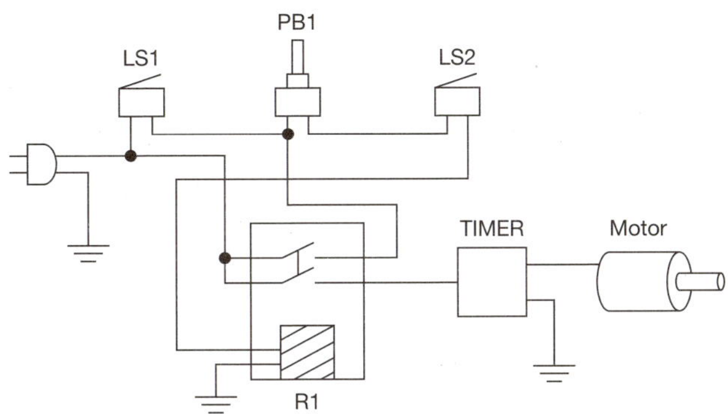

그림 11-8 Wiring Diagram

PLC(Programmable Logic Controller) 구조

PLC는 마이크로프로세서 및 메모리를 중심으로 구성되어 중앙처리장치(CPU), 외부 기기와의 신호를 연결시켜주는 입·출력부, 각 부에 전원을 공급하는 전원부, PLC 내의 메모리에 프로그램을 기록하는 주변 장치로 구성되어 있다.

중앙연산 처리장치(CPU부)는 보통 마이크로프로세서로 사용한다. 마이크로프로세서는 프로그램 및 입출력 모듈로부터 입력을 받아들이고, 입력에 들어있는 데이터를 조작하며, 출력을 만들어 그 결과를 내보내는 기능을 가지고 있다. PLC의 메모리부는 PLC 자체의 동작을 제어하기 위한 실행 프로그램과 필요한 데이터를 저장하기 위한 시스템 메모리와 사용자 프로그램과 데이터를 저장하기 위한 사용자 메모리로 구성된다. 메모리 중 실행 프로그램을 저장하는 실행 프로그램 메모리는 보통 EPROM을 사용하며 입출력 스캔, 명령실행, 통신 등의 소프트웨어가 저장된다. 시스템 데이터 메모리는 실행 프로그램이 동작하기 위해서 필요한 영역으로 실시간 데이터, 스택 영역, 통신 버퍼 등이 있는데 보통 RAM을 사용한다.

사용자 메모리는 크게 사용자가 작성한 래더 다이어그램 프로그램이 저장되는 메모리로서 RAM, EPROM, EEPROM 등이 사용되고, 보통 팩(Pack)으로 만들어 교환할 수 있도

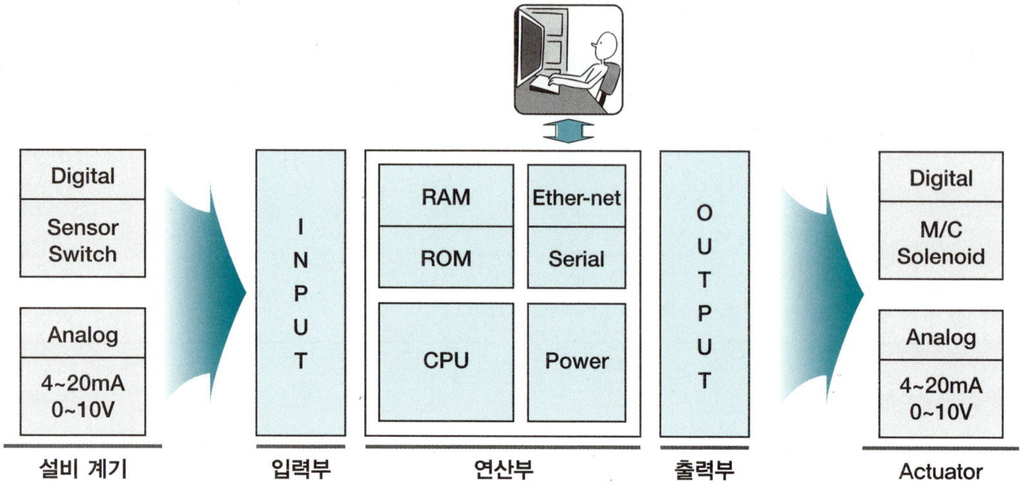

그림 11-9 PLC 구조도

록 되어 있다. 사용자 데이터 메모리는 각 입출력 상태, 타이머/카운터 등의 설정치(Preset Value) 및 현재치(Accumulate Value), 출력상태 또는 각종 데이터 치를 저장하기 위한 메모리로서 일반적으로 RAM이 사용된다. 사용자 데이터 및 프로그램 메모리는 전원 차단 시에도 데이터를 유지하기 위해서 배터리 백업(Battery Back-up)을 하여 사용한다.

통신회로부는 외부 프로그래밍 장치와 원격 입출력, 데이터 하이웨이 등이 근거리 통신망, 컴퓨터 등을 연결하기 위한 회로이다. 원격 입출력과 데이터 하이웨이 등의 LAN 인터페이스는 PLC 공급자에 따라 다른 사양을 사용하며 프로그램 장치와 컴퓨터 인터페이스 등은 RS-232C, RS-422 RS-485 등의 EIA(Electronic Industries Association) 표준을 일반적으로 사용한다. 입출력 장치는 입력기기에서 취급하는 다양한 입력신호(온/오프, 아날로그 신호 등)를 프로세서가 처리할 수 있는 신호로 변환하여 전송하는 것이다. 출력장치는 사용자 프로그램의 지시에 의하여 제어 대상물(모터, 전자밸브 등)을 동작시킨다. 현장에서의 신호가 PLC 내부의 신호로 바로 사용될 수 없으므로 입출력 장치는 신호변환 회로, 잡음제거 회로, 현장 신호와 PLC 내부 신호 절연회로 등을 포함하고 있다.

입출력 장치는 크게 디지털 입출력, 아날로그 입출력, 특수기능(Intelligent) 입출력 장치로 구분된다. 디지털 입력장치는 TTL, DC 24V SINK, DC 24V Source, AC 110V, AC 220V 입력 장치가 있고 디지털 출력 장치는 릴레이, 트랜지스터, SSR, TTL 출력 장치가 있다. 아날로그 입출력 장치는 아날로그 입력, 아날로그 출력, 측온 저항체 입력, 열전대 입력 등으로 구분된다. 특수기능 입출력 장치는 입출력 장치 내에 프로세서를 포함하여 다기능을 처리할 수 있는 장치로서 엔코더의 출력 등을 제어하기 위한 고속 카운터 장치, DC 서보모터나 스텝모터 등을 제어하기 위한 위치제어 장치, 프로세서를 제어하기 위한 PID 제어장치, Basic 프로그램을 처리할 수 있는 Basic 장치 등 여러 가지 기능의 특수기능 장치들이 있다.

PLC 프로그래밍 언어

PLC구조에서 설명했듯이, PLC는 전자 부품의 집합으로 릴레이 시퀀스와 같은 접점이나 코일은 존재하지 않으며, 접점이나 코일을 연결하는 동작은 소프트웨어로 처리되므로 실제로 눈에 보이는 것이 아니다. 또, 동작도 코일에 전원이 공급되면 접점이 닫혀 회로가 활성화되는 릴레이 시퀀스와는 달리, 메모리에 프로그램을 기억시켜 놓고 순차적으로 내용을 읽어서 그 내용에 따라 동작하는 방식이다. PLC 제어는 프로그램의 내용에 의하여 좌우된다.

따라서 사용자에게 자유 자재로 원하는 제어를 할 수 있는 프로그램 작성 능력이 요구된다. 표준화된 PLC용 언어는 다음과 같이 두 개의 도형 기반 언어와 두 개의 문자기반 언어, 그리고 SFC로 이루어져 있다.

도형식(Graphic) 언어

- LD(Ladder Diagram) : 릴레이 로직 표현 방식의 언어
- FBD(Function Block Diagram) : 블록화한 기능을 서로 연결하여 프로그램을 표현

문자식(Text) 언어

- IL(Instruction List) : 어셈블리어 형태의 언어
- ST(Structured Text) : 파스칼 형식의 고 수준 언어

SFC(Sequential Function Chart)

래더 다이어그램(Ladder Diagram)

대표적인 도형 기반 언어인 래더 다이어그램에 대해서 살펴보자. 래더 다이어그램(Contact Symbology라고도 한다)은 릴레이 로직 시스템에서 필요한 로직을 표현하는 수단이다. 래더

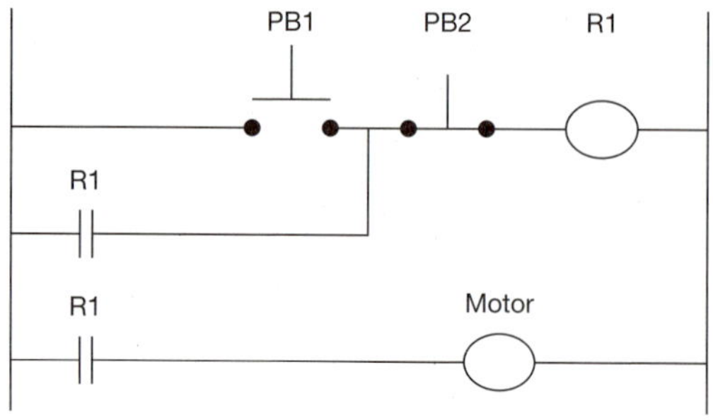

그림 11-10 래더 다이어그램

다이어그램은 PLC가 개발되기 이전부터 사용되어 왔다. [그림 11-10]에 보인 것처럼 래더 다이어그램은 두 개의 레일(Rail)과 다양한 컨트롤 회로(Control Circuit), 가로대(Rung)로 구성되어 있다. 그림은 두 개의 푸쉬버튼 스위치와 릴레이 그리고 모터로 구성되어 있으며, 푸쉬버튼 스위치 1을 누르면 릴레이 R1에 전원이 공급되어 모터 A를 가동시키는 간단한 형태의 래더 다이어그램을 보여주고 있다.

각각의 가로대는 왼쪽 레일에서 시작하여 오른쪽 레일에서 끝나며, 왼쪽 레일은 전력선(Power Wire), 오른쪽 레일은 접지(Ground Wire)로 보면 된다. 즉, 전류(Power)는 왼쪽 레일에서 오른쪽 레일로 흐르며, 각 가로대는 단락(short)을 방지하기 위해서 반드시 output이 있어야 한다. Output은 모터, 등(lights), 솔레노이드(solenoid) 등의 디바이스와 연결되며, 이들 디바이스를 컨트롤하기 위한 스위치들이 가로대 위에 놓이게 되는데, 통상 AND 또는 OR 로직(logic) 등이 결합되어 사용된다. 예를 들어 릴레이 R1에 대해서 다음과 같이 로직을 구현할 수 있다.

R1 = PB1.OR.(PB2.AND.PB3)

[그림 11-10]은 이 로직의 래더 다이어그램이다. PLC에서 필요한 로직은 이외에도 다양한 심볼과 명령어들을 사용하여 구성할 수 있다.

예제 2 (PLC 프로그램 예제: Robotic Material-Handling Control system)

PLC 프로그램의 예를 통하여 다시 한번 알아보자. [그림 11-11]은 로봇 팔을 이용해서 물건을 옮기는 Robotic Material-Handling Control System이다. 로봇이 컨베이어에서 가공 파트를 로딩/언로딩하는 작업을 수행하고 있다. 가공 파트가 컨베이어를 따라 이동되다가 마이크로 스위치를 터치하면, 바코드 리더가 작동되어 파트를 스캔한다. 스캔 된 파트가 가공이 필요한 자재인 경우 스톱퍼(Stopper)가 컨베이어를 멈추고 로봇이 파트를 집어 올려 머신에 로딩한다. 머신이 다른 다른 파트를 가공 중이면 로봇은 가공이 끝날 때까지 기다린다.

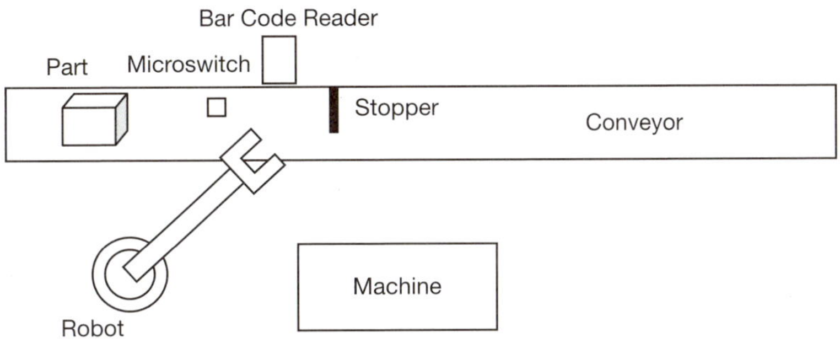

그림 11-11 Robotic Material–Handling Control System

이 시스템의 구성요소(Control Components)는 [표 11-1]과 같이 정의할 수 있다.

표 11-1 Control Components

ID	Description	Explanation
MS1	Micro switch	Part arrives
R1	Output to bar-code reader	Scan the part
C1	Input to bar-code reader	Right part
R2	Output robot	Loading cycle
R3	Output robot	Unloading cycle
C2	Input from robot	Robot busy
R4	Output stopper	Stopper up
C3	Input from machine	Machine busy
C4	Input from machine	Task complete

이에 대한 래더 다이어그램은 [그림 11-12]와 같다.

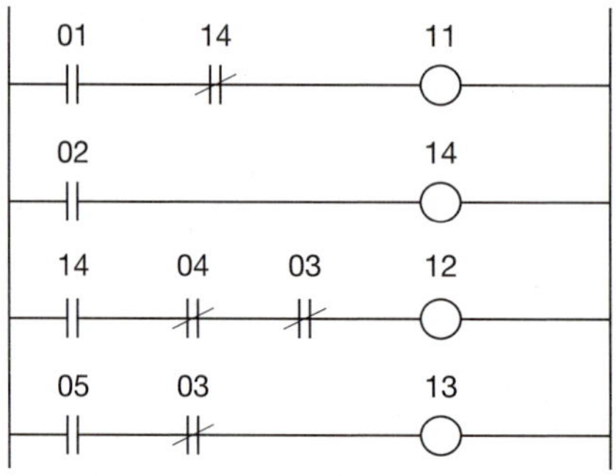

그림 11-12 래더 다이어그램

첫 번째 가로대는 자재가 도착하면 바코드 리더기로 바코드를 읽는 것을 의미한다.

두 번째 가로대는 적절한 자재라면 스톱퍼를 동작시키는 것을 의미한다.

세 번째 가로대는 스톱퍼가 올라가 있고 머쉰과 로봇이 동작 중이 아니면, 자재를 머쉰에 탑재하는 것을 의미한다.

네 번째 가로대는 작업이 종료되고 로봇이 동작 중이 아니면, 자재를 머쉰에서 분리시키는 것을 의미한다.

래더 다이어그램에 대한 PLC 배선도는 [그림 11-13]과 같이 작성된다.

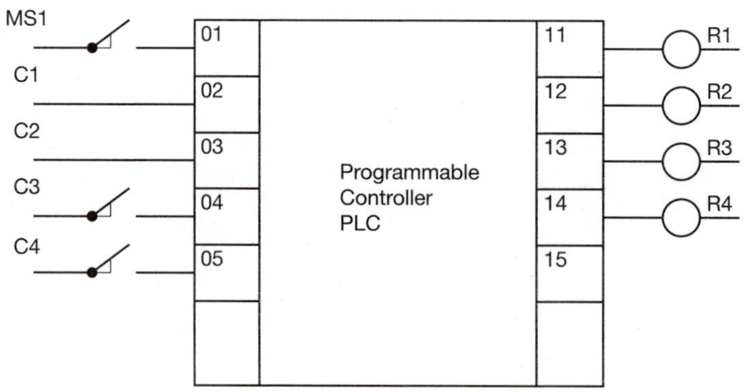

그림 11-13 배선도

지금까지 PLC의 기본적인 기능과 그 프로그래밍에 대해서 간략히 알아보았다. PLC의 프로그래밍 방법과 기능성은 PLC 벤더에 따라 조금씩 차이가 나지만 그 기본은 모두 유사하다. PLC는 비교적 저렴한 가격에 다양한 기능을 구현할 수 있는 컨트롤 디바이스이며, PLC로 개별의 프로세스를 제어할 수도, 또는 통합된 프로세스의 한 부분으로서의 역할을 수행할 수도 있다. PLC의 장점은 쉬운 프로그래밍 인터페이스를 갖췄다는 점과 안정성이 높다는 점이다.

컴퓨터 기술의 발전에 따라 PLC 자체도 컴퓨터화 되어 PLC 기능은 많은 발전을 이루었다. 많은 수학적 계산 기능, 그래픽 화면, 네트워크와의 연계성 등이 더해져 과거 릴레이 패널의 대체품이라는 이미지는 사라지고 있다. PLC는 단순한 공정제어부터 제조 시스템 제어 및 모니터링 등에 광범위하게 사용되고 있으며, 설비의 자동화와 고 능률화의 요구에 따라 PLC의 적용 범위는 확대되고 있다. 특히 공장 자동화에 따른 PLC의 적용범위는 소규모 공작 기계에서 대규모 시스템 설비에 이르기까지 확대되었다.

11.3 DCS(Distributed Control System)

1960년대부터 컴퓨터를 이용한 프로세스 제어분야가 도입되면서 초기 제품으로 DDC(Direct Digital Control: 집중제어방식)가 등장하여 1970년대 중반까지 프로세스 제어에 사용되었다. DDC시스템이란 한 대의 컴퓨터에 프로세스 데이터의 입력, 출력, 플랜트의 감시, 조작, 제어 등을 모두 집중화해서 관리하는 시스템이다. 하지만 한대의 컴퓨터가 전 분야의 프로세스를 담당하면서 컴퓨터 자체에 이상이 생기면 공정 전체가 제어 불능 상태가 되어 신뢰성이 떨어진다는 단점이 있었다. 1975년에 탄생한 DCS는 DDC의 단점을 보완하기 위하여 하나의 중앙처리 장치를 여러 개의 작은 중앙처리 장치로 나누어 기능별로 분리하고 작은 용량의 중앙처리 장치를 갖는 각각의 컴퓨터를 통신 네트워크로 연결시켜 전체 시스템을 구성하도록 되어 있다.

다시 설명하자면, 공정제어에 적용되는 시스템을 각 플랜트에 알맞은 서브 시스템으로 분리하고 각 소단위 시스템에서는 각각의 주어진 역할을 수행하며, 상호 간에 통신이 가능하도록 한 것으로 소형 DDC시스템 여러 개를 유기적으로 연결하여 전체 시스템을 구성한 것이라고 할 수 있다.

DCS의 기본 특징은 프로세스 제어기능을 여러 대의 컴퓨터에 분산시켜서 신뢰성을 향상시키고, 이상 발생 시 그 파급 효과를 최소화시키며, 프로세스 정보처리 및 운전 조작 그리고 분산 설치된 컨트롤러들의 관리기능 등은 중앙의 주 컴퓨터(DOC: Distributed Operate Console)에 집중시켜 자료처리 및 운영관리를 원활하게 한다. 즉, DCS는 기능과 분산과 정보의 집중이라는 2가지 특징 사이에서 균형을 유지하면서 발전하였다.

분산제어시스템은 다음과 같은 특징을 갖는다.

1. Process제어 전용 시스템으로 안정적이며 신뢰성을 보증할 수 있다.
2. 편리한 플랜트 운전을 위하여 각종 표준화면이 존재한다.
3. 표준화된 하드웨어 및 모듈화된 소프트웨어로 쉽게 시스템 구성이 가능하다.
4. 복잡한 아날로그 제어 위주의 플랜트 제어에 적합하다.
5. 전문지식이 없는 운전자라도 기초 교육만으로 시스템의 유지보수를 할 수 있고 간단한 프로그램 수정이 가능하다.

DCS의 주요 기능은 다음과 같다.

1. 전 공정의 맨 머쉰(Man Machine) 인터페이스 기능 : 생산 설비와 사람 간의 연계 기능
2. 각종 데이터의 출력 기능
3. 단순한 배열 기능 및 아날로그 데이터의 피드백 기능
4. 네트워크 및 시스템의 이중화 기능

DCS를 구성하는 구성요소는 다음과 같이 크게 세가지가 있다.

1. 시스템 인터페이스(System Interface)
2. 프로세스 인터페이스(Process Interface)
3. 오퍼레이터 인터페이스(Operator Interface)

시스템 인터페이스는 CPU와 데이터 하이웨이(Data Highway)로 구성된다. CPU는 제어대상인 플랜트의 프로세스 상황에 따라 다르나 32Bit를 사용하고, 제어대상은 실시간적으로 변화하므로 엄격한 실시간 처리를 요구한다. 데이터 하이웨이는 광 케이블이나 동축 케이블로 통신선로를 연결한 LAN의 하나이며 전송 거리는 보통 수 km이다. 분산제어시스템의 유일한 집중화 부분으로서 정보교환을 고속으로 하고 응답성도 좋아야 한다. 프로세

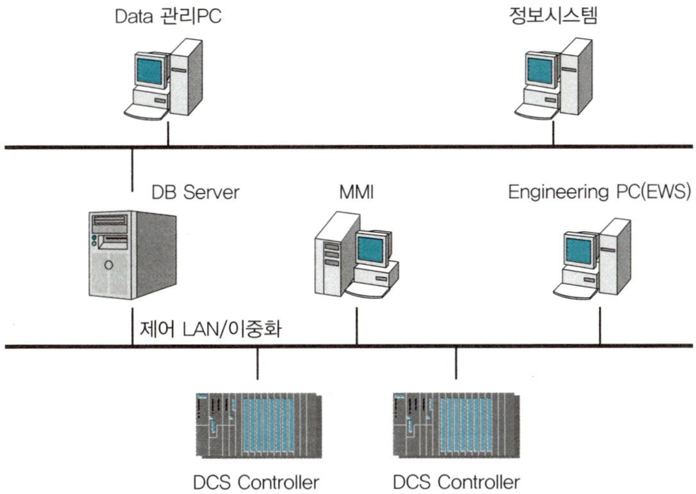

그림 11-14 DCS 구성요소

스 인터페이스는 제어 대상과 직결해서 제어정보의 처리를 행하기 위한 컴퓨터의 입출력을 말하며, 아날로그 입력 및 출력, 디지털 입력 및 출력 등이 있다. 24시간 연속 운전되는 공업시스템에 사용되어 기계설비의 제어나 감시를 행하기 때문에 신뢰성이 좋고 확장성이 좋아야 한다. 오퍼레이터 인터페이스는 운영자가 필요에 따라서 대상을 제어하거나 공정 상태를 감시하기 위해 준비된 조작 스위치 및 상태 표시 장치를 총칭하여 말한다. 최근에는 MMI(Man Machine Interface)기능을 강화하여 운영자의 부담을 경감시키고, 고도의 상황 판단 능력을 가지는 방향으로 발전된다.

-Note-

DDC – Direct Digital Control(집중 제어 방식)

- 1960~1970
- 한 대의 컴퓨터가 플랜트 전체를 감시, 조작, 제어
- 중앙 집중형 관리

DCS – Distributed Control System(분산 제어 시스템)

- 1975 ~ 현재
- 하나의 중앙처리 장치를 여러 개의 작은 중앙처리 장치로 나누어 기능별로 분리하고 이를 네트워크로 연결시켜 전체 시스템을 구성
- 분산형 관리

DCS의 발전전망

DCS의 기본 설계개념과 뛰어난 현장 응용력은 여러 종류의 공정제어 현장에 설치 운영되어 그 뛰어남이 입증되고 있다. 최근의 컴퓨터 상호 간 통신기술인 LAN과 함께 마이크로프로세서 등 컴퓨터 관련 기술의 눈부신 발전으로 더욱 성능이 우수한 DCS의 개발 및 응용범위가 확대 일로에 있다. 향후 DCS의 미래 발전상은 시스템의 통합화와 표준화에 있다고 보이며, 프로세스 제어 기능뿐만 아니라 플랜트나 사업부분의 전략적으로 다른 정보처리를 통합하는 시스템으로 나아가 컴퓨터를 중심으로 통합화된 생산 시스템인 CIM(Computer Integrated Manufacturing)을 구축하는 데 중요한 역할을 할 것으로 기대된다.

표 11-2 DCS와 MMI의 차이점

	분산제어시스템(DCS)	MMI 시스템
시스템 성능	• 콘솔(Operator's Console), 컨트롤러, 네트워크가 특정메이커에 의해 일괄 공급된다. • 다량의 아날로그 I/O처리가 장점으로 I/O구성이 쉽고 확장이 용이하다. • Discrete I/O처리 속도가 늦고 비용이 증가한다. • 전체적인 처리 속도는 PLC 시스템에 비해 떨어지나, 이중화 기능이 우수하고 안정성이 뛰어나다.	1. 중소규모 시스템 Discrete I/O처리가 빠르고 비용이 저렴하며, 전체적인 속도가 DCS보다 빠르다. 소량의 아날로그 I/O를 처리할 경우 DCS과 차이가 거의 없다. 2. 대규모 시스템 MMI, 컨트롤러(PLC), DB서버, 네트워크의 메이커가 모두 다르기 때문에 통합(Integration)이 필요하다. MMI, 컨트롤러, 네트워크 중 각각의 기술이 떨어질 경우 전체 시스템 성능을 좌우한다. 다량의 아날로그 I/O를 처리할 경우 DCS에 비해 구성이 복잡해지고 사용하는데 어려움이 있다. 이중화 기능 및 안정성은 DCS에 다소 떨어진다.
프로그래밍 방법	1. 콘솔에서 아날로그 제어, 밸브모터, 시퀀스, 그래픽 작업 등 모든 엔지니어링 작업에서 프로그래밍하여 사용하기 쉽고 유지 보수에 적합하다. 2. 오픈 스탠다드(Open Standard)가 아닌 경우 사용자가 특정 메이커에 종속될 수 있다.	1. 중소규모 시스템 MMI 부분과 PLC 부분, 네트워크 부분의 3개로 구분되며, 프로그래밍은 DCS비교하여 동등하다. 2. 대규모 시스템 MMI 부분, PLC 부분, DB서버 부분, 네트워크 부분 등 4개 부분으로 구분한다. 각 부분별 전문가의 필요성으로 인해 최소 4명 이상의 전문가가 필요하고, 4개 부분을 최적으로 통합하기 어렵다. 관리 포인트도 4개 부분으로 나뉘어 각 부분의 전문가 단독으로는 유지 보수가 어렵다.

<table>
<tr><th></th><th>분산제어시스템(DCS)</th><th>MMI 시스템</th></tr>
<tr><td>프로그래밍 방법</td><td>3. 화면에 제공되는 아이템이 적고, 타 프로그램과 호환성이 부족하여 다양한 화면을 구사하는 데 어려움이 있다.
4. DB서버를 운영하는 데 고가의 게이트웨이를 사용해야 하며, 데이터 사용에 있어 제약사항이 많다.</td><td>MMI 부분에서 다양한 프로그램과 호환성이 뛰어나고 그래픽기능이 우수하여 여러 애니메이션 기능을 구현할 수 있다.
PLC 부분에서 Function Block 방식을 사용할 경우 DCS와 유사한 사용자 인터페이스를 제공하여 개발과 유지보수가 쉽다.
DB서버의 데이터는 알람 관리 및 트렌드 관리, 경영 데이터 관리 등의 데이터를 활용할 수 있다.</td></tr>
<tr><td>가격대 성능비</td><td>• 소규모 시스템의 경우 초기 투자비가 높고 확장 시 비용이 많이 들며 업체의 방식에 종속될 수 있다.
• 대규모 시스템의 경우 초기 투자 대비 사용자의 편의를 도모하여 사용하기 쉽고 엔지니어링 작업 용이하다.</td><td>1. 중소규모 시스템
초기 투자비가 싸고 확장이 용이하며 오픈 시스템 방식을 채택할 수 있어 장기적으로 유리하다.
최근 소프트웨어 기술의 비약적 발전으로 기존의 사용상의 어려움은 모두 극복되어 DCS와의 차이가 없다.
2. 대규모 시스템
고가의 서버, 네트워크 장비, 고 신뢰성 PLC 등의 사용으로 DCS와 가격 차이가 없다.
각 부분별 전문가가 엔지니어링 작업을 하므로 많은 인력이 소요된다.
유연성이 뛰어나 고객의 요구에 따라 다양한 시스템 구현이 가능하다.</td></tr>
<tr><td>Component Integration</td><td>• 메이커에서 H/W, S/W, 엔지니어링을 턴키(turnkey)로 제공하므로 통합성이 우수하다.
• 메이커 고유의 폐쇄구조를 사용할 경우 사용자의 선택여지가 줄어든다.</td><td>컨트롤러, 소프트웨어, 네트워크, 엔지니어링을 개별로 선정해서 통합하므로 통합성이 떨어질 수 있다.
오픈 시스템 구조이므로 사용자는 기능이 우수한 컴포넌트를 조합할 수 있으나 최적의 해를 찾는 데 어려움.</td></tr>
<tr><td>적용분야</td><td>• 아날로그 I/O가 많은 계장 제어 시스템에 주로 사용하며 적용 분야별 라이브러리가 풍부하다.
• 화학공정 및 그 외 일부 계장 제어 시스템에서만 사용된다.</td><td>1. 중소규모 시스템
Discrete I/O가 많은 조립 라인을 위해 개발되었으나, 점차 Batch, 프로세스 분야로 영역을 넓혀 가고 있으며 화학공정 외 몇몇 공정을 제외하고 거의 모든 계장 제어시스템을 효과적으로 장악할 수 있다.
전문가의 풍부한 경험을 소프트웨어를 통해 제공하는 마법사(Wizard)를 사용하여 프로세스 분야의 복잡한 공정도 신속한 프로그램이 가능하다.
2. 대규모 시스템
고 신뢰성 PLC를 사용하여 고객의 다양한 요구사항을 만족시켜 점차 DCS 영역까지도 대체 중이다.</td></tr>
</table>

11.4 공정 파라미터

파라미터의 종류

설비나 공정 제어는 공정 파라미터 제어를 통해서 이루어진다. 공정 파라미터에는 프로세스 밸류(Process Value, PV), 세트 밸류(Set Value, SV) 또는 세트 포인트(Set Point, SP), 그리고 컨트롤 밸류(Control Value, CV)가 있다. 프로세스 밸류는 공정의 현상을 모니터링하기 위한 공정 파라미터이다. SV 또는 SP는 공정에서 목적하는 바를 이루기 위한 제어의 목적 값이다. CV는 PV가 SV를 유지하기 위해서 설비나 공정에 가해지는 제어 값이다. 설비나 공정의 제어에는 컨트롤러에 각각의 제어계에 해당하는 현장의 태그(Tag)들이 있고, 태그들은 목적에 따라 PV와 SV를 구성하게 된다. 주로 공정 모니터링을 목적으로 하면 PV를 구성하고 공정 제어를 위한 목적이라면 PV와 SV를 구성하게 된다.

공정 파라미터의 선정(MES 관점)

다음으로 MES관점에서 공정 파라미터의 선정에 대하여 살펴보자. MES와 설비, 공정제어 시스템은 그 기능적 영역이 다르다. 따라서 공정 파라미터의 선정에 있어서는 그 목적에 따라서 제어설비의 관점과 MES의 관점을 다르게 적용해야 한다. 특히, MES 관점에 있어서는 관리의 수준을 어느 정도로 할 것인가를 먼저 결정해야 한다. 기본적으로 프로세스 모니터링을 하기 위해서는 필요한 설비나 공정의 PV를 선정하고 관리해야 한다. 또한 SV의 변경에 대한 관리를 하기 위해서는 SV도 관리 방법을 정해서 선정하고 관리해야 한다. PV는 공정계와 CV에 의해서 공정의 현상을 나타내기 때문에 PV와 CV의 연관성을 이용한 다양한 응용이 필요한 경우에는 CV도 선정하고 관리해야 한다.

공정 파라미터 조사(MES 관점)

공정 파라미터의 선정을 통해서 선정된 파라미터 리스트를 중심으로 해당되는 파라미터가 PLC에서 관리되고 있는지 PLC의 I/O List, Calculation Value List에서 조사한다.

1. 잘 정리되어 관리되고 있는 PLC의 I/O List, Calculation Value List를 통해서 공정에서 필요로 하는 파라미터를 선정하고,

2. PLC의 I/O List, Calculation Value List를 이용할 수 없을 경우, PLC의 I/O Address Map과 PLC 프로그램 분석을 통해 리스트를 만들고 그 리스트를 이용해서 공정에서 필요로 하는 파라미터를 선정한다.

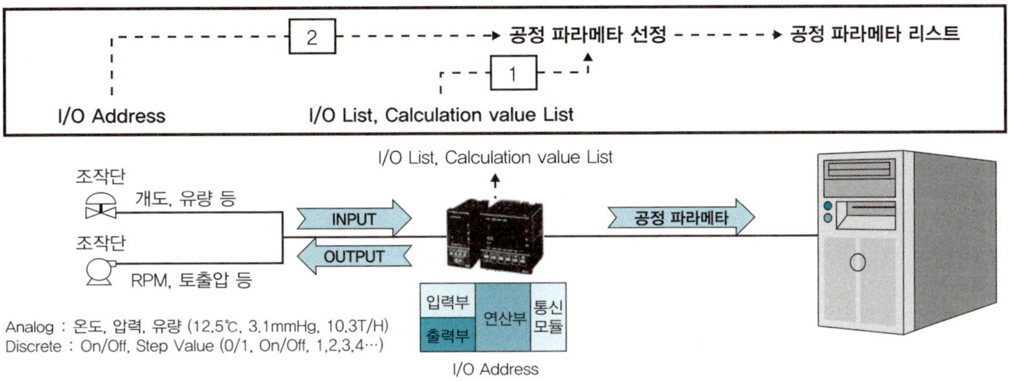

그림 11-15 공정 파라미터

메타 데이터의 수집 (MES 관점)

공정 파라미터는 설비/공정에서 실시간으로 다량의 데이터가 발생하게 된다. MES는 제어설비가 아니기 때문에 설비/공정에서 발생하는 모든 데이터를 실시간으로 수집/관리할 수 없다. 따라서, 특수 목적을 위해 전력감시 시스템, 진동관리 시스템과 같은 전용 시스템을 도입한다. MES는 목적/종류 등에 따라서 데이터의 유효성을 고려하여 수집 주기를 적절하게 선정해서 관리한다.

공정 파라미터 데이터의 수집 유형(MES 관점)

공정 설비는 이산(Discrete) 공정 설비와 연속(Continuous) 공정 설비로 구분된다. 일반적인 제조 설비는 이산 공정의 특성을 갖고 있고 화학공장의 경우는 연속 공정의 특성을 갖는다. 이산 공정 설비의 데이터는 설비에서 재료를 가공하는 단위에 따른 주기성을 갖는 사이클적 특성을 갖는 반면, 연속 공정 설비의 데이터는 대체적으로 연속적인 시계열적 특성을 특성을 갖는다. 이들 특성에 따라서 데이터의 수집방법, 수집형태, 관리방법 등을 달리하는 것이 바람직하다.

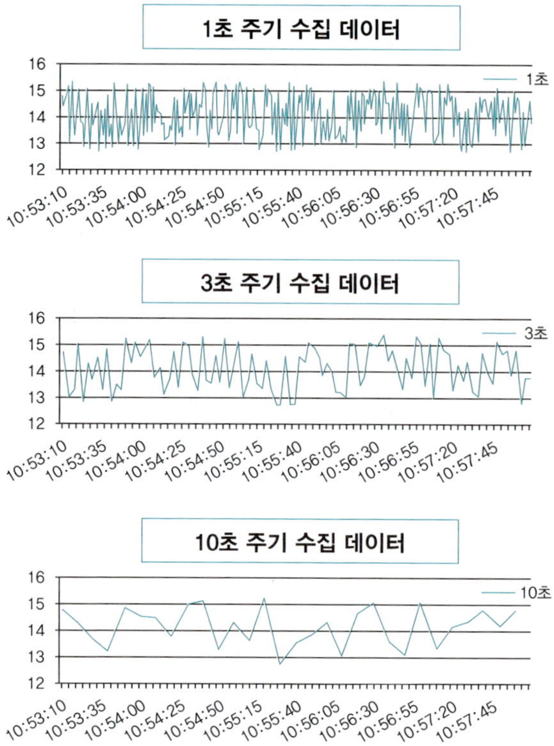

구분	1초 주기 수집 데이터	3초 주기 수집 데이터	10초 주기 수집 데이터
데이터 건수	300	100	30
AVG	14.09	14.12	14.17
MAX	15.37	15.37	15.25
MIN	12.73	12.75	12.76
STD	0.77	0.78	0.70

그림 11-16 공정 파라미터 데이터 그래프

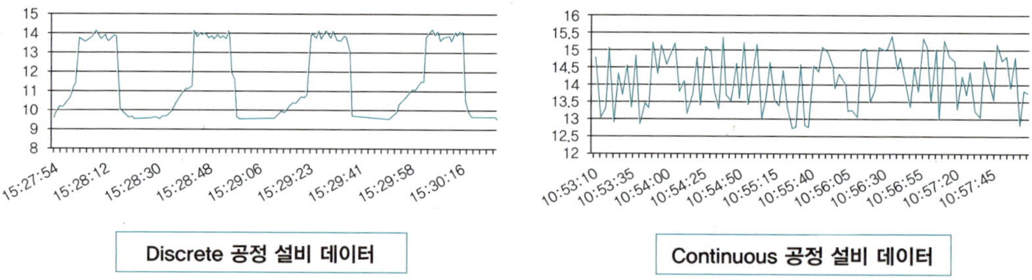

그림 11-17 공정설비 데이터 그래프

공정 파라미터 데이터의 관리

설비에서 발생하는 공정 파라미터 데이터는 다양한 종류와 유형을 갖고 있다. 실시간에 대량으로 발생하는 이들 데이터들은 그 목적과 기능에 따라 여러 가지 형태로 관리된다. 일반적으로 MES 솔루션에서 제공하는 기능인 Engineering Data Collection(EDC),

Real Time Database(RTDB)와 부가적인 기능을 목적으로 하는 Fault Detection & Classification(FDC)로 분류할 수 있다. 각각의 기능은 MES 솔루션에 따라 차이가 있어서 데이터 종류, 파라미터 수, 수집 주기, 보관 주기, 활용 목적/형태/유형 등을 고려하여 결정해야 한다.

공정 파라미터 데이터의 활용

MES에서 관리하는 공정 파라미터 데이터의 활용에 대해서 살펴보자. MES 솔루션이 제공하는 GUI(Graphic User Interface) 툴을 이용해서 공정을 묘사한 화면을 만들고 모니터링(공정 모니터링)하고, 수집된 시계열 데이터를 솔루션이 제공하는 그래프 툴을 통해서 이력 데이터를 조회 분석(Trend History 분석)한다. 그 외에 툴에서 제공하는 간단한 평균(Average), 최소값(Minimum), 최대값(Maximum), 표준 편차(Standard Deviation), 범위(Range) 등을 분석하거나 단순한 관리도 등을 통해 간단한 데이터를 분석한다. SPC/rt-SPC는 Western Electric Rule을 통한 통계적 공정관리(Statistical Process Control)에 활용되고, FDC(Fault Detection & Classification) 전용 솔루션을 통해 Advanced Control에 적용된다.

11.5 HMI

HMI(Human Machine Interface) or MMI(Man Machine Interface)는 공정/설비로부터 수집된 데이터를 그래픽 화면을 통해서 실시간으로 보여줌으로써 공정/설비의 운전 상황과 이상 상태를 작업자가 용이하게 파악하고 운전할 수 있도록 지원하는 기능을 갖는다. 연속 산업(화학 장치, 제철), 전력, 환경, 수처리 등에 쓰이며, 공정 내의 단독 설비의 모니터링이나 제어에도 활용된다. 공장 자동화라고 하면 우선 로봇을 연상하게 되는데, 로봇 만으로는 완전한 공장 자동화를 이룰 수 없다. 공장 자동화를 완성하기 위해서는 로봇, 컨베이어, 자동창고 및 그 외 수많은 기계들을 움직일 수 있는 제어시스템과 이 시스템들을 통합하는 네트워크 및 소프트웨어가 반드시 필요하다. 제어시스템들 중 가장 대표적인 것으로 PLC, DCS 등을 손꼽을 수 있으며 이들 시스템의 연결을 위하여 여러 가지의 네트워크 기기들이 개발되어 있다. 또한 이러한 네트워크를 통하여 수집되는 공장 내의 수많은 정보들은 HMI라는 소프트웨어에 의하여 관리되고 표시된다.

간단히 설명하자면 HMI는 공정/설비로부터 수집된 데이터를 그래픽 화면을 통해 실시간으로 보여줌으로써 공정/설비의 운전 상황과 이상상태를 작업자가 용이하게 파악하여 운전할 수 있도록 지원하는 시스템이다. HMI 기기는 80년대에 등장해서 오늘날까지, PC기술과 네트워크 기술, 다양한 주변 요소 기술의 진보에 따라 그 성능과 기능이 발전되어 왔다. 적용분야도 간단한 단위 기계의 조작 단말기에서부터, LCD, 반도체 등 전자 부품제조의 운전설정 및 조작반 등의 복잡한 용도로 확장되어 왔다. 현재는 화학, 제철 등의 연속산업, 전력, 환경, 수처리 등에 주로 쓰이고 있으며, 공정 내의 단독 설비 모니터링이나 제어에도 활용되고 있다. 이러한 HMI기기의 진보를 뒷받침해 주는 기술은 하드웨어 측면에서는 마이크로프로세서, 디스플레이 디바이스, 시리얼/이더넷 통신 및 필드 버스(Field Bus) 인터페이스가 포함된다.

소프트웨어 측면에서는 MS-DOS, Widows를 기반으로 하는 어플리케이션 소프트웨어 개발 환경이 HMI 기기 자체 성능과 응용분야를 확대시키는 데 중요한 역할을 하게 되었다. 네트워크화의 경향은 생산현장 정보 수집을 가능하게 하여 상위 시스템으로부터 현장 제어기기의 설비 설정 정보의 다운로드와 생산지시 데이터를 현장 작업자에게 통지하는 POP 단말로써의 기능과 설비 기계의 조작 및 정보처리 기능도 가질 수 있게 되었다.

이에 따라 HMI는 생산 시스템의 관리와 현장 제어기기의 접속에 관여하여, 부하를 증

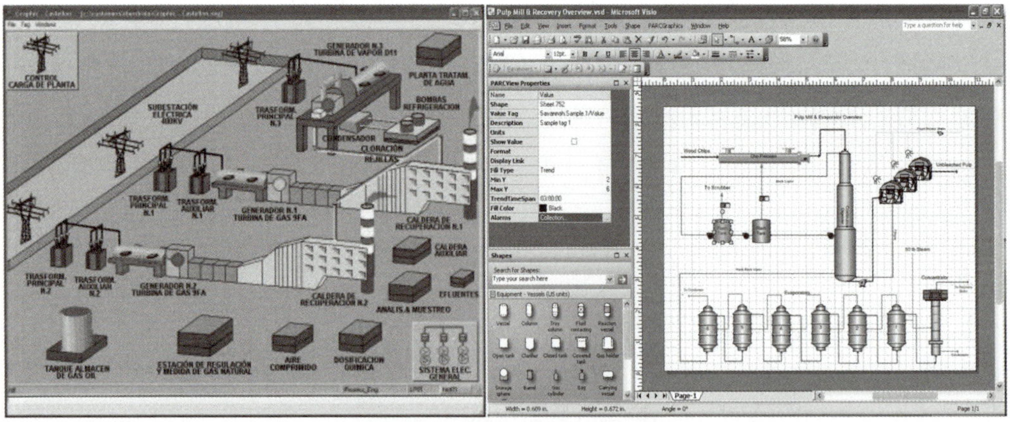

그림 11-18 SayPlant사 자료참조

가시키지 않고 생산현장의 정보를 넣어두는 버퍼 기능과 백업 기능을 충실히 수행하면서, 현장 정보 인터페이스 기능을 추가하여 생산 현장의 정보화에 크게 공헌하게 된다. 현재 국내에서는 In-Touch, RS-View 등의 제품이 많이 사용되고 있다.

HMI주요 기능

HMI의 주요 기능은 공정/설비의 모니터링이다. 모니터링의 목적에는 보전효과 측정과 개선 대책이 있다. 측정하는 데 그치지 않고 개선활동과 결부시켜 생산효율을 높이기 때문이다. 모니터링은 다음과 같은 시스템 또는 하드웨어가 규정된 기능을 정상적으로 수행하고 있는지의 여부를 판단하고 이상사태를 조기에 발견하는 것을 목적으로 한다.

1. 기계설비의 가동상황 모니터링

   공장 내의 생산설비와 직접 연결되어 있는 Area Controller에 의해서 수행되는 것으로, 각 생산설비의 가동상황과 작업 스케줄에 대한 실적 등이 모니터링 된다.

2. 컴퓨터 기기의 모니터링

   컴퓨터 기기의 모니터링은 컴퓨터 본체, 입출력장치, 등에 대하여 실시한다. 컴퓨터의 신뢰성은 일반적으로 높은 편이나 시스템 다운에 대한 영향이 매우 크기 때문에, 작동 결과를 히스토리로 저장했다가 컴퓨터가 오작동, 고장에 의한 데이터의 파손이 일어나지 않는가를 상시 체크한다.

3. 통신 네트워크 모니터링

   데이터 전송에서의 전송 품질을 모니터링하여 얼마나 정확히 수신되고 있는가를 조사한다. 이와 같은 모니터링 기능을 통하여 공정 내의 정보를 생생하게 작업자 혹은 상위 시스템(MES)에게 전달할 수 있다.

최근 HMI 기술 동향

최근 인터넷의 발전과 함께 이더넷이 급속히 보급되면서 이더넷 기반 접속을 활용하는 방법이 주류를 이루고 있다. 이 방법은 매우 저렴하게 일반 PC에 접속할 수 있게 하면서도, 많은 데이터 전송이 가능하기 때문에 사실상의 표준으로 자리잡고 있다. 이더넷을 통해 디바이스에 연결하기 위해서는 인터넷 연결을 위한 IP 어드레스 및 몇 가지 요소만 지정하면 가능하게 된다. 이처럼 이더넷은 인터넷에 간단히 연결할 수 있게 하여 자동화 장비에 수많은 어플리케이션의 기능을 제공하게 하였으며, 별도의 접속 장비들이 개발되고 있다. 이미 많은 업계의 리더들이 이러한 흐름을 일찍 파악하고 다양한 장비들을 시장에 선보이고 있다.

이더넷 인터페이스를 통해 상위 PC에서 생산 현장의 정보 수집을 비교적 간단하게 구현 가능하게 하고, 정보 수집뿐만 아니라 HMI자체의 프로그래밍 유지와 보수가 편하게 되었다. 또한 사무관리에서 웹, 이메일 등의 서비스를 적용할 수 있게 되었다. 이더넷 이외에 USB, CF 카드를 지원하는 추세이다. HMI는 지금까지 생산 현장에서 장비의 현황을 감시 제어하던 시스템에서 최근에 PC기반의 어플리케이션을 통해 생산 현장에 설치된 각각의 HMI 기기를 통합 관리할 수 있도록 솔루션을 제공하고 있다. 사무실에 있는 컴퓨터를 통해 이더넷에 연결된 현장 HMI 기기의 모니터링뿐만 아니라 제어가 가능한 제품을 선보이고 있다. 또한 각각의 HMI가 개별적으로 관리하던 백업 데이터, 알람 데이터 및 기기 간 데이터의 이동도 가능하도록 지원하고 있다.

웹 서버를 통해 컴퓨터에 특별한 프로그램 설치 없이 웹 브라우저를 통한 감시제어 및 데이터 관리도 가능하게 되었다. OPC접속, 데이터베이스 접속을 통한 상위 PC와 간편하게 접속하여 상위정보를 수집하거나 현장에 생산 지시를 내려 보낼 수 있다. 빠르게 변화하는 산업환경에 있어서 이더넷을 활용한 솔루션이야말로 창조적이고 신속한 산업활동을 하기 위한 필수적인 시스템이라고 할 수 있다.

2000년대에 들어서 고해상도 표시소자와 웹브라우저, 이메일 등의 인터넷 응용기술 등이 HMI기기에 적용되기 시작했고, 대화면 풀컬러의 고속 화면처리도 가능하게 되었다. 적용되는 부문도 당초 운전 조작 설정 패널에서 설비와 기기의 운전 보수 진단의 전 부문으로 확대되었고, 패널에 설치하는 형태의 HMI 기기에서 손으로 잡고 운전하는 것이 가능한 Hand Held Type의 기종도 등장하게 되었다.

최근 HMI 기기는 다언어 표시, 멀티미디어 지원 등의 컨텐츠를 이용하는 웹 기반 기술, 경량화와 고기능화를 실현시켜주는 전자 부품의 채용, 저비용으로 다양한 사양을 실현시켜주는 생산 기술의 발전으로 새로운 시장 요구에 적극 대응하고 있다. 앞으로 HMI 기기는 광역 생산 현장에 산재한 HMI 어플리케이션을 통합하는 역할이 요구되고 있다. 개발환경이 다양한 플랫폼 상에서 이용되어 생산현장에서 멀리 떨어진 제어기기의 운전 조건과 관련된 별도의 제어기기의 운전조건을 보면서 변경하는 기능이 필요하게 된다. 인터페이스 등의 고속 네트워크 접속에 대해서도 PLC 이외의 각종 현장 컨트롤러(온도 조절기, 위치결정 컨트롤러, 인버터 등)과의 다양한 접속 프로토콜에 충실하고, 각종 필드 버스에 대응하면서 상위 시스템에는 OPC를 시작으로 상위 네트워크 프로토콜의 직접적인 대응도 기대된다.

HMI를 도입 함으로서 다음과 같은 효과를 얻을 수 있다.

- 각종 정보의 실시간 취득 및 제공으로 관리 효율 향상
- 불가동 상황 등의 현장상황 실시간 전달로 생산성 향상
- 불량, 오재료 등 각종 경보 제공으로 품질 향상
- 설비를 제어하는 HMI와 POP 장비를 통합함으로써 작업자 I/F를 간소화
- 설비 도입 시부터 상위 시스템과의 I/F를 고려, POP 기능을 추가함으로써 POP 장비 별도 설치 불필요
- 각종 품질, 실적 정보를 설비로부터 직접적으로 취득함으로써 정보 정확도 향상
- 각종 제어/트렌드 성의 데이터를 상위 시스템으로 보고 함으로써 로트 추적 용이
- 사무실 어떠한 장소에서도 설비 모니터링 가능
- 설비 자동 세팅을 통한 품질 균일화 및 생산성 향상

11.6 설비 온라인화 프로토콜

표준 프로토콜의 필요성

공장 자동화 및 MES시스템 등 제조분야에서의 통합 시스템 발전으로 하위 제어장비 및 설비와의 실시간 연계에 대한 필요성이 점점 증대하게 되었다. 이를 위해 네트워크 장비를 만드는 회사, 생산 설비를 만드는 회사 등이 각각의 통신 기술들을 독자적으로 개발하게 되었고, 이에 따른 통신 기술의 난립으로 인터페이스가 공장 자동화, MES시스템 구축의 장애요인으로 작용하게 되었다. 또한 수많은 제조 응용 프로그램마다 하위 장치들의 통신 드라이버들이 별도로 필요하게 되었다. 예를 들면 [그림 11-19]처럼 품질설비, 생산설비, 물류설비, 시스템 DB, 사용자 PC 등에 연결하기 위해 무수한 통신 프로토콜 및 드라이버가 필요하다.

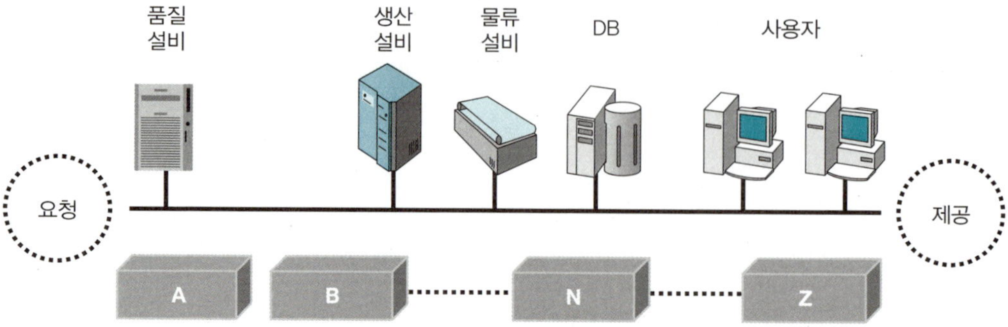

그림 11-19 프로토콜 및 드라이버 연결도

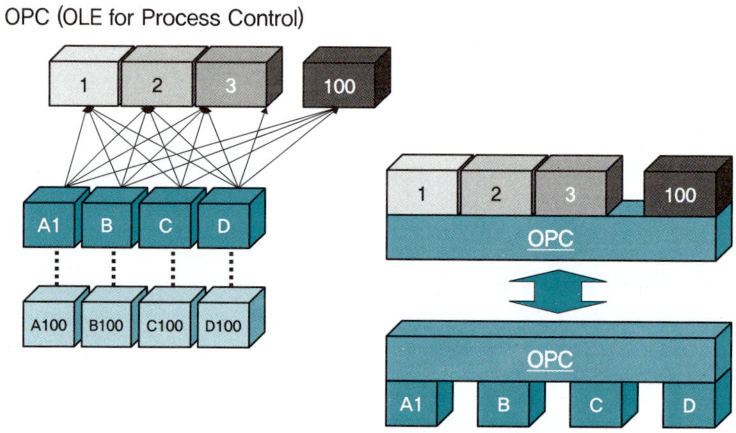

그림 11-20 OLE (Object Linking and Embedding)

이와 같은 이유로 표준 프로토콜이 필요성이 증대 되었는데, 그 대표적인 것이 OPC와 SEMI이다.

OPC는 OLE for Process Control의 약자로 엄밀히 말하면 어플리케이션과 어플리케이션의 프로토콜을 의미한다. 공정을 제어하는 다양한 장비들 간의 통신을 위한 국제산업표준이며, MS의 협조 아래 96년에 제정되었다. 생산 현장에서 경영정보 시스템 영역까지의 데이터 연결성 및 상호 호환성을 확보하는 데 기여한다. OPC를 가장 쉽게 설명할 수 있는 예가 프린터이다. 우리가 사용하는 프린터는 매우 다양하지만 모든 어플리케이션이 그 프린터를 제어하기 위한 인터페이스를 갖고 있어야 하는 것은 아니다. 단순히 프린터 제조사에서 제공해준 드라이버만 설치하면 어떤 어플리케이션에서도 해당 프린터를 사용할 수 있다.

이와 마찬가지로 어떤 디바이스라도 다양한 어플리케이션이 각각의 디바이스와 인터페이스하기 위해 공통된 인터페이스만을 사용하는 것을 말한다. 이처럼 각 디바이스들과 고유의 프로토콜을 이용하여 인터페이스할 수 있는 중앙 OPC 서버를 돌리고 각각의 어플리케이션은 그 OPC 서버와만 통신하게 하면 어플리케이션은 수많은 디바이스와 인터페이스해야 하는 복잡함을 줄일 수 있을 것이다. 이것이 OPC 통신의 요체이다.

OPC 통신의 장점

OPC 통신의 장점은 개방성, 생산성, 호환성에 있다. 개방성은 PLC/DCS 등의 제어 장치들의 업체에 종속되지 않고 현장 데이터들을 실시간으로 확보할 수 있음을 뜻한다. 생산성은 시스템 통합이 용이하고 인터페이스 비용을 최소화할 수 있음을 의미한다. 호환성은 플러그 앤 플레이 방식으로 모든 OPC 클라이언트가 OPC 서버에 연결할 수 있음을 뜻한다. 이러한 장점들 때문에 MESA 등 여러 국제 단체에서도 OPC를 표준으로 한 Manufacturing SOA, Manufacturing 2.0 개념을 전개 중이다.

SEMI(Semiconductor Equipment and Materials International) 표준

SEMI는 Semiconductor Equipment and Materials International의 약자로서 말 그대로 반도체 부문의 장비 및 자재에 대한 국제 표준이다. 반도체 산업은 다른 업종들보다 훨씬 정밀화된 공정들로 이루어져 있고 이를 위해 장비들의 자동화가 더욱 중요한 부분을 차지한다. 이를 위해 반도체 산업 종사자들이 그들만의 특별한 통신규약을 만든 것이 SEMI이다. SEMI는 1970년 미국 마운틴 뷰(Mountain View)에서 설립되었고 전 세계 반도체 장비, 재료 산업 및 평판 디스플레이(FPD) 산업을 대표하는 국제 협회이다. 한국 내 150여 개 회원 사를 포함하여 전 세계적으로 2,500여 개의 회원 사들로 구성되었으며, 캘리포니아 산호세에 본부를 두고 서울, 브뤼셀, 도쿄, 싱가폴, 타이완, 모스크바 및 상하이에 사무국 운영 중이다. 반도체 및 평판디스플레이 국제표준규격, 무역 전시회(SEMICON Exhibition), 마켓통계, 기술 심포지엄, 대정부 관련 자문 등의 활동을 하고 있다.

SEMI에서 정의한 표준 프로토콜에 대해서 알아보자. SECS-I은 SEMI Equipment Communications Standard 1 Message Transfer의 약자로 반도체 장비와 호스트 간의 메시지 전송을 위한 표준 통신 프로토콜로 주로 시리얼 통신에 적합한 통신 인터페이스를 지원한다. HSMS는 High Speed SECS Message Service의 약자로 반도체 장비와 호스트 간의 메시지 전송을 위한 표준 통신 프로토콜로 주로 TCP/IP에 적합한 통신 인터페이스를 지원한다. SECS-II는 SEMI Equipment Communications Standard 2 Message Content의 약자로 SECS-1과 HSMS를 통해 전송된 메시지 내용에 대한 세부사항을 정의하고 있다.

GEM(Generic Equipment Model)은 SECS-II에서 정의된 메시지를 기능에 따른 장비의 구동 시나리오에 맞게 그룹핑하여 메시지를 선정하여 표준화하였다. SEM(Special Equipment Model)은 반도체 전용 장비가 아닌 특별한 장비의 GEM을 규정하여 제정한 것으로, GEM과 SEM 충돌 시 SEM을 우선으로 한다. SEMI 표준 프로토콜은 계층이 있으며, 아래 계층의 프로토콜이 범용적이며, 계층 간 프로토콜이 충돌할 경우 상위 프로토콜을 우선시한다. 맨 아래 계층은 SECS-1과 HSMS이다. 이 두 프로토콜이 가장 기본적인 프로토콜 들이며 범용적이다. SECS-I은 데이터를 RS-232C 통신을 통해 전송하기 위한 규약으로 SEMI E4 SEMI Equipment Communications Standard 1 Message Transfer에 정의되어 있다. 1980년 SECS-I에 대한 규정이 처음 제작되었는데, 1990년대 중반까지도 많은 장비가 이 규약에 의해 통신을 수행했다. 하지만 이더넷이 보편화되면서 통신 속도와 용량 등의 문제로 HSMS에 밀려 지금은 그 사용이 많이 줄었다.

HSMS는 데이터를 이더넷을 통해 전송하기 위한 규약으로 SEMI E37 High-speed SECS Message Services Generic Services에 정의되어 있는데, 편지 혹은 E-Mail 등의 정보를 전달하는 전체 틀을 규정한다. SECS-II는 실제 통신을 통해 전달되는 데이터에 관한 규약으로, SEMI E5 SEMI Equipment Communications Standard 2 Message Content에 정의되어 있다. SECS-II는 편지 작성요령 같은 메시지 전달의 효율성 제고를 위한 형식을 정의한다.

GEM은 반도체 생산 장비 간 통신의 기본 시나리오를 정의한 것으로, 장비의 동작에 대한 시나리오와 이때 사용되는 메시지를 묶어서 장비 구동에 관한 표준을 마련했는데, 이 표준이 E30 Generic Model for Communications and Control of Manufacturing Equipment이고, 이를 간단히 줄여서 GEM(Generic Equipment Model)이라고 부른다. GEM은 1990년대 초부터 반도체 산업에 적용되기 시작했는데, 본격적으로 적용되기 시작한 것은 1990년대 중반 이후부터이다. GEM은 예컨대 편지를 수신했을 때 어떤 행동을 취할지에 대해 정의한다. GEM을 통해 반도체 공정의 일반장비에 대한 동작 규약을 정의하고 있지만 반도체 공장의 모든 장비의 사양을 정의하기는 불가능하다. 특히 물류반송장비 등 다른 특별한 장비들의 사양을 정의해 놓은 것이 SEM이다. 예를 들면 생일축하 카드 같은 전용 카드에 해당한다고 할 수 있다.

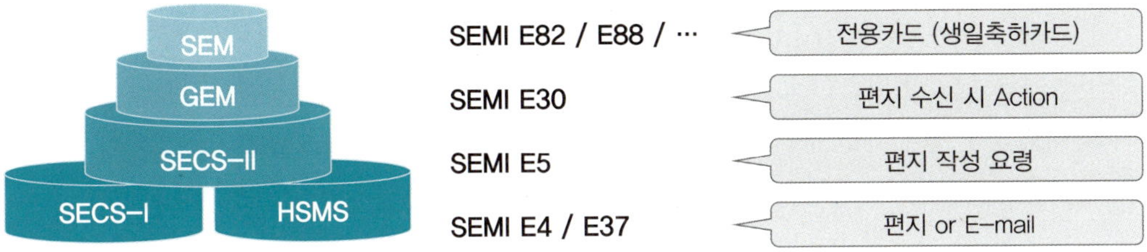

그림 11-21 SEMI 표준의 구성

Message 처리

SECS 메시지의 구조를 살펴보자. SECS 메시지는 Length, Header, Text, Checksum으로 구분되어있는데, Length는 메시지의 길이를 의미하며 헤더와 텍스트 영역의 크기를 가리킨다. Header는 장비 ID와 응답 여부에 대한 정보를 가지고 있다. Text는 실제적으로 전송할 데이터 영역이고, Checksum은 데이터들이 다 전송되었는지 검증한다.

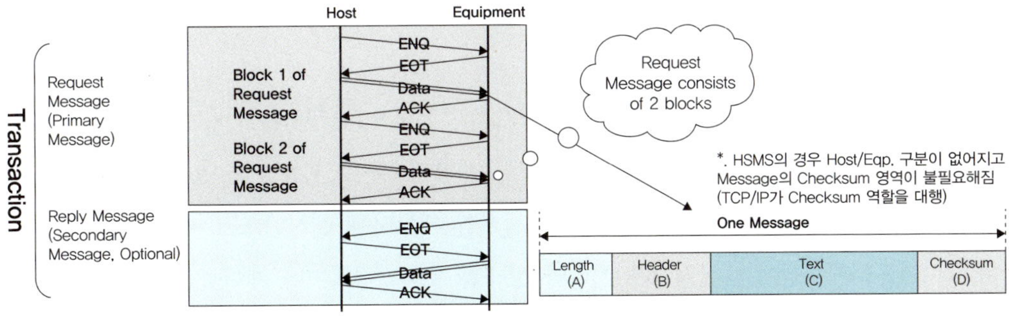

그림 11-22 Message 처리의 예(SECS-I의 경우)

SECS 프로토콜의 가장 중요한 특징은 양방향성이라는 것이다. 전달된 메시지에 대한 응답을 요구하고 이를 확인함으로써 실제 원하는 동작이 진행됐는지를 확인할 수 있다는 점이다. 이는 OPC가 가지고 있지 않은 매우 중요한 특징이다. [그림 11-22]는 시스템과 장비 사이에 메시지 교환의 양방향 통신에 대한 예이다.

OIS(Operation Information System)

공장 자동화 부문은 기존 계기운전의 자동화(DCS 또는 PLC 부문) 뿐만 아니라 프로세스의 데이터를 현장 계기 또는 DCS나 PLC로부터 자동으로 수집하여 저장하고 이를 공정 개선이나 최적 운전에 활용하며, 경영정보시스템의 정보와 통합될 수 있도록 지원하는 부문까지 확대되었다. 즉, 이를 운전정보시스템(OIS-Operation Information System)이라 부르는데, 어떤 공정에서는 이를 협의의 MIS 또는 MES라고 칭하고 있다.

공정에서 주로 많이 적용하고 있는 OIS는 그 기반(Infrastructure)이 되는 RTDB의 데이터를 활용하며, 실적 데이터를 관리하는 RDBMS, 품질 분석 결과를 관리하는 LIMS, 설비 자산을 관리하는 EAM, 설비의 상태를 측정하고 기록하기 위한 Mobile Tool, 설비의 상태에 따라 Maintenance를 하는 PDM, 과거 데이터의 통계적 분석을 통한 품질 예측, DCS의 시스템 상태 및 공정의 이상을 알려 주는 알람 데이터를 수집하여 분석 및 관리하는 알람 관리, DCS의 컨트롤 루프(Control Loop)의 상태를 분석하여 문제점을 알려 주고 터닝 값을 제공하는 컨트롤 루프 관리 시스템 등이 있다.

11.7 RTDB

시계열(Time Series) 데이터란 공정에서 발생하는 공정 및 설비 등의 상태를 표시하는 실시간 데이터로 온도, 압력, 유량, 전압, 전류, 이벤트 등을 포함한다. RTDB(Real Time DataBase)는 공정이나 설비로부터 수집된 시계열 데이터를 실시간으로 저장 또는 조회하여, 각 어플리케이션에서 공정이나 설비의 상태를 모니터링하거나 제어하는 데 용이하도록 지원하는 시스템이다. PHD, PI, IP21, MOPS 등의 상용 제품이 있다.

일반적으로 현장의 Data들을 DCS나 PLC로부터 받아서 RTDB 서버에 저장하고 이를 필요한 어플리케이션에 제공하여 필요한 업무를 진행할 수 있도록 실시간 데이터를 전달하는 역할을 수행한다.

[그림 11-23]은 RTDB를 활용한 OIS시스템의 예이다. 현장의 데이터들은 설비로부터 직접 혹은 DCS나 PLC를 통해 인터페이스 노드를 매개체로 RTDB 서버에 실시간으로 저장된다. 사용자들은 HMI 등을 통하여 이를 조회하거나 모니터링할 수 있다. RTDB 서버에 저장된 실시간 데이터들은 품질 분석 툴에 전달되어 품질향상을 할 수 있도록 하거나, ERP나 LIMS시스템으로 전달하여 경영적 판단을 내릴 수 있게 도와준다.

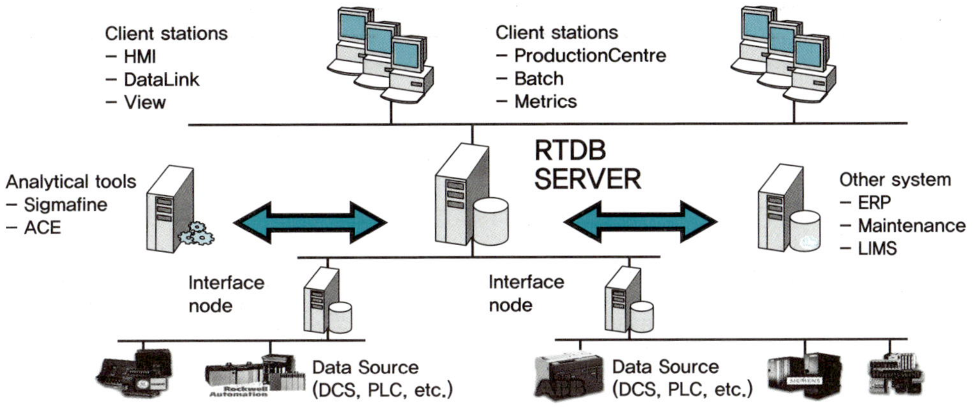

Sigmafine: OSI software 사의 data 분석, 처리용 S/W module
ACE: OSI software 사의 Business Rule 처리 시스템

LIMS: Laboratory Information Management System

그림 11-23 RTDB를 활용한 OIS시스템 사례

RTDB의 특징

공장에 사용되는 RTDB의 목적은 다양한 하부 시스템으로부터 데이터를 실시간으로 수집, 저장하여 데이터 작업을 용이하게 한다. RTDB는 현장의 데이터를 수집하여 별도의 검증 절차를 거치지 않고도 사용자가 신뢰성 있는 데이터를 쉽게 사용하기 위하여 다음과 같은 기능을 기본으로 채택하고 있다.

- Real Time : 프로세스 데이터를 실시간으로 수집 저장하는 기능
- Data Confidence : Recovery, Reconciliation 된 데이터의 정확도를 파악하기 위하여 각 수집된 데이터에 대하여 신뢰도(정확도) 표시 기능
- RDBMS : RDBMS와 쉽게 통합하여 데이터의 Import/Export를 용이하게 함으로써 경영정보, 실험실 정보, 기준정보를 쉽게 사용할 수 있도록 지원. 또한 특정 RDBMS에 종속되지 않는 오픈 시스템이어야 함

- Calculation 기능 : 별도 코딩 없이 태그에서 연산 및 로직 처리 기능
- Manual Tag : 자동으로 수집이 어려운 데이터를 수동으로 입력할 수 있는 기능
- Scheduling : 리포트 발행 및 다른 응용프로그램의 실행을 컨트롤하는 스케쥴
- Tag Modification Auditing : 태그 정의에 대한 수정을 자동 기록
- Client tools : 사용자가 원하는 작업을 쉽게 할 수 있도록 다양한 Library 지원
- API : 여타 응용프로그램과의 인터페이스가 용이(Visual Basic, C++, Visio 등)
- OPC : 최근 공장 정보 데이터의 인터페이스 표준으로 자리잡고 있는 OPC(OLE for Process Control) 기능 제공

RTDB는 일반적인 시스템에서 사용하는 RDBMS와 차이점이 있다. 먼저 RTDB는 실시간 데이터 베이스라는 의미이고 RDBMS는 관계형 데이터 베이스라는 의미이다. 이름에서 볼 수 있듯이 RTDB는 실시간 정보처리를 목적으로 하고 있고, RDBMS는 관계성을 가진 정보처리를 목적으로 하고 있다. RTDB는 실시간 데이터 인프라 시스템으로서, 실시간 어플리케이션 및 타 시스템(MIS, ERP 등)의 데이터 기반을 제공하는 역할을 하고 RDBMS는 MIS, ERP 등의 통합 관리 시스템의 DB 구축으로 사용되는 경우가 많다.

RTDB의 특징으로는 대용량 실시간 데이터의 동시 처리 기술, 데이터 압축 저장 기술로 대량 데이터의 최적 사양으로 장기간 보관과 장기 데이터의 고성능 표시가 가능하며, 다양한 시스템의 데이터 기반을 제공한다. RDBMS의 특징은 데이터에 대한 다양한 관계성을 부여하고, 다양한 조건으로 검색이 가능하다는 점이다. 데이터량 측면에서 같은 양의 정보를 저장하는 데 RTDB는 RDBMS보다 약 1/9정도의 적은 용량이 사용된다.

표 11-3 RTDB와 RDBMS와의 차이점

구분	RTDB	RDBMS
정의	Real-Time Data Base (실시간 데이터 베이스)	Relational Data Base Management System(관계형 데이터 베이스)
개발목적	실시간 정보 처리	관계성을 가진 데이터 처리
적용분야	실시간 데이터 인프라 시스템으로서, 실시간 어플리케이션 및 타 시스템(MIS, ERP 등)의 데이터 기반 제공.	MIS, ERP 등의 통합 관리 시스템의 DB 구축으로 사용

구분	RTDB	RDBMS
특징	대용량 실시간 데이터의 동시 처리 기술. 데이터 압축 저장 기술로 대량 데이터의 최적 사양으로 장기간 보관 가능. 장기 데이터의 고성능 표시 가능. 다양한 시스템의 데이터 기반 제공.	데이터에 대한 다양한 관계성을 부여하고, 다양한 조건으로 검색 가능
데이터 량	3Bytes/Record(Tag) 10,000Tags 5초 주기로 1년간 보관 크기 → 190GB (Exception 및 Compression 사용 할 경우 → 10GB 내외	28Bytes/Record 10,000Tags 5초 주기로 1년간 보관 크기 → 1,642GB

OIS에서 RTDB와 HMI의 역할

OIS에서 RTDB의 역할은 다음과 같다.

- 공정별 Tag 데이터 이력화
- 공정 및 설비상태 모니터링 및 분석
- 공정 및 설비 이력 데이터 MES에 제공
- 공정진행 이력 리포팅
- 설비 상태 정보를 설비관리 시스템에 제공

HMI는 Client 역할로 다음에 서술한 기능을 수행한다.

- 공정 모니터링 및 컨트롤
- 설비 모니터링 및 세트 포인트(Set Point) 관리
- MES 어플리케이션에서 오더 정보를 전송 받음
- 오더별 공정 진행 정보를 MES에 실시간 전송
- 설비 상태 정보를 RTDB에 실시간 전송

설비보전에서 HMI의 필요성

종래의 설비 보존의 주요방식은 TPM에 의한 자주 관리 모델로서 현재도 많은 현장에서 그 진가를 발휘하고 있다. 전사적 생산 설비보전이라고 정의하는 TPM은 설비 효율을 최대로

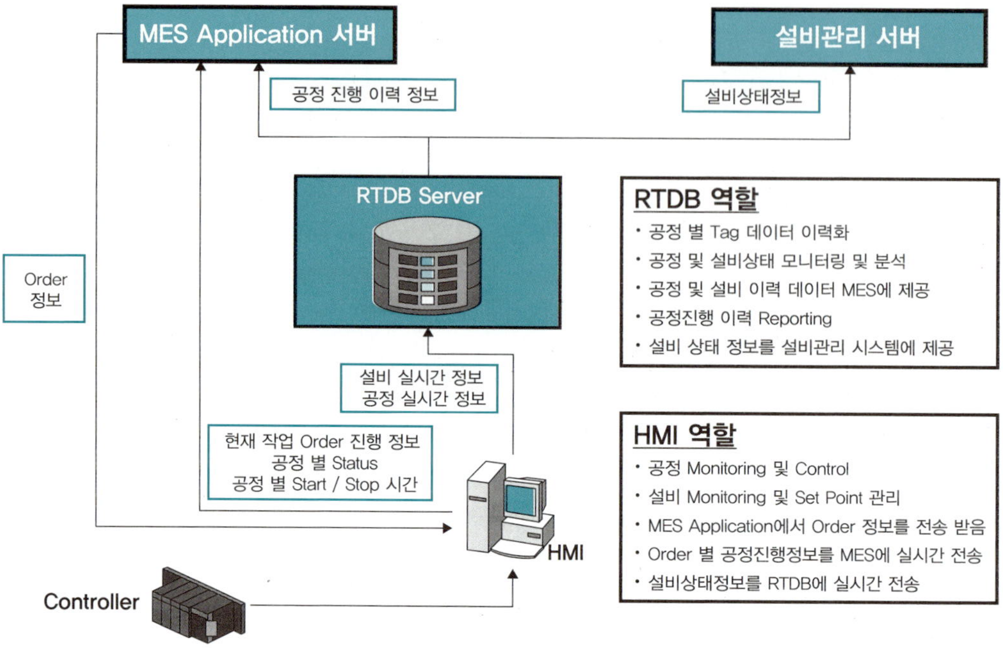

그림 11-24 OIS에서 RTDB와 HMI의 역할

할 것을 목표로 설비의 전 생애를 대상으로 종합 시스템을 확립하고, 설비의 계획부문, 사용부문, 작업자에 이르기까지 전원이 참가하여 소집단 활동에 의거한 생산 설비보전을 추진하는 것이 있다. 현재 대부분의 작업장에서는 아래와 같은 문제점을 안고 있다.

첫째, 설비 운용자의 지식에 한계가 있어 아무래도 외형적 점검에 그치기가 쉽다. 즉, 누설, 절단, 진동, 파손 등 외형적 결함은 비교적 쉽게 검출할 수 있지만, 전기적 미세 결함, 완만한 온도 상승 등 설비의 내부적 진단은 운용자의 입장에서는 검출해 내기가 쉽지 않다. 둘째, 계기를 통하여 내부 특성의 변화를 파악하지만 그것을 통합적으로 보여 주지 못함으로써 사실상 매일 점검 등과 같은 주기 점검화가 어렵다. 셋째, 주로 아날로그 계기를 활용하여, 설비 특성의 완만한 변화 등 시간을 두고 관찰하여야 할 특성치 추세를 읽기가 어렵다. 이러한 문제점을 보완하고자 아래의 방법으로 설비의 HMI화가 시도된 것이다.

설비의 HMI화

아래 [그림 11-25]는 주요 특성치를 측정할 수 있도록 써머커플(Thermocouple), 전압/전류 센서, 습도 센서 등을 연결하여 중앙집중식 모니터링 시스템이 구축된 모습이다. 중앙 컨트

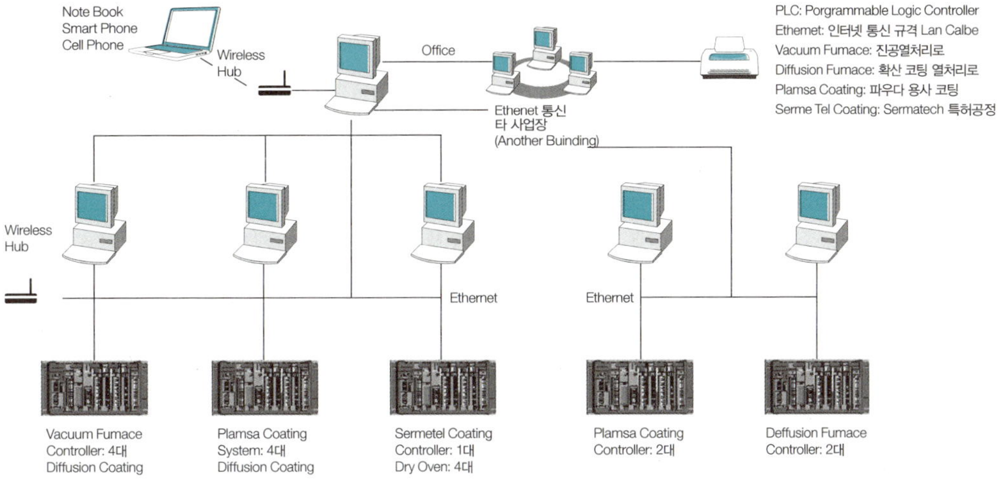

그림 11-25 HMI 구성 Diagram

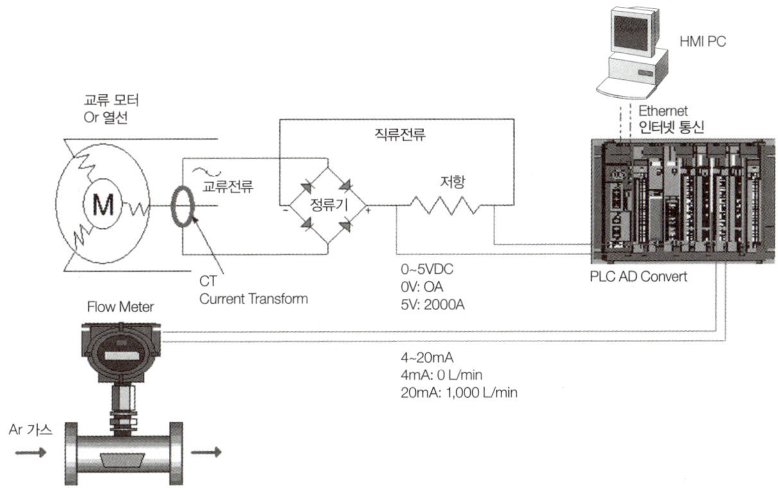

그림 11-26 센서 연결도

롤 컴퓨터에 의해 언제든지 각 설비의 가동/비 가동 상태, 전압/전류, 온도 등 특성치를 연속적으로 볼 수 있게 된다. 각 센서는 [그림 11-26]과 같이 PLC에 연결된다.

Key Process Input 관리

6시그마 활동이 심화되면서 공정의 핵심 Input 조건의 중요성이 대두되고 있다. 병행하여 대부분의 공장에서 공정 능력 인증제도가 도입되고 있으나, 그야말로 Input 관리가 허술하면 그 결과가 좋지 않게 나오는 것은 자명하다. 현장 관리는 항상 여러 어려운 점이 많이 있지만, 작업 특성상 환경 조건이 예민하게 제품 품질에 영향을 미칠 때, 이를 허용 범위 내로 관리한다는 것은 매우 어렵다. 그러나, HMI적용으로 급격한 환경개선을 이룰 수 있게 되며, 누구나 현재의 환경상태를 바로 눈으로 보게 됨으로 환경 조건은 빠른 시간에 안정을 찾을 수 있게 된다. 즉 모니터링을 통하여 실시간 먼지 개수, 온도, 습도가 작업장 화면에 그대로 표시되어 작업자의 일거수 일투족의 영향이 그대로 실시간에 관찰됨으로, 작업장 안에서 일하는 요원들의 환경 관리 밀도가 과거보다 수 배 증가하게 된다. 또한, HMI 가시 관리화를 통하여 온도, 전압, 전류, 가스압력 등 제품 품질에 민감한 영향을 끼치는 KPI 파라미터 위주로 HMI 화면을 구성하고, 실질적으로 제품 품질보증에 기여하게 된다.

설비 가동 관리

현장 설비의 가동률 증대는 어느 현장에서든 최대의 이슈가 된다. 이를 위하여 많은 툴들이 연구되고 가동 중이나, 이것 역시 관리의 목적과 현장의 요구(Needs)가 일치하지 못하여, 관리는 관리대로 현장은 현장대로 개별 행동이 나타나기 쉽다. 이 불일치의 많은 부분은 현장의 마이너스 정보를 제대로 작업장과 작업자에 전달하지 못하는 점에 기인한다고 본다. 여기서 마이너스 정보란 설비의 정지, 가공 지연, 재공 과다 등 생산 활동에 저해를 가져오는 모든 위해 요소를 표현하는 정보를 말하며 현장의 속성상 잘 들어나지 않는 경우가 많다. 이 점을 해결하고자 HMI가 적용되어 현장 관리 정보의 가시화 작업이 개시된 것이다.

HMI 시스템으로 자동 생성되는 예로 일일 가동 정보보고서, 월간 가동 정보 보고서가 [그림 11-27]과 [그림 11-28]에 나타나 있다. HMI 가시 관리에 의하여 설비 가동률 향상이 다음과 같은 3가지 요인으로 실현되게 된다. 첫째, 설비 고장 등 비가동 로스 제거에 의한 부분 둘째, 셋업 단축 등 준비 작업 관리에 의한 로스 제거 부분 셋째, 물량 증가에 의한 부분으로 설비 가동률 향상이 이루어진다.

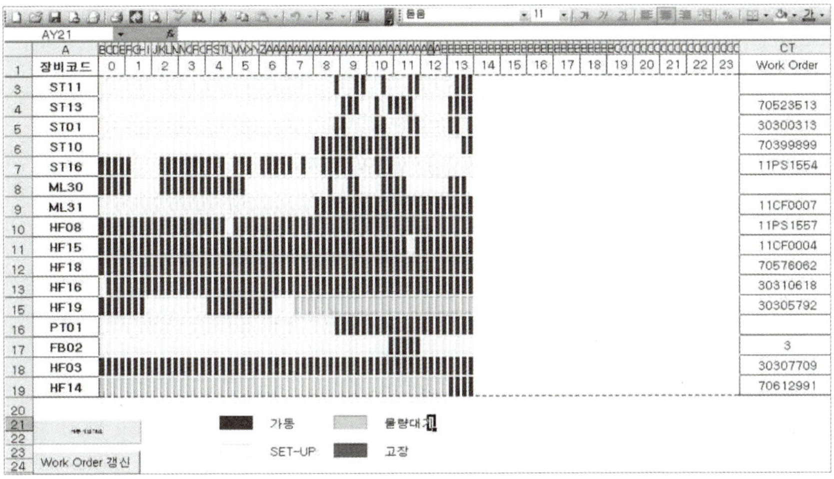

그림 11-27 일일 가동정보 보고서 화면

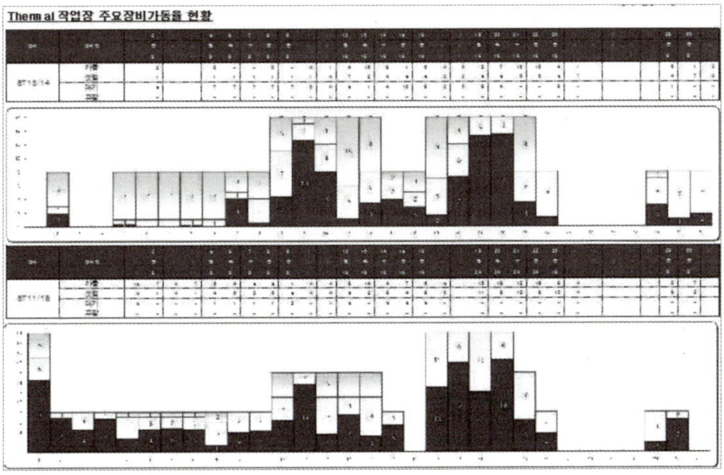

그림 11-28 월간 가동 정보 보고서 화면

재해 방지 및 작업 안전 관리

공정 특성상, 고온, 고압, 폭발성 가스 등 위험요소가 많이 내포되어 있는 작업장은 작업 안전부문에 특별한 주의가 요구된다. 각 작업장별로 안전 관리가 별도로 이루어지고는 있으나, 전체적 종합 관리가 안되어 관리 효율 저하는 물론, 전체 공장의 안전을 보증하기가 미흡한 점이 있다. 이 안전관리 부분에 HMI를 도입하게 되면 전체적 안전 상황을 한눈에 파악하여 관리함으로써 보다 더 안전한 작업 환경 관리가 가능하게 된다. [그림 11-29]는 예로써 각 작업장별 핵심장비의 안전 관련 파라미터의 현재 상황을 보여주는 것이다. 이상 발생시 적색 경보가 뜨며 작업반에 자동 경보가 전달된다.

어느 현장에서나 개선과 현장 관리는 서로 맞물려 돌아가는 생산 활동의 두 가지 축이다. 하지만, 대부분의 현장에서는 그것이 하나의 목표를 갖고 여러 기능이 참여하여 일사불란하게 움직이지 못하는 경우가 많다. 그래서, 이와 같은 두 축의 갭(Gap)을 HMI의 가시관리로 상당부분 메울 수 있다. 설비보전 관리는 HMI 가시관리를 통하여, 설비 내부의 잘 안 보이는 미세 잠재 결함을 눈으로 보일 수 있게 할 수 있을 뿐 아니라, 현장 작업자의 수준 높은 참여가 기대되어 보다 더 효율적인 TPM이 수행될 수 있다. 또한 보전 부서는 일상의 관찰을 현장으로 돌리고 보다 더 차원 높은 예방 보전을 수행할 수 있을 것이다. 공정능력을 좌우하는 Key Process Input 관리도 HMI를 통하여 안정되게 관리할 수 있게 된다. Key Process Input이 시시각각 중계됨으로 정상과 비정상이 눈으로 인식되어 현장의 자율신경이 갖춰지게 되는 것이다. 오랜 숙제인 현장의 가동률 관리도 마이너스 정보를 직접적으로 눈으로 볼 수 있게 함으로써, 개선하지 않으면 안될 구속력 있는 상황으로 유도하여 가동률을 상당 부분 올릴 수 있게 된다. 작업 재해 및 안전 방지 부분에도 실시간 경고 시스템을 활용하여, 사전 재해 요소 검출 및 탐지에 효과를 기대할 수 있게 된다. 이것들이 향후 설비별 가동 데이터의 축적으로 궁극적인 Digital Manufacturing을 위한 초석이 될 것이다.

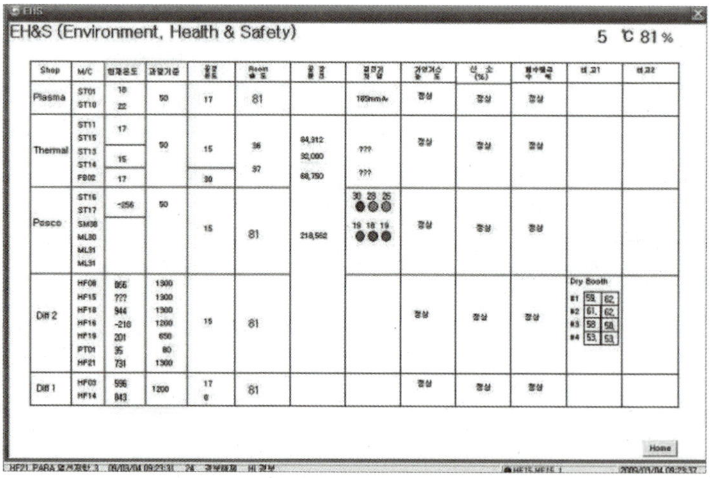

그림 11-29 안전 부분 HMI화면

연습문제

1. 설비 온라인화에 대하여 기술하시오.

2. PLC에 대하여 요약 정리하시오.

3. DCS는 무엇이며 철강/석유화학/환경분야에서 대표적인 것을 나열하시오.

4. HMI는 무엇인가?

5. 설비 Online화 프로토콜에 대하여 설명하시오.

6. RTDB에 대하여 설명하시오.

7. 설비의 HMI화란 무엇인가?

8. 설비보전에서 HMI의 필요성은?

9. OPC 통신의 장점은?

10. MES 관점의 공정 파라미터 데이터의 수집 유형은?

Chapter. 12

작업지시

12.1 | 작업지시의 주요 기능

작업지시는 생산 실행, 품질 관리/수율관리, 설비 보전관리, 공정 설비제어, 공정물류 자동화, 설비 엔지니어링이다. 스케쥴링과 디스패칭(Dispatching)은 작업지시 영역에 속한다. 작업지시 모듈을 간략히 소개하면 공정 혹은 스텝을 시작하기 위해 공장의 특정부문에 자재 투입 또는 지시를 하달하는 것으로 일, 순서, 배치, 로트 및 작업지시의 형태로 생산단위의 흐름을 관리하는 것이다. 작업지시 정보는 특정 작업이 필요한 순서대로 제시되고, 생산현장에서 발생하는 상황에 따라 실시간으로 변경된다. 생산현장의 미리 예정된 상세일정을 변경하는 기능을 포함하고 있으며, 재작업(Rework), 폐기(Salvage), 버퍼관리 기능으로 특정 시점의 재공 수량을 통제하는 기능을 한다.

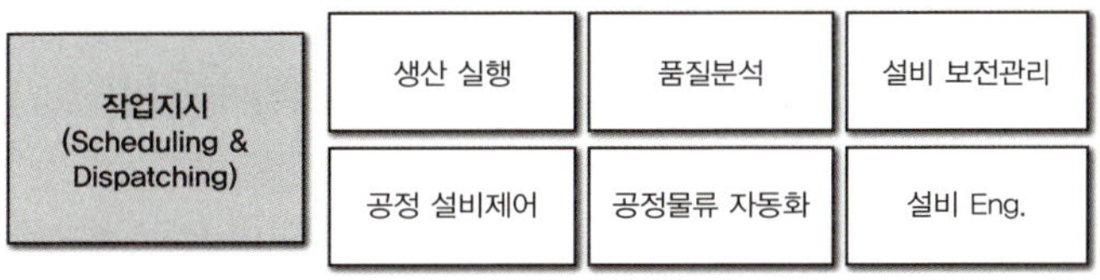

그림 12-1 작업지시 모듈

작업지시에 대해 구체적으로 알아보기 전에 생산계획 수립과 연관되어 있는 제조업의 생산방식에 대해 설명하고자 한다. 제조업에서는 생산 방식에 따라 변동성이 발생하는 부문이 다르고 필요한 역량도 달라진다. 생산 방식은 MTO(Make-to-Order) 방식, MTS(Make-to-Stock) 방식, ATO(Assemble-to-Order) 방식, ETO(Engineer-to-Order)방식이 대표적인데, 고객의 주문을 언제 생산에 적용하느냐에 따라 방식을 분류한다.

일반적으로 생산이 완료된 완제품 재고로 고객 주문에 대응하면 MTS, 생산이 완료된 반제품 재고로 고객 주문에 대응하면 ATO, 고객 주문이 들어오면 그때부터 생산에 들어가는 MTO, 고객 주문이 들어오면 그때부터 개발을 시작하는 ETO 방식으로 분류한다.

각 생산 방식의 특성을 살펴보면, MTS 방식은 영업에서 고객 주문을 접수하고 생산에 지시해 제품 창고에서 출하하므로 OTD L/T(Order-to-Delivery Lead-Time)이 가장 짧다. 그러나, 수요 변동에 따라 부담해야 하는 제품 재고로 인해 이 방식에서는 수요 변동성에 따른 대응력이 가장 중요하게 된다.

MTO 방식은 영업에서 고객 주문을 접수하면 그 때부터 생산에 들어간다. 여기서는 재고에 대한 부담은 없지만 장납기 자재의 가용성과 고객 요구사항의 변경, 설계 변경 등에 따라 전체 OTD L/T이 길어지게 된다. 그래서, MTO 방식에서는 장납기 자재나 설계 변경에 따른 공급 변동성에 대응하는 능력이 가장 중요하게 된다.

위 생산 방식의 단점을 극복하고자 도입된 ATO 방식은 영업에서 고객 주문을 접수하면 이미 완료된 반제품 상태의 재고를 최종 조립하여 출하하므로 MTO 방식보다 OTD L/T은 짧아지고 MTS 방식보다 수요 변동에 따른 제품 재고 부담은 감소된다. 하지만, MTS, MTO 방식의 복잡성을 동시에 갖게 되어, 반제품 재고를 수요에 맞춰 잘 준비해야 하고 설계 변경에 따라 생산을 잘 수행해야 한다.

ETO 방식은 설계/공정 변경에 따른 원부자재 및 공정 재고 부담을 가지고 있다. 고객의 주문이 들어오면 설계부터 시작하여 개발, 생산, 출하, 설치/시공까지 행하기 때문에 OTD L/T가 가장 길며 개발 정보 변경 범위 또한 크다. 어떠한 생산방식이 최고라고는 말할 수 없다. 고객의 요구사항 및 생산현장 즉, 생산수용 능력, 원부자재 및 공정 재고 등의 상황이나 조건에 따라 알맞은 생산방식을 선택하는 것이 중요하다. [그림 12-2]는 각 생산방식의 특성을 도식화하여 보여준다.

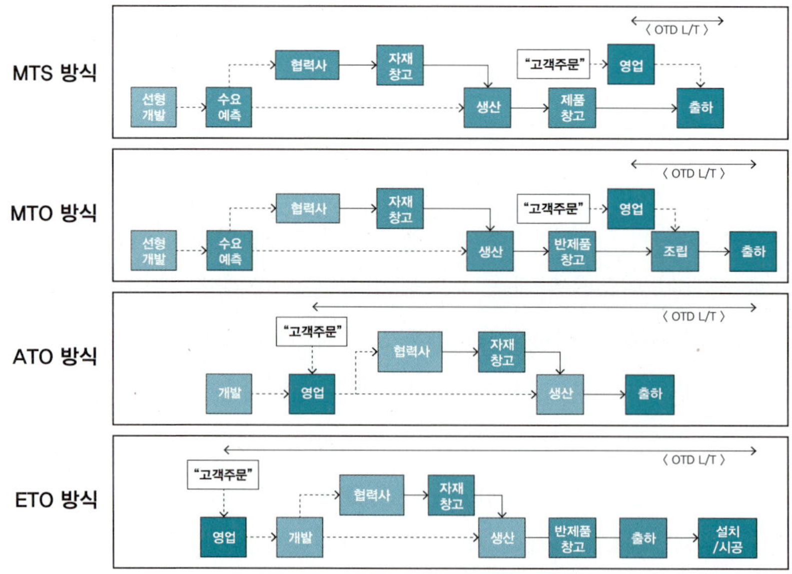

그림 12-2 각 생산 방식의 특성

-Note-

제조업에서의 생산방식은 고객의 주문을 언제 생산에 적용하느냐에 따라 다음과 같이 분류된다.

- MTS(Make-to-Stock): 생산이 완료된 완제품 재고로 고객 주문에 대응
- ATO(Assemble-to-Order): 생산이 완료된 반제품 재고로 고객 주문에 대응
- MTO(Make-to-Order): 고객 주문이 들어오면 그때부터 대응하여 생산
- ETO(Engineer-to-Order): 고객 주문이 들어오면 그때부터 개발을 시작

작업지시의 정의

작업지시란 SCM에서 계획을 내려 받아 생산현장에서 설비별로 어떤 로트를 진행할 것인지 스케줄링과 디스패칭을 통하여 지시하는 활동이며, 공정 혹은 스텝(Step)을 진행하기 위해 팩토리(Factory)의 특정부분에 자재투입 또는 지시를 하달하는 것이다. 그리고 제조환경에서 고객에게 요청된 제품의 생산에 대한 작업을 보여주기 위하여 세일즈 오더(Sales Order)를 워크 오더(Work Order)로 전환시키는 것이다.

대부분 생산계획은 ERP에서 수립하여 MES시스템으로 인터페이스하고 MES의 생산 실적을 ERP로 인터페이스하여 전사의 계획 시스템과 실행 시스템이 상호보완적으로 운영되므로 두 시스템 간의 역할 및 인터페이스 정의가 중요하다. 또한 생산실행 시스템 내부에서 워크 오더 시작부터 종료까지 라이프 사이클 관리가 다른 모듈인 품질관리, 설비관리 등과 유기적으로 연동되어야 한다. 제조업에서의 생산실행 시스템의 작업지시 관리 기능 구현 시, 타 시스템과의 연동 및 시스템 내부 간의 유기적 결합이 충분히 고려되어야 계획 시스템으로부터 생산 계획을 받아, 제품 수요에 대한 공급을 만족시키면서 공정의 자원을 효율적으로 운영하는 시스템이 구축된다.

작업지시 목적 및 활동

제조업의 작업지시(Work Order)는 계획 시스템으로부터 생산 계획을 받아 제품 수요에 대한 공급을 만족시키면서 공정의 자원을 효율적으로 운영하기 위한 기본 계획으로 원자재 및 부자재의 투입, 설비의 운영, 작업자에 대한 근무 계획의 기본 자료로 활용된다. 작업지시의 수행 결과는 계획시스템으로 피드백되어 차기 생산계획의 기본 자료로 활용되고, 생산

실행 관리의 중요 지표인 생산 이행률(계획 대비 실적), 불량률, 생산 종합효율, 설비 효율 관리의 기본이 되므로 제조업의 작업지시 관리는 매우 중요하다.

작업지시의 목적은 일별 또는 조(Shift)별 생산계획 달성을 위하여 공정별 투입 스케쥴 수립 및 지시하는 것으로, 낮은 수율, 설비 Down, WIP Unbalance 등과 같은 생산 이슈 발생 시 Re-Scheduling 한다.

ERP와 MES의 역할

- **생산계획 시스템(ERP)의 역할**

  세일즈 오더 정보 또는 예측(Forecast) 정보를 활용하여 완제품의 수요(Demand)계획을 수립하고, MRP(Material Requirement Planning)를 수행하여 완제품/반제품의 소요계획과 원자재에 대한 소요계획을 수립한다. MRP 수행 시 Material Master의 Material(제품/반제품/원자재)의 Lead Time정보와 BOM(Bill Of Material)의 부품 및 원자재의 소요량 정보 및 BOM의 부품 레벨 정보를 활용 하여 제품/반제품의 Production Order를 생성한다.

- **생산실행 시스템(MES)의 역할**

  ERP의 Production Order(PO)를 인터페이스 받아 작업지시(Work Order)를 생성한다. 작업지시 생성시 한 개의 PO를 여러 개의 작업지시로 분할할 수 있다. 단 작업지시를 분할하여 수행하면 PO의 계획 수량과 일정을 만족해야 하고 PO 정보와 작업지시의 맵핑 정보를 관리하여 ERP로 실적 보고 시 PO로 보고해야 한다.

ERP와 MES의 계획운영 개념도

ERP와 MES의 계획운영 및 인터페이스 정보는 그림 [12-3]에서 보는 바와 같이 ERP에서 기준정보(Material Master, BOM, Routing, Work Center, Production Version)와 Production Order 및 Order별 자재 예약정보를 인터페이스 받고 MES에서 작업지시로 전환 후 생산 실행을 하여, 그 결과인 Production Order별 생산 실적 및 자재 사용량을 ERP로 인터페이스해 준다.

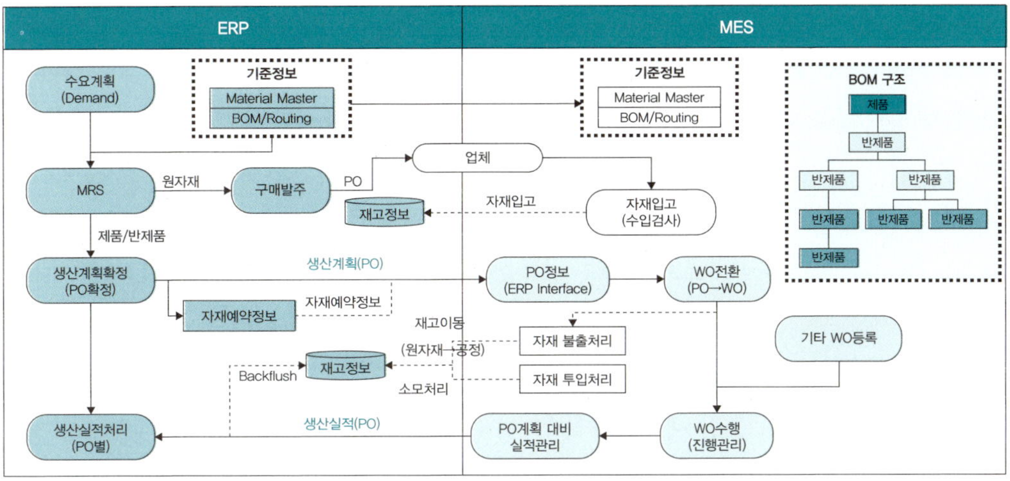

그림 12-3 ERP와 MES의 계획운영 개념도

ERP와 MES의 인터페이스 항목은 다음의 [표 12-1]과 같다.

표 12-1 ERP와 MES의 인터페이스 항목 및 주기

I/F 방향	구분	I/F 명	I/F 주기	내용
ERP → MES	기준정보	Material Master	즉시	Item, Item 명, 제품구분
		BOM		상위 Item, 하위 Item, 수량
		Routing		Item, 공정, 공정 순서
		Work Center		공정, 공정명
		Production Version		버전, Item, 공정, 공정 순서
	생산계획	Production Order(PO)		PO번호, Item, 시작일, 완료일, 수량
		PO routing		PO번호, Item, 시작일, 완료일, 공정
		PO 자재예약		PO번호, Item, 공정, 자재코드, 수량
		Planned Order		Item, 시작일, 완료일, 수량
MES → ERP	생산실적	생산실적	1회/1일	PO번호, 공정, 실적시간, 생산수량, 완료여부
		자재사용 실적		PO번호, 공정, 자재코드 사용일, 사용수량

ERP는 MES에게 실시간으로 기준정보와 생산계획을 내려준다. 반면, MES는 생산실적 및 자재 사용 실적을 1일 1회 또는 Shift 단위로 보고하는데, 보고 주기는 회사마다 약간의 차이가 있을 수 있다. ERP에서 MES로 인터페이스 하는 기준정보에는 아이템, 아이템 명, 제품구분 등의 Material Master 정보와 상위/하위 아이템 정보, 수량을 가지고 있는 BOM 정보 아이템, 생산공정 및 공정 진행 순서를 담고 있는 라우팅(Routing) 정보와 Work Center 정보를 인터페이스 해준다. ERP에서는 공정을 그룹핑하여 관리하고, MES에서는 공정을 상세하게 관리할 경우 Production Order를 Work Order로 전환 시 공정 맵핑 정보를 활용하여 Production Order의 공정 별 계획 및 실적 정보를 관리한다. 그리고 제품 버전 정보, 아이템, 생산과정 및 공정 순서를 나타내는 Production version 정보를 내려준다. 그리고 PO번호, 아이템, 생산 시작일, 생산 완료일, 공정, 수량 등의 정보 즉, PO, PO 라우팅, PO 자재 예약, Planned Order 등의 생산계획 정보를 실시간으로 인터페이스 해주고 있다.

공정에 Production Order가 한 개인데 설비가 3대가 있을 때, 설비 별로 Work Order를 분할하여 운영할 수 있다. 공정에 일별 Production Order가 내려온 경우 MES에서는 Shift별로 분할한 Work Order를 운영할 수 있다. Production Order가 제품별로 관리되어 해당 제품의 라우팅에 구성된 공정에는 동일한 Production Order가 적용되나, Work Order의 경우 공정 별로 별도로 분할하여 운영할 수 있다.

MES에서는 생산실적, 자재사용 실적을 ERP에 인터페이스하고 있으며 PO번호, 공정, 실적시간, 생산수량, 완료여부 등의 정보가 포함되어 있다.

MES에서의 WO 생산실적 및 자재 소모량 보고 방법

- **WO의 실적을 ERP로 보고하는 방법**

  ERP의 Production Order를 인터페이스 받아 Work Order(WO)를 생성한다. Work Order 생성 시 한 개의 Production Order를 여러 개의 Work Order로 분할할 수 있다. 단 Work Order를 분할하여 수행하면 PO의 계획 수량과 일정을 만족하게 해야 하고, Production Order 정보와 Work Order의 맵핑 정보를 관리하여 ERP로 실적 보고 시 Production Order로 보고해야 한다.

- **WO의 자재 소모량을 ERP로 보고 하는 방법**

  – 실사용량 보고 방법

  WO를 수행하면서 실제 사용한 반제품 및 자재 사용량을 보고하는 방식이다. 작업을 시작할 때 WO별 자재를 별도로 요청하여 사용하고 사용 잔량을 반납하는 작업장 또는 고가의 자재를 사용하여 제품별 정확한 사용량 관리가 필요한 작업장에 유용한 방식이다. 그러나 공용의 자재가 많은 작업장이나 자재투입을 별도의 묶음(로트) 단위로 관리하는 공정에서는 WO별 투입기록을 하는 공수가 많이 필요하므로 생산 효율이 떨어질 수 있다.

  – Backflush 처리 방법

  생산 실적과 BOM의 소요량으로 투입량을 자동으로 계산하는 방식이다. 일정기간별 재고 조사를 실시하여 실사용량과 시스템의 차이를 분석하여 BOM소요량의 정확도를 유지해야 한다.

  – Backflush 및 개별 사용량 추가 보고 방법

  생산 실적에 의한 Backflush방식을 사용하고, 생산 중 자재 불량이 많이 발생한 경우 추가로 해당 오더에 추가 투입 처리하는 경우로 Backflush 처리 방법의 보완 방법이다.

Work Order의 상태

Work Order의 상태는 생산현장의 상황에 따라 정의해서 관리해야 하지만 일반적으로 다음 [표12-2]와 같이 정리하여 관리하고 있다.

표 12-2 Work Order 상태

상태	설명
대기	Work Order가 발행되고 생산 준비 또는 진행이 도지 않은 상태이다. 대기 상태의 WO는 취소가 가능하다.
취소	WO를 취소한 상태로 해당 WO는 더 이상 사용할 수 없다. WO의 취소는 대기 상태에서만 허용된다.
준비	대기 상태의 WO로 LOT을 발행하거나 실비에 WO를 Change한 경우로 생산 시작이 안된 상태이다. 준비 상태에서는 생산을 위한 준비를 시작한 단계로 계획변경이나 취소를 못하도록 해야 한다. 준비 상태에서 계획변경을 위해서는 현장설비 및 현장운영 시스템에서 대기 상태로 변경 후 계획변경 또는 취소를 해야 한다.

상태	설명
진행	해당 WO로 생산이 시작된 상태로 MES에서 Start Transaction이 발생하여 생산이 진행 중인 상태이다.
보류	생산 진행 중 불량문제 또는 WO간의 우선 순위 변경을 위해 해당 WO를 마감하지 않고 보류한 상태이다. WO가 보류되면 다음 WO가 생산 진행할 수 있고 보류를 해제하면 다시 진행 상태로 변경하여 생산을 진행할 수 있다. WO의 보류는 진행 상태에서만 가능하다.
투입 마감	해당 WO로 더이상 투입을 하지 않는 상태로 WO가 조립 라인에 할당된 경우 또는 공정이 여러 개를 수행하는 WO는 첫 번째 공정에서 투입 마감하여 다른 WO로 투입이 가능 하도록 하는 기능이다. 첫 번째 공정의 WO를 Change할 때 이전 WO가 자동으로 투입 마감을 처리하도록 하면 투입 마감된 WO는 마지막 공정에서 양품 수와 해당 WO로 발행한 불량 수의 합계수량이 투입 수량과 같을 때 자동 종료가 가능하다.
종료	해당 WO로 생산이 완료된 상태로 해당 WO로 진행중인 재공이 없어야 한다. WO종료를 위해서는 첫 공정의 투입 수는 마지막 공정의 양품 수와 해당 WO로 발생한 불량 수의 합계가 같아야 한다.
기타	대기를 상세 관리하는 경우로 WO는 발행되었으나 현장에서 사용할 수 없는 상태를 관리할 경우에 사용하고, 삭제 등은 WO가 잘못 내려온 경우로 계획 수량으로 집계하지 않는 WO이다.

12.2 생산 스케줄링의 주요 기능

스케쥴링의 정의

스케쥴링이란 유한성을 띄며, 정확한 시간, 장비 적재, Shift 유형 등을 상세히 계산하기 위해 중복/병렬 작업과 대안을 파악하며, 적절히 순서가 정해졌을 때, Setup을 최소화하는 작업에 있어서 특별한 생산단위와 연관된 처방, 우선순위, 속성 및 특성에 기초한 순서를 제공하는 기능을 한다. MESA에서 정의한 Operations/Detail Scheduling 기능을 요약하면 작업의 우선 순위, 기여도, 특성 등에 기초하여 작업의 순서를 제시하며, 설비로딩을 위한 정확한 시간 계산과 이동 패턴을 조정하기 위한 대체 공정과 중복/병행 공정을 파악한다.

상세 Scheduling의 필요성

Scheduling은 다품종 변종변량 생산체제 변화에 따른 수작업과 경험에 의한 생산관리의 한계를 극복하기 위해서 필요하다. 계획 부서에서의 수요 중심의 생산계획 수립 및 생산 지시와, 실행 부서의 설비효율 중심의 설비 운영계획 수립 및 설비 운영으로 인한 계획 간의 불일치와 Product Mix에 의한 라인 CAPA 변동 파악의 어려움으로, 그리고 긴급 Order 또는 이슈 발생 시 긴 제조 L/T(Lead Time)에 의한 기존 Order와의 신속한 연계 대응체계 취약의 문제에 대응하여 신속한 시뮬레이션과 눈에 보이는 정확한 Sign Signal 관리에 의한 생산 실행력 강화를 통해 원가 경쟁력을 강화하기 위해서 필요하다. [그림 12-4]는 스케쥴링의 필요성을 간략히 도식화하여 보여준다.

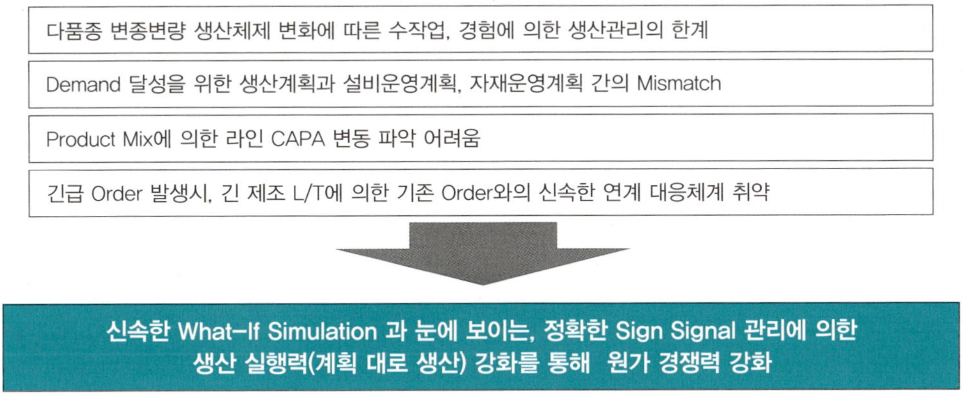

그림 12-4 Scheduling 필요성

Scheduling의 주요 기능

스케쥴링의 주요 기능을 요약하면 다음과 같다.

- 제품, 설비 단위로 진행 가능한 제품을 일정한 Time Horizon 동안 지정한다.
- 생산현장에 가장 효과적인 생산품과 부자재를 포함한 계획을 지시한다.
- 설비의 가동률, 제품 및 부자재 수급상태, 제품의 납기 및 고객들의 중요 요구사항 등을 고려하여 최적의 작업지시를 실시간으로 제시한다.
- 최적의 작업 가이드라인을 제시한다.

Scheduling 의 프로세스를 간략히 소개하면 다음과 같이 이뤄진다.

① APS/ERP로부터 발행된 일별 또는 Shift별 PO(Production Order)를 수신한다.

② 수신된 PO를 한 개 또는 여러 개의 WO(Work Order)로 생성하고 투입 순서를 결정 한다.

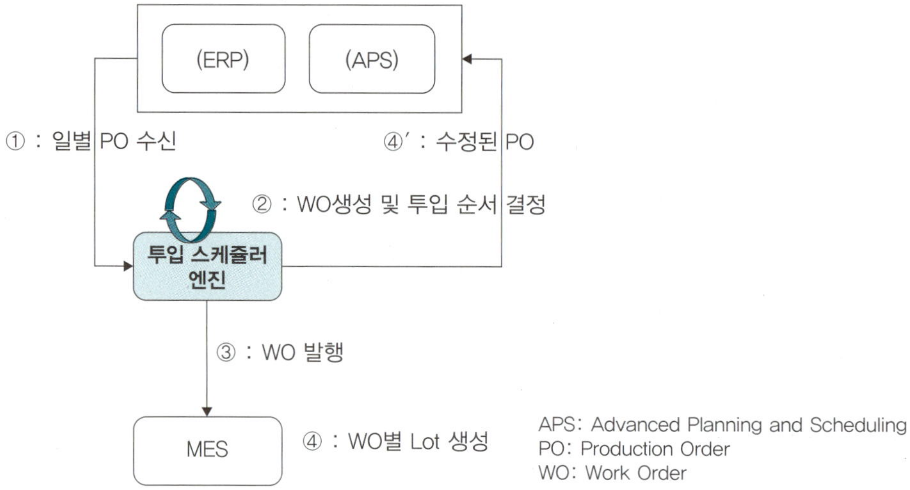

그림 12-5 Scheduling 프로세스

③ 투입 스케줄러 엔진을 통하여 WO가 발생되면,

④ WO별 로트를 생성한다. 실적 정보 및 Shop Floor의 현재 진척상황을 반영하여 WO별 최적 투입 계획을 수립한다.

12.3 작업 할당의 주요 기능

작업 할당(Dispatching)

작업 할당이란 설비로부터 발생된 이벤트에 대해(Load/Unload Request) Line Balancing 및 Dispatch Rule을 적용하여 최적의 로트 및 다음 반송지를 선택하여 반송지시를 실행하는 것이다. MESA에서 정의한 Dispatching Production Units 기능을 요약하면 배치(Batch), 로트 및 작업 지시서 등과 같은 작업 형태에 있어서 생산 단위의 흐름을 관리한다. 분배 정보는 공장 현장에서 사건이 발생함으로써 수행되어야 할 작업과 실시간적인 변화의 순서에 의해 제공된다. 재작업과 재처리 공정은 버퍼 관리와 함께 모든 시점의 제공 제어 능력에 따라 가능하다.

Dispatch 정보는 생산현장에서 발생하는 이벤트에 따라 실시간으로 변경되어 장비나 작업자가 처리해야 할 작업을 순서대로 정렬하여 Dispatched 로트 리스트나 반송명령 등의 형태로 제공된다. 또한 미리 스케쥴링된 생산계획을 생산현장의 장비, 로트, 재공의 상태에 따라 변경하는 능력을 갖추고 있으며, 재공(WIP: Work-In-Process) 수준을 제어하는 능력과 아울러 재작업(Rework)이나 폐기(Salvage) 처리 기능도 수행한다.

MES가 갖추어야 Dispatching 기능을 확장 발전시킨 것으로 대개는 MES 패키지 업체에서 부가적으로 향상된 Dispatching 기능을 수행하는 소프트웨어 패키지를 별도로 제공하고 있으며, 각 제조업체 나름대로의 생산 환경에 따라 새롭게 개발하기도 한다.

Dispatching의 주요 기능

Dispatching의 주요 기능을 요약하면 다음과 같다.

- 스케쥴링 결과 및 최적화 로직을 고려하여 현 공정의 최적의 로트 또는 최적의 설비를 제시하는 기능
- 공정의 작업대기 중인 로트를 우선순위에 따라 설비에 할당하고 작업이 완료된 로트의 다음 작업이 이루어질 공정을 지정하여 이동시키는 기능
- MES로부터 실시간으로 데이터를 획득하는 MES Adapter 기능
- 수집된 데이터를 이용하여 Dispatching Rule을 편집하는 Rule Editing 기능
- 모델링을 통하여 만들어진 가상 생산상황에 Dispatching Rule들을 적용하여 그 결과를 예측하고 검증하는 시뮬레이션 기능
- Dispatch된 로트 리스트를 작업자나 반송시스템에 전달하는 Dispatched 로트 Listing 기능

Dispatching의 실행 주기는 설비에서 Load/Unload 요청 이벤트가 발생 시 실시간으로 실행된다. Dispatching 시스템은 생산체계가 어느 정도 잘 갖추어져서 안정적인 생산흐름을 유지하며, MES가 적용되어 생산현장의 데이터가 실시간으로 수집되어 피드백되고 있는 공장에서 더 이상의 설비확장이나 생산라인의 변경이 없이 생산성을 향상시키고자 할 경우, 매우 유용한 도구로 이용된다. 실제로 애로공정(Bottleneck)이 있거나, WIP수준이 부적절하게 유지되거나, 다품종 주문생산에 있어서 고객이 요구하는 납기를 준수하기 위해 제품별 생산 우선순위를 산정하기 어려운 경우, 또는 완성실적에 맞추기 위한 로트 투입시기 및 투입물량을 산정하기 어려운 경우 Dispatching System은 이러한 문제들을 해결하도록 매

우 획기적인 정보들을 제공해 준다.

매우 어려운 스케줄링 알고리즘이나 규칙들을 적용하지 않고도 간단한 로트 우선순위 규칙(예를 들면, 납기가 빠른 로트를 작업한다든지, 잔여 처리시간이 작은 로트를 먼저 작업한다든지, 다음 공정의 평균대기시간이 작은 로트를 먼저 작업한다든지)만 적용해도 사이클 타임이 단축되고, 장비 이용률이 향상되고, 처리량이 향상됨을 여러 상황의 시뮬레이션을 통해 쉽게 검증할 수 있다.

Dispatching Rule 개발 적용 단계

Dispatching Rule 개발 적용 단계는 다음을 따른다.

1단계) Area나 Equipment에 의존적인 규칙을 개발한다.
2단계) 라인밸런싱을 유지하는 규칙을 개발한다.
3단계) 비즈니스 전략에 따른 규칙을 개발한다.

1단계는 Area나 Equipment에 의존적인 규칙을 개발한다. 각 작업장별, 장비별로 공정 특성에 따른 규칙을 만드는 것으로 대개 일괄작업처리(Batching) 조건을 찾거나, 준비시간(Setup Time)을 최소화거나, 애로공정의 경우 평균대기시간(Average Queuing Time)을 줄이는 전략으로 개발한다.

2단계는 라인밸런싱을 유지하는 규칙을 개발한다. 개별 장비나 공정이 아니라 각 장비와 공정간의 밸런스를 유지하는 전략으로 규칙을 개발하는 것이다. 대개 다음 공정의 WIP 수준을 낮추거나, 적정 재고수준을 유지하도록 WIP 수준을 가져가거나, 애로공정으로의 로트 대기를 줄이거나, 다품종 생산에 있어 적정 제품교체 주기에 따라 생산조건(Recipe)을 변경하는 전략으로 규칙을 개발한다.

마지막으로 3단계는 비즈니스 전략에 따른 규칙을 개발한다. 여유시간(Slack Time)을 최소화하거나, 사이클 타임을 최소화하거나, 납기에 따른 긴급률(Critical Ratio)이 높은 작업을 우선하는 전략으로 규칙을 개발한다.

현장에 적용된 Dispatching System들의 효과분석 결과들을 보게 되면, 물론 각 패키지 공급업체에서 제공된 자료들이지만 대개 10~30% 수준에서 제품별 생산 사이클 타임을 단축하고, WIP 수준을 감소시키며, 처리율을 향상시키는 것으로 발표된다. 이러한 결과는 제조업체의 생산성을 향상시켜 치열한 국제경쟁 환경에서 제품 경쟁력을 향상시키게 될 것이다. 패키지를 선정하든지 새로운 시스템을 개발하던지 간에 Dispatching System을 도입하게 되면 상기와 같은 유형적인 효과 이외에도 생산 담당자나 공정 엔지니어들이 그 동안 인지하지 못한 현장의 문제점들을 발견할 수 있으며, 생산 현장에 대한 정확한 성능 분석이 가능하며, 개선활동에 커다란 영향을 끼칠 수 있는 주요한 인자들을 도출해 낼 수 있는 부가적인 효과를 얻을 수 있다.

마지막으로 아무리 잘 구축된 Dispatching System이라 하더라도 지속적으로 개선 보완하여 발전시켜 나가는 과정이 뒤따르지 않으면 지속적인 효과를 거둘 수 없다. 기업의 전략이나 생산현장의 전략 변경에 따라 Dispatch Rule은 계속 변경되고 발전되어야 성공적인 시스템으로 유지할 수 있다.

Dispatching 프로세스

Dispatching의 프로세스를 간략히 소개하면 다음과 같이 이뤄진다.

① 설비로부터 MES를 통하여 Load Request 이벤트가 발생된다.

② Line Balancing 및 Dispatch Rule을 적용하여 최적의 로트 및 다음 반송지를 선택하여,

③ MCS 시스템을 통하여 OHT 또는 AGV에게 반송지시를 한다.

④ OHT 또는 AGV가 반송을 실행한다.

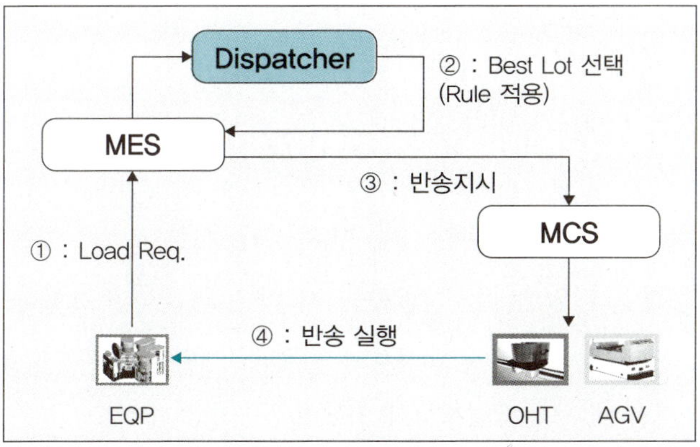

OHT: Overhead Hoist Transport
AGV: Auto-Guided Vehicle

그림 12-6 Dispatching 프로세스

12.4 | Dispatching Rule

할당 규칙(Dispatching Rule)에 관하여 살펴보자. 제조의 형태 중에서 Job Shop에서는 계획이나 주문에 의하여 공정(operation)의 순서(Operation Sequence)와 작업시간(Processing Time) 등이 서로 다른 여러 부품(Job)을 다양한 설비 등의 자원에서 생산하게 된다. 이러한 job shop은 전체 시스템의 50% 이상으로 자동차 부품, 산업 설비, 금형 등을 생산하는 제조업과 병원, 식당, 대학 등의 비 제조업 등이 있다.

Job Shop의 설비별 작업계획은 어떤 시점에 한 개의 공정만이 계획되고 공정이 완료되기 전에 다른 공정이 계획될 수 없다는 자원제약(Resource Constraint)과, 공정순서에 의하여 선행공정이 계획되기 전에 후행공정이 계획될 수 없다는 순서제약(Precedence Constraint)을 지키며 각 설비에 대한 여러 부품의 공정들의 작업 시작과 완료 시각을 계획하는 것이다. Job Shop의 설비별 작업계획은 컴퓨터 통합 제조(CIM)나 공장자동화(FA)의 추진에 있어서 어려운 부분으로 인식되고 있다. 이는 부품의 처리시간에서 준비시간, 순수 작업시간, 검사와 운반시간 등은 자동 패릿 교환장치(APC), 자동 공구 교환장치(ATC), 특수 설계된 지그 및 고정구, 고기능 설비, 자동측정 장비(CMM), 비젼 시스템, 무인 반송차(AGV)와 핸들링 로봇 등에 의하여 상당 부분 줄어들 수 있지만, 실제 처리 시간의 대부분을 차지하는 작업의 지연이나 대기시간은 비 효율적인 작업계획에 의존하기 때문이다. 또한 기업에 구축된 전사자원관리(ERP) 등에서도 작업계획 모듈의 개발이 잘 이루어지지 않음으로써 생산 현장의 예측하지 못한 설비고장, 자재공급의 착오, 납기변경과 긴급품 등의 동적 상황이 반영된 작업계획의 재 산출이 어려운 실정이다.

이와 같이 현장에서 Job Shop의 설비별 작업계획의 적용이 어려운 이유는 빠른 시간에 작업계획을 산출할 수 있는 기법의 제시가 미비하기 때문으로 볼 수 있다. 그 동안 Job Shop 작업계획에 대하여 최적화 기법, 발견적 기법과 할당규칙(Dispatching Rule) 분야에서 많은 연구가 이루어져 왔다. 대부분의 기존 연구는 Job Shop 작업계획 문제가 갖는 거대한 해공간을 탐색하여 최적에 가까운 작업계획을 산출하는 데 많은 시간을 소요했다. 따라서 기존에 제시된 방법들은 작업계획된 공정의 완료시각이 지켜지지 않거나 예기치 않은 현장의 동적 상황이 발생하여 그 시점 이후의 작업계획의 진행이 불가능하게 되는 경우, 빠른 재 작업계획을 산출하지 못함으로써 현실 적용 측면의 한계를 갖게 되었다. 재 작업계획 산출에 소요되는 시간이 생산활동을 지연시키지 않기 위해서는 작업이 진행되는 일련의 공정들의 완료시각 사이에 재 작업계획을 산출해 주어야 한다. 따라서 수초 이내의 빠른 작업계획 산출 시간을 갖는 방법은 생산활동의 동적 상황대처 능력으로 현장 적용이 가능하게 되는 것이다.

할당규칙은 짧은 계산시간에 재 작업계획 산출이 가능하여 생산활동의 동적 상황에 대처할 수 있는 방법으로 인식되어 왔다. 할당규칙은 부품의 선행공정이 작업계획된 후보 공정들을 대상으로 작업시간이나 납기와 같은 정보를 작업계획 할당의 우선순위 정보로 이용하여 대상이 되는 모든 부품의 공정을 설비들에게 할당하여 작업계획을 전개해 나가는 간단한 논리를 갖는 규칙이다. 이 방법은 작업계획의 기본 제약 외에 대안설비나 공용 지그 및 고정구 등의 추가 제약을 쉽게 고려할 수 있게 하고, 단 한 번만(Single Pass) 작업계획을 전개함으로써 빠른 산출시간을 보장하게 된다.

할당규칙의 정보

그 동안 개발된 할당규칙은 공정을 선택하는 우선순위를 주기 위하여 이용하는 정보에 따라 분류될 수 있다. 이러한 정보는 공정의 처리시간, 부품의 공정 수, 납기와 공정납기(Operation Due Date) 등이 있다. 처리시간과 관련된 정보는 공정의 작업시간, 부품의 나머지 공정의 작업시간의 합과 부품의 총 처리시간 등이 사용된다. 부품의 공정 수와 관련된 정보는 공정을 포함한 부품의 나머지 공정수가 사용된다. 납기와 관련된 정보는 부품의 납기, 공정을 작업계획하는 시점에서 납기까지의 작업 여유시간(Slack Time)과 납기까지 남은 시간 등이다. 그 외에도 납기까지 남은 시간과 공정을 포함한 부품의 나머지 공정의 작업시간의 합을 동시에 고려하는 CR(Critical Ratio) 등이 있다.

부품 공정의 공정납기는 부품의 납기를 공정들에게 배분한 것으로 납기지연을 줄이는 Job Shop 일정계획의 유용한 정보로 사용되어 왔다. 공정납기를 주는 방법은 정적 정보를 이용하는 방법과 동적 정보를 이용하는 방법으로 나눌 수 있다. 정적 정보를 이용하는 방법은 부품납기와 그 부품의 총 작업시간의 차인 가공여유를 해당 부품의 공정에 배분하는 방법으로 구해진다. 이때 부품납기를 모든 공정에 똑같이 배분하는 CON(Constant Flow Allowances), 모든 공정에 같은 크기의 가공여유를 배분하는 SLK(Equal SLacK)와 공정의 가공시간에 부품납기와 부품의 총 작업시간의 비율을 고려하는 TWK(proportional to

Total WorK)가 있다. TWK는 CON과 SLK방법보다 좋은 결과를 얻는 것으로 보고되어 있다. 동적 정보를 이용하는 방법은 공장의 상황을 반영하여 리드타임 추정 매개변수를 반복적으로 추정하는 것으로 이는 매개변수를 추정하는 어려움이 있다.

할당규칙의 연구현황

그 동안 개발된 할당규칙을 정리하면 [표 12-3]과 같다. 제시된 모든 할당규칙은 우선순위가 높은, 즉 계산된 우선순위지표의 값이 낮은 공정일수록 먼저 할당한다. 공정의 처리시간이나 부품의 공정 수 등을 정보로 사용하는 할당규칙은 Baker, Blackstone 등의 연구에 정리되어 있다. SPT는 최소 작업시간을 갖는 공정을 우선 일정계획하고 LPT는 최대 작업시간을 갖는 공정을 우선 작업계획하는 방법이다. TWR은 부품의 작업시간이 최소인 공정을 우선 작업계획하는 방법이다. MWKR은 부품의 나머지 공정의 작업시간의 합이 최대인 공정을 우선 작업계획하는 방법이고, LWKR은 이 시간이 최소인 공정을 우선하여 작업계획하는 방법이다. MOPNR은 부품의 나머지 공정수가 최대인 공정을 우선 작업계획하는 방법이고 LOPNR은 이 공정수가 최소인 공정을 우선하여 작업계획하는 방법이다.

1982년에 Baker 등은 EDD를 확장하여 MDD를 개발하였다. MDD는 부품의 납기와 작업계획에 의하여 실제 부품이 작업 완료될 수 있는 시각을 비교하여 큰 값으로 부품의 납기를 수정한 후 납기가 빠른 부품의 공정을 우선 작업계획하는 방법이다. 1983년 Baker 등은 MDD의 납기를 공정 납기로 변환한 MOD를 제안하였다. MOD는 공정납기와 작업계획에 의하여 실제 공정이 작업 완료될 수 있는 시각을 비교하여 큰 값으로 공정납기를 수정한 후 공정납기가 빠른 공정을 우선 작업계획하는 방법이다.

1989년 Schultz는 늦은 부품을 독촉하고 긴 작업시간을 갖는 공정의 부품이 늦지 않도록 하는 CEXSPT를 개발하였다. 1989년 Raman 등은 평균 설비 작업부하보다 큰 설비에서는 MDD를 사용하여 공정을 작업계획하고, 그 외의 설비에서는 MOD를 사용하여 공정을 작업계획하는 Hybrid 방식을 제시하였다. 1990년 Anderson 등은 부품이 작업되지 않고 남아 있는 작업시간에, 납기까지 남은 시간의 비율을 그 부품의 긴급도로 하여 공정납기를 정하는 CR+SPT와, 납기까지 남은 시간 대신에 작업여유의 비율을 고려하는 S/RPT+SPT를 제안하였다.

1965년 Carrol은 작업시간은 적고 작업계획상 기대되는 부품의 순수납기지연이 클수

표 12-3 기존에 연구된 할당규칙들

할당규칙	우선순위지표	정의	참고
SPT	Ptij	Shortest Processing Time	Baker, 1974
LPT	−Ptij	Longest Processing Time	Baker, 1974
TWR	Ri1	Total Work Remaining	Baker, 1974
MWKR	−Rij	Most Work Remaining	Baker, 1974
LWKR	Rij	Least Work Remaining	Baker, 1974
MOPNR	−Oij	Most OPeratioNs Remaining	Baker, 1974
LOPNR	Oij	Least OPeratioNs Remaining	Baker, 1974
MST	Sij	Minimum Slack Time	conway, 1965
EDD	di	Earlist DueDates	conway, 1965
ODD	dij	Operation DueDates	conway, 1965
MDD	maxi{di,σij+Rij}	Modified DueDates	Baker et al., 1982
MOD	maxi{dij,σij+Ptij}	Modified Operations Duedates	Baker et al., 1983
CEXSPT	di−Rij−σij, dij−ptij−σij	jobs are Conditionally EXpedited by the SPT rule	Schultz, 1989
Hybrid	maxi{di,σij+Rij}, maxi{dij,σij+Ptij}	MDD(bottleneck), MOD(nonbottleneck)	Raman et al., 1989
CR + SPT	maxi{σij+(di−σij)/Rij, ptij, σij+ptij}	Critical Ratio+Shortest Processing Time	Anderson et al., 1990
S/RPT + SPT	maxi{σij+Sij/Rij, σij+ptij}	Slack per Remaining Processing Time+SPT	Anderson et al., 1990
COVERT	[{1−(di−rij−t)+ /k• b• rij}/ptij]+	Cost OVER Time	Carrol, 1965
ATC	−exp[−{di−b(wi−ptij) −ptij−t}/k• p]/ptij	Apparent Tardiness Cost	Vepsalainen et al., 1987

록 공정을 우선하여 작업계획하는 COVERT를 제시하였다. COVERT는 그 후 1987년 Vepsalainen 등의 ATC 등과 같이 여러 조건에서의 분석과 개선을 시도하였다. 참고로 COVERT와 ATC는 두 가지 매개변수를 사용하는 이유로 현장에서 적용되기는 어려운 점이 있다.

평가척도와 할당규칙(Dispatching Rule)

작업계획의 성능 평가척도는 흔히 처리시간이나 납기지연과 관련되어 있다. 처리시간과 관련된 척도는 최대 처리시간, 평균 처리시간, 평균 재공재고 등이 있고 납기지연과 관련된 척도는 최대 순수 납기지연, 평균 순수 납기지연, 순수 납기지연 부품 수 등이 있다. 이들 평가척도에서 특히 평균 처리시간과 평균 순수 납기지연은 재공재고와 납기 지연 벌금 등과 관련되어 현장에서 중요하게 다루어지고 있다.

할당규칙에 관한 기존의 연구에서 어떤 할당규칙도 다른 할당규칙들보다 모든 평가척도와 조건에서 완전히 우수하지는 못한 것으로 나타나, 상황에 적합한 할당규칙을 선택하기는 어려운 것으로 알려져 있다. 그러나 기존에 제시된 할당규칙들은 사용하는 정보에 따라 특정 평가척도에 잘 적용되는 경향을 보이고 있다. 평균 처리시간(Cmean)에서는 공정의 작업시간이나 부품의 남은 작업시간을 사용하는 SPT와 LWKR 등이 좋은 결과를 나타내고 있다. 평균 순수 납기지연(Tmean)에서는 공정 납기를 사용하는 MOD, Hybrid, CR+SPT와 S/RPT+SPT 등이 잘 적용되어 있다.

컴퓨터 시뮬레이션 실험 결과, 평균 처리시간(Cmean)에서 좋은 성능을 보인 LWKR, TWR, SPT와 평균 순수 납기지연(Tmean)에서 좋은 성능을 보인 MOD, CR+SPT, Hybrid와 S/RPT+SPT이 평균 처리시간과 평균 순수 납기지연을 더 줄일 수 있는 것으로 나타났다. 빠른 산출시간을 갖는 할당규칙의 사용이 평균 처리시간(Cmean)과 평균 순수 납기지연(Tmean)을 줄임으로써 재공재고와 납기 지연 벌금 등의 감소로 제조원가를 절감할 수 있게 되는 것이다.

표 12-4 평가척도 정의

평가척도(기호)	수식
평균 처리시간(C_{mean})	(Σ부품의 작업 완료된 가공완료시각)/부품의 최대 수
평균 순수 납기지연(T_{mean})	Σ[부품의 작업 완료된 가공완료시각 – 부품의 납기]/부품의 최대 수

연습문제

1. 작업지시의 정의는 무엇인가?

2. Scheduling과 Dispatching에 대하여 정의하시오.

3. 스케줄링의 기대효과는 어떻게 되는가?

4. 계획시스템(ERP)과 MES의 역할에 대하여 논하시오.

5. MTO(Make-to-Order) 방식, MTS(Make-to-Stock) 방식, ATO(Assemble-to-Order) 방식, ETO(Engineer-to-Order) 방식의 각각의 특성은 무엇인가?

6. WO의 실적을 ERP로 보고 하는 방법은?

7. WO의 자재 소모량을 ERP로 보고 하는 방법은?

8. 상세 Scheduling의 필요성은?

9. Dispatching 프로세스를 설명하시오.

10. 평가척도란 무엇인가?

Chapter. 13

생산실행

13.1 생산 실행 주요 기능

MES 영역은 생산자원(설비, 자재, 인력) 투입에서부터 최종 생산제품의 출하에 대하여 생산 계획, 생산수행, 그리고 생산실적까지를 관리한다. 광의의 MES는 자재입고/자재불출, 제품입고/제품출하, 설비 컨트롤, ERP로부터의 생산 스케줄링을 포괄적으로 포함하는 개념이라고 한다면, 협의의 MES 영역은 생산자원(자재, 설비, 인력) 투입에서부터 최종 생산 제품의 출하에 대하여 생산 계획, 생산 수행, 생산 실적을 관리한다. 생산실행은 이 협의의 MES에 해당한다. 생산 실행은 또, MOS(Manufacturing Operation System), MES Core, Tracking, 생산관리, 공정관리라고 정의하기도 한다.

생산실행의 핵심은 곧 제조 현장 실행 및 통제를 의미하며, Work Order Release, 로트 Control, 모니터링, 라벨(Label)발행, 데이터 수집, Tracking & Tracing 등을 수행한다.

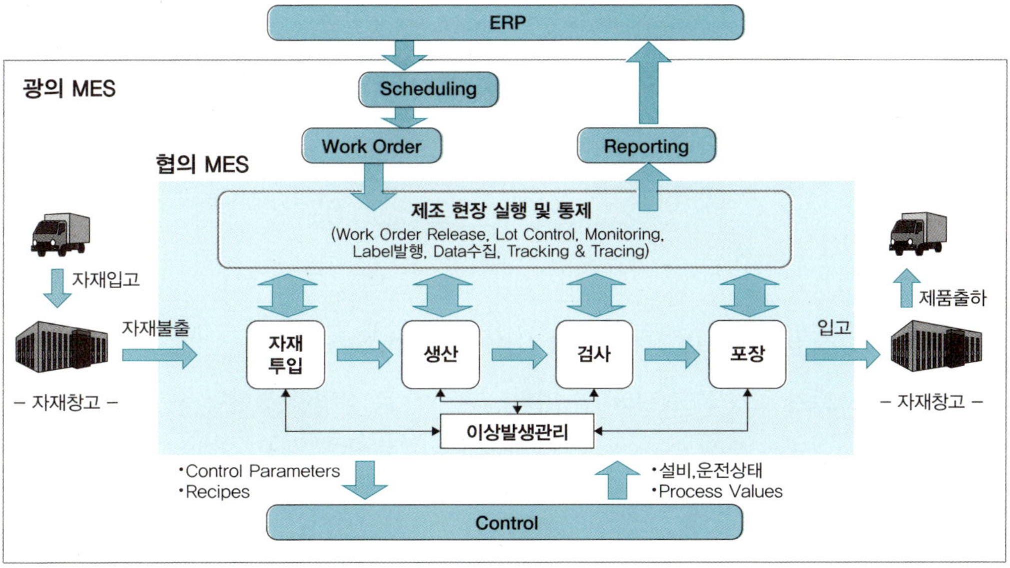

그림 13-1 MES 영역

생산 실행은 MES 모듈 중 가장 중요한 모듈이기도 하고, 어떤 형태의 MES를 구현하더라도 반드시 필요한 모듈이다. 넓게 보면 두 번째 Layer인 생산제어 Layer에 속한다. 생산 실행에서 다루는 주요 정보로는 로트, 캐리어, 설비, 라인, 에리어(Area), 베이(Bay), 프로세스(Process), 룰(Rule), Specification, 파라미터 정보들이며, 이를 기반으로 Biz Rule 관리, Tracking, Operation 기능을 수행한다. 생산실행은 작업지시 모듈에서 발행된 Work Order를 기반으로 생산을 통제하고, 이 정보를 공정 물류 자동화, 공정 설비제어에 전달하고, 실행 결과 및 데이터를 입수하여 이를 필요로 하는 설비 엔지니어링, 생산 분석, 품질 분석에 전달하고 이들 모듈의 결과물들을 다시 생산에 반영하는 역할을 한다.

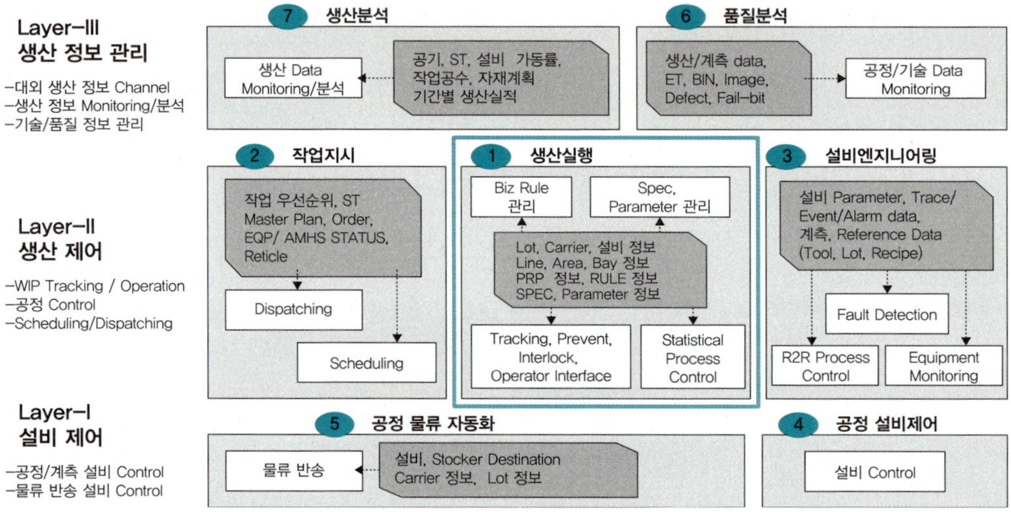

그림 13-2 Layer별 기능

생산 실행 시스템(Manufacturing Operation System)

생산 실행은 로트가 공정 흐름(Flow)을 따라 순차적으로 작업이 진행될 수 있도록 기준정보와 Biz Rule 관리를 통해 Operation을 실행하는 모듈이다. 생산 실행의 관심사는 기준정보, 작업 진행, Biz Rule 등이다.

생산실행의 주요 기능을 살펴 보자. 여기서 설명하는 기능들은 생산실행의 대표적인 기능들로 각 솔루션마다 조금씩 상이할 수 있다. 생산실행의 주요 기능은 기준정보, Biz Rule 관리, 실행관리, 시스템 관리로 구분 되어진다. 기준정보는 GCM과 BOM, Biz Rule 관리는 룰 모델러와 룰엔진, 실행 관리는 WIP, Inventory, Tracking, Tracing, 시스템 관리는 권한 관리, 시스템 모니터링의 세부기능으로 나눌 수 있다.

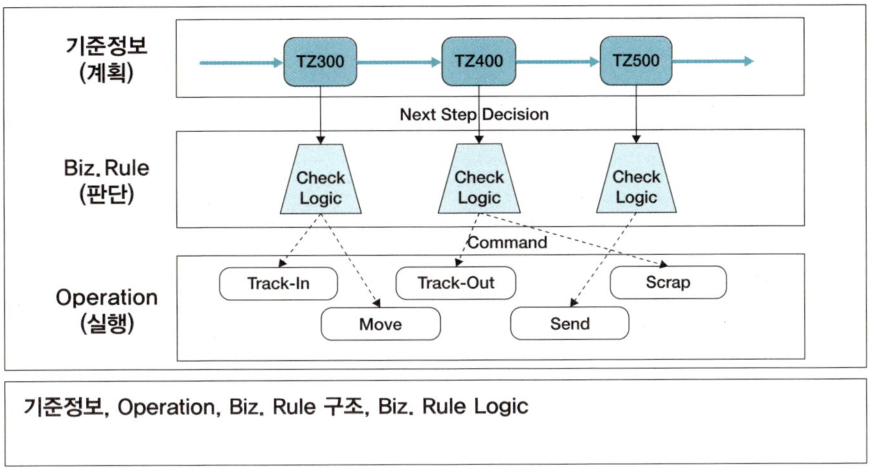

그림 13-3 생산실행구조

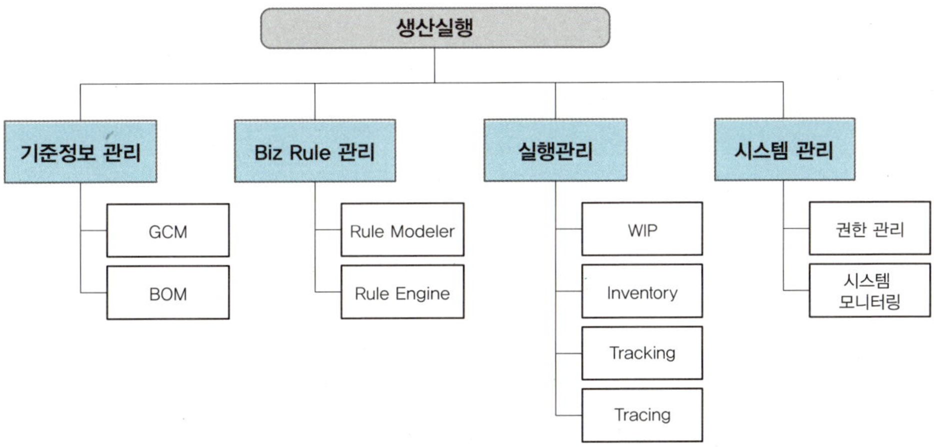

그림 13-4 생산실행의 주요 기능

각각의 세부기능을 살펴보자. 기준정보관리의 세부기능은 GCM과 BOM이다. GCM은 General Code Master의 약자로 생산현장에서 사용되는 각종 기준정보, Code를 관리할 수 있는 기능을 제공한다. BOM은 Bill of Material의 약자로 생산품의 BOM 마스터 정보를 관리하고 생산 현장에서 각종 부품이 장착될 때 오 장착 방지 기능, 주요 자재의 시리얼 번호 저장 및 관리 기능을 제공한다.

Biz Rule 관리의 세부기능은 룰 모델러와 룰엔진이다. 룰 모델러는 Biz Rule 구조 정의,

Biz Rule 생성 및 배포, Rule Flow 정의, 비즈니스 룰의 이력 관리, 버전 관리, 권한 관리, 비즈니스 룰 시뮬레이션 기능을 제공한다. 룰엔진은 Rule 기반으로 생산 프로세스가 진행되도록 WIP 기능과 연계시키는 역할을 하고 Rule Based Flow Control을 할 수 있는 기능을 제공한다.

실행관리의 세부기능은 WIP, Inventory, Tracking, Tracing이다. WIP은 Work In Process의 약자로 정해진 기준정보 및 룰에 따라 로트의 실행을 직접 지시한다. 로트의 실행 방법은 Create, Start, End, Rework, Split, Merge, Hold, Release, Loss 등 다양하며, 이 모든 작업이 WIP 기능을 통해 이루어 진다. Inventory는 주요 자재의 공급 관리, 반송 관리, 실적 관리, 입출고 관리, 모니터링 기능을 제공하고 Tracking은 이력정보 및 모든 로트의 트래킹 정보를 제공한다. Tracing은 주요 완제품, 반제품, 원재료를 추적할 수 있는 기능을 제공한다.

실행관리 중 WIP 관리를 예시를 통해 상세히 살펴보자[그림 13-5]. WIP의 가장 중요한 기능은 생산 진행 관리이다. 생산 진행관리는 Barcode, PDA, RFID, PLC 등의 각종 기기를 통한 로트 정보 획득, Create, Start, End, Track In, Track Out, Rework, Split, Merge, Hold, Release, Loss 등의 로트 실행, Boxing 및 Labeling 관리, Shipping 관리, 생산결과에 따른 후 공정 결정 등을 수행한다.

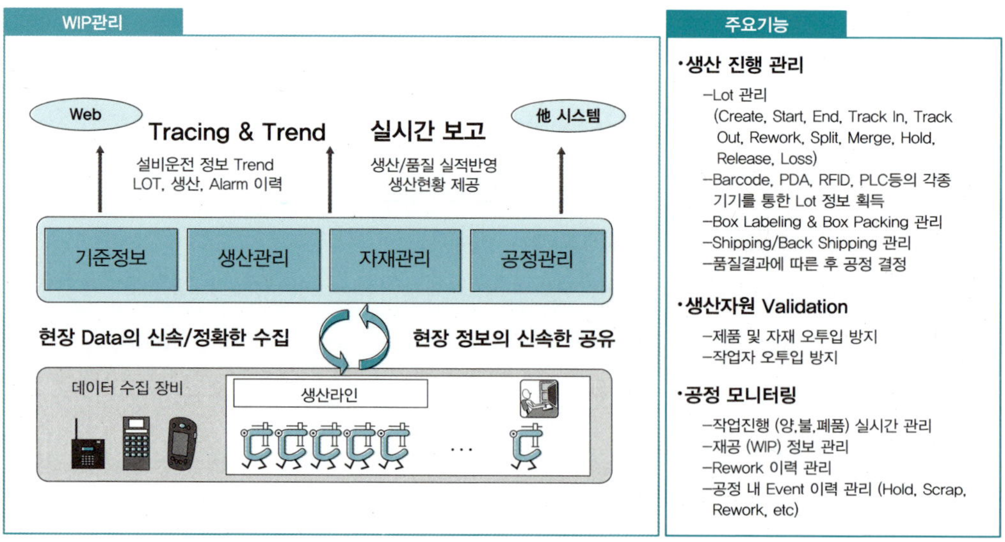

그림 13-5 WIP 관리

또 하나의 중요한 기능은 검증 기능인데, 해당 공정에 제품 및 자재가 잘못 투입되거나 작업자 혹은 설비가 잘못 투입 되는지를 검증하는 기능을 제공한다. 마지막으로는 생산 진행 현황에 대한 모니터링 기능을 제공한다. 작업 진행 현황의 실시간 관리, WIP 정보 관리, 재 작업 관리, 공정에서 발생하는 각종 이벤트에 대한 이력관리를 수행한다.

실행관리 중 Track & Trace도 예시를 통해 상세히 살펴보자[그림 13-6]. Tracking은 로트의 진행 현황에 대한 정확한 정보를 확보하는 것을 의미한다. 사람에 의한 입력이 아닌 장비를 통한 데이터 온라인 입력을 확대하여 실시간 현장 정보를 기반으로 Tracking에 대한 정확도를 높일 수 있다. 이런 리얼타임 현장 데이터를 기반으로 원료 투입에서 출하까지의 로트 Tracking이 가능해 진다. Tracing은 생산이 완료된 로트에 대한 추적을 제공한다. 공정 생산 로트에 대한 실시간 히스토리 정보를 관리함으로써 역방향, 순방향 양방향으로 모든 원부자재에 대한 추적을 보장한다. 또한 각 로트에 대한 Split/Merge/Combine/Scrap 등의 상세 History 관리도 수행한다.

시스템 관리의 세부기능은 권한 관리와 시스템 모니터링 기능이 있다. 권한 관리는 MES 시스템을 사용하는 사용자의 사용 권한을 각 화면 단위까지 관리한다. MES시스템이 제공하는 모든 서비스의 타입, 보안성, 사용자 체크 기능을 제공하고, 시스템 모니터링은 시스템 사용 현황 모니터링 기능을 제공한다.

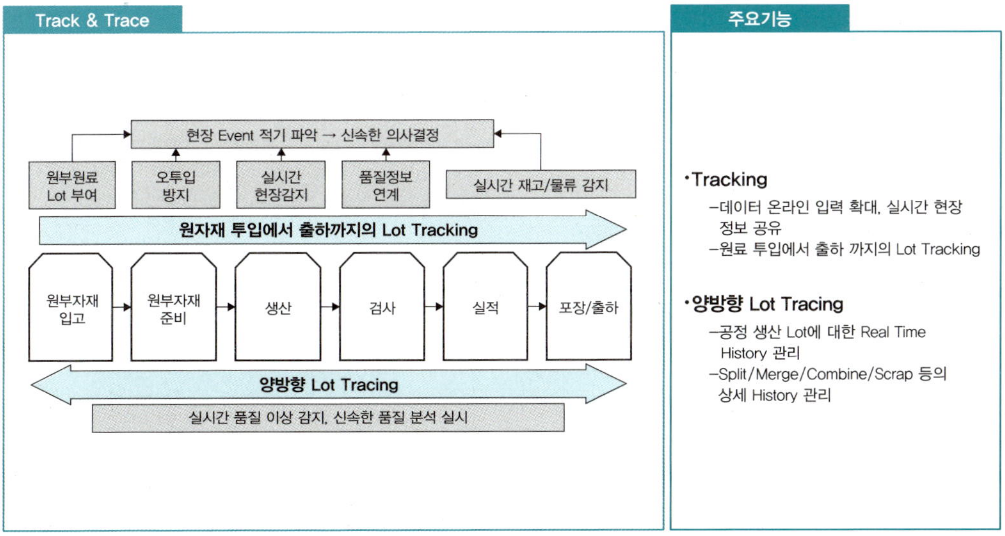

그림 13-6 Track & Trace

13.2 생산 실행 주요 솔루션

생산실행 관련 솔루션 안에는 1) 표준화와 특성화, 2) Biz. Rules 독립화, 3) 통합화와 모듈화를 통해 고객사 제조업 경쟁력 강화를 위한 차세대 MES Package이어야 한다. 표준화 특성화의 의미는 제조업 전반에 걸쳐 공통적으로 적용 가능 부분을 표준화하였다는 의미와, 산업별 특화 기능들을 모듈화하여 Plug In할 수 있다는 뜻이다. Biz Rule 독립화의 의미는 Biz. Rules을 MES의 여타 기능과 독립시켜 Biz. Rule 변경 적용 및 관리가 용이하다는 뜻이다. 통합화 모듈화의 의미는 표준 IT 프레임워크인 J2EE기반의 Service Component를 모듈화한 SOA기반의 솔루션이라는 뜻이다.

생산 실행 솔루션에는 제조업의 Best Practice를 내재한 솔루션이며 MES관련 컨설팅/구축/ITO 경험을 통해 축적된 기술 및 지식을 적용하고, 표준에 대한 MES 발전 계획이 반영 되어야 한다. Scalable MES는 확장 가능한 MES 시스템이라는 의미로 복수 사업장 통합운영 체계 지원이 가능하다. Standard MES는 J2EE를 기반으로 Manufacturing IT 프레임워크가 일원화 되고, ANSI/ISA-95, MESA 등 MES 국제표준 모델링을 근간으로 한 MES 기능을 구현해야 한다.

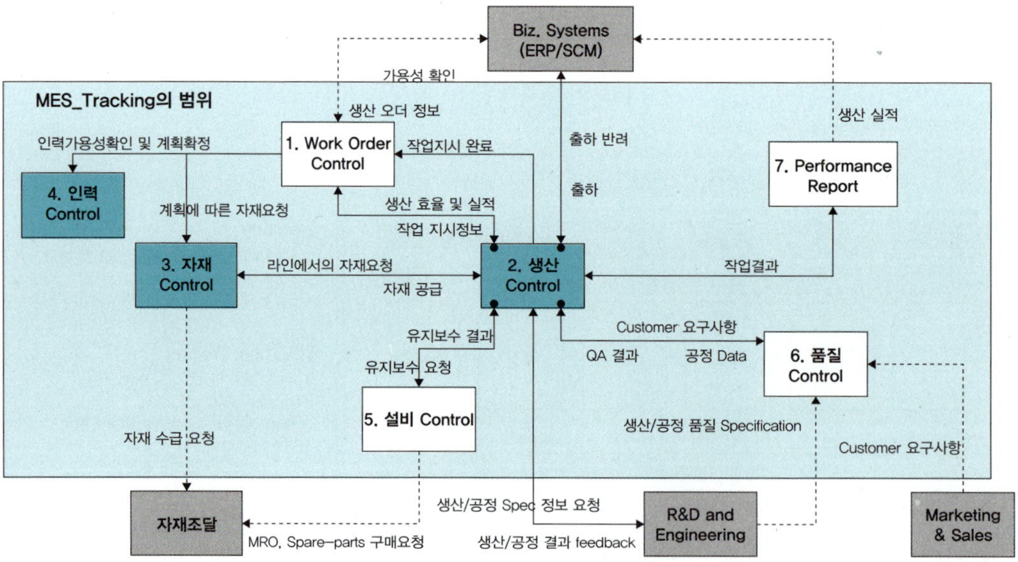

그림 13-7 MES Tracking의 주요 기능

MES Tracking의 주요 기능을 살펴보자. MES는 크게 Work Order Control, 생산 Control, 자재 Control, 인력 Control, 설비 Control, 품질 Control, 퍼포먼스 Control로 나뉘어지는데, 생산 실행에 해당하는 기능은 생산 Control, 자재 Control, 인력 Control이다.

생산 Control

생산 Control의 상세기능은 생산 기준정보 관리, 생산 자원 검증, 생산 진행관리, 공정 모니터링으로 구분되어 있다. 생산 기준정보 관리는 생산 실행 및 제어에 관련된 Routing/MBOM/Shift/Recipe 관리, Facility/Product 관리, State Model 관리 등의 업무를 수행한다. 생산 자원 Validation은 제품 및 자재 오 투입 방지, 작업자 오 투입 방지 업무를 수행하며 생산 진행 관리는 로트 관리(Split/Merge, Scrap, Rework, Part Change, Hold), Box Labeling & Box Packing 관리, Shipping/Back Shipping 관리, 품질결과에 따른 후공정 결정 공정 모니터링은 로트 Tracking/Tracing, 작업진행(양, 불, 폐품) 실시간 관리, 재공(WIP) 정보 관리, Rework 이력 관리, 공정 내 이벤트 이력 관리(Hold, Scrap, Rework 등) 업무를 수행한다.

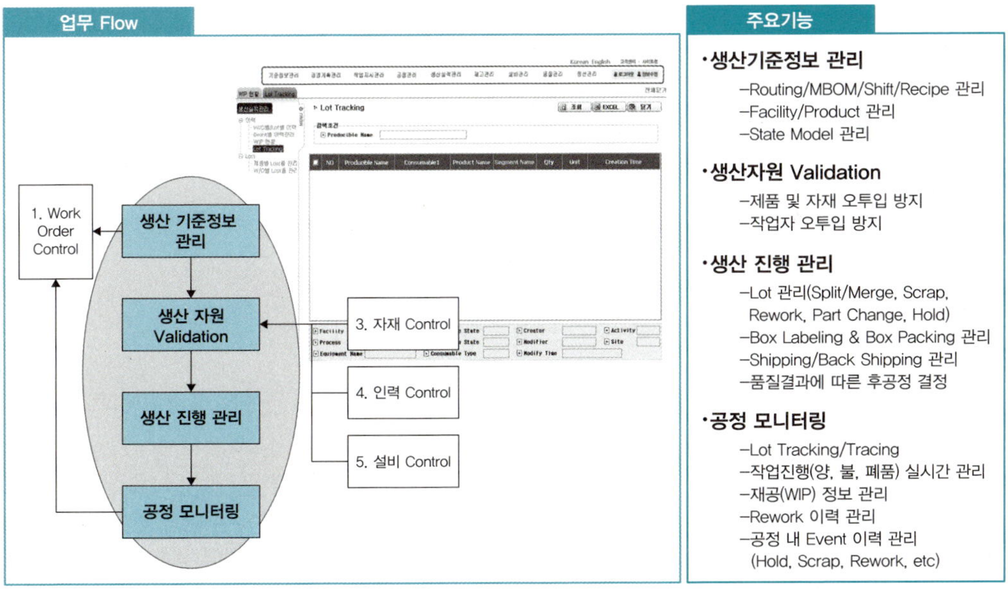

그림 13-8 생산 Control 기능

자재 Control

자재 Control의 상세기능은 자재 기준정보 관리, 자재 공급 관리, 자재 투입/반송관리, 자재 실적 관리, 자재 모니터링으로 구분되어 있다. 자재 기준정보 관리는 소모성/내구성 자재 기준정보 관리, 자재 State Model 관리, 자재 공급 관리는 자재 투입 요청 및 회수 관리, 자재 로트 구성 관리(Create/Split/Merge), 자재 투입/반송 관리는 자재 투입 실적 관리, 자재 실적 관리는 공정 투입 이력관리, 자재 이력관리(Creation-Move-Assemble-Rework 등), Container Coupling/Decoupling 관리, 자재 모니터링은 자재 상태 관리(Scrap, Hold, Active 등), 자재 및 Container WIP 관리, 자재 위치 관리 등의 상세 업무를 수행한다.

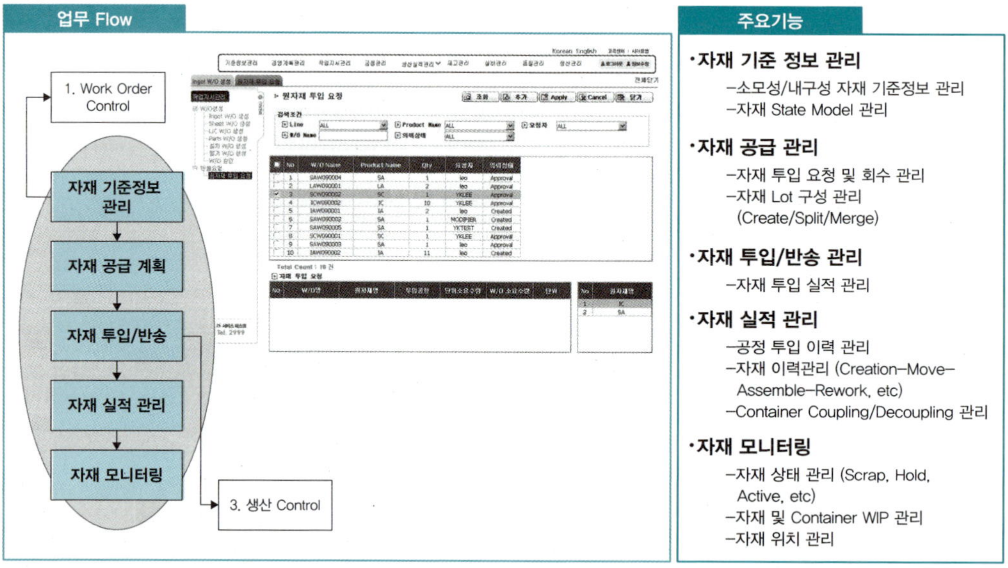

그림 13-9 자재 Control 기능

인력 Control

인력 Control의 상세기능은 인력 기준정보 관리, 근무관리, 작업자실적/효율분석으로 구분되어 있다. 인력 기준정보 관리는 생산/보전 작업자 기준정보 관리(등급, 기술, 자격 등), 근무 관리는 Shift별 근무계획, 대체자 관리, 근무실적 관리, 작업자 실적/효율 분석은 작업자별 Work Order 처리 현황 모니터링, 작업자별 업무 효율 분석(ST, 불량률 등) 등의 상세 업무를 수행한다.

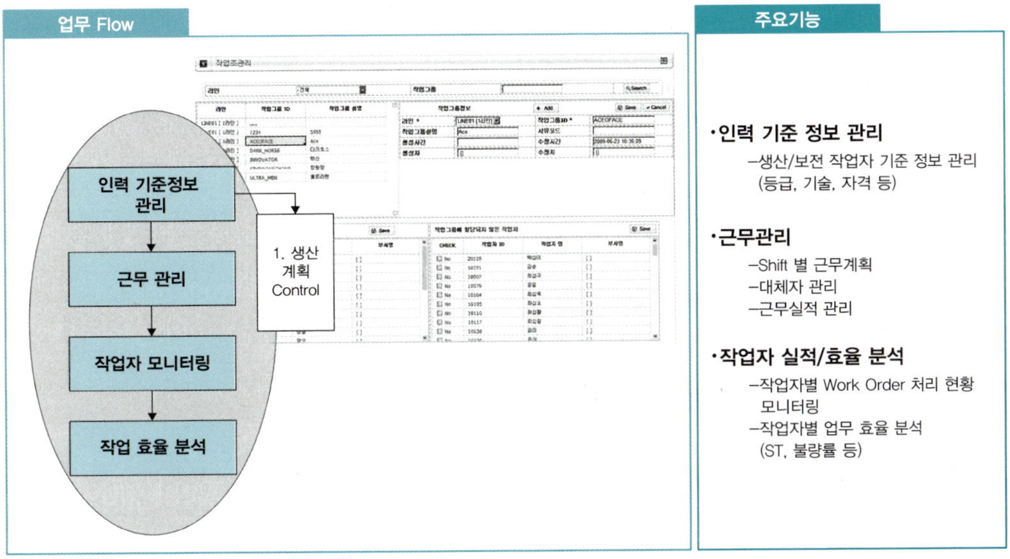

그림 13-10 인력 Control 기능

13.3 기준정보

생산에서 중요한 기준정보에 대하여 살펴보자. 기준정보의 정의는 무엇일까? 기준정보는 기업의 생산/영업/관리부문에서 업무수행에 필요한 제반 경영활동의 기본이 되는 정보를 말한다. 기준정보에는 일반 Application 시스템 기준정보, ERP/SCM Package 기초 정보, 그리고 MES 시스템의 Parameter성 기준정보가 있다. 그럼 기준정보의 범위는 어떻게 될까?

기준정보의 범위는 크게 통합 기준정보와 사업부 기준정보로 나눌 수 있다. 통합 기준정보는 전사 종합 코드(CIS), 거래선 코드, Vendor 코드 등이 있다.

사업부 기준정보는

- 코드성 기준정보(즉, 사업부 단위 영업/생산/구매/원가코드 관련 기준정보)와
- 관리성 기준정보(Family/Category 외 Grouping 정보),
- 공정관리용 기준정보(MES용 공정 기초 정보),
- 설비/품질 기준정보(설비 및 품질 Master성 기준정보), 그리고
- 연구소 개발라인 기준정보가 있다.

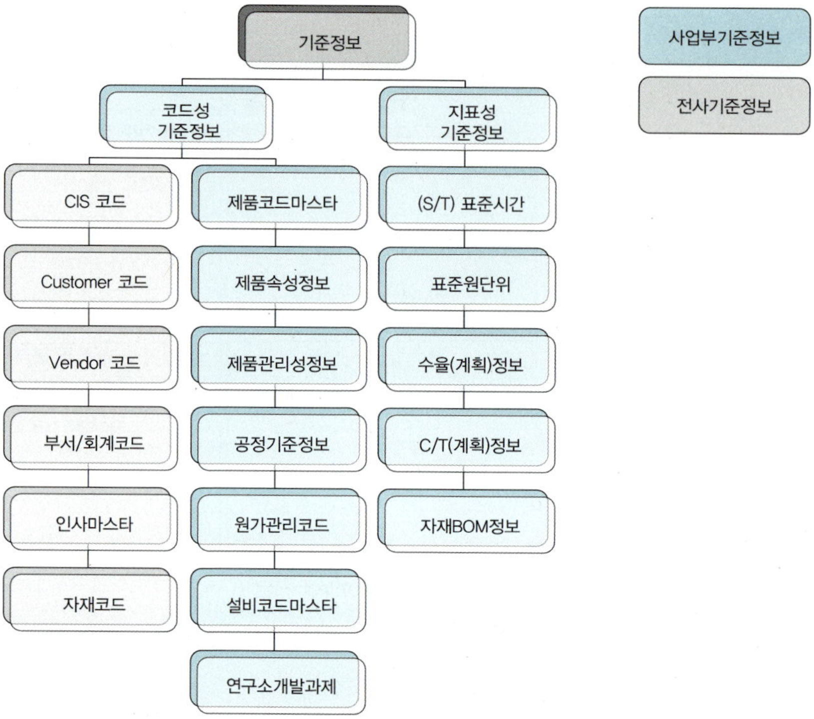

그림 13-11 기준정보 분류

다음은 기준정보의 분류에 대하여 살펴보자. [그림 13-11]에서 색 네모 상자는 대부분 전사에서 관리하는 기준정보를 말한다. 회색은 각 사업부에서 관리하는 기준정보를 나타낸다. 또한 기준정보는 코드성 기준정보와 지표성 기준정보로 나뉘게 된다. 사업부 기준정보는 기준정보 관리대상 범위를 구분 정의하여, GCM(Global Code Master)을 기준으로 한 모든 시스템에 동일하게 적용하게 된다.

기준정보의 관리대상 범위는 코드성과 지표성으로 나뉜다. 코드성 기준정보에서 전사제품 코드, 업체 코드, Customer 코드, 구매/자재 코드, 인사 코드 등은 전사에서 관리되며, 제품코드 마스터, Family/Category 코드 정보, 공정 파라미터 기준정보, 제품(영업) 코드, 구매/자재 코드, 원가 제품 기준정보, 연구소 개발과제 정보, 설비마스터 정보, 품질불량 코드 등은 사업부에서 관리하게 된다. 지표성 기준정보에서는 S/T(표준시간), 표준 원단위, 기준수율, 기준C/T, 자재 BOM정보, Packing 정보 등 기준이 되는 지표성 정보가 사업부에서 관리된다. 또한, 코드성 기준정보는 전사, 사업부 단위 시스템에서 Unique한 Key

Field로 활용되는 정보로서 모든 정보의 가장 기본적인 핵심이 되는 정보이다. 지표성 기준정보는 관리지표 대상 중에서 기준이 되는 지표성 정보를 말하며, 정적인 정보로서 업무/기능별 주요 Factor로 활용되는 정보이다.

다음으로 기준정보의 관리방안에 대하여 살펴보자. 세부 관리방안으로 세 가지로 나누어 관리하게 되는데,

첫째, 프로세스 측면에서

- 기준정보의 생성/변경/폐기에 대한 정형화된 관리절차의 수립이 필요하며 부문 간 공통적으로 적용해야 한다.
- 기준정보 체계 및 속성에 대한 부문 간 통일화 작업을 하고 이에 대한 변경관리 절차를 수립해야 한다.
- 기준정보 체계에 대해 표준 SPEC을 관리 및 공유함으로써 오류 정보를 예방하게 한다.

둘째, 조직 측면에서

- 개별 기준정보에 대한 책임관리 부서를 선정하여 해당 기준정보에 대한 역할 및 책임을 부여한다.
- 기준정보에 대한 운영 전담부서는 기준정보 그룹에서 창구역할을 수행하며 지속적인 모니터링을 통한 데이터 정합성을 확보한다.

셋째, 시스템 측면에서

- 기준정보는 원칙적으로 GCM에서 통합 관리하고 전사차원의 통합 기준정보 메타 데이터베이스(Meta Data Base)로 확대 적용한다.
- 기준정보 관리대상 범위는 코드성 기준정보 및 지표성 기준정보를 포함하되, 부문/기능별 기준정보는 자체 시스템에서 운영한다.

기준정보 관리는 또한 다음과 같이 4가지 수행 역할별로 나누어 관리하게 된다.

첫째, 운영 표준화로서 수행역할은

- 기준정보에 대한 전사 운영 프로세스 제정 및 공지
- 전사 기준정보 활용을 최대한 지원하기 위한 방향 제시

- 기준정보 운영에 대한 정기적인 감사(Audit) 및 시정 조치를 하는데, 회사의 기준정보 그룹에서 맡게 된다.

둘째, 프로세스 실행에서의 수행역할은

- 업무 영역에 따는 기준정보 대상 구분 정의
- 기준정보 생성/변경/소멸에 대한 업무처리 절차 수립 및 사업부별 책임자 선정/운영
- 데이터 정합성 차원에서 질적인 개선작업 추진을 수행하는데, 마찬가지로 기준정보 그룹에서 수행하게 된다.

셋째, 시스템 운영에 따르는 수행역할은

- 필수 Field 표준을 제정 및 I/F 구현방법 제시
- 프로세스 실행부서에서 제정된 요청한 사용자 권한 관리 및 시스템 요구사항 반영을 수행하며, 기준정보 그룹과 시스템 담당 그룹에서 수행하게 된다.

넷째 시스템 사용자의 수행역할은

- 프로세스 제정 부서에서 정의한 업무절차 준수
- 정의된 프로세스에 의거 기준정보 데이터 생성 및 변경/삭제작업 요청을 수행하며 기준정보 그룹과 시스템 담당 그룹에서 수행한다.

다음은 사례로 회사에서 각 프로세스와 관련된 기준정보 현황에 대하여 살펴보자. 회사의 전체 업무영역이 영업/마케팅, 연구개발, 제조, 구매/외주 및 기타로 구분된다면, 각 영역별로 관리 되는 기준정보로서 전사, 총괄, 그리고 각 사업부에서 관리되는 항목들이 [그림 13-12]으로 표시되어 있다. 그중 특히 제조 영역에서 관리되는 기준정보는 타 영역보다 많은 정보를 관리하고 있다. A사업부와 관련된 기준정보는 현재 약 60여 종으로 조사되었으며, 대부분의 기준정보는 기준정보 시스템들(GCM 등)에 의해 관리되고 있다.

제조에서 관리되는 기준정보들을 더 자세히 프로세스별로 나누어 살펴보면 다음과 같다. 프로세스별 기준정보들은 [그림 13-13]에서 보다시피 다양하게 생성되고 관리된다. 공정 개발 및 설계 단계에서부터 중요한 기준정보들이 생성이 되고 있다. 이 정보들은 제조의 여러 단계를 거치면서 더욱 세분화되어 생성되고 관리되고 있다. 이는 올바른 제품품질을 유지하기 위해 필요한 기준정보들이며 향후 제품과 설비에 대한 추적관리까지 할 수 있게 된다.

구분		Sales & Marketing	R&D	Manufacuring		구매/외주	기타
				생산	기술(설비)		
전사	코드성	• Customer Coder • Customer Area				• Cis • GPIS	• Payment Term • Currency • Country • Company Code • Intercomes
총괄	코드성			• Site • Area	• 설비 ID • 설비 Code/명 • 설비 Type • 설비 Group	• 외주업체 Code • 외주업체 Location • Material Code • Material Group • 업체 Code • 자재 BOM	
사업부	코드성	• Sales Code/명 • Sales Area • Sales ORG/명 • Branch • NG 정보	• Chip size • Pin 개수 • 과제 Code • IP 정보 • Library • Net Die	• PartNumber FAB, EDS, Assy) • Product Family • Marking Code • Package Code • Package Name • Package Type • Package Size • Design Rule • Process • Process Plane • Location • LOT ID • LOT Type • eBOM			
	지표성			• S/TTAT • 표준 수율 • 경리 수율 • 설비 효율			

그림 13-12 A사업부 기준정보

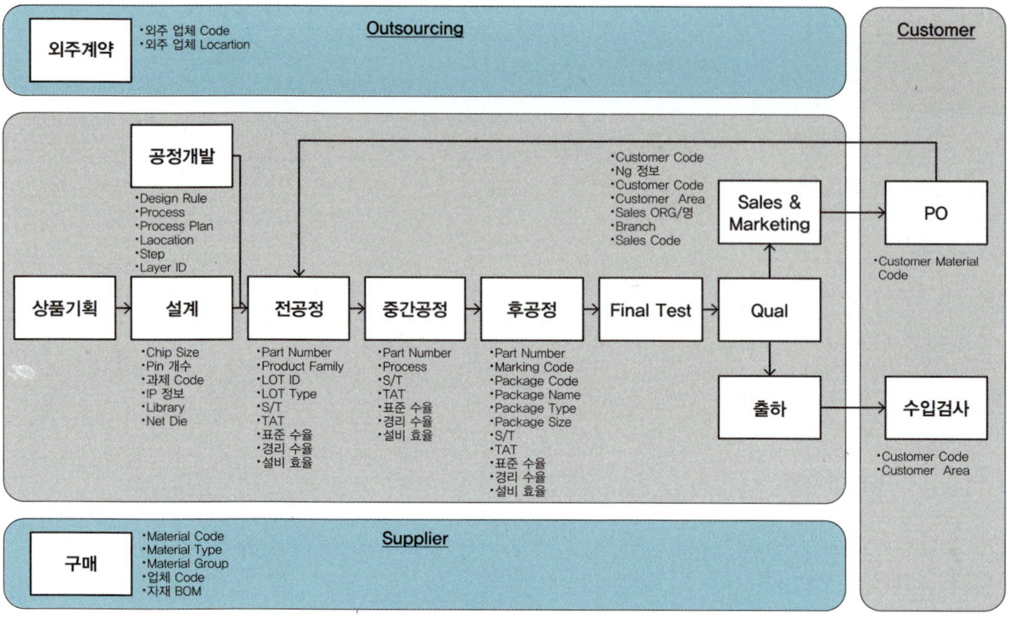

그림 13-13 프로세스별 기준정보

다음으로 기준정보 관련 관리 시스템들에 대하여 살펴보면 다음과 같다. 각 사업부에서는 주요 기준정보 관리 시스템들이 업무 분야별로 관리되고 있음을 알 수 있다. 총괄 통합 기준정보 시스템에서 주로 관리되는 정보는 Part Number, NG Code, Family, PKG Code, Site 등이 있다. 생산공정 기준정보 시스템에서는 Process, Location, Layer ID, Step, Process Plan 등을 관리한다. 생산관리 기준시스템에서는 Step, 설비, PCS, Control, Recipe등을 관리한다. 생산성 지표 관리 시스템에서는 설비 효율, S/T, TAT 등을 관리한다. BOM관리 시스템에서는 BOM, Material Code 등을 관리한다. 종합 자산관리 시스템에서는 설비 ID, 단가 정보, 감가상각비 등을 관리한다. B/E 운영정보 시스템에서는 Part Number, PKG Code, 설비 효율, S/T 등을 관리한다. B/E 종합 생산성 관리 시스템에서는 표준수율, 설비별 가동률, 인당 생산성, 벤치마크 S/T 등을 관리하게 된다.

또한 생산 전에 준비되는 외부 기준정보들도 필요하게 된다. 전체 구조는 [그림 13-14]와 같다. MES를 기준으로 제품이나 자재 정보에서 자재 코드 시스템에서 생성되는 자재 코드, PDM에서 생성되는 Model/Assembly code, 그리고 GCM에서 생성되는 제품 코드와 BIN 등이 있다. 생산계획에서는 FP에서 Device, Step Group, Shift별 생성되는 In-Out

계획에 관련된 정보들과 MES에서 제공하는 WIP, 설비 Status에 관련된 정보들이 있다.

또한 스펙 정보에서는 PPID, EQPID, Area, Type, Model에 관련된 정보가 MES로 전달되며, 설비보전에서는 종합 자산관리 시스템으로부터 EQPID의 정보가 스펙 쪽으로 전달된다. 또한 설비관리 시스템에서는 MES에게 PM Schedule 정보와 PM, Work Order 정보를 MES로부터 받게 된다. 생산성 지표 관리 시스템은 MES로부터 로트 이력 정보와 로트 이벤트 정보, 그리고 설비 이력 정보를 받게 된다. 이러한 정보의 교류를 통하여 제조에 필요한 중요한 정보를 생성하거나 관리하여 기업의 이익에 기준정보가 기여를 하게 되는 것이다.

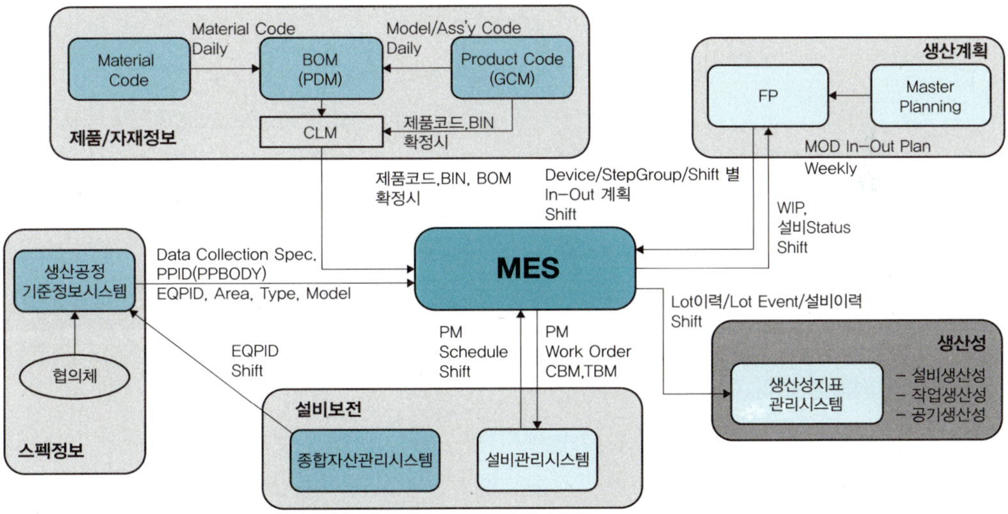

그림 13-14 생산 전 준비되어야 할 외부 기준정보

Fool Proof 방안

① 기준정보 누락 방지

▶ 사전 정의가 필요한 Data

사전정의가 필요한 Data는 우선 미등록 사전정의 Data를 매일 정해진 시간에 Check List를 기준으로 자동검색한다. 만일 사전정의가 필요한 Data가 필요하다면 관계부서나 담당자에게 필요시점 7일 전까지 등록을 완료할 수 있도록 해야 하고 지체 시 반드시 담당자에게 경고를 보내야 한다. 이는 기업 내 시스템체계(Enterprise Portal)와 연동하여 연계된 후행 정보 사용시스템에 알람 연동이 필요하다.

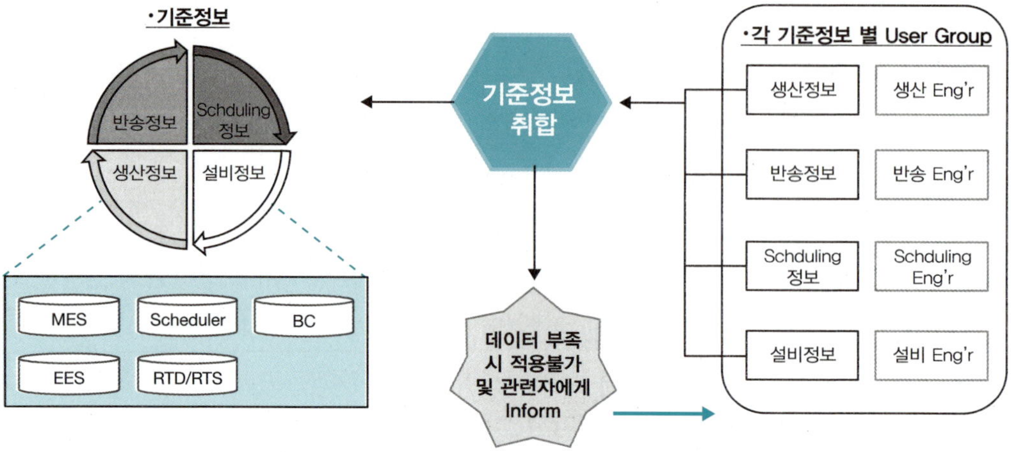

그림 13-15 기준정보 누락 방지

▶ 실행 중, 생성 Data

만일 Data가 발생시점에서 생성되지 않았을 때는 반드시 사용시스템에 경고를 주어야 하고 MES Operator에게 1차 조치를 취하도록 하여야 하며, 추후 소스시스템 개발자에게 현상을 전달하여 조치를 취해야 한다.

② 기준정보 정합성 관리

사업부에서는 1차 검증을 통해 UI화면에서 필수항목 입력 여부를 체크하게 된다. 만일 에러 발생 시 롤백(Roll Back)수행 및 관련자에게 정보를 전달하게 된다. 1차 검증이 끝나면 2차 검증으로 사전 정의된 데이터를 체크하게 된다. 이는 각 사업부의 시스템에서 받아 확인을 하는 작업으로 변경사항이 발생 했을 시 관련자에게 즉시 정보를 제공해 주어야 한다. 그리고 3차 검증으로 각 어플리케이션에서 데이터를 체크하게 되고 문제가 발생하지 않으면 중요 기준정보는 Workflow와 연동시켜 결재를 진행하게 된다. 이렇게 함으로써 기준정보에 대한 정합성 관리를 수행하게 된다.

기준정보 체계 정립 시 이슈가 어떤 것이 있는지 알아보자. 기준정보를 정립하는 과정에서의 주요 이슈는 첫째, 데이터 표준 및 룰(Rule)의 문제이다. 둘째는 기준정보의 임의 적용 문제이다. 마지막 세 번째는 기준정보의 관리체계 미흡이다. 이에 대한 개선으로 우선 표준 및 룰의 재 정립이 필요하다. 기준정보의 룰 및 표준 중 사업부에 맞지 않는 부분을 점검하고 개선해야 한다. 둘째, 기준정보 관리를 강화하는 것이 있다. 기존 시스템은 GCM의 값

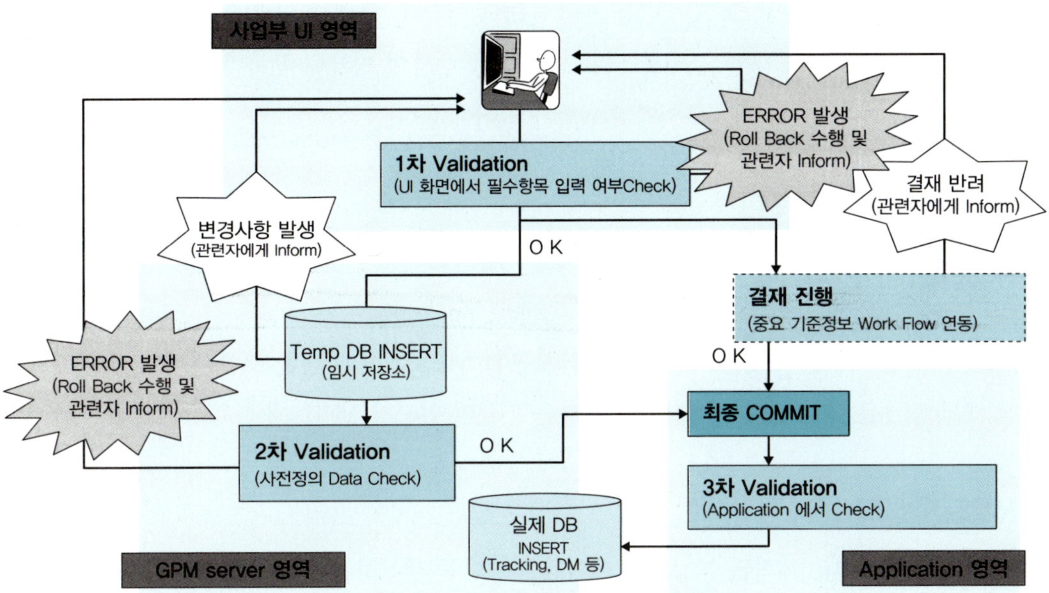

그림 13-16 기준정보 정합성 관리

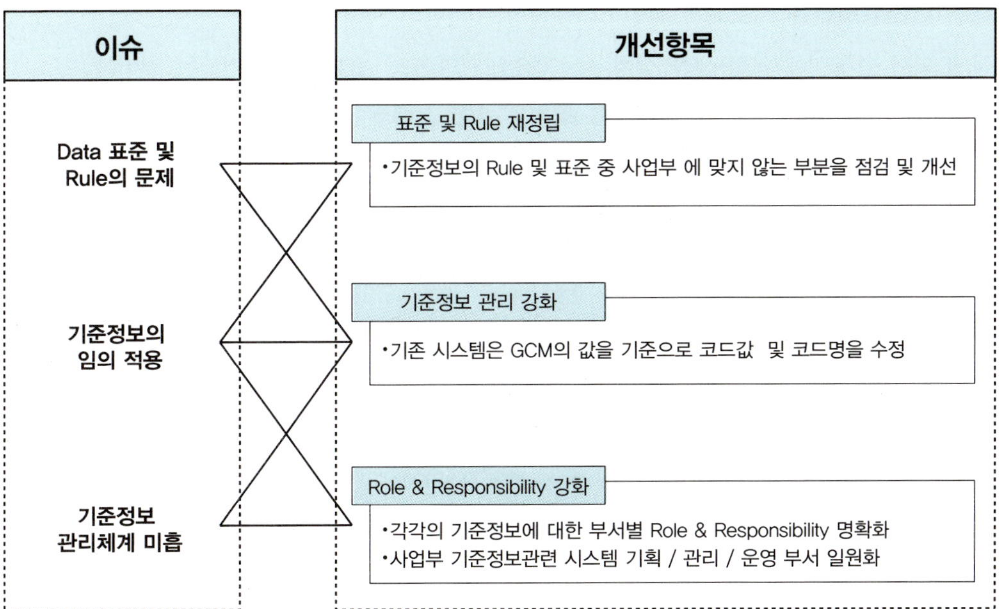

그림 13-17 기준정보 체계 정립 시 이슈사항

을 기준으로 코드 값 및 코드 명만을 수정하는 것이었다. 셋째 책임과 역할에 대한 강화이다. 각각의 기준정보에 대한 부서별 역할 및 책임에 대하여 명확해야 하며, 사업부 기준정보 관련 시스템 기획/관리/운영 부서의 일원화가 있어야 한다.

13.4 | 한국형 MES

제조 현장에서 MES 도입 시 문제가 되는 부분과 MES 개발에 대한 부분에 대해 고찰해보고, 한국형 MES와 MES로 해결되는 효과는 무엇이 있는지 살펴보자.

MES 도입의 문제점

제조 공장의 책임은 계획된 일정으로 계획된 수량만큼 생산하는 것이다. 그러나 수율(Yield)이 떨어지면 불필요한 여분이 초과 생산되어 재고를 증가시키게 되며, 또한 설비의 사용효율이 떨어져 사이클 타임이 증가됨으로써 예정대로 생산을 할 수 없게 된다. 이러한 상황에서 다품종 소량생산을 시도하게 되면 그 복잡성은 사람의 머리로 생각할 수 있는 한계를 초월하게 되어 솔루션에 의한 생산 실행 시스템(MES)의 도입 필요성이 제기되는 것이다.

현재로서는 종래의 외국의 MES를 대부분 도입 운영하고 있는 실정이다. 이런 현실은 업무의 복잡성과 난이도로 인해 시스템의 도입 목적을 간과하고 생산정보 또는 기술정보를 단순히 축적하여 참조하는 수준에 그치고 마는 경우가 많게 된다. 외국에서 도입된 MES는 규격화된 업무와 정형화된 업무에 적합하게 이루어져 있고, 일반 제조의 예외 공정이나 개선된 업무 공정에서는 융통성이 결여된 시스템이 될 가능성이 있다. 이처럼 제조 프로세스에 관련한 많은 MES들이 나름대로는 많은 내용들을 담고 있지만 도입 초기의 목적에만 치중하고, 시간의 흐름에 따라 목적 달성에 여러 문제점들이 노출되고 있다. 따라서 경쟁이 더욱 치열해지고 있는 현 상황에서 시스템의 목적을 원점에서 다시 한번 살펴볼 필요가 있다.

예를 들면 현장으로부터 수집된 정보에 의해 현장 책임자가 직접 판단을 내리는 운용 형태가 좋은 것인가? 테스트 공정처리와 같은 부가적인 공정이 정말로 필요한가? 등은 그 대표적인 검토항목이 될 수 있다. 엄밀히 말하면 순수한 Know-How와 정형화시킬 수 있는 Know-How의 분류가 필요하다는 것이다.

자체적인 제조 프로세스에 대한 변경과 추가 프로세스에 대한 대응은 외부에서 도입된 MES에서는 많은 적용 부담을 가지게 된다. 시스템적인 사용환경이나 적용방법이 쉽게 접근할 수 있는 것이 아니기 때문이다. 제품에 대한 오더 관리를 한다거나 오더에 대한 진척현황을 관리하는 것, 반품에 대한 프로세스가 다양한 경로로 대두되고 있는데, 그러한 내용에 대한 접근과 그 내용에 대한 어플리케이션에서의 구현 방법이 부담스럽기 때문이다.

회사 내에 업무적인 표준을 정해서 접근하는 방법이 아니고, 도입된 MES의 포맷에 맞는 방법으로만 진행되어야 하는 불합리한 점이 있기 때문이다. 대부분의 도입된 MES시스템은 생산부분 관리에 국한된 부분을 가지고 있다. 따라서 가장 민감한 제품의 품질정보를 생산과 연계 관리할 수 있는 시스템의 내용이 필요하다. 또한 생산과 품질, 설비 그리고 제품의 입고에 필요한 패킹 정보까지 모든 내용을 동시에 접근하여 일관된 생산관리 방법이 요구되고, 회사별 프로세스에 대한 변경이나 개선 대응에 민감하게 대응해야만 한다. 그러므로 자체적인 고유의 MES 구축 방법론이 반드시 필요하다.

MES 개발은 어떤 문제를 해결하는가?

만약 수율이 높으면 필요한 최고의 수량만을 생산하게 되므로 설비 효율도 높아지고 재 작업도 줄어들게 된다. 따라서 유일한 개선방법은 수율의 개선이며, 이를 위해서는 모든 데이터를 수집하여 철저하게 분석해야 한다는 논리에 의해 컴퓨터가 이용되어 왔다. 그러나 실제로 컴퓨터에 의해 제공되는 정보는 엄청난 양으로 인해 결국 그중에서 극히 한정된 정보밖에 해석할 수가 없다. 더욱이 빠른 제품 회전율을 위해 요구되는 공기의 단축을 만족시킬 수 없게 된다. 극단적인 경우에는 불안정한 프로세스로 생산을 시작할 수도 그만 둘 수도 없는 상황이 초래되기도 하므로, 이러한 불안정성을 관리하여 적절한 프로세스 처리를 할 수 있는 시스템이 필요하게 되었다. 제조 공장이 목표로 하는 MES에서 기대되는 기존 기능들은 QC의 계통도법처럼 역 전개한 것으로 목표를 위해 필요한 수단을 하나하나 정의함으로써 기대되는(실현시켜야 할) 기능들을 구할 수 있다.

이 전개에서 중요한 것은 목표에 대해 무엇을 할 것인가(무엇에 주목해야 하는 것인가)이지 어떻게 해야 할 것인가가 아니다. 어떻게 해야 할 것인가 하는 실현수단은 각 메이커의 도입목표에 따라 크게 달라지게 된다. 각 메이커가 봉착하고 있는 문제점들은 이와 같은 계통도법으로 전개해 요구사항을 분석해 보면, 해결해야 할 문제가 전혀 다른 곳에 있음을 알게 되는 경우도 있다.

수율을 향상시키기 위해서는 수집된 테이터의 해석뿐만 아니라 프로세스 자체의 개선을 통해 만들기 쉬운 프로세스를 개발하지 않으면 안 된다는 것 등이 그러한 예의 하나이다. 다만 이 방법의 결점은 결과계로부터 전개되기 때문에 원인계로 전개하는 경우 당연히 도출되었을 요소들이 그 전개시점에서 누락되게 되면, 끝내는 그 기능의 실현이 불가능하게 될 수도 있다. 에러 처리에 관한 기능 등이 그러한 대표적인 경우에 속한다. 따라서 전개 후에 원인으로부터 결과의 역방향으로 재검토하여 모순이 없는지를 확인할 필요가 있다. 통합된 정보관리를 목표로 하는 MES의 세부적인 기능이 시스템에서 실현되지 않고서는 고밀도, 고품질 및 다품종 소량생산의 제조를 가능하게 하는 전개는 불가능할 수도 있다.

대부분의 제품을 모회사에서 생산하기보다는 조립부문에 의존하거나 부가가치가 떨어지는 단순 제품에 대해서는 외주 협력업체에 생산을 주문하게 된다. 이런 모회사의 업무적인 프로세스로 MES를 자체 개발하여 적용함으로써 모회사와 외주 협력업체 간에 발생되는 모든 이벤트를 시스템적으로 일원화하여 통합 관리함으로써 신속한 의사결정과 생산성을 배가시킬 수 있는 획기적인 방법이 될 수 있으며, 이것이 우리에게 맞는 시스템이 될 수 있다.

외주 업체의 입장에서는 업무 프로세스를 시스템화한 내용을 사용함으로써 효과적으로 생산업무에만 전념할 수 있으며, 일관된 업무 인프라로 외주 협력업체 관리를 시스템화한 통합관리가 가능하고 업체별 관리 능력 및 지수가 평가될 수 있게 된다. 크게는 제조 핵심 프로세스와 업무적인 노하우를 외주 협력업체에 제공함으로써 공존공영할 수 있고 제조 기초 기반 기술을 공유하고 발전시킬 수 있다.

한국형 MES의 필요성

현재 제조공장들은 원가 경쟁력 강화 및 필요한 물량의 적기 생산 등의 이유로 외주업체의 생산비중이 점점 높아지고 있다. 따라서 이에 따른 관리 대책을 시스템으로 대처할 수 있는 방법이 시급히 요구되고 있는 실정이다. 현재 생산 제품에 따라 일부 또는 상당히 많은 부분을 외주(협력)업체에서 생산하고 있으며, 국내 여건 상 이러한 외주업체가 해외로 이전되는 경우가 많이 발생하고 있고, 또한 국내 외주업체가 해외 공장 또는 합작형태로 이전하고 있어 점점 해외 외주업체의 비중도 중요하게 관리되고 있다.

업무에 관련한 복잡한 업무 프로세스를 정보에 대한 관리개념 없이 시스템적인 접근을 하기란 쉬운 일이 아니다. 모든 업무에서 전폭적인 관리와 지원이 수반되어야 하기 때문이다. 시스템에서 통합하여 종합된 외주 정보를 일관된 방법으로 업무적인 대응을 할 수 있도록 하는 방법이 필요하게 된다. 제조업체 관리상 수요, 공급의 상황을 정확히 파악하여 그 정보를 상위 시스템(생산계획 수립 등)에 제공하여 경영자의 평가와 판단, 수급 등을 산출하여야 한다. 그러기 위해서는 바탕이 되는 제조공정관리 MES가 기반이 된다.

많은 변화된 프로세스는 우리 실정에 맞는 시스템적인 지원과 방법에 있어서 도입된 MES의 한계를 노출하고 있다. 이러한 업무적인 내용을 수용하여 대처하기에는 한계가 있으므로 업무적으로 일관되고 통일된 한국형 표준화가 요구된다. 특별히 외주 협력업체 관리를 하기 위한 필요 불가결한 통합관리의 필요성이 제기되는 이유이다. 또한 외부에서 도입된 MES에 대한 관리운영 부담과 신규업무 대처 능력에 한계가 노출되기도 한다. 따라서 우리에 맞는 MES는 그 동안의 경험과 내용을 자체 표준화한 시스템으로 어떠한 업무에도 대응할 수 있도록 하여야 한다.

MES로 해결되는 것들은 무엇인가?

MES는 수율의 개선 및 사이클 타임의 단축을 다음 4가지 분야로부터 실현되는 것으로 볼 수 있다.

- 자동화(Automation)
- 프로세스 제어(Process Control)
- 제조 현장관리(Shop Floor Control)
- 기술 데이터 해석(Engineering Data Analysis)

이들 4개의 분야는 각각 다음과 같은 효과의 실현을 가져다 준다. 자동화는 수율의 개선과 생산성 향상에 기여한다. 프로세스 제어는 수율의 개선과 유지보수(Maintenance) 횟수의 감소에 기여한다. 현장 제어는 설비 가동률의 향상, 재고량의 감축, 사이클 타임의 단축에 기여한다. 기술 데이타 해석은 수율의 개선에 기여하게 된다. 프로세스 기술의 향상을 위해 설비의 고 신뢰도 운용이 강구되고 있으며, 현장에서 설비의 신뢰도에 대한 정보를 알려주는 수단으로 실시간 관리도의 표시기능이 개발되었다. 또한 현장 작업자가 판단하지 않더라도 관리 한계, 한계로의 접근, 중심으로의 접근 경향 및 연속된 이상 경고 등에 대한 관리도 기법이 갖추어진 “Stability Checker”에 의해 이상 상황에 대한 관리를 하며, 설비 자체 또는 특정 처리만의 경우에 대해 설비의 사용을 금지시키는 것도 가능하다. 또 이상 경고에 대한 피드백 기능은 Recipe의 변경을 다이나믹하게 작동할 수 있도록 한다. 설비의 가동률을 향상시키기 위해서는 각 공정 내의 병목현상(Bottleneck)을 일으키는 설비들을 최대한 효율적으로 사용할 수 있도록 하는 SFC(Shop Floor Control) 기능이 필요하다. MES는 준비(Setup) 시간이 짧고, 납기일보다 늦어지고 있으며, 동시에 우선도가 높은 로트를 선택할 수 있는 로직으로 현장 관리자의 부담을 크게 덜어준다.

연습문제

1. 생산 실행의 정의를 기술하시오.

2. 생산 실행 주요 솔루션은 무엇이 있는가?

3. 다음 중 생산 실행에 해당하는 주요 기능이 아닌것은?

   1) WIP(Work in Process) 관리

   2) 기준정보 관리

   3) Track & Trace

   4) QMS(Quality Management System)

4. 생산실행구조를 그리고 설명하시오.

5. GCM과 BOM에 대하여 설명하시오.

6. Track과 Trace를 비교 분석하시오.

7. WIP(Work in Process)이란 무엇인가?

8. 기준정보 분류에서 코드성 기준정보란 무엇인가?

9. 기준정보 분류에서 지표성 기준정보란 무엇인가?

10. 기준정보 관리방안에 대하여 설명하시오.

Chapter. 14

품질 및 수율 관리

14.1 | 품질관리의 주요 기능

품질관리의 정의

품질관리란 고객의 욕구를 충족시켜주는 재화 및 용역을 포함한 제품을 저가에 제공하는 총체적인 활동을 말한다. 품질관리는 통계학을 기초로 산업혁명 이후에 대두되었는데, 산업혁명 이후 제품의 생산체제가 수주 생산 방식의 가내 수공업 형태에서 시장수요를 예측해 대량으로 단일제품을 생산하는 대량생산 형태로 바뀌게 됨에 따라, 대량 생산 체제에서 불량품을 방지해 적정량의 고품질 제품을 저가에 신속히 공급해줄 수 있는 품질관리의 필요성이 대두되었다. 즉, 제품의 유용성을 결정하는 외형·사용 난이도·수명 등의 물리적 특성과 서비스·불량률·사고율·수량·원가 등의 부가적인 특성을 포함한 품질을 통제 및 관리하는 것이 품질관리이다.

다음은 품질관리에 대한 각각의 정의를 요약한다.

- **한국산업규격(KS A 3001)의 정의**

  소비자의 욕구에 맞는 품질의 제품을 가장 경제적으로 만들어내기 위한 모든 수단의 체계, 근대적 품질관리는 통계적 수단을 활용하고 있으므로 특히 통계적 품질관리(Statistical Quality Control)라 한다.

- **쥬란(J. M. Juran)의 정의**

  품질관리란 품질규격을 설정하고 이를 실현하기 위한 모든 수단의 체계이다. 또한 쥬란은 앞서 정의한 품질관리의 목표를 실현하기 위하여 수단의 방법에서 통계적 수법을 응용한다.

- **데밍(W.E. Deming)의 정의**

  품질관리란 가장 소용이 있으며 구매자가 요구하는 제품을 가장 경제적으로 생산하는 방법이다. 통계적 품질관리란 최대한으로 유용하며 시장성 있는 제품을 가장 경제적으로 생산할 것을 목표로 생산의 모든 단계에 통계학의 원리와 수법을 적용하는 것을 말한다.

- **파이겐바움(A.V. Feigenbaum)의 정의**

  참으로 효과적인 품질관리란 설계에서 시작하여 제품이 고객의 손에 들어가 고객의 만족을 얻었을 때 끝난다. 총합적 품질관리란 소비자에게 충분히 만족되는 품질의 제품을 가장 경제적 수준으로 생산될 수 있도록 사내 각 부문이 품질개발, 품질유지, 품질개선 노력을 조정·통합하는 효과적인 체계를 말한다.

- **ISO 8402의 정의**

  품질에 대한 요건을 충족시키는 데 사용되는 운영기법 및 활동이다.

이들 정의 내용을 요약하여 보면 다음 3가지로 표현할 수 있다. 첫째, 고객의 요구에 맞는 품질의 제품을 만드는 것, 둘째, 경제적으로 만드는 것(싸고, 신속하게), 셋째, 모두가 힘을 합쳐서 만드는 것이다.

품질관리의 정의에는 위와 같이 일부 차이점이 있으나, 최근에 와서 품질경영의 개념은 TQC적인 이념에 바탕을 둔 경영의 수단으로 전사적으로 수행하되, 구체적인 실행방안에 대해서는 SQC적인 사고와 방법을 활용하는 것으로 이해되고 있다.

유럽에서는 전사적 품질관리를 TQC라는 용어 대신에 'Integrated Quality Control (IQC)'라고 부르며, 일본에서는 일반적으로 '종합적 품질관리' 또는 '전사적 품질관리'라고 부른다. 우리나라에서는 1980년대에는 전사적 품질관리활동을 TQC(Total Quality Control)라고 불렀으나, 1990년대부터는 TQM(Total Quality Management) 즉, 전사적 품질경영으로 부르고 있다. 그리고 ISO 9000시리즈에서 정의된 ISO 8402에서는 "품질에 대한 요건을 충족시키는데 사용되는 운영기법 및 활동"으로 정의한다.

품질관리의 목적

품질관리의 목적은 소비자 요구에 부응하는 제품을 가장 경제적으로 달성하는 데 있어서 품질의 표준화, 통계적 방법, 피드백 기능을 통하여 작업의 원활화, 불량감소 및 방지, 신뢰성 높은 제품 생산, 품질보증 제품 생산, 책임을 다할 수 있는 제품 생산, 공해가 없는 제품 생산을 목적으로 한다. 앞서 설명한 품질관리의 목적을 요약면 다음과 같다.

- 작업의 원활화
- 불량감소 및 방지
- 신뢰성 높은 제품 생산
- 품질보증 될 수 있는 제품의 생산
- 공해 없는 제품의 생산
- 제품책임을 이행할 수 있는 제품의 생산 등

품질관리 활동의 기대효과

대외 경쟁력을 갖추기 위해서는 품질관리 활동 즉, Q(Quality, 품질), C(Cost, 원가), D(Delivery, 생산량, 납기)의 균형을 유지해야 한다. 이와 같은 품질활동으로 인한 기대효과는 제품의 원가절감, 불량 감소, 납기 지연 방지, 불량 처리비 절감, 작업의 합리화, 조직 간의 관계 원할, 작업자의 기능 향상, 표준에 의한 합리화, 작업자의 품질의식 고취 등의 많은 효과를 얻을 수 있게 된다.

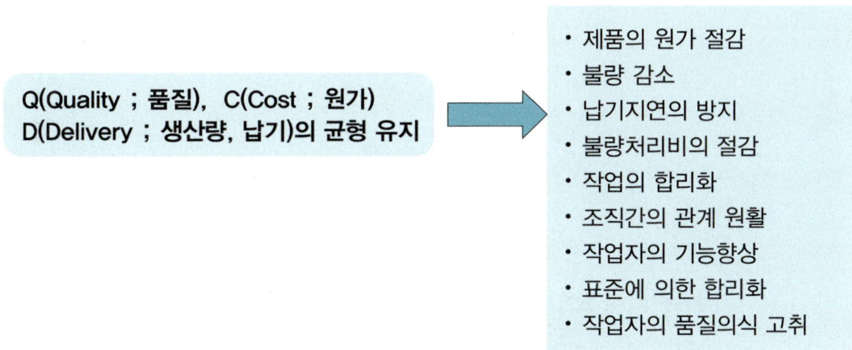

그림 14-1 품질관리의 기대효과

품질관리의 구성요소

제품의 품질관리를 위해서는 생산활동의 가장 중심이 되는 제조공정을 대상으로 볼 때 생산의 4요소 혹은 제조공정의 4요소로 정의할 수 있다. 제조공정의 4요소(4M)는 작업자(Man), 기계 및 설비(Machine), 재료(Material), 작업 방법(Method)을 가리킨다. 한편 이를 좀더 확대하여 7M을 제품 품질관리의 요소로 보는 경우도 있다. 즉, 작업자(Man), 기계(Machine), 재료(Material), 작업방법(Method) 그리고 자금(Money), 시장(Market), 경영(Management) 등의 7요소가 해당한다.

품질관리에 영향을 미치는 요인 - 7M

품질관리에 영향을 미치는 요인에는 7M으로 7가지 요인이 있다. 물질적 요인에는 자금(Money), 기계(Machine), 재료(Material)가 있으며, 기술, 관리적 요인에는 작업방식(Method), 시장(Market)을 그리고 인적 요인으로는 작업자(Man) 그리고 경영(Management)을 들 수 있다. 그리고 생산의 4요소와 제조 품질관리에 관계되는 것으로서 공정품질에 영향을 미치는 요인을 살펴보면, 공정품질은 사람 측면에서의 지식, 기능, 의욕(Morale) 등이 관계된다. 재료 측면에서는 열화, 순도, 조성, 치수 등이 관계되며, 기계 측면에서는 보전, 정밀도, 측정 등이 관계된다. 또한 작업방법 측면에서 기술, 도면, 라인 편성, 치공구 등이 관계되며, 환경측면에서는 온도, 습도, 먼지, 조명 등이 제조품질에 영향을 끼치는 만큼 제조공정의 4요소와 연계해서 고려되야 한다.

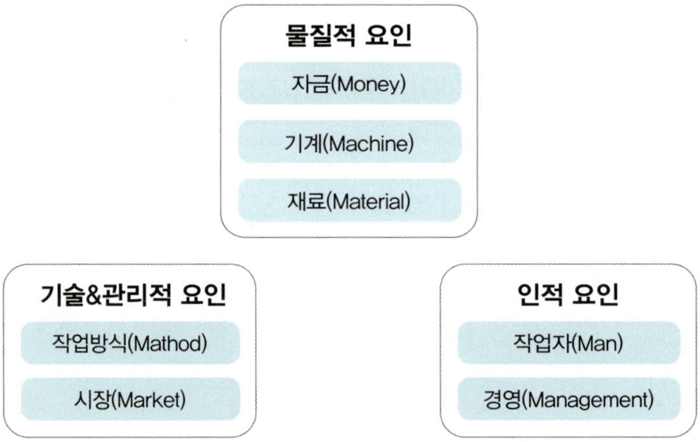

그림 14-2 품질관리에 영향을 미치는 7M

품질관리의 4대 기능

품질관리의 기능으로는 품질설계 기능, 공정통제 기능, 품질보증 기능, 품질조사 기능의 4가지를 들 수 있는데, 다음에 간략히 설명한다.

1. 품질설계 기능은 어떤 기능을 가진 제품을 어떤 재료로 어떤 제조방법을 통해 생산할 것인가를 결정하는 것이다.
2. 공정통제 기능은 재료의 입수에서 제품의 최종 유통까지 제조공정 속에서 제품의 생산량, 비용, 품질 등을 총괄적으로 관리하는 것을 말한다.
3. 품질보증 기능은 고객의 기대와 일치하는 품질의 제품을 판매하고, 판매 후에도 고객이 계속해서 제품에 만족을 느낄 수 있도록 하는 것을 말한다.
4. 품질조사 기능은 고객이 요구하는 품질을 실질적인 사용자 측면에서 평가하고 조사하는 것을 말한다.

품질관리의 업무는 크게 4가지로 볼 수 있다. 첫째, 신제품 관리로 제품의 적정 원가, 기능 등 품질 기준을 만드는 동시에 품질상의 문제가 될 근원을 생산 전에 확인, 제거하는 업무를 말한다. 둘째, 자재관리로 특히, 타기업으로부터 수입하는 원자재 및 부품 등의 수입 절차에 관한 업무를 가리킨다. 셋째, 제품관리로 이 업무는 제품의 표준에서 벗어나는 불량품이 생산되지 않도록 생산지의 공정을 통해 제품을 관리하는 일이다. 마지막으로 특별공정 연구업무를 들 수 있는데, 제품의 결함을 조사하여 제거하고 품질개선, 원가절감 등 제품과 제조공정을 개선하는 업무이다. 품질관리에는 여러 통계적 기법이 사용되는데, 여기에는 자재 및 제품에 사용하는 샘플링 검사, 파레토그램, 히스토그램, 공정관리 시의 특성요인도, 관리도, 품질개선 업무 시의 추정 및 검증, 상관 및 회귀, 관능검사, 실험계획법, 신뢰성 검사 등이 있다.

품질관리의 업무

파이겐바움(A.V. Feigenbaum)은 품질관리의 업무를 다음과 같이 크게 4가지로 정의하였다.

1. 신제품 관리는 제품의 적정원가, 기능 등 품질기준을 만드는 동시에 품질상의 문제가 될 근원을 생산 전에 확인하여 제거하는 업무를 말한다.
2. 자재 관리는 타기업으로부터 수입하는 원자재 및 부품 등의 수입 절차에 관한 업무를 가리킨다.
3. 제품 관리는 제품의 표준에서 벗어나는 불량품이 생산되지 않도록 생산지의 공정을 통해 제품을 관리하는 일이다.

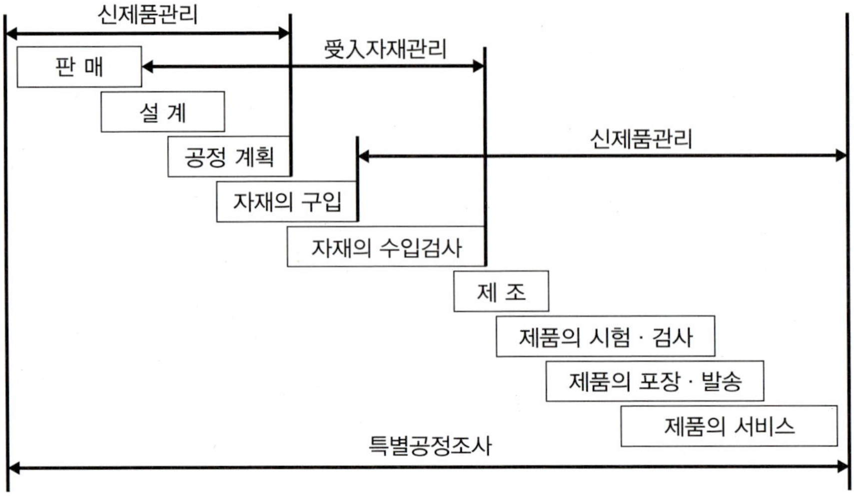

그림 14-3 생산단계에 있어서 품질관리 활동(A.V. Feigenbaum)

4. 특별 공정 연구업무를 들 수 있는데, 제품의 결함을 조사하여 제거하고 품질개선, 원가절감 등 제품과 제조공정을 개선하는 업무이다.

[그림 14-3]에서 보듯, 파이겐바움은 생산 단계에서 있어서 품질관리 활동을 4가지로 정의했다.

1. 판매, 설계, 공정계획 단계의 신제품 관리 활동
2. 판매, 설계, 공정계획, 자재 구입, 자재 수입검사의 (수입)자재관리 활동
3. 자재의 수입검사, 제조, 제품의 시험 또는 검사, 제품의 포장 및 발송, 제품의 서비스의 제품관리 활동
4. 판매부터 제품의 서비스까지의 모든 단계의 특별 공정 조사 활동

품질관리를 위한 현장의 기능

생산의 요소와 제조 품질관리에 관계되는 것으로서 제조 품질 확보 즉 제조 품질관리를 위한 제조 현장의 기능 측면에 대해 살펴보면, 생산 현장의 기능은 [그림 14-4]와 같이 나타낼 수 있다.

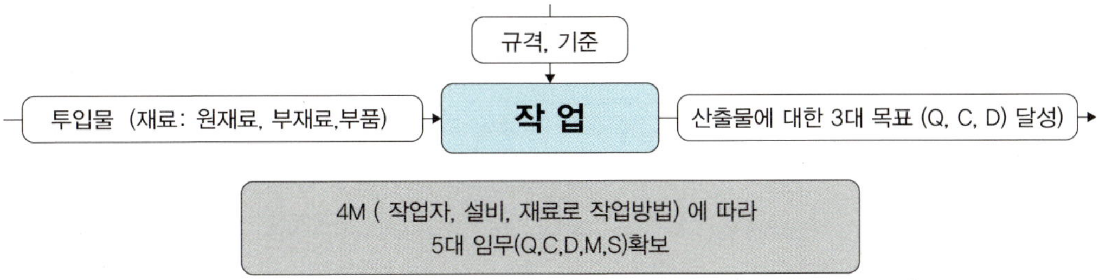

그림 14-4 제조 현장의 기능

제조 현장의 기능은 투입물인 재료(원재료, 부재료, 부품)를 규격·기준에 의거 4M(작업자, 기계, 재료로 작업방법)에 따라 현장의 5대 임무인 Q(Quality, 품질), C(Cost, 원가), D(Delivery, 생산량, 납기), M(Morale, 사기, 의욕), S(Safety, 안전)를 확보하도록 작업을 하며 산출물 또는 가공품에 대한 제품의 3대 목표인 Q(품질), C(원가), D(생산량·납기)를 달성하는 일이라고 할 수 있다.

14.2 | 수율 관리의 주요 기능

수율 관리의 정의

기업에서는 경쟁력을 표현하고자 생산주기(Cycle Time), 재 작업률(Rework Rate), 공정변동(Process Variation), 공정재고(Work-in-Process), 수율(Yield) 등 공정 성능과 품질 성능 지표들을 관리하고 있다.

수율이란 생산 과정을 통해서 제조된 제품들 중 "양품"의 비율을 뜻하며 "양품"이란 쉽게 설명하자면 "합격품" 즉 불량이 아닌 제품을 뜻한다. 어떤 기질에서 실제로 생산되는 생산물의 양을 그 기질로부터 이론상 기대할 수 있는 최대 생산량으로 나눈 값으로 통상 백분율로 나타내는 경우가 많다. 다양한 성능지표 중 투입 수에 대한 적합품 비율을 의미하는 수율은 생산성, 수익성, 업체의 성과 측면에서 쉽게 표현이 가능한 척도이다. 특히, 수율은 기업 경쟁력의 근간이라 할 수 있으며, 반도체 산업, LCD, PDP 등 전자산업, 자동차산업, 부품산업 등에서 중요한 척도로 사용되고 있다. 관련하여 요약하면 다음과 같다.

수율 관리는

- 공장의 상태와 실적에 관련된 데이터의 수집하고,
- 미처리 데이터를 생산, 사용 및 재고와 관련된 의미 있는 정보로 변환하여,
- 신뢰할 수 있는 정보를 경영자와 기획관리 담당자에 전달하여 과거와 미래의 운전, 구매 및 판매와 관련된 의사결정이 효과적으로 이루어질 수 있도록 지원 또는 관리하는 것이다.

효과적인 수율관리를 위해서는 다음과 같은 기본적인 작업들을 수행하는 것이 중요하다.

- 공장 기준 모델의 수립
- 수동 및 자동으로 매일의 데이터 수집
- 수집된 데이터의 확정 및 보정 작업으로 표준 데이터의 확보
- 처리된 데이터의 관련자들과의 공유

14.3 | 통계적 품질관리의 주요 기능 및 기법

통계적 품질관리의 필요성

통계적 품질관리가 절대 필요하게 된 것은 품질 경영(Quality Management)의 원칙들이 변모했다는 이유가 가장 크다. 기존의 품질 개념과 현재의 개념과는 상당한 차이가 있다. 가장 큰 변화는 불량률을 다소 허용에서 무결점 즉, 100%의 양품률을 품질관리의 달성기준으로 삼고 있다는 점이다. 즉 % 단위의 불량이 100만분의 1 단위인 Defect per Million 즉, DPM(PPM) 단위로 변화되고, 나아가 최근에는 6시그마 활동의 확산에 따라 그 단위가 시그마(Sigma)로 변화해 가고 있다는 점이다.

그러나 우리가 활동하고 있는 협력업체 현장에는 아직도 한 자리 또는 두 자리 %단위의 불량률을 기록하고 있는 곳이 존재하고 있는 것이 현실이다. 이들 취약 업체를 중심으로 단기간 내에 일정 수준으로 끌어 올려 균등한 품질 수준을 유지하기 위해, 프로세스 전반을 진단하고 처방을 내리는 협력업체 혁신 활동이 진행되어야 한다고 생각하면 그 책임은 막중한 것임에 틀림이 없다.

일반적으로 기업의 수준을 나타낼 때에 학교에서 이루어지는 클래스(Class) 단위의 수준을 평가와 같이 각 클래스의 점수를 합산하여 평균한 값으로 우열을 평가하는 것과는 달리, 가장 낮은 분야의 평가 점수로써 그 기업의 수준을 나타낸다. 가령 자동차를 구성하는 3만점 이상의 부품 중 어느 한 부품이라도 문제가 되면 그 문제된 부품에 의해 메이커는 물론 그 자동차의 이미지가 결정지어 진다. 예컨대 자동차 부품을 공급하는 대부분의 협력업체들이 90점이고 일부 한 협력업체가 60점이라면 그 모기업의 수준은 60점이 되고, 그 모기업이 최종 조립한 제품의 수준 또한 60점이라는 의미이다. 따라서 1차적으로 60점짜리 협력업체를 90점 수준으로 끌어 올리는 작업, 바로 그것이 품질관리 추진 팀에게 주어진 역할이고 사명이라고 정의할 수 있다.

품질관리를 위한 통계적 기법으로 SPC 와 APC가 대표적이다. SPC(Statistical Process Control, 통계적 공정관리)란 사람의 느낌이나 어림짐작으로 어떤 사실을 보거나 판단하는 것이 아니라, 과학적인 데이터를 근거로 문제를 직시하고 해석하며, 해결책이나 향상 방안을 찾아내는 것을 말하므로, 과학적 기본 데이터와 이를 분석하여 각 공정에서 품질규격에 맞는 제품을 만들어 낼 수 있는 상태로 관리하는 기법이라고 할 수 있다. APC(Advanced Process Control)는 최근 들어 반도체 기업들에게 수율과 생산성 측면에서의 향상으로 각광을 받고 있는 기술로 생산 중에 발생하는 손실을 줄여 제품생산의 효율성을 증대시키고 철저한 제품관리로 최고의 품질을 이끌어내는 고급 기능이다.

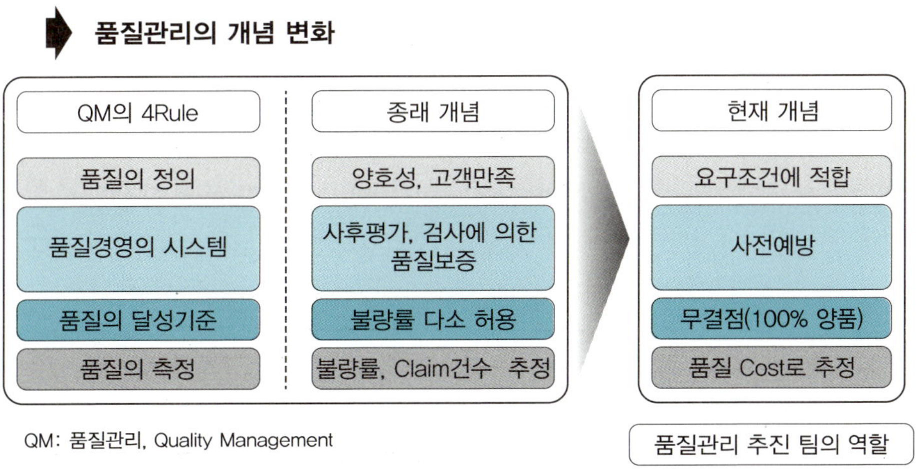

그림 14-5 통계적 품질관리의 변화

통계적 공정관리(Statistical Process Control, SPC)

통계적 공정관리(SPC)는 종합적 품질관리(Total Quality Control, TQC)의 일환으로 품질 규격에 합격할 수 있는 제품을 만들어내기 위하여 통계적 방법에 의하여 공정을 관리해 나가는 관리방법이다. 끊임없는 공정의 개선을 추구하며, 만족스러운 품질의 제품을 높은 생산성으로 생산할 수 있도록 하는 현장 관리기법이다. SPC의 각 단어가 갖는 의미를 살펴보면, 통계(Statistical)는 적은 양의 데이터(표본)로 많은 양의 데이터(모집단)를 표현하는 데에 이용되며, 공정의 묘사에 이용하여 시간의 경과에 따른 공정산포의 변화를 나타내고, 정해진 규격에서의 변동내역을 산출한다. 즉, 통계적 자료와 분석기법의 도움을 받아 공정의 흐름을 이해하는 데 이용한다. 공정(Process)는 원하는 산출물(제품, 서비스)을 얻기 위해 투입 요소들을 조합하는 것으로 어떤 제품을 생산하는 공장 전체가 하나의 공정이다. 부품을 가공하거나 검사하는 것도 하나의 공정이라 말할 수 있다. 효과적인 개선을 위해서는 공정을 가능한 한 세분화하는 것이 바람직한 방법이며 해당 공정의 품질변동을 일으키는 원인과 공정의 능력상태를 파악해야 한다. 관리(Control)에 있어서 전통적인 관리 방법은 관측(측정), 비교, 조사, 변화의 4가지 행위로 구성되고 있으며, 제품관리와 공정관리 두 가지 방향으로 적용하여 우리가 원하는 상태로 제품이 생산될 수 있도록 관리해 가는 관리방법이다.

SPC를 통하여 우리가 얻어야 하는 목표는 품질향상이다. 즉, 품질향상으로 인한 생산성 증대와 제품의 경쟁력 강화이다. 보다 균일성을 가진 품질의 제품을 생산하는 것으로써, 이는 공정의 SPC적 관리를 통하여 공정 산포(Process Variation)를 줄여 나갈 수 있다. 각 공정이 안정되게 관리되면 결국 우리가 지향하는 불량률 제로(Zero Defect) 또는 100% 양품의 생산이 가능해져, 고객에게 보다 신뢰성 있는 상품을 보다 낮은 가격으로 제공할 수 있게 되어 비로서 경쟁력을 가질 수 있게 되는 것이다. SPC를 통한 품질 향상은 수율 증가, 생산성 향상, 제조원가 절감, 고객만족 지속, 새로운 고객 확보 등의 효과를 가져온다.

일반적으로 일정한 조건으로 생산을 하더라도 얻어지는 제품 또는 반제품의 품질 특성치는 일정하지 못하고 어떤 값을 중심으로 산포하고 있다. SPC의 가장 기본적인 공정관리 기능은 품질변동 요인을 조사하여 그 원인을 우연원인과 이상원인으로 분리시킨다. 이상원인(가피원인)은 신속하게 이상원인을 규명하여 현장에서 즉시 조치를 취해 준다. 우연원인(불가피의 원인)에 대해서는 생산설비의 교체나 생산방식에 대한 시스템적 접근을 통하여 근본적으로 우연원인에 의한 품질변동의 크기를 축소시켜 주어야 한다. 작업방법 개선, 작업자 훈련, 작업환경의 균일화, 계측기 정도의 향상 등 관리자들이 적절한 팀 활동을 통하여 품질변동을 근본적으로 줄여주는 노력을 해야 한다.

표 14-1 품질의 변동요인 비교

구분	우연원인 (불가피원인)	이상원인 (가피원인)
정의	- 생산 공정에서 작업표준을 준수 또한 기계에 이상이 없음에도 불구하고 제품 품질 등의 결과에 산포(dispersion)가 생겨나는 원인. - 철저히 조사하여 제거하기가 어렵고 또 의미가 없는 원인 - 일반적으로 항시 존재하는 원인들	- 공정에 어떤 이상이 생겨서 제품 품질 등의 결과에 이상한 값을 초래하는 원인. - 찾아내어 제거할 수 있는 원인 - 산발적으로 발생
원인	작업자 숙련 정도의 차이, 작업환경의 변화, 식별 불가한 원자재나 생산설비 등의 제반 특성에 의한 차이, 종업원의 사기와 같은 사회, 기술적 요인	작업자의 부주의, 불량자재의 사용, 재료의 변경, 생산 설비 상의 이상, 생산조건의 갑작스런 변화
결과형태	만성불량	돌발불량
대책	- 생산설비의 교체나 생산방식에 대한 시스템적 접근(system approach)을 통하여 근본적으로 우연원인에 의한 품질변동의 크기를 축소시켜 주어야 한다. - 관리자 중심의 팀를 구성하여, TFT형태의 활동 전개 및 품질변동을 근본적으로 줄여주는 노력을 취한다	- 즉시 공정을 조사하여 그 이상원인을 제거하도록 노력해야 한다 - 품질관리분임조(동일한 생산라인이나 작업현장에서 일하는 작업자들로 구성된 소집단) 활동을 통하여 대응하는 것이 일반적이다. - 일반적 활동 순서: 이상발생 → 원인조사→원인규명→개선활동(재현성 확인 및 표준화 포함)

APC(Advanced Process Control)

APC란 Advanced Process Control의 약자로 고급 공정제어기술을 의미한다. 많은 공정운전 변수들 간의 동특성 관계를 동시에 고려한 수학적 모델로 구성되어, 안정적이고 경제적인 최적 운전조건을 유지하도록 제어하는 다변수 예측제어 기술이다. 앞서 간략히 설명하였듯이, 최근 들어 반도체 기업들에게 수율과 생산성 측면에서의 향상으로 각광을 받고 있는 기술로 생산 중에 발생하는 손실을 줄여 제품생산의 효율성을 증대시키고 철저한 제품관리로 최고의 품질을 이끌어내는 고급 기능으로 다음과 같은 기능을 가진다.

(1) R2R(Run-to-Run Control)

R2R은 공정 진행 런(Run)들의 제어 전략으로 Run은 하나의 로트, 배치로 구성된 로트, 또는 반도체 공정에서는 각각의 웨이퍼(Wafer)가 될 수 있다. R2R 상에서 진행되는 Run은 측정 데이터 또는 평균값을 가지고 있고, 이 값을 이용하여 공정 상태 조정이 이루어진다.

(2) FDC(Fault Detection and Classification)

기존의 SPC로 대체될 수도 있는데, 생산설비의 오작동을 실시간으로 감지하기 위한 것이다. 해당 시점 데이터가 다음 생산 단계에 전달되므로(Feed-Forward) 진행 된 Run의 변형치를 맞추어 제품을 생산할 수 있다. 이와 반대로 데이터를 이전 생산 단계로 전달하여(Feed-Back), 생산방법 및 파라미터를 변경할 수도 있다.

APC의 Fault 즉, 결함 사전 감지, 결함 사전 방지, 계측 값 예측 그리고 최적 장비의 조건 설정 등의 활동으로 제품의 수율 향상, 제품 업그레이드, 생산운전 비용 감소, Giveaway 감소, 제품 품질의 균일화, 생산운전 Flexibility의 향상 및 안정화, 고도화 등을 통해 생산성 증가 및 원가 절감의 효과를 얻을 수 있다.

FDC(Fault Detection and Classification)는 생산설비의 오작동을 실시간으로 감지하는 것이 목적이다. 모델링 기능을 사용하여 FDC가 설정된 생산 설비의 파라미터를 실시간으로 수집하며, 감지된 값을 기본으로 하여 이상 발생을 산출하고, 설비에 Interlock을 할 것인지 판단하여 생산 Line을 통제한다.

이와 같이 실시간 감지 및 통제로 인하여 Scrap 감소, MTTR(Mean Time To Repair

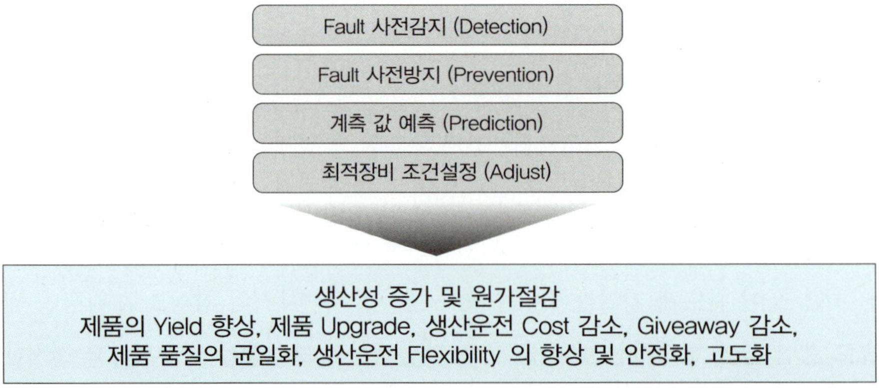

그림 14-6 APC(Advanced Process Control)의 활동으로 인한 효과

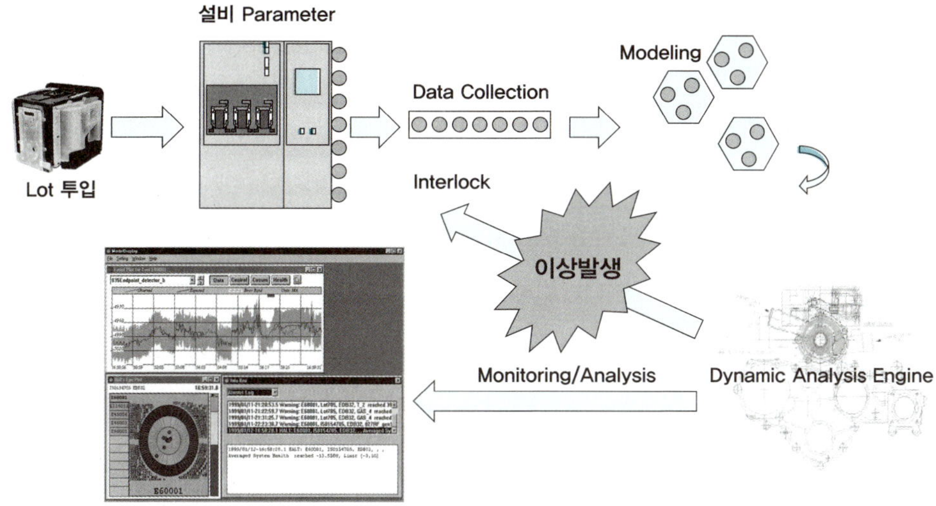

Scrap 감소, MTTR 감소, Equipment Process Ramp Time 절감 효과

MTTR: Mean Time To Repair Ramp Time: 어떤 대상이 목적하는 기능을 수행하는 정상적인 상태에 도달하는 시간

그림 14-7 FDC(Fault Detection & Classification)의 기능 및 효과

Ramp Time: 어떤 대상이 목적하는 기능을 수행하는 정상적인 상태에 도달하는 시간) 감소, Equipment Process Ramp Time 절감의 기대효과를 볼 수 있다.

[표 14-2]는 APC의 주요 기능을 정리하여 보여준다.

표 14-2 APC의 주요 기능

FDC (Fault Detection And Classification)	R2R (Run to Run)
- 생산설비의 Parameter들을 실시간으로 Monitoring하여 설비의 이상 여부를 조기 판단하는 시스템 기능 - Real-Time Equipment State Monitoring - Single Variable Fault Detection - Multivariate Fault Detection - Parameter Pattern을 이용한 Fault Detection - Trace Data Summarization - Equipment Fingerprinting : 설비간, Chamber간 유의차 분석	- 생산 공정을 진행하기 이전에 계측 Data를 사전에 예측하여 보다 미세하게 공정을 제어하는 시스템 기능 - R2R에서 보정(Adjustment)된 Recipe Parameter 값을 이용하여 생산공정을 진행 - 생산공정이 끝난 후 계측설비는 이상 유무를 계측 - 계측 Data 및 환경변수들의 상관관계를 이용하여 설비에서 진행할 Next Lot의 Recipe Parameter를 보정

품질관리를 위한 통계 도구들

품질관리에는 여러 가지 통계 기법 및 도구들이 사용되는데, 여기에는 자재 및 제품에 사용하는 샘플링 검사, 파레토그램, 히스토그램, 공정관리 시의 특성 요인도, 관리도, 품질개선 업무 시의 추정 및 검증, 상관 및 회귀, 관능검사, 실험계획법, 신뢰성 검사 등이 있다.

이들 중 많이 사용하고 있는 몇 가지 기법들을 다음에 간략히 소개한다.

- **체크 시트(Check Sheet)**

  공정이나 프로세스에서 데이터를 수집하는 단계에서 사용하는 기법이다. 즉, 불량품의 수나 결점 수, 고객불만 건수 같은 계수형 특성 값을 항목별로 분류해 기록하는 방법이다.

작업일	시간	결함 종류				합 계
		바코드 미부착	균형 안맞음	염색상태 희미함	기타	
05월 26일	8~9	3	2	2		7
	9~10		1	2		3
	10~11	1	3		2	6
	11~12					0
	12~13	1	2	2		5
합계		5	8	6	2	21

그림 14-8 체크 시트 사례

- **특성 요인도(Cause and Effect Diagram)**

  Fishbone 모양의 다이어그램으로 결과에 영향을 미치는 주요 원인을 계통적으로 정리하여 원인을 규명한다. 즉, 문제점의 결과치에 4M(사람, 공정, 원재료, 설비)을 접목시켜 문제점을 하나하나 해결하여 문제점을 해결하는 방법이다.

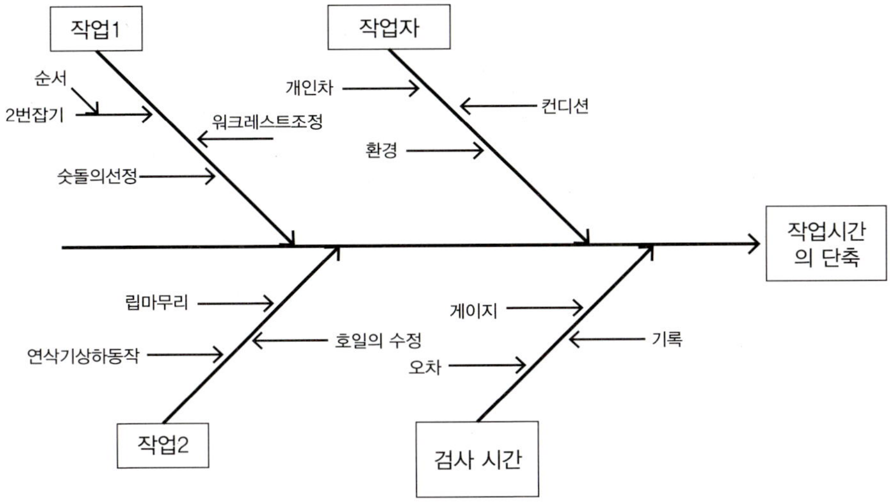

그림 14-9 Fishbone Diagram

- **파레토 도표(Pareto Diagram)**

파레토 도표(Pareto Diagram)는 수집된 데이터를 정리하여 문제의 발생빈도 순으로 나열하여 중요도를 파악하는 기법으로 문제의 원인이 어디에 근거하며, 그 문제점의 발생빈도의 크기와 점유율이 어떻게 나타나는지를 작성한다.

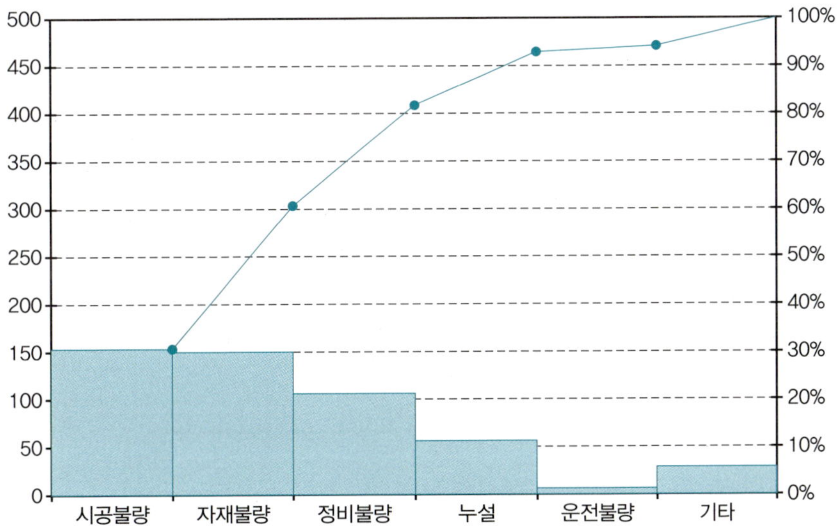

그림 14-10 파레토 도표

- **히스토그램(Histogram)**

두 종류의 특성을 동시에 측정하여 수집된 데이터의 특징을 파악하는 데 사용한다. 즉, 특성과 요인 사이의 실제 관계인 '상관관계'를 알기 위해 사용되는 방법이다.

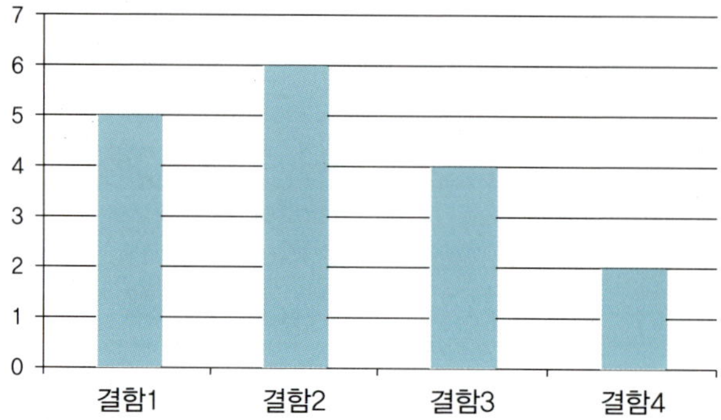

그림 14-11 히스토그램

- **그래프와 프로세스 관리도(Graph & Process Control Charts)**

그래프는 막대 그래프, 선 그래프, 원 그래프, Radar 그래프 등의 도형으로 나타내어 수량의 크기를 비교하거나 수량의 변화 형태를 알기 쉽게 나타낸다. 프로세스 관리도는 프로세스가 통계적 안정(일정 품질수준 유지) 상태인가를 판정하기 위한 도구이다. 공정으로부터 정기적으로 채집된 표본들로부터 표본통계량들을 계산하여 도표에 점들로 찍고, 공정이 안정 상태에 있다는 가설에 근거하여 관리한계(Control Limits)를 설정하는데, 점이 관리한계를 벗어나면 안정되지 않은 상태에 있다고 판단한다.

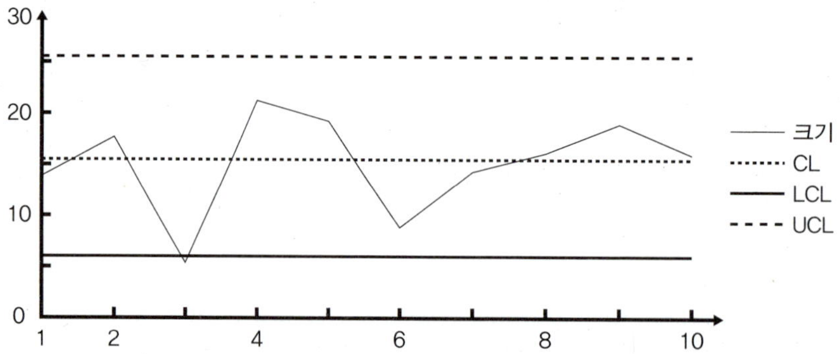

그림 14-12 그래프와 프로세스 관리도(Graph & Process Control Charts)

- **상관도(Relations Diagram)**

  인과관계를 설명함으로써 복잡한 문제의 여러 다른 측면의 연결관계를 분석하는 기법으로, 요인이 복잡하게 연결된 문제를 정리하기 좋으며, 계획 단계에서부터 문제를 넓은 시각에서 관망할 수 있으며 중요 항목을 잘 파악할 수 있다.

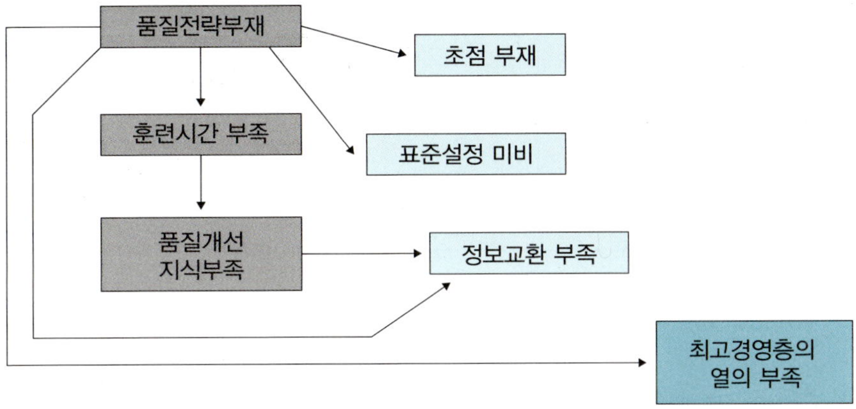

그림 14-13 상관도

- **유사도(Affinity Diagram)**

  다량의 아이디어를 유사성이나 연관성에 따라 묶는(Grouping) 방법으로 자연스런 연관관계에 따라 다양한 아이디어나 정보를 몇 개의 그룹으로 분류 가능하다.

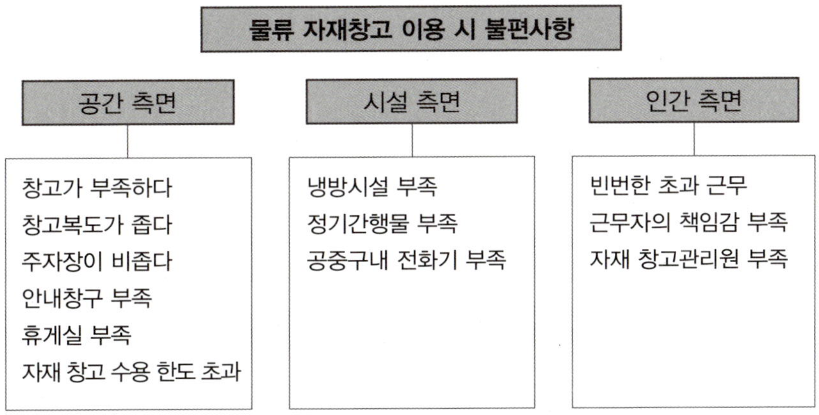

그림 14-14 유사도

- **매트릭스(Matrix Diagram)**

  매트릭스 기법은 두 개 또는 그 이상의 특성, 기능, 아이디어 등의 집합에 대한 관련 정도를 행렬(Matrix) 형태로 표현하는 기법이다

서비스요소 \ 운송수단	항공기	철도	선박	트럭
운임	상	중	하	중
운송속도	상	중	하	하
안전도	중	상	중	하
운반용량	중	상	상	중
편의성	중	중	중	상

그림 14-15 Matrix Diagram

14.4 통합 품질관리의 사례

선진 공정 품질관리

우선 공정 품질관리에는 4가지 사이클이 있는데, 첫째는 수집 단계이고 둘째는 분석, 셋째는 실행 그리고 마지막 네 번째는 모니터링 단계이다. 수집 단계에서는 공정, 품질, 설비, 실적 데이터 통합과 분석이 용이한 형태의 데이터 확보, 품질 관련 데이터 누락 방지, 데이터 신뢰도 제고 및 가치 데이터 확보가 수행된다. 분석 단계에서는 데이터 분석 역량 보유, Unknown Factor 발굴, 즉각적 불량원인 인자 탐색, 분석 결과 공유 및 결과 축적, 그리고 불량원인 인자의 최적 조건 결정을 하게 된다. 실행 단계에서는 공정 운전 표준 수립, 현장 커뮤니케이션, 공정 운전 표준에 근거한 최적 조건 공정 운전, 그리고 분석 결과에 따른 공정 개선을 하게 된다. 마지막으로 모니터링단계에서는 핵심 인자 모니터링, 공정 변화 사전 인지, 특이점 발생 검출, Upset 조기 경보, 그리고 개선 기회 발굴이 수행된다.

예컨대 A사는 A시스템을 구축하여 수율 향상을 통하여 분석의 선진화를 이루었다. 반도체 제조공정은 간단히 Fab, EDS, Package로 이루어지는데, 여기서 공정 품질관리 요소 중 분석, 실행, 모니터링을 수행한다. 데이커 마이닝(Data Mining)을 통하여 대용량의 데이

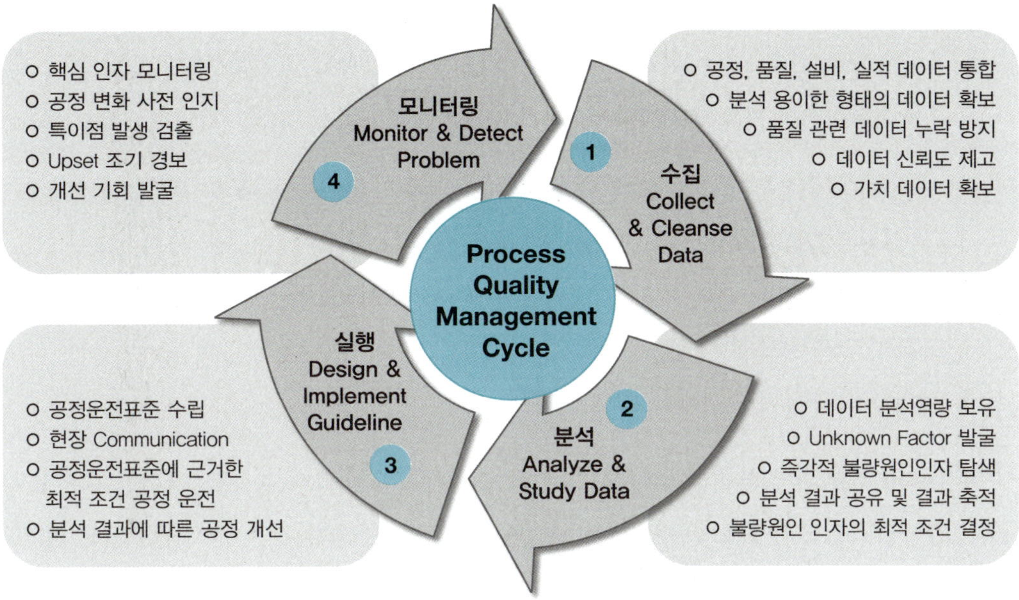

그림 14-16 선진 공정 품질관리를 위한 4단계 사이클

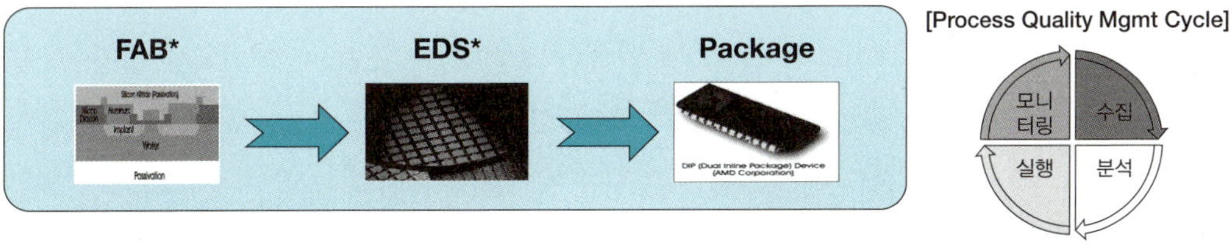

Data Mining을 통한 분석체계 도입
• 대용량의 Data에서 일정한 규칙(Pattern)을 찾을 수 있음 • 다양한 분석 기법 제공으로 불량 문제 해결 • 품질 불량에 대해 빠른 시간 내에 분석이 가능하여 신속한 대응 조치 가능

공정 품질관리체계 혁신 추진 현황
• 불량 원인 인자를 100% 규명함으로써 원인 인자만 관리하고 측정 공정을 없애는 것을 최종목표로 함 • 원인 인자와 결과간의 명확한 이해를 통해 APC (Advanced Process Control)을 시도하는 단계 • Data에 의한 공정 관리를 실현하고 있음

* FAB: Fabrication, EDS: Electronic Die Sorting

그림 14-17 A사 공정품질관리 시스템 개요

터에서 일정한 규칙(Pattern)을 찾으면 다양한 분석 기법 제공으로 불량 문제를 해결하고, 품질 불량에 대해 빠른 시간 내에 분석이 가능하여 신속한 대응 조치를 할 수 있다.

공정 품질관리체계 혁신 추진 현황을 살펴보면 A사에서는,

- 불량 원인 인자를 100% 규명함으로써 원인 인자만 관리하고 측정 공정을 없애는 것을 최종목표로 했으며,
- 원인 인자와 결과 간의 명확한 이해를 통해 APC(Advanced Process Control)를 시도하는 단계였으며,
- 데이터에 의한 공정 관리를 실현하였다.

B사에서는 전-후 공정 연동 제어가 가능한 품질관리를 통하여 불량을 최소화했다. B사는 선진공정 품질관리에서 모니터링 기능을 뺀 수집, 분석, 실행 단계를 구축하였다. 전(前) 공정에서는 제품별 Recipe에 의한 생산 → 모니터링 → 사후 분석 → 즉각적 불량원인 규명 및 조치에 실패하였고 후 공정에서는 전(前) 공정 불량/잠재 불량 미인지 → 기준 Recipe로 생산 → 불량 다발로 인한 손실 급증이 되었고 전후 공정 간 정보 또한 단절이 있었다.

개선된 프로세스로 전후 공정의 통합을 통하여 전 공정에서는 제품별 Recipe에 의한 생산 → 모니터링 및 즉시 데이터 수집 → 분석 및 신속한 원인 규명 → 폐기여부 결정 → 불량원인을 후 공정에 전달하게 되었으며 후 공정에서는 전 공정 잠재요인을 고려한 후 공정 수율 예측이 가능하게 되었으며, 최적 조건 탐색 및 Recipe 미세 조정과 불량의 최소화를 가져 오게 되었다.

다음으로 C사에서는 용해 공정 품질관리 기반 구축을 통하여 데이터에 의한 공정관리를 실현했다. 각 공정에서 나오는 데이터를 분석하고 DW에 수집하여 데이터 마이닝을 이용하여 다양한 분석을 하였다. 이때 핵심인자의 최적 조건을 설정하게 되고, 명확한 공정 운전 표준을 수립하여 관리 항목을 공정 운전 항목과 일치하도록 실행하였다. 이렇게 되면 추후 공정 이후 나오는 데이터들의 정합성 및 신뢰성 제고에 큰 영향을 끼치게 된다.

다음으로 D사의 통합 품질관리에 대하여 살펴보자. 우선 통합DB 및 다차원 통계분석 기법을 활용하였다. 여기에는 3가지 측면에서 수행한다.

첫째, 데이터의 수집이다. 데이터 수집 및 분석에서 대량의 데이터 처리 방안과 독립된 시스템으로부터의 데이터 추출 및 가공 툴을 사용할 수 있다. 또한 공정 품질정보 통합에서

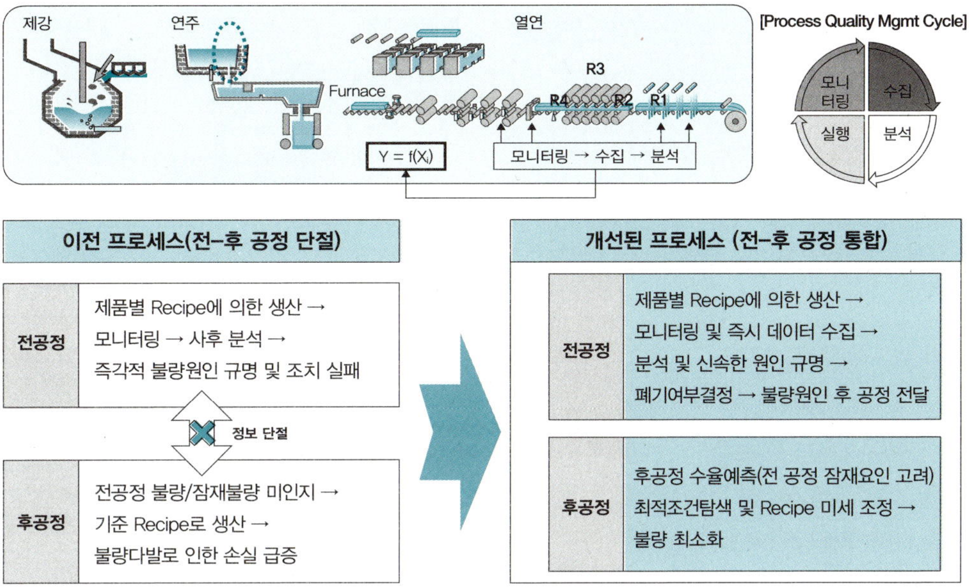

그림 14-18 B사의 통합품질관리 시스템 개요

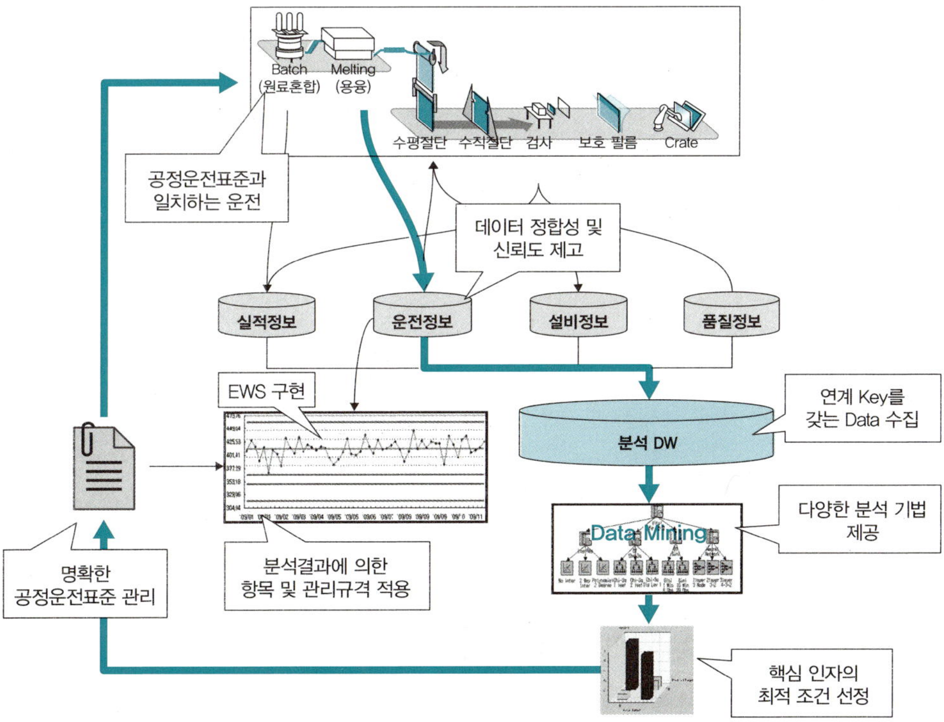

그림 14-19 C사 통합품질관리 시스템 개요

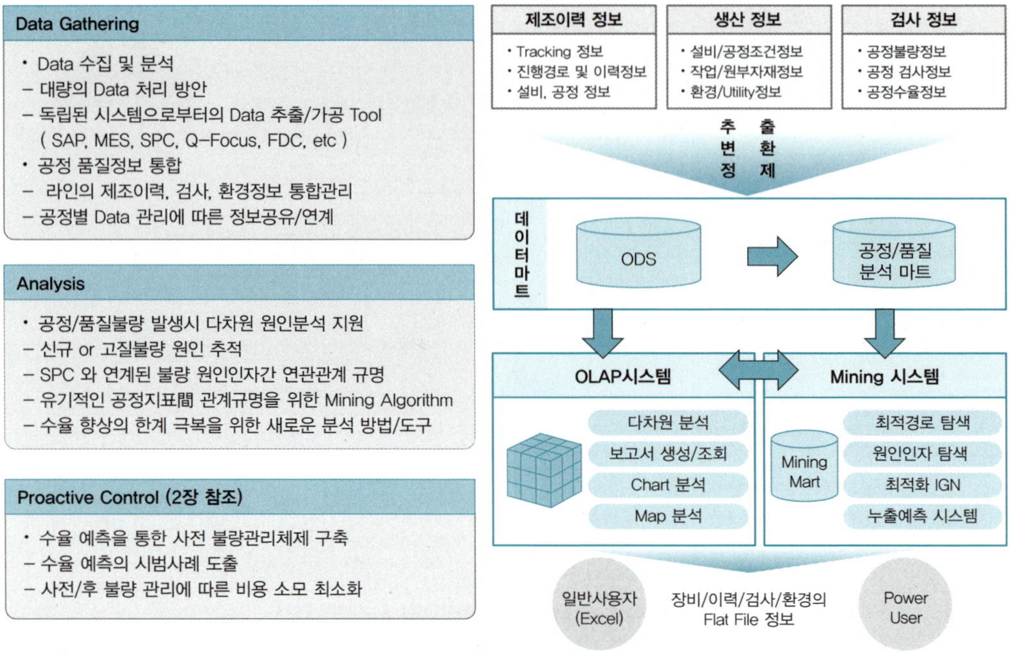

그림 14-20 D사의 통합 품질관리

는 라인의 제조 이력, 검사, 환경정보 통합관리와 공정별 데이터 관리에 따른 정보공유 및 연계를 할 수 있다. 둘째, 분석 측면에서 공정 및 품질 불량 발생 시 다차원 원인분석을 지원하는데, 신규 또는 고질불량 원인 추적과 SPC와 연계된 불량 원인 인자 간 연관관계를 규명하며, 유기적인 공정 지표 간 관계 규명을 위한 마이닝 알고리즘(Mining Algorithm)을 사용한다. 그리고 수율 향상의 한계 극복을 위한 새로운 분석 방법 및 도구를 사용한다. 셋째, 선행적 공정관리 측면에서는 수율 예측을 통한 사전 불량 관리체제를 구축하는데, 여기에서는 수율 예측의 시범 사례를 도출하고, 사전/사후 불량 관리에 따른 비용 소모의 최소화를 책임진다.

[그림 14-20]은 제조 이력정보, 생산정보와 검사정보 중에서 데이터를 추출, 변환 정제하여 ODS를 통하여 공정 품질분석 Mart를 구성하고, OLAP이나 Mining기법을 사용하여 일반 사용자나 Power User가 필요한 정보를 분석하고 조회할 수 있게 하는 것이다.

통합 품질분석 시스템의 Architecture

통합 품질분석 DB를 중심으로 기간 계 시스템과 외부 자료로부터 정보를 입수하여 데이터 웨어하우스(Data Warehouse)에 수록하고, 여기서 여러 가지 분석 마트를 통해 필요한 사용자에게 포털을 통해 정보를 공시하거나 제공해주는 것이다.

다음은 기초 통계분석 툴의 적용사례이다. 통계 툴인 SAS기반의 기초통계량 분석을 위한 통계분석 툴을 사용한다. 여기에서는 기술통계량, Correlation, Regression, ANOVA, Time Series 분석 등을 수행하며, 분석 기법별 분석 Option 기능을 포함한다.

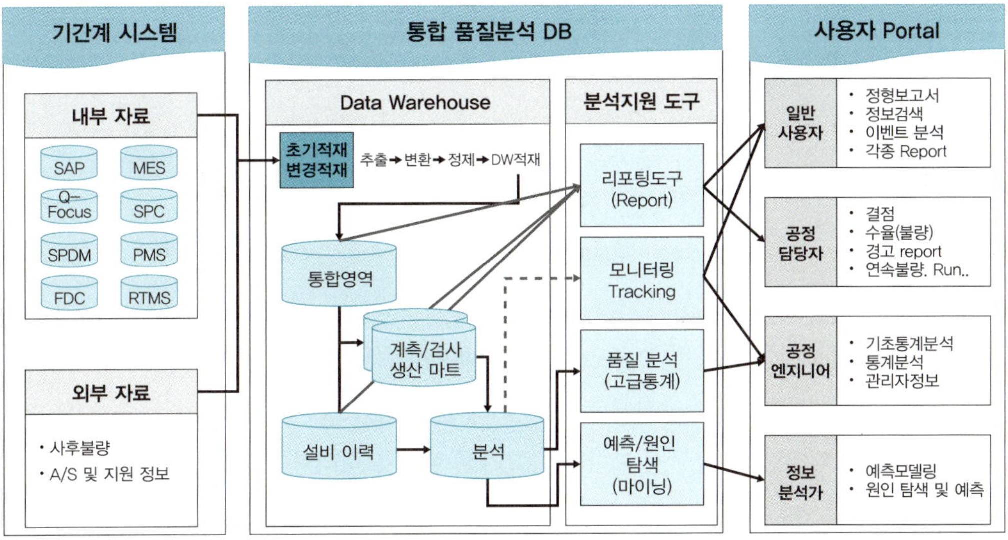

그림 14-21 통합 품질분석 시스템 Architecture

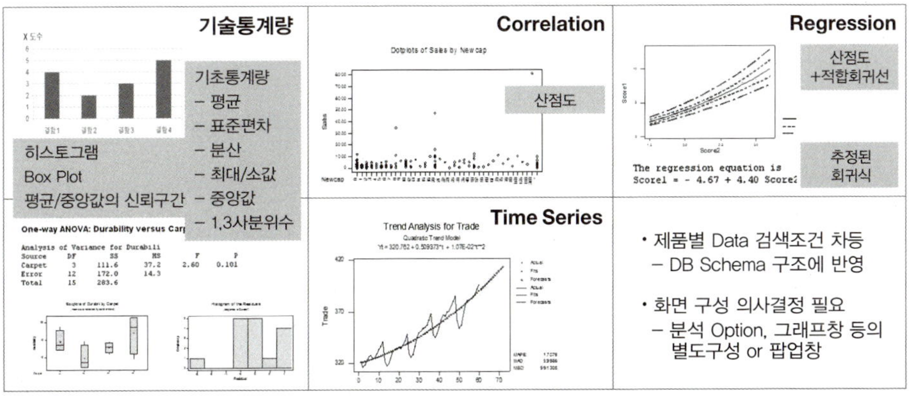

그림 14-22 기초 통계 분석 툴

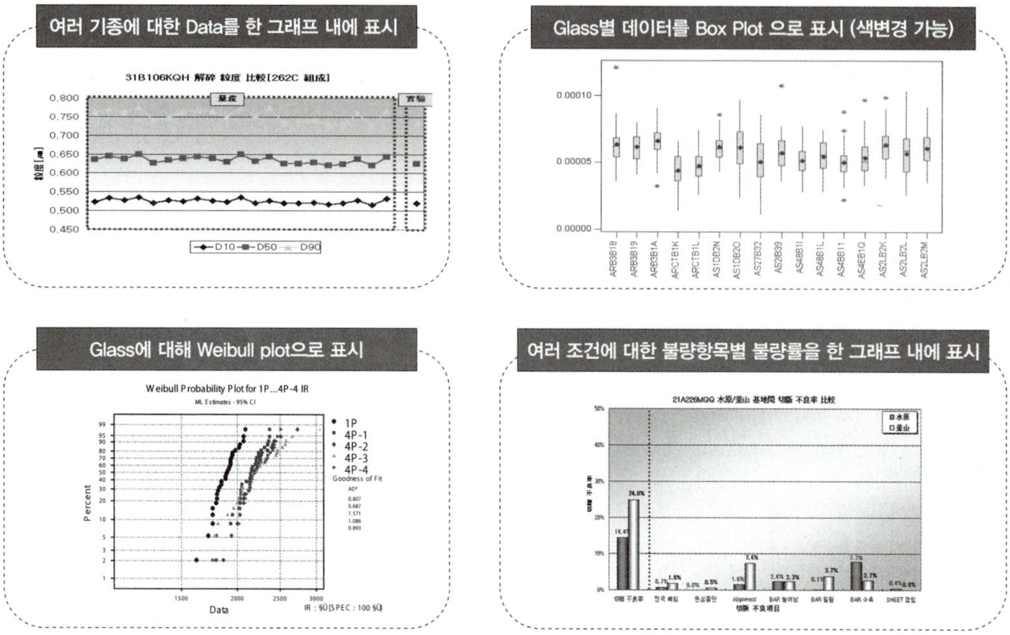

그림 14-23 모니터링 기능에 대한 표현상의 요구사항

제품 모니터링에서는 제품별 Defect 및 수율에 대한 모니터링 기능의 적용이 수행되며, 이는 실시간 Trend 분석이 가능하게 된다. 모니터링에는 Defect 모니터링, 공정수율 모니터링, 기간수율 모니터링, 복합공정 모니터링 그리고 설비 모니터링이 있는데, Defect 모니터링에서는 LCD인 경우 Glass에 대해 각 공정별 관리 항목별 Defect를 표시한다. 예컨대 불량율 %, 불량 수를 수치로 그래프 상에 표시한다. 경우에 따라 X축을 기종, Batch 등으로 변경하는 옵션 등도 수행할 수 있다. 그리고 각 단위 공정별 Raw Data 및 사용 재료에 대한 정보도 요구할 수 있다. 또한 불량률의 중복 선택으로 수율과 비교할 수 있도록 구성하기도 한다.

공정수율 모니터링에서는 선택항목에 대한 수율 그래프를 선택할 수 있으며, 개별 점에 마우스를 대면 해당공정의 수율 측정 항목을 보여줄 수도 있다. 그리고 각 단위 공정별 Raw Data 및 사용 재료에 대한 정보 또한 요구할 수 있다. F-cost 및 누적(Cummulative) 수율 표시 또한 가능하게 된다. 기간수율 모니터링에서는 기간을 달리하여 수율 Trend를 한눈에 알아보게 한다.

복합공정 모니터링에서는 Glass에 대해 각 공정의 불량률을 한 그래프에 표시하여 불량률의 공정 간 연관성을 파악할 수 있게 한다. 설비 모니터링에서는 설비별 불량현황을 모니터링하여 귀책 설비를 찾을 수 있게 하며, 설비별 월별 불량증감 및 변동치를 색깔로 표시하고 동일 설비에 대한 특성 불량별 불량률을 표시하게 한다.

다음으로 모니터링 기능에 대한 요구사항들을 살펴보면, 여러 기종에 대한 데이터를 한 그래프 내에 표시하여야 하고, Glass별 데이터를 Box Plot으로 표시하여야 하며, 여러 조건에 대한 불량 항목별 불량률을 한 그래프 내에 표시하여야 하며, Glass에 대해 Weibull Plot으로 표시가 가능해야 한다.

유의차 분석

선택된 두 집단에 대해 결과에 차이를 나타나게 하는 원인변수 탐색을 위한 유의차 분석기능의 개발이 있어야 하는데, 1차적으로 분석을 위한 데이터의 산점도를 표시해야 한다. X축과 Y축은 DW 내에 정의된 항목에 한해 선택 가능하게 하고, 대략적인 Trend를 통해 Y값에 대한 우열집단 선택도 가능해야 한다. 선택된 두 집단에 대해 차이를 나타내게 하는 원인파악을 통하여 결과에 유의한 영향을 주는 원인에 대한 의사결정을 하게 된다. 이를 위해서는 첫째, 추정되는 원인들에 대한 Pareto Chart의 구성을 하게 되고, 둘째, 의사결정나무 분석을 통한 불량인자 결정에 가장 중요한 요소로 선정되는 공정과 그 판단의 신뢰수준을 표시하여야 하며, 셋째, 전체 군집분석을 이용하여 품질에 영향을 미치는 주요요인 여부를 검정하는 것이다.

수율 분석 시스템 Architecture 및 개발 툴 부문에서 BI 프레임워크 구축을 하여야 하는데, SQL 2005 기반의 Business Intelligence 프레임워크의 구현이 필요하다. 그리고 OLAP Reporting Service 기능도 필요하다.

통계엔진 부문에서는 기초 통계 분석 엔진과 데이터 마이닝이 수행되어야 한다. 이는 향후 통계 패키지 활용도 향상 측면에서 자체적 개발 능력 확보와 엔지니어 교육이 병행되어야 한다.

연습문제

1. 품질관리의 정의를 쓰시오.
2. 수율관리의 정의를 쓰시오.
3. 품질관리를 위한 통계적 기법들은 무엇이 있는가?
4. 품질관리의 기대효과를 서술하시오.
5. 품질관리의 목적은?
6. 품질관리에 영향을 미치는 7M은?
7. 품질관리의 4대 기능은?
8. APC(Advanced Process Control)의 정의는?
9. R2R(Run-to-Run Control)이란?
10. FDC(Fault Detection and Classification)란?

Chapter. 15

설비 보전관리

15.1 설비관리의 역사

자산관리(Asset Management)란 설비의 7대 프로세스(기획, 구매, 입고, 설치, 운전, 정비, 폐기)에 걸쳐 기업의 생산성을 높이는 전반적인 기술 활동을 말한다. 기존의 설비관리가 최하부의 설비에 초점을 두어 예산의 개념 없이 설비의 가동률을 높이고 유지하는 목적으로 사용되었다면, 최근 선진국에서는 설비관리시스템이 생산을 최적으로 하기 위한 자산 활용에 초점을 두고 있는 전략적 개념인 EAM으로 바뀌고 있다.

보전관점의 설비관리는 대내외 환경변화와 정비기술의 진화에 의하여 설비 결함 발생 시 수리관점에서 설비종합효율(OEE)을 증대하기 위한 전략의 수단으로 쓰인다. 최근에는 설비관리의 개념이 1990년대부터 선진국에서 시행된 정부차원의 규제강화와 실무 매뉴얼 작성 이후 급속히 전 영역의 산업으로 확산 중이다. 1980년대 미 연방정부에서 공공인프라 자산관리 전략이 개발되었고, 1990년대에는 미국과 뉴질랜드에서 실물 자산관리에 대한 정부차원의 규제가 개발되었다. 2000년대 이후 영국표준협회 등에서 설비 관련된 표준화를 ISO 수준의 국제표준으로 격상시키려는 움직임이 일고 있다.

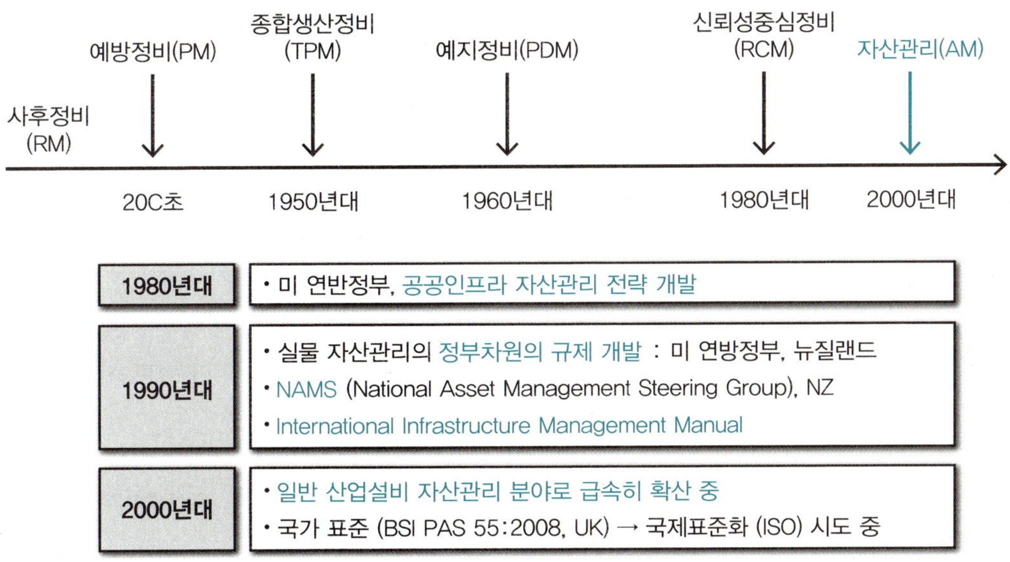

그림 15-1 설비관리의 역사

정비 패러다임의 변화

지난 동일본 후쿠시마 대지진으로 인한 방사능 유출사고로 원자력 발전의 안전성에 대한 전 세계의 관심이 고조되고 있다. 1950년대(제1세대)까지는 시간이 지나면 고장의 발생 가능성이 증가한다는 개념하에 고장이 발생하였을 때 수리한다는 전략을 가지고 있었다. 1970년대(제2세대)에는 초기 고장과 내용 연수(年數)가 높아질수록 고장확률이 높다는 개념이 자리잡게 된다. 공장 가동률을 향상하고 설비의 수명을 연장하며 늦은 정비비가 목표가 된다. 작업계획 및 일정을 수립하고 계획수리 활동을 하게 된다. 그러나 실질적으로는 설비 연수에 의한 고장비율이 전체 고장의 4% 미만이라는 항공기산업 데이터가 이 개념에도 오류가 있을 수 있다는 것을 보여준다. 현재에는 공장가동률 및 신뢰성 향상과 안전성 확보 및 환경보호, 품질향상, 설비 수명연장, 비용효과 향상 등에 목표를 두고 CMS, FMEA, 인공지능 및 신뢰성과 정비성을 고려한 설비설계를 하고 있고 위험에 대한 연구도 병행하고 있다.

15.2 설비관리의 발전방향

초기, 설비의 유지보수관리(CMM)에서 구매 측면의 기능이 보강된 기업자산관리(EAM) 단계로 발전하였고 지금은 경영진에 의한 자산가치 극대화의 전략적인 역할을 수행할 수 있는 전략적 자산관리(SAM) 방향으로 진보하고 있다.

CMMS(Computerized Maintenance Management System)은 설치에서 폐기까지 설비를 관리하는 정보시스템으로 작업표준의 관리, 작업계획, 일정관리 및 작업진행 관리, 설비이력과 정비 지표를 분석하여 정비 전략 수립이나 경영전략의 의사결정에 필요한 정보를 제공하는 시스템이다.

EAM(Enterprise Asset Management)은 도입계획부터 폐기까지 설비자산을 관리하는 정보시스템으로 기본 유지보수 업무 외에 프로젝트 관리, 근태관리, 재무관련 업무지원, 인사관리 지원 업무, 임금관련 정보관리, 자산관리 업무, 예산관리 지원 업무 등을 고려한 시스템이다.

기존의 CMMS는 예산의 낭비와는 관계없이 가동률을 높이고 유지하는 데 전술적 초점을 두고 있으나, EAM은 소득을 목적으로 생산을 최적화하기 위해 자산을 활용하는 데 초점을 두고 있다.

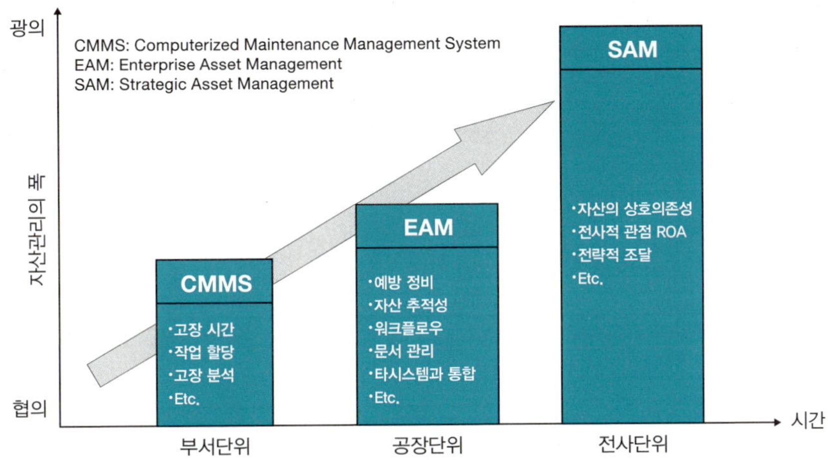

그림 15-2 설비관리의 발전 단계

15.3 보전활동의 분류 및 보전전략 최적화

승용차의 설비관리 전술

해당 설비에 적합한 보전전략은 부품의 고장형태에 따라 달라질 수 있다. 승용차를 예로 들면 엔진오일의 경우 주행거리에 따라 교체작업을 수행하고, 에어컨 필터 및 배터리의 교환은 일정 시간이 경과 후 교체작업을 수행한다.

설비관리를 위한 기술유형으로는 프로세스 컨트롤, 점검, 예지보전, RCM 등이 있다.

보전활동은 크게 계획보전과 비계획 사후보전으로 나눌 수 있다. 계획보전은 설비의 상태에 기반한 CBM(Condition Based Maintenance)과 시간에 기반한 TBM(Time Based Maintenance)으로 구별될 수 있다. 고장이 발생한 이후에 보전활동을 수행하는 BM(Breakdown Maintenance)도 있지만, 경제성을 바탕으로 계획보전의 비중을 증가시켜야 한다.

그림 15-3 승용차의 설비관리 영역

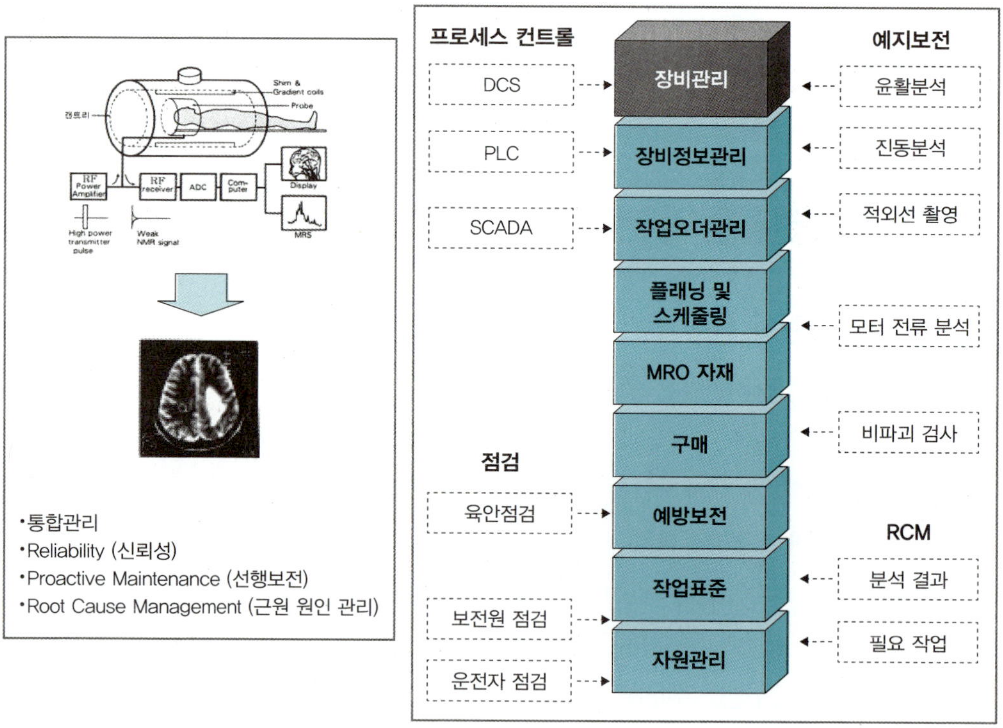

그림 15-4 기술유형

- Note -

- PM(Preventive Maintenance): 정기적인 정비, 교체, 점검, 진단 및 감시 등의 계획적인 보전 활동
- BM(Breakdown Maintenance): 고장수리 등의 비계획적이며 돌발적인 보전활동
- CBM(Condition Based Maintenance): 장비의 조건에 따라 실행하는 보전활동
- TBM(Time Based Maintenance): 시간 기준으로 하여 정기적으로 실행하는 보전활동

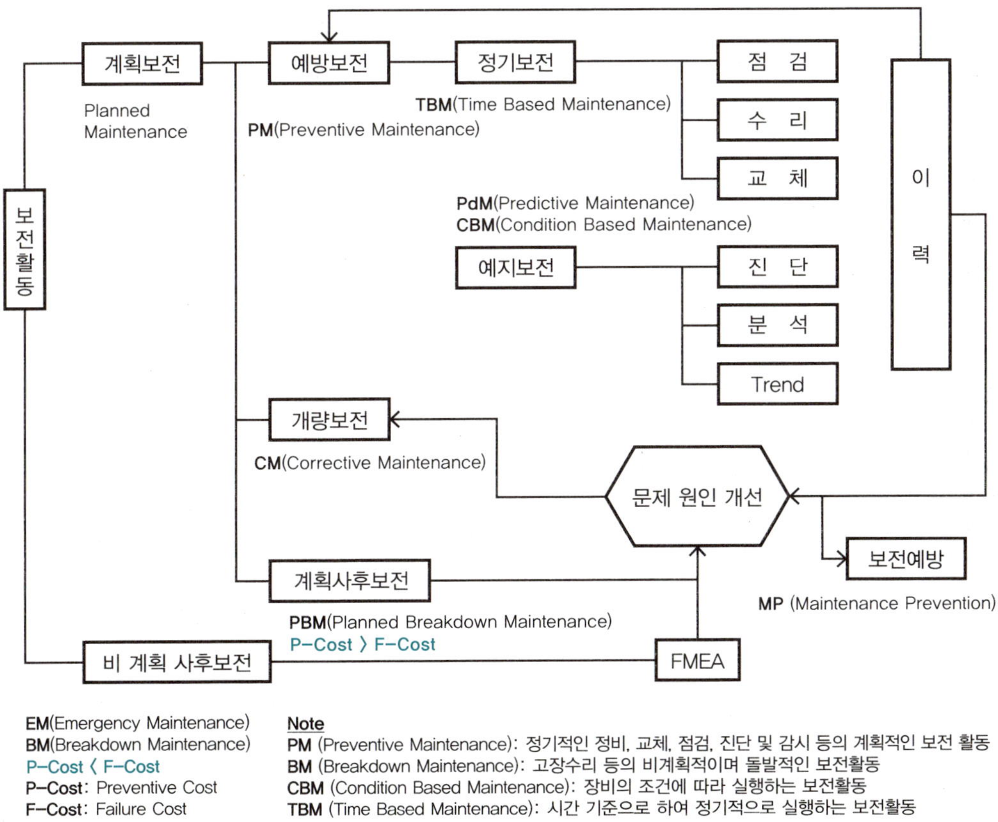

그림 15-5 보전 간의 연계도

예방보전(Preventive Maintenance, PM)

Potential Failure(잠재적 고장)란 현재 기능고장이 일어나고 있는지 또는 일어날 것인지 확인 가능한 상태이다.

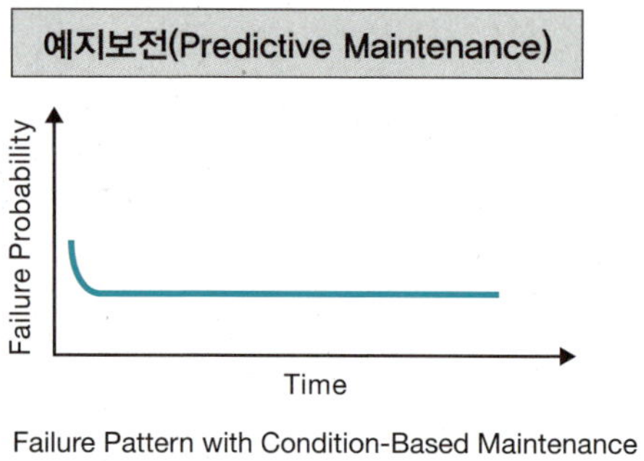

그림 15-6 Failure Pattern with Condition-Based Maintenance

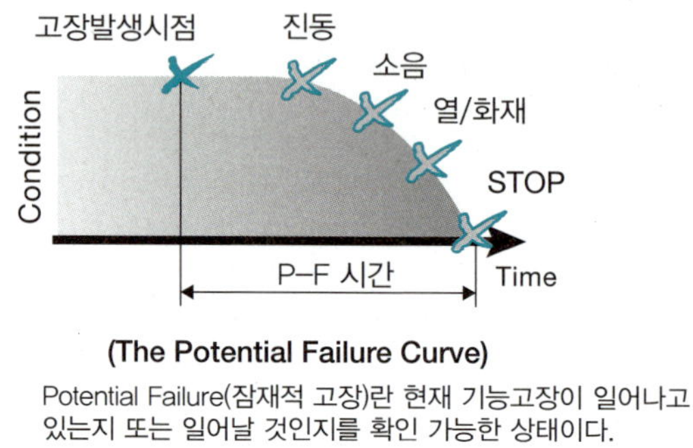

그림 15-7 The Potential Failure Curve

예지보전(Predictive Maintenance, PdM)의 이점 및 한계를 요약하면 다음과 같다.

- **이점**
  - 불필요한 PM 작업의 감소(Just-In-Time)
  - 정비작업의 필요성 인식
  - 대형 고장의 예방
  - 일반적으로 가장 낮은 정비비용

- **한계**
  - P-F 기간 및 고장모드에 대한 메커니즘 이해
  - 운전과 정비 간의 원활한 의사소통과 합의
  - 모든 고장에 대해 경고가 있는 것은 아님
  - 복잡한 검사기술에 대한 비용이 비효과적일 수 있다

일반적으로 TBM(Time Based Maintenance)에 바탕을 두는 예방 정비(Preventive Maintenance)는 부품의 정확한 수명 예측이 요구된다. 설비는 대체적으로 양호하게 '평균 수명'으로 운전되지 않기 때문에 과다한 정비 활동을 유발할 수 있다. 상대적으로 상태보전(CBM, PdM)은 설비가 고장이 발생해서 완전히 멈출 때까지는 진동, 소음, 열/화재 등의 증상이 있기에, 이에 대한 진단 및 분석을 통하여 보전 활동을 수행하면 일반적으로 가장 낮은 정비 비용이 발생한다.

PM 주기 설정원칙

PM 작업에 있어서 적합한 교체주기를 설정하는 것이 가장 중요한 문제이다. 불필요한 PM 작업을 감소시키고 고장으로 인해서 야기되는 비용과 정비 비용 간의 균형점을 찾을 수 있는 주기를 설정하는 과정이다.

PM 주기는 고장으로 초래되는 비용과 정비 비용 간의 균형점을 찾는 것이다.

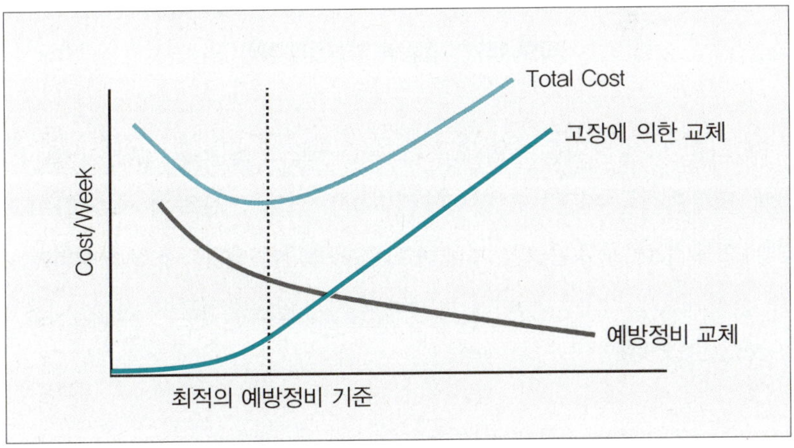

그림 15-8 비용과 정비 간의 Tradeoff

15.4 설비관리의 주요 기능

전략적 자산관리 체계를 구축하기 위하여 요구되는 핵심 기능은 설비자산의 관리를 기획하는 '계획 부문(Plan)'과 계획의 집행 및 관리하는 '실행 부문(Execute)' 그리고 관리 상태를 모니터링 및 분석하고 계획의 수정 요청을 하는 '통제 부문(Control)'의 3영역으로 구분된다.

작업 절차, 필요한 자재, 기술인력, 서비스 등의 정보를 미리 정의한 작업표준을 활용하

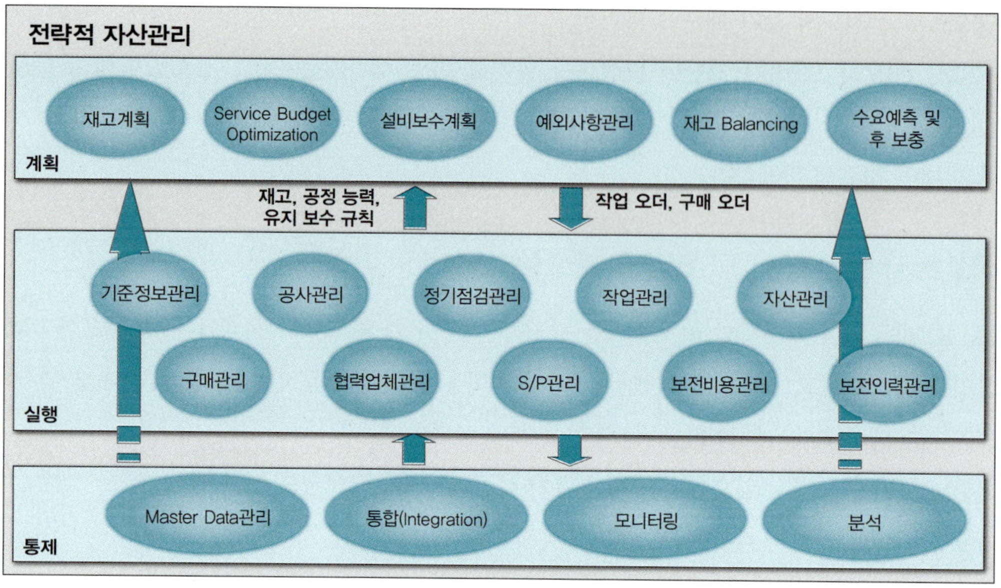

그림 15-9 전략적 자산관리 영역

여 계획을 수립하여 보전 작업을 실행하고 작업 결과를 등록할 수 있다. 구매 및 재고관리에 대한 전체 프로세스를 지원하고 있으며, ERP시스템을 이용하여 구매업무를 실행하는 경우 인터페이스를 통한 구매관리가 가능하도록 구성되어 있다. 재고 최적화를 위해 여러 개의 창고를 관리하고 작업내용을 미리 파악하여 자재를 준비하도록 하며, 비용 반영 시점을 정의하여 활용한다.

자산정보 관리(설비 BOM)

자산의 유형에 따라 구분하여 관리하며, 자산 유형별로 자산 마스터에서 관리하는 항목을 설정하여 사용한다. 시설/설비 등 마스터 정보를 관리하는 자산 애플리케이션을 통해 시설을 위치와 자재를 연관해(위치계층구조-시설/설비계층구조-부품) BOM체계로 구성하여 관리할 수 있다.

- 자산의 종합정보 관리
  - 구매/공급업체/제조업체정보
  - 유지비용 정보
  - 고장정보
- 자산의 분류체계관리
- 자산의 유형별 상세사양관리
- 자산의 작업이력관리
- 자산의 예방기준 관리
  - CBM(장비의 상태 기준)
  - TBM(주기적인 작업 기준)
  - UBM(사용량 기준)
- 작업표준/안전표준
- 도면/문서/동영상

→

- 정보 관리의 효율화
- 설비의 LCC 관리
- 정보 조회 시간 감소
- 효율적인 지표관리

그림 15-10 자산관리의 목적

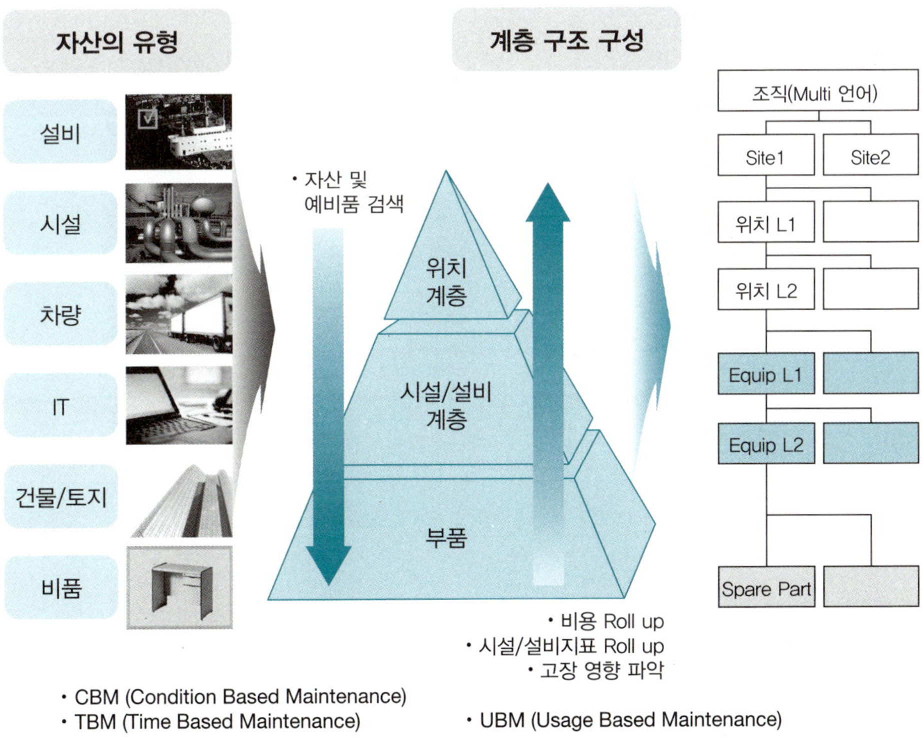

그림 15-11 자산의 유형별 계층구조

작업 오더 프로세스 관리

작업 오더(Work Order)는 작업을 수행하기 위해 지시하는 오더로 설비보전 관리 시스템의 기본으로 설비보전 업무의 일반적인 프로세스인 작업요소 파악, 작업 계획, 작업 스케줄링, 작업 수행, 이력 관리 및 분석을 위한 기본 단위가 작업 오더이다. 작업 오더는 작업을 누가, 언제, 어떻게 진행을 할 것이며, 진행을 하였는지에 대한 내용을 포함한다.

작업 오더를 작성할 때는 먼저 필요한 보전작업 유형과 설비를 기술하고 작업 오더 수행에 필요한 작업 방법(작업표준)을 작성하고, 인력 및 소요 자재를 기술하며 작업이 끝나면 작업 오더를 마무리하여 분석이 가능하도록 해야 한다.

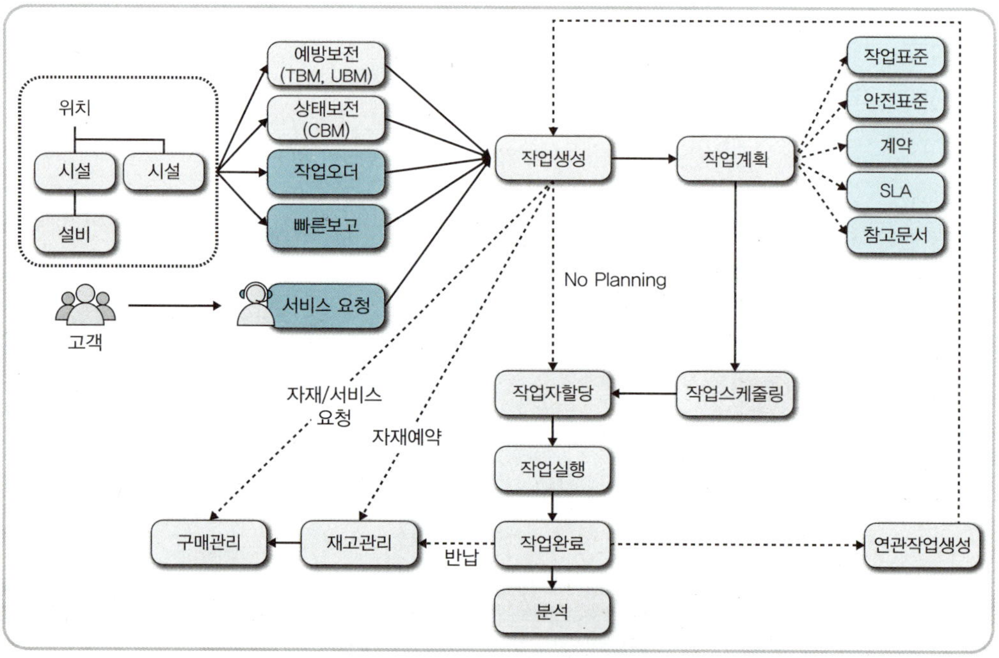

그림 15-12 작업 오더 프로세스

예방 정비: TBM/UBM

일정한 주기마다 작업 오더를 생성하거나, 사용량 기준에 따라 작업 오더를 생성할 수 있다.

TBM은 일정한 기간(일)마다 작업이 필요한 사항에 대해 주기적으로 작업 오더를 자동으로 발행하여 관리하는 프로세스로, 시간을 기준으로 하여 고장이 나기 전에 주기적인 예

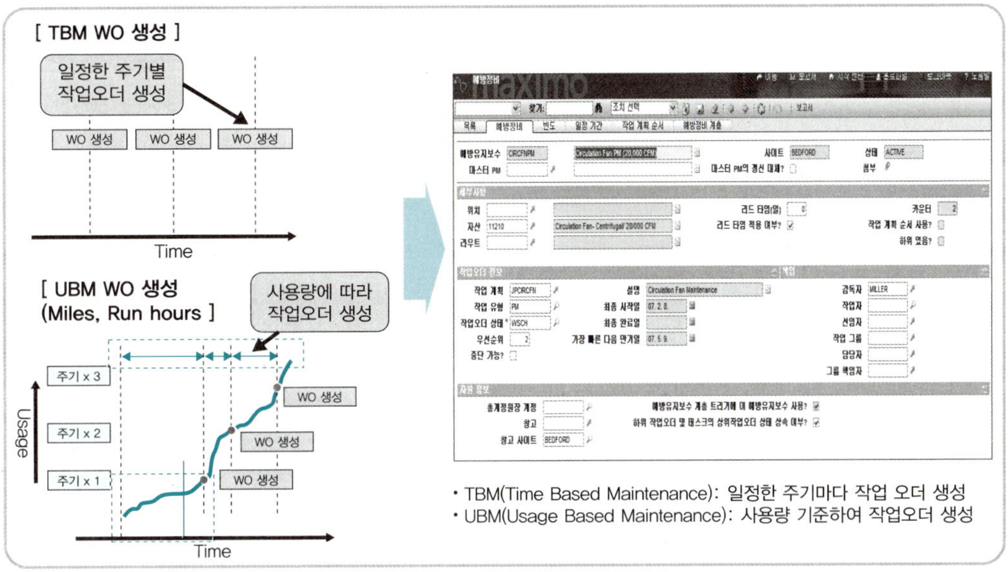

그림 15-13 예방 정비

방 보전을 실시하는 것이다. 고장이 일어나기 전 보전을 실시하므로 보전비용이 과다 발생할 가능성도 있으나, 사후 보전 정책으로 인해 큰 고장을 일으키거나 생산계획에 차질을 빚는 경우를 생각하면 오히려 예방 보전을 실시하는 것이 경제적일 수도 있다. 설비를 완전히 분해하여 점검/수리/조정하는 오버홀(Overhaul)도 TBM에 포함된다.

예방 정비: CBM(Condition Based Maintenance)

상(上)/하한(下限) 기준을 설정하고 이를 초과할 경우 작업 오더를 생성하거나, 문자 기준값에 의해 작업을 생성할 수 있다. CBM은 설비 상태 파라미터에 대해 모니터링을 실시하고, 파라미터 값이 기준(Spec) 범위를 벗어나면 작업 오더를 발행하여 관리하는 프로세스이다. CBM 실시를 위해서는 상시적인 설비 모니터링이 이루어져야 하는데, PLC의 DCOL 나 FDC의 SVID 파라미터, 로트/Batch count가 그 대상이 된다.

CBM Work Order(W/O)가 발행되기 위해서는 우선 시스템 상에 CBM 대상 파라미터와 스펙을 미리 정의해 두어야 한다. 이렇게 정의된 CBM 항목의 파라미터 값의 모니터링 중에 파라미터 값이 스펙 값을 벗어날 경우 CBM W/O가 발행되는 것이다. CBM W/O 역시 승인 대기(WAPPR) 상태로 발행되며 이후 진행은 TBM W/O와 동일하다.

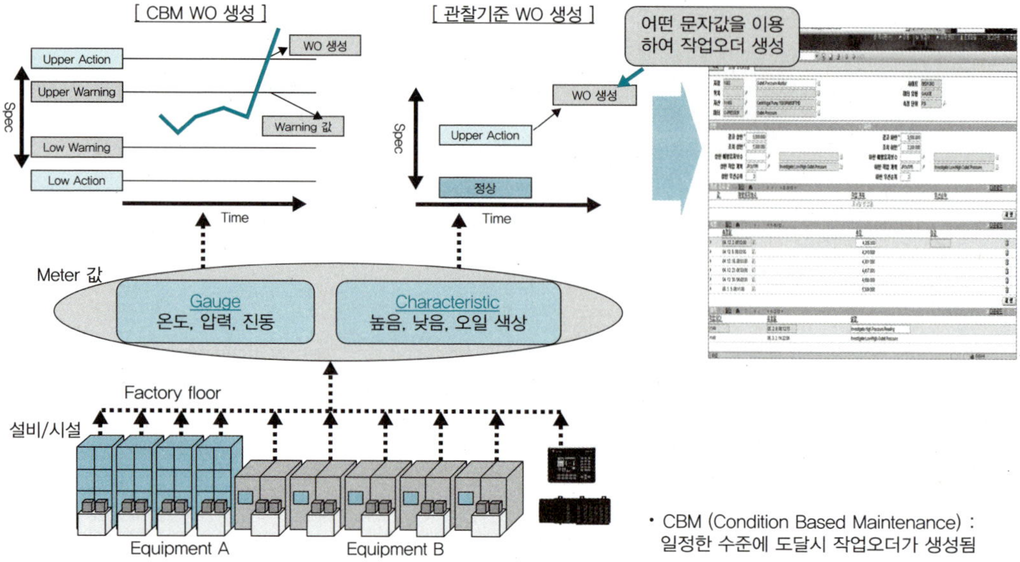

그림 15-14 예방정비

구매/자재 관리

구매 및 재고 관리에 대한 전체 프로세스를 지원하고 있으며, MIS(ERP)시스템을 이용하여 구매업무를 실행하는 경우 인터페이스를 통한 구매관리가 가능하도록 구성되어 있다.

설비의 보전작업 시 필요한 부품(Spare Parts, 예비품)등의 구매 진행 모니터링, 구매 우선순위 관리, 안전재고 관리 등을 담당한다.

구매/자대 관리는 다음의 기능을 수행한다.

- 자재 Kit단위 구매
- 자재 수량에 따른 자동 재주문
- 구매 계약에 의한 구매
- 입고 검사 결과 확인 프로세스 진행
- 보전 자재에 대한 구매요청 기능 제공
- 구매 시 설비, 작업 오더, 위치, 계정 등 원가를 연계시켜 구매요청 가능
- 작업이 정해진 상황에서 구매요청 할 경우 신속한 처리를 위해서 입고 시 직접 출고 관리 지원

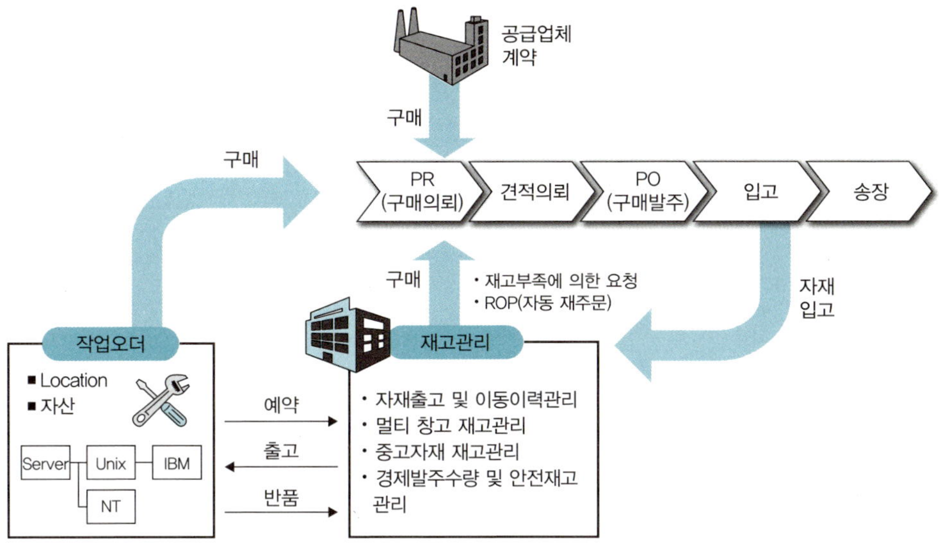

그림 15-15 구매/자재 관리 프로세스

재고관리

재고 최적화를 위해 여러 개의 창고를 관리하고 작업내용을 미리 파악하여 자재를 준비하도록 하며, 비용 반영 시점을 작업이 완료되는 시점으로 처리한다.

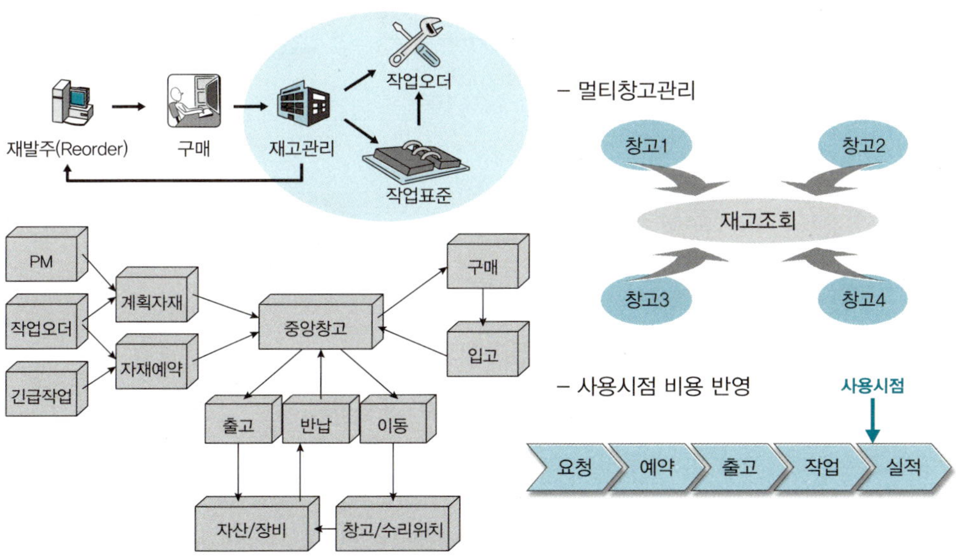

그림 15-16 재고관리 프로세스

순환품 관리

자재이면서 자산의 성격을 가진 순환품의 경우 자재와 설비에 동시에 등록함으로써 해당 자재의 개별적인 이력 관리가 가능하도록 지원한다 순환품이란 펌프(Pump), 칠러(Chiller) 등과 같이 설비와 같은 속성으로 사용되면서, 공장의 라인, 순환품 창고, 수리업체에서 순환되는 품목을 말한다. 순환품 창고에 있을 경우 예비품(Spare Part)으로 관리되나, 라인에서 사용될 때는 설비로 관리한다.

순환품 관리는 다음의 기능을 수행한다.

- 자재 이동 이력정보 관리
- 자재별 개별 단가 관리
- 수리, 고장 발생에 따른 작업 이력 관리
- 순환품에 작업 오더 발생 시 자재의 재고 비용으로 자동 정산하여 반영

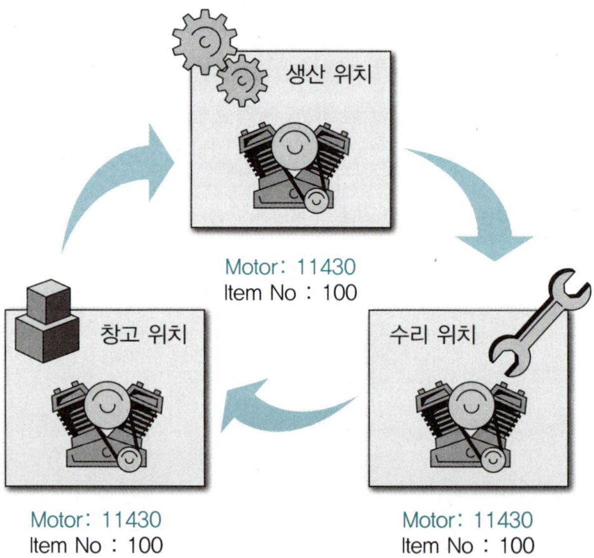

그림 15-17 순환품 관리 프로세스

표 15-1 비용 처리에 대한 설비, 자재, 순환품의 비교

	자재	순환품(비자산)	순환품(자산)	고정 설비
코드관리	자재코드	자재코드, 설비코드	자재코드, 설비코드	설비코드
단가	자재별 단가	개별단가 (Inventory Cost in Equipment App)	장부가 (Book Cost in FA)	X
Charge to Store	X	Y	X	X
재고관리	수량	개별수량	개별수량	X
이동관리	이동불가, 소모처리	위치간 이동처리	위치간 이동처리	이동가능
계층관리	자재계층	설비계층, 자재계층	설비계층, 자재계층	설비계층

계약 관리

공급업체의 다양한 계약 사항을 관리할 수 있도록 지원하는데, 다음의 기능을 수행한다.

- 마스터 계약을 통해 공급업체와의 기본 계약 정보 및 모든 계약 내역 관리
- 외주용역에 대한 단가 계약 관리
- 자산에 대한 보증 계약 관리
- 보증 기간 뿐 아니라 자산에서 측정되는 미터값을 기준으로 보증 지원 가능
- 구매를 위한 단가 계약, 일괄(Volume) 계약 관리
- 공급업체 조건(Term and Condition) 기준정보 관리
- 구매요청/구매발주 내용을 바탕으로 계약 생성 지원
- 계약에 대한 변경 관리 지원. 변경 이력 관리
- 지불 일정을 등록하여 자동으로 송장 발행 가능

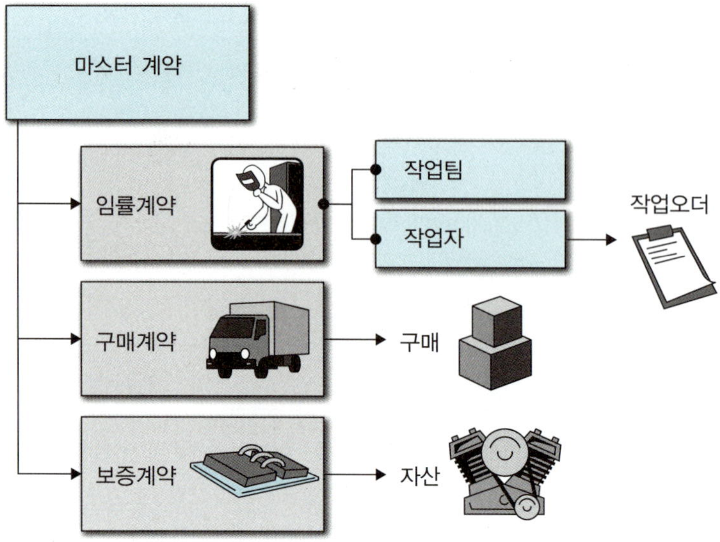

그림 15-18 계약관리 프로세스

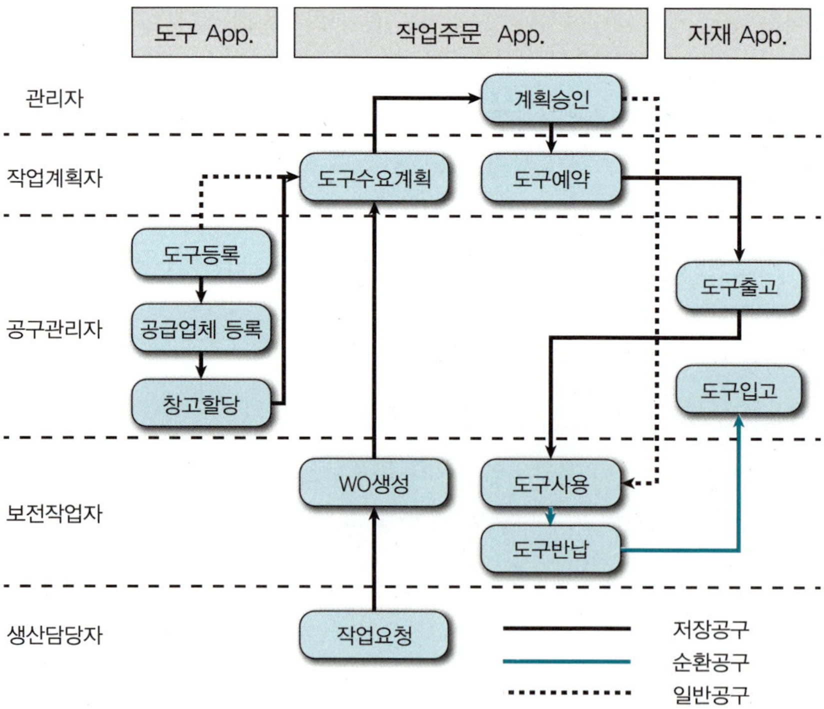

그림 15-19 공구관리 프로세스

공구 관리

보전작업에 필요한 공구에 대한 입출고 및 수량 관리를 지원하는데, 다음의 기능을 수행한다.

- 공구 유형별(일반공구, 저장공구, 순환공구) 입출고 관리
- 공구 사용 내역 관리
- 작업표준 및 작업 오더에 의해 공구 사용 가능
- 현재고, 가용 수량, 잔여 수량 등의 공구 사용 실적 데이터 관리
- 공구에 대한 공급업체 이력 관리

주요 자료 관리

설비정보, 작업표준, 작업 오더, 구매요청 등에서 필요한 정보, 도면, 매뉴얼 등을 자체적으로 관리하여 사용할 수 있다.

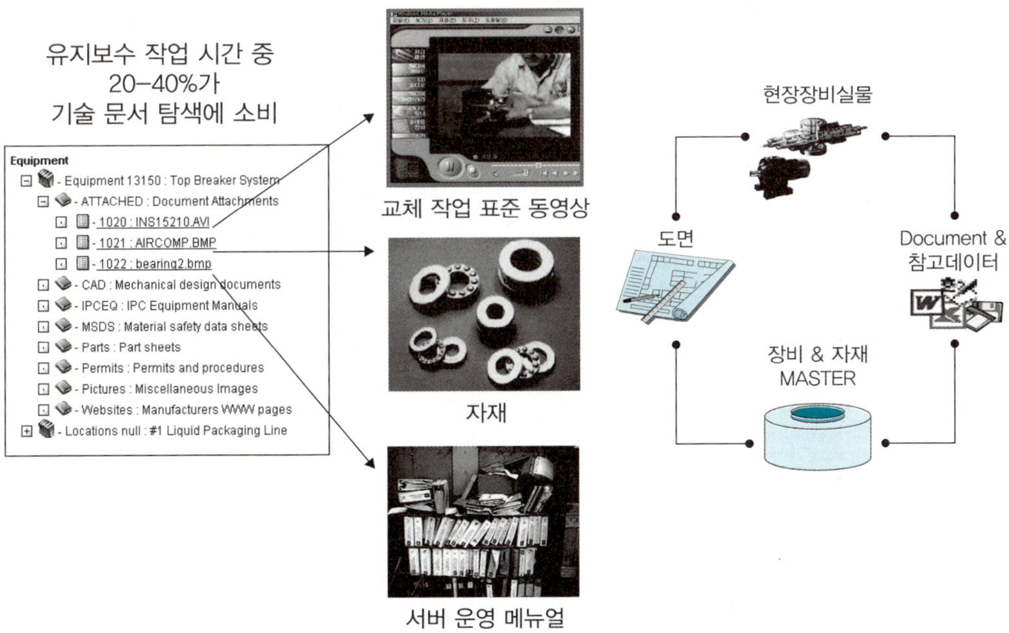

그림 15-20 자료관리

15.5 고장 ZERO – RCM 일반

RCM은 적절하고 효과적인 PM 작업을 결정하기 위한 시스템 기능, 고장유형, 안전과 경제성에 우선순위를 바탕으로 한 체계적인 분석활동이다(참고문헌: Reliability Engineering and System Safety, 1998).

또한 신뢰성에 바탕을 둔 어떤 물리적 자산에 대한 설비관리 계획을 결정하기 위해 사용하는 PM 프로세스 툴이라고 할 수 있다(참고문헌: Reliability Centered Maintenance, RCM II, John Moubray).

신기술이 적용된 설비에는 보전정보의 축적이 없어 경험에 의한 보전방식의 선정이 곤란하고, 생산방식이 프로세스화된 설비에서는 고장의 요인이 기계적인 것과 기능적인 것이 복합되어 RCM에 의한 논리적인 해석이 필요하게 된다. RCM(신뢰성중심보전)라고 하는 계획보전의 프로그램은 항공기 산업, 원자력 플랜트 등에 각각 1970년, 1985년경부터 적용되었다. 설비의 신뢰성이 가장 요구되며 시간적으로도 가장 장기적인 욕조 곡선(Bath Tube Curve:수명특성 곡선) 상의 우발 고장기에는 TBM, CBM도 유효성이 저하되어 고장물리에 기초한 RCM으로 논리적 판단에 의한 최적 보전방식을 선택해야 한다.

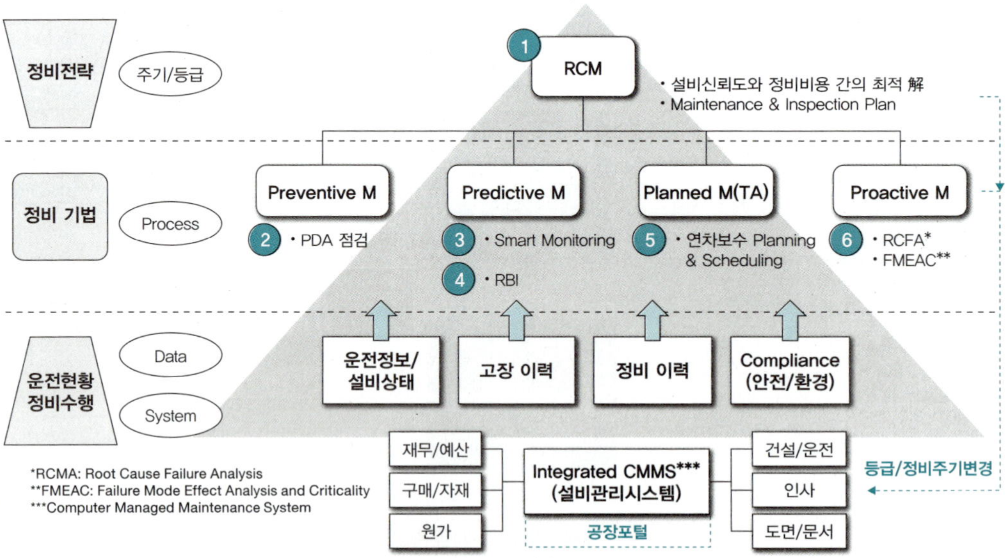

그림 15-21 고장 발생의 문제해결 프레임워크

	구현 방안	기대 효과
1 RCM	• RCM 제도설계 및 Pilot • 설비 Master Data (RCM 사양) 표준화 • 설비관리시스템 연계 및 RCM에 의한 설비별 정비 전략 수립(Maintenance Plan, 정비 주기)	• 설비 고유 신뢰도 측정 및 정비 전략 수립을 통한 설비 신뢰도 향상 • 정확한 정비 주기 파악을 통한 정비비 절감
2 3 설비 상태 모니터링 고도화	• PDA 점검 – PDA로 수치 및 Visual check 결과 관리 – 점검 결과 설비관리자동 I/F 및 추이 분석 • Smart Monitoring – 설비별 고유 진동 모델링 및 사전 관리	• 점검 업무 생산성 향상 및 Fact에 의한 과학적 점검 수치 분석(설비 사고 방지)
4 RBI	• 설비별 위험성(고압,고운,고부식) 평가 • 잔여 수명 주기 예측 및 결과에 따른 검사 및 교체주기 설정 • 설비관리 연계를 통해 Inspection Plan 수립 및 검사 오더 자동 발행 및 정산	• 위험 측정에 따른 위험설비 우선순위화(정비의 선택과 집중) • 설비 신뢰도 향상 및 설비 사고 감소
5 연차보수 Planning 역량 강화	• 설비관리와 연계를 통한 Work Package 구성(Work Order Base) • Work Package내 작업간 Scheduling • 작업 실적 기준 진행률 관리	• 체계적인 년차 보수 계획 수립 및 진행률 관리를 통한 정비 역량 향상
6 RCFA	• 한계치를 설정하여 그 이상의 설비 이상 현상에 대해 정기적으로 Root Cause Analysis 수행 • 재발 방지를 위해 철저한 일정관리에 의한 현상별 권고안에 따른 후속 조치 수행	• 운정에 영향을 미칠 수 있는 돌발 고장과 사고의 분석을 근본원인 분석을 통한 고장의 근본적인 문제의 명확한 파악

그림 15-22 고장발생의 원인과 차이점

고장발생 문제해결을 위해 RCM, RBI, 설비 상태 모니터링, TA 역량 등을 강화해야 한다. [그림 15-22]는 고장 발생 문제해결 활동의 구현방안과 그 기대 효과를 도시하였다.

RCM(Reliability Centered Maintenance)

RCM은 설비의 중단에 의한 손실이 클 경우와 치명적인 문제가 발생되는 경우에, 예기치 못하는 설비 고장을 제로화하기 위하여 원자력 발전분야에서 가장 널리 활용되고 있다. RCM을 잘 적용하기 위해서는 설비 보전에 대한 이력이 데이터와 신뢰성 관련 데이터의 DB화에 의한 축적과 분석, 평가가 중요하다.

추진 방법에 있어서는 운영진과의 합의 및 지원이 절대적이며 환경에 맞는 목표 설정과 방법론의 적용된다. 최적의 방법 및 주기로 정비 업무에 대한 계획을 수립하고, 정비 이행을 관리하는 것이 RCM의 궁극적인 목적이다. 다음은 RCM의 방법들과 그 구현방안에 대해 그림과 더불어 요약 설명한다.

RCM에서의 설비별 전략 수립을 통하여 설비의 정비 등급 및 주기를 분석하고 조절함으로써 고장발생을 줄일 수 있다.

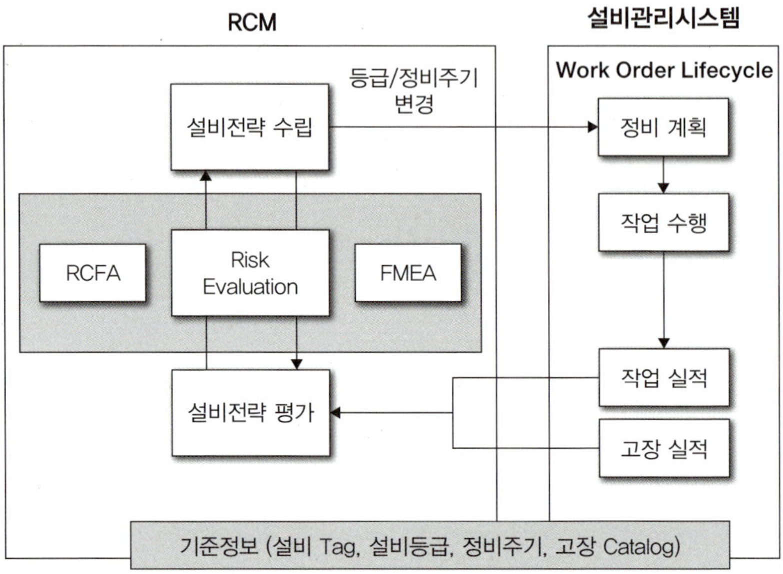

- **기준정보 및 분석 정보**
  - 고장 Catalog 등 RCM 분석을 위한 기준 정보 사전 정비가 필요함
  - 분석을 위해서는 각 설비별 고장 및 정비 이력이 충분히 있어야 함
- **대상 설비 선정**
  - 기계 장치 위주의 A 등급
  - 고온/고압 및 운전 Capacity 등 고려하여 선정
- **설비관리시스템과의 연계**
  - 기준정보 Cleansing 및 표준화 이후 설비관리시스템에 단일 기준정보 체계를 갖는 것이 필요함
  - 설비전략은 Maintenance Plan에 즉시 반영되어 정비 주기 및 작업 내용(표준작업)이 Update 될 수 있어야 함

그림 15-23 RCM 구현 모습

다음은 PDA에 의한 점검관리 강화를 통해 예방보전을 위한 기반 마련 방안에 대한 그림과 설명이다.

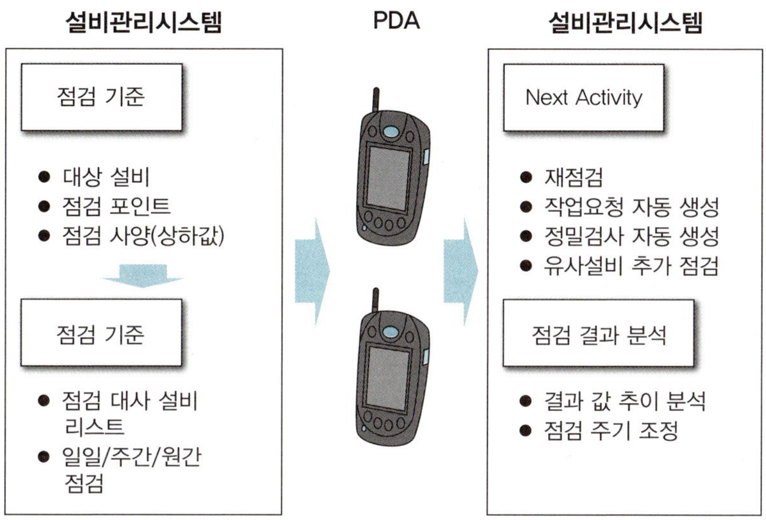

- **PDA 점검 Application 개발 및 설비관리시스템 Interface**
  - 기준정보 Update
  - 점검 결과 입력
  - 점검 결과 전송
- **점검 대상 기준 정보 정비 및 표준화**
  - 점검 대상 설비 선정
  - 설비별, 설비 부위별 점검 포인트
  - 점검 포인트별 점검 사양 및 상하 Limit Value
  - 팀별, 포지션별, 시간별 점검 리스트 정의
- **PDA 구입**
  - 공장 현장에서 사용하는 산업용 PDA는 방진/방수의 고가임으로 사전에 사용 범위를 정확히 정의하여야 기준정보 정비 등의 노력도 최소화할 수 있음

그림 15-24 PDA에 의한 점검 관리

다음은 Smart Monitoring 도입을 통하여 정비 및 조업 정보의 실시간 분석에 의한 예측 정비로 고장 발생을 획기적으로 절감할 수 있는 방안에 대한 예시와 설명이다.

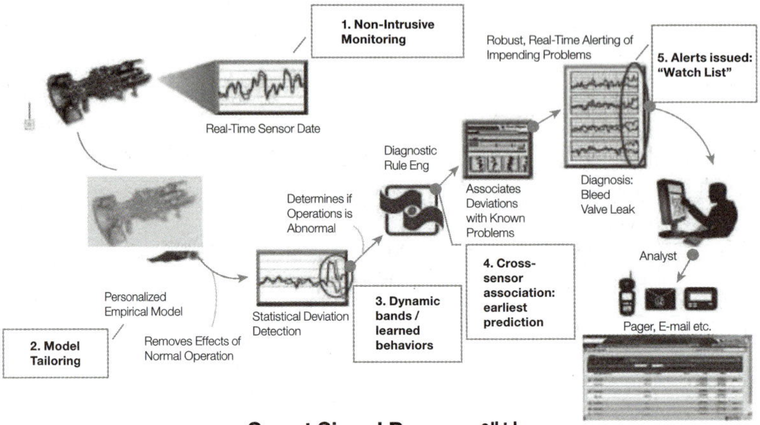

Smart Signal Process 예시

- **기존 설비관리 활용 방안**
  - 기존 설비관리시스템 점검 관리 부문과의 연계를 통한 수치 정보 Interface 및 추이 분석
  - 이를 위한 Infra 및 Application 분석
- **Smart Monitoring 적용 상세 계획 수립**
  - Smart Monitoring 대상 설비 선정
  - 해외 사례 연구
  - Smart Monitoring 적용 계획 수립
  - 적용 가능성 판단을 위한 Pilot 수행
- **추가 고려 사항**
  - Smart Monitoring은 Smart Tag 등 장비 비용 등을 고려하여 계획 수립 필요

그림 15-25 Smart Monitoring 구현 모습

위험등급과 사고 영향 및 발생 가능성 분석을 통한 RBI에 의해 예측정비를 통해 설비의 고장을 예측한다.

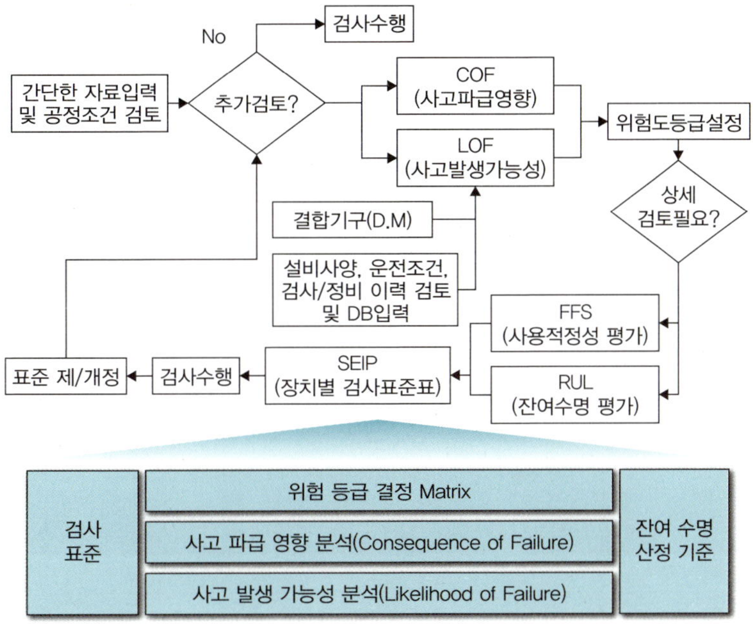

- **RBI 대상 설비**
  - 고정장치(탱크 등) 특히, 배관 등 고압/고온, 고부식 성 공정
  - 회전장치(RCM)
- **표준 작업 사전 준비 필요**
  (RBI는 시스템보다 평가 결과 및 표준을 정리하고 자산화하는 것이 주요 과제임)
  - 대상 설비
  - 작업 표준
  - 검사 표준 및 검사 계획
  - 설비 등급관리 업무 표준
  - Damage Mechanism 결정 업무 표준
- **설비 검사 프로세스(시스템)과의 통합**
  - RCM과 마찬가지로 RBI도 설비관리시스템에서 수행하는 설비 검사 업무 프로세스와 통합되어야 시너지 효과가 있음(계획 vs. 실행)

그림 15-26 Risk Based Inspection 구현 모습

설비등급에 따라 연차보수를 정기적으로 수행하여 설비고장을 줄일 수 있다.

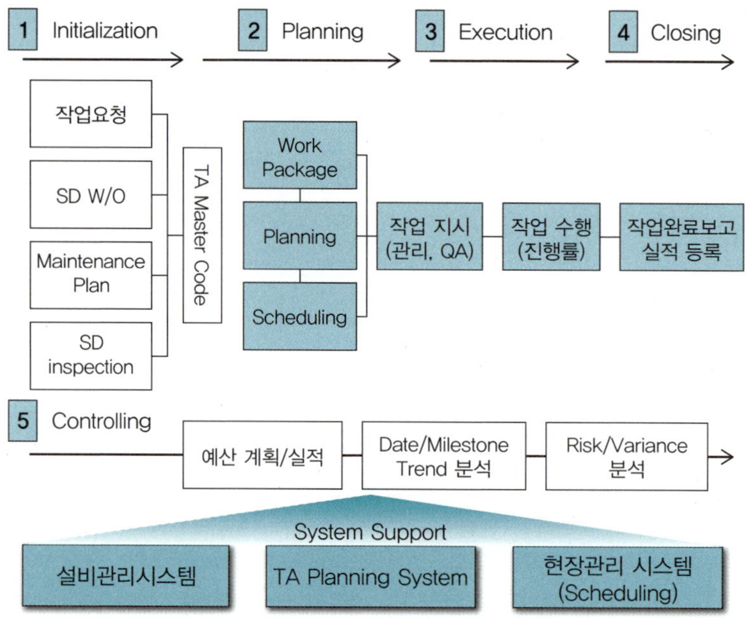

- **TA Process**
  - 일상 정비 시 T/A 예정 작업/검사 현황관리
  - Work Package를 통해 필요 작업 Summary
  - Planning을 통해 WP 내 개별 오더의 Resource(사람,자재,PRT)를 통합 계획
  - Scheduling을 통해 자원최적, 선후작업의 연계성을 고려해 세부 Operation별 작업 일정 계획 수립
- **TA System**
  - 기준정보 및 설비관리시스템의 MR 과 WO와 실시간 연계가 필요함으로 가급적 ERP에 개발 필요
  - Oracle의 경우 별도 개발 필요
- **현장관리 시스템**
  - Primavera와 같은 작업 진행 관리 시스템이 있을 경우 Operation level로 작업 지시 및 실적 Update

그림 15-27 연차보수 구현모습

고장의 근본적인 문제를 해결하기 위해서는 운전에 영향을 미칠 수 있는 돌발 고장과 사고의 분석을 근본원인 분석을 통해 명확히 해야 한다.

예시

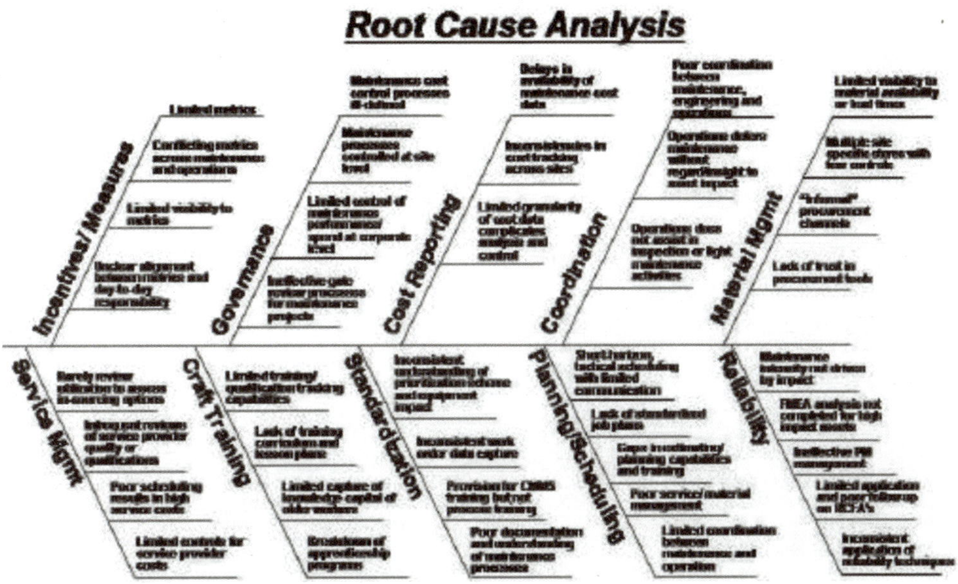

- 운전에 영향을 미치는 반복된 돌발 고장이나 사고에 대해 철저한 문서화 필요
- 설비 정지, 설비 문제에 의한 생산량 감소, 품질 편차, 생산성 비효율 등의 현상도 포함
- 생산성 저하에 따른 기회비용 등을 포함하여 정량화되어야 함
- 한계치를 설정하여 그 이상의 설비 이상 현상에 대해 정기적으로 Root Cause Analysis 수행
- 재발 방지를 위해 철저한 일정관리에 의한 현상별 권고안에 따른 후속 조치 수행
- 고장 현상, 영향, 이에 따른 근본 원인 등은 전 조직에 걸쳐 공유되어야 함

그림 15-28 RCFA 구현 모습

15.6 | PAS 55

PAS(Publicly Available Specification)의 사양서는 산업에서 자산관리 표준 수요에 부응하고자 2004년에 첫 출판되어 유형자산이 중요한 부분을 차지하는 기업들에 적용되고 있다. 설비관리 시스템의 일관성 유지/정렬/통합을 위한 설명서로서 표준화를 제시한다.

자산관리의 중요 요구사항에 대한 기준을 제시하고 있으며, 기준에 미달 시 자산관리 시스템의 결함(부족)으로 평가한다. PAS 55는 BS ISO와 비슷한 포맷으로 작성되어 있다(BS EN ISO 14001/BS OHSAS 18001은 영국표준협회(BSI)에서 ISO와 같은 글로벌 표준으로 제정하기 위한 노력이다).

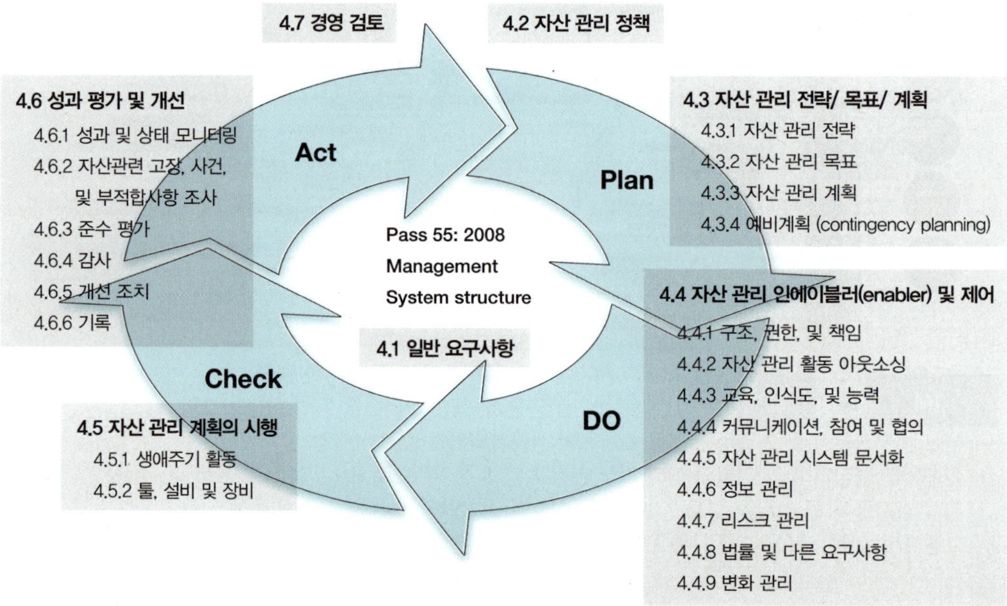

그림 15-29 PAS 55: 2008 Management System Structure

설비관리 솔루션

설비관리용 솔루션으로는 전용 패키지인 IBM MAXIMO와 ERP의 모듈인 SAP PM, ORACLE eAM 등이 국내에 많이 소개되어 있다.

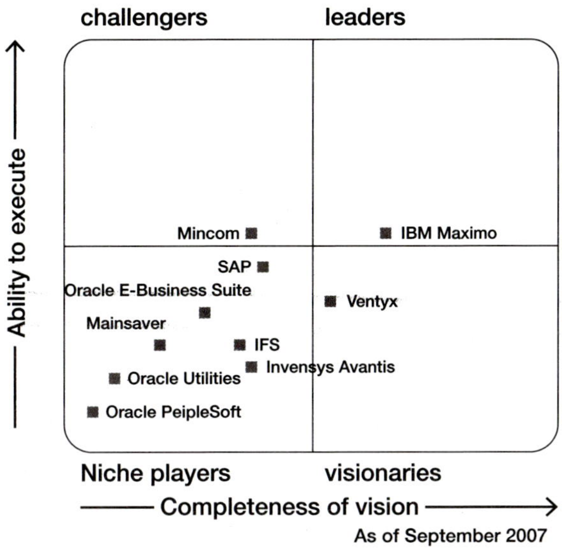

그림 15-30 설비관리 솔루션 Positioning

[참조] (Kristian Steenstrup 21 September 2007)

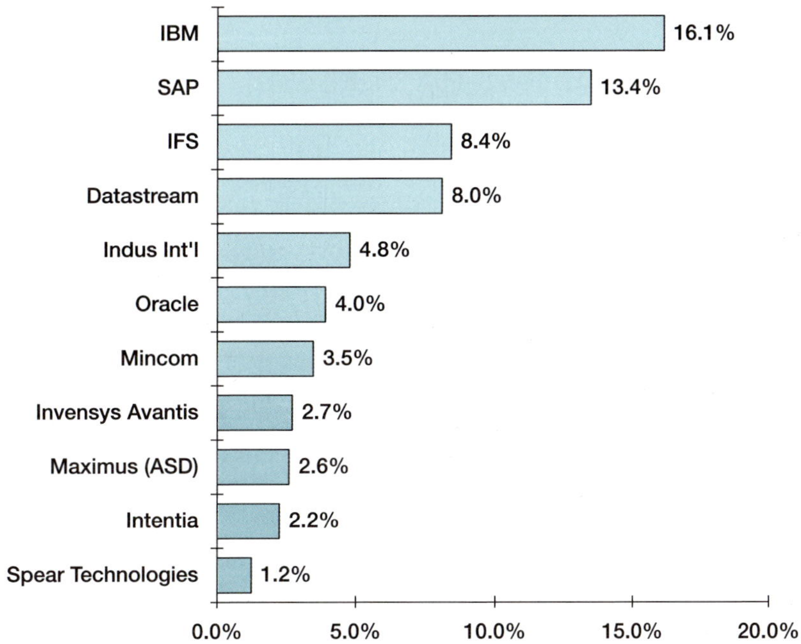

그림 15-31 회사별 설비관리 솔루션 분포

[참조] "EAM/CMMS Solutions Worldwide Outlook."

설비관리시스템과 연동하여 사용할 수 있는 PDA 연동활용 모습이다.

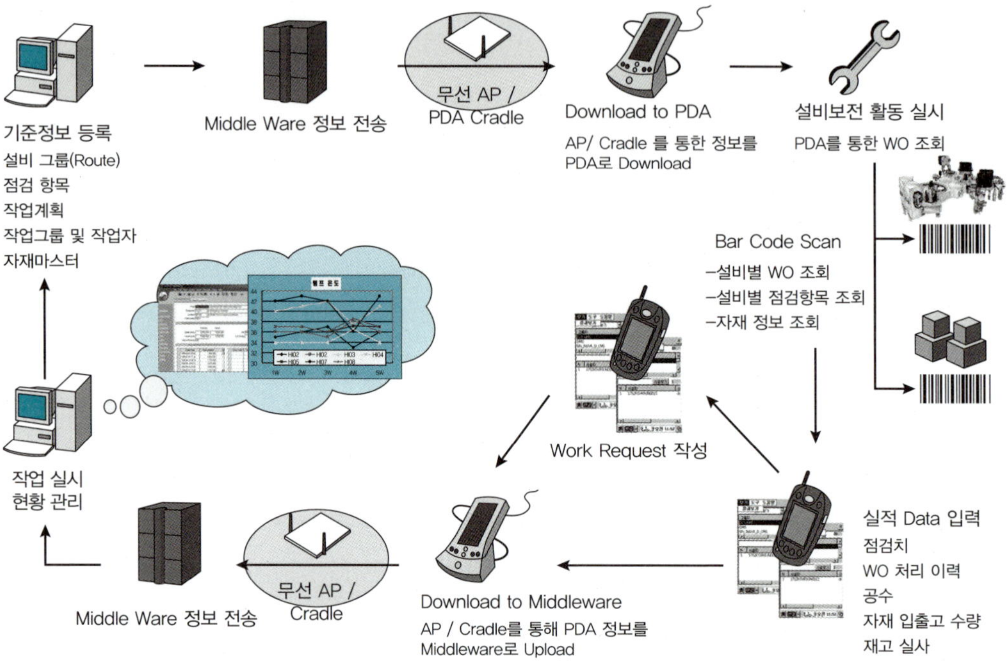

그림 15-32 PDA 연동 활용 모습

15.7 종합 설비관리

설비관리의 일반적인 모습을 추측해 보자. 설비 담당자는 출근하면 회의를 통해 설비에 대한 현황을 파악하고, 필요에 의해 만들어진 시스템들로부터 필요 정보를 받아 분석하여, 설비보전에 필요한 자재를 수급하고 작업을 수행한다. 또한 설비의 돌발적인 고장이 발생하면 설비문제를 해결하고 리포트를 작성해서 보관하게 된다.

그러나, 조만간 전개될 미래에는 엔지니어에게 지급된 태블릿 PC를 통해 자신이 관리하는 설비의 상태를 실시간 확인하여 설비의 문제를 해결하게 될 것이다. 또한 모든 정보가 하나의 통합 설비관리 시스템으로부터 나와 통합 설비관리 시스템으로 다시 피드백되어 수록될 것이다. 물론 설비에 대한 분석과 리포트들도 통합 설비관리 시스템의 분석 툴에 의해 분석된다. 이렇게 설비관리 업무는 보다 더 시스템적으로 변화될 것이다.

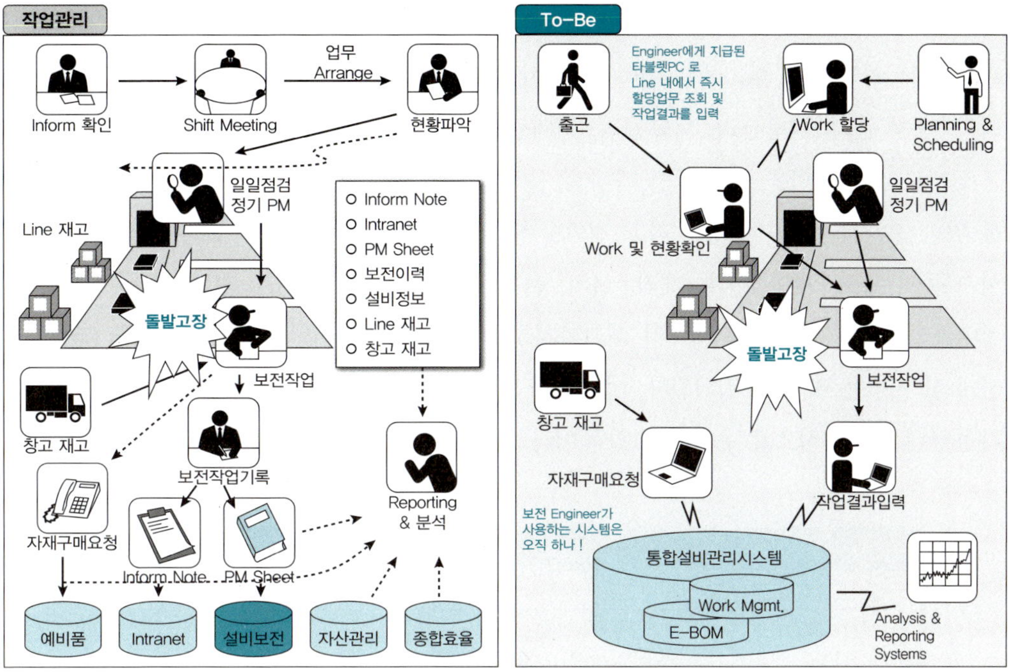

그림 15-33 설비관리 업무의 변화 모습

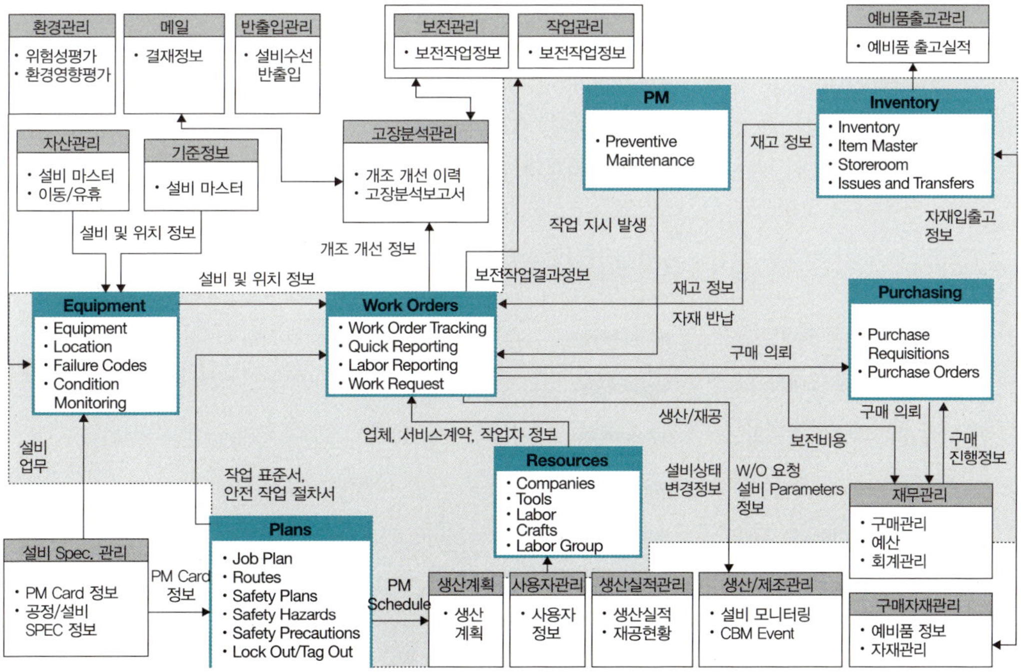

그림 15-34 설비관리업무 체계도

[그림 15-34]는 설비관리 업무 체계를 도식화한 것이다. 그림의 짙은 색 표시 영역이 설비 관리 업무 영역으로, 여기에는 설비 및 위치 정보 관리, 설비 PM 관리, 작업 및 작업자 관리, 사용자 관리, 예방관리, 재고관리, 구매관리 등이 포함된다.

설비관리는 "설비를 일생 동안 가장 유용하게 활용하기 위해 행하는 기업의 생산성 증대를 위한 전반적인 기술 활동"이라고 정의할 수 있다. 설비의 라이프 사이클은 [그림 15-35]에서 보듯이 조사, 계획, 설계, 제작, 설치, 운전, 보전, 그리고 폐기로 진행되는데, 일반적인 설비관리의 영역은 설계 단계에서 폐기까지를 포함한다. 사전적인 의미에서 '보전'이란 "온전하게 잘 지키는 것"으로 정의된다. 설비관리 담당자가 보는 '보전'이란 '모든 설비의 정상적인 가동상태를 지속적으로 유지하는 활동'이라고 정의할 수 있다.

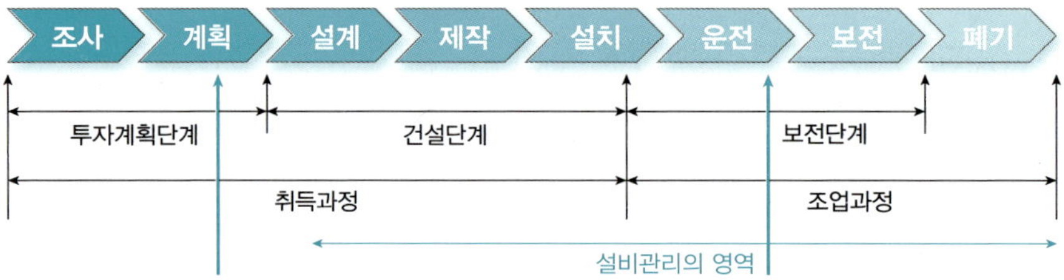

그림 15-35 설비관리의 영역

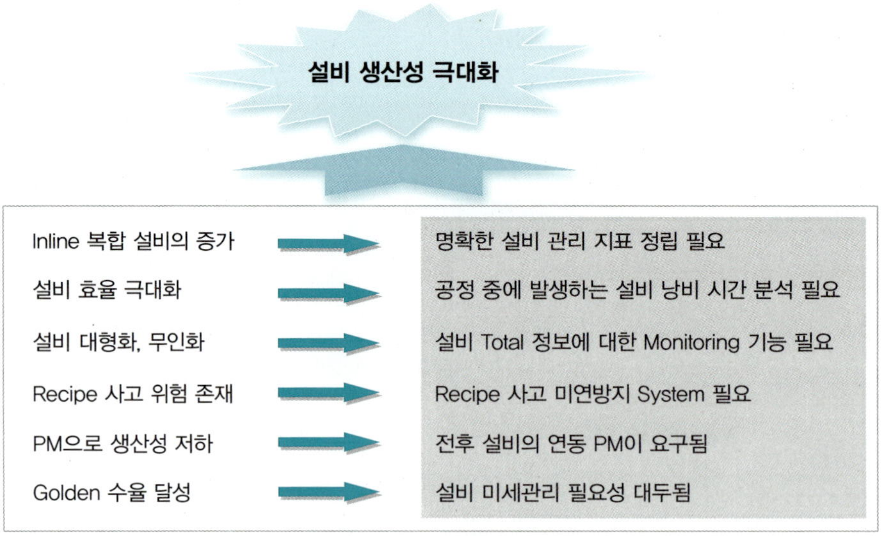

그림 15-36 설비관리의 필요성

다음으로 설비관리 시스템을 살펴보자.

설비관리 시스템에는 다음의 5가지 중요한 시스템이 있다. ① 설비 가동률을 관리하는 EPT, ② 설비장애관리를 하는 FDC, ③ 설비상태를 파악하여 Recipe 제어를 하는 RMM, ④ 설비 Trend를 분석하는 eMPA, 그리고 ⑤ 설비 PM을 관리하는 ePMM이 그것이다. [그림 15-37]은 설비관리의 5가지 주요 시스템의 개요를 도식화하여 보여준다. 다음으로 5가지 주요 시스템 각각의 주요 기능과 효과를 살펴보자.

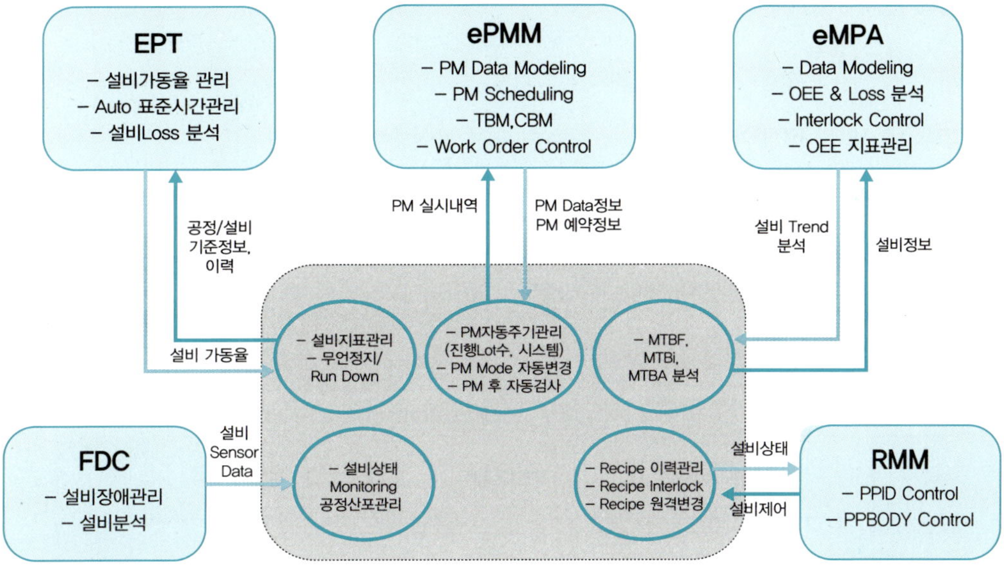

그림 15-37 설비관리 시스템 개요도

EPT(Equipment Performance Tracking)의 기능 및 기대효과

EPT 즉, Equipment Performance Tracking은 설비관리 시스템 중 주로 설비 가동률을 관리하는 관리시스템이다. 여기에는 설비별 실시간 데이터를 받아 상태를 관리하는 설비 실시간 모니터링 기능과, Down Rule에 의한 모설비 상태 관리 및 설비 단위, 모듈 단위 상태를 조회할 수 있는 설비 상태관리 기능, 월별/일별 지표를 산출할 수 있는 설비지표 산출 기능, 알람별 코드를 지정하여 Rule에 따라 설비 상태 변경을 할 수 있고, 많이 발생하는 알람 정보를 조회할 수 있는 설비알람 모니터링 기능, 전주(前週) 기준정보를 바탕으로 Standard Time과 Tact Time 관리 및 조회를 할 수 있는 S/T, T/T관리 기능, 그리고, 사용자별로 리포트할 아이템을 선정하고 지정된 시간에 사용자에게 메일을 발송하는 일간 리포트(Daily Report)기능이 있다. EPT의 기능을 요약하여 정리하면 다음과 같다.

- 실시간 모니터링
- 설비 상태 관리
- 설비 지표 산출
- 알람 코니터링
- S/T, T/T 관리
- 일간 리포트

[그림 15-38]은 EPT의 기대효과를 도식화하여 보여준다.

EPT의 기대효과로는 실시간 모니터링을 통해서 설비 문제 발생시 빠르게 대응할 수 있으며, 설비에 대한 정확한 상태관리로 설비 로스 시간 분석이 가능하며, 설비 지표 산출을 통하여 다양한 지표분석 자료를 얻을 수 있다. 이를 통해서 비가동 시간 제로로 설비 효율의 극대화를 가져올 수 있다.

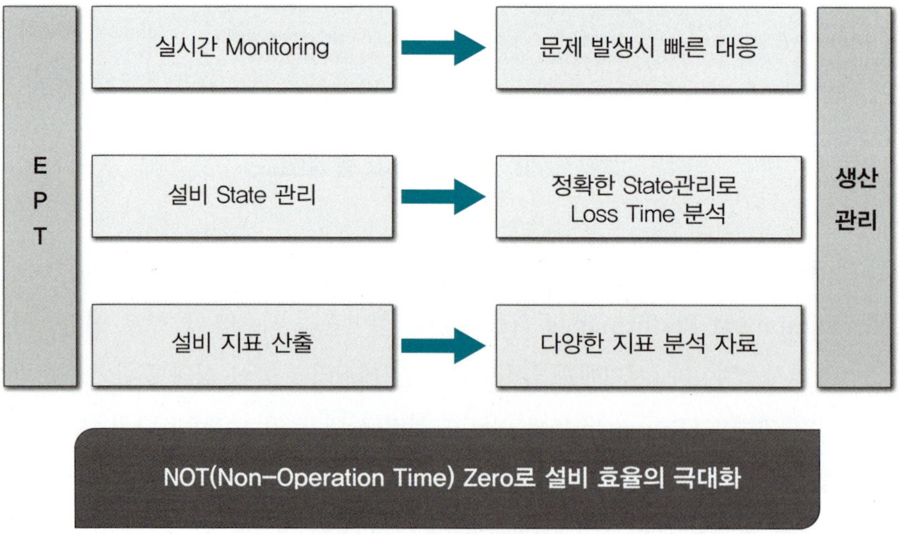

그림 15-38 EPT 기대효과

FDC(Fault Detection Controller)의 기능 및 기대효과

설비에서 발생하는 공정 데이터를 수 초마다 수집하여 그 트렌드를 실시간으로 보여주고, 레시피대로 정상 동작하는지 관리하며 통계기법을 통한 실시간 데이터 분석 후, 문제 발생 시 알람 발생 공정 데이터와 연계하여 공정, 품질 관리에 활용한다.

FDC는 설비 공정 데이터(즉, 온도, 압력, 시간, 가스량, 회전 속도 등)를 수초 간격으로 수집하여 그 변화의 트렌드를 모델링에 의해 분석하여 문제 발생 시 경고 조치하도록 함으로써 장비의 공정 능력을 향상시키고 장비 관리 지표로 활용할 수 있도록 하는 시스템이다.

FDC의 주요기능을 요약하면 다음과 같다.

- 과학적이며 통계적 설비 미세관리를 통한 공정 산포 관리
- 공정, 품질 조기 안정화에 필요한 정확한 검증 데이터 제공
- 관리 노하우를 시스템으로 축적하여 신속한 백업 관리 체계 구축 기능

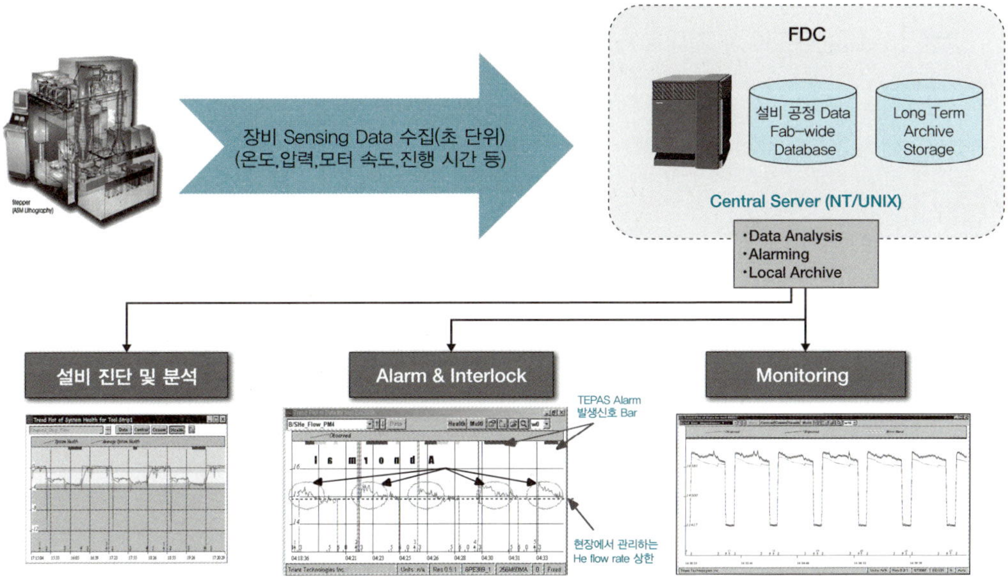

그림 15-39 FDC 구현 모습

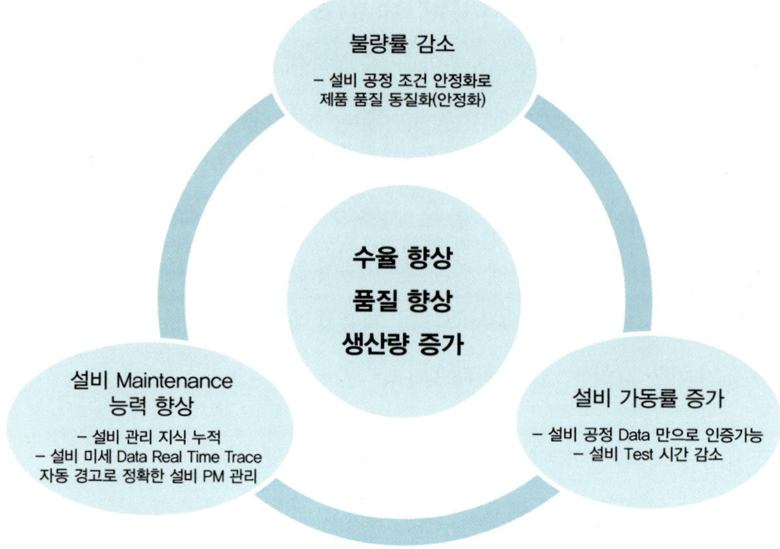

그림 15-40 FDC의 기대효과

[그림 15-40]은 FDC의 기대효과를 그림으로 보여준다. 이를 요약하여 기술하면 다음과 같다.

첫째, 설비 공정 조건 안정화로 제품 품질 동질화가 실현되어 제품 불량률이 감소하게 되며,

둘째, 설비 공정 데이터만으로 인증이 가능하게 되어 설비가동률이 증가하고,

셋째, 설비관리 지식 누적과 설비 미세 데이터 실시간 추적, 그리고 자동 경고를 통한 정확한 설비 PM 관리로 설비 Maintenance 능력 향상을 가져오게 함으로써 수율, 품질 향상 및 생산량 증가에 기여한다.

RMM(Recipe Management Module)의 기능 및 기대효과

레시피 관리 모듈인 RMM에는 모든 설비별 레시피 통합 모니터링과 사무실 내에서 원격 레시피 모니터링을 하는 레시피 모니터링 기능과 설비에서 사용되고 있는 레시피의 모든 단계의 각 파라미터별로 인터락, 타겟, LSL, USL을 설정하는 레시피 에디팅 기능, 현재 설비에서 사용되고 있는 레시피 정보 업로드 기능 및 RMM 상에서 수정된 레시피 정보를 설비로 다운로드하는 레시피 다운로드 기능, 현재 사용되고 있는 레시피 이력관리 기능, 그리고

RMM 상의 레시피 Body 정보와 실제 설비상의 Body 정보를 승인하는 레시피 Validation 기능이 있다. 위에서 설명한 RMM의 기능을 요약하면 다음과 같다.

- Recipe Monitoring
- Recipe Editing
- Recipe Upload
- Recipe Download
- Recipe Version
- Recipe Validation

RMM의 기대효과는 레시피 모니터링을 통해 레시피 관리의 편리화 및 일원화가 가능하며, 레시피 업로드 및 다운로드를 통해 엔지니어의 현장 이동시간을 감소시켜 주며, 레시피 이력관리를 통해 기존 수작업의 불필요와 데이터의 정확성을 유지하게 하고, 레시피 승인을 통해 레시피 런 사고를 방지하게 함으로써, 엔지니어 개별 생산성 향상과 레시피 사고 방지에 따른 생산성 향상을 가져올 수 있다. [그림 15-41]은 RMM의 기대효과를 도식하여 보여준다.

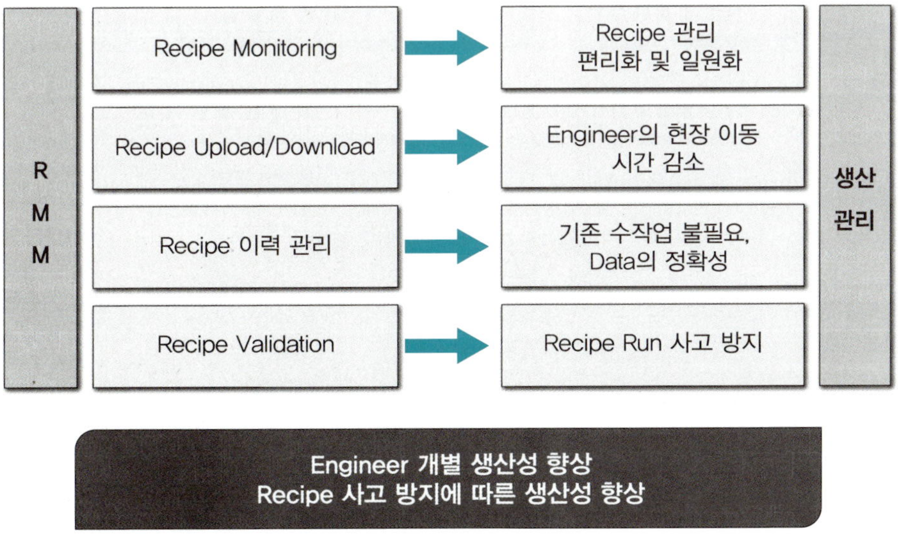

그림 15-41 RMM 기대효과

eMPA(Equipment Monitoring&Performance Analyzer)의 기능 및 기대효과

설비 모니터링 및 성능 분석기능을 가진 eMPA는 설비별, 그룹별 MTBF, MTBi, MTBA 트렌드 및 알람별 분류 조회가 가능한 기능들을 가지고 있다. 기대효과로는 SEMI 스탠다드 등을 이용하여 설비 상태와 Capability에 관련된 표준을 정립할 수 있다. 실시간 모니터링을 비롯, 설비에서 발생하는 이벤트 및 알람 데이터를 수집할 수 있다. 저장된 데이터 분석을 통하여 생산과 관계없는 낭비요소를 없애 설비 가동률을 높일 수 있다.

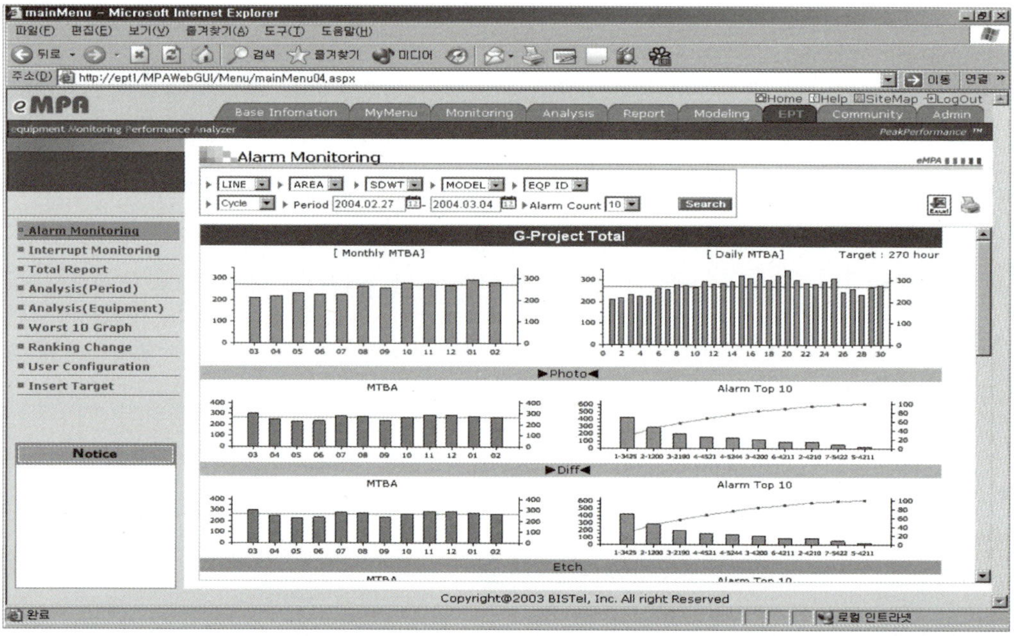

그림 15-42 eMPA 화면 모습

ePMM(EMS)(Equipment Preventive Maintenance Management)의 기능과 기대효과

ePMM은 설비 예방 유지관리 및 예측을 통하여 설비의 가동률을 증대시킴으로써 유지관리 비용을 줄이고, 설비의 신뢰도 증가와 제품 품질 향상을 통하여 고객만족을 이룰 수 있도록 하는 것이다. ePMM의 기능으로는 설비/PM 데이터 모델링, PM스케줄링, TBM, CBM, 작업순서 통제, 유지 비용 추적, 설비이력 추적, 소모품 관리, 리포팅, 워크 플로우, MES 인터페이스 및 커뮤니티 기능이 있다.

ePMM으로 다음과 같은 기대 효과를 거둘 수 있다.

- 보전비용의 절감
- 불필요한 보전 작업 최소화
- 보전효율향상
- 보전예측기능 향상
- 체계적인 보전이력관리

Reference

"EAM/CMMS Solutions Worldwide Outlook."

(1998). "Reliability Engineering and System Safety." 60

Kristian Steenstrup, W. M. (21 September 2007)

Moubray, J. Reliability Centered Maintenance.

연습문제

1. 설비관리의 역사를 1, 2, 3(현재)세대로 나누어 서술하시오.

2. 설비관리의 발전방향에 대하여 서술하시오.

3. 설비관리의 주요 기능을 토대로 연계도를 그리시오.

4. RCM의 정의, 필요성, 목적, 적용이 필요한 설비에 대하여 논하시오.

5. PAS 55는 무엇인가?

6. 예방보전(Predictive Maintenance)이란?

7. 예방정비-CBM(Condition Based Maintenance)이란?

8. 계약관리 프로세스를 설명하시오.

9. eMPA Functionality(Equipment Monitoring & Performance Analyzer)는 무엇인가?

10. ePMM의 기대효과는?

Chapter. 16

공정설비제어

16.1 | 공정 설비제어(EC)

제조현장에서 설비제어의 역할

설비제어는 생산현장에서 MC(Machine Controller), EC(Equipment Controller), BC(Block Controller), TC(Tool Controller) 등으로 불리며, 생산현장 자동화의 필수 시스템으로써 MES의 지시에 의해 수행한다. 작업자에 의해서 모든 작업이 이루어지는 것이 아니라 생산설비, 계측설비, 물류설비 등이 네트워크를 통해 호스트에 연결되고, 원격제어(Remote Control)에 의해 각종 작업이 자동화된다.

반도체 소자의 집적도 증가에 따라 제조 현장의 청정도 유지 및 제품의 신뢰도 향상을 위한 제조 공정의 자동화 요구는 날로 증가하고 있다. 또한 기업의 각 업무 간에 컴퓨터를 이용하여 통합함으로써 경영의 효율화를 도모하려는 CIM 구현의 일단으로써, 생산현장의 자동화는 반드시 실현되어야 할 과제이다. 오늘날 선진 반도체 공장에서는 이미 자동반송장치, AGV, 로봇 등을 이용하여 생산현장의 무인화를 위한 많은 진전이 이루어지고 있으며, 관련 기술개발을 통한 생산성 향상을 도모하기 위한 노력이 배가되고 있다. 이러한 생산현장의 무인화를 위한 필수 기능이 공정 설비제어라 할 수 있다.

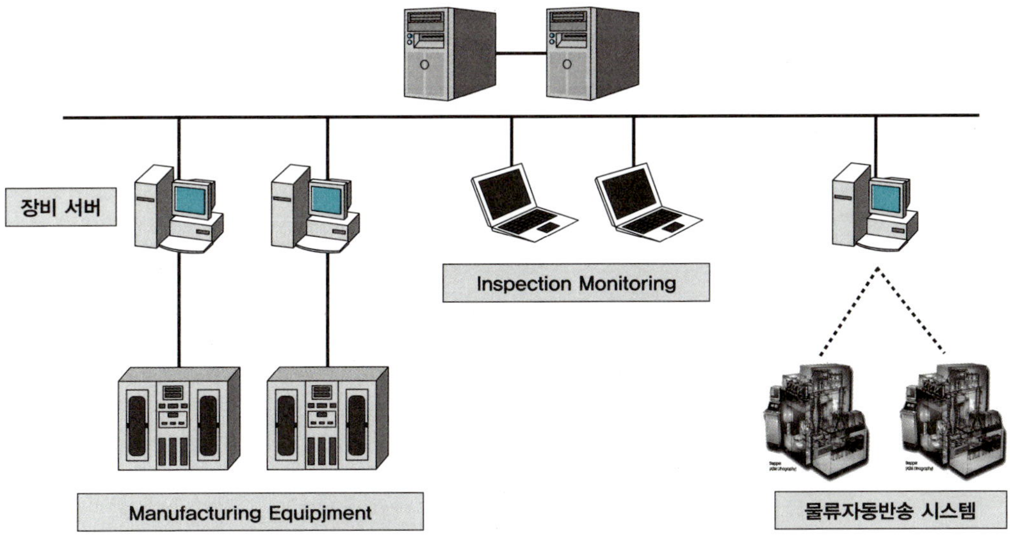

그림 16-1 설비제어 구성도

EC의 개요 및 특징

설비가 제조공정 수행을 위해 MES로부터 작업지시를 받거나, 설비의 가동상태나 공정조건 등의 파라미터 데이터를 MES로 전송하여 분석/활용할 수 있도록 한다. 반도체/디스플레이 산업이 더욱 고도화되고 업체 간 경쟁이 치열해 짐에 따라 장비 효율 및 품질 수율을 높이고, 초기에 공장을 안정시키기 위한 설비제어 기술 및 자동화의 중요성이 더욱 부각되고 있다.

이에 따라 제어 및 분석을 위하여 장비로부터 발생하는 데이터 트랜잭션이 증가하고 있으며, 특화된 기술 적용을 위한 사용자(User)의 자동화 요구 사항도 날로 복잡해지고 수시로 변경되는 양상을 띠고 있다.

설비제어의 개요 및 특징을 요약하면 다음과 같다.

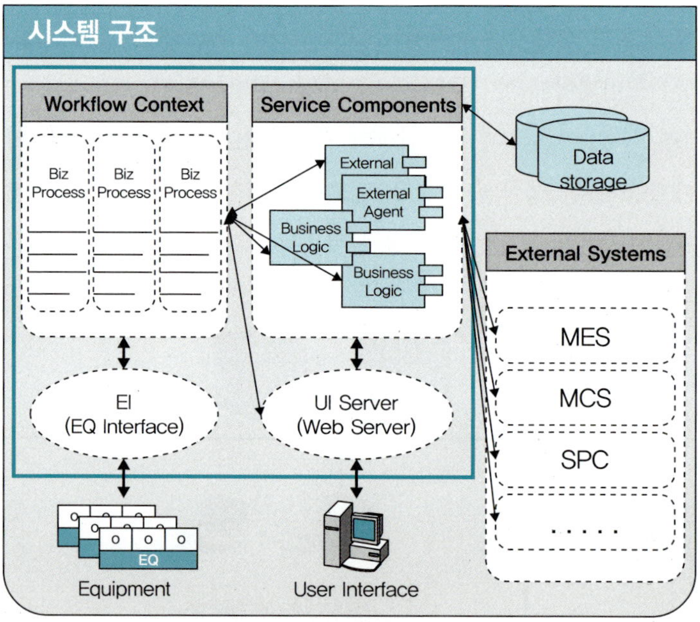

그림 16-2 EC 프로세스 구조

- 효율적인 장비 관리
  - 안정적인 SECS 프로토콜 지원
  - 그래픽 기반의 직관적인 장비 모델링
  - 인라인(Inline) 복합 설비에 대한 관리 기능 제공

- 용이한 시스템 통합
  - 워크플로우(Workflow)를 통한 유연한 확장성 제공
  - 플러그인(Plug-In) 개념의 서비스 컴포넌트(Service Component) 등록을 통한 기능 추가
  - 다양한 외부 프로토콜 지원(RMI, CORBA, TIB/RV, JMS 등)

- 강건한(Robust) 시스템 제공
  - 병렬 수행을 기반으로 한 대량의 트랜잭션(Transaction) 처리
  - 강력한 예외(Exception) 처리 기능

EC의 주요 기능

반도체 통신 규약인 SECS 프로토콜을 완벽히 지원해야 하고, 사용하는 기본적인 서비스 컴포넌트(예를 들어 로트, 머신 등)를 제공함으로써, 요구 사항에 따른 세부기능을 쉽게 구현할 수 있어야 한다. 또한, 워크플로우를 제공함으로써, 구현된 기능들을 업무 프로세스에 따라 도식화함으로써, 사용자의 요구 사항 변경에 따른 수정에 보다 효율적으로 대응할 수 있어야 한다.

EC의 주요 기능을 요약하면 다음과 같다.

- SECS-I / SECS-II / HSMS 통신 사양 지원
- Run-Time 중 통신 파라미터 변경(No Down-Time)
- 그래픽 기반의 쉬운 SECS 메시지 작성
- Drag & Drop 방식의 장비 모델링
- Excel을 통한 대량의 장비 모델링 지원
- 개발(Customizing)을 용이하게 하기 위한 MES 기본 Class 제공
- Workflow 기반의 Transaction 처리
- Component 모니터링 및 Re-Loading 기능
- Host Interface Utility 제공
- 테스트를 위한 장비 시뮬레이션 제공

EC(MC) 적용사례

다음은 EC솔루션인 FAMate를 활용하여 구축한 시스템의 사례이다. FAMate는 MC의 시나리오를 작성하는 Editor와 Admin Server, Failover Server, Daemon Server, Daemon Client 그리고 Admin Client로 총 4개의 서버 2개의 GUI로 구성되어 있다. FAMate로 구성되는 MC는 시나리오와 Callback Function이 별개로 구성되며, Standard Parameter Pasing을 통해서 유기적으로 동작된다. Callback Function만 Code로 개발되며, 나머지는 Development Kit을 이용하여 쉽게 MC를 구축할 수 있다.

[그림 16-3]은 FAMate를 이용한 EC 솔루션을 보여준다.

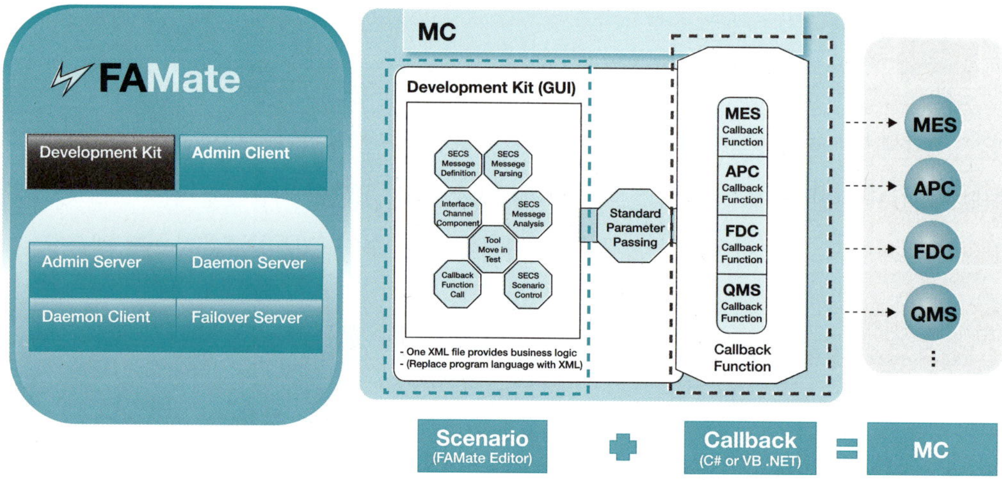

그림 16-3 EC솔루션인 FAMate을 활용하여 구축한 시스템 사례

16.2 SECS 프로토콜의 이해

장비와 호스트 간 통신절차

장비가 제조공정 수행을 위해 호스트로부터 작업 지시를 받거나 장비의 가동상태나 공정조건 등의 파라미터 데이터를 호스트로 전송하여 분석/활용될 수 있도록 하는 등 생산자원의 중앙집중 관리를 위해서는 상호간에 물리적으로 연결된 네트워크가 구성되어야 하며, 전송된 데이터를 인지하고 응답할 수 있는 통신규약이 필요하다. SECS 프로토콜은 이러한 상

호간의 통신을 규정하는 표준 규약으로 메시지 전송체계를 규정하는 SECS-I 및 메시지 내용의 구조를 규정하는 SECS-II 부문으로 구성된다.

반도체 장비와 호스트 컴퓨터 간 인터페이스를 위한 기본적인 구성은 [그림 16-4]와 같다.

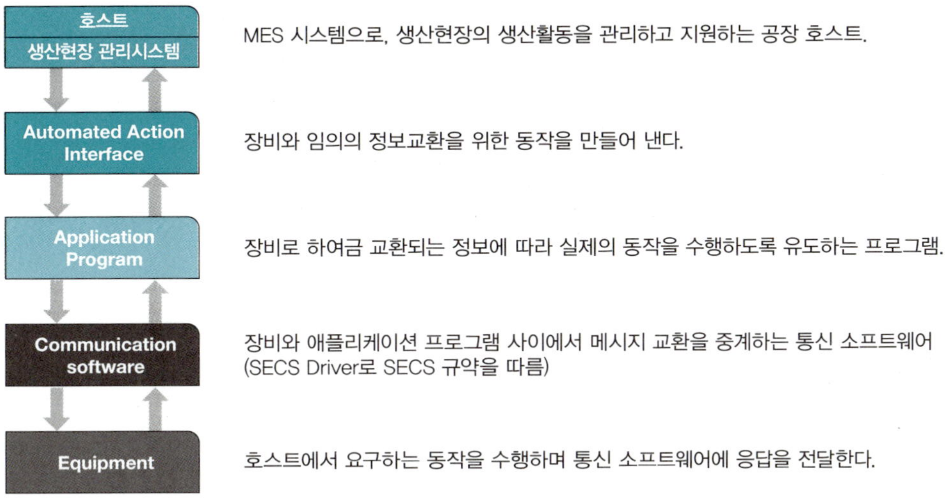

그림 16-4 반도체 장비와 호스트 컴퓨터 간 인터페이스

등장 배경

장비가 점점 복잡해지고, 관리해야 할 데이터의 양이 기하급수적으로 증가하면서, 효율적인 장비 관리의 측면에서 각 기업들은 점차 공장자동화에 관심을 가지게 되었다. SECS는 이러한 업계의 요구에 부합하는 표준으로 자리잡았다. 생산현장의 자동화 요구에 따라 관련기술의 표준화를 위해 SEMI(Semiconductor Equipment and Materials International)의 장비자동화 부문(Equipment Automation Division)에서 반도체 장비와 외부 컴퓨터 간의 인터페이스를 위한 데이터 통신 표준 규약인 SECS(SEMI Equipment Communications Standard) Protocol을 제창하여, 반도체 장비 생산업체에게 이를 옵션으로 적용하도록 요구함으로써 대부분의 반도체 생산관련 장비가 인터페이스 부문에서 이 표준을 따르게 되었다.

상호 인터페이스를 위해서는 우선 장비에서 지원되는 SECS 메시지의 기능이 정확히 분석/검증되어야 하며 필요한 자동화 기능을 수행하기 위한 메시지 내용이 포함되어 있지 않을 경우 장비 벤더에게 요청하여 추가하도록 해야 할 경우도 발생되는데, 이를 위해서 자동화 담당 부서와 공정관리, 장비관리, 생산 등 관련 부서 간의 긴밀한 협력 관계의 형성이 필요하다.

다음은 인터페이스의 표준화 요구가 증대되는 이유를 요약하였다.

- FAB 산업(반도체/디스플레이) = 장치집약적 산업
- 다양한 종류의 장비 수요 증가
- 장비 간 정보 교류 및 자동화 필요성 대두
- Maker (Vender) 에 따른 상이한 시스템 존재
- 장비 제공업체의 경우, Customer에 따른 서로 다른 요구사양으로 인한 개발 비용 증가
- 장비 사용업체의 경우 각 시스템간의 상이한 통신 사양으로 인한 시스템 통합 문제 발생
- SECS 통신을 이용한 장비 Online화의 장점
- 표준화된 통신규약을 이용한 범용성 확보
- 장비 시스템 개발 비용 절감
- 시스템 통합 비용 절감
- 장비 가동률 증가 및 Downtime 감소
- 생산 Yield 상승
- 실시간 모니터링을 통한 신속한 의사 결정
- 작업자의 실수로 인한 불량 사고 방지
- Reporting 기능을 이용한 업무 감소
- 인건비 감축

Configuration

SECS-I과 HSMS는 반도체 장비들 간의 인터페이스를 하기 위한 프로토콜이다. 이러한 프로토콜을 기본으로 하여 SECS-II라고 하는 데이터 포맷을 정의한 표준(Standard)에 의거하여 데이터를 주고받을 수 있다. GEM은 다양한 반도체 장비의 구동에 관한 표준인데, GEM만으로는 부족한 Stoker나 반송 장비 등에 적용되는 사양이 SEM이다.

SECS의 체계를 이해하는 것은 자동화를 위한 인터페이스의 첫 단계에서 필수 사항이며, 자동화에 대한 이해 및 보다 성숙된 시스템 구현을 위해 반드시 필요하다.

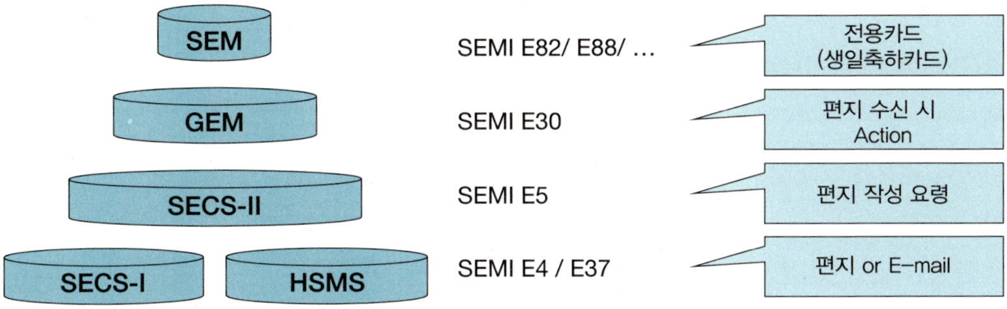

그림 16-5 Hierarchy 구조

표 16-1 종류별 특징

종류	SPEC	특징	비고
SECS-I	E4	반도체 장비와 상위 Host 간의 메시지를 주고 받기 위한 통신 Interface를 정의한 사양	현재 사용하지 않음. RS - 232 Cable
HSMS	E37	개발자들이 특정한 지식이 필요 없이 기기들을 연결하고 상호동작 될 수 있도록 고속의 통신 기능을 만들어 낼 수 있는 수단을 제공.	TCP/IP Network SECS-1 대체
SECS-II	E5	Equipment와 Host 사이에 교환되는 Message(Stream과 Function으로 구성) 내용에 대한 세부 사항 정의	
GEM	E30	장비의 동작에 대한 시나리오와 장비 구동에 관한 표준	
SEM	E82/ E88/	GEM을 전제로 하지만 특별한 장비에 적용되는 사양	• ISEM(Inspection SEM) • IBSEM(Interbay/Intrabay AMHS SEM) • Stocker SEM(AMHS Storage SEM)

SECS–I

SECS-I 표준은 연결자와 전압에 대해 EIA RS-232-C와 JIS C 6361과 같이 잘 알려진 국제 표준을 사용한 Point-to-Point 통신을 정의한다. 실제 전송은 1-Bit 시작과 1-Bit 정지 비트를 갖고 시리얼로 전송되는 8-bit 바이트들로 구성된다. 통신은 양 방향이고 비동기이며

한 순간에 한 방향으로만 흐르게 된다. 데이터는 254 바이트 이하의 블록으로 전송된다. 각 블록은 10 바이트 헤더를 갖는다. 메시지는 한 방향 통신에서 완전한 통신 단위이고 1개에서 32,767개 블록들로 구성된다. 각 블록 헤더는 특정 메시지의 일부분으로써 블록을 정의하는 정보를 포함한다. 메시지는 트랜잭션(Transaction)이라 불리는 요구와 응답으로 짝지어진다.

다음은 SECS-I 표준의 특성을 요약한다.

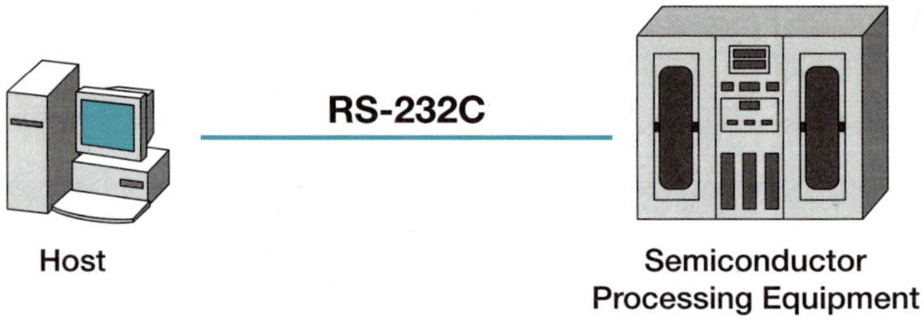

그림 16-6 SECS-I 구성

- SECS-I 표준은 반도체 처리 장비와 호스트 간의 메시지 교환에 적합한 통신 인터페이스를 정의한다.
- SECS-I 표준은 물리적 연결자, 신호 수준, 데이터 비율, 시리얼 데이터 경로에서 호스트와 장비간의 메시지 교환에 필요한 Logic 프로토콜의 설명을 포함한다.
- SECS-I 표준은 각각의 특정 지식이 필요 없이 연결될 수 있는 장비와 혹은 호스트를 생산하는 독립된 생산자에게 수단을 제공한다.
- 프로투콜 레이어: SECS-I 프로토콜은 Point-to-Point 통신에서 사용되는 프로토콜 레이어로 생각할 수 있다. SECS-I 내(內) 레벨은 물리적 링크, 블록 전송 프로토콜 그리고 메시지 프로토콜이다.
- 속도: RS-232의 속도는 빠른 기능의 테스트 어플리케이션에서 요구되는 짧은 시간에서의 프로그램이나 많은 데이터 양을 전송하기에 충분하지 못하다.

SECS-I block 구조

[그림 16-7]은 SECE-I 블록의 구조를 표현한 것으로, 그 내용은 다음과 같다.

	Header(10 Byle)					0-244Byte	2Byte
Length	Device	S/F	Block	System Byte		Text	CheckSum
0D	00 34	81 05	80 01	00 00	00 01	21 01 01	01 5F

그림 16-7 SECS-I Block 구조

- 0D: 16진수이므로 10진수로 수정하면 13이 된다. 즉, 헤더 바이트 및 텍스트 바이트의 총 수가 13바이트라는 뜻이다.
- 00 34: 0000 0000 0011 0100으로 처음의 0은 R-Bit로서 호스트와 장비(Equipment)와의 통신 방향을 나타낸다(0: 호스트→장비, 1: 장비→호스트). R-Bit를 제외한 모든 숫자를 합산해보면 "52"가 되는데, DEVICE ID가 52라는 의미이다.
- 81 05: 1000 0001 0000 0101, 처음 1의 의미는 W-Bit로서 이 Stream/Function이 Reply를 요구하는지 나타낸다(0: Reply 필요 없음, 1: Reply 필요함). W-Bit를 제외한 각각의 숫자는 1과 5가 남게 된다. 이것을 Stream/Function에 대입하여 "S1F5"라고 읽으면 된다.
- 80 01: 1000 0000 0000 0001, 처음의 1은 End-Bit로서 현재의 Block 뒤에 연결되는 다른 Block이 있는지의 여부를 결정한다(0: More Block Follow, 1: Last Block).
- 00 00 00 01: Message의 작성자가 해당 정보를 구별하기(Identifier) 위하여 사용하는 일종의 Sign이다.
- 21 01 01: (ⓐ00100001, ⓑ00000001, ⓒ00000001)(3,3,2Bit로 구분하여 Octal로 계산한다. 마지막 2Bit는 길이 지정 바이트 수를 나타낸다.

  ⓐ 01 ,10 ,11로 Max3 Byte까지 지정이 가능하다.

  ⓑ 00000001 : 해당 Character의 Size를 나타내는데, 1Byte라는 의미이다.

  ⓒ 00000001 : 실제 해당Character로서 Binary다.

- 01 5F: Length Byte를 제외한 Device-ID, Stream/Function Byte, Block, System Byte, Text Byte의 Value를 모두 합산한 값이 된다. 전송한 데이터가 정확하게 전송되었는지 확인하기 위한 것이다.

설비와 호스트 간의 실제 데이터 교환은 블록을 이용하여 이루어진다.
1Block = 10-byte Header + Data(Max 254 bytes)로 구성된다.

- Note -

1 Message = 1 ~ 32,767 Blocks
1 Transaction = Request Message + Reply Message (optional)

HSMS

HSMS 프로토콜은 TCP/IP 네트워크를 활용하기에 EC서버가 전산실에 설치되어 집중 관리될 수 있고, 장애 시 조치시간이 단축될 수 있다.

HSMS의 장점을 살리기 위해, SECS-I 설비의 경우 Converter를 이용해 HSMS를 지원할 수 있도록 한다(Converter는 FAB내에 위치함).

- **Spec:** SEMI E37
  - HSMS-SS(SEMI E37.1): HSMS-Single Session - SECS-I 을 대체하기 위해 요구되는 서비스의 최소 항목들을 포함하는 추가 표준
  - HSMS-GS(SEMI E37.2): HSMS-General Session - Cluster Tool 또는 Track System과 같은 복잡한 다중 시스템을 지원하기 위해 필요한 subset을 제공하는 추가 표준
- **개발 목적:** 독립적인 개발자들이 특정한 지식이 필요 없이 기기들을 연결하고 상호 동작될 수 있도록 고속의 통신 기능을 만들어 낼 수 있는 수단을 제공.
- HSMS는 RS-232를 이용한 SECS-I을 대체하기도 한다.

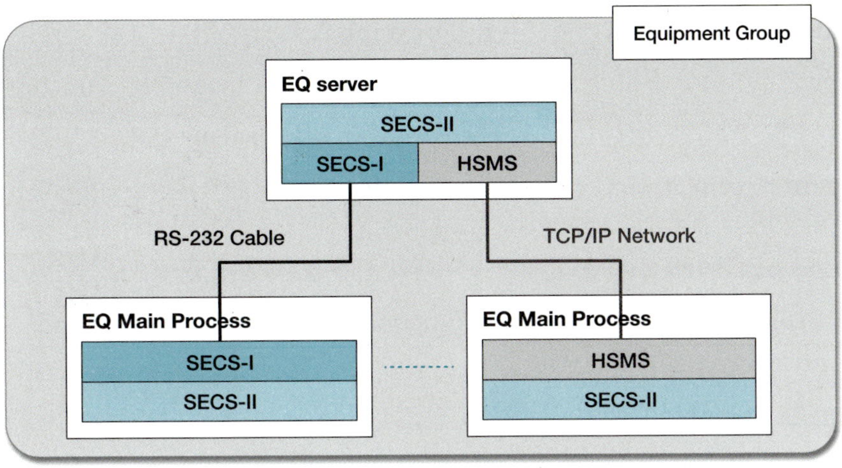

그림 16-8 HSMS 구성도

16.3 SECS-II 메시지 프로토콜

SECS-II는 장비와 호스트 간에 메시지 전송 규약에 따라 교환되는 메시지가 해석될 수 있도록 그 구조 및 의미를 규정한다. 이 표준에서 정의된 메시지는 일반적인 반도체 제조에 필요한 대부분의 내용을 포함하고 있으며, 정의되어 있지 않은 장비 고유의 필요한 메시지를 정의해서 사용할 수 있도록 허용하고 있다.

Stream과 Function

모든 메시지의 이름은 Stream과 Function의 조합으로 표현된다. 이 정보는 전송되는 메시지 블럭의 헤더에 메시지 ID로 표현되며 각각에 부여된 번호로써 구분된다. 비슷한 기능을 하거나 서로 관련되는 메시지의 범주(그룹)를 하나의 Stream으로 구분하며, Stream값은 다음과 같이 사용된다.

0: 미래의 사용을 위해 지정
1 - 13: 현재 SECS-II에서 사용중
14 - 63: 미래에 SECS-II에서의 사용을 위해 지정
64 - 127: 사용자가 정의할 수 있는 Stream

Stream에 속하는 각각의 메시지를 Function으로 구분한다. 1차 전송 메시지의 Function 번호는 항상 홀수 번호가 부여되고, 이의 응답인 2차 메시지의 Function은 여기에 "1"이 더해진 짝수가 된다. (예: 1차가 SnFm일 경우 2차는 SnFm+1)

Standard Stream(Stream1 - 63)에서의 Function 값은 다음과 같이 사용된다.

0 - 63: SECS-II에서 사용 중이거나 미래의 사용을 위해 지정

64 - 255: 사용자가 정의할 수 있는 Function

Stream과 Function 번호의 할당

표준에 정해 놓은 것		사용자가 정의할 수 있는 것	
In Stream 0,	Functions 0~255	In Stream 0,	Functions 0~255
In Stream 1~63,	Functions 0~63		
In Stream 64~127,	Functions 0	In Stream 64~127,	Functions 0

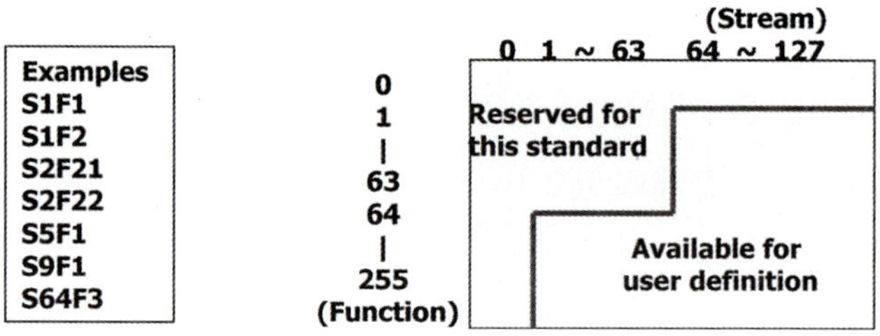

Stream은 Header의 3Byte를 차지하며, Function은 4Byte이다. 3Byte 내에 Stream 자신은 0-6Bit에 기재되며, 7번째 Bit는 W-Bit로 고정되어 있다. 또한 사용자 정의 Stream(Stream 64 - 127)에서는 다음과 같다.

0: SECS-II를 위해 지정

1 - 255: 사용자가 정의할 수 있는 Function

홀수의 Function Code를 갖는 SECS message를 "Primary Message"라 하고 짝수의 Function Code를 갖는 SECS Message를 "Secondary Message"라 한다. SECS-I의 "Transaction"은 Primary Message와 관련된 Secondary Reply Message를 포함하고 있다.

- SECS-II에 따라 설계하기 위해 최소한의 Transaction 요구 사항을 맞추어야만 한다. Conversation Protocol은 Transaction 사이의 상호작용과 사용법에 대한 더 많은 정의를 제공한다.

- Transaction Definition
  - Transaction은 SECS-II에서 상호 교환되는 모든 정보에 대한 기초를 형성
  - Reply Message가 없는 Primary Message
  - Reply로 Secondary Message를 요구하는 Primary Message(Secondary Message의 경우 Reply를 요구할 수 없음)와 그에 대한 Secondary Message

각 Stream에서 다루는 내용

Stream 1	Equipment Status(장비의 상태)
Stream 2	Equipment Control and Diagnostics(장비 제어와 진단)
Stream 3	Material Status
Stream 4	Material Control
Stream 5	Exception Reporting(equipment alarms, 알람 보고)
Stream 6	Data Collection(데이터 수집)
Stream 7	Process Program Management(프로세스 프로그램 로드)
Stream 8	Control Program Transfers
Stream 9	System Errors(수신된 메시지가 에러임을 호스트에게 알려줌)
Stream 10	Terminal Services(장비 터미널에 텍스트 메시지를 전달함)
Stream 11	Removed from the 1989 standard
Stream 12	Wafer Mapping
Stream 13	Unformatted Data Set Transfer

Transaction 및 Conversation 프로토콜

SECS-II Protocol에 준하는 메시지 교환을 위해서는 트랜잭션의 형태와 각 트랜잭션 간의 관계에 필요한 Conversation Protocol을 따라야 한다.

- Transaction 프로토콜

하나의 트랜잭션은 SECS-II에서 모든 정보교환의 기본이다. 트랜잭션은 주 메시지인 1차 메시지와 필요에 따라 선택적으로 요구되는 응답 메시지인 2차 메시지로 구성되며, 이와 관련하여 SECS-II 규정을 준수하기 위해 필요한 사항들은 다음과 같다.

- S1,F1 에 대한 응답은 항상 S1,F2이어야 한다(SnFm → SnFm+1).
- 장비가 수신 메시지를 처리하지 못할 경우 Stream9에 있는 적절한 에러 메시지를 보낸다.
- SECS-II에서 제공하는 메시지에 대해서는 규정된 형태를 따라야 한다.
- 장비에서 수신을 기다리는 제한 시간 초과 시 S9,F9 메시지를 보낸다.
- 응답 메시지로써 Function0의 메시지를 수신하면 관련 트랜잭션을 종료한다.

- Conversation 프로토콜

Conversation은 하나의 업무수행을 위해 필요한 여러 트랜잭션들의 조합이다. SECS-II에서 모든 정보 교환의 형태를 구분하는 대화의 종류에는 다음의 7가지가 있다.

1) 응답을 요구하지 않는 대화. 가장 단순한 대화의 형태로, 단일 블럭으로 구성된다.
2) 응답으로써 어떤 데이터를 요청하는 형태의 대화.
3) 단일 블럭 메시지 송신 후 정확한 수신 여부를 확인하는 형태의 대화.
4) 여러 블럭의 메시지를 송신할 경우 수신 측으로부터 사전에 송신 허락을 받아 수신 준비를 시킨 다음 메시지를 송신하고 송신 후에는 수신 여부를 확인함.
5) 장비와 호스트 간에 정해지지 않은 데이터 셋을 송신하는 경우(Stream13).
6) 장비 간의 물류 이동과 관련된 기능의 대화.
7) 송신 측에서 요구하는 응답을 위해서 수신 측에서 데이터를 준비하는 절차나 시간이 필요하여 여러 트랜잭션을 거쳐 응답을 하게 되는 경우.

16.4 | SECS-II Data의 구조

모든 메시지의 이름은 Stream과 Function의 조합으로 표현된다. 이 정보는 전송되는 메시지 블럭의 헤더에 메시지 ID로 표현되며 각각에 부여된 번호로써 구분된다.

SECS 규정에 따라 전송되는 모든 데이터는 Item과 List의 두 가지 내부 구조를 갖게 된다. Message는 Stream과 Function에 의해 구분되며, 여러 개의 List와 Item으로 구성된다.

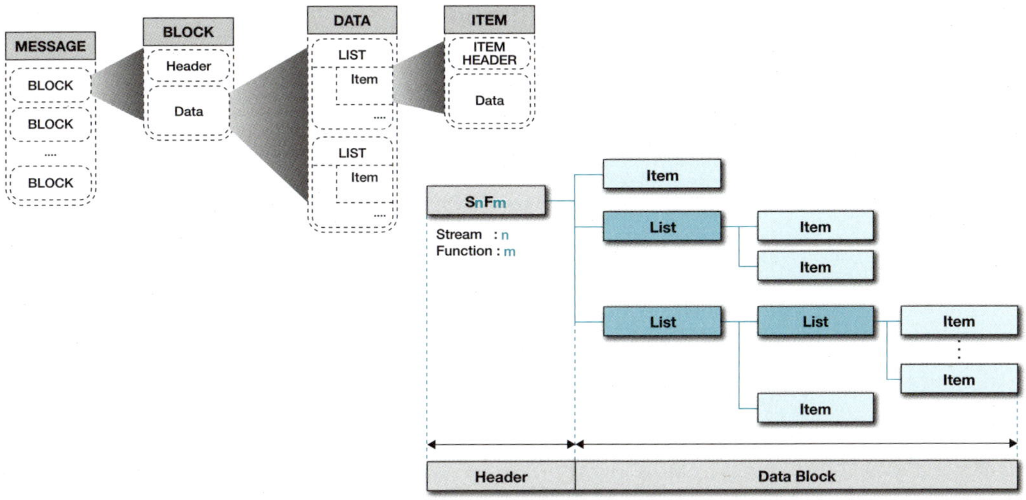

그림 16-9 SECS-II Data의 구조

- Item

  Item은 전송되는 데이터의 특징을 기술하는 헤더와 실제 데이터 내용으로 구성된다. Item 헤더는 데이터의 형태를 구분해주는 Format Byte와 데이터의 길이를 표시하는 Length Byte 부분으로 구성된다.

- List

  유사한 내용의 여러 Item을 묶어 하나의 List로 표현한다. List의 헤더는 Item의 헤더와 구조가 같으며, 단지 포맷 바이트가 0으로 표현되고 길이를 나타내는 Length Byte는 Item의 개수를 표현한다.

SECS 메시지 해석 예

[표 16-2]는 장비에서 호스트로 전송되는 S5F1 Alarm 메시지에 대한 하나의 예를 해석한 것으로, "Alarm 17번인 T1 HIGH가 발생했음"을 호스트로 통보하는 의미의 메시지라는 것을 알 수 있다.

표 16-2 S5F1 Alarm 메시지

구조	메시지	의미
Block Header	10000000	R=1 (장비에서 호스트로)
	00101010	Device ID = 66
	00000101	W=0 (응답 불요), Stream 5
	00000001	Function 1
	10000000	E=1 (메시지의 마지막 블록임)
	00000001	메시지의 첫번째 블록
	00000000	System bytes=0
	00000000	
	00000000	
	00000000	
List Header	00000001	List 헤더임을 의미함
	00000011	3개의 item을 갖는 List 이다
Item #1 Header	00100001	첫번째 Item
	00000001	1 바이트의 길이를 갖는 Item 이다
Body	10000100	데이터 (Alarm set, Category 4)
Item #2 Header	01100101	두번째 Item
	00000001	1 바이트의 길이를 가짐
Body	00010001	데이터 (Alarm #17)
Item #3 Header	01000001	세번째 Item
	00000111	7 바이트의 길이를 가짐
Body	01010100	데이터 (ASCII "T")
	00110001	데이터 (ASCII "l")

Body	00100000	데이터 (ASCII "space")
	01001000	데이터 (ASCII "H")
	01001001	데이터 (ASCII "I")
	01000111	데이터 (ASCII "G")
	01001000	데이터 (ASCII "H")

16.5 | Block Controller

공정설비제어인 Block Controller(BC)에 관하여 보다 심도 있게 살펴본다.

우선 BC의 필요성은 다음과 같다.

1. 필요성

1) Transaction의 감소

설비가 복합적으로 구성됨에 따라 제품에 대한 Trace 정보가 중요하며 앞으로는 제품의 정밀화에 따른 Tracking 및 Tracing 정보가 기존라인 대비 많이 발생하게 된다.

- Data를 Summary하여 전송하게 하고,
- 필요 Data를 자체 객체에 저장하여 조회하게 된다.

그러므로, Transaction을 감소시켜 Data Loss 발생 가능성을 줄일 필요가 있다.

2) Quick Response 요구

복합설비 구성으로 제어에 필요한 Data와 Sequence의 빠른 응답이 필요하게 된다. 응답지연시 설비 가동률이 저하되기 때문이다.

- 빠른 응답속도가 요구되는 Transaction에 대해 Block 내 객체 Data를 참조하여 Quick Response를 구현해야 한다.

3) 정밀한 데이터 가공 및 제어

기존라인 대비 설비 간 연관성이 높아졌기 때문이다.

설비 간 JIT 반송요구 및 설비 간 Buffer의 감소로 설비 내 재공 등 정밀한 Data를 바탕으로 한 정밀 제어가 필요하게 된 것이다.

설비 및 공정에 맞는 특화된 Business rule이 필요하다.

- 정밀제어를 위한 설비정보(설비 내 제품 위치, 설비 State, 자재 교체 주기 등)등의 많은 정보를 바탕으로 RTD가 정밀 제어할 수 있도록 해야 한다.

4) System 장애에 강한 시스템 구현

- MES를 비롯한 Server Down 시 설비 내 WIP을 제외한 모든 생산활동이 정지되게 된다. 10분 이상의 전산 다운 시 현황파악, 데이터 복구 및 전산 처리가 있게 되면 1시간 정도 Moving량에 영향을 받게 된다.
- 기존라인 대비 설비/공정 간 Buffer가 작게 되면 또한 큰 영향을 받게 된다.
- 인라인 복합설비의 경우 설비 내에서 진행된 내역의 처리가 불가능해지며, Data양이 많아 시스템을 통한 전산처리가 어려워진다.

5) Flexible한 제어 시스템

설비/공정 특성에 따른 특화된 제어 Logic이 필요하게 된다.

- Work Flow Engine을 사용하여 각 Block별 특화된 제어 Logic을 구현하고 변경이 쉬운 System을 구현해야 한다.

2. 개발방향

BC의 개발 방향은 크게 두 가지로 볼 수 있다.

1) 자동화 기능 구현

- 복합설비의 재공관리 및 투입관리에 대한 기능구현
- 설비 또는 Module 간의 연계 제어를 통한 설비 자동화 기능 향상
- 효율적인 데이터 관리 및 저장을 통한 관리 기능 강화
- Block 내 반송 및 Tracking에 대한 관리 기능의 수행
- Block 내 모든 설비 및 반송 장치 간의 정보의 공유

2) 운영 안정화

- Unix 계열 도입을 통한 시스템의 안정성 확보
- Java 및 XML 도입을 통한 확장성 및 운영 능력 향상
- OS 레벨의 Fail-Over 구현을 통한 빠른 복구

3. 개발원칙

복합설비의 운영 효율화 및 설비 온라인 시스템의 안정성 확보, 그리고 오류의 감소를 위한 신규 설비제어 시스템을 구축하는 것을 목적으로 하며, Unix계열에서 구축이 가능하고 J2EE기반으로 Run Time 환경에서 변경/실행이 가능하도록 개발해야 한다. 개발 시 객체지향 방식을 도입하고, Business Process Execution에 대한 Modeling을 통해 쉽게 변경 및 추가가 가능하도록 Work Flow Engine을 도입해야 한다.

4. 비즈니스 도메인 정의

1) 복합 설비 제어

복합설비에 대한 종합 효율을 향상시키기 위해 기존보다 다양한 관리기능 및 제어가 필요하다.

표 16-3 복합설비제어 구분 및 항목

구분	항목
설비 효율	• 설비 종합 제어 필요 - 설비 투입 제어 - 설비 가동률 관리 - 설비 Tracking & Trace 관리 - Batch/Cost관리
데이터 관리	• 검사 이력 관리 - 설비내 검사 결과에 대한 관리 수행 - 검사결과에 따른 공정관리

2) 장애 최소화

시스템의 안정 및 많은 Transaction을 수행하기 위한 체제가 필요하다.

표 16-4 시스템 안정 운영 체제

항목	내용
시스템 안정화	• Window Base → Unix Base - Memory 및 Resource문제로 Down - Virus에 의한 System Down - OS Patch시 Rebooting필요 - 보안 취약성 - Fail Over 구현 난이
Transaction	• Transaction증가 및 데이터 안정적 관리 중요 - 20개 이상의 연결하여 초당 10회 이상 발생 - 처리에 따른 안정성 대두

3) 독자적인 운영

MES와 반송의 기능 중 설비와의 연관성이 많은 부분은 BC가 독자적으로 수행할 수 있도록 해야 한다.

표 16-5 운영 항목 및 내용

항목	내용
MES	• EQ Modeling정보 - 설비 Down Rule관리(Alarm관리) - 복합 설비 Modeling 정보에 따른 Parameter 제어(Port 운영 효율) • PRP 정보 - BC내 PRP정보를 활용하여 Tracking - Validation 기능 수행(투입여부/우선순위) - 검사결과에 따른 Step Skip기능 • Parameter 효율적 관리 - 변경점 관리 시점 및 주기 관리
반송	• 반송 경로 - BC내 반송의 경우 내부 RTD를 통해 처리 - BC외 반송의 경우 외부 RTD를 통해 처리 - BC내 반송도 효율을 검토하여 외부 RTD를 통해 처리 가능

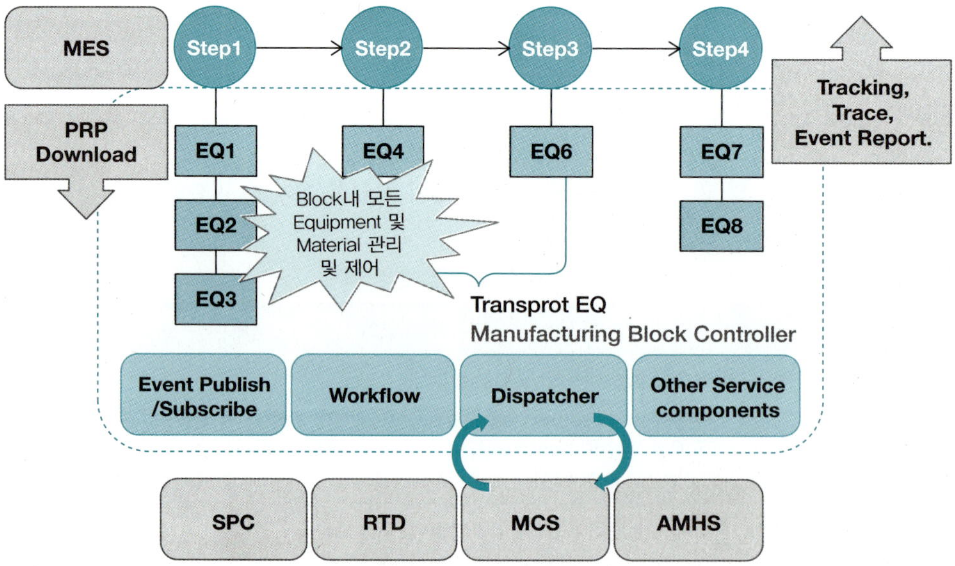

그림 16-10 BC 구조도

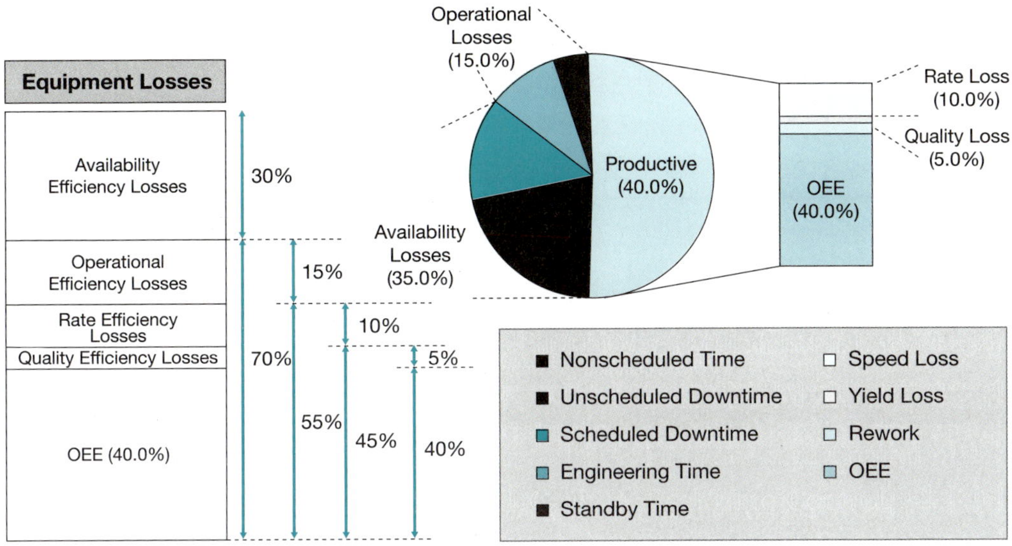

그림 16-11 설비 Loss와 가동 Loss에 대한 개념도

MES로부터 PRP정보를 Down 받아 이에 따른 Tracking & Trace을 내부적으로 관리 후 MES로 다시 전송하는 형태의 BC가 된다. 이때 BC는 Block 내 모든 Equipment 및 Material 관리 및 제어를 하게 된다.

설비 가동률 관리를 위한 데이터 제공을 통하여 운영상 로스율과 가동 로스에 대한 정보를 [그림 16-11]에서와 같이 분석할 수 있다.

4) 데이터 관리

설비 내 진행이력 및 검사 결과에 대한 관리를 통해 프로세스에 대한 이력을 관리하고 프로세스를 제어할 수 있다.

표 16-6 데이터 관리 항목

항목	내용
설비제어	• Unit 단위 Data 관리 - Unit 단위로 검사결과 관리 → 설비 Modeling에 따른 최종 검사 결과 반영 - 프로세스 경로 및 Skip여부에 대한 관리 • 검사 결과에 따른 제어 - 반송경로에 대한 선정 및 History 관리

5) 자재 관리

원가 절감 및 자재의 세부 관리의 중요성 및 자재의 반송을 위한 제어가 필요하게 된다.

표 16-7 자재관리 항목

항목	내용
자재 관리	• 자재 이력 관리 - 자재의 Consume 이력보고 • 자재 현황 관리 - 설비내 자재의 상태 관리
자재 반송	• 자재 투입관리 - 자재 필요시기 관리 - 교체 및 변경 시점 관리 • 자재 반송관리 - 자재의 공급 관리

6) Parameter 관리

설비의 Parameter기능을 강화하고 이에 따른 효율적인 제어를 통해 설비 가동효율 및 생산성을 향상시키게 된다.

표 16-8 Parameter관리 항목

항목	내용
설비제어	■ 설비 제어 Parameter관리 - NG Port 사용여부 - Sorting 방식 ■ 자동화 운영관리 - Event 보고 여부 설정 - VCR 운영 방식 설정
공정제어	■ 공정 조건 관리 - 자재 사용횟수에 따른 공정 조건 변경여부 ■ Monitoring 조건 관리 - 공정 Monitoring을 위한 검사/계측 조건설정 → Etch 횟수에 따른 Etch Rate 조정 등

5. BC 구성 방안

표 16-9 BC 구성에 따른 안

항 목	설비별 BC구성(1안)	연속 작업군별 BC구성(2안)
구성 단위	인라인 및 단독, 복합 설비군별 BC구성	연속적인 작업 Flow군별 BC구성
구성 범위	설비	설비 및 반송 설비 일부
업무 범위	설비제어	설비제어 설비 간 반송
라인 관리	효율 소(小)	효율 중(中)
개발 기간	단기(短期) (설비 제어만 개발)	중기(中期) (설비제어 및 단순 반송 기능)
개발 난이도	소(小) (설비 제어만 개발)	중(中) (설비 제어외에 반송 기능 추가)
위험도	소(小) (설비 내 정보만 관리하므로 간단)	중(中) (개발 부하 및 데이터 정합성 문제)
통신 부하	소(小) (시스템 또는 프로세스별)	중(中)
시스템투자	대(大) (10대 ~ 15대)	중(中) (6대 ~ 10대)
장점	1) 비교적 단기간 개발 및 적용가능 2) 시스템의 단순화 및 손쉬운 장애처리	1) 연속작업이 필요한 설비군 내 또는 설비 간의 최적화된 반송가능 2) BC 내의 생산현황에 대한 모니터링
단점	1) 기존라인과 같이 설비와 설비간의 반송을 MES에서 별도 관리 2) MES의 부하증가 및 라인 환경에 맞는 유연한 운영불가	1) 설비와 반송 동시제어 경험 무(無) 2) 하나의 반송설비 또는 설비가 여러 BC에 포함되는 경우 역할분배 문제 3) 연속작업이 아닌 공정 또는 작업자에 의한 변경이 필요한 경우 불리
고려 사항	설비 제어 방식 및 데이터 관리 방식만 최적화하고 반송은 별도	1) 단순한 PRP기능 및 반송제어의 개발 필요 2) BC간의 경계구성 및 반송제어 범위 설정 필요

연습문제

1. 다음 중 공정 설비제어(EC) 기능이 아닌 것은?

1) 장비 Online
2) 자동Start/Interlock
3) Data Collection
4)WIP Tracking

2. SECS 통신을 이용한 장비 Online의 장점이 아닌 것은?

1) 표준화된 통신규약을 이용한 범용성 확보
2) 실시간 모니터링을 통한 신속한 의사 결정
3) 장비 제공업체의 경우 Customer에 따른 서로 다른 요구사양으로 인한 개발 비용 증가
4) 장비 가동률 증가 및 Downtime 감소

3. 다음 중 RS-232C에 기반한 프로토콜은?

1) SECS -I
2) HSMS
3) GEM
4) SEM

4. 공정 설비제어(EC)에 대하여 설명하시오.

5. SECS 프로토콜을 설명하시오.

6. SECS-II 메시지 프로토콜에 대하여 설명하시오.

7. SECS-II Data의 구조는?

8. 설비 Loss에 대한 개념도를 그리고 설명하시오.

9. Block Controller(BC)란 무엇인가?

10. Block Controller(BC)의 필요성은 무엇인가?

Chapter. 17

공정물류자동화

17.1 | 물류자동화 소개

물류자동화의 종류에는 공정물류(AMHS, MCS), 창고물류(AS/RS, WMS), 수배송 물류(3PL) 등이 있다.

소비자의 요구에 의해서 제품이 다양해지고 제품주기가 빨라지기 때문에 경영진의 의사결정은 최대한 빨리 데이터화되어 현장의 Operator 및 설비에 전달되어야 한다. 이를 위해서 택배 등의 수배송 물류와 완제품의 창고 내에서의 저장 및 불출 등의 창고물류, 그리고 공장 내에서 물류 이동 등을 위하여 설비 자동화 및 모든 정보의 네트워킹 기능이 요구된다.

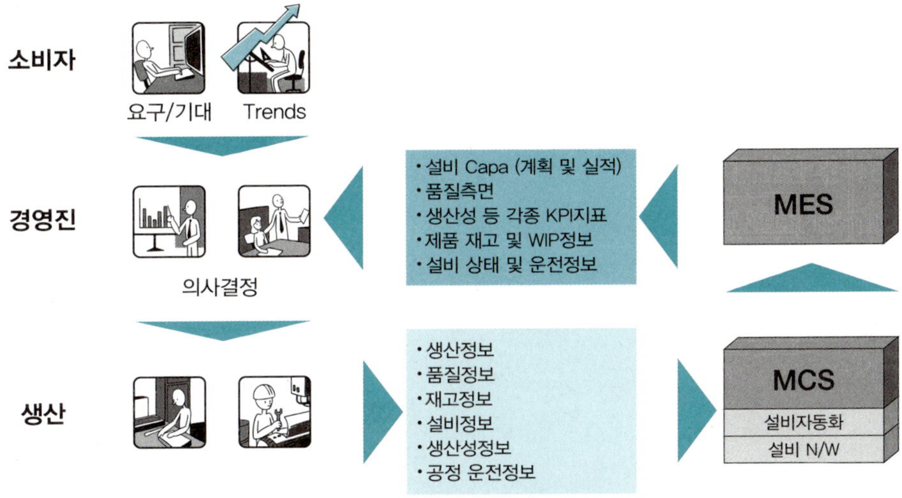

그림 17-1 물류자동화 개념

17.2 | 자동반송(AMHS)의 개요

AMHS(Automated Material Handling System, 자동반송)란 작업자(Operator)에 의해 Manual로 운반되는 로트(Carrier, Box, FOUP 등)를 사람의 손을 거치지 않고 이송장치에 의해 자동으로 목적지까지 운반하는 것을 말한다.

특히, 반도체/FPD 업종에서 제조공정의 변화, 제조하는 IC의 집적도에 따라서 FAB에서 요구되는 자동반송 시스템의 기대가 점점 커지고 있다. 디자인 룰의 미세화에 따른 공정

수 증가, 동배선 등의 채택에 의한 새로운 공정 추가에 따라 1매의 웨이퍼가 완성될 때까지 600공정 이상이 초과하게 되었다. 이러한 공정수 증대, 대량생산 요구로 인해 공장 전체에 있어서 시간 당 수많은 반송이 요구되고 있는 현실은 공장 자동화에 있어서 자동반송의 역할을 매우 증가시키고 있다.

자동반송의 필요성

1. 고(高) 청정도 대응
2. 대(大) 구경화에 따른 Manual 작업의 무리
3. 복잡한 공정의 시스템화
4. On-Line화 & Full-Automation
5. 원가절감 등등

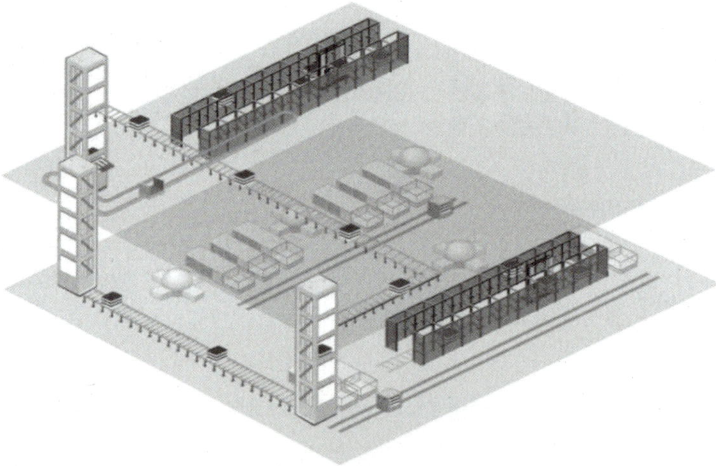

그림 17-2 자동반송 개념도

자동반송의 도입효과 및 역할

작업자 반복이동 작업과 관련하여 300mm 웨이퍼 캐리어, 즉 FOUPs(Front-Opening Unified Pods) 중량이 여러 국제기관에서 규정하고 있는 권장 한계치를 벗어나고 있다. 실제 일부 300mm 파일럿 생산라인에서 작업자가 직접 FOUPs을 핸들링하는 과정에서 다친 사례들이 이미 보고된 바 있다.

ITRS(International Technology Roadmap for Semiconductor)에 의하면 반도체/FPD 산업에서 자동반송의 요구가 계속해서 증가될 것이라 한다. 특히, 로직 LSI나 커스텀 LSI를 주로 제조하고 있는 FAB에서는 공정 도중에 로트가 분할되거나, 25매의 웨이퍼가 들어가는 FOUP에 적은 매수의 웨이퍼를 넣어 생산하는 경우도 많아 같은 매수의 웨이퍼를 생산하는 메모리반도체 FAB보다 자동반송에 대한 요구가 많아지고 있다.

자동반송의 도입효과 및 역할을 요약하면 다음과 같다.

- 작업자의 Load 감소
- 작업자의 효율적 업무 재배치
- 무인 자동화 및 청정도 유지
- 사고 방지
- 생산성 향상 등등

17.3 자동반송(AMHS)의 종류 및 Trend

자동반송에는 공정 간 반송시스템(Inter-Bay System) 및 공정 내 반송시스템(Intra-Bay System)이 있다. 공정 간 반송시스템(Inter-Bay System)은 Stoker와 OHS(Over Head Shuttle)가 있고, 공정 내 반송시스템(Intra-Bay System)에는 AGV(Automated Guided Vehicle), RGV(Rail Guided Vehicle), OHT(Overhead Hoist Transport) 등이 있다.

FOUP의 무게가 약 10kg이나 되므로 수동으로 대량의 FOUP를 단시간에 운반하려면 부담이 크다. 이미 OHT(Overhead Hoist Transfer System), OHS(Over Head Shuttle System), AGV(Automatic Guided Vehicle System), RGV(Rail Guided Vehicle System), PGV(Personal Guided Vehicle) 등의 반송기기, 시스템이 있으며 반송능력, 투자효율에 따라 최적의 기기가 사용되고 있다. [표 17-1]은 연도별로 사용되었던 자동반송의 종류를 나타냈고, [그림 17-3]은 종류별 자동반송정비의 예를 사진으로 보였다.

표 17-1 연도별 자동반송의 종류

년대	70년대	80년대	90년대	2000년대~
Layout 구상	대공간 Room 방식	대공간 Room 방식	Bay 방식	Bay 방식
Inter-bay system	수작업	AGV	천정반송	OHS
Inter-bay system	수작업	수작업	수작업,AGV,RGV	OHT

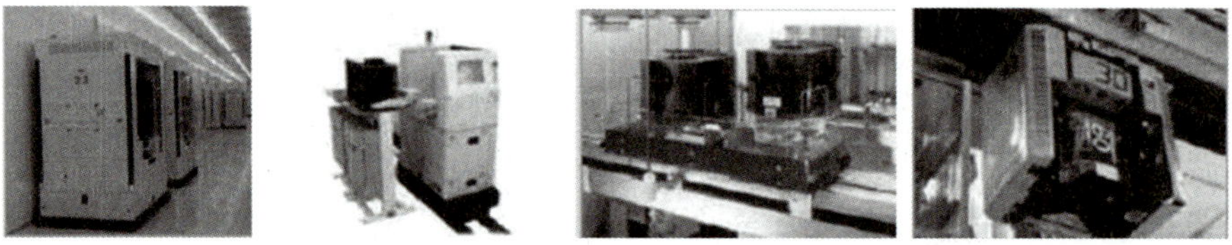

AGV RGV OHS OHT

그림 17-3 설비 사진

FAB 라인 설비의 특성

반도체/FPD 업종의 FAB라인 설비는 크게 생산설비와 물류설비로 나눌 수 있는데, 다음과 같이각각 공통적인 설비의 특성과 고유의 특성을 가지고 있다.

공통적인 특성

- In Port/Out Port 존재
- 설비에 투입될 때 작업물을 올려놓는 In Port
- 작업이 끝난 작업물을 올려놓는 Out Port
- Tact Time/ Flow Time이 존재
  - Tact Time: 설비에 작업물을 투입하는 일정 간격
  - Flow Time: 생산 소요 시간
- Dispatching Rule이 존재
- 주어진 Rule에 따라 설비에 투입

생산 설비 특성

- PM schedule이 존재
- Setup 시간 존재: 제품 종류가 바뀌었을 때

물류 설비 특성

- 작업물 이송 단위: 로트
- Layout에 대한 정보 존재

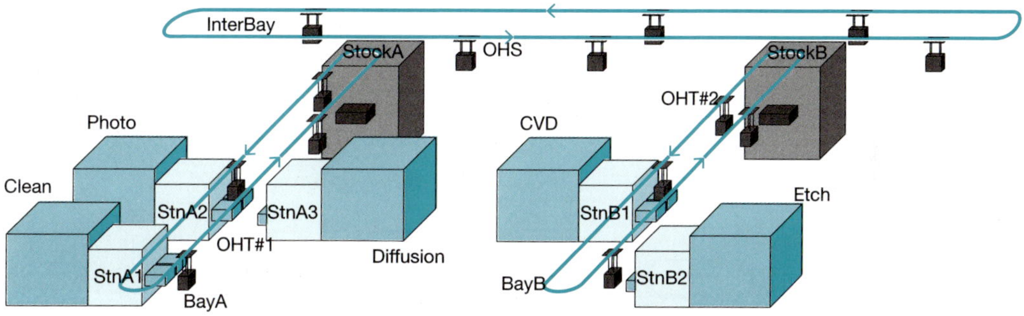

그림 17-4 라인 내 물류설비 사례

17.4 MCS의 주요기능

FAB 내에서 발생한 Material Movement에 대해 적절한 컨트롤 역할을 수행하는데, 그 주요 기능은 다음과 같다.

1. MES로부터 받은 반송 명령에 대해 반송 Route 설정 및 반송 장비 관리
2. FAB 내 상황 변화에 효과적으로 대처하여 라인 상황에 따른 효율적인 Dynamic Routing 설정
3. AMHS 장비 및 Carrier에 대한 실시간 모니터링 제공
4. 최적의 반송 경로 탐색(Shortest Path) 알고리즘 적용
5. Host & AMHS와의 편리한 인터페이스 제공

MCS(Material Control System)는 아래의 3가지 역할을 수행한다.

1. Next Station까지 Carrier의 적절한 반송
2. 작업자 (Human)에 의한 Contamination 및 Carrier handling 감소
3. Carrier의 Miss 반송 방지 및 중복 Data 처리 등

또한 MCS는 다른 CIM System 의존도가 매우 높은데, 그 이유는 예전에 작업자가 내렸던 결정들이 이제는 MES, Scheduling/Dispatch System, Reticle Management System 등이 서로 맞물려 결정을 내리기 때문이다.

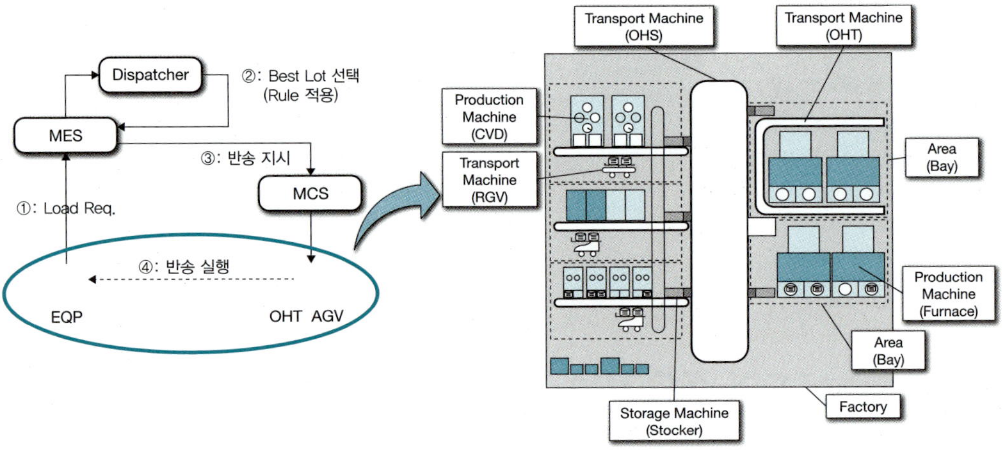

그림 17-5 MCS 흐름도

제어서비스

FIFO 및 Priority 에 따른 반송 우선순위를 결정하고, 최적 반송 경로를 검색하는 제어서비스는 다음의 역할을 수행한다.

기준정보 관리

반송 명령 제어

- FIFO 및 Priority 에 따른 반송 우선순위 결정
- 최적 반송 경로 검색
- 반송 명령에 대한 상태 모니터링

- 예약 반송 지원
- 예측 반송 지원
- 반송 명령 취소
- 반송 명령에 대한 목적지, Priority 변경

반송 명령 Queue 관리

- 반송 명령 Queue 조회
- 반송 우선 순위 변경
- Stocker 별 반송 Queue 조회
- 재 반송 명령에 대하여 기존 명령이 Queue 에 존재 시 Command Cancel 후 재 설정

다양한 Routing 알고리즘을 반영하는 제어서비스는 다음과 같다.

반송 Routing 알고리즘

- 반송 시간에 따른 가중치(Weight Value) 설정
- 장비 상태(Node Availability)에 따른 반송 유무 결정
- 반송 예약에 대한 Bottleneck 반영
- 장비 별 부하량에 따른 반송 경로 자동 변경(Dynamic Weight 옵션)

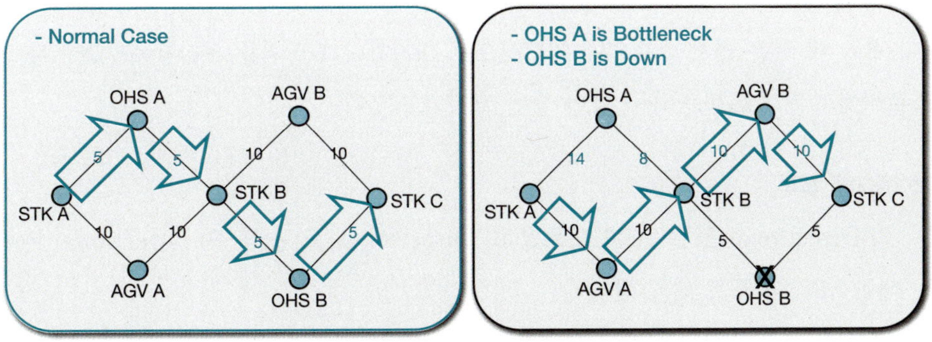

그림 17-6 반송 알고리즘 비교

Stocker와 반송 시의 Load Balancing 제어서비스는 다음과 같다.

Load Balancing

- Stocker Load Balancing: Stocker별 재고량 관리, Stocker별 위험 수위(Water Mark) 설정 및 재고율 모니터링, Stocker별 재고율에 따른 Load Balancing(연계 Stocker 변경)
- 반송 Load Balancing
- 반송 설비에 대한 사용 우선 순위(Weight Value) 설정
- 반송 대기 물량에 따른 우선 순위 변경

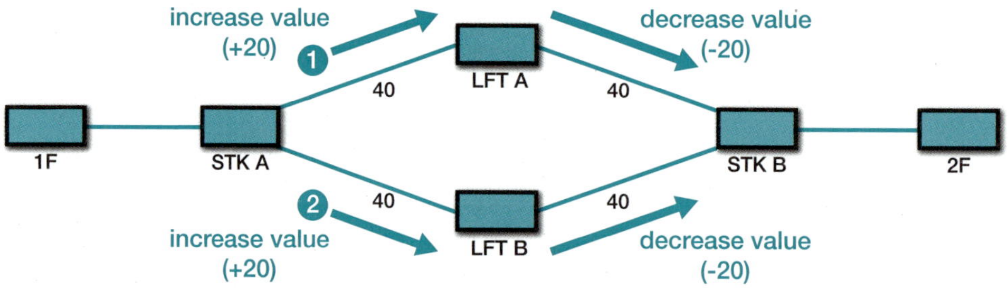

그림 17-7 Load Balancing 예

예전에는 동일 Bay 내에서만 가능했지만 OHT의 시스템을 FAB 전체에 적용시킴에 따라 stocker를 통하지 않고도 다른 Bay에 있는 장치로부터 반송할 수 있게 되었다. 그러나 각 장치가 동기화하고 있지 않을 경우 처리상황을 알 수 없어 반송시간 분산 등의 과제가 생기며, Bay 내 혹은 근처 스토커에 일시적으로 대기하다가 장치를 처리할 수 있게 된 시점에 스토커에서 장치로 반송하는 방법 등이 고려되고 있다.

Bi Directional 포트

- Bi Directional 포트 관리: 포트별 Bi Direction 모드 운영, Bi Directional Port에 대한 MCS의 포트 타입 관리
- Bi Directional Transfer: Bi Directional Transfer 운영 모드 관리, ONE BY ONE/ALL AND ALL

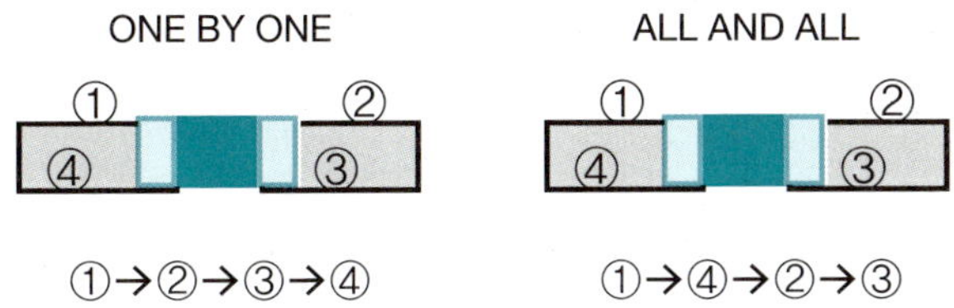

그림 17-8 반송 Route 비교

장비별 반송 옵션 설정이 가능한 제어서비스

반송 옵션

사전 공급 반송 옵션

- Source 또는 Destination이 반송 불가한 상태인 경우에 대한 반송 명령 옵션
- 장비 별 반송 옵션 설정 가능

사전 공급 반송 후 근접 Stocker 대기 옵션

- Destination이 반송 불가한 상태라도 반송 명령 수행
- 반송 중 Destination이 반송 가능해지면 Destination으로 반송
- Destination에 반송 불가능 상태이면 근접 Stocker에 저장
- 옵션이 설정되어 있지 않은 경우 현재 위치(Source 장비)에서 대기

대기 로트(Carrier) 자동 반송 옵션

- 장비가 반송 가능 상태로 변경되면 해당하는 대기 로트(carrier)를 찾아 반송시킴
- 옵션이 설정되어 있지 않은 경우 반송 대기 상태 유지

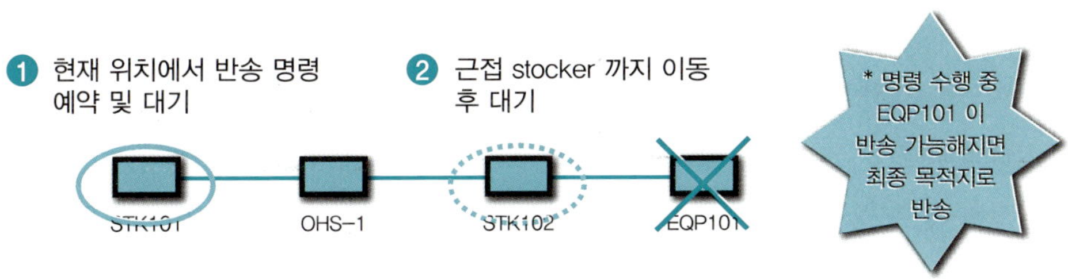

그림 17-9 반송 옵션 예

자동반송 시 비정규 프로세스에 대한 다양한 형태의 예외처리 시나리오를 지원한다.

예외 처리

다양한 예외처리 시나리오 지원

- IB-SEM/Stocker-SEM에서 정의하는 Abnormal 시나리오 및 다양한 형태의 특이 Custom 예외 처리 시나리오 지원

예외처리 Example

- Source Empty
- Destination Full
- Destination Error
- Carrier ID Read Error
- Carrier ID 중복
- Carrier ID Mismatch
- 반송 Time Out
- Carrier Pick-up/Deposit Fail

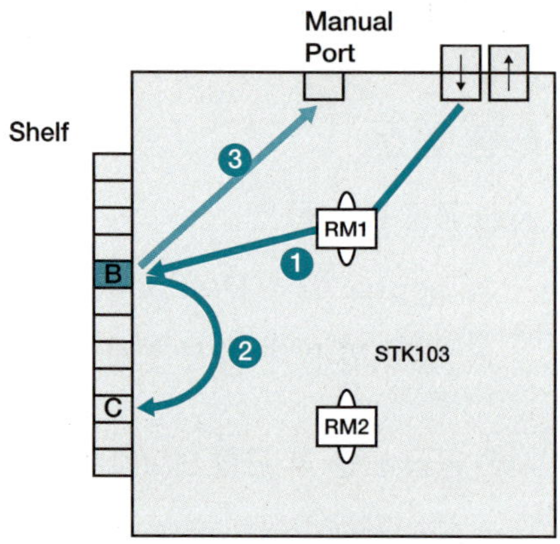

그림 17-10 예외처리

모니터링 서비스

FAB 모니터링

- FAB Layout 모델링
  - Drag & Drop 방식의 직관적 모델링
  - 다양한 Color, Shape등의 Decoration 지원
  - 변경 Layout의 실시간 Re-Loading

실시간 FAB 모니터링

- Online 상태 모니터링
- 장비 및 포트 운영 상태 모니터링
- Stocker 제공 상태 모니터링
- 모니터링 영역 지정(Area별, 층별) 및 영역별 모니터링

반송 리포트

- Carrier 반송량 리포트
- Machine 반송량 리포트
- 반송 시간 리포트
- Abnormal 리포트

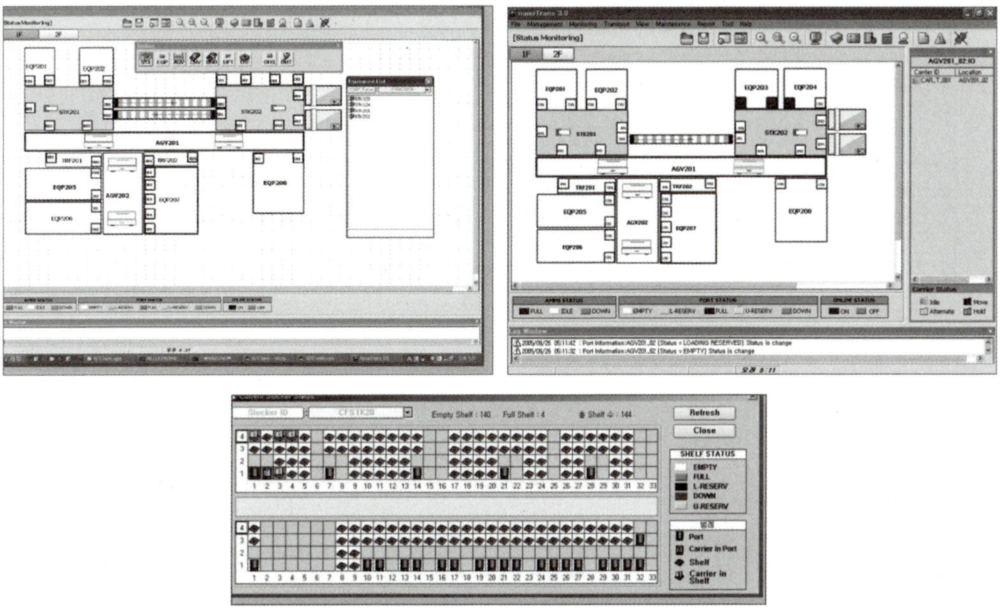

그림 17-11 모니터링 UI

인터페이스 서비스

외부 시스템 연계

- MHS 장비 인터페이스
  - HSMS 메시지 작성을 위한 툴
  - SEMI 표준에 기반한 HSMS 메시지 Template(Stocker-SEM, IB-SEM)
  - 장비 Online Test Tool
  - SECS-I / SECS-II 로그(파일, 데이터베이스)

- Host (MES) 인터페이스
  - 다양한 Middleware(TIB/RV, IBM MQ, JMS, RMI, CORBA) 및 XML 지원
  - 외부 시스템 연계를 위한 메시지 Adapter와 Business Logic 분리
  - MES Emulator

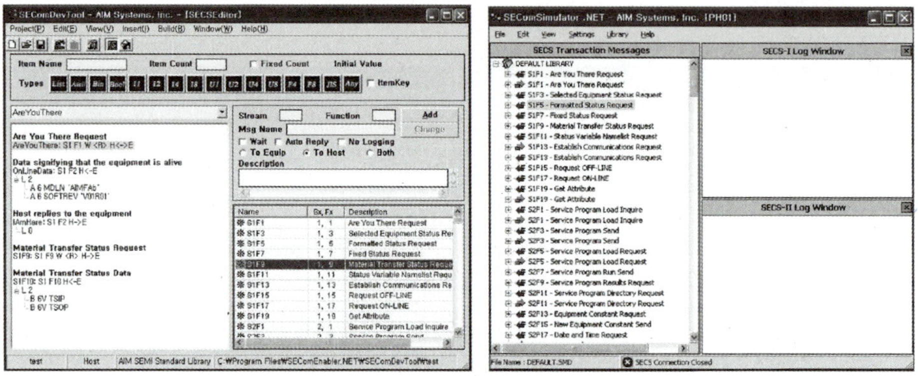

그림 17-12 인터페이스 UI

Simulator

로그 관리

- 로그 레벨(Debug/Info/Warn/Error/Fatal)에 따른 로그 Filtering
- 기간별, 파일 크기별 로그 설정 기능 제공
- 다양한 형태의 로그(File/XML/Database) 지원
- HSMS(SECS-I/SECS-II), SECS Driver 및 TIB/RV Logging

기능

- Service, WorkFlow를 통한 실제 장비 프로세스 모델링
- 실제 운용 상황 재연 및 Simulation
- 프로세스 Startup/Shutdown
- Simulator 프로세스 상태 모니터링

17.6 SEMI Standard & Interoperability

반도체 /FPD 자동화에는 자동반송 장치와 공정설비를 연결시키는 반도체 관련 모든 표준을 정의해 주는 국제표준으로서 SEMI가 있다.

Automation은 반도체/FPD 업체들이 300mm로 이행하는 과정에서 20-40%의 비용절감을 실현할 수 있는 핵심적인 요소이다. 300mm Automation 성공의 관건은 Fab. 시스템의 다양한 컴포넌트를 얼마나 타이트하게 통합할 수 있는가에 직결된다. 한때 이질적이었던 몇 개 컴포넌트(예 : Sorters/Stockers, MCS/MES, SEMI Standards/Tool Control 등)가 정보/컴포넌트/기능을 상호 공유하여 300mm 통합 오토메이션 시스템에서 잘 기능할 수 있도록 해야 한다. 이때 필수적으로 요구되는 장비들 간의 규약이 SEMI로 정의되어 있다.

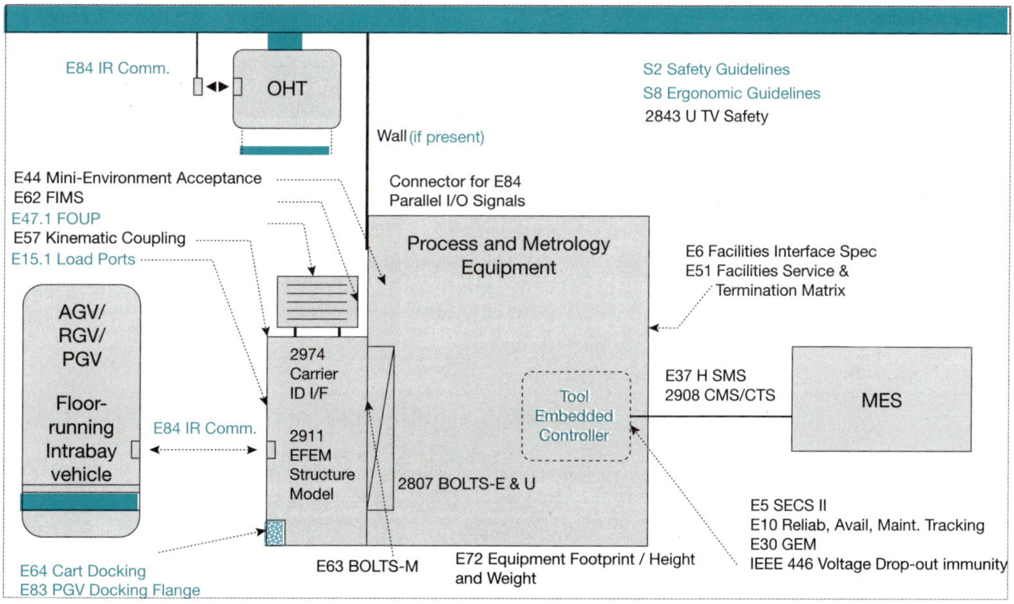

그림 17-13 설비 구성요소도

SEMI 표준도 각 카테고리별로 상세히 정의되어 있다. 장비의 완전자동화 환경(예: E87-Carrier Management Standard, E40-Substrate Tracking, E40-Process Jobs, E94-Control Job Management 등)에서 Material에 대한 수용, 검증 및 프로세스 방식을 규정하고 있는

새로운 SEMI Standards의 경우 훨씬 강화된 자동화 통합수준을 요하고 있다.

이렇게 통합수준을 높게 한 이유는 새로운 300mm Standards에서는 200mm Standards에 비해 장비 기능을 심도 있게 구현할 수 있기 때문이다.

표 17-2 SEMI standards

No.	Classification	Description	Remarks
1	C	Chemicals & Gases	SEMI, LCD, OLED, PV 공정에 사용되는 화학물질과 (불)확실성과 독성(Toxoc) 가스에 대한 국제표준
2	D	FPD (Flat Panel Display) - LCD, PDP, OLED	FPD 제조 시 사용되는 전반적인 국제표준
3	E	SEMICONDUCTOR (LCD,PDP,OLED,PV)	SEMI, LCD, OLED, PV 산업장치 Hardware 및 Software에 대한 자동화 국제표준
4	F	Facilities	SEMI, LCD, OLED, PV 산업 전반에 관한 Hardware, 부품제조에 관련된 국제표준
5	G	Packing	반도체 Package 산업 전반에 관한 공정, Hardware, 물질, 규격에 관련된 국제표준
6	M	Materials	Silicon Wafer & Box Material 전반에 관한 공정, Hardware, 물질, 규격에 관련된 국제표준
7	MF	Silicon Materials	Silicon Wafer의 측정, 검사, 분석방법에 대한 국제표준
8	MS	MEMS(Micro Electro Mechanical Systems)	MEMS 국제표준
9	P	Photo(Lithography)	Reticle & PhotoMask, CD(Critical Dimension) Substrate 제작 및 Material에 관련된 국제표준
10	PV	Photovoltaic(Solar)	Photovoltaic 산업에 특화된 원재료 및 장비 관련된 국제표준
11	S	Safety Guideline	안전에 관련된 국제표준
12	T	Traceability	생산 LOT(Wafer, Panel)의 이력 및 추적성과 식별을 위한 Bar Code, ID, Marking, Matrix, Matrix Symbol에 대한 국제표준

반도체 /FPD 업종에서 World Wide하게 사용하고 있는 제품은 Class MCS정도이다.

표 17-3 MCS 비교

패키지名	Class MCS	nanoTrans
社名	Applied Material(미국)	에임시스템(韓)
장점	다양한 Reference Site를 가지고 있음.	MES Package와 같은 업체의 개발품으로 시스템 I/F에 유리함.
단점	국내 지사가 별도 없음.	신뢰성 확보 필요

설비로부터 발생된 이벤트에 대해(Load/Unload Request) Line Balancing 및 Dispatch Rule을 이용하여 최적의 로트 및 다음 반송지를 선택하여 반송지시를 실행하게 된다.

- Dispatch Rule Modeling
- 설비 Load Request에 대한 최적의 로트 선택 및 반송지시
- 설비 UnLoad Request에 대한 다음 반송지 결정 및 반송지시

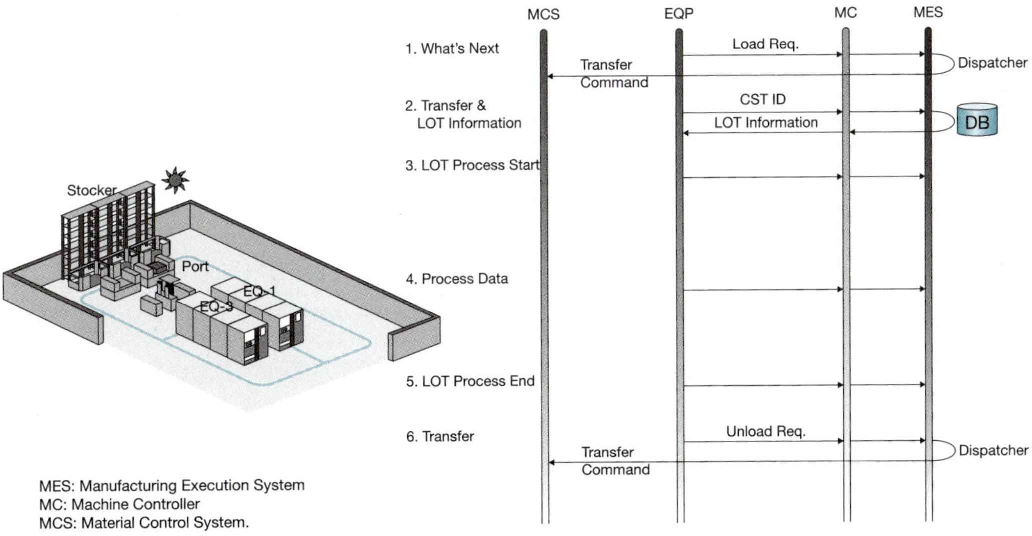

그림 17-14 반송 장치와 MES 및 설비 사이의 Flow

200mm Semi Automation 환경에서 반송 장치와 MES 및 설비 사이의 Flow이다.

① MES에서 해당 Bay에서 Process가 끝난 로트를 Track OUT한다.
② MES에서 Stocker Controller에 Destination Stocker ID를 보낸다.
③ Operator가 로트를 Stocker에 입력한다.
④ Source Stocker Controller는 Destination Stocker Controller와 반송을 하기 위해 상호 커뮤니케이션한다.
⑤ 커뮤니케이션이 완료된 후 로트는 Vehicle을 타고 Destination Stocker로 반송된다.
⑥ Stocker Controller는 MCS에게 로트 Send 정보를 송신함으로써 MCS는 자신의 데이터베이스에 그 로트 정보를 업데이트한다.
⑦ 로트는 Destination Stocker에 저장되어 보관되거나 출력된다.
⑧ Destination Stocker Controller는 MCS에게 로트 Receive를 송신함으로써 반송이 완료된다.

공정물류자동화 중 물류제어시스템(Material Control System, MCS)에 대하여 좀더 자세히 살펴보자.

일반적으로, 물류제어시스템(MCS)은 생산공장의 실제적인 레이아웃(Layout) 정보를 바탕으로 생성된 모델링 시스템(Modeling System)을 통해 출발지(Source Node)에서 도착지(Destination Node)까지의 최적반송경로를 선정하여 물품을 반송할 수 있도록 하는 역할을 수행한다.

종래의 물류제어시스템(MCS)은 노드(Node) 및 링크(Link)의 위치정보 및 반송설비 정보 등을 이용하여 물리적 예상 반송시간을 산출하고, 그중 최소의 예상 반송시간을 갖는 반송경로를 출발지에서 도착지까지의 최적 반송경로로 선정하도록 되어 있다. 예상 반송시간은 단위 링크(Link)별 이동거리를 해당지역의 반송설비 속력으로 나눈 값이며, 이를 합한 값이 출발지에서 도착지까지의 물리적인 예상 반송시간이 된다.

그러나 이와 같은 물류제어시스템은 최적 반송경로의 선정기준으로 사용되는 예상 반송시간을 계산하는 데 있어, 반송작업에 영향을 미칠 수 있는 작업 라인 내의 작업상황, 반송설비의 에러 등과 같은 요소를 고려하지 않음으로써 예상 반송시간과 실제 반송시간에 오차가 발생하게 된다. 그로 인해, 정확한 최적 반송경로를 선정하는 데 한계가 있다.

반송작업에 영향을 미치는 여러 가지 요소 중 중요한 몇 가지를 살펴보면 다음과 같다.

첫째, 자동창고의 부하 및 대기 작업 수를 고려하지 않은 최적 반송경로의 선정이다. 이렇게 최적 반송경로가 선정되면 작업 라인 내 특정 부분의 반송설비 이용률을 높게 함으로써 반송 흐름의 불균형을 발생시킬 뿐 아니라 해당 경로의 반송지연을 초래하게 된다.

둘째, 반송설비인 OHT나 AGV 등의 점유율(Traffic)을 고려하지 않은 최적 반송경로의 선정이다. 이렇게 최적 반송경로가 선정되면 특정 반송경로의 반송설비 점유율을 증가시켜 반송설비 간의 간섭현상을 발생시킬 뿐 아니라 해당 경로의 반송지연이 나타나게 된다.

이와 같은 문제점으로 인해, 종래의 물류제어시스템을 이용하여 반송경로를 생성할 경우에는 작업상황 등의 실시간 변화에 적절히 대처할 수 없음으로 인해, 전체 작업라인의 반송효율이 저하가 된다. 그러므로, 최적반송경로의 선택은 3가지 요소를 종합적으로 고려하여 계산되어야 한다.

첫째, 단위 링크(Link)의 거리를 바탕으로 한 예상 반송시간을 산출한다. 예상 반송시간은 링크별 이동거리를 해당지역의 반송설비 속력으로 나눈 값이며, 이를 합한 값이 출발지에 도착지까지의 물리적인 예상 반송시간입니다. 이는 반송경로 상에 반송작업에 영향을 미치는 요소가 변수가 없는 경우를 전제로 한 계산방법이며, 예상 반송시간의 수식은 다음과 같다.

예상반송시간(Cost) = 링크 이동거리 / 해당지역 반송설비 속력

둘째, 자동창고를 지나는 부분의 링크(Link)에 대해서는 부하와 대기 작업 수를 고려한 예상 반송시간을 추가로 산출해야 합니다. 자동창고의 부하와 대기 작업 수를 고려한 예상 반송시간의 산출은 과거 이력정보가 필요하다. 과거 이력정보가 없는 적용 초기에는 자동창고 부분의 예상 반송시간을 고려하여 모델링(modeling)한다. 즉, 자동창고의 부하나 대기 작업 수가 커지면 해당 자동창고를 통한 경로의 반송시간을 크게 함으로써 예상 반송시간을 증가시킨다. 예상 반송시간의 증가는 최적 반송경로로 채택될 확률을 작게 하여 해당 자동창고를 이용한 반송을 막아주게 된다. 이의 결과로 작업라인 내의 자동창고의 부하 균등화를 이룰 수 있게 된다. 자동창고에서 계산되는 예상 반송시간 수식은 다음과 같다.

예상반송시간(Cost) = α * 부하 + β * 대기 작업수

(여기서 α:, β는 반송라인의 특성에 따라 가변적으로 설정되는 사용자 정의 값)

셋째, 반송설비(OHT, AGV 등)가 이용되는 링크(Link)에서는 점유율을 고려한 예상 반송시간을 산출한다. 하위 반송설비 제어시스템에 내려지는 반송 명령정보로부터 링크별 작업밀도를 계산하게 된다. 링크의 작업밀도가 크면 해당 링크를 이용하는 Vehicle이 많다는 것을 의미하므로 Vehicle의 점유율이 커지게 된다. Vehicle 점유율이 커지면 예상 반송시간을 증가시켜 점유율이 상대적으로 높은 링크를 포함하는 반송경로가 채택되지 못하도록 만든다.

반송설비 점유율을 이용한 예상 반송시간 공식은 다음과 같다.

예상반송시간(Cost) = δ * 반송 설비점유율

(여기서 δ는 반송라인의 특성에 따라 가변적으로 설정되는 사용자 정의 값)

이와 같은 사항들을 고려하여 물류제어시스템의 물리적인 예상 반송시간과 반송작업에 상대적으로 큰 영향을 미치는 자동창고의 부하 및 대기작업 수, 반송설비 점유율에 대한 예상 반송시간을 종합적으로 고려하여 계산하고, 이의 결과 중 최소의 예상 반송시간을 갖는 반송경로를 최적반송경로로 선정해야 하는 것이다.

다음으로는 MCS의 구성특징에 대하여 설명한다.

MCS는 일반적인 정보시스템 업무와는 약간 성격이 다른 부분이 있으며, 설비 데이터 및 정보를 컨트롤하는 다양한 설비제어에 대한 전문 지식이 필요하다. 이러한 설비들은 업종에 따라 혹은 목적에 따라 매우 복잡하고 다양하며, 엔지니어링 도면과 전기/전자 컨트롤을 위한 표준 인터페이스에 관련한 하드웨어 및 소프트웨어 기술 등으로 구성된다.

MCS를 구축하기 위해서는 기계, 전기/전자, 산업공학 기술의 복합적인 전문지식과 IT 기술들을 이해하고 있어야 한다. 설비 및 설비관리시스템을 구성하고 있는 하드웨어, 소프트웨어 및 엔지니어링 측면에 대한 전문성, 복잡성 및 다양성 관점에서 MCS의 구성특징을 살펴볼 수 있다.

아래 [표 17-4]은 MCS의 구성을 3가지로 나누어 그에 따른 특징을 설명하고 있다. 우선 하드웨어에서는 다양한 설비 및 제품 종류, 전기 및 전자 관련 전문지식, 복잡한 동작원리

를 이해하여야 하며 전문성, 복잡성 및 다양성에서의 높은 수준을 요구하고 있다. 소프트웨어에서는 프로그램 언어로서 기계어를 사용하기 때문에 기계어에 대한 이해 능력이 있어야 하며 패키지(Package) 개념을 알아야 한다. 전문성 및 복잡성은 보통 수준이며 다양성은 낮게 된다. 엔지니어링에서는 공사 도면 등의 기계도면 이해 능력이 필요하고 다양한 공사 능력이 요구된다. 전문성 및 복잡성은 높은 수준이며 다양성은 보통수준이다.

표 17-4 MCS의 구성특징

구분	세부내용	전문성	복잡성	다양성
하드웨어	- 다양한 설비 및 제품 종류 - 전기 및 전자 관련 전문지식이 필요 - 복잡한 동작원리	높음	높음	높음
소프트웨어	- 프로그램 언어로서 기계어 사용 - Package	보통	보통	낮음
엔지니어링	- 공사 도면 등의 기계도면 이해 능력 필요 - 다양한 공사	높음	높음	보통

MCS의 구현 Level 분류

MCS는 기계적 및 수작업의 원시 레벨부터 ERP, SCM 등의 상위 시스템과 MES를 통해 정보를 교환하기 위하여 웹(Web) 상으로 구현되는 5가지의 레벨로 정의한다. MCS는 설비의 ON/OFF 및 시간, 레시피(Recipe) 등을 전기적인 신호로 변환하여 설비감시 및 제어를 위한 커뮤니케이션을 실시하여 사용자의 의도에 맞게 운전되도록 구성되는 복잡한 시스템이다. 또한 생산/Utility 설비들이 업종별로 다양하여, 이들을 제어하고 감시하는 자동화된 무인 공장인 디지털 팩토리(Digital Factory)까지의 구현에는 많은 투자 및 구축의 노력이 수반된다. 그러므로 MCS를 구축할 때에는 정확한 목적 및 목표를 가지고 어느 레벨까지를 구현해야 하는지를 우선 결정해야 하며, 이때에는 반드시 투자대비 비용 효과를 고려해야 한다.

표 17-5 MCS의 구현 레벨 분류

구 분	세부내용	특징	시스템 구분
레벨 5	ERP, SCM 등의 상위 정보시스템과 MES를 통해 정보 교환, 웹 구현	통합 N/W	ERP, MES, SCM, MCS
레벨 4	PLC, DCS 등 전용 컨트롤러와 상위 컴퓨터간의 연계, 원격 제어/감시 가능	인터페이스	CIM
레벨 3	PLC, DCS PC 등 전용 컨트롤러 등장 및 제어 로직의 프로그램화	링크(Link)	FMS
레벨 2	전기 릴레이(Relay) 등의 제어반으로 현장 운전	-	-
레벨 1	수작업/기계적	-	-

위 [표 17-5]에서 제시하는 레벨별 구현 내용을 살펴보면 다음과 같다. 최상위 레벨 5는 ERP, SCM 등의 상위 정보시스템과 MES를 통해 정보를 웹으로 교환하는 단계이다. 레벨 4는 PLC, DCS 등 전용 컨트롤러와 상위 컴퓨터 간의 연계 및 원격 제어/감시가 가능한 단계이다. 레벨 3은 PLC, DCS PC 등 전용 컨트롤러 등장 및 제어 로직의 프로그램화 단계이다. 레벨 2는 전기 릴레이 등의 제어반으로 현장 운전 수준단계이다. 최 하위인 레벨 1은 수작업 및 기계적 운영 단계이다.

MCS 구축 사례

MCS구축 사례 중, 설비 제어와 MES까지를 연계한 'A사의 공장제어/감시 시스템' 구축은 HMI/전력감시, PCL 및 전용기기 통신망 구축, MES 개발까지를 포함한 사례이며, 설비의 생산 계획/실적과 공정감시, 알람, 원격 자동운전 및 트렌드의 기능을 제공한 사례가 있다.

"A사 공장 제어/감시 시스템"에서는

1) 기존 운영 PLC 및 전용기기의 모니터링을 위한 통신망 구축
2) 실시간 데이터 수집을 통한 원격제어 및 감시 운전 조건 분석정보 활용 환경의 구축
3) 기존 ERP(기존 Legacy 시스템)와 현장 생산계획/실적의 연계(Interface)까지를 포함했다.

A사는 공장 제어/감시 시스템 구축으로 다음의 기대효과를 얻을 수 있었다.

1) 원격으로 공정 감시/전력 감시 및 신속한 공정제어가 가능하고,
2) 현장 HMI내 생산공정관리(MES)의 모듈개발 추가로 효율적인 공정관리 기능을 제공하여 생산, 자재, 가동실적에 있어서 설비 Interface데이터 연계로 데이터의 신뢰성이 향상되었고,
3) Legacy ERP 시스템과의 효율적인 연계 및 통합 인터페이스 제공,
4) Real-Time Database 구축으로 운전 데이터의 운전정보(Recipe) 활용이 가능하게 되었다.

결국 각 제조회사는 MCS의 개념 및 구축범위에 대한 명확한 목표를 설정하고, 제조 경쟁력 향상, 생산 운영관리의 효율화 및 최적화에 초점을 맞추어 MCS를 구축해야 한다.

연습문제

1. 물류자동화에 대하여 설명하시오.
2. 자동반송(AMHS)의 개요에 대하여 설명하시오.
3. 자동반송(AMHS)의 종류 및 트렌드에 대하여 기술하시오.
4. MCS의 주요기능에 대하여 설명하시오.
5. SEMI Standard & Interoperability에 대하여 설명하시오.
6. 자동반송의 필요성에 대해 설명하시오.
7. MCS의 제어서비스란 무엇인가?
8. Load Balancing란 무엇인가?
9. Class MCS와 nanoTrans를 비교하시오.
10. MCS구축 후 얻을 수 있는 기대효과는 무엇인가?

Chapter. 18

설비엔지니어링

18.1 설비 엔지니어링(EES) 개념

등장배경

설비 엔지니어링은 설비의 가동률을 향상시키고 성능을 유지하기 위한 공장 안팎의 모든 활동과 연관되어 있는데, 그 배경을 요약하여 기술하면 다음과 같다.

- 설비고장의 원인을 제거하여 설비종합효율 OEE(Overall Equipment Efficiency)을 향상시키기 위해서 제조업체들은 MES 보다는 더욱더 상세한 데이터에 기반한 분석을 원하고 있다.
- Equipment Health Monitoring, FDC, R2R, Real-Time Control, 예지정비(Predictive Maintenance) 등이 포함되는데, 이들은 모두 공정설비로부터의 상세한 데이터가 필수적이다.
- 반도체 및 FPD 제조 분야에서 다음과 같은 요구사항이 있다.
  - Device 크기의 소형화
  - 기판의 대형화
  - Device의 고도화
  - 제조 원가의 절감 요구
  - 생산성의 증가 요구

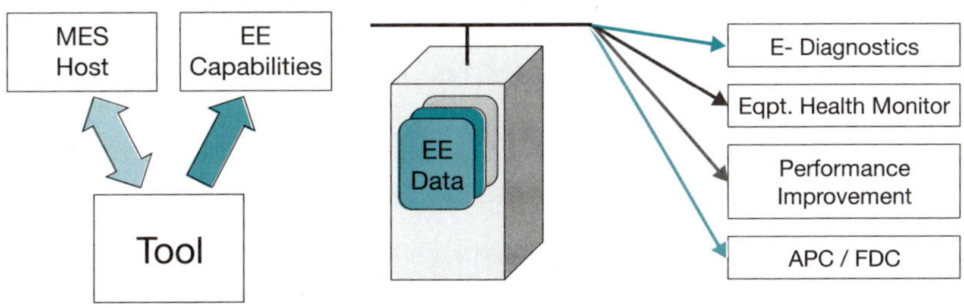

그림 18-1 EE 개념도

세계 반도체 장비 재료 협회(SEMI)에서 제시된 e-Manufacturing에 대한 Roadmap에서는 MES, EES, MCS가 세 축을 이루어 e-Manufacturing을 완성한다고 한다.

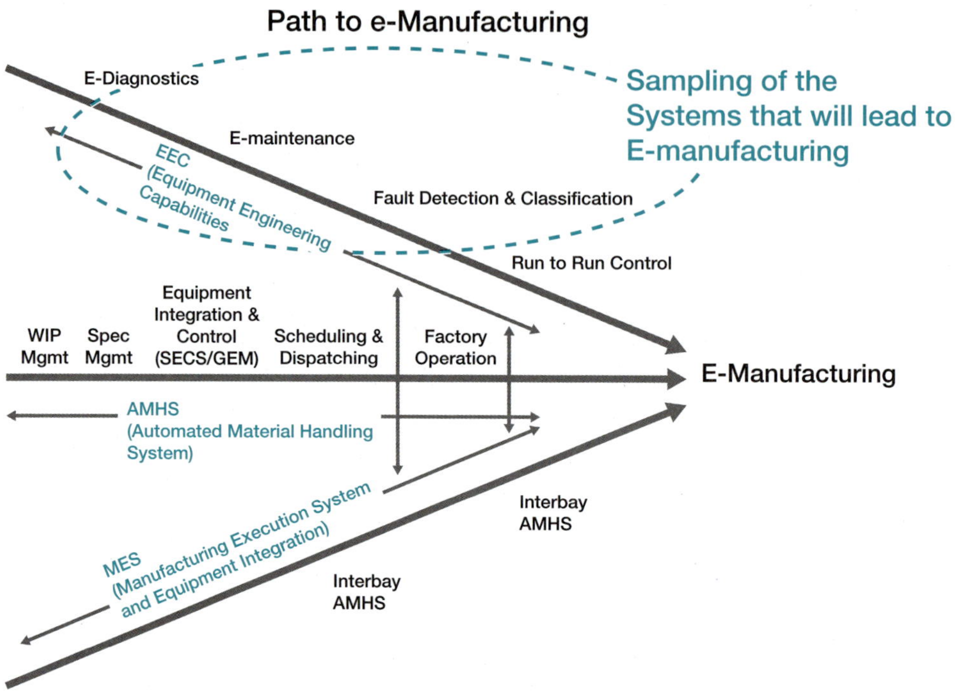

그림 18-2 e-Manufacturing Roadmap

[출처] SEMI e-Manufacturing Workshop

18.2 EES 정의

EES 기능의 제조시스템에서의 위치

EES(Equipment Engineering System)는 최근 들어 반도체/FPD 기업들에게 수율과 생산성 향상 측면에서 각광을 받고 있는 기술로 생산 중에 발생하는 손실을 줄여 제품생산의 효율성을 증대시키고 철저한 제품관리로 최고의 품질을 이끌어내는 고급 기능이다. [그림 18-3]에 제조시스템 내에서 EES가 차지하는 위치를 도해하였다.

EES(Equipment Engineering System) 종류

반도체 및 FPD 제조 분야의 다양한 요구사항을 수용하기 위하여 다음과 같이 여러 종류의 시스템들로 나누어진다.

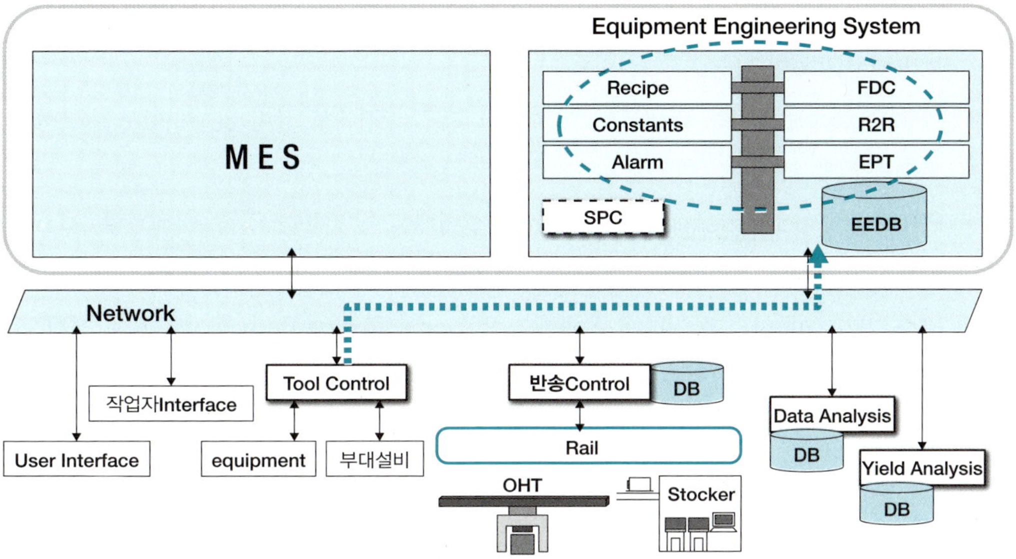

그림 18-3 EES 기능의 제조시스템에서의 위치

- Process Control Solutions(프로세스 제어 솔루션)

  FDC - Fault Detection and Classification Solution

  R2R - Run-to-Run Solution

  PASS - Process Analysis System Simulator
- Preventive Maintenance solutions(예방정비 솔루션)

  PPM - Predictive & Preventive Maintenance
- Recipe Management Solutions(레시피 관리 솔루션)

  RMS - Recipe and Parameter Management Solution
- Equipment Performance Tracking Solutions

[그림 18-4]는 EES의 종류를 나타내었는데, 요약하여 설명하면 다음과 같다.

- **FDC**: Fault Detection and Classification의 약자로 설비에서 발생하는 Real-Time 상태 정보를 이용한 설비 Monitoring, 이상 발견 및 예측하는 기능 수행하는 시스템
- **R2R**: 공정 진행 런(Run)들의 제어 전략

- PASS: 강력한 파라미터 분석기능과 실제와 같은 Process Modeling Demo를 실제 R2R의 적용없이 가능
- PPM(Predictive & Preventive Maintenance): 제조 공정에서 장비 및 (설비)부품의 유지보수 관리를 위한 시스템
- EPT(Equipment Performance Tracking): 설비에서 발생하는 각종 이벤트와 Alarm data를 이용하여 설비 효율을 관리 및 분석하는 시스템
- RMS: 개별 설비마다 상이하게 존재하는 Recipe와 Recipe Body를 원격으로 통합 관리 하는 시스템

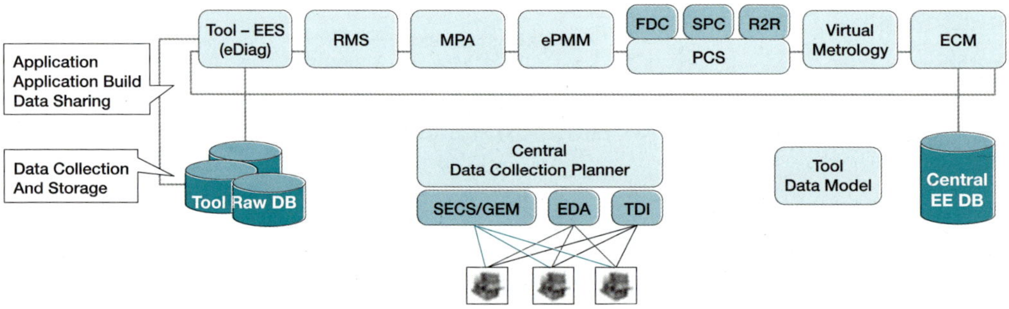

그림 18-4 EES 종류

생산장비에서의 Green Manufacturing

세계 반도체 제조업체 컨소시엄인 ISMI와 일본의 JEITA/Selete에서 공동으로 발표한 ITRS(the International Technology Roadmap for Semiconductors)로서, 미래 FAB에서의 EEC(Equipment Engineering Capabilities) 중요성을 강조하고 있다.

2009년 8월 4일, 정부가 발표한 2020년 온실가스 감축 시나리오(3개)에서는 그 어떤 인류 생존에 대한 윤리적 접근을 찾아볼 수 없다. 인간의 인위적 행위로 인한 온실가스 증가는 인류의 생존을 위협하는 문제이며, 지역적 문제를 넘어선 전 지구적인 공동의 문제이다. 그렇기에 온실가스 감축 목표란 기후변화에 대응하기 위한 정치적 문제인 동시에 윤리적 문제인 것이다. 정치적 문제라 함은 어떤 목표치를 설정하는가에 따라 우리가 감내해야 할 고통의 수준이 달라지는 것이며, 경제적 성장 위주의 패러다임 하에서 국민적 동의와 산업계,

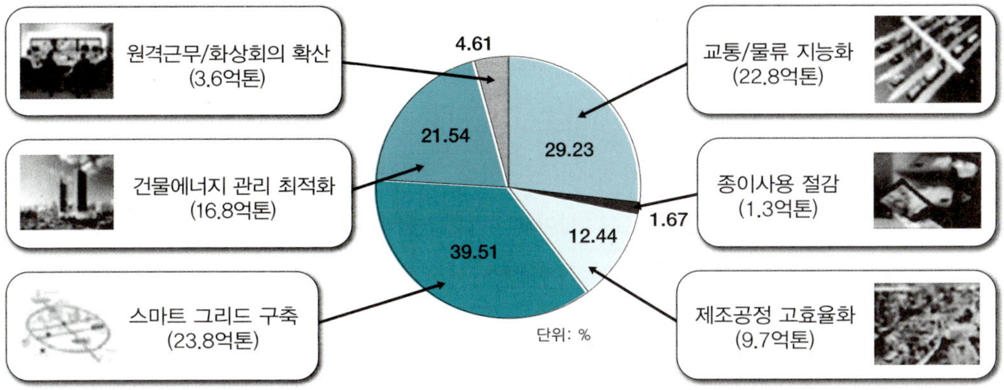

〈자료: 녹생성장위원회〉

그림 18-5 Green Manufacturing을 위한 탄소 배출 억제 예상

시민단체의 동의를 얻어야 하는 것이다. 하지만, 온실가스 감축 목표는 인류 모두의 생존의 문제인 동시에 미래세대를 위한 우리의 약속이라는 측면에서 윤리적으로 접근하는 것이 타당하다. 정치적 사안이란 변할 수 있는 것이지만, 윤리적 사안이란 우리 세대에서 선택하고 결정하는 것이 미래 세대에게 영향을 미치는 것이다. 현재는 미래의 반영이다. 임시방편적인 온실가스 감축으로 일관할 경우 전 세계적인 온실가스 감축을 위한 체제 개편에 뒤쳐짐으로써 장기적으로는 국민들의 고통과 비용은 더 늘어나게 될 것이다.

정부가 발표한 전략에서는 '자발적 감축 의지'를 국제사회에 확인시켜 우리나라의 의무감축 가능성을 사전에 차단하겠다는 전략이지만 현재 제안한 3가지 시나리오 안은 너무 낮은 수준이다. 모든 국가가 '감당할 수 있을 만큼'의 수준을 감축 목표로 설정할 경우, 결국 온실가스 감축에 대한 편익만 취하고 실제 고통에 대한 부담은 치르지 않고자 하는 '무임승차'의 문제가 발생하고, 결과적으로 전 지구적인 재앙은 피할 수 없게 된다. 우리나라는 지난 2005년 교토의정서 협약에서 개발도상국의 지위를 인정받아 온실가스 의무 감축국에서 제외됐지만 2009년 현재 전 세계 배출량의 1.2%를 차지하고 있으며, 온실가스 총 배출량 세계 16위, 에너지부문 배출량 10위, 100년간 누적배출량 22위, OECD국가 중 증가율 1위, 1인당 배출량 세계 10위를 차지하고 있다. 환경문제를 해결하기 위한 제1원칙은 '오염자 부담의 원칙'이다. 환경문제를 일으킨 제공자가 환경문제를 해결해야 한다는 이 원칙에는 예외가 없다. [참조, 〈푸른광주21〉 김인철 부장]

18.3 | EES 아키텍처

국내에서 대표적으로 활용되고 있는 BISTEL의 EES 프레임워크로서 EES 기능 측면의 다양한 모듈(FDC, RMS, R2R, EPT 등)을 지원하고 있으며, 현장의 생산설비/계측설비/부대설비 등의 장비와 연계를 위한 커뮤니케이션 서비스(SECS/GEM, EDA,TDI, Sensor Bus 등)를 제공하고 있다.

계층적으로 데이터 서비스 및 중앙집중식 리포팅을 위한 Knowledge 서비스 및 어플리케이션 서비스를 제공하고 있다.

EES는 기본 기능 외에 Fail-Over, Switch-Over, Logging, Monitoring등 아래의 4가지 주요 기능을 제공한다.

커뮤니케이션 서비스

- 다양한 장비 Interface 제공(SECS/GEM, EDA, TDI, Sensor bus 등)
- 다양한 Legacy Interface 제공(TIB/RV, CORBA, JMS, COM/DCOM 등)
- Customize 가능한 Interface 제공

데이터 서비스

- 중앙집중식 DCP(Data Collection Plan)와 Manager
- 유동성 있는 Data Access Manage Service(Commercial DBMS, MMDB, Data Compression 등)

Knowledge 서비스

- 중앙집중식 Reporting System
- 중앙집중식 예측 Management System

app. 서비스

- 사용자 관리
- 보안 관리
- PCS Libraries 공유
- 유동적 Workflow

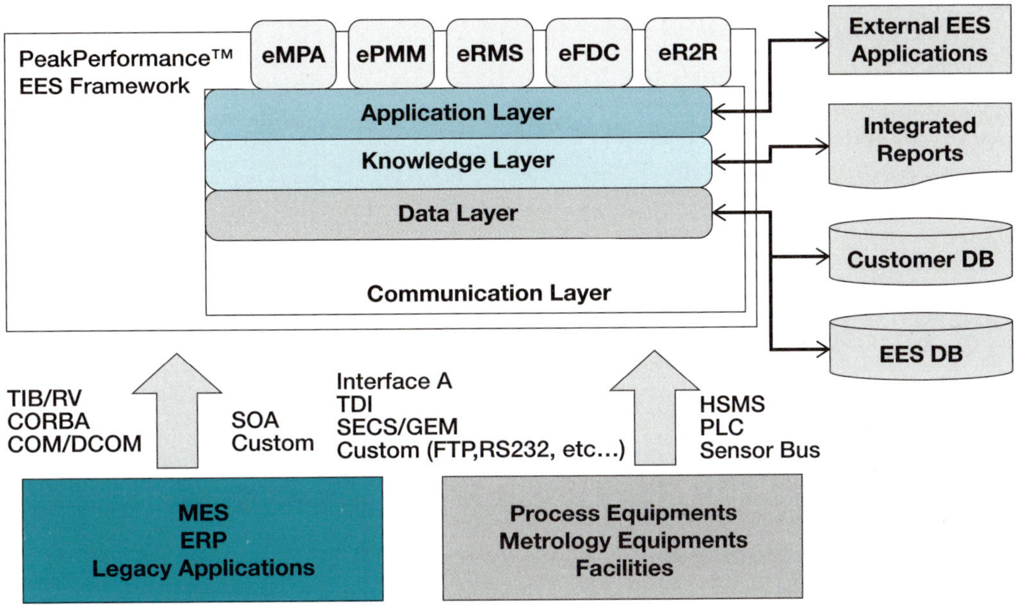

그림 18-6 EES Architecture

[참조] 株)BISTel EES 프레임워크

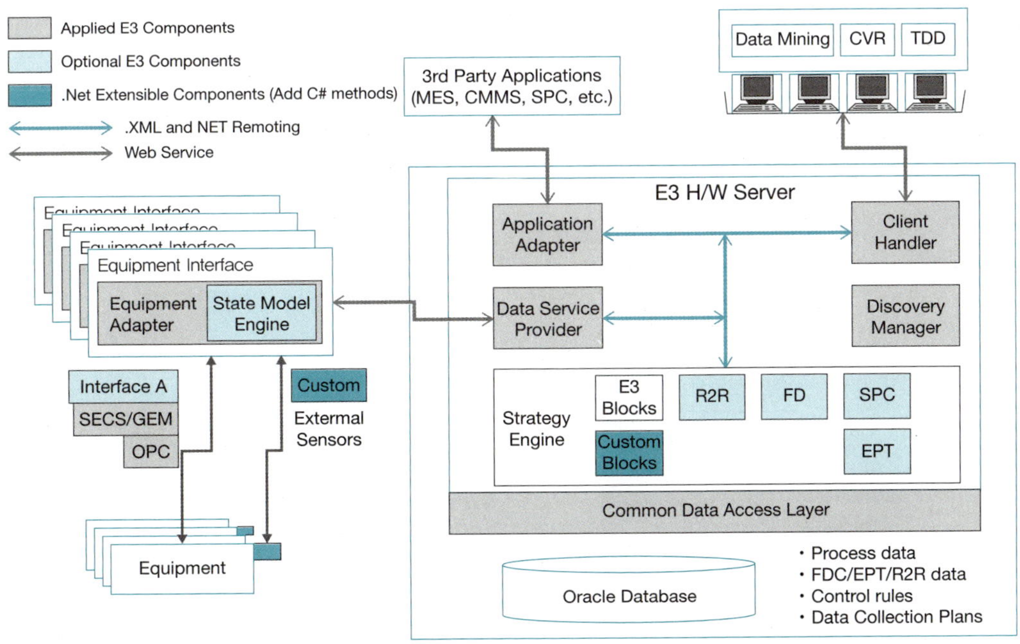

그림 18-7 Applied Materials社의 EES 프레임워크 Architecture

[참조] Applied Materials EES 프레임워크

미국 Applied Materials社의 EES 프레임워크 Architecture는 다음과 같다.

설비와 SECS/GEM, OPC, Interface A 등의 통신방식을 활용하여 연계하며, .Net 확장 컴포넌트를 사용하여 추가 센서와 연동할 수 있다. 주요 EES 기능 모듈인 R2R, FDC, EPT, SPC 등을 제공하며 Legacy 연동을 위한 어플리케이션 어댑터를 제공하고 있다.

18.4 설비 엔지니어링 솔루션

FDC(Fault Detection & Classification)

제조산업의 단위 생산설비에서 발생하는 각종 데이타를 이용하여 설비상태와 성능을 연속적으로 정밀하게 관리하여 제품, 공정사고를 줄이기 위한 시스템으로 그 목적과 기능 및 효과를 요약하여 설명한다.

- 실시간 장비 이상 감지
- 이상 감지된 문제점에 대하여 이상 현상을 분류
- 이상 분류를 통한 이상예측

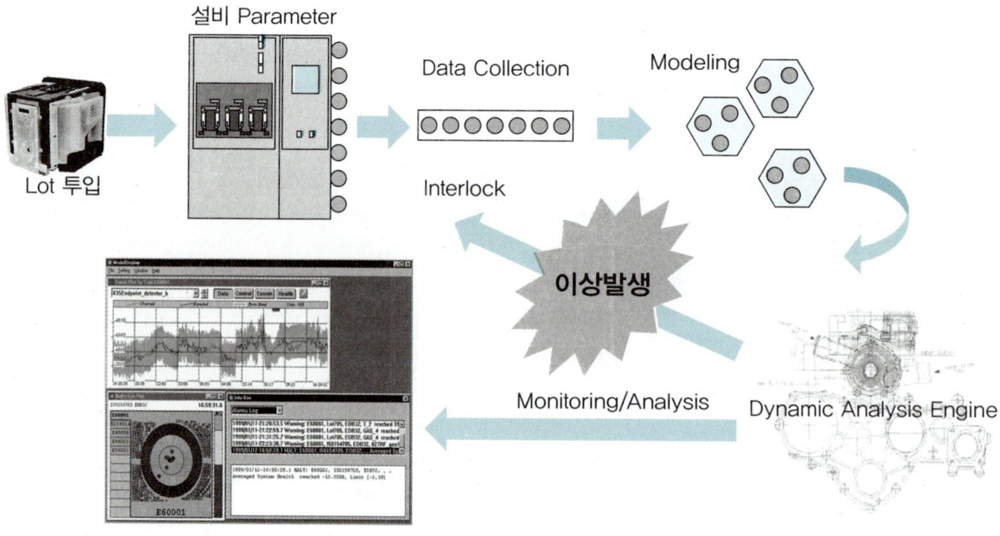

그림 18-8 FDC 개념도

- **목적:** 생산설비의 오작동을 실시간으로 감지하기 위한 것이다.
- **효과:** Scrap 감소, MTTR 감소, Equipment Process Ramp Time 절감의 효과를 볼 수 있다.
- **기능:** Modeling 기능을 사용하여 Fault Detection and Classification(FDC)이 설정된 생산 설비의 파라미터를 실시간으로 수집하며, 감지된 값을 기본으로 하여 이상발생을 산출하고 설비에 Interlock을 할 것인지 판단하여 생산 Line을 통제한다.

R2R(Run-to-Run)

- 매 Run에 대한 공정 능력을 향상시키기 위해서 레시피 파라미터를 선택하거나 그 값을 보정하기 위한 기술이다.
- 제어 파라미터에 대한 모형(Process Model)을 기반으로 하여, 다양한 통계적 기법을 활용한다.
- 공정 제어를 위해서 매 Run 간 진행되는 변동 폭을 줄이는 것이 목표이다.
- 이러한 레시피 파라미터 제어 방식으로 매 Run마다 수행한다고 하여 Run-to-Run Control이라 한다.
- 목적 : 공정 변동에 대한 예측 가능한 대응
  - 가공 전에 계측데이터 예측
  - 재 작업 감소
  - 런, 공정, 설비, 챔버 등에 의한 다양한 변동폭 제어
  - 공정 수행능력의 최적화(Cp/Cpk)
  - 공정 변화 감지를 통한 외부 요인의 최소화
  - 공정 산포의 감소
  - Sampling/Rework/Scrap의 감소
- 3가지 주요 요소
  - 공정지식과 데이터에 기반한 시뮬레이션
  - 현재 진행형의 공정 및 계측 데이터
  - 제어 및 최적화 알고리즘

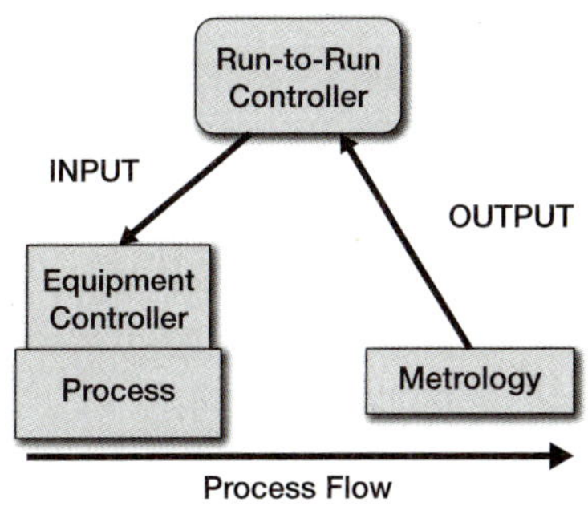

그림 18-9 R2R 개념도

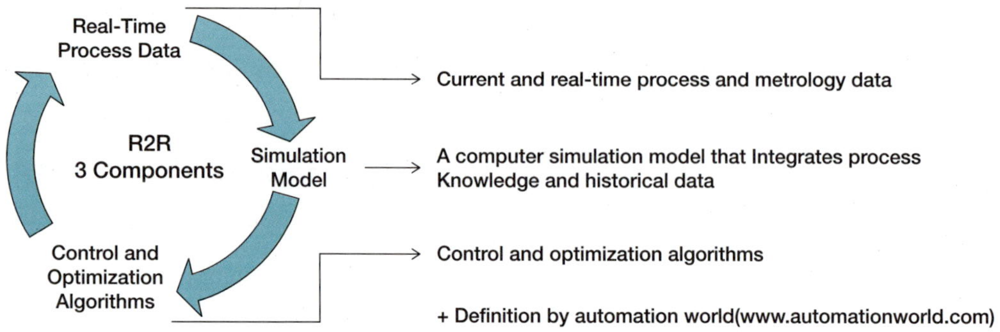

그림 18-10 R2R 3가지 주요 요소

R2R Control System

R2R Control System의 두 가지 제어 기법에는 Feedback Control과 Feedforward Control이 있다.

1) Feedback Control: 공정을 진행한 결과, 변동(Drift)이나 이동(Shift)에 대한 보상 제어

예) Thickness, Overlay, CD 등

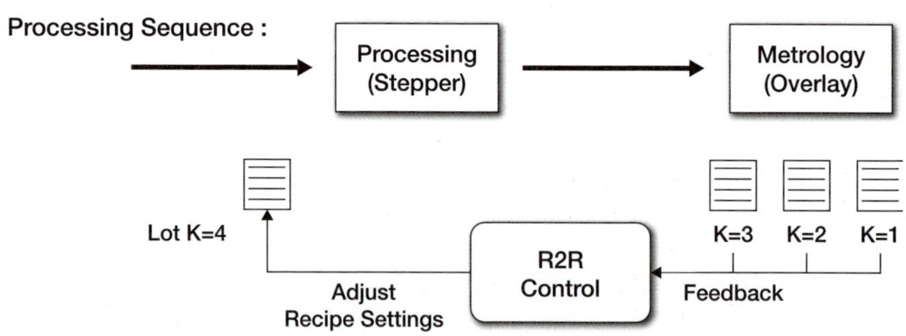

그림 18-11 Feedback R2R Control

2) Feedforward Control: 공정 진행 전의 장비 및 제품 상태(Status)에 대한 보상 제어

예)Pre-Thickness, Time, Flow, etc.

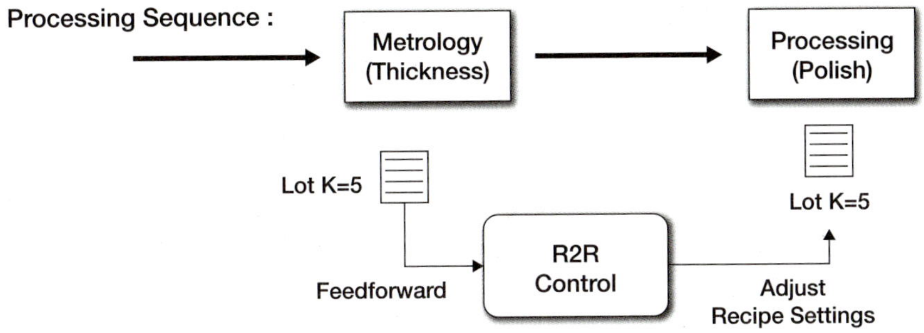

그림 18-12 Feedforward R2R Control

R2R 시스템의 주요 기능은 Feedback Control 정보와 Feedforward Control 정보를 활용하여 Next Run에 대한 최적의 Recipe 예측 값을 산출하는 기능을 수행한다.

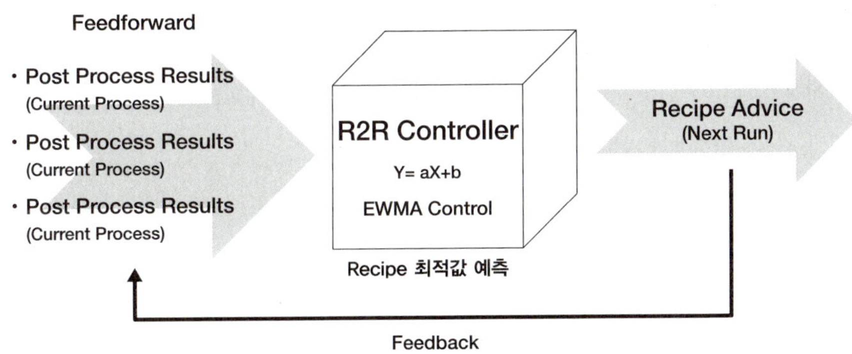

그림 18-13 R2R Controller

FDC와 R2R 비교

FDC는 설비의 파라미터를 실시간으로 모니터링하여 설비의 이상 여부를 조기에 판단하는 기능을 수행하고, R2R은 계측설비를 통하여 측정된 데이터를 사전에 예측하여 보다 미세하게 공정을 제어하는 기능을 수행한다.

〈FDC〉

- 생산설비의 파라미터들을 실시간으로 모니터링하여 설비의 이상 여부를 조기 판단하는 시스템

- 기능
  - Real-Time Equipment State Monitoring
  - Single Variable Fault Detection
  - Multivariate Fault Detection
  - Parameter Pattern을 이용한 Fault Detection
  - Trace Data Summarization
  - Equipment Fingerprinting
  - 설비 간, Chamber 간 유의차 분석

〈R2R〉

- 생산 공정을 진행하기 이전에 계측 데이터를 사전에 예측하여 보다 미세하게 공정을 제어하는 시스템
- 기능
  - R2R에서 보정(Adjustment)된 레시피 파라미터 값을 이용하여 생산공정을 진행
  - 생산공정이 끝난 후 계측설비는 이상 유무를 계측
  - 계측 데이터 및 환경변수들의 상관관계를 이용하여 설비에서 진행할 다음 로트의 레시피 파라미터를 보정

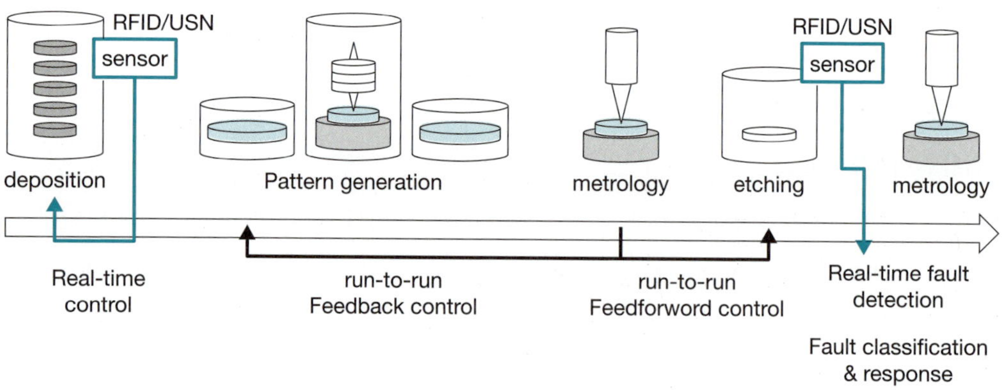

그림 18-14 R2R 공정도

SPC와 R2R 비교

SPC는 관리 한계(Control Limit)를 기반으로 Run의 진행에 대해서 공정 변화나 이상을 감지하는 통계적 품질관리 시스템이다. Run이 진행하는 경향(Trend)과 관리 한계를 벗어났는지를 알 수 있다.

[그림 18-15]에서 측정치가 SPEC(UCL, LCL) 내에 있더라도 계속 상승하려는 경향성(Trend)을 보일 경우 Out-of-Spec이 발생하기 전에 미리 공정관리 한계를 조정할 수 있다. rt-SPC의 경우 R2R과 비슷한 기능을 수행한다고 볼 수 있다.

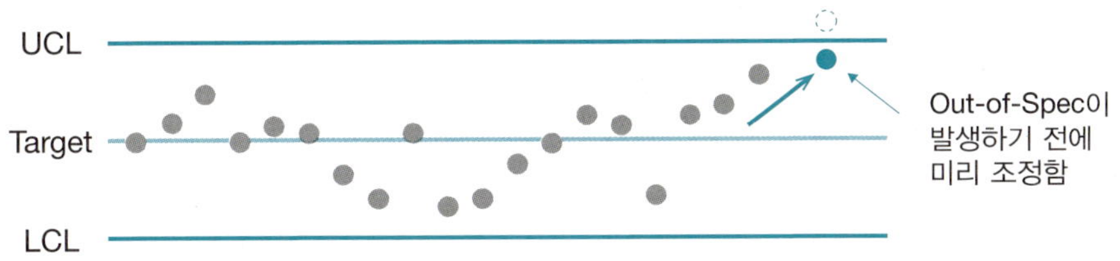

그림 18-15 SPC와 R2R 비교

PPM(Predictive & Preventive Maintenance)

설비 Maintenance의 목적은 다음과 같다.

- PM/BM 비용감소
  - 부품재고 및 보유량 컨트롤
  - PM의 정형화 및 일반화
  - PM 효율 및 장비 사용률 증대
- 불필요 PM 최소화
  - 일정에 없는 Down Time 감소 및 예측
  - 장비 데이터를 사용한 정확한 PM 시기 예측
- Engineer 능력향상
  - SOP(Standard Operating Procedure)를 통한 PM 실시
  - Inform Note, Trouble Shooting을 통한 내용 공유

- **제조 공정에서 장비 및 재고의 유지 보수 관리를 위한 시스템**
  - 물리적인 자산을 체계적인 기준으로 관리
  - 불필요한 설비 유지 보수(Preventive Maintenance) 작업 최소화
  - 설비 및 재고에 대한 불확실성을 사전에 예측(Predictive Maintenance)

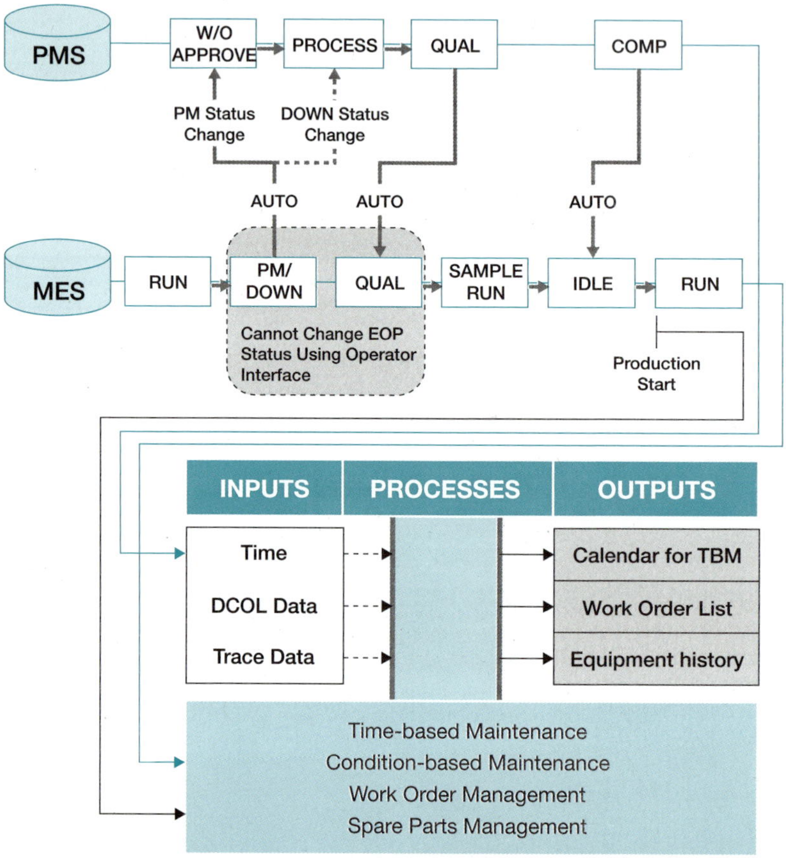

그림 18-16 PPM 개념도

EPT(Equipment Performance Tracking)

- EPT (Equipment Performance Tracking)의 목적:
  - Manage Equipment Performance: SEMI Standard 기준 설비지표 산출, Real-Time 설비상태 Monitoring, equipment and module level
  - Analyze Equipment Efficiency: Equipment Loss Analysis, Standard Time & Tact Time Management, WIP Analysis
  - Improve Equipment Capability: Root Cause Analysis, TAT Analysis

SEMI Standard에서 정의된 설비의 상태를 바탕으로 각종 설비의 지표 산출 및 유실분석이 가능하다. [그림 18-17]처럼 a. 현재의 설비 상태, b. 설비와 모듈상태의 그래픽 표현, c. 주어진 기간 동안의 설비상태, d. 설비나 모듈의 이벤트나 Alarm 정보를 보여준다.

- **설비에서 발생하는 각종 Event와 Alarm Data를 이용하여 설비 효율을 관리 및 분석하는 시스템**
  - 설비 지표 산출
  - 설비 유실 분석
  - Standard Time & Trace Time 관리

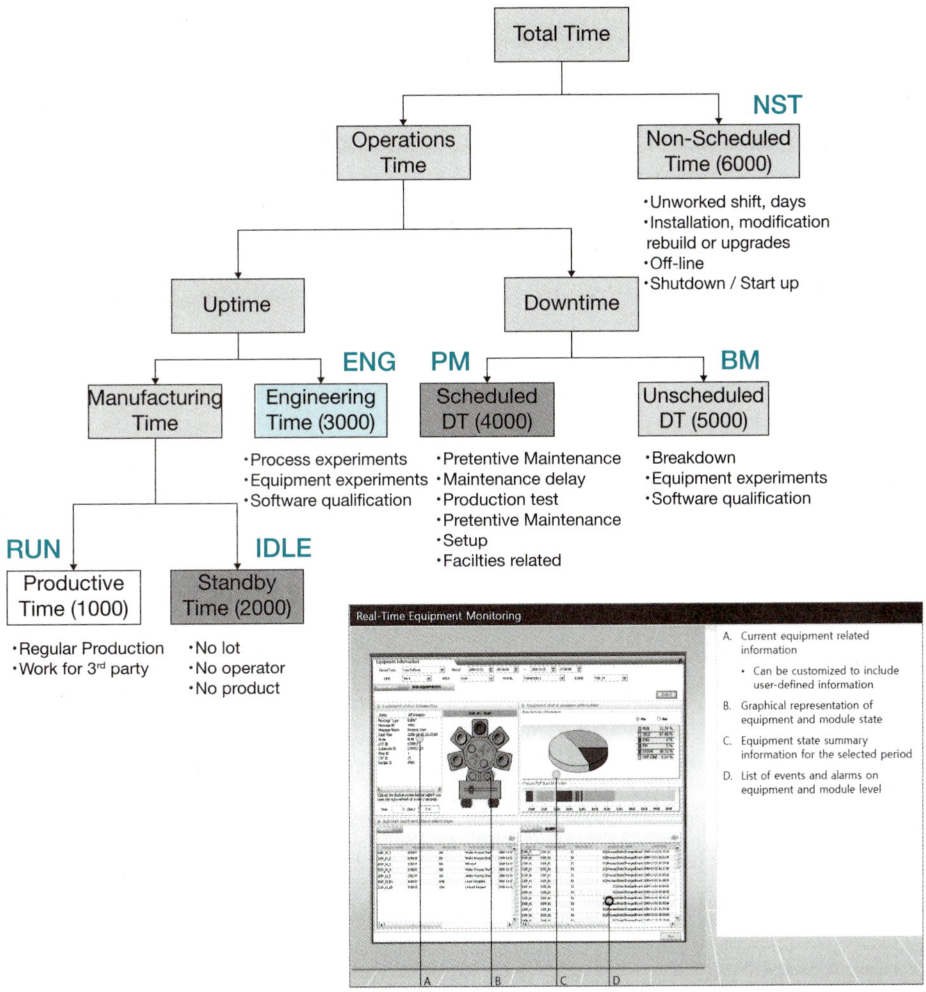

그림 18-17 EPT 개념도

표 18-1 EES 프레임워크 비교

Items	Vender(alphabet 순)			Description
	A사	B사	C사	
EES를 위한 Domain 프레임워크	O	X	△	
EES Application들을 위한 기본 틀	O	X	O	
EES를 위한 Global Database	O	X	O	
Dataware House	X	X	x	
DB Connectivity	O	O	O	Oracle, MS-SQL
Connectivity Service를 제공하는가	O (Tib, Corba, .NET)	O (Tib, Corba)	O (TIB, Corba)	
Legacy Application과의 Integration을 위한 Infrastructure	O	O	O	
User에 의한 Business Logic의 Customization	O	X	X	
Business Logic 변경 시 Application의 shutdown time 없이 적용	O	X	X	
Modeling Tool	O	X	X	
XML	O	O	O	
Web Enabled	O	X	X	EES Data Share
System Requirements	Unix/windows	Unix/windows	Windows	
System Framework	Java/ .NET	Java	DCOM	

MES 프레임워크 현황

우선 MES 프레임워크의 현황에 대하여 살펴보자.

MES 프레임워크는 각 업무 영역별 시스템 구축을 위하여 도입한 비즈니스 솔루션을 프레임워크로 정의한다. 각 솔루션의 프레임워크 간의 정보를 원활히 교류하기 위하여 EAI 툴을 사용한다. 그 대표적인 예가 팁코(Tibco)의 랑데뷰의 사용이다.

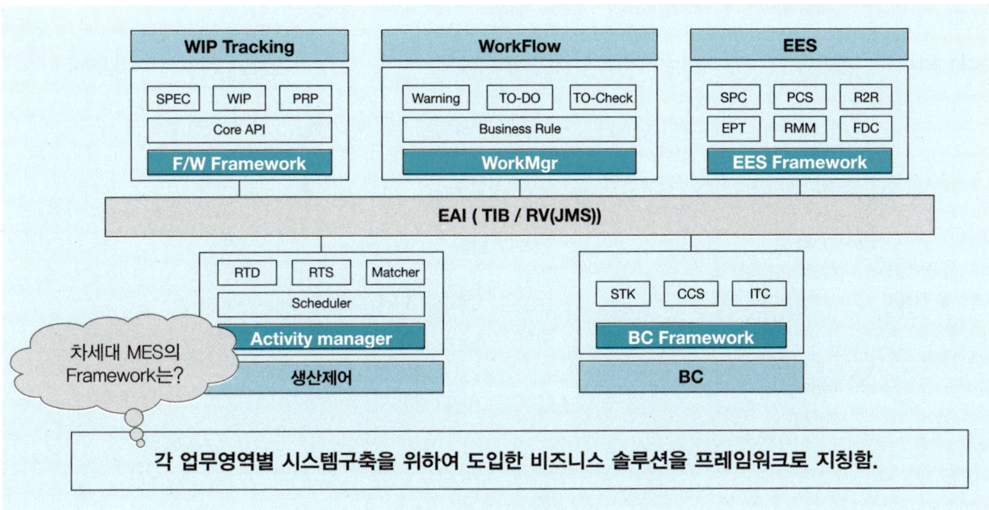

그림 18-18 MES 프레임워크 현황

MES 프레임워크의 구성을 보면 대부분 라인의 MES 구축은 각 업무영역별 특화된 비즈니스 프레임워크를 개별 도입하여 구축하고 있고, 업무 영역별 비즈니스 프레임워크 외 워크플로우 솔루션은 별도로 도입하고 있다. 또한 솔루션 별 통합을 위한 EAI 솔루션은 별개로 도입하여 적용한다.

그럼 차세대 MES 프레임워크는 어떻게 가져 가야 하는가?

먼저 MES 프레임워크의 종류를 살펴 보자. 각각의 MES 프레임워크는 공급회사에서 명명한 이름을 사용하고 있다.

BC 프레임워크로는 AIM사에서 공급하는 MMC 비즈니스 프레임워크가 있다. 주로 설비 온라인용으로 사용한다. 주요 역할로는 Tracking 관리, 설비상태 관리, 데이터 관리, 자재관리, 파라미터 관리, 복합설비 관리, 그 외에 MCS개발에 적용하기도 한다.

표 18-2 MES 프레임워크의 종류

Framework 명칭	BC Framework	EES Framework	WIP Tracking Framework	생산제어 Framework	Workflow Framework	EAI Framework
공급자 솔루션 명칭	MMC (AIM사 공급)	Peakperformance (Bistel 공급)	Factory Works (Brooks Automation)	Activity Manager (Brooks사 공급)	JCMGR (JRULE, ILOG사)	Tibco(랑데뷰)
분류	비즈니스 프레임워크	비즈니스 프로임워크	비즈니스 프로임워크	비즈니스 프로임워크	Workflow	EAI
해당 업무	설비온라인	설비관리	MES 업무 Rule	반송자동화 처리	비즈니스 자동화	시스템 I/F
역할 (IT & 비즈니스) 및 적용프로젝트	• Tracking 관리 • 설비상태관리 • 데이터관리 • 자재관리 • 파라미터관리 • 복합설비관리 • 기타 : MCS개발에도 적용함.	• 설비효율관리 (EPT) • Recipe관리 (RMM)	• 재공관리(WIP) • 설비관리(EQP) • 자재부착정보 (MBOM) • 자재재공관리 (INV) • 공정진행기준정보(PRP)	• Dispatching Rule을 개발하기 위한 툴로 도입 • Business Rule을 관리 • RTD개발을 위한 Frame 제공	• 현장에서 발생하는 단위작업을 처리 • 비즈니스 로직 제어 • 트랜젝션 Validation • 비즈니스 Flow제어 • 시스템 모니터링 • DB Interface	• Application Interface Tool • 서비시스템간 Message 송수신 버스

EES 프레임워크로 Bistel사에서 공급하는 Peakperformance 비즈니스 프레임워크가 있다. 이는 주로 설비관리 프레임워크다. 주요 역할은 EPT인 설비효율 관리, RMM인 레시피 관리를 수행한다.

WIP Tracking 프레임워크로는 브룩스 오토메이션 사의 Factory Works 비즈니스 프레임워크가 있다. MES 업무 룰을 위한 프레임워크다. 주요 역할은 재공관리, 설비관리, MBOM, 자재재공관리, 공정진행 기준정보 관리를 수행한다.

생산제어 프레임워크로 브룩스 오토메이션 사의 Activity Manager 비즈니스 프레임워크가 있다. 이는 반송자동화 처리를 위한 프레임워크다. 주요 역할은 디스패칭 룰(Dispatching Rule)을 개발하기 위한 툴 도입, 비즈니스 룰 관리, Real-Time Dispatching(RTD)개발을 위한 프레임 제공의 역할을 수행한다.

Workflow 프레임워크로 ILOG 사의 JCMGR 또는 JRULE인 비즈니스 자동화 프레임워크가 있다.

주요 역할은 현장에서 발생하는 단위 작업을 처리하거나, 비즈니스 로직 제어, 트랜잭션 Validation, 비즈니스 플로우 제어, 시스템 모니터링, 그리고 DB 인터페이스의 역할을 수행한다.

마지막으로 EAI 프레임워크로 Tibco(팁코)사의 랑데뷰가 있다. 주요 역할은 어플리케이션 인터페이스 툴과 서브 시스템 간 메시지 송수신 서비스 역할을 수행한다.

MES의 프레임워크 구축 방안

그럼 MES 프레임워크 구축은 어떻게 해야 하나?

두 가지 방향이 있는데 하나는 자체 개발할 것인지 도입을 할 것인 결정해야 한다. 만일 솔루션을 도입한다면 단일 툴로 도입을 할 것인지, 아니면 다중 솔루션 툴로 도입할 것인지를 결정해야 한다.

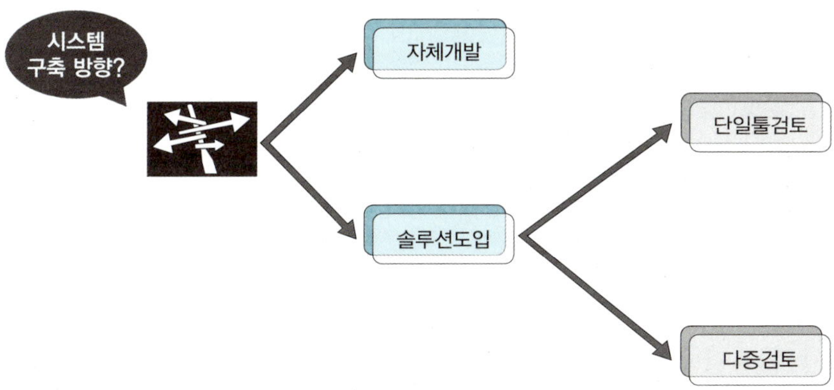

그림 18-19 MES 구축 방안

프레임워크 도입효과에 대한 조사분석 결과

MES 프레임워크를 도입하면 효과가 있어야 한다. 그러한 효과를 조사하여 분석한 결과를 살펴보면, 해당 업무영역을 자체 개발하는 경우와 비교하여 프레임워크의 도입효과를 4가지 항목으로 나누어 조사했을 때, 전반적으로 품질과 기간 측면에서 도입효과가 큰 것으로 나타났다.

시간적으로 볼 때 자체개발 시 드는 기간이 100이라면 프레임워크를 도입한다면 71이라는 기간으로 줄일 수 있다는 것이다. 품질 측면에서 본다면 자체 개발보다 21정도 품질확보의 효과가 있다고 보는 것이다. 또한 전반적인 만족도 응답에서 프레임워크의 도입에 대하여 80% 정도가 대체적으로 만족하는 것으로 조사 분석되었다.

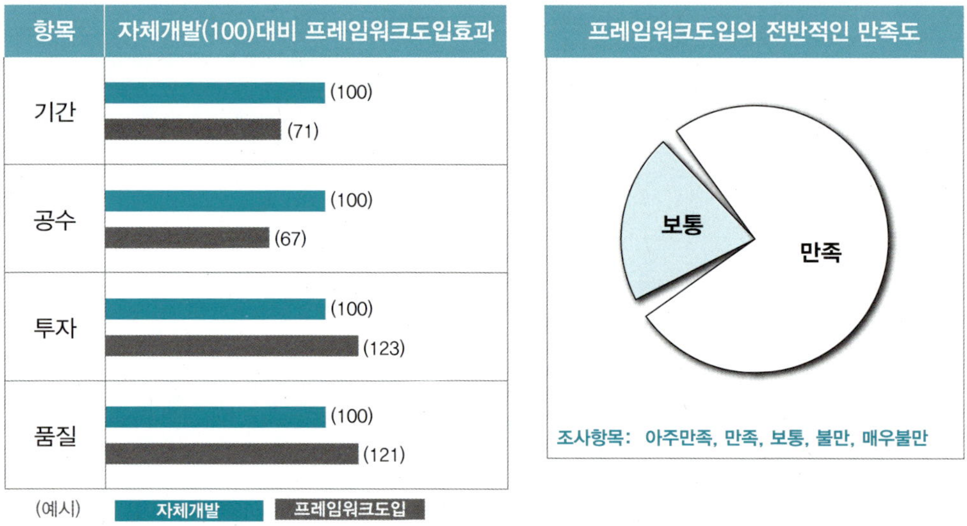

그림 18-20 MES 프레임워크 도입효과 만족도

도입단계 검토사항

다음으로 MES 프레임워크를 자체 개발과 솔루션 도입으로 나누어 각각의 장단점과 특징을 살펴보면 다음과 같다. 우선 그 전에 판단기준으로 다음의 총 6가지의 기준을 고려하게 된다.

첫째, 사용자의 커스터마이징 요구수준은 어떠한가(커스터마이징을 최소화하여 시행할 수 있는가)?

둘째, 도입대상 툴이 자사의 To-Be 프로세스를 제공하여 BPR 효과의 기대치가 높은가?

셋째, 자사 비즈니스 프로세스의 안정도 및 노하우의 축적 수준은 어느 정도라고 판단하는가?

넷째, 단기간의 적용을 목표로 하는가?

다섯째, 사용자는 새로운 툴의 수용에 대한 적극적인 참여 의지를 가지고 있는가?

여섯째, 의사결정권자는 툴의 도입에 따른 장점을 충분히 파악하고 적용을 추진할 의지를 가지고 있는가?

이를 기준으로 각 도입의 장단점을 살펴보면,

자체개발인 경우 장점은

- 사용자인터페이스를 최적화할 수 있다
- 자사 비즈니스 로직을 충실히 구현할 수 있다
- 개발 후 유지보수가 용이하다
- 업무 측면과 IT 측면의 자사 기술력을 축척할 수 있다
- 자사 비즈니스 노하우의 유출에 대한 우려가 없다.

단점으로는

- 개발 및 테스트로 인한 구축기간이 많이 소요된다
- As-Is에 준한 충실한 구현이 가능하지만 BPR 측면의 개선이 어렵다.

따라서, 자체 개발의 특징을 다음과 같이 정리할 수 있다.

- 전문 툴에 비하여 기능저하로 투자대비 효과를 얻지 못할 수 있고,
- 자사의 업무 노하우 관리, 기술력 확보 요구 등의 장기적인 관점에서 추진하여야 하며,
- 자체적인 BPR 능력 및 업무 프로세스의 정형화가 일정수준 이상 안정화되어 있는 경우에 고려할 수 있다.

솔루션 도입의 장점은

- 선진사의 Best Practices를 적용함으로써 프로세스 개선효과를 얻을 수 있다.
- 단시간에 가시적인 효과가 가능하다.
- 솔루션 업체에서 제공하는 Upgrade 서비스를 통하여 지속적인 개선이 가능하다.

단점으로는

- 자사 업무프로세스의 구현이 어렵고,
- 사용자 인터페이스의 개선이 어려우며,
- 사용자 요구사항에 대한 즉각적인 대응이 어렵다.

따라서, 주요 특징을 다음과 같이 정리할 수 있다.

- 사용자의 참여를 주도하지 못할 경우 시스템 적용에 실패할 확률이 높고,
- 사용자에게 친숙한 UI를 제공하지 못해 초기 정착 과정에서 어려움이 발생할 수 있으며,
- 커스터마이징의 정도가 클수록 도입효과는 감소하는 것으로 판단된다.

구축방향 설정

일반적인 기업의 MES 프레임워크의 구축 방향은 향후 차세대 MES 구축 시 프레임워크의 도입결정 방향에 따라 시스템의 구축 모형이 달라진다. 이에 따라 주요 고려사항이 영향을 받게 된다.

여기서는 우선 3가지로 구축방향을 제안할 수 있는데, 하나는 회사에서 사용하는 기존 프레임워크를 유지하는 것이며, 다른 하나는 프레임워크의 부분통합, 그리고 마지막으로 단일 프레임워크로 통합하는 것이다. 3가지 제안에 대한 고려사항 및 장단점을 살펴보도록 하자.

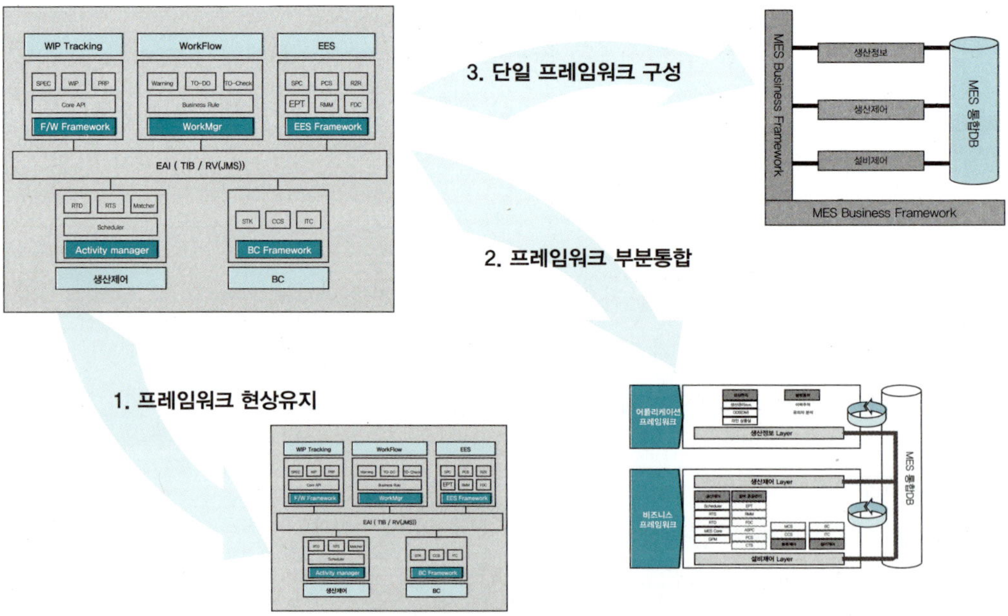

그림 18-21 3가지 구축 방안

첫째, 프레임워크의 현상유지

현재 구성되어 있는 MES의 프레임워크를 유지하는 경우의 주요 고려사항은 다음과 같다.

- 개별 프레임워크 기능의 중복을 제거하는 조정작업이 필요하고,
- 데이터의 중복제거 작업 및 데이터흐름 조정작업 수행이 필요하며,
- 복수 프레임워크에 대한 개발 및 운영 방안 수립이 되어야 하고,
- 인프라 투자 비용(하드웨어, 라이센스)의 과다가 발생할 수 있으며,
- 트랜젝션 과다 발생에 따른 점검 및 조정이 필요하다.

현상 유지 시 현 구축내용의 재 적용으로 신규라인의 구축 부담이 적게 되는 장점이 있는 반면, 개별 프레임워크 적용의 문제점을 개선하기 어렵다는 단점이 있다.

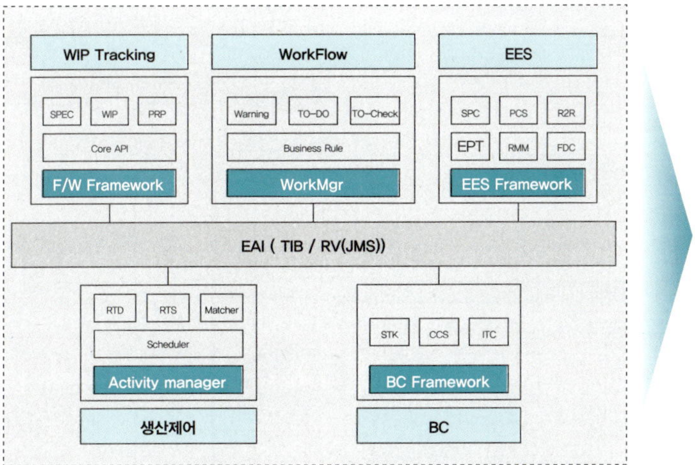

고려사항	
• 개별 프레임워크 기능의 중복을 제거하는 조정작업 필요 • 데이터의 중복제거 작업 및 데이터흐름 조정작업수행	
장점	**단점**
현 구축내용의 재적용으로 신규라인의 구축 부담이 적다	개별 프레임워크 적용의 문제점을 개선하기 어렵다

그림 18-22 현상유지 시 고려사항

둘째, 프레임워크의 부분통합

프레임워크의 부분적인 통합을 고려할 때 시스템의 모형과 이에 따른 고려사항은 다음과 같다.

- 제어레벨의 통합을 수용할 수 있는 프레임의 선정이 필요하고,
- 라인운영의 안정화를 위한 운전 중심의 시스템과 사용자 요구사항의 반영을 위한 정보시스템의 구분으로 시스템의 특성 및 안정성 강화가 필요하며,

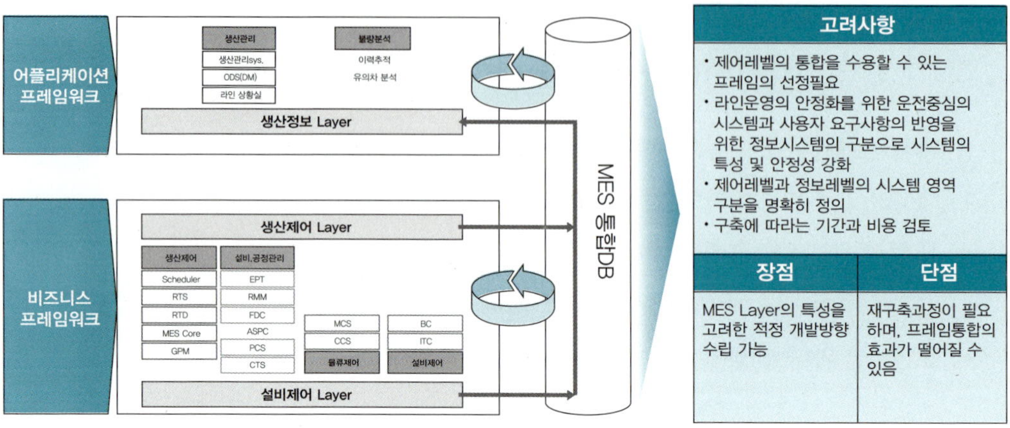

그림 18-23 부분통합 시 고려사항

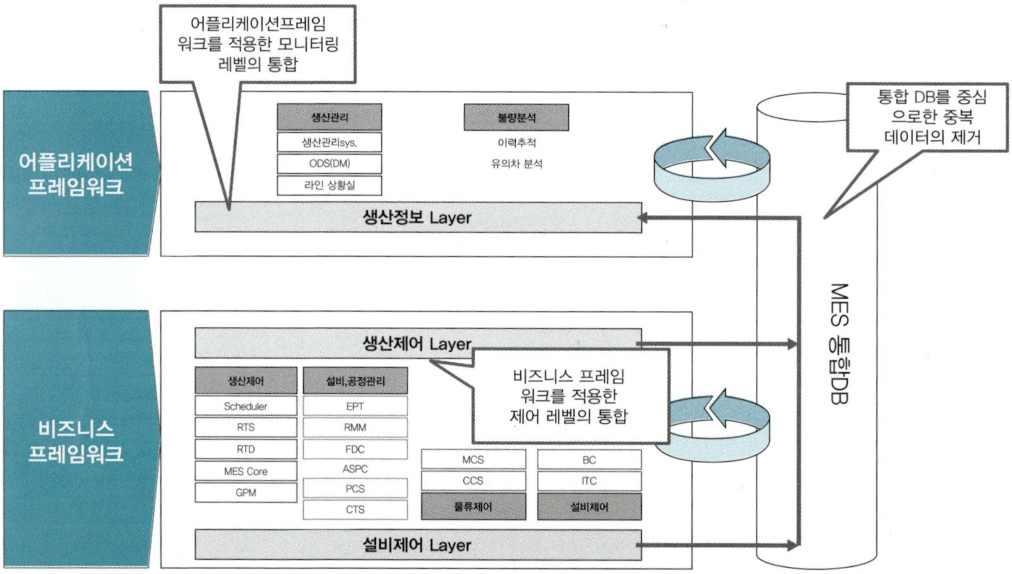

그림 18-24 부분통합의 방안

- 제어레벨과 정보레벨의 시스템 영역 구분을 명확히 정의해야 하고,
- 구축에 따르는 기간과 비용 검토가 고려되어야 한다.

장점은 MES Layer의 특성을 고려한 적정 개발방향 수립이 가능하다는 것이며, 단점은 재 구축과정이 필요하며, 프레임 통합의 효과가 떨어질 수 있다는 것이다.

부분 통합 방안에서 생산정보 레이어의 어플리케이션 프레임워크 구성부분과 설비 및 생산제어레이어의 비즈니스 프레임워크 도입 모형을 [그림 18-23]에 보였다.

셋째, 프레임워크의 단일 구성

단일 프레임워크로 시스템을 구성하는 경우의 시스템 모형과 고려사항은 다음과 같다.

- 비즈니스 업무 요구를 정확히 수렴하는 과정이 필요하고,
- 대형 또는 자동화한 공정의 특성을 반영할 수 있는 프레임워크의 검토가 필요하며,
- 비즈니스 검토에 따른 어플리케이션 프레임워크 또는 비즈니스 프레임워크의 적용 방안에 대한 검토가 있어야 하며,
- 구축기간과 인력투입, 대단위 프로젝트관리 요소를 고려해야 한다.

장점으로는 단일 프레임워크의 적용으로 프레임워크 적용의 효과를 극대화할 수 있으며, 단점으로는 시스템의 재 구축 과정이 필요하다.

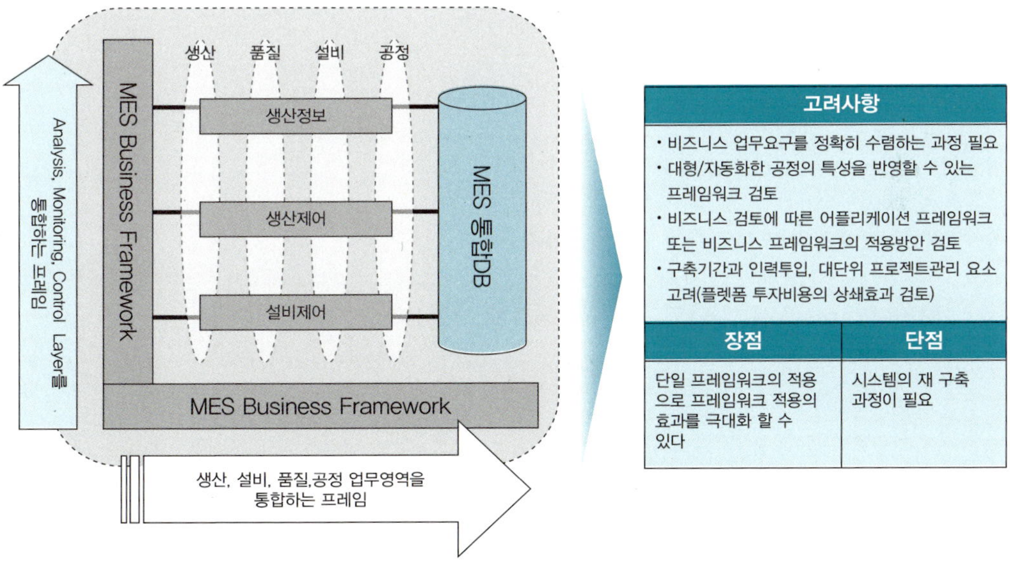

그림 18-25 단일구성 시 고려사항

연습문제

1. 설비엔지니어링에 대한 정의는 무엇인가?
2. EES(Equipment Engineering System)정의를 쓰시오.
3. EES에서 제공하는 4가지 주요 기능은?
4. 설비엔지니어링 솔루션을 5가지를 들고 설명하시오.
5. EES 기능의 제조시스템에서의 위치는 어떻게 되는지 설명하시오.
6. 생산장비에서의 Green Manufacturing이란?
7. SPC와 R2R를 비교하시오.
8. Feedforward Control이란?
9. MES 프레임워크 도입단계 시 검토사항은?
10. MES Framework의 단일 구성 시 고려할 사항은?

Chapter. 19

구축 사례

19.1 화학 업종의 사례

화학 업종의 이해

석유산업은 크게 원유의 탐사와 생산을 담당하는 업스트림(Upstream) 영역과 생산된 원유 정제 및 석유화학제품의 판매와 수송을 담당하는 다운스트림(Downstream) 영역으로 구분할 수 있다. 국내의 산업은 원유생산이 안 되는 특성상 다운스트림 영역의 산업이 주를 이루고 있다.

석유산업은 원유를 생산하는 원유산업과 이를 정제하는 정유산업, 합성원료를 생산하는 석유화학산업, 이러한 합성원료를 이용하여 실제 생활의 제품으로 가공하는 석유가공산업으로 구성된다. 먼저 원유의 탐사와 생산을 담당하는 원유산업은 탐사와 시추 및 채유, 채굴을 통하여 원유를 생산하는데, 세계적으로 미국 계열의 엑슨모빌, 텍사코, 셰브론, 영국 계열의 브리티시 페트롤리엄, 영국-네덜란드 계열의 로열더치 셸의 6대 메이저 회사가 있다.

채굴된 원유를 정제하는 정유산업은 증류와 정제과정을 통해 휘발유, 등유, 경유, 중유의 정유를 생산하고 가스나 부산물인 아스팔트 등을 생산하며, 석유화학산업의 중요한 원료인 납사를 생산한다. 납사는 우리가 흔히 나프타라고 부르는 물질로서 모든 석유화학산업의 기초 원료로 사용되고 있다.

국내의 정유회사로는 잘 아는 바와 같이 SK, GS칼텍스, 현대오일뱅크, 인천정유 등이 있다. 정유산업을 통해 생산된 납사를 이용하여 합성원료의 생산을 담당하는 석유화학산업은 납사를 분해하는 NCC(Naptha Cracking Center) 영역과 합성원료를 생산하는 중합/컴파운드 영역으로 나눌 수 있다. NCC 영역에 속한 회사로는 여천NCC, 삼성토탈 등이 있고 중합/컴파운드를 담당하는 회사로는 LG화학, 제일모직 등이 있다. 합성원료는 합성수지, 합성섬유원료, 합성고무, 기타 화학제품 등이 있다.

가공산업에는 합성수지를 원료로 플라스틱 성형가공을 담당하는 플라스틱 가공산업과 합섬원료를 이용하여 각종 합섬제품을 생산하는 산업, 타이어 등 합성고무 산업과 기타 화공약품 및 화학의약품 등을 생산하는 산업으로 나눌 수 있다.

먼저 본 장에서 소개할 MES 구축사례는 석유화학산업의 중합/컴파운드를 담당하여 합성수지원료를 생산하는 업체를 대상으로 한다.

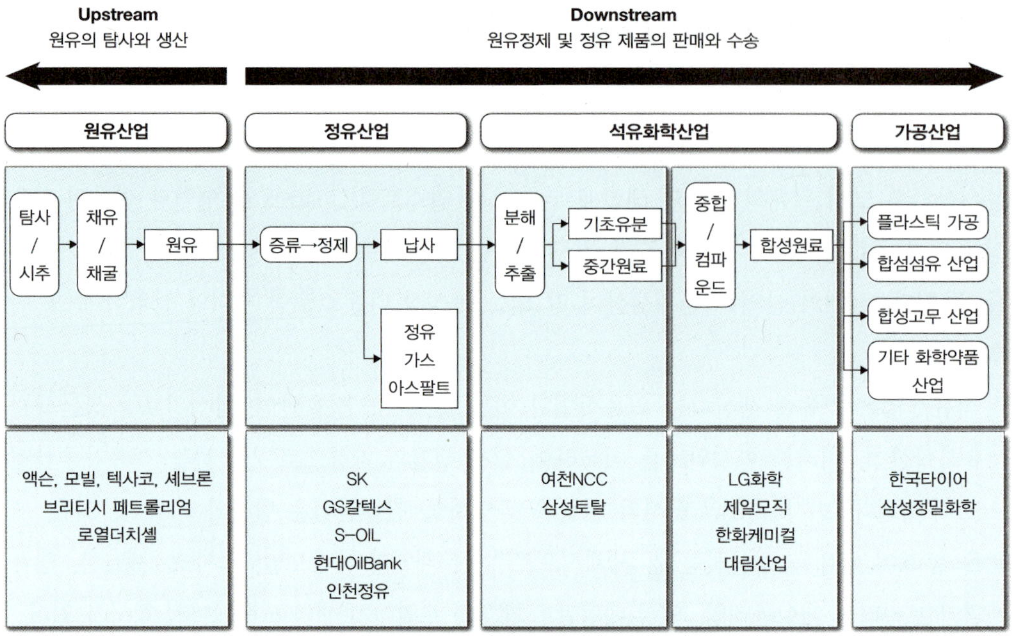

그림 19-1 화학업종의 이해

[그림 19-2]는 석유화학제품의 계통도이다. 여기에서는 간단하게 설명되어 있으며, 보다 자세한 내용은 대한석유화학공업협회 등의 관련 사이트에서 확인할 수 있다.

우선 원유는 증류과정을 통해 가스인 LPG와 정유제품인 휘발유, 등유, 경유, 중유 및 아스팔트로 분리된다. 그중 납사(Naptha)는 다시 NCC(Naptha Cracking Center) 분해공정과 방향족 추출공정에 의해 각각 올레핀족 원소인 에틸렌, 프로필렌, 부타디엔과 방향족 계열인 벤젠, 톨루엔, 자일렌의 기초 유분으로 분리된다. 이것을 추가 분해하여 중간 원료들을 만들어 낸다. 이것들의 조합에 의한 화학반응을 거쳐 각종 합성원료인 수지, 합섬, 고무, 기타 화학 합성품이 생성된다.

이렇게 생성된 합성원료 중 합성수지는 플라스틱 성형에 의해 건축자재, 완구, 자동차용품과 각종 필름 및 폴리우레탄 제품을 만드는 데 사용된다. 합섬원료는 아크릴섬유와 폴리에스터 섬유로 만들어져 우리 생활의 필수품인 의류 등에 사용되게 된다. 합성고무는 타이어나 신발 및 튜브 등의 제품을 만드는 데 사용되며, 기타 화학 합성품은 페인트 등의 도료나 각종 화공약품 및 의약품의 원료로 우리 생활의 곳곳에 각종 석유화학 제품이 사용된다.

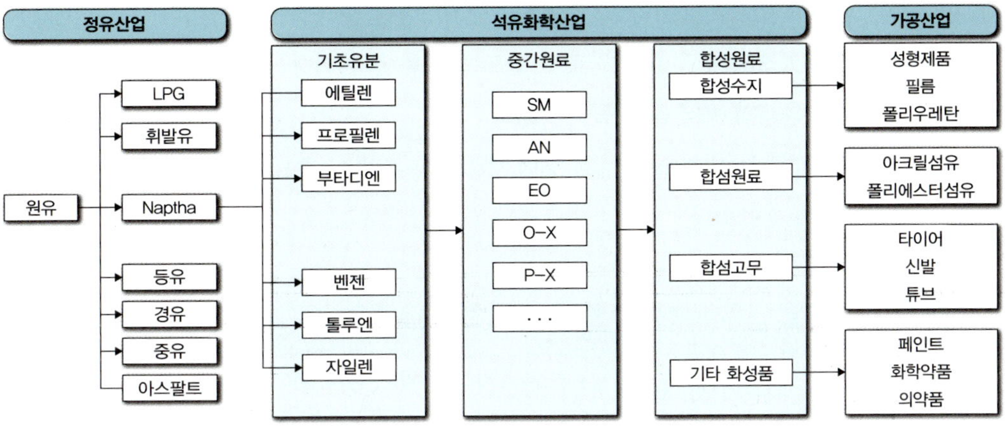

그림 19-2 석유화학제품 계통도

[그림 19-3]은 석유화학 계통도 상의 합성수지를 이용하여 플라스틱 등의 원료를 만드는 생산업체로서, 폴리 카보네이트(Poly Carbonate, PC)와 ABS, SAN, PS, EPS 계열의 수지를 중합반응을 통해 합성수지 원료를 만드는 케미컬 생산 업체에서의 MES 적용사례를 나타낸 것이다.

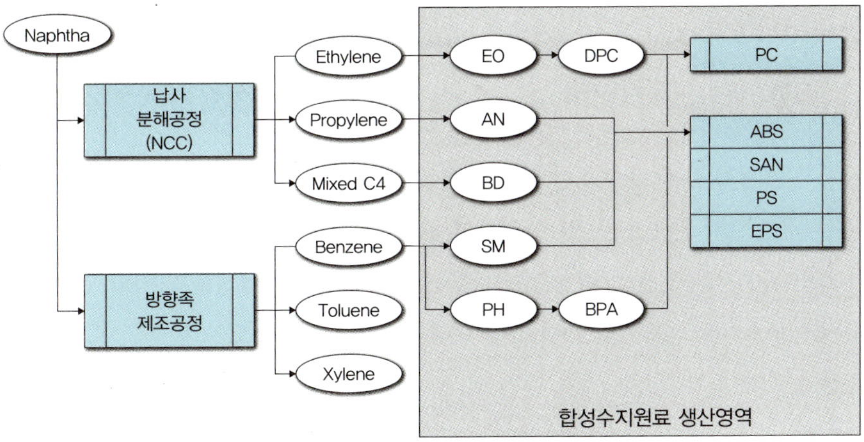

그림 19-3 케미컬 생산업체 생산영역

PC는 Poly Carbonate의 약자로서 투명한 탄소 중합체로서 인장강도·휨 강도·내충격성이 좋아서 가전·정밀기기·자동차 분야에서 공업재료·구조재료 등으로 널리 사용되고 있다. 콤팩트디스크 재질로도 쓰이는 고부가가치 엔지니어링 플라스틱 제품이다.

ABS는 AN, BD, SM와 충전재 원료로 만드는 제품을 의미하는 것으로 이 원료들의 배합에 의해 다양한 특성의 제품을 만들 수 있다.

약품, 충격, 열에 강한 내성을 보이고 광택성이 좋아 외관이 중요시 되는 제품이나 내열성이 요구되는 제품에 적합하다.

PC	
인장강도, 내충격성이 좋아 공업 및 구조재료로 사용	
CD 케이스, 전동공구, 자동차 부품	
 CD케이스	 전동공구
 자동차부품	

그림 19-4 PC 적용제품

ABS	
약품, 중격, 열에 강한 내성을 보이고 광택성이 좋아 외관을 중요시 하는 제품이나 내열제품에 적합함	
모니터 Case, 세탁기, 냉장고 Sheet, 선풍기	
 모니터 케이스	 세탁기
 냉장고 Sheet	

그림 19-5 ABS 적용제품

SAN수지는 방향족 탄화수소인 스타이렌(SM)과 아크릴로 나이트릴(AN)을 중합시켜서 만든 수지제품으로서 투명도와 열 안정성이 좋아 가정용품의 성형이나 전기기기 등의 재료로 널리 쓰인다. 무색투명은 아니며 옅은 황색을 띄고 있는 투명성을 가지고 있다.

PS수지는 PolyStyrene의 중합체로서 무색투명하고 인장강도와 탄성률이 좋으나 충격에 약한 특성이 있다.

SAN
투명도와 열안정성이 좋아 가정용 전기제품 등의 재료로 널리 쓰임
선풍기, 라이터, 투명 창

선풍기

라이터

투명창

그림 19-6 SAN 적용제품

PS
무색투명하고 인장강도와 탄성률이 좋음. 충격에 약함
완구, 일회용 컵, 프린터, 라면 용기, 아이스크림 용기

프린터

라면용기

아이스크림용기

그림 19-7 PC수지 적용제품

EPS는 Expandable Polystyrene의 약자로서 Styrene Monomer(SM)에 발포제를 침투시켜 발포되도록 생산된 수지를 말하는 것으로, 흔히 스티로폼(Styrofoam)이라고 부르는 합성품이다. 수지공장에서는 스티로폼으로 완전 발포시키지 않고, EPS 비드라는 작은 알갱이 형태의 발포립으로 만들어 이를 가공업체에서 모양에 따라 발포시켜 제품을 만들게 된다. 완충성과 내열성이 좋아 포장재나 보온재로 주로 쓰이게 된다.

EPS
완충성과 내열성이 우수
보온재, 포장재

보온재

포장재

그림 19-8 EPS 적용제품

화학 공정 모델링

ISAP95에서 석유화학공정에 대한 모델링의 구조는 4단계의 계층으로 이루어져 있다.

레벨 4는 전체 공정을 대표하는 모델이고, 그 공정을 레벨 3에서 크게 3가지로 나누어 있다. 즉, 원재료 가공 → 중간물 생산 → 중합/최종제품생산으로 나누어 있다. 다시 각각의 3 레벨의 항목은 각 항목의 세부공정으로 세분화하였고, 이를 최종 단계인 레벨 1에서 미세한 공정으로 분리하는 구조로 전체 석유화학공정을 모델링하고 있다.

THE HIERARCHY CONTROL SCHEME AS APPLIED TO A PETROCHEMICAL PLANT (출처:ISA95)

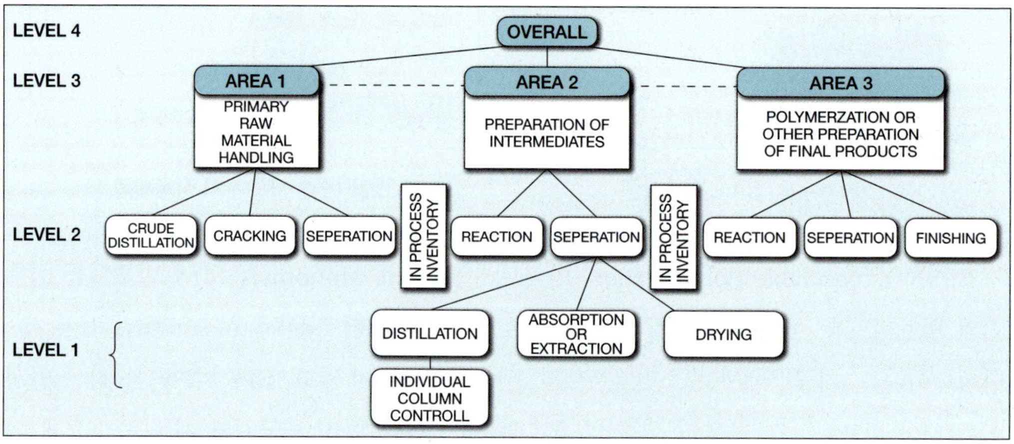

그림 19-9 ISAP95 석유화학공정에 대한 모델링 구조

수지를 생산하는 A사의 경우 전체 공정을 Location, Operation, Unit의 3단계로 나누어 생산공정을 모델링하였다. Location 레벨은 물류의 이동만 관리하는 공정으로 3개의 공정군으로 구성하였다. Operation은 Location에서 정의한 공정군을 필요에 따라 세분화할 수 있으며, 생산제품의 In, Out까지 관리하는 공정이다.

이렇게 나눈 Operation은 Station 레벨에서 설비 단위의 공정을 정의하였다. 이렇게 세분화되어 정의된 공정은 MES에 적용되어 생산실행관리의 단위 공정으로 사용되게 된다.

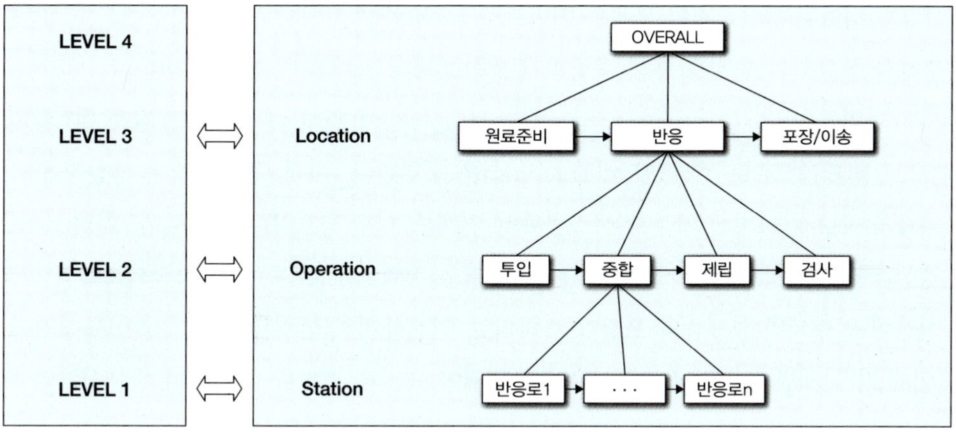

그림 19-10 수지생산 A사 모델링 사례

도료를 생산하는 B사의 경우 전체 공정을 대 공정, 소 공정, 단위 공정으로 계층을 3단계로 나누어 공정을 모델링하였다. 대 공정은 전체 공정을 대표할 수 있게 크게 5개의 공정으로 구성되는데, 배합, 분산, 마감, 검사, 포장으로 이루어져있다. 대 공정에서 분류한 공정을 소 공정에서 세분화하였는데, 분산, 검사, 이송으로 다시 3개로 나누었다.

이렇게 나눈 소 공정을 필요에 따라 단위공정으로 다시 세분화할 수 있는데, 세척, 투입, 이송으로 나눌 수 있다. 이렇게 세분화되어 정의된 공정은 MES에 적용되어 생산실행관리의 단위 공정으로 사용되게 된다.

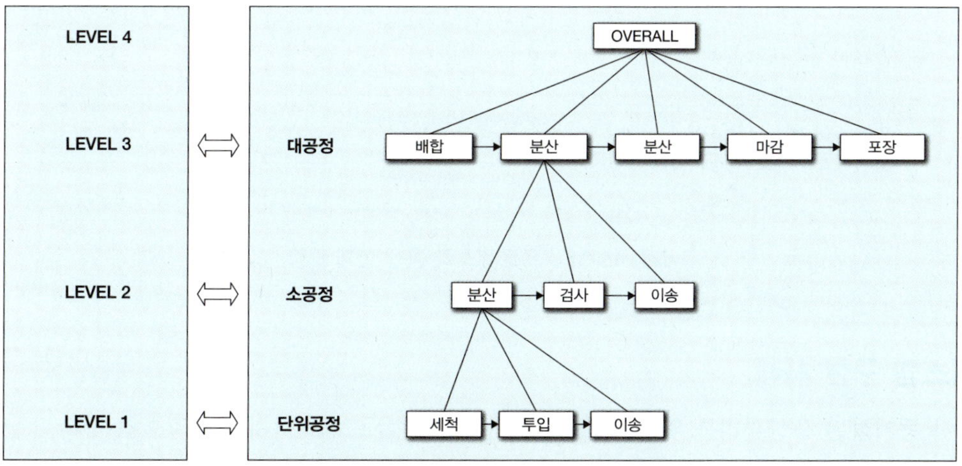

그림 19-11 도료생산 B사 모델링 사례

이렇게 정의된 생산공정의 모델을 기반으로 SCM의 계획에서부터 자재구매의 ERP와 포장/출하의 물류와의 연계를 통해 종합적인 생산실행의 관리를 수행하게 된다.

앞서 설명한 바와 같이 생산공정을 해당 사의 특성에 맞게 레벨별로 정의를 한 후 이를 기반으로 MES의 로트 트래킹(Lot Tracking)을 구현한다. 이때 중요한 것은 생산부문의 관리 기능의 중요성 이외에 기간계 시스템과의 연계도 매우 중요하다는 것이다. 따라서 SCM의 생산계획과 이에 근거한 구매가 이루어지며 이것과 연계한 생산이 시작되어야 한다. 또한 생산이 완료되면 완제품의 포장과 출하와도 연계하여 생산실행의 통제가 이루어져야 한다. 이때 각 단계별로 오더나 로트 ID가 발행되어 오더와 로트를 이용하여 생산이력의 추적과 분석이 가능하며 실시간 로트 트래킹이 가능하게 된다.

이러한 기본개념을 이용하여 화학 회사에 MES를 적용하게 된다.

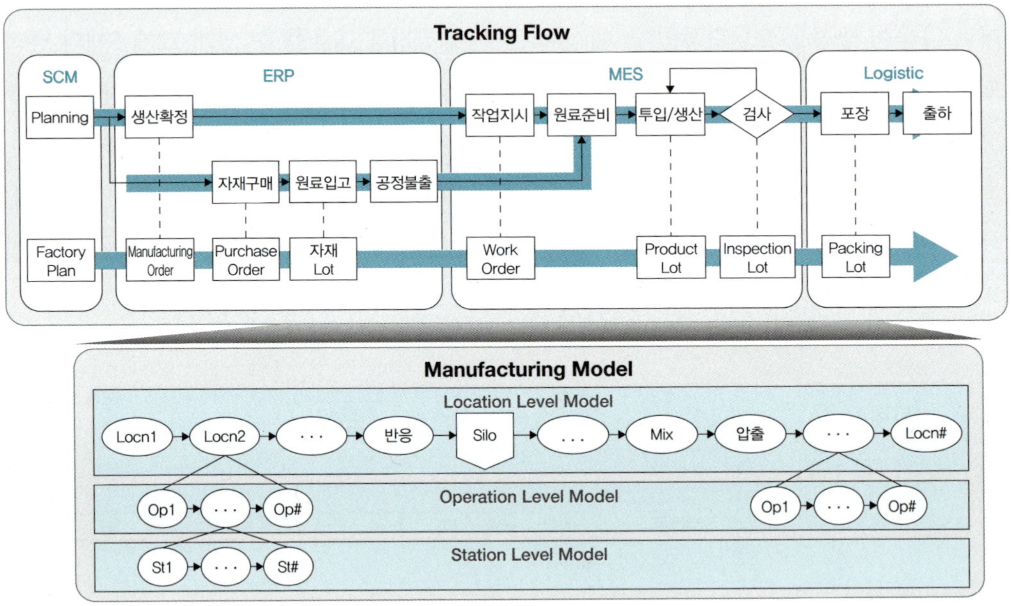

그림 19-12 프로세스와 공정 연계 모델

시스템 구현 사례

전사 동기화된 생산관리를 위한 MES의 목적을 위하여 크게 3가지 중심축으로 구축되었다.

먼저 기업의 기간계 시스템인 ERP나 SCM시스템과의 연계가 강화되어 기간계 시스템과 동기화된 생산실행이 가능하도록 추진되었다. 두 번째는 제조업무의 표준을 관리하는 기본 시스템으로서 기준정보와 업무 프로세스의 표준을 관리하고 이를 기반으로 생산, 품질, 물류 전반의 생산 총괄관리가 가능하도록 한 것이다. 세 번째는 기존 화학 기업에 적용되어 있는 DCS나 SCADA 등과의 연계 고려한 현장의 통제가 가능하도록 하였다. 이러한 추진 방향은 MES의 일반 추진 항목으로 반도체나 LCD 등의 전자업체에서는 이미 90년대 말부터 추진하던 항목이다. 기존의 생산관리시스템은 생산 중심의 관리심으로 개발 운영되어 기간계 시스템과의 연계가 취약하고, 특히 전사 프로세스와 동기화된 생산프로세스가 운영되지 못하였다.

MES가 Manufacturing Execution System 즉, 실행관리 중심에서 Manufacturing Enterprise Solution으로 발전되고 있는 것은 앞에서도 설명한 바 있다.

이와 같이 전사의 영업, 구매, 물류, 품질과 동기화된 제조관리의 기능이 매우 중요한 구현영역으로 추진되었다.

또한 전체 생산라인에서 모두 표준화된 업무 프로세스를 공유하고 이를 기반으로 현장의 상황을 실시간 감지하고 작업 오류를 사전 방지하는 기능의 구현을 추진하여 제조 프로세스 표준 기반의 생산 총괄관리가 가능하게 되었다.

마지막으로 각각의 DCS 내에서 엔지니어에 의해 개별 관리되던 현장제어가 더 이상 현장에서 자체 관리되지 않고 전사 동기화된 상태에서 시스템과 표준 관리 기능을 기반으로 MES와 유기적 연계를 가지도록 하여 현장의 임의 작업이나 제어오류를 최소화할 수 있는 기반을 제공하였다. 이러한 일관된 프로세스와 관리체계가 적용된 MES시스템의 구축을 통해 기간 시스템과의 동기화된 가교 역할과 생산현장의 컨트롤 타워로서의 역할을 수행할 수 있도록 하였다.

일반적으로 MES는 설비제어를 담당하는 Equipment Control(EC) 모듈과 생산 총괄관리를 담당하는 트래킹(Tracking) 모듈의 조합으로 적용되게 된다. 설비제어 모듈인 EC모듈이 필요한 이유는 다양한 설비제조 업체로 인하여 설비제어 규약이 제각각이므로 이를 통합관리하고 현장의 빠른 제어를 담당하기 위함이다.

대부분의 화학회사에는 이미 현장제어를 담당하는 시스템으로 DCS나 SCADA 등이 적용되어 있으므로 별도의 EC모듈이 불필요하며, 필요 시 EC모듈을 추가하여 적용할 수 있으나, 기존 시스템과의 기능 중복으로 인하여 불필요한 투자가 될 가능성이 높다.

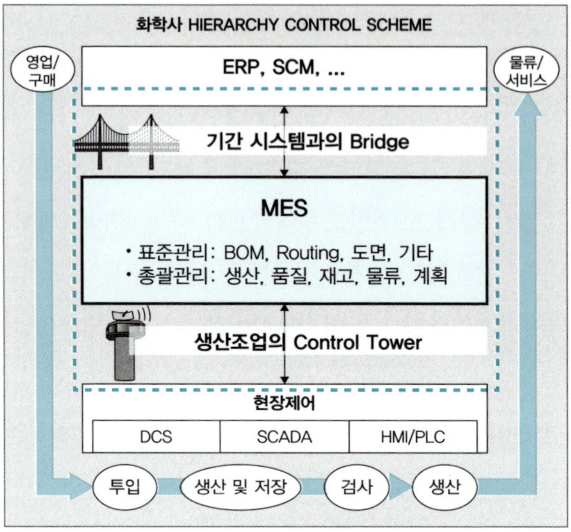

그림 19-13 시스템 적용 개요

적용대상 업체의 특성에 따라 별도의 EC 기능도 구현이 가능하지만 기존 현장 제어시스템과 연계하여 트래킹 모듈을 적용함으로써 기간계 시스템과의 연계와 총괄생산관리를 담당하는 형태로 구현하는 것이 가장 효과적인 사례라고 할 수 있다.

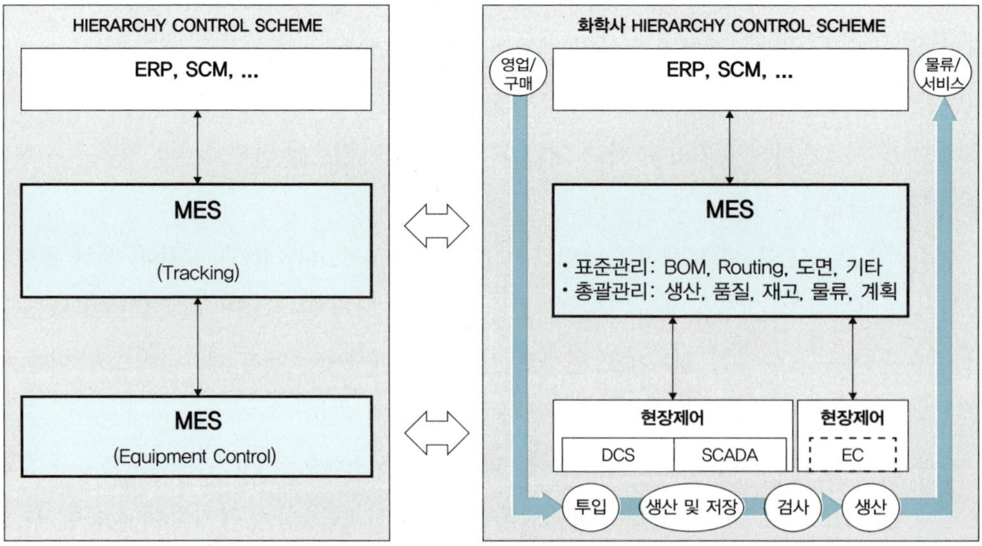

그림 19-14 화학업종 표준 모델과의 비교

시스템 구조

시스템 구조는 J2EE를 기반으로 워크플레이스, 트래킹, EC 및 모바일(Mobile)의 제품군으로 이루어진 MES업체의 기본구조로 하고 있으며, 어떤 플랫폼(DB, WAS, MOM)과도 호환이 가능한 오픈소스(Open-Source) 기반의 프레임워크로 구성되어 있다.

트래킹 서버는 워크플로우 기반의 핵심 컨트롤 프레임워크이며 공정모델링, 제조 프로세스를 모델링하여 구현함으로써 라인변화에 빠르고 유연한 대응이 가능하게 한다. 또한 생산 site확산 시에도 필요한 서비스의 조합을 통해 빠른 라인 셋업을 지원한다.

워크플레이스를 이용하여 제조업무의 종합 포털을 구성할 수 있다. 또한 각각의 모듈인 트래킹/모바일/EC/워크플레를 모니터링하고 관리하는 AMS(Application Management System)을 제공한다. 한편 PDA 등의 이동 중 입력을 지원하는 모바일 모듈을 통하여 설비를 통한 입력의 제한에 의한 실시간 자동이 입력이 불가능한 경우, 이동 중 작업자를 통한 실시간 입력을 지원하여 작업자가 사후 입력함으로 인한 데이터 오류의 경우를 최소화하였다.

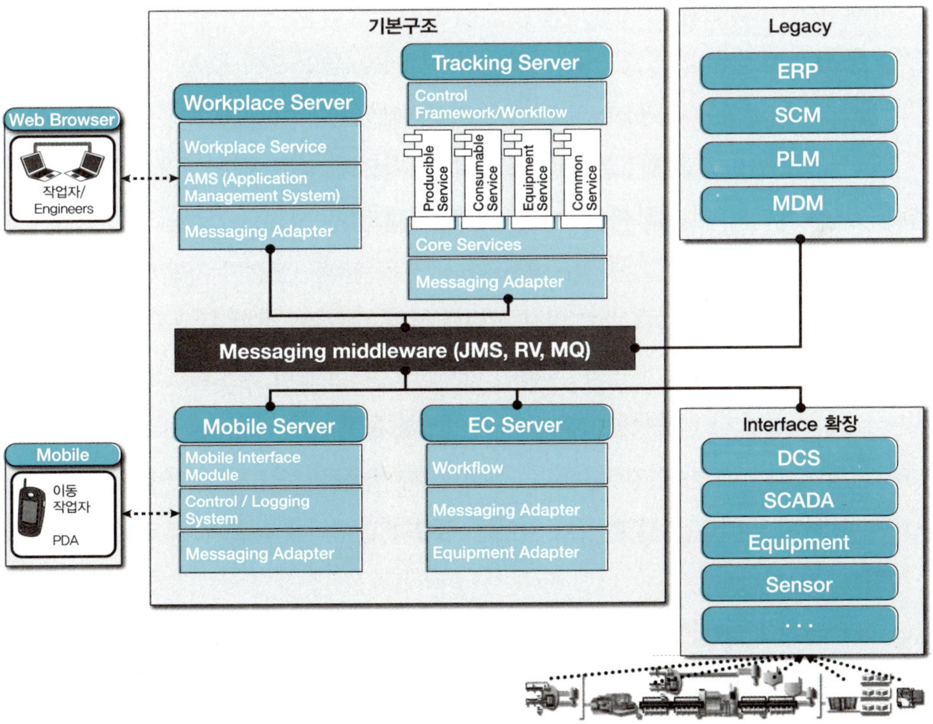

그림 19-15 시스템 구조

전사와의 연계를 위한 시스템 인터페이스는 전사 기간계 시스템인 ERP, Supply Chain 운영계획 및 관리를 담당하는 SCM, 상품 개발관리를 담당하는 PLM, 전사표준 기준정보를 관리하는 MDM 등의 주요 시스템과 실시간 연계가 구성되어있다.

화학업종에 적용되어있는 DCS나 SCADA 등을 고려하여 EC(Equipment Control)를 통한 연계보다는 기존 제어시스템과의 직접연계를 용이하게 하였다. 해당 적용사에 따른 특성이 다양하게 존재하므로 특성을 고려하여 I/F항목과 방법을 결정하여 각 환경에 가장 적합한 방법으로 적용할 수 있다.

시스템 구현 시 주의사항

- **로트 구분**

개수로 구별 가능한 하이테크 산업(반도체, LCD, 가전, 기계조립 산업 등)의 로트와 달리 화학사의 경우는 로트의 구별이 어렵다. 즉, 액체나 분말이 저장용기에 들어가게 되면 서로 섞이게 되어 구별이 어렵거나, 비중에 의해 부피를 량으로 환산하기 때문에 오차에 의한 구별이 어려운 경우가 발생한다.

먼저, 탱크나 사일로(Silo) 또는 파이프를 통해 이동 중인 경우를 살펴보도록 하자. 원료가 액체인 경우 구형이나 원통형의 탱크에 저장하게 된다. 이때 새로이 원료를 탱크에 주입할 경우 이전에 남아있던 원료와 섞이게 된다. 사일로의 경우 보통 분말이나 작은 알갱이인 펠릿(Pellet) 형태의 재료를 저장하게 되는데, 이럴 경우 사일로에 투입되는 원료나 제품은 층의 형태로 들어가게 되나 사일로에서 나올 경우 깔때기모양의 가운데에서 빠지게 되므로 층별로 바로 빠지지 않게 되어 역시 섞이게 된다. 이것은 마치 모래시계에서 내용물이 빠져 나올 때 출구인 가운데 부분부터 빠져 나오는 경우와 같다. 즉, 가운데 부분부터 상층의 다른 로트가 먼저 나올 수 있는 것이다. 파이프를 통해 이동하는 액체나 분말의 로트 또한 이동 중에 앞의 로트와 섞일 수 있다. 이렇게 화학업종의 원료나 중간품 또는 완제품은 이동 중이나 저장 중에 로트별로 서로 섞이는 경우가 발생하게 되므로 로트의 구분에 대한 기준 정립이 중요하다.

실제 화학설비 운영을 위해 적용되어 있는 DCS에서 로트를 구분하고 있으며, 이 구분값을 MES에서 그대로 받아 사용하는 것이 가장 쉬운 방법이나, 기존의 방법이 정확하다고 할 수는 없다. 따라서 현장의 로트 구분 방법을 확인 후 MES에서 사용하기 위한 명확한 기준 정립을 해 두는 것이 필요하다. 프로젝트 초기에 현장을 조사하여 현행 로트 구분 기준을 확인하여 현황과 문제점을 정확히 파악한 후 워크샵 등을 통해 현업과 그 기준을 초기에 정의하여 두는 것이 반드시 필요하다.

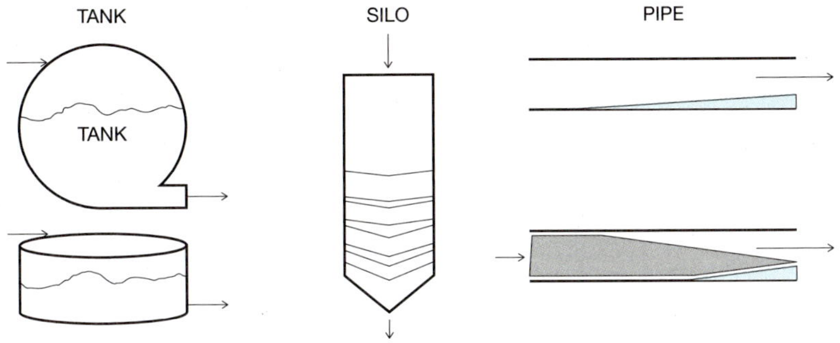

그림 19-16 로트 간 섞이는 경우

- **양(量)의 오차 발생**

화학업종의 로트 구분은 개수가 아닌 중량이기 때문에 양이 정확하지 않을 경우, 로트의 구분이 모호해지는 경우가 발생한다. 액체나 고체분말/알갱이 형태의 로트가 파이프를 타고 이동할 경우에 그 무게를 재지 않고 이동한 부피를 감지한 경우, 이것을 비중을 이용하여 무게로 환산하게 된다. 이때 계절의 영향에 따른 비중의 변화가 발생할 수 있고, 이동 중에 균일한 비중으로 이동하지 않고 부분적인 밀도의 차이로 인한 비중의 오차에 의해 무게가 정확하게 환산되지 않을 수 있다. 무게량 측정장치가 있어도 원료를 빼낼 때 투출구 입구의 부피센서에 의해 투출량을 환산하므로, 이때 센서의 오차와 환산 시 오차 등에 의해 재고량과 투출량이 서로 맞지 않을 수 있다.

또한, 센서의 정확도가 떨어져 원천적인 오차가 발생할 수도 있고, 센서의 오차 범위 내의 양의 이동 시 센서에서 감지가 되지 않으므로 누적에 의해 오차가 발생하기도 한다. 센서가 없이 작업자에 의한 수동 계측에 의해 오류가 발생할 수도 있다. 이러한 오차에 의해 다음과 같은 경우가 발생하기도 한다.

사일로에 저장된 제품을 포장할 경우 포장 중에 사일로 내 재고보다 더 많이 포장될 수도 있고, 재고가 부족하여 포장을 못할 경우가 발생할 수 있다. 이럴 경우 하이테크 산업의 경우와 같이 추가 포장에 대한 실적처리를 막는다거나, 포장 부족을 허용하지 않는 로직을 적용할 경우 여러 문제를 야기하게 된다. 따라서 이러한 오차를 보정하기 위한 다양한 방법을 상황에 맞게 고려하여 적용하여야 한다. 재고 조사 방법, 기준, 주기 및 보정방법에 대한 기준을 정의하여야 한다. 이러한 것을 지원하는 Data Reconciliation 상용 솔루션의 도입도 검토할 수 있다.

- **수동 입력 영역 – 사람에 의한 데이터 입력 최소화**

원유를 정제하는 정유 산업이나 석유화학 산업의 앞 단계에 위치한 납사(Napth) 분해를 하는 NCC 산업의 경우는 자동화 비율이 높아 센서감지에 의한 자동화된 데이터 수집체계를 가지고 있으나, 석유화학 산업의 후반부터 가공산업 부분은 자동화의 비율이 낮아 생산에 사람이 개입하는 비중이 높다. 예를 들면 원료나 제품의 이동을 자동이 아닌 사람에 의해 이동을 하게 될 경우나 생산을 위해 설비에 원료들을 투입시킬 때 사람이 개입하는 경우가 있다. 이러한 공정의 경우 작업자가 일련의 단위 작업이 끝난 후 화면을 통해 직접 데이터를 입력하거나 사후에(일 단위, 주 단위, 월 단위) 한꺼번에 입력하기도 한다. 이렇게 사람에 의해 데이터 입력이 되는 경우는 대부분 데이터가 누락/지연 입력되거나 심한 경우에는 임의 조작에 의한 훼손이 발생하기도 한다.

이를 개선하기 위해 데이터를 자동 수집 체계로 변환시키려면 기존 라인에 대규모 자동화 설비를 추가하기 위한 대규모 투자가 필요하거나 라인을 전면 개조해야 한다. 현실적으로 이렇게 하기가 쉽지 않으므로 자동화되지 않은 영역에 대한 데이터 수집 방법에 대한 정의가 필요하다. 예를 들면 PDA를 사용하거나 작업자 입력 편의를 위한 터치 PC 등의 씬 클라이언트(Thin Client)의 설치 등을 고려할 수 있다.

데이터의 자동 수집은 비단 화학사에 국한된 문제만은 아니다. MES의 운용을 위해서는 데이터의 자동 수집이 가장 근간이 된다. 실시간으로 정확히 입력된 데이터는 현장의 이상을 감지하고 사전에 사고를 방지하고 통제할 수 있는 중요한 원천이다. 화학사의 경우 DCS 운전을 위한 자동화 영역은 비교적 잘 구축된 반면, 사람에 의한 작업영역은 DCS로 거의 통제가 이루어지지 못하고 있다. 사람에 의한 작업영역에 대해 실시간 자동 데이터 수집을 위한 기반 구축이 매우 중요한 부분이다.

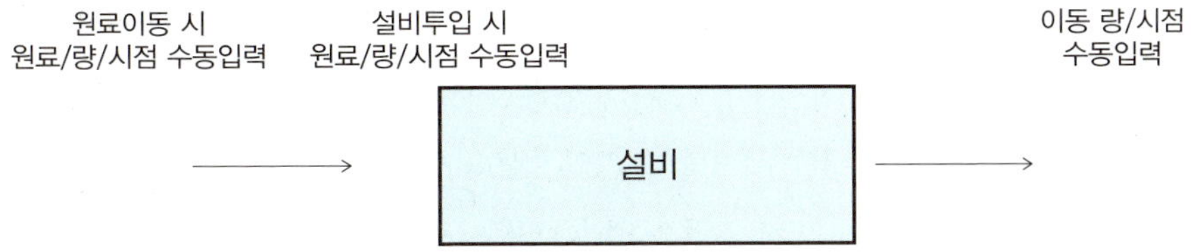

그림 19-17 데이터 수집 시점

- **자동 입력 영역 - DCS 연계 기준 정비**

화학업종의 데이터 시그널은 온/오프 형태를 띄지 않은 경우가 많다. 하이테크 산업에서 발생하는 데이터는 각 생산 단위별로 구분이 되므로 생산과 관련된 데이터는 일반적으로 온/오프의 형태를 갖게 되며 이를 통해 투입/이동/생산 등을 구분하게 된다. 즉, 설비에 투입이 될 경우 투입 시그널이 발생하고 이후 리셋된다.

MES는 투입 시그널이 온(On)될 때를 투입 이벤트 발생 기준으로 정의하여 적용하면 된다. 마찬가지로 설비에서 아웃될 경우 아웃 감지 영역의 시그널이 온으로 바뀌게 되므로 이 때를 아웃 이벤트 발생 기준으로 정의하여 사용하게 된다.

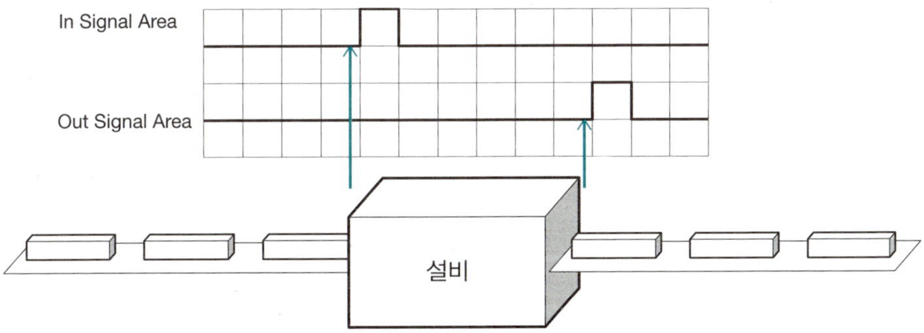

그림 19-18 연속 증가형 시그널 패턴

하지만 화학 업종의 경우는 이와는 다른 경우가 많이 발생한다.

원료나 제품이 파이프를 통해 저장 탱크로 들어가는 경우, 최초 투입 시점이 온으로 즉시 발생하는 것이 아니라 일정하게 증가하여 어느 시점부터 최고점에 도달하는 형태의 시그널을 보이게 된다. 마찬가지로 투입이 종료되는 시점도 바로 오프 값이 발생하지 않고 일정하게 감소하는 형태의 시그널을 발생시킨다.

이때 시작의 어느 시점을 투입으로 볼 것인가? 그리고 투입시점 이전에 들어간 양은 어떻게 할 것인가의 문제가 발생하게 된다. 또한 투입종료 시점 또한 어느 시점을 종료로 볼 것인가? 그리고 종료 이후에 발생한 시그널 만큼의 양은 어떻게 처리할 것인가의 문제가 발생한다. 이러한 경우는 탱크에 저장된 물질을 배출시키는 경우에도 마찬가지 상황이다.

따라서 연속적으로 증가/감소하는 시그널 형태의 데이터를 어느 기준으로 MES에서 활용하여야 하는지, 이때 발생되는 문제는 무엇이고 해결방안을 찾아 MES에 적용하는 것이 중요하다.

그림 19-19 화학업종 시그널 발생 예

각각의 센서를 통해 감지된 값을 개별 해석해서 데이터를 발생시키는 경우가 아닌, 여러 개의 시그널을 조합하여 값을 발생시키는 경우를 살펴보자. 복잡한 연결로 이루어진 화학 공정의 특성 상 특정 데이터를 발생시키기 위해서는 어느 한 곳의 데이터가 아닌 여러 시그널을 조합하여야 하는 경우가 발생한다. [그림 19-20]은 조합의 경우를 단순하게 예를 든 것으로 실제와는 차이가 있음을 먼저 밝혀둔다. 그림에서 1번, 2번, 3번, 4번 포인트에서 개폐 신호와 유속이 감지될 수 있다. 단순히 개문 신호가 온다고 해서 이동이라고 볼 수 없으며, 유속이 어느 정도 도달할 때 이동감지되어 투입이라고 볼 수 있다. 이때 1, 2, 3번 포인트의 신호가 맞더라도 4번 포인트에서 개문신호와 이동감지가 되어야 투입이라고 볼 수 있다. 즉, 투입을 확인하기 위하여 관련된 포인트들의 모든 신호를 점검하고 그 신호에 맞는 조합을 확인하여 최종 투입여부를 판단할 수 있다.

이렇게 조합을 고려해야 할 대상이 많으면 많을수록 기하급수적으로 복잡도가 증가하여 해석 중 오류가 날 가능성이 커지고, 현장 시스템에 부하를 주어 생산사고가 발생할 가능성이 생긴다.

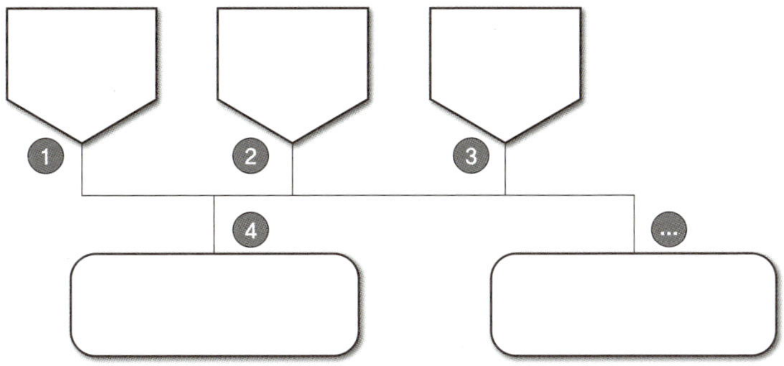

그림 19-20 Signal 조합형 Case

다음으로 DCS 등의 현장설비에서 비정상 상태가 발생하여 Haunting 등의 노이즈(Noise)가 발생하는 경우이다. 실제 이러한 경우가 현장에서는 자주 발생하고 있다. [그림 19-21]의 1번에서 정상적인 시그널이 발생했음에도 짧은 시간 동안 2번과 3번의 경우와 같이 Signal Haunting이 발생하여 추가 데이터가 발생할 수 있다. 불필요한 신호인 2번과 3번 데이터를 제거하지 않으면 투입이나 생산 등의 실적이 3배로 잡히게 되어 재고나 수불에 문제가 발생하게 된다.

따라서 테스트 기간 중에 충분한 시간을 두고 데이터를 분석하여 노이즈가 발생하는 상황을 조사하고 불필요한 데이터에 대한 식별 기준과 처리 기준이 필요하다.

이러한 노이즈는 테스트 기간 이외에도 시스템 적용 후 운영 중에도 발생할 수 있다. 지속적인 모니터링을 통해 노이즈 시그널 제거가 필요하다.

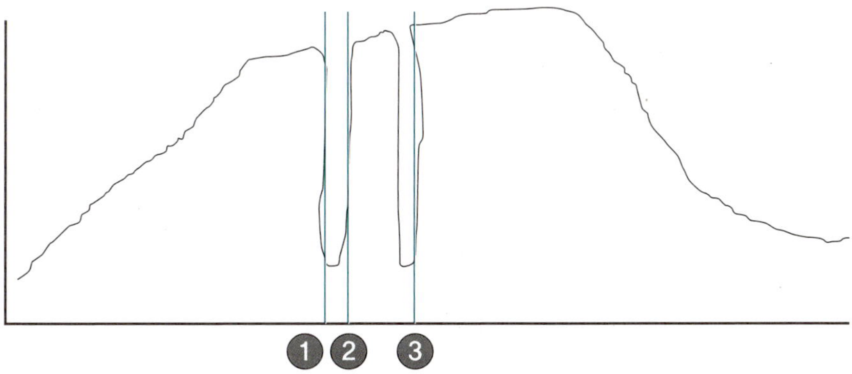

그림 19-21 비정상 Signal Filtering – Noise 제거

앞서 얘기한 바와 같이 화학사의 DCS는 현장설비 통제용으로 적용되어 있고, 그 이외의 부분은 DCS가 적용되어 있지 않다. 따라서 되도록 DCS 등을 통해 자동화된 방식으로 데이터를 수집할 경우 MES가 필요로 하는 시그널로 변환하는 작업에 대한 관리가 필요하다. 사람이 개입되는 부분은 사람의 입력을 최소화하는 방법으로 업무를 개선하고 현장을 지원하여야 한다.

지금까지 예는 현장에서 발생할 수 있는 부분의 일부분이다. 실제 프로젝트 중에 DCS 등을 통해 발생한 시그널 처리에 대해 많은 시간을 필요로 한다. 현업의 숙련된 경험자가 포함된 조직을 구성하여 앞의 예를 포함한 다양한 현장의 경우를 조사하여 문제점을 해결해야 한다. 그러기 위해서는 현장공정과 연계하여 DCS의 시그널을 이해하고 분석할 수 있는 엔지니어의 참여가 필수적이다.

숙련된 전문엔지니어를 통해 다양한 경우에 대한 해석과 정확한 기준 정의를 효과적으로 수행하여 MES가 가장 근간으로 자동화된 데이터 수집이 될 수 있도록 철저한 대응이 수행될 수 있어야 한다.

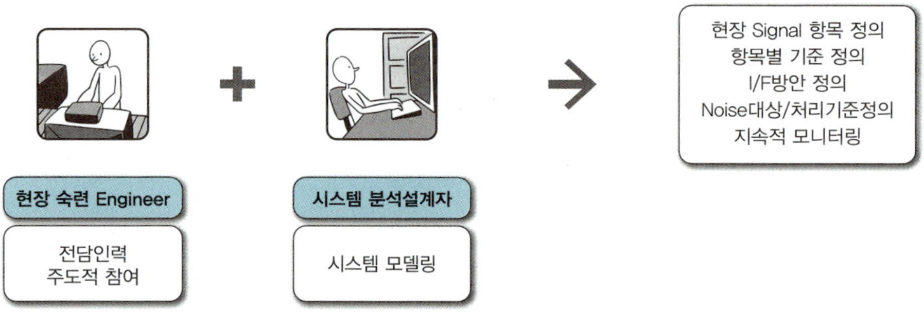

그림 19-22 현업 DCS 전문가 전담 참여

19.2 Set 업종의 사례

B사는 반도체 소재, 디스플레이 소재를 생산하는 기업으로 과거에 ERP를 중심으로 SI로 제조 시스템을 구축하여 사용하였으나, 생산 품목 및 수량의 급격한 증대, 고객 품질 요구사항 증대 등의 경영환경 변화에 대처하기 위해 MES 솔루션 기반 제조 시스템을 구축하기로 하였다.

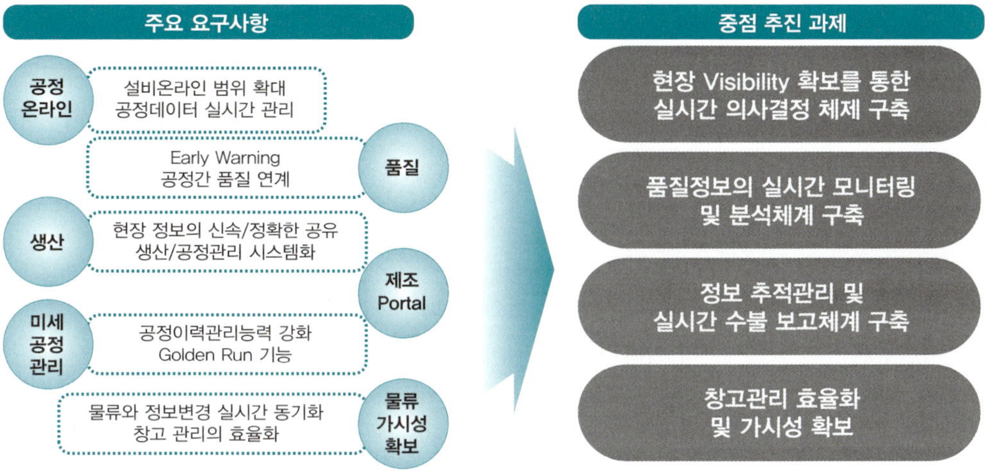

그림 19-23 주요 요구사항 대비 중점 추진과제

통합 MES 시스템 구축의 목표를 타임 투 마켓 체계 및 품질 경쟁력 확보로 정하였고, 추진 방향을 운영 프로세스 및 시스템 표준화, 실시간 의사결정을 위한 현장 정보화, 제품군 확산을 대비한 유연화로 정의하였다.

B사 고객의 주요 요구 사항들은 다음과 같다.

- 설비 온라인 범위를 확대하고 공정 데이터를 실시간 관리하고 싶다.
- 품질 사고에 대한 조기 경보(Early Warning)를 통해 품질 비용을 줄이고 싶다
- 현장 정보를 현장 작업자 및 관리자까지 신속, 정확하게 공유하고 싶다. 이를 위해 생산/공정관리 시스템화가 필요하다
- 공정진행에 대한 이력 정보가 불명확하다. 최상의 품질을 낼 수 있는 공정 조건을 세팅할 수 있는 Golden Run 기능이 필요하다.
- 물류창고에 대한 실시간 정보가 필요하다. 비효율적인 창고 관리를 효율화한다.

다양한 방면의 요구사항들이 있었으며 이러한 요구사항의 충족을 위해 다음의 중점 추진 과제 4개를 선정하였다.

첫째, 현장 가시성(Visibility) 확보를 통한 실시간 의사결정 체제 구축

둘째, 품질정보의 실시간 모니터링 및 분석 체계 구축

셋째, 정보 추적관리 및 실시간 수불 보고 체계 구축

넷째, 창고관리 효율화 및 가시성 확보

중점 추진 과제들에 대해 자세히 살펴보도록 하자

첫 번째는 현장 **가시성(Visibility)** 확보를 통한 실시간 의사결정 체제 구축으로, 이를 위한 세부 추진 항목은 다음과 같다.

1. 설비, 공정 관리 포인트 확대를 통한 미세 관리 체계 정립
2. 공정 온라인 확대 (단독 설비 등에 대한 온라인 포인트화 추가, HMI 통합)
3. 웹시스템을 통한 정보 접근성 제고 및 편리성 확보
4. 주요 KPI 체계 재정립 및 의사결정 지원

예를 들면 신규 설비가 들어온 A 제품군 라인의 경우 신규 설비를 온라인화하여 온라인 포인트를 확대하고, 기존에 오프라인으로 운영되는 C 제품군 라인의 경우는 HMI를 신규 구축하여 공정 정보를 온라인화하여, 이런 현장 정보를 작업장 계기판(Dashboard), MES UI를 통해 작업자 및 관리자들에게 정보를 전달하여 현장 가시성을 확보할 수 있다. 현장 가시성 확보를 통해 다음과 같은 효과를 기대할 수 있다.

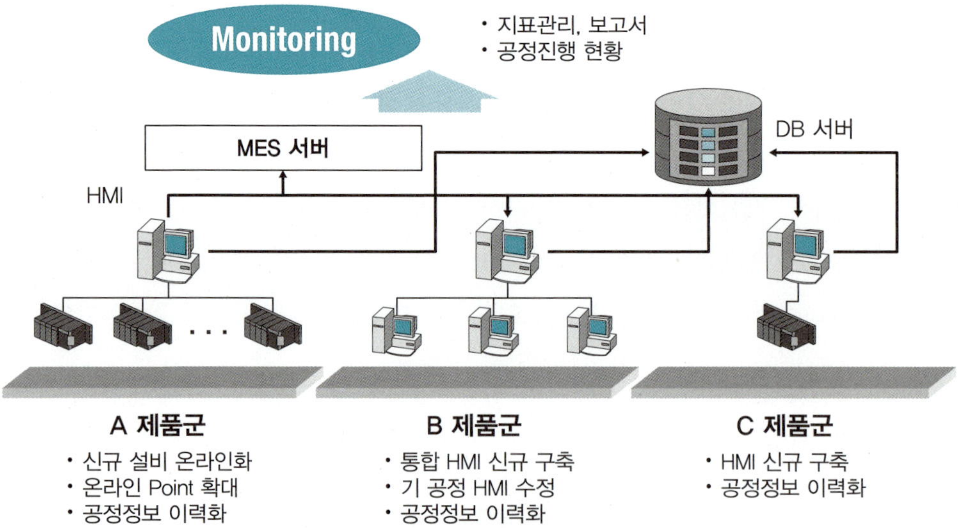

그림 19-24 현장 Visibility 확보

1. 공정 정보의 이력화, MES 정보를 이용한 공정 진행 지원, 데이터 신뢰도 향상을 기대할 수 있으며,
2. 공정 온라인 통신 표준을 정의하고, 표준에 의한 설비 도입을 함으로써 통합 비용을 감소시킬 수 있고,
3. 현장 데이터에 대한 실시간 수집을 통해 이상 발생 대응 시간을 단축시키고, 의사결정을 위한 빠른 정보를 제공할 수 있다.

두 번째 과제는 품질정보 모니터링 및 분석 체계 구축이다. 이를 위한 세부 추진 항목은 다음과 같다.

1. 리얼타임 SPC 구축을 통한 품질 정보 축적 및 품질 분석을 위한 기본 데이터 제공
2. 공정 이상 사전 감지를 통한 조기 경보(Early Warning) 체계 구축
3. 연계 분석 툴을 도입하여 이를 통한 품질 원인 파악
4. 통계적 기법을 활용한 공정 품질 미세 분석

실시간 수집된 공정 데이터 및 품질 데이터를 기반으로 실시간 SPC를 통한 품질 모니터링을 실시하고, 이상 발생 시 혹은 사전에 품질 이상에 대한 알람을 울리며, 분석 툴을 이용해 상관분석, 회귀 분석 등 품질 미세 분석을 수행할 수 있다.

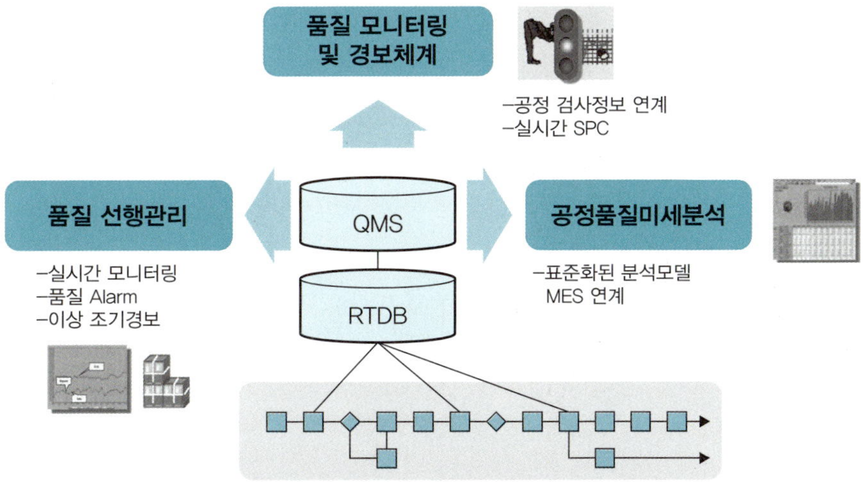

그림 19-25 품질 정보 모니터링 및 분석 체제 구축

품질정보 모니터링 및 분석체제 구축을 통해 다음과 같은 효과를 기대할 수 있다.

1. 작업자에 의한 오류(Human Error)를 미연에 방지할 수 있으며, 공정 이상 사전 감지를 통한 조기 경보 체계를 확보할 수 있다.
2. 품질 데이터 분석을 통한 이상원인을 트래킹할 수 있으며, 분석 툴을 이용한 다양한 품질 미세 분석을 수행할 수 있다.

두 번째 과제인 품질정보 모니터링 및 분석 체계 구축을 지원하기 위해 RTDB 도입을 추가로 검토 하였다. RTDB 도입 세부 추진 항목은 다음과 같다.

1. 공정이력관리
   - 공정 관리도/트렌드 상의 이상 이력 관리
   - 과거 공정 이력을 토대로 이상 원인분석 확대 적용
2. 트렌드(TREND) 기능
   - 로트(배치) 히스토그램으로 로트(Batch)별 공정 운전 비교분석 기능 확대 적용
3. Excel 기반 세부 공정분석 역량
   - MS Excel기반의 공정 데이터의 수치적 분석을 통해 공정 분석 기능 확대 적용
4. Golden Run 기능 적용(공정관리 강화)
   - Golden Run 기능을 이용한 최적의 공정관리 실행이다.

   RTDB도입을 통해 다음과 같은 효과를 기대할 수 있다.
   - 신속, 정확한 공정 이상원인 파악
   - 생산성 향상을 위한 도구로 활용

세 번째 과제는 정보 추적 관리 및 실시간 수불 보고 체계 구축으로 이를 위한 세부 추진 항목은 다음과 같다.

1. 재공/재고, 자재 로트 관리 및 추적관리 시스템화
2. 현장에서 발생한 수불관련 정보를 MES에서 ERP시스템으로 실시간 보고 체계 구축
3. 진행, 실적, 제조 이력 관리의 시스템화

로트를 기준으로 현장 데이터를 신속/정확하게 수집하여 이를 ERP에 실시간으로 보고하여, 시스템 간 정보 불일치를 해소하고 로트 이력을 관리하여 개별 로트를 트래킹 할 수

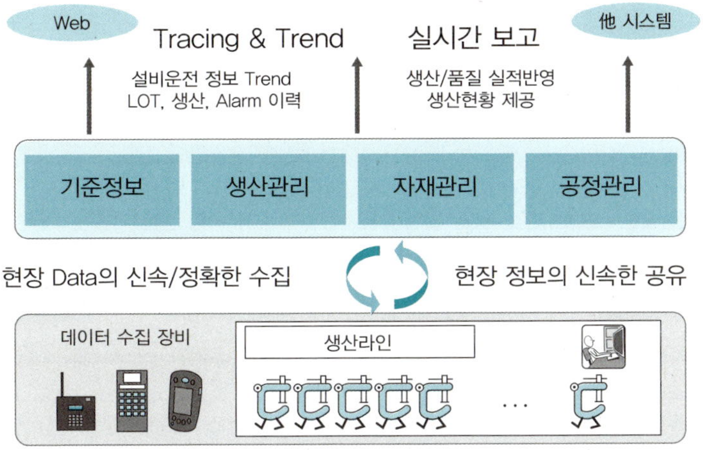

그림 19-26 정보 추적 관리 및 실시간 수불 보고 체계

있으며, 품질 문제 발생시 이를 트레이싱 할 수 있다.

정보추적관리 및 실시간 수불 보고 체계 구축을 통해 다음과 같은 효과를 기대할 수 있다.

1. 로트 정보를 관리를 위한 수작업 페이퍼 제거를 통해 생산성 향상이 가능하고, 품질 정보에 대한 트랙과 트레이스(Track & Trace)의 제공을 통한 고객 신뢰도 향상이 가능하다.
2. 미세 재공 관리로 재고운영 효율화를 기할 수 있으며 유효재고 정확도를 향상시킬 수 있다. 생산계획 수립 시 제조 현장 정보를 반영함으로써 생산 계획 수립의 정확도를 높일 수 있다.

네 번째 과제는 물류 가시성 확보(WMS) 체계 구축으로 이를 위한 세부 추진 항목은 다음과 같다.

- 실시간 생산 물류 정보 취합
- 생산 현장정보 및 업무정책을 SCM에 반영
- 창고 관리의 효율화

WMS를 기반으로 창고 내의 물류 정보, MES를 기반으로 공정 내의 물류정보를 통합 수집하여 ERP, SCM에 전달하여 영업 마케팅 활동에 직접적인 반영이 가능하게 된다. 물류 가시성 확보 (WMS)를 통해 다음과 같은 효과를 기대할 수 있다.

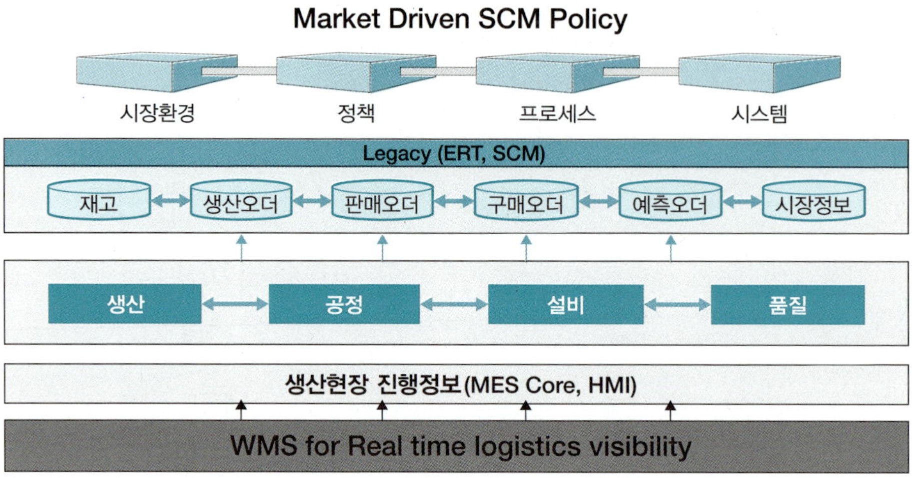

그림 19-27 물류 가시성 확보 (WMS)

1. 로트 트레이싱 연결고리 확보 - 제품 출하부터 생산 현장까지 트레이싱 가능
2. 재고자산 회전율 향상 - 창고재고와 WIP 재고 수량에 대한 정확한 정보 제공으로 재고 자산 납기 대응 속도 향상
3. 창고 재배치 및 공간활용 효율성 증대

[그림 19-28]은 MES 구축과 관련된 구현 이미지를 나타내는데, 요약하여 설명하면 다음과 같다.

1. 생산 공정의 유연성 향상
   - 표준화를 통한 고객의 요구(Needs) 변화에 대한 신속한 대응
   - 타임 투 마켓(Time-To-Market) 단축
2. 공정 미세 분석 시스템 구축
   - 관리도/트렌드 공정 이력 기반 분석 기능 구축
   - 로트(배치,Batch)별 공정 운전 비교 분석 기능 강화
3. 생산정보 접근성 향상
   - 성과지표 및 진척 현황에 기초한 적기 의사결정 실행
   - 경영층-관리자-현장의 일관된 업무 수행

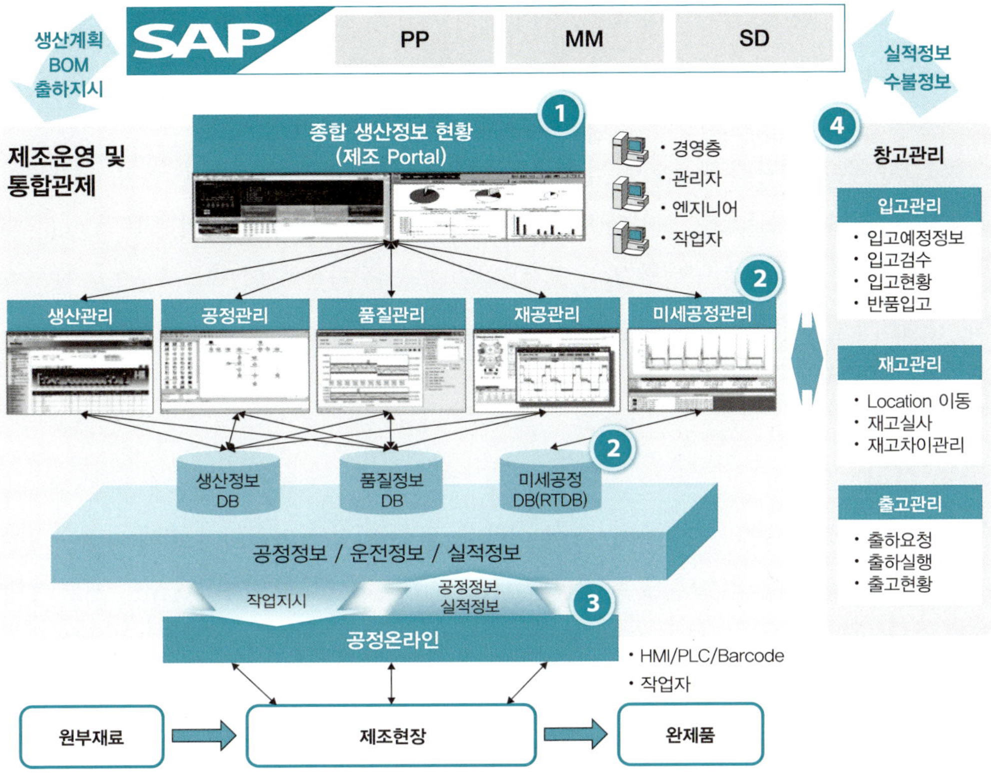

그림 19-28 구축 이미지

4. 창고관리 효율성 향상
   - 재고관리를 통해 실물과 전산 데이터 간의 일치화
   - 선입선출 체계 구축을 통한 품질 및 고객 만족도 향상

기능 측면에서는 생산 부문, 품질 부문, 공정 온라인 부문으로 구별하여 기능을 구현하고자 하였다. 생산 부문은 크게 생산관리, 공정관리, 공정 내 물류관리, 지표(KPI) 관리, 설비관리, 제조 포탈로 구분하였다. 생산관리는 생산 스케줄링, 수불관리, 제조 이력관리, 출하관리, 마감관리, 작업 기준정보 기능을 포함한다. 공정관리는 공정 로트 관리, 투입 우선순위 관리, 공정 계획 관리, 공정 진행 관리, 레시피 관리, 공정 재공 관리, 공정 운영 현황, 알람, 인터락(Interlock) 기능을 포함하고 있다. 공정 내 물류관리는 자재 투입, 자재 재공/재고, 자재 로트 관리 기능을 포함한다. 지표(KPI) 관리는 종합 효율 관리, 제조원가 관리, 지표 관리, TPM 관리 기능을 포함한다. 설비관리는 설비 마스터 관리, W/O 관리,

PM 및 검교정, 환경 관리, 기타 관리, 통계 관리 기능을 포함한다. 제조 포탈은 사용자 관리, 롤(Role)별 메뉴체계 관리, 게시판/일반 자료실, SSO(Single Sign On) 기능을 포함하도록 하였다.

품질부문은 품질관리 부문으로 검사 종합 현황, 성적서 관리, 부적합품 관리, 불량분석/품질분석, 품질 워크플로우, 실시간 SPC, 품질 추적, 품질 기준정보 관리, 외부 Qual., 비정상 처리 기준 기능으로 구현하였다. 공정온라인 부문은 자동화 인프라 부문으로 태그 관리, HMI 기능, 수작업 입력, 알람, 비정상 제어, 통신방식 관리, 설비상태 감시/제어 기능을 구현하였다.

구축 결과

앞서 서술한 목표, 주요 추진 과제, 구현 이미지, 구축 범위를 만족하기 위해 다음과 같이 시스템을 구축하였다. 시스템 구축 범위는 MES Core, QMS, RTDB, WMS, 제조 포탈, 통합 HMI 서버 구축, PLC 보완 및 추가, 기존 시스템과의 I/F이다. MES Core영역은 국내 A벤더사의 N제품을 기반으로 구축하였으며, QMS는 국내 M사의 I제품을 기반으로 구현하였고, 제조 포탈, WMS는 SI로 개발하였으며, RTDB는 해외 벤더 C사의 P제품을 사용하였고 HMI 서버는 외국계 R사의 R제품을, PLC는 해외벤더 R, M사 국내 벤더 L사의 제품을 활용하여 구축하였다.

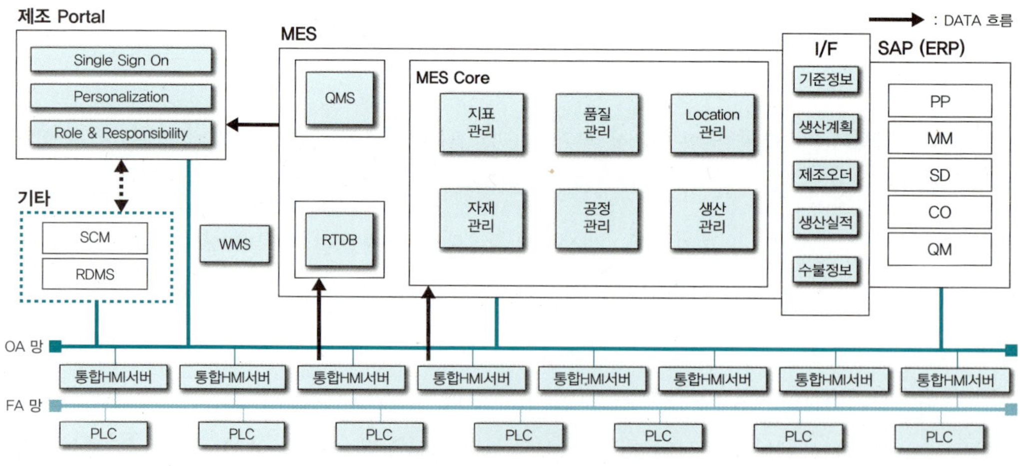

그림 19-29 구축 이미지

[그림 19-30]은 B사의 MES구축의 사례를 들고 있다.

MES는 총 8개 모듈 103개 세부기능으로 구축되었다. 8개 모듈은 생산관리, 공정관리, 물류관리, 품질관리, 외주관리, 리포트, 지표관리, 기준정보로 구분되며, 각 모듈별 하위 기능으로 구성되어 있다. 생산관리는 총 6개 기능으로 구성되어 있으며, 대표적으로 PO 스케줄링, 작업 지시 관리, 투입 생산 보고, 투입 생산 이력관리 기능이 있다. 공정관리는 총 18개 기능으로 구성되어 있으며, 대표적으로 공정관리, 실시간 SPC, 로트 추적관리, 인수인계 관리, 환경관리, 장비관리 기능이 있다. 물류관리는 총 5개 기능으로 구성되어 있으며, 대표적으로 이동관리, 자재요청, 재공관리, 출하 승인, 출하 발행 기능이 있다.

품질관리는 총 25개 기능으로 구성되어 있으며, 대표적으로 품질검사 데이터 입력, 관리도, 품질 분석/검정, 품질 모니터링, 고객사용 리포트 기능이 있다. 외주관리는 총 4개 기능으로 구성되어 있으며, 대표적으로 발송의뢰, 출하의뢰, 자재반환/인수 기능이 있다. 리포트는 총 11개 기능으로 구성되어 있으며, 대표적으로 생산보고, 로케이션 이력 조회, 불량 이력 조회, 설비 가동률, 로그 시트(Sheet), 창고 재고 내역 기능이 있다. 지표관리는 총 19개 기능으로 구성되어 있으며, 대표적으로 생산실적, 생산성, 알람 발생 건, 납기 준수율, 원가절감, 재고 보유금액 기능이 있다. 기준정보는 총 17개 기능으로 구성되어 있으며, 대표적으로 품질 기준정보, 생산 기준정보, 고객정보, 아이템 관리, 알람 관리 기능이 있다.

MES 영역 이외에도 HMI, RTDB, WMS, 타 시스템 I/F가 구축되었다. HMI는 공정

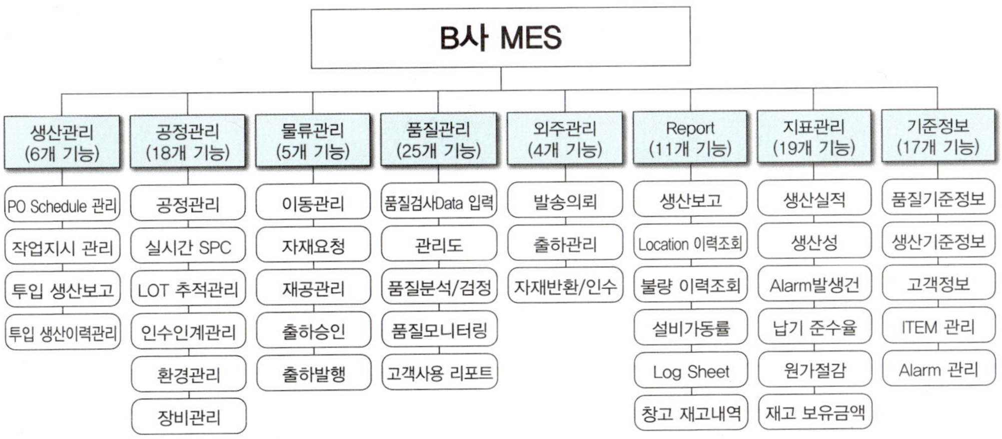

그림 19-30 B사 MES 기능도

모니터링을 주로 수행하며, 제품군별 공정현황 모니터링 및 공정데이터 수집, MES, QMS, RTDB에 원천 데이터 제공, 제품군 특성에 따라 수불정보 자동 보고 등 22개 기능으로 구축되었다. RTDB는 미세 공정관리, 공정 이상 이력 관리, 로트 트랜드와 히스토그램(Trend & Histogram) 3개 모듈로 구현되었다. 미세 공정관리는 미세 공정 모니터링, 공정 트랜드와 로트 트랜드 등 38개 세부기능으로 구현되었으며, 공정 이상 이력관리는 트랜드 또는 관리도 상의 Western Electric 8 Rules 위배 시 이상 원인 트랜드 입력, 조회 및 분석기능 등 19개 기능으로 구성되어 있고, 로트 트랜드와 히스토그램은 개별 로트에 대한 공정 변수 비교 기능 등 8개 기능으로 구축되었다.

WMS는 입출고, 재고관리, 기준정보, 정산 등의 기능으로 구축되었고, 타 시스템 I/F는 ERP와 4건, RDMS와 1건 등 총 5건으로 구현되었다.

S/W Configuration 측면에서는 다음과 같이 구현되었다.

MES/QMS DB를 기반으로 QMS, MES Core 서버, Custom Server를 구현하였다. MES Core는 B사 제품 엔진 자체를 탑재하였고, Custom Server는 B사에 맞추어 개발된 영역으로 MES Core의 API를 콜하는 방식으로 구현하였다. 이 Customer Server를 중심으로 포탈, MES Core, HMI와 ORB를 기반으로 메시지를 교환하도록 구현하였다.

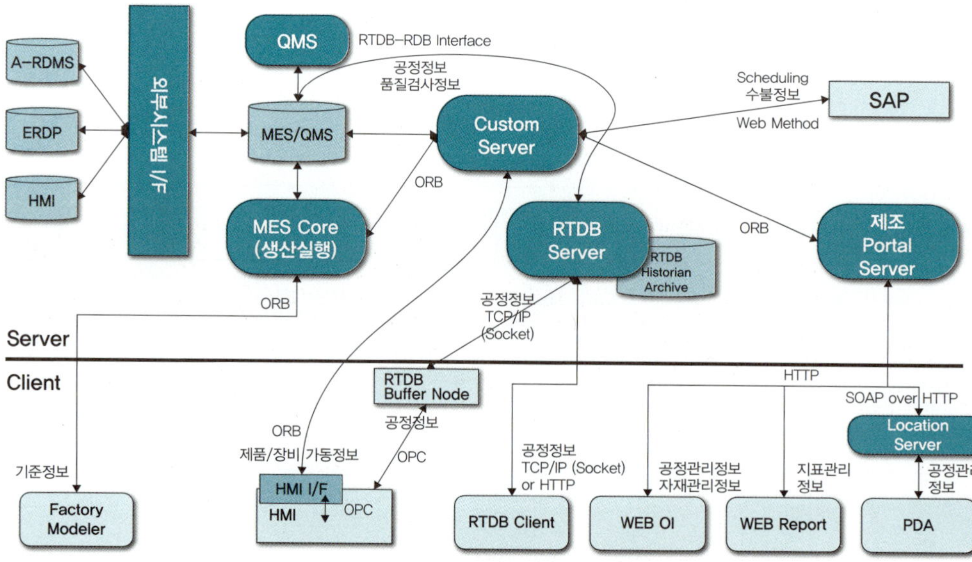

그림 19-31 소프트웨어 인터페이스 Configuration

RTDB는 독립적인 DB를 구현하였으며, RTDB 버퍼 노드(Buffer Node)를 두어 RTDB의 퍼포먼스를 보장하도록 하였으며, RTDB 서버와 RTDB 버퍼 노드와는 TCP/IP통신을 기반으로, RTDB 버퍼 노드와 HMI는 OPC통신을 기반으로 연계되도록 구현하였다. RTDB와 MES DB는 독자적인 RTDB-RDB 인터페이스를 구현하여 연결하였으며, RTDB 클라이언트와는 TCP/IP 기반으로 연결하였다.

WEB OI, 리포트는 제조 포탈을 서버를 근간으로 화면을 구현하였으며, PDA와 통신하기 위해 로케이션 서버를 독립적으로 구현하였다.

시스템 Configuration 측면에서는 다음과 같이 구현되었다.

MES 어플리케이션 서버는 유닉스 기반에 JDK, MES Core와 Custom Server를 설치하였고, QMS 어플리케이션 서버는 유닉스 기반에 JDK, 품질 분석 솔루션을 설치한 다음, 서로를 HA로 구성되었다. MES DB서버는 오라클을 기반으로 MES 데이터를, QMS DB 서버는 오라클을 기반으로 QMS 데이터와 지표 데이터를 저장토록 한 후, 두 대의 서버를 서로 복제하도록 하여 RAC를 구성하였다.

MES 포탈 서버는 유닉스 기반에 JDK 웹로직, JAVA 프레임워크, 리포트 디자이너, 포탈 엔진, X-인터넷 툴을 장착하였다. RTDB는 윈도우 기반에 MS SQL을 기반으로 RTDB를 설치하였고 WMS 역시 윈도우 기반에 WMS 어플리케이션을 설치하였다.

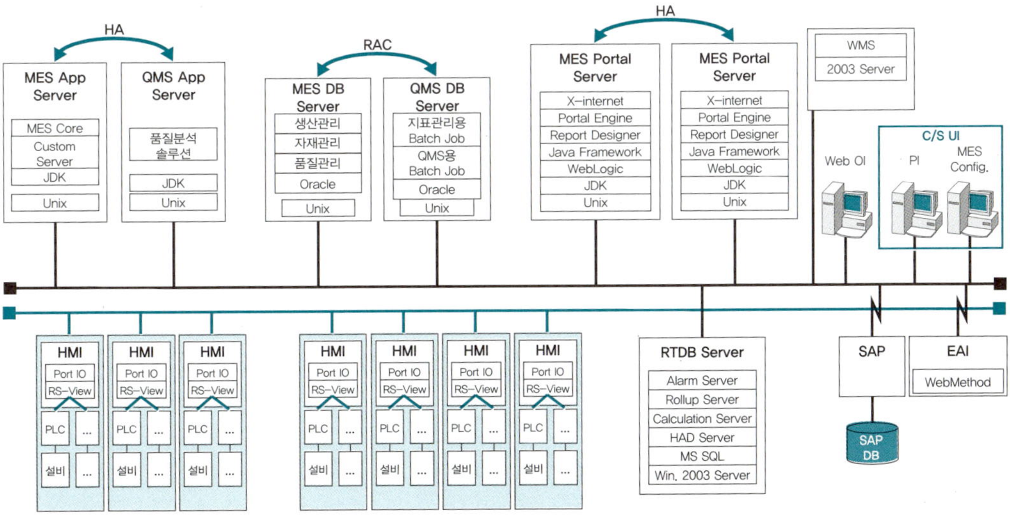

그림 19-32 System Configuration

하드웨어 Configuration 측면에서는 다음과 같이 구현되었다.

Application 서버는 두 대를 HA로 구성하되 한 대는 MES 어플리케이션 서버로, 한 대는 QMS 서버로 구성하였다. DB 서버는 두 대를 RAC로 구성하되 한 대는 MES DB Server로, 한 대는 QMS DB 서버로 배치하여 서로의 DB를 복제하는 DB 구조를 갖추었다. MES 포털 서버도 두 대를 HA 형태로 구성하되, 이 또한 액티브(Active) 형태로 사용하여 부하 분산을 꾀하였다. RTDB 서버는 독자적으로 구현하였으며, WMS 서버도 Windows 기반으로 1대를 독립적으로 구현하였다.

시스템이 다운되면 생산이 멈춰버리는 MES시스템의 특성상 MES 어플리케이션 서버, MES DB서버는 각각 두 대의 서버를 RAC형태로 구현하는 것이 제일 안정적이긴 하지만, 공정 데이터량 및 예산에 따라 B사와 같이 DB를 제외한 어플리케이션을 서로 다른 기능의 어플리케이션 서버 두 대를 HA 형태의 클러스터링으로 엮어서 사용하는 경우도 있다.

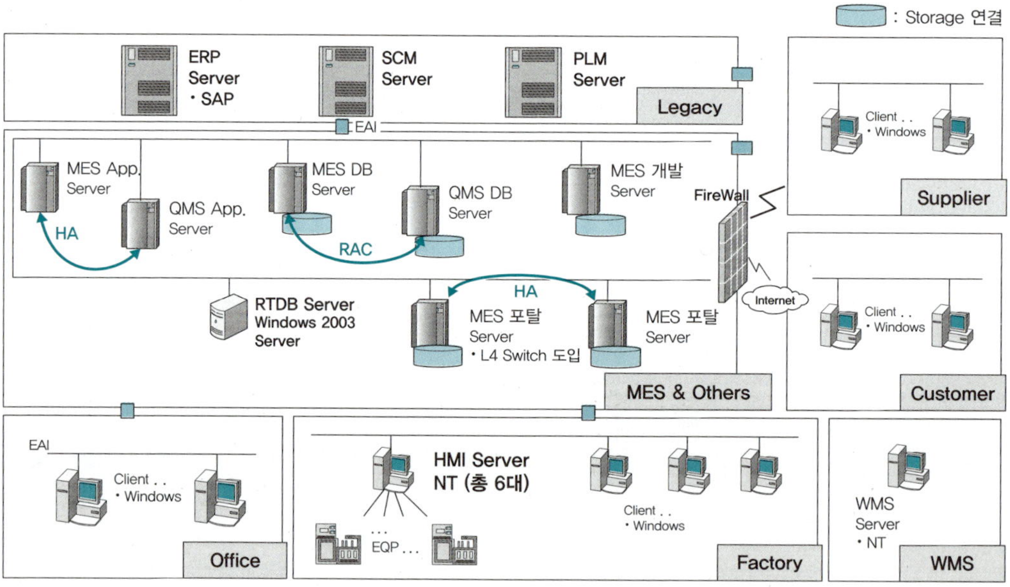

그림 19-33 H/W Configuration

19.3 | 신규 라인 구축과 MES

C사는 신규라인 구축을 시작하며 제조 운영 인프라 구축이 필요하고, 기존 라인에서 사용하던 제조 시스템에 대한 개선 요구사항들이 많아지고, 조기 경쟁력 확보를 위해 통합 MES시스템을 구축하기로 하였다. 이런 배경하에 독립성, 표준화, 완전성, 실사구시의 원칙하에 신규 라인 제조 인프라 구축, 시스템 기반 제조환경 구축, 조기 품질 경쟁력 확보를 추진 과제로 MES를 구축하고 결국 업계 최고의 제조 경쟁력 확보라는 비전을 달성하기로 하였다.

C사 MES 구축의 3대 추진 과제는 신규 라인 제조 인프라 구축, 시스템 기반 제조환경 구축, 조기 품질 경쟁력 확보에 있다. 신규 라인 제조 인프라 구축 과제는 제조 업무 프로세스 정립, 변화에 유연한 기준정보 체계 구축, MES-ERP 프로세스 연계 확립의 세부 과제로 구분된다. 시스템 기반 제조환경 구축 과제는 계획과 실행의 동기화, 바코드를 통한 실시간 실물관리, 작업표준에 의한 공정제어의 세부과제로 구분하고, 조기 품질 경쟁력 확보는 품질검사 운영 및 이상 발생 관리 체계 구축, 원자재 투입에서 제품 출하까지의 생산 이력 정보 제공, 통계적 품질 분석 환경 구축의 세부 과제로 구분하여 추진하였다.

신규 라인 제조 인프라 구축

3대 추진 과제별 상세 추진 과제에 대해서 좀더 자세히 설명해 보자.

첫째 추진 과제인 신규라인 제조 인프라 구축은 제조 업무 프로세스 정립, 변화에 유연한 기준정보 체계 구축, MES-ERP 프로세스 연계 확립의 세부과제로 구분된다. 제조 업무 프로세스 정립의 주요 내용은 현업 주도의 프로세스 정의, 표준 프로세스와 시스템의 통합된 설계 구현이다.

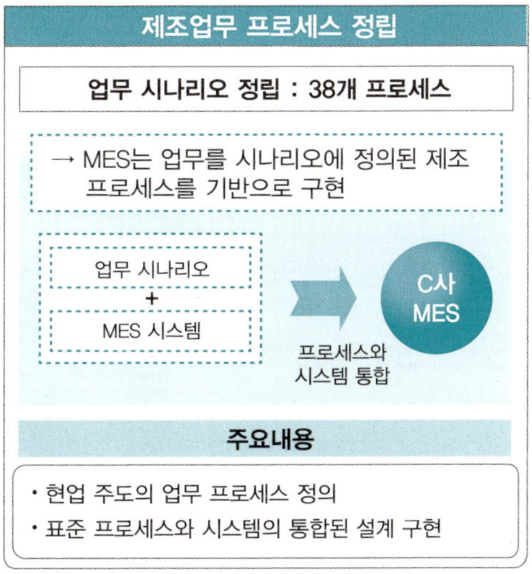

그림 19-34 제조업무 프로세스 정립

시스템 구축에 앞서 컨설턴트의 도움 하에 현업 중심으로 38개의 업무 시나리오를 정립하였으며, MES는 업무 시나리오에 정의된 제조 프로세스를 기반으로 구축하였다. 이는 업무 시나리오와 MES 시스템의 통합을 의미한다. MES 기준정보 체계 구축의 주요 내용은 현장의 다양한 변화에 유연한 대응 체계, ERP/MES 간의 관리 주체 R&R 정의이다. ERP에서 관리하는 BOM, 코드, 거래선, 설비, 스펙 관련 기준정보는 ERP로부터 인터페이스하여 기준정보로 활용하고, 불량, 공정, 로트 등 MES에서 자체 생성 관리하는 기준정보를 관리하여 시스템 간 역할 분담을 명확히 한다.

MES-ERP 연계의 주요 내용은 ERP 내 각 모듈과 프로세스 및 정보 연계, ERP/MES 간의 인터페이스 정보 무결성 확보이다. MES의 주요 기능들은 ERP의 각 모듈과 직접적으로 연계하여 시스템을 구축한다. 생산계획, 실적관리는 PP모듈, 자재관리는 MM모듈, 출하관리는 SD모듈, 품질검사는 QM모듈, 설비이력은 PM모듈과 연계시킨다. 이로써 ERP MES 간의 정보 무결성을 확보할 수 있다.

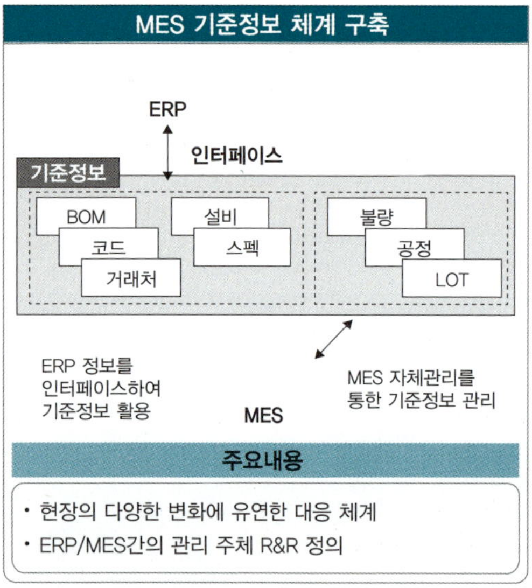

그림 19-35 기준정보 체계 정립

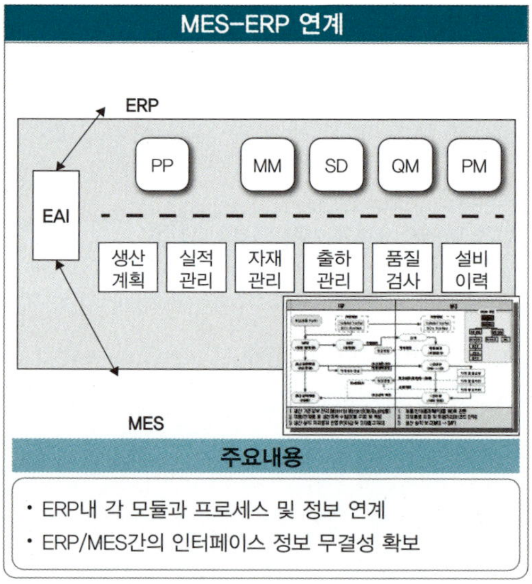

그림 19-36 MES-ERP 연계

시스템 기반 제조환경 구축

두 번째 추진 과제인 시스템 기반 제조환경 구축은 계획과 실행의 동기화, 바코드를 통한 실시간 실물관리, 작업 표준에 의한 공정제어의 세부과제로 구분된다. 계획-실행 동기화의 주요 내용은 ERP 생산지시와 연계한 작업지시 운영, 오더 기반 생산 환경이다.

"계획 없이 생산 없다."라는 모토 아래 작업지시 없이 현장 설비는 작업을 시작할 수 없도록 시스템으로 통제하는 구조를 구현한다. 바코드를 통한 실시간 실물관리의 주요 내용은 자재 입고에서 설비 투입까지 바코드 실물관리, 재공 및 제품 입고/출고 바코드 실물관리이다. 자재 실물관리, 재공 실물관리, 제품 실물관리를 바코드 시스템을 통해 실시함으로써 정보와 실물의 불일치를 사전에 방지토록 한다.

작업 표준에 따른 공정 제어의 주요 내용은 레시피 작성 및 현장제어 기능 구현, 레시피 모니터링/점검 기능 구현이다. MES에 의해 작성된 표준 스펙 및 셋팅 값이 시스템을 통해 설비에 내려지고, 설비는 이를 기준으로 셋팅을 완료하고 이에 대한 셋팅 값을 MES에 다시 피드백하여 셋팅 값을 검증하는 절차를 MES와 설비 간에 시스템으로 구현하여 MES에 의한 공정제어, MES에 의한 레시피 관리가 가능하도록 한다. 이는 작업자의 실수를 방지하는 역할을 한다.

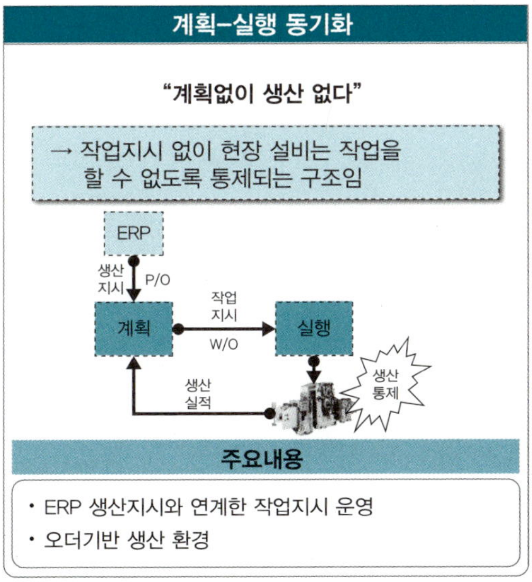

그림 19-37 계획–실행 동기화

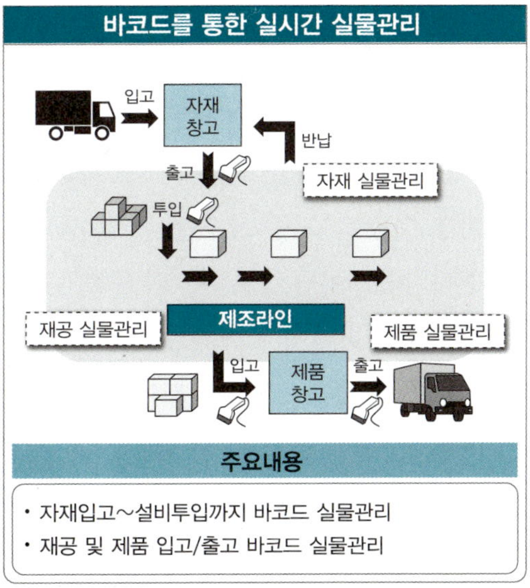

그림 19-38 바코드를 통한 실시간 실물관리

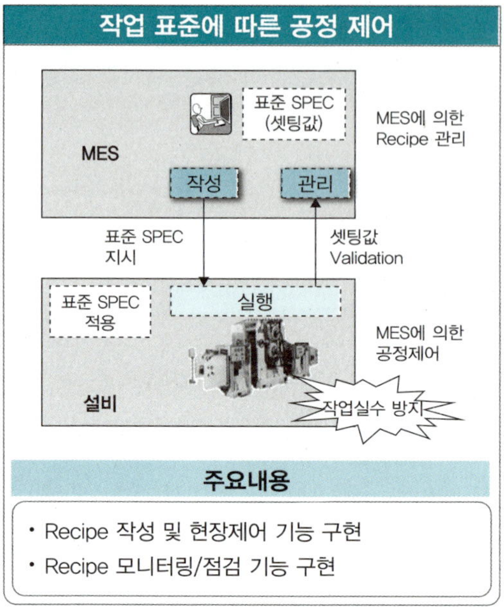

그림 19-39 작업 표준에 따른 공정제어

조기 품질 경쟁력 확보

세 번째 추진 과제인 조기 품질 경쟁력 확보는 이상 발생 관리, 제조이력 정보 추적, 품질 통계 분석 환경 구축의 세부 과제로 구분된다. 이상 발생 관리의 주요 내용은 공정 물류와 연동되어 품질검사 운영, 핵심인자 관리(QMS) 및 이상 발생 관리 구축이다.

수입검사, 출하검사, 상차검사 등 공장 내의 모든 물류와 연계되어 검사를 운영하고, 공정 진행 중 핵심인자들이 스펙 아웃이 되는지 집중 관리하며, 공정 내 품질 이상이 발생할 시, 이를 수동 및 자동 보고할 수 있도록 하고 추가 적인 불량이 발생하지 않도록 물류를 통제한다. 제조 이력 정보 추적의 주요 내용은 자재 입고에서 제품 출하까지 모든 이력 관리, 모든 로트 단위 품질 트래킹 환경 구축이다.

첫 공정인 A공정으로부터 고객에게 출하되는 팔레트(Pallet) 공정까지 전체 제조 과정에서 수집되는 모든 생산, 품질, 설비, 자재 정보를 로트 단위 추적이 가능토록 한다.

품질 통계 분석 환경의 주요내용은 실시긴 품질 이상 감지 체계 구축, 통계 기법을 통한 심층적 품질 분석 기능 제공이다. 리얼타임 SPC를 통해 실시간 이상 감지를 실시하고 품질 데이터베이스를 구축하여 시계열 분석, 유의차 분석 등 통계 기법을 이용한 심층적 품질 분

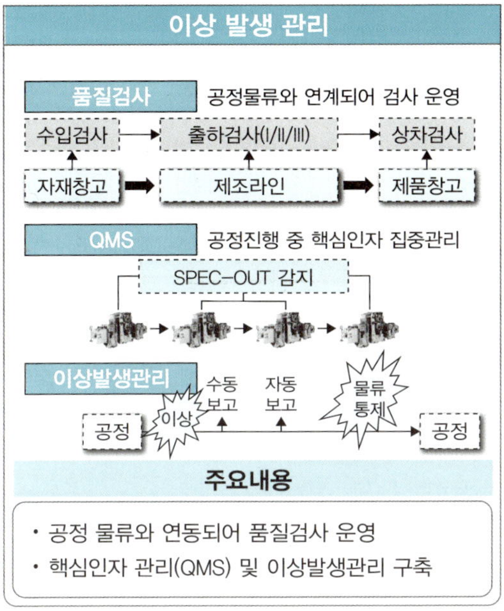

그림 19-40 이상 발생 관리

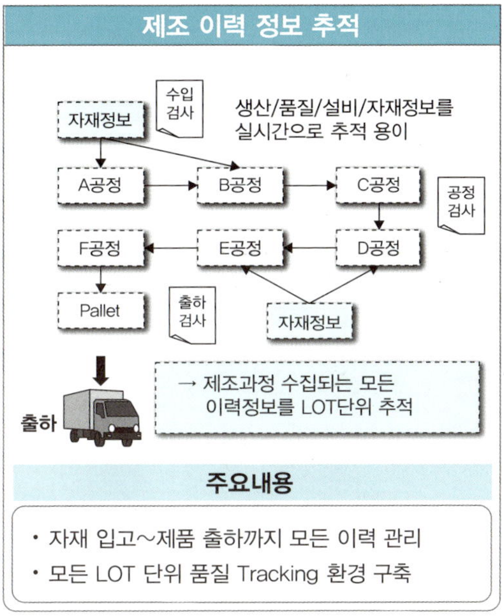

그림 19-41 제조이력 정보 추적

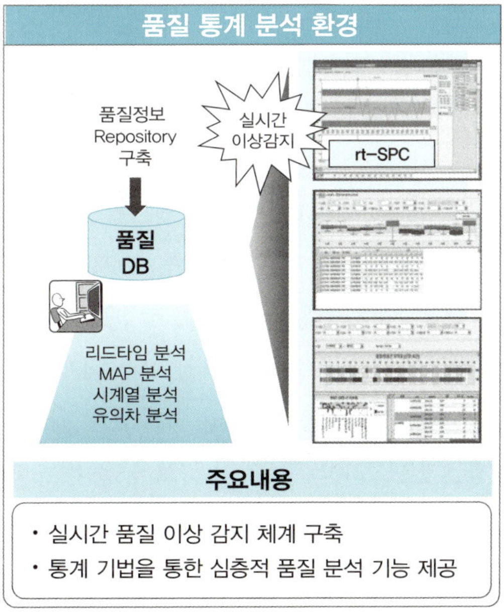

그림 19-42 품질통계 분석환경

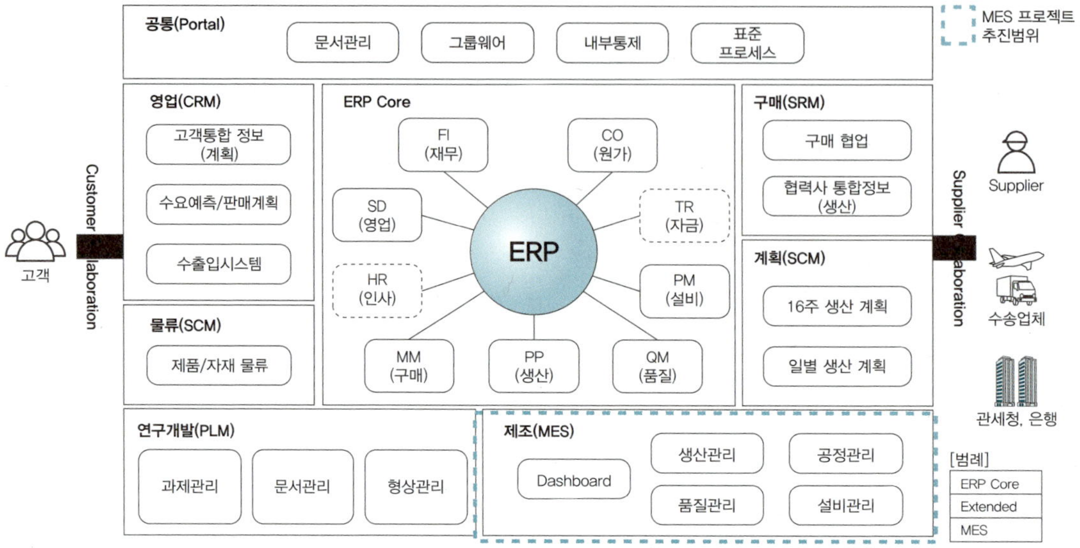

그림 19-43 전사 시스템 상의 MES

석이 가능하도록 지원한다.

C사의 MES 시스템은 전사 시스템 관점에서 보면 영업 프로세스를 담당하는 CRM, 구매 프로세스를 담당하는 SRM, 물류 및 생산계획을 담당하는 SCM, 연구개발 프로세스를 담당하는 PLM과 이 모든 시스템의 근간이 되는 ERP와 연계되어 구축되어야 한다. 또한 이 모든 전사 시스템들은 공통 모듈인 전사 포탈을 통해 사용자들에게 통일성 있게 제공해야 한다.

MES시스템은 특히 ERP, SCM, PLM과 밀접한 연관관계를 고려하여 구축해야 한다.

구축 완료된 C사의 MES는 5개 부문, 16개 소분류, 239개 기능으로 구현되었다.

MES 5개 부문은 종합현황, 생산관리, 품질관리, 공정관리, 설비관리이다. 종합 현황은 현황집계, 지표관리, 모니터링의 소분류로 구분된다. 현황 집계는 생산 현황, 불량 현황, 재공/재고로 구분된다. 지표관리는 설비 종합 효율, 생산 효율 관리, 성과 연계 지표로 구분된다. 모니터링은 종합 생산 현황 모니터링, 조기 경보 등을 대표 기능으로 가지고 있다.

생산관리는 생산계획 관리, 자재출하 관리의 소분류로 구분된다. 생산계획 관리는 작업지시 관리, FP 및 생산 계획 시뮬레이션으로 구분된다. 자재출하 관리는 원자재 창고 입/출고 관리, 포장/출하 관리 등을 대표 기능으로 한다.

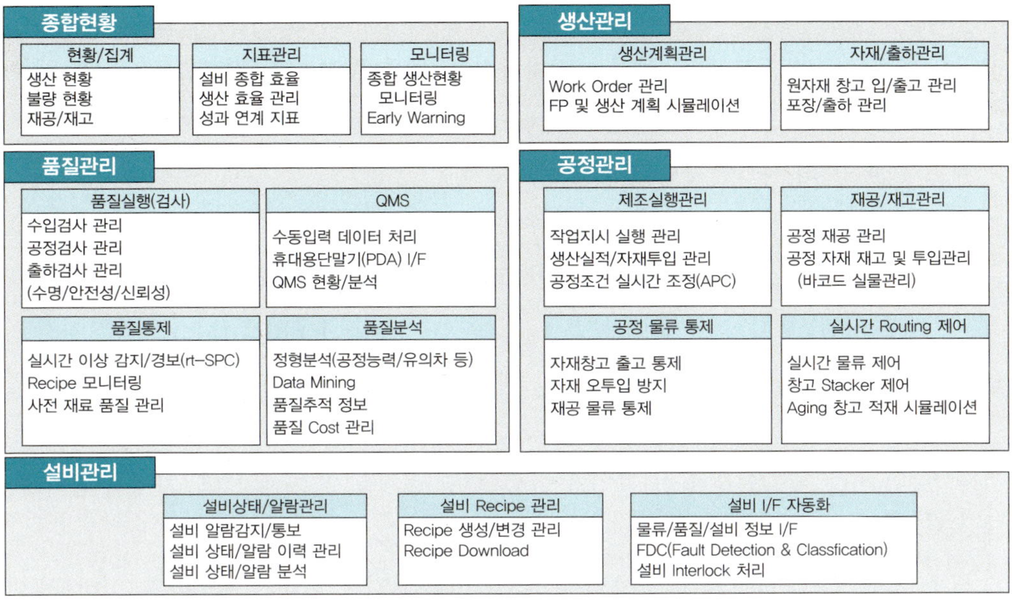

그림 19-44 MES 기능 MAP

품질관리는 품질실행(검사), QMS, 품질통제, 품질분석의 소분류로 구분된다. 품질실행(검사)는 수입검사 관리, 공정검사 관리, 출하검사 관리로 구분된다. QMS는 수동입력 데이터 처리, 휴대용 단말기(PDA) I/F, QMS 현황/분석으로 구분된다. 품질통제는 실시간 이상 감지/경보(rt-SPC), 레시피 모니터링, 사전 재료 품질 관리로 구분된다. 품질분석은 정형 분석(공정능력/유의차 등), 데이터 마이닝, 품질추적 정보, 품질 비용 관리 등을 대표기능으로 한다.

공정관리는 제조 실행 관리, 재공재고 관리, 공정 물류 통제, 실시간 라우팅 제어의 소분류로 구분된다. 제조 실행 관리는 작업 지시 실행 관리, 생산실적/자재투입 관리, 공정 조건 실시간 조정(APC)으로 구분된다. 재공재고 관리는 공정 재공 관리, 공정 자재 재고 및 투입관리(바코드 실물관리)로 구분된다. 공정 물류 통제는 자재 창고 출고 통제, 자재 오투입 방지, 재공 물류 통제로 구분된다. 실시간 라우팅 제어는 실시간 물류 제어, 창고 스태커(Stacker) 제어, Aging 창고 적재 시뮬레이션 등을 대표 기능으로 가지고 있다.

마지막으로 설비관리는 설비상태 및 알람 관리, 설비 레시피 관리, 설비 I/F 자동화의 소분류로 구분된다. 설비 상태 및 알람 관리는 설비 알람 감지/통보, 설비 상태/알람 이력 관리, 설비 상태/알람 분석으로 구분된다. 설비 레시피 관리는 레시피 생성/변경 관리, 레시피 다운로드로 구분된다. 설비 I/F 자동화는 물류/품질/설비 정보 I/F, FDC(Fault Detection & Classification), 설비 인터락(Interlock) 처리 등을 대표 기능으로 한다.

제조 부문에서의 시스템 구현 결과를 살펴보자.

생산활동은 계획된 수량(P/O) 만큼, 인증된 작업자(Man)가, 허가 받은 자재(BOM)와 표준(Recipe)으로 생산 진행 상태를 모니터링하고, 생산결과를 보고(MES ↔ ERP)할 수 있도록 시스템을 구현하였다. 예를 들어 보면, 첫째, 작업 시작 전에 ERP MM으로부터 자재 입출고 정보, PP로부터 생산계획, BOM 정보, QM으로부터 수입/출하 검사 스펙을 내려 받고,

둘째, 작업시작 전에 4M(Man, Machine, Material, Method)을 체크한 이후에 생산이 시작되도록 한다. 로그인을 통한 작업자 인증, 해당 반제품 및 자재 선택, 자재 투입 입력, 레시피 선택 후 생산을 시작한다.

셋째, 직업이 진행되는 동안 이상 발생, 품질 현황 관련 리포트가 제공되고, 설비상태와 제품 이력에 대한 모니터링을 지속한다.

넷째, 작업이 완료되면 생산 실적, 재공재고 현황을 MES로 리포팅하고, MES는 다시 ERP로 리포팅한다.

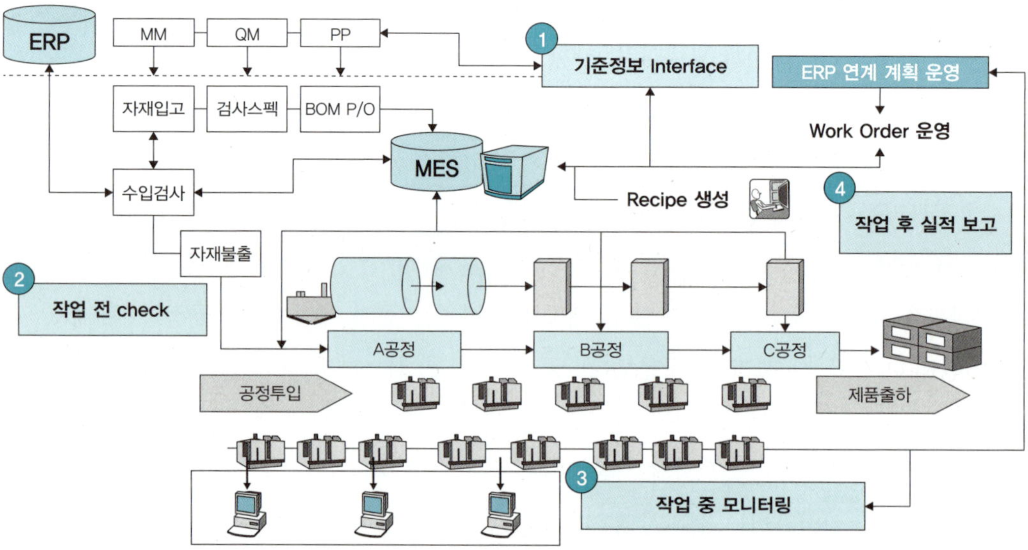

그림 19-45 제조 부문 시스템 구현 이미지

제조 부문의 프로세스 흐름을 구현하기 위한 시스템적 핵심 기능은 Fool Proof 기능, 실시간 공정 데이터 모니터링, 인터락(Interlock) 기능이다. Fool Proof 기능은 작업 전 시스템의 4M상태를 점검하여 요건이 합당할 경우에만 생산 시작을 지시하는 기능이다. MES 시스템을 통한 검증 체계를 구현한 것이다. 실시간 공정 데이터 모니터링은 제조 현장에 직접 가지 않더라도 MES를 통해 설비 데이터, 상태 및 생산 실적을 실시간 제공하여 업무수행 스피드 향상이 가능하도록 하였다. QMS, 이미지 데이터를 통해 구현하였다.

인터락 기능은 과거 제조 이력이 없는 유닛(unit)은 후(後) 공정 투입을 불가능하게 하여, 고객에게 유출될 불량을 시스템적으로 원천 차단하도록 하였다. 각 공정별로 MES를 통한 이력 조회 및 관리로 불량률를 저하시키도록 구현하였다.

품질부문의 시스템 구현 결과를 살펴 보자.

ERP연계 품질정보 기준으로 게이트(Gate) 품질 관리와 실시간 공정 품질을 효과적으로 관리할 수 있도록 시스템을 구축하였으며, 재발 방지를 위한 이상 발생 사후 관리와 정밀 품질 분석이 가능하도록 구현하였다. 예를 들어보면, 첫째, ERP로부터 수입검사 출하검사 스펙을 받고, MES에서 관리하는 자표준, 공정검사 스펙을 확보한다. 품질 기준정보를 확보하는 것이다.

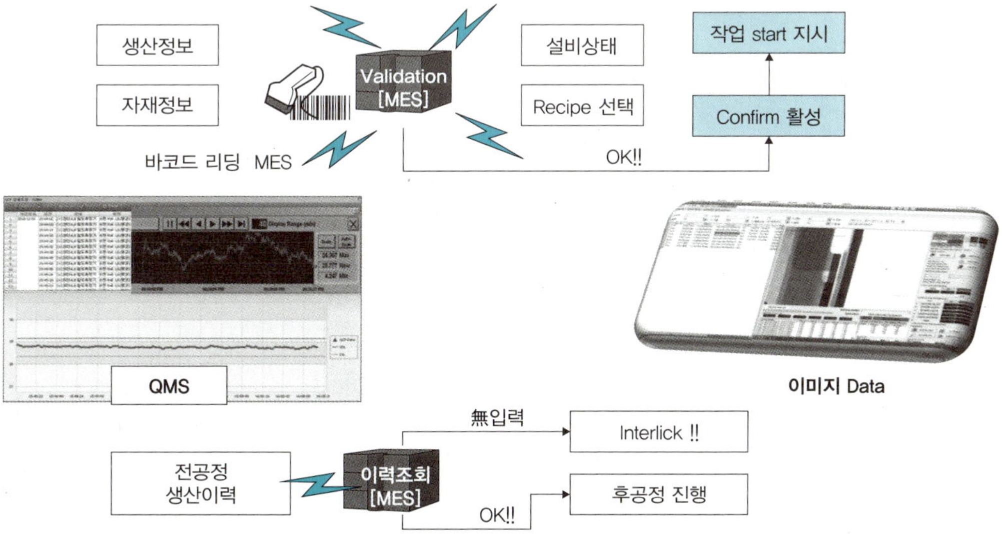

그림 19-46 제조 부문 프로세스의 핵심 기능

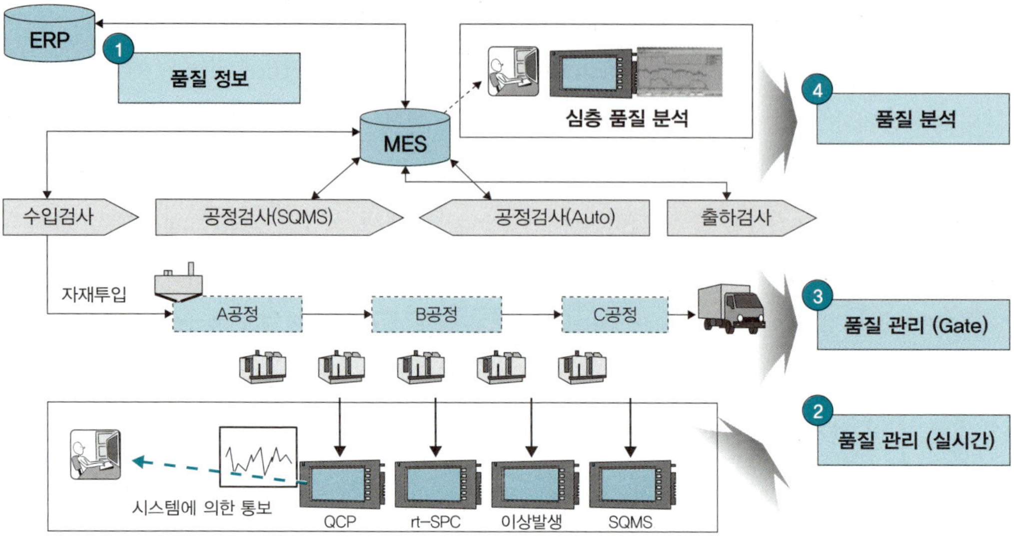

그림 19-47 품질부문의 시스템 구현 이미지

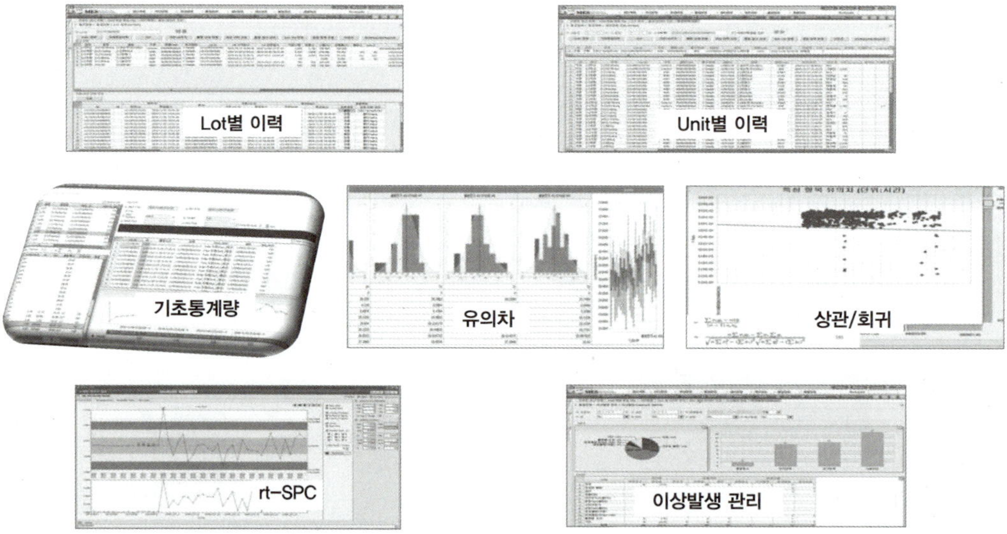

그림 19-48 품질 부문 시스템 UI 이미지

두 번째, 실시간 품질관리를 수행한다. 이상 발생 시 물류를 정지시키거나, 리얼타임 SPC를 이용해 스펙 아웃이 발생할 시 설비의 동작을 멈추기도 한다.

세 번째, 주요 게이트 마다 품질검사를 실시한다. 수입검사, 공정검사, 출하검사를 실시하여 품질 선행 관리 및 고객에게 불량 제품이 전달되지 못하도록 한다.

네 번째, 불량이 발생한 경우 로트별 트래킹을 통해 제조 이력을 상세 분석하거나, 인자별로 상관, 회귀, 유의차 분석이 가능하도록 한다.

품질 부문의 프로세스 흐름을 구현하기 위한 시스템적인 핵심 기능은 로트 트래킹, 통계 분석 툴 접목, 실시간 품질관리이다. 로트 트래킹 기능은 ID별 제조 상세 이력 QCP정보, 자재 투입 정보, 품질 정보를 제공함으로써 공정 및 고객 품질 문제에 대한 원인 추적이 용이하도록 한다. 통계 분석 툴 도입으로 문제에 대한 원인 인자에 대한 다차원 적인 분석을 가능하게 하여 재발 방지 효과를 갖는다. 실시간 품질관리는 rt-SPC를 통한 실시간 공정 선행 관리와 이상 발생 관리를 통한 품질 선행 관리가 가능하다

설비 자동화 부문의 시스템 구현 결과를 살펴보자.

설비 자동화를 위해 제조 설비와 시스템을 표준화된 통신 방식으로 I/F하여 제조 현장 관리에 필수적인 생산 실적, 설비 상태, 제품 가공 정보, 검사/계측 정보 등의 데이터 수집 및 공정 제어를 수행할 수 있도록 구축하였다. 예컨대 첫째, 자동 공정 제어는 MES 인터락 기준정보에 의거하여 생산 실행하는 것으로, BOM, Recipe Validation을 수행하고, 리얼 타임-SPC 스펙 NG 시 설비 인터락 기능을 수행한다.

두 번째, 자동 데이터 수집은 생산 실적, 양품 불량 판정 결과, 설비상태 데이터를 실시간으로 MES시스템을 통해 보고한다.

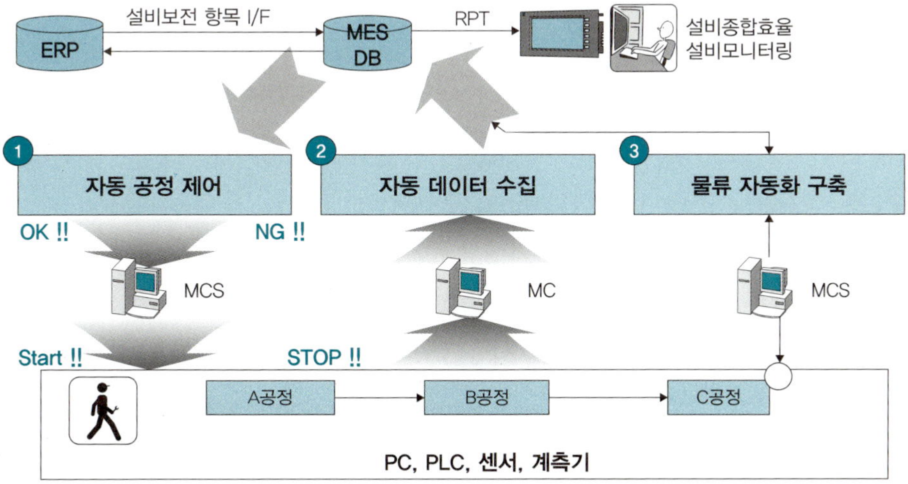

그림 19-49 설비자동화 부문 시스템 이미지

세 번째, 물류 자동화 구축이다. MES 내 공정물류/제어 통합기능을 구축하였다.

설비 자동화 부문 프로세스 흐름을 구현하기 위한 시스템적 핵심 기능은 실시간 설비 모니터링과 실시간 실적 모니터링이다. 실시간 설비 모니터링은 실시간 공정의 전(全) 설비 상태 정보 제공으로 거시적 설비 관리를 가능케 한다. 작업량, 실시간 재공재고 현황 및 Capa 대비 라인 운영상황을 확인할 수 있다. 실시간 실적 모니터링은 Line of Balance 측면에서 실시간 문제 설비 판단이 용이하고, 설비의 알람 내역이 통계적으로 제공되므로 개선이 필요한 설비 관리 포인트 도출이 용이하다.

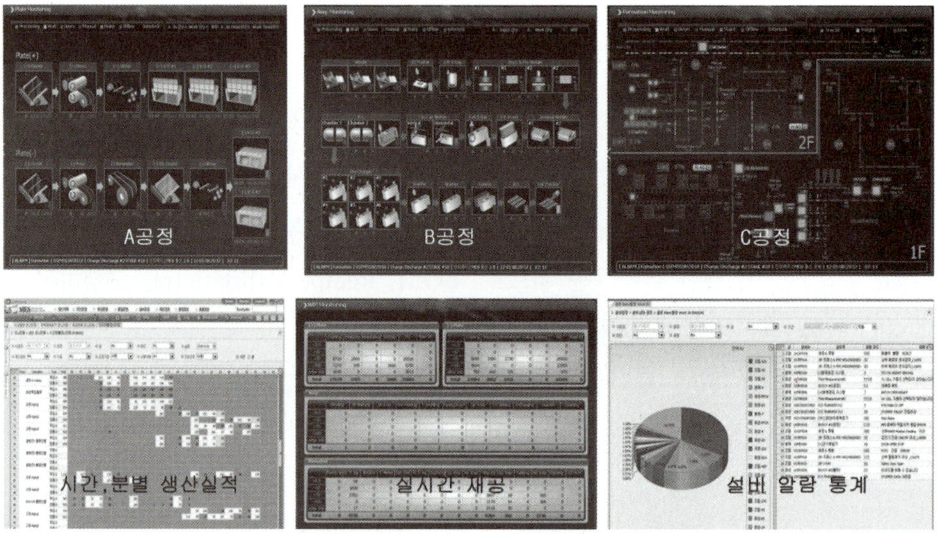

그림 19-50 실시간 설비 및 실적 모니터링 이미지

C사 신규라인 MES는 데이터 처리 규모를 감안하여 효율적인 성능 구현이 이루어질 수 있도록 인프라 구성 및 체계적인 시스템 구조(Architecture) 구성을 완성하였다. MES/MCS DB서버는 두 대를 RAC로 구성하였고, 리포트/QMS DB서버 역시 두 대를 RAC로 구성하였다. MC관리 서버도 두 대를 MSCS로 구성하였고, 이 모든 DB성 서버들은 두 대의 MES 통합 SAN을 통해 스토리지에 저장되도록 하였다. 스토리지는 MES/MCS 스토리지와 QMS, 리포트, MC관리 스토리지로 분리하여 구성하였다. MES, MCS 어플리케이션은 두 대를 설치하였다. 웹 서버는 두 대를 L4스위치로 연결하도록 하였다. MC서버는 4대로 구성하였다.

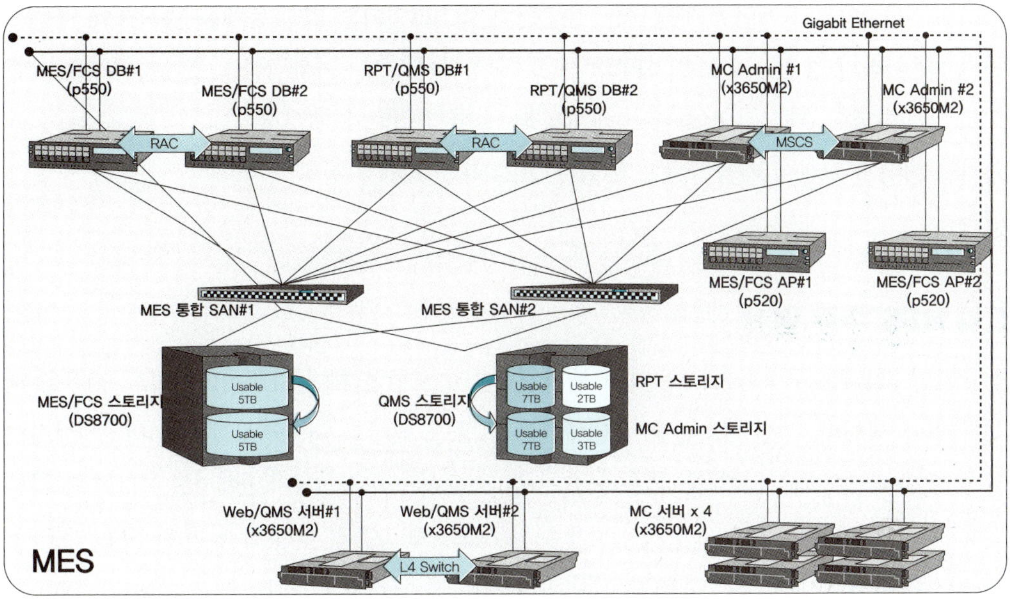

그림 19-51 H/W Architecture

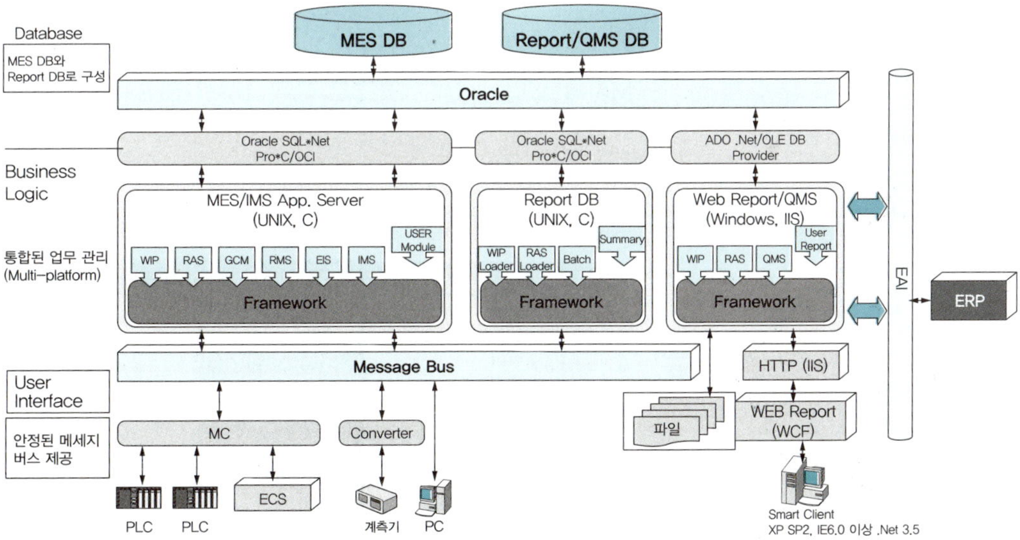

그림 19-52 소프트웨어 아키텍처

소프트웨어 구조에서 데이터베이스는 MES DB와 Report/QMS로 구성하였고 오라클을 DBMS로 구성하였다. MES 어플리케이션 서버, 리포트 서버는 유닉스, C기반으로 구성되어 있고, 프레임워크 기반에 해당되는 기능들이 플러그인되는 멀티 플랫폼 형식으로 구성하였다. 웹 서버의 경우는 윈도우, IIS기반으로 구성되어 있고, 역시 .NET 프레임워크를 기반으로 구성하였다. 메시지 버스를 통해 MC와 설비 컨버터와 메시지를 교환하도록 하여 안정적인 메시지 교환이 가능하도록 하였다. ERP와는 EAI를 통해 인터페이스하도록 구현하였다.

C사 MES 수준 평가

신규라인 MES를 구축함으로써 일부 분석기능까지 포함한 제어 자동화(Level3) 수준을 달성하였다. 레시피 기반 제조실행 측면에서는 제품별 레시피 기준정보를 정의하고, 설비의 자동 다운로드/스타트 체계를 적용하였다. 설비 제어(Interlock) 측면에서는 전 부문 이상 발생 시 설비 인터락 적용(작업 지시/자재 투입/BOM 체크/품질 이상 발생 등)하였다. 계획/실행 동기화 측면에서는 계획(SAP)에서 실행(MES)까지 체계를 적용(ERP, PO, MES, WO 전환 설비 다운로드)하였다.

향후 신규라인 MES는 분석 자동화 단계까지 발전시켜야 하는데, 분석 자동화의 주요 항목으로는 공정 단위 연동 제어(Advanced Process Control), 실시간 공정 조건 튜닝(Run to Run 시스템), 고급 통계 분석(YMS)의 도입이 있다. 참고로 기존 1라인 MES의 수준은 수집 자동화 수준이었다.

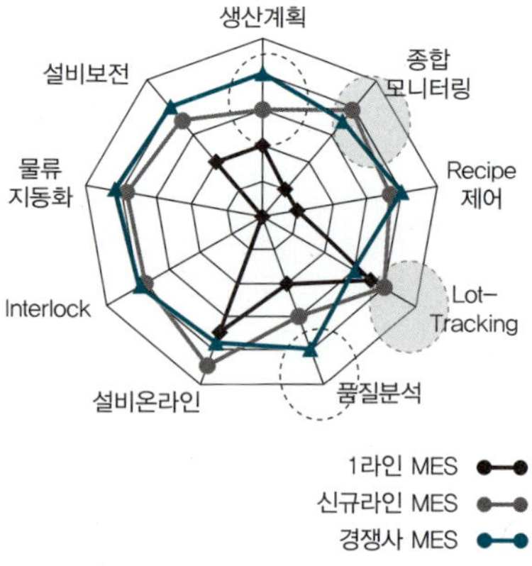

강세부문 열세부문

부문	1라인	신규라인	경쟁사
• 생산계획	수작업(일별)	ERP(PP) 활용	Factory Scheduling 적용
• 종합모니터링 (Dashboard)	N/A	종합 Dashboard 공정모니터링	Dashboard(일부) 설비모니터링
• Recipe 제어	일부만 적용	全 공정	全 공정
• Lot-Tracking	Lot 단위	Lot, Unit 단위	Lot 단위
• 품질분석	QCP	정형분석	비정형(OLAP) 분석
• 설비온라인	전체설비	전체설비	전체설비
• Interlock	N/A	구현(全 공정)	구현(全 공정)
• 물류관리	N/A	통합관리(MES)	MCS 구축
• 설비보전	SI 개발	SAP PM 적용	전용Tool(Maximo) 적용

그림 19-53 기존라인 vs. 신규라인 vs. 경쟁사 비교

또한 신규 라인 MES를 기존 1라인과 경쟁사 시스템과 비교 평가해 보았다. 신규 라인 MES는 경쟁사 MES에 비해 종합 모니터링 부문과 로트 트래킹 부문에서는 강세이나 생산 계획 부문과 품질 분석 영역에서 열세이다. 경쟁사 MES 시스템의 경우 전문 생산 스케줄링 시스템을 도입 운영하여 세부 생산계획을 계획하고 실행할 수 있다. 또한 비정형 분석 툴을 도입하여 좀더 다차원 적인 품질 분석이 가능하다. 이런 열세 부문을 만회하기 위해 생산 계획 부문에서는 고객/기종/물량 증가 시 전용 툴 도입을 검토(스케줄링)하고, 품질 분석 부문에서는 우선 품질 분석 활용을 내재화한 우에 고도화를 검토(OLAP 도입 등)해야 한다.

Chapter. 20

맺는 말

서론 및 1부의 제품 개발 프로세스를 위한 정보시스템, 2부의 생산운영 및 실행을 위한 정보시스템을 통하여, 이 책에서 정의한 생산운영 정보시스템에 대한 전체 프레임워크 및 세부 구성요소, 구축 절차 및 체크리스트 등을 상세하게 알아보았다.

기업의 생산 운영이라는 큰 어젠다 아래에서 이를 뒷받침하는 정보시스템을 기술하기에는 부족한 지식 및 양일지도 모른다. 하지만, 기존의 개발 프로세스와 생산운영 프로세스에서 따로 따로 기술되어 왔던 정보시스템 및 운영 활동을 하나의 통합적 관점에서 바라보고, 이를 유기적인 프레임워크로 구성하여 설명하였다는 데에서 그 큰 의미를 찾아볼 수 있다. 이러한 관점은 시스템적 관점에서 가장 중요시 되는 평가 요소인 "부분의 최적화가 전체의 최적화가 아님"을 보여줌과 동시에, 전체 시스템의 최적화를 위하여 어떻게 부분이 통합되어야 하는지를 조명했다는 데에 그 의미를 가진다.

생산운영 정보시스템을 이루는 하위 정보시스템들이 있다. 이 책에서 중점적으로 살펴본 제품개발 프로세스의 PLM/PDM 시스템과 생산운영 프로세스의 MES시스템 이외에도 개발 프로세스의 개발 행위 자체를 위한 CAD/CAM/CAPP/CAE 시스템과 기업의 핵심가치 구현을 위한 시스템으로 자리잡은 SCM시스템 등도 생산운영 정보시스템에서 주요하게 통합되고, 연결되어야 하는 요소 시스템이다. 그럼에도 불구하고, 이 책은 해당 시스템 전체의 세부 모듈 및 자세한 설명을 다루지는 못하였다. 이는 서론에서도 기술한 바와 같이, 해당 시스템 및 관련 지식이 매우 방대하고, 상세한 지식을 포함하고 있어, 이를 세부적으로 다룰 경우, 막대한 양을 가지게 된다는 점이다. 이를 고려하여 이 책에서는 이러한 지식들이 어떻게 통합적으로 포함될 수 있는지의 관점에서 1부와 2부로 나눠 기술하였다. 이러한 접근 방법을 통하여 다양한 기업 및 관련 실무자, 혹은 학생들이 해당 목적에 맞는 생산운영 정보시스템을 구축하고 계획할 수 있게 될 것이다.

현재 기업의 핵심적 가치 및 의사결정의 방향은 얼마나 이익을 창출하는 데 있느냐에 있는 것이 아니라, 미래까지 지속할 수 있는 성장 경영에 그 초점을 맞추고 있다. 이러한 성장 경영을 위한 의사결정 행위에는 다양한 데이터와 조직, 이들 간의 의사결정을 통합하는 관리시스템이 중추적으로 자리잡을 수 밖에 없다. 많은 기업들이 각기 다른 프로세스에서 이를 뒷받침하는 관리기법 및 정보시스템을 가지고 있음에도 불구하고, 치열한 기업경쟁에서 고전하는 이유는 통합적인 관점의 정보시스템이 갖추어져 있지 않으며, 설사 갖추고 있다 할지라도, 단순한 통합이 아닌 전체의 최적화가 이루어져 있지 않았다는 데에 그 이유가 있다.

이중 생산 운영이라는 기업의 핵심가치를 실현하기 위한 핵심활동을 지원하기 위한 정보시스템에도 위에서 기술한 관점이 내포되어야 함은 주지의 사실이다. 특히, 현재의 생산운영은 제조관점에서의 운영 시스템을 다루었던 과거의 시각과는 달리, 연구개발 영역을 어떻게 프로세스화하여 통합시킬 것인가에 그 초점을 맞추고 있으며, 나아가서는 고객과의 접점을 어떻게 생산 운영이라는 관점에서 연결할 것인가에 중요성을 두고 있다. 이를 위하여, 본 서에서는 생산운영 정보시스템을 그 프레임워크로 하여 전체 프로세스 조망 및 구성체계, 각 모듈의 특징 및 기능, 구축 절차를 설명하였다. 성공적인 생산운영 정보시스템의 구축을 통하여 각 기업이 첨예한 글로벌 경쟁에서 스스로의 창조경제 가치를 도출하고 승리하기를 바라 마지 않는다.

부록

부록 A | 영문 약어 및 용어 정리

- **4M**: Man, Machine, Material, Method, 생산에 필요한 주요 요소
- **AMHS**(Automated Material Handling System): 자동반송, 자동화에 필요한 Vehicle, Transport 등의 총칭
- **AMR**(Advanced Manufacturing Research): 미국 메사추세츠 주의 보스턴 시에 소재한 컨설팅 회사
- **ANSI**(American National Standards Institute): 미국 표준 협회, 미국의 산업 표준을 제정하는 기구이며, 여기서 제정된 표준을 또한 ANSI라고 부르기도 한다. ISO에 가입되어 있다. 미국 내의 규격이지만, ISO에 앞서서 제정되는 경우도 많으며, ANSI 표준이 ISO 표준이 되기도 한다.
- **API**(Application Programming Interface): 운영체제와 응용프로그램 사이의 통신에 사용되는 언어나 메시지 형식
- **APS**(Advanced Planning Scheduling System): 고객에서 협력업체까지 Supply Chain(판매-생산-구매-물류)을 통합하고 최적화시켜 고객에게 빠르게, 싸게, 적기에 공급하도록 지원해 주는 Global SCM Planning Tool
- **AS/RS**(Automated Storage & Retrieval System)
- **Backflush**: 반복생산에 있어 생산입고, 원/부자재의 출고, 생산 시간의 입력 등의 실적 정보를 입력하는 작업을 단순화하는 SAP의 기능 중 하나
- **BM**(Breakdown Maintenance): 고장수리 등의 비계획적이며 돌발적인 보전활동
- **BOM**(Bill of Material): 제품/부품 명세, 제품, 반제품을 생산하기 위한 하위 부품 및 원자재의 명세정보. 하위 부품 및 원자재의 소요량, Scrap율 등이 관리된다.
- **BPR**(Business Process Reengineering): 비즈니스 프로세스 혁신 툴
- **CBM**(Condition Based Maintenance): 장비의 조건에 따라 실행하는 보전활동
- **CMM**(Capability Maturity Model): 카네기 멜런 대학의 SEI(Software Engineering Institution) 창립자인 Dr. Charles V. Webber가 창시한 국제인증제도
- **CMMI**(Capability Maturity Model Integration)
- **Controls**(PLC, DCS, line or machine control): 설비 제어

- **CPC**(Collaborative Product Commerce): 협업 제품 교환
- **DCS**(Distributed Control System)
- **DDC**(Direct Digital Control)
- **DRP**(Distribution Resource Planning): 자원 할당 계획
- **EAI**(Enterprise Application Integration): 기업 애플리케이션 통합
- **EC**(Equipment Controller): 공정 설비제어, MC(Machine Controller), BC(Block Controller), TC(Tool Controller) 등으로 사용된다.
- **EFEM**(Equipment Front End Module): 보통 load port와 load lock 또는 buffer chamber 사이에 있으며, Fab 자동화 개념에서는 자동 반송 장치와 공정설비를 연결시켜주는 인터페이스가 필요하게 되고, 이러한 필요에 의해 탄생한 장치
- **ERP**(Enterprise Resource Planning): 전사적 자원 관리, 생산관리/인적관리/자재관리/회계관리 등 전사의 자원을 관리하기 위한 시스템
- **Failure**: 고장, 불만족한 상태, 특정 상황에서 특정 관찰자에게 불만족한 상태란 또 다른 상황에서 또 다른 관찰자에서는 불만족한 상태가 아닐 수 있다. 결과적으로 고장정보는 관련정보(작동환경, 방법 등)와 함께 검토 되어야 함.
- **FOUP**(Front Opening Unified Pod): 200mm 개념으로 cassette와 같은 말임, 25매가 1 로트임.
- **FP I**(Finance Portal): 재무 포털 시스템
- **FP II**(Factory Planning): 공급계획
- **Functional Failure**: 기능 고장, 정해진 성능 기준을 수행치 못하는 것
- **GEM**(Generic Equipment Model)
- **GEM**(Generic Equipment Model): GEM은 SEMI에서 규정한 반도체 생산 설비의 표준 동작 사양으로 설비가 반도체 생산을 위해 운용되어야 할 행동 양식을 규정한 것. 기본적으로 이미 지정되어 있는 SECS-II 메시지를 사용해서 통신을 하는데, "설비의 상태가 이럴 경우는 이런 SECS 메시지를 전송하고, 저런 SECS 메시지를 수신할 경우는 설비가 저렇게 동작해야 한다." 라는 내용을 규정한다.
- **GEM**(Generic Equipment Model): 모든 반도체 장비가 SECS 프로토콜에 의해 통신을 하지만, 그 동작 방식이나 사용하는 메시지가 모두 다르다면 정말로 복잡한 일이 아닐

수 없다. 이런 이유로 SEMI에서는 장비의 동작에 대한 시나리오와 이때 사용되는 메시지를 묶어서 장비 구동에 관한 표준을 마련했는데, 이 표준이 E30 Generic Model for Communications and Control of Manufacturing Equipment이고, 이를 간단히 줄여서 GEM이라고 부른다.

- **GPPM**(Global Policies and Procedures Manual): 글로벌 룰 및 매뉴얼 관리
- **HA**(High Availability): 고 가용성, 기업의 기간업무 서버 등의 안정성을 높이기 위한 것. 고 가용성 솔루션(HACMP)은 각 시스템 간에 공유 디스크를 중심으로 집단화(clustering)로 엮어지며 다수의 시스템을 동시에 연결할 수 있다. 또한 HACMP 구성에 따라 여러 가지 방식으로 구현할 수 있지만, 실제 널리 쓰이는 방식은 2개의 서버를 연결하는 것으로, 2개의 시스템이 각각의 업무를 수행한다. 즉, 1개의 서버에서 장애가 발생하면 다른 하나의 서버가 그 서버의 업무를 대신 수행하여 시스템 장애를 불과 몇 초 만에 복구할 수 있다.
- **Hidden Failure**: 숨은 고장, 고장은 발생했으나 인지가 되지 않은 고장
- **HMI**(Human Machine Interface): 인간 기계 인터페이스
- **HSMS**(High Speed SECS Message Service): 독립적인 개발자들이 특정한 지식이 필요 없이 기기들을 연결하고 상호 동작될 수 있도록 고속의 통신 기능을 만들어 낼 수 있는 수단을 제공. TCP/IP를 이용한 SECS 메시지 서비스이며, SECS-I 대체 역할 수행(SECS1의 확장). 일반적인 메시지는 SECS1 또는 HSMS로 전송이 되며, DCOP 등과 같은 데이터는 SECS2로 전송이 됨
- **IB**(Intra/Inter Ba)
- **IMEC**: 1984년 유럽의 벨기에서 설립된 Sematech과 더불어 세계 반도체 연구를 선도하고 있는 연구기관
- **Interface A, B, C**: 기존 SECS 프로토콜에 비해 보다 더 탄력적인 웹 기반 통신 프로토콜로서, 적용단계를 A, B, C의 단계로 나누어 점차 발전해 나가고 있는 중임. 현재 A(EDA/SOAP/XML)까지 와 있음 *EDA(Equipment Data Acquisition)
- **IPMM**(Information Process Maturity Model): Comtech Services, Inc.에서 정의한 Business Process Maturity Model
- **ISA**(International Society of Automation): 국제자동제어협회, 1943년 출범된 제어 관

련 산업 분야의 기술을 연구하는 국제적인 기구이며, 현재 세계적으로 적용되고 있는 계측제어 관련 표준 규격의 제정이나 관련기술의 발굴 및 보급을 통하여 전 산업에 첨단 제어기술이 응용될 수 있도록 하고 있다. 지역별로 세계 여러 곳을 13개의 지역으로 나누어 각 지역별로 지부가 설치되어 있다.

- **ISMI**(International Sematech Manufacturing Initiative): 세계 반도체 제조업체 컨소시엄, 1988년 미국 텍사스 오스틴에 설립, SEMATECH은 SEmiconductor MAnufacturing TEChnology의 약자.
- **ITRS**(the International Technology Roadmap for Semiconductors): 반도체 관련 국제기술 로드맵
- **JEITA/Selete**: 일본 전자정보기술산업협회(JEITA) 및 일본 내 주요 반도체 업체들이 공동 출자한 반도체 첨단 테크놀로지즈(Selete)
- **MCS**(Material Control System): FAB 내에서 발생한 Material Movement의 적절한 Control
- **MES**(Manufacturing Execution System): 제조 실행 시스템
- **MESA**(Manufacturing Enterprise Solution Association): MESA International은 제조기업, 정보기술 하드웨어 및 소프트웨어 공급자, 시스템 통합, 컨설팅서비스 기업, 학교 및 연구소 등이 참여하는 비영리단체로 주로 모범사례 혹은 최적화된 애플리케이션을 통하여 제조업의 생산성 향상을 지원하는 것을 목적으로 하고 있다. 모든 제조분야에서 적용되는 실시간 이벤트를 지원하는 정보기술에 집중하고 있다. 미국을 중심으로 유럽에서 활동이 활발하게 진행되고 있고, 전 세계 약 2만 명 회원을 보유하고 있다.
- **MMI**(Man Machine Interface)
- **MOS**(Manufacturing Operation System): 생산 실행 시스템
- **MRP**(Material Requirement Planning): 자재 소요계획(Material Requirement Planning)으로 제품, 반제품의 수요(Demand) 계획에 대한 하위 반제품 및 원자재에 대한 공급계획을 BOM(Bill Of Material) 레벨 별로 계산한다.
- **MRP**(Material Resource Planning): 자원 상세 설계
- **MSCS**(Microsoft Cluster Server): Window NT 기반 서버의 클러스터링 방법
- **MTTR**(Mean Time To Repair Ramp Time): 어떤 대상이 목적하는 기능을 수행하는

정상적인 상태에 도달하는 시간

- **NPD**(New Product Development): 제품개발/신제품 개발
- **NPDP**(New Product Development Process): 제품개발 프로세스
- **NSD**(New Service Development): 서비스 개발
- **NSDP**(New Service Development Process): 서비스 개발 프로세스
- **OEE**(Overall Equipment Efficiency): 설비종합효율
- **OHT**(Overhead Hoist Transport): 자동반송장치
- **OPC**(OLE for Process Control)
- **ORB**(Object Request Broker): CORBA에서 ORB는 분산 객체 또는 컴포넌트에서 제공할 서비스에 대해, 클라이언트가 요구하는 시점부터 그 요구가 완료될 때까지 마치 '거래 중개인'처럼 동작하는 프로그램을 말한다.
- **P/PE**(Product and Process Engineering): 제품, 공정 엔지니어링
- **PC**(Process Capability): 공정능력, 이상(가피) 원인이 제거되고 우연(불가피) 원인만이 품질변동을 주는 경우에 생각할 수 있는 공정상의 품질분포의 정도를 의미
- **PCF Model**(Process Classification Framework Model): APQC Webpage에서 PCF/OSBC APQC Online Benchmarking Tool을 이용하여 현행 프로세스 기능여부 및 진단 리포트를 통한 현행 프로세스 수준을 파악하여 혁신 과제 선정을 위한 이슈를 도출함
- **PDM**(Product Data Management): 제품 데이터 관리
- **PLC**(Programmable Logic Control)
- **PLM**(Product Lifecycle Management): 제품 생애주기 관리
- **PM**(Preventive Maintenance): 정기적인 정비, 교체, 점검, 진단 및 감시 등의 계획적인 보전 활동
- **PO**(Production Order): MRP(자재 소요계획, Material Requirement Planning)에서 생성된 반제품의 예정 오더(Planned Order)를 생산 오더로 확정한 오더이다. 계획수량, 계획 시작 및 종료 시간, Scrap 정보, 공정 순서 정보, 자재 소요 정보를 포함하고 있다. Production Order가 Release되면 MES 시스템으로 인터페이스된다.
- **POP**(Point of Production): 생산지점 정보시스템

- **Potential Failure**: 잠재 고장, 기능적 고장이 곧 발생할 것을 나타내는 측정 가능한 물리적 상태
- **QC**(Quality Control): 품질관리, 소비자의 요구에 합치한 품질의 제품 또는 서비스를 경제적으로 만들어내기 위한 수단의 체계를 말한다.
- **QMS**(Quality Management System): MES 품질관리 부문을 따로 떼어 별도의 시스템으로 구축하기도 한다. QMS 전문 제품도 있음
- **R&R**(Role and Responsibility): 역할 및 책임
- **RAC**(Real Application Cluster): DB 서버의 장애를 대비하여 DB 서버를 2대 이상 설치하는 것, 2대의 DB 서버의 내용은 반드시 같아야 한다.
- **RCM**(Reliability Centered Maintenance): 최소의 비용으로 설비의 고유 신뢰성을 파악하기 위한 정비보전 방침의 개발을 위한 논리적인 기법
- **RDBMS**(Relational Data Base Management System): 관계형 데이터베이스 시스템
- **RTDB**(Real-Time Data Base): 실시간 데이터베이스
- **SCM**(Supply Chain Management): 공급 사슬 관리, 공급 관계 관리, 제품 생산을 위한 프로세스를 부품 조달에서 생산계획, 납품, 재고관리 등을 효율적으로 처리할 수 있는 관리방법
- **SCP**(Supply Chain Planning): SCM 중 계획 영역
- **SECS-I**(SEMI Equipment Communications Standard I): 반도체 처리 장비와 호스트 간의 메시지 교환에 적합한 통신 인터페이스를 정의한다.
- **SECS**(SEMI Equipment Communications Standard): SEMI에서 spec화 한 통신 규약임
- **SEM**(Special Equipment Model): GEM을 통해 일반적인 장비의 동작 규약을 정하고는 있지만, GEM만으로 반도체 생산에 투입되는 모든 장비의 사양을 규정하는 것은 실제로 불가능하다. 특히, 다른 공정 장비와 비교할 때 작업 자체가 색다른 반송장비나 Stocker 등의 경우는 GEM만으로는 부족하다. 이런 이유로 특별한 장비에 적용되는 사양은 따로 SEM(Specific Equipment Model) 사양을 정해서 관리하고 있다.
- **SEMI**(Semiconductor Equipment and Materials International): 세계 반도체장비재료 협회, 1970년에 미국 마운틴 뷰에서 설립되었고, 세계 반도체 장비, 재료 산업 및 평판

디스플레이(FPD) 산업을 대표하는 세계 유일의 국제 협회

- **SOA**(Service Orient Architecture): 서비스 지향 아키텍처
- **SOP**(Standard Operation Procedure): 표준 작업 절차서
- **SPC**(Statistical Process Control): 관리 한계(Control Limit)를 기반으로 Run의 진행에 대해서 공정 변화나 이상을 감지하는 통계적 품질관리 시스템
- **SQC**(Statistical Quality Control): 통계적 품질관리. 근대적인 품질관리는 통계적인 수단을 채용하고 있기 때문에 통계적 품질관리라고 한다.
- **SSM**(Sales & Service Management): 영업, 서비스 관리
- **TBM**(Time Based Maintenance): 시간 기준으로 하여 정기적으로 실행하는 보전활동
- **TCS**(Total Cost System): 통합 원가 관리 시스템
- **TQC**(Total Quality Control): 종합적 품질관리. 품질관리를 효과적으로 실시하기 위해서는 시장조사, 연구·개발, 제품의 기획, 설계, 생산준비, 구매·외주, 제조, 검사, 판매 및 애프터서비스와 더불어 재무, 인사, 교육 등 기업활동의 전반에 걸쳐서 경영자, 관리자, 감독자, 작업자 등 기업 전원의 참가와 협력이 필요하다. 이와 같이 실시되는 품질관리를 전사적 품질관리(Company-Wide Quality Control: CWQC) 또는 종합적 품질관리라고 한다.
- **VSM**(Value Stream Map): 린 측정지표 및 VSM을 활용하여 프로세스의 관련 이슈를 도출함
- **WIP**(Work In Process): 공장에서 생산 과정 중에 있는 물품, 생산 가공 중인 미완성품
- **WMS**(Warehouse Management System): 창고관리시스템
- **WO**(Work Order): 생산현장에서 제품을 생산하기 위한 지시정보로 제품, 반제품, 계획 수량, 생산 시작 일정, 생산 종료 일정, 공정 순서, 필요한 자재 정보, 설비 정보 등이 포함되어 있다.
- **Yield**: 수율, 투입 수에 대한 완성된 양품의 비율. 양품률이라고도 하며, 불량률의 반대어이다. 수율은 특히 반도체 생산의 생산성, 수익성 및 업체의 성과 면에서 매우 중요하다. 자동차 등 기계는 일부분에 문제가 발견되면 그 부분만 교체하거나 교정하면 되지만 반도체의 수율은 제조 순서에 따라 웨이퍼 가공(fabrication) 수율, 조립(assembly) 수율 등 4종의 수율을 합친 누적(cumulative) 수율로 흔히 판단한다.

- **품질관리 분임조:** 동일한 생산라인이나 작업현장에서 일하는 작업자들로 구성된 소집단

부록 B | 제품개발 프로세스 용어 해설

표 B-1 NPDP 모델의 세부 프로세스 예

단계	세부 단계	의미
Concept	PPA	Product Concept Approval
	DIA	Development Investment Approval
Plan	PlA /IPA	Plan Implementation Approval
Development	DRR	Design Readiness Review
	DVR	Design Verification Review
	PVR	Product Validation Review
	PRA	Product Readiness Approval
Production	SRA	Ship Release Approval
	Postmortem	Postmortem
	PDA	Product Discontinuance Approval
	ELA	Ends of Line Approval

부록 C | 제품개발 프로세스를 지원하는 시스템 구축 체크리스트

* 해당 기능이 현재 구비되어 있으면 지원 기능란에 "○"표를 기입하시오.

구성 모듈 및 기능			각 툴별 지원 기능	비고
대분류	중분류	소분류		
기술정보 관리	문서관리	첨부관리 - 파일 추가 삭제		
		첨부관리 - URL 추가 삭제		
		참조관리		
		문서 조회		
		문서 검색		
		문서 변경이력 조회		
		문서 결재이력 조회		
		사용선 조회		
		문서 삭제		
		문서버전 삭제		
		문서이력 삭제		
		체크 인		
		체크 아웃		
		릴리즈		
		리바이즈		
		이동		
		코드 자동채번		
		OA S/W 연동		
		Viewer 연동		
	도면관리	각종 캐드도면 조회		
		마크업 형식관리		
		도면 검색		
		도면 갱신 근거 유지		
		도면 정보 출력		

구성 모듈 및 기능			각 툴별 지원 기능	비고
대분류	중분류	소분류		
기술정보 관리	도면관리	출도이력 기록		
		저장도면 관리		
		도면이력 관리		
	제품 및 부품 정보관리	제품/부품 정보 등록		
		제품/부품 정보 수정		
		제품/부품 기술자료 연결		
		외부자료 연결		
		제품/부품 정보 조회		
		제품/부품 list 조회		
		내부 구성부품 출력		
		다양한 view list 출력		
		제품/부품 마스터 작성		
		제품/부품 마스터 편집		
제품형상관리	BOM 관리기능	부품조립 구조 명시 및 등록		
		원하는 부품 및 조립단계 조회		
		BOM-Editor 제공		
		제고조회 및 유지		
		생산계획 수량파악		
		대체부품 조회		
		대안부품 조회		
		BOM 수정 시 버전체크		
		효율적인 BOM 관리기능 제고		
		E/M/S-BOM 구성		
		다양한 스펙의 파트 구성		
		설계변경		
		기술검토		
		변경사항 공지		
		변경 이슈 및 요청		
		설계변경 이력관리		

<table>
<tr><th colspan="3">구성 모듈 및 기능</th><th rowspan="2">각 툴별 지원 기능</th><th rowspan="2">비고</th></tr>
<tr><th>대분류</th><th>중분류</th><th>소분류</th></tr>
<tr><td rowspan="9">제품형상관리</td><td rowspan="5">설계변경 관리</td><td>설계변경 통보</td><td></td><td></td></tr>
<tr><td>진행사항 조회</td><td></td><td></td></tr>
<tr><td>화의 및 합의내용 조회</td><td></td><td></td></tr>
<tr><td>각종 변경이력 조회</td><td></td><td></td></tr>
<tr><td>진행사항 모니터링</td><td></td><td></td></tr>
<tr><td rowspan="4">유효성 관리</td><td>유효성 정보 등록</td><td></td><td></td></tr>
<tr><td>유효성 정보 수정</td><td></td><td></td></tr>
<tr><td>유효성 정보에 따른 부품 조회</td><td></td><td></td></tr>
<tr><td>부품 히스토리 추적</td><td></td><td></td></tr>
<tr><td rowspan="20">프로세스 관리</td><td rowspan="12">워크플로우 관리</td><td>결제 프로세스 관리</td><td></td><td></td></tr>
<tr><td>프로세스 내 정보 승인</td><td></td><td></td></tr>
<tr><td>기술정보 배포 프로세스 관리</td><td></td><td></td></tr>
<tr><td>회람 프로세스 관리</td><td></td><td></td></tr>
<tr><td>설계변경 프로세스 관리</td><td></td><td></td></tr>
<tr><td>제품 개발 프로세스 관리</td><td></td><td></td></tr>
<tr><td>시험/시작 프로세스 관리</td><td></td><td></td></tr>
<tr><td>프로세스 간 연계 지원</td><td></td><td></td></tr>
<tr><td>메타 프로세스 정의</td><td></td><td></td></tr>
<tr><td>메타 프로세스 작성</td><td></td><td></td></tr>
<tr><td>메타 프로세스 편집</td><td></td><td></td></tr>
<tr><td>프로세스 변수관계 정의</td><td></td><td></td></tr>
<tr><td rowspan="8">프로젝트 관리</td><td>프로젝트 기본정보 관리</td><td></td><td></td></tr>
<tr><td>작업 구조 및 일정 관리</td><td></td><td></td></tr>
<tr><td>비용 및 흐름 관리</td><td></td><td></td></tr>
<tr><td>투입 인력 관리</td><td></td><td></td></tr>
<tr><td>조직 및 역할 관리</td><td></td><td></td></tr>
<tr><td>예산 및 실행 관리</td><td></td><td></td></tr>
<tr><td>프로젝트 관련 모델 연결</td><td></td><td></td></tr>
<tr><td>프로젝트 관련 자료 연결</td><td></td><td></td></tr>
</table>

<table>
<tr><th colspan="3">구성 모듈 및 기능</th><th rowspan="2">각 툴별 지원 기능</th><th rowspan="2">비고</th></tr>
<tr><th>대분류</th><th>중분류</th><th>소분류</th></tr>
<tr><td rowspan="5">프로세스 관리</td><td rowspan="5">프로젝트 관리</td><td>프로젝트 모니터링</td><td></td><td></td></tr>
<tr><td>프로젝트 task별 인력할당</td><td></td><td></td></tr>
<tr><td>task 별 예상 일정 수립</td><td></td><td></td></tr>
<tr><td>task 시작/종료 시점 관리</td><td></td><td></td></tr>
<tr><td>task 수행 결과물 입력</td><td></td><td></td></tr>
<tr><td rowspan="17">협 업</td><td rowspan="3">ERP 연동</td><td>BOM 정보 연계</td><td></td><td></td></tr>
<tr><td>설계변경 정보 연계</td><td></td><td></td></tr>
<tr><td>품질관련 정보 연계</td><td></td><td></td></tr>
<tr><td rowspan="3">CAD S/W연동</td><td>3D 데이터와 BOM의 연동</td><td></td><td></td></tr>
<tr><td>다양한 포맷파일 조회</td><td></td><td></td></tr>
<tr><td>해당 소프트웨어 없이 조회 가능</td><td></td><td></td></tr>
<tr><td rowspan="3">기타 시스템 연동</td><td>그룹웨어와의 연동 여부</td><td></td><td></td></tr>
<tr><td>MRP 시스템과의 연동여부</td><td></td><td></td></tr>
<tr><td>MES 시스템과의 연동여부</td><td></td><td></td></tr>
<tr><td rowspan="3">고객과의 협업</td><td>joint product 정의</td><td></td><td></td></tr>
<tr><td>제품 카탈로그 지원</td><td></td><td></td></tr>
<tr><td>Online custom configuration 지원</td><td></td><td></td></tr>
<tr><td rowspan="2">설계/생산의 통합협업</td><td>협업을 위한 scheduleing</td><td></td><td></td></tr>
<tr><td>JIT 제어</td><td></td><td></td></tr>
<tr><td rowspan="3">SCM과의 협업</td><td>Outsource desing 지원</td><td></td><td></td></tr>
<tr><td>contract manufacturing 지원</td><td></td><td></td></tr>
<tr><td>제품 포트폴리오 분석</td><td></td><td></td></tr>
<tr><td rowspan="6">기타관리</td><td rowspan="6">데이터 사전관리</td><td>등록된 항목의 변경 및 통보</td><td></td><td></td></tr>
<tr><td>사용자 인터페이스의 편리성</td><td></td><td></td></tr>
<tr><td>데이터베이스 감시</td><td></td><td></td></tr>
<tr><td>예외메시지 포착 및 통보</td><td></td><td></td></tr>
<tr><td>반응처리 프로세스 자동화</td><td></td><td></td></tr>
<tr><td>오류 발생 시 경보전달</td><td></td><td></td></tr>
</table>

<table>
<tr><th colspan="3">구성 모듈 및 기능</th><th rowspan="2">각 툴별 지원 기능</th><th rowspan="2">비고</th></tr>
<tr><th>대분류</th><th>중분류</th><th>소분류</th></tr>
<tr><td rowspan="8">기타관리</td><td rowspan="3">데이터 사전관리</td><td>주요 데이터 활동 체크</td><td></td><td></td></tr>
<tr><td>업무흐름의 자동화 확보</td><td></td><td></td></tr>
<tr><td>예외사항 관리</td><td></td><td></td></tr>
<tr><td rowspan="4">보안 및 권한관리</td><td>비밀번호 관리</td><td></td><td></td></tr>
<tr><td>사용자 권한 관리</td><td></td><td></td></tr>
<tr><td>시스템 외부접근 차단</td><td></td><td></td></tr>
<tr><td>기능별 권한 부여</td><td></td><td></td></tr>
<tr><td>COST 관리 여부</td><td>TCS 기능 여부</td><td></td><td></td></tr>
</table>

찾아보기

ㄱ

ㄴ

ㄷ

ㄹ

ㅁ

ㅈ

ㅊ

ㅋ

ㅌ

ㅍ

ㅎ

A

B

C

D

E

F

G

H

I

Q

R

S